营销学精选教材译丛

国际营销
以决策为导向的方法

GLOBAL MARKETING 5E
A DECISION-ORIENTED APPROACH

第5版

〔丹〕斯文德·霍伦森（Svend Hollensen） 著

王永贵　王娜　华迎　等译

北京大学出版社
PEKING UNIVERSITY PRESS

著作权合同登记号 图字:01-2014-4173

图书在版编目(CIP)数据

国际营销:以决策为导向的方法:第5版/(丹)斯文德·霍伦森(Svend Hollensen)著;王永贵等译. —北京:北京大学出版社,2017.10

(营销学精选教材译丛)

ISBN 978-7-301-28793-4

Ⅰ.①国… Ⅱ.①斯…②王… Ⅲ.①国际营销—教材 Ⅳ.①F740.2

中国版本图书馆 CIP 数据核字(2017)第 229141 号

Authorized translation from the English language edition, entitled GLOBAL MARKETING: A DECISION-ORIENTED APPROACH, 5th Edition, 9780273726227 by SVENDHOLLENSEN, published by Pearson Education Limited, Copyright © Prentice Hall Europe 1998, Pearson Education Limited 2001, 2004, 2007, 2011.

All rights reserved. No part of this book may be reproduced or transmitted in any form or by any means, electronic or mechanical, including photocopying, recording or by any information storage retrieval system, without permission from Pearson Education, Limited.

This translation of Global Marketing 5e is published by arrangement with Pearson Education Limited and Peking University Press Ltd., Copyright © 2017.

本书原版书名为《国际营销:以决策为导向的方法》(第5版),作者斯文德·霍伦森,书号 9780273726227。1998、2001、2004、2007、2011 年相继由 Prentice Hall(欧洲)和培生教育出版集团出版。

版权所有,盗印必究。未经培生教育出版集团授权,不得以任何形式、任何途径,生产、传播和复制本书的任何部分。

本书翻译版由培生教育出版集团和北京大学出版社于 2017 年出版发行。

本书封面贴有 Pearson Education(培生教育出版集团)防伪标签,无标签者不得销售。

书　　名	国际营销:以决策为导向的方法(第5版) GUOJI YINGXIAO: YI JUECE WEI DAOXIANG DE FANGFA
著作责任者	〔丹〕斯文德·霍伦森(Svend Hollensen) 著　王永贵　王　娜　华　迎　等译
策划编辑	刘　京
责任编辑	刘　京
标准书号	ISBN 978-7-301-28793-4
出版发行	北京大学出版社
地　　址	北京市海淀区成府路 205 号　100871
网　　址	http://www.pup.cn
电子信箱	em@pup.cn　　QQ:552063295
新浪微博	@北京大学出版社　@北京大学出版社经管图书
电　　话	邮购部 62752015　发行部 62750672　编辑部 62752926
印 刷 者	北京大学印刷厂
经 销 者	新华书店
	787 毫米×1092 毫米　16 开本　37.75 印张　849 千字 2017 年 10 月第 1 版　2017 年 10 月第 1 次印刷
印　　数	0001—4000 册
定　　价	79.00 元

未经许可,不得以任何方式复制或抄袭本书之部分或全部内容。

版权所有,侵权必究

举报电话:010-62752024　电子信箱:fd@pup.pku.edu.cn

图书如有印装质量问题,请与出版部联系,电话:010-62756370

出版者序

作为一家致力于出版和传承经典、与国际接轨的大学出版社，北京大学出版社历来重视国际经典教材，尤其是经管类经典教材的引进和出版。自2003年起，我们与圣智、培生、麦格劳-希尔、约翰-威利等国际著名教育出版机构合作，精选并引进了一大批经济管理类的国际优秀教材。其中，很多图书已经改版多次，得到了广大读者的认可和好评，成为国内市面上的经典。例如，我们引进的世界上最流行的经济学教科书——曼昆的《经济学原理》，已经成为国内最受欢迎、使用面最广的经济学经典教材。

呈现在您面前的这套引进版精选教材，是主要面向国内经济管理类各专业本科生、研究生的教材系列。经过多年的沉淀和累积、吐故和纳新，这套教材在各方面正逐步趋于完善：在学科范围上，扩展为"经济学精选教材""金融学精选教材""国际商务精选教材""管理学精选教材""会计学精选教材""营销学精选教材""人力资源管理精选教材"七个子系列，每个子系列下又分为翻译版、英文影印/改编版和双语注释版。其中，翻译版以"译丛"的形式出版。在课程类型上，基本涵盖了经管类各专业的主修课程，并延伸到不少国内缺乏教材的前沿和分支领域；即便针对同一门课程，也有多本教材入选，或难易程度不同，或理论和实践各有侧重，从而为师生提供了更多的选择。同时，我们在出版形式上也进行了一些探索和创新。例如，为了满足国内双语教学的需要，我们改变了部分影印版图书之前的单纯影印形式，而是在此基础上，由资深授课教师根据该课程的重点，添加重要术语和重要结论的中文注释，使之成为双语注释版。此次，我们更新了丛书的封面和开本，将其以全新的面貌呈现给广大读者。希望这些内容和形式上的改进，能够为教师授课和学生学习提供便利。

在本丛书的出版过程中，我们得到了国际教育出版机构同行们在版权方面的协助和教辅材料方面的支持。国内诸多著名高校的专家学者、一线教师，更是在繁重的教学和科研任务之余，为我们承担了图书的推荐、评审和翻译工作；正是每一位推荐者和评审者的国际化视野和专业眼光，帮助我们书海拾慧，汇集了各学科的前沿和经典；正是每一位译者的全心投入和细致校译，保证了经典内容的准确传达和最佳呈现。此外，来自广大读者的反馈既是对我们莫大的肯定和鼓舞，也总能让我们找到提升的空间。本丛书凝聚了上述各方的心血和智慧，在此，谨对他们的热忱帮助和卓越贡献深表谢意！

"千淘万漉虽辛苦，吹尽狂沙始到金。"在图书市场竞争日趋激烈的今天，北京大学出版社始终秉承"教材优先，学术为本"的宗旨，把精品教材的建设作为一项长期的事业。尽管其中会有探索，有坚持，有舍弃，但我们深信，经典必将长远传承，并历久弥新。我们的事业也需要您的热情参与！在此，诚邀各位专家学者和一线教师为我们推荐优秀的经济管理图书（em@pup.cn），并期待来自广大读者的批评和建议。您的需要始终是我们为之努力的目标方向，您的支持是激励我们不断前行的动力源泉！让我们共同引进经典，传播智慧，为提升中国经济管理教育的国际化水平做出贡献！

北京大学出版社
经济与管理图书事业部

关于本书

适用对象

本书适合作为"国际/全球营销"课程本科生或硕士生的教材,也可以作为对国际营销领域相关知识感兴趣的业界人士或一般读者的参考读物。

内容简介

国际营销是企业决策过程的一个重要组成部分,本书的内容编排以决策的制定为导向,因此其结构也是根据企业营销人员在国际营销过程中所面临的五大决策来组织的。全书共 19 章,分为五个部分,各部位之间有着严密的逻辑关系。本书所有案例均采用企业国际营销的真实案例,另外,每章结尾和每部分结尾都附有具体案例和供学生思考的问题。

本书为读者提供了一个制定和实施国际营销计划的决策分析框架。学完本书,读者应该能够分析、选择和评估适当的概念框架,进而做出与国际营销有关的五大管理决策:(1) 决定是否国际化;(2) 决定进入哪些市场;(3) 市场进入战略;(4) 设计国际营销计划;(5) 国际营销计划的实施与协调。

作者简介

斯文德·霍伦森(Svend Hollensen),南丹麦大学国际营销学副教授。获得 Aarhus 商学院理学硕士学位(工商管理专业),哥本哈根商学院博士学位。

霍伦森教授已经出版了 Marketing Management: A Relationship Approach (2010), Marketing Research: An International Approach (与 Marcus Schmidt 和著,2006), Essentials of Global Marketing (2008)。

霍伦森教授还担任数个跨国公司以及世界银行等国际组织的商业顾问。

内容特色

作为欧洲"国际营销"领域具有较高口碑的教材,本书自 1998 年出版以来一版再版,同时,还被翻译成俄文和中文出版。在印度、西班牙和南美洲,通过与当地学者合作,本书被改编成更适合当地和区域使用的教材。和之前的版本相比,第 5 版进一

步凸显了以下几个特点:

一是立足实践。霍伦森教授丰富的国际营销实践经验及其与国际营销实务界保持的良好合作关系,使本书极具有实践价值。书中并没有空玄的理论卖弄,而代之以经世务实的理论解读,并辅以精选的、富有代表性的案例,使可操作性成为本书最重要的特点。

二是突出与时俱进,一方面,理论的前沿性。本书扩展并增加了"去全球化"、价值网、顾客感知价值、服务价值链、蓝海战略、社会营销、全球客户管理、"逆流而上"战略、"上市时间"战略、"香蕉分割模型"等理论范式。另一方面,案例的时新性。本书的新版增加了大量来自全球各地的最新案例。

三是强调互动。本书在每个章节和每个部分的案例都附有提问和思考,丰富和提升了读者的知识获取能力和互动学习能力。

教辅资源

本书配套教辅资源包括教师手册、PPT 课件、习题库及答案,任课老师可填写书后教辅申请表来函索取。

使用说明

鉴于原书篇幅过大,为便于教学安排,我们在出版过程中对原书中的部分案例进行了删减,每章后保留 1 个案例(共计 19 个),每个部分后保留 2 个案例(共计 10 个),并将每个部分后附的"案例研究"以二维码的形式呈现,读者可扫描篇章页上的二维码获取相关内容。感谢对外经济贸易大学商学院王永贵教授为本书提供了审慎而细致的改编方案。欢迎广大读者在使用中提出意见和建议。

作者序

全球化就是各国经济日益地相互依存，它涉及不同市场的客户、制造商、供应商和政府。国际营销反映了世界各国企业在销售产品、分销产品及提供服务等方面的做法和趋势，它与各国政府减少贸易和投资壁垒、企业在多个国家制造产品以及外国企业在东道国市场竞争的日益激烈是密不可分的。

多年来，人们普遍认为，各国对产品品味的趋同导致了市场全球化，市场全球化又导致了大型跨国公司的诞生；大型跨国公司利用其规模经济的优势，又成功地推广了全球标准化的产品。

约翰·奈斯比特在他1994年的经典论著《全球悖论》[①]中专门反驳了这种说法的后半部分：

> 跨国公司在浩瀚的全球经济中控制全球业务的想法，实在是大错而特错。实际上，世界经济规模越大就会越开放，那么中小型企业占主导地位的比例也就越大。在我有生以来所见过的重大转变当中，我们从"规模经济"转变到了"规模不经济"，从规模越大越好转移到了规模越大效率就越低下，规模越大就越官僚化、越僵化，直至产生今天的灾难性结果。这种转变成本高昂，浪费极大。因此，在我们大步迈向全球化的过程中，悖论就出现了：市场规模越广阔，规模越小、行动越迅速的企业就越占上风。

当最大的企业（如IBM和ABB）裁员的时候，他们实际上是在致力于仿效成功的中小型企业的创业行为，因为执行阶段在中小型企业中所起的作用比在大型企业中要大得多。由于小型企业与大型企业或大型企业事业部的行为有相似之处，所以中小型企业与大型企业在国际营销行为方面的差异正在逐渐消失。目前，正在发生的事情是：大型企业正在裁员，正在下放权力，结果必将呈现出一种以决策为导向和以行为为导向的国际营销模式。对这种模式的介绍，也将是本书的特点之一。

鉴于规模较小，大多数中小型企业都缺少传统跨国公司所具备的能力、市场影响力和其他资源。与资源丰富的大型企业相比，中小型企业全球化经营无疑困难重重。

---

① Naisbitt, J., *The Global Paradox*, Nicholas Brearly Publishing, London. 1994, p. 17.

因此，在全球化背景下，中小型企业的成功在很大程度上取决于是否采用和实施了正确的国际营销策略。

无论何种企业，营销管理的主要作用就是设计和实施有效并有所回报的营销方案。企业可以在国内市场这么做，也可以在一个或几个国际市场这么做。就花费的资金而言，特别是就高层管理人员所花费的时间和劳作而言，走向国际化是一个极其昂贵的过程。由于成本高，企业走向国际必须在额外销售中产生额外的附加值。换句话说，企业需要通过走向国际获得自己的竞争优势。若非如此，那还不如待在国内经营更好。

企业在国外市场运营时，国际营销管理的任务往往十分复杂。若同时在几个国家运营，则会变得更加复杂。在这种情形下，所制定的营销计划必须适应所在国家顾客的需求和偏好，因为不同国家不仅具有不同的气候、语言和文化，该国顾客还具有不同的购买力水平。另外，不同国家甚至同一国家的不同地域，其竞争模式和业务经营方式也不一样。尽管差异颇多，但应尽量求同存异。企业在国际活动中应该协调一致，并因此获得一定的协同效应，把在一国所获得的知识和经验成功地转移到其他国家使用。

目　标

本书的价值是给读者提供一个制定和实施国际营销计划的决策分析框架。学完本书，读者应该能够分析、选择和评估适当的概念框架，进而做出与国际营销有关的五大管理决策：(1) 是否决定国际化；(2) 决定进入哪些市场；(3) 市场进入战略；(4) 设计国际营销计划；(5) 国际营销计划的实施与协调。

学完本书，读者可以具备相应的知识，能够懂得企业如何通过设计和实施以市场为导向的营销计划而获得全球竞争力。

受　众

本书是写给那些想要修习有效的决策导向型国际营销课程的读者的，也可以用作本科生或研究生"全球/国际营销"课程的教材。那些希望及时了解国际营销领域最新发展动态的经理们，也会对本书表现出浓厚的兴趣。

先修课程

市场营销入门课程。

特　点

本书从国际市场竞争中的企业的视角出发，而不考虑其来源国。本书的主要特点可以概括如下：

- 以面向全球市场开展经营活动的中小型企业为重点研究对象；

- 提供一种以决策/行为为导向的方法；
- 价值链方法（包括传统的产品价值链和服务价值链）；
- 价值网络的方法（包括垂直和水平层面的不同参与者）；
- 涵盖全球的买卖双方关系；
- 作为对传统关键客户管理（key account management，KAM）的延伸，广泛涵盖天生全球化企业和全球客户管理（global account management，GAM）；
- 介绍了新的、有趣的市场营销理论，如服务价值链、价值创新、蓝海战略、社会营销、企业社会责任（corporate social responsibility，CSR）、全球客户管理、病毒式品牌构建、感官品牌和名人品牌；
- 致力于成为一部真正的国际营销著作，所有案例和示例均采自世界各地，包括欧洲、中东、非洲、远东、北美洲和南美洲；
- 对国际营销规划的全过程进行了完整而集中的论述；
- 通过许多最新的示例和案例阐述了理论的实际用途。

概　述

本书具有明确的决策导向性，因此其结构也是根据企业营销人员在国际营销过程中所面临的五大决策来组织的。全书共19章，分为五个部分。如图1所示，本书的结构框架展示了各不同部分的逻辑关系和彼此之间的内在联系。国际营销调研是企业决策过程的一个重要组成部分，所以放在第5章加以论述，目的是将调研结果作为市场进入决策的重要输入信息。书中收录了大量真实企业的国际营销案例。另外，每章结尾和每部分结尾都附有具体案例和供学生思考的问题。

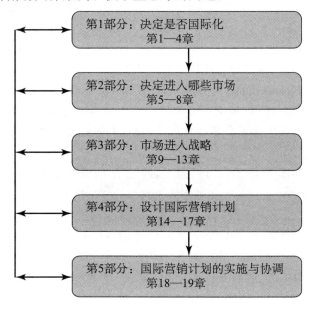

图1　本书结构

第五版更新内容

- 第 1 章——扩展了全球化的概念，同时引入了**"去全球化"**（de-globalization）的概念，即逆向的全球化过程。
- 第 4 章——基于对顾客感知价值（customer perceived value，CPV）的重新定义，本章包含了关于价值网（value net）的新的综述章节。价值网是指企业在与供应商和顾客（垂直网络的合作伙伴）以及互补者和竞争对手（水平网络的合作伙伴）的协作过程中进行价值创造。此外，本章还介绍了可持续价值链（sustainable value chain），同时解释了企业社会责任是如何影响企业国际竞争力的。
- 第 5 章——本章增加了一个新的章节，以反映在印度进行市场调研时会遇到哪些陷阱。
- 第 6 章——本章增加了关于欧盟的最新信息。此外，本章还对（bottom of the pyramid，BOP）战略作为世界市场的一个新的商业机会进行了探讨。
- 第 8 章——本章增加了关于"逆流而上"（trickle-up）战略［与"顺流而下"（trickle down）或瀑布法（waterfall approach）相对应］的新章节，该战略阐释了一些跨国公司是如何在新兴国家对产品进行低成本研发，而后又使其适用于发达国家市场的。
- 第 9 章——本章增加了一个新的示例，探讨了柯尼卡美能达公司选择"正确的"市场进入模式的原则。
- 第 12 章——本章包含了关于子公司成长战略的全新章节，本章还剖析了沃尔玛从德国市场撤出的原因。
- 第 14 章——本章探讨了"上市时间"（time-to-market）战略，介绍了企业在不同的产品生命周期（product life cycle，PLC）阶段需要采取的不同的特定战略。
- 第 15 章——本章介绍了一种国际定价的分类方法：本地价格追随者、全球价格追随者、多本地价格制定者以及全球价格领导者。
- 第 16 章——本章介绍了"香蕉分割模型"（banana split model），该模型显示了产品（如香蕉）的零售价值有多少在价值链的各个环节中得以保留。
- 第 17 章——本章包含了全新的章节，重点讨论了通过社交网络进行整合营销沟通的问题。
- 第 18 章——本章增加了关于七阶段跨文化沟通过程的章节，包括对所谓的 BANTA（best alternative to a negotiated agreernent，达成谈判协议的最佳选择）的探讨。
- 第 19 章——本章涵盖了关于全球客户管理（GAM）的更为广泛的内容，包括 GAM 组织建立的三个模型。此外，本章还包括一个完整的国际营销计划过程的概览模型。
- 对原有的案例都进行了更新。
- 增加了一系列全新的案例。

章节新增案例：毛绒熊工作坊（第 1 章案例）、"生命吸管"（第 2 章案例）、Classic Media（第 3 章案例）、任天堂 Wii（第 4 章案例）、G20 和经济金融危机（第 6 章案例）、Polo Ralph Lauren（第 12 章案例）、摩根汽车公司（第 17 章案例）和汉高（第 19 章案例）。

每部分末尾新增案例：Zara（案例 I.1）和索尼音乐娱乐公司（案例 V.1）。

译者序

当今,"全球化"浪潮汹涌而来,浩浩荡荡、势不可挡,人类社会从未像现在这样在政治、经济和文化等方面相互依存、相互影响。当然,构成各个经济体的最基本的细胞——企业更不例外,管理者正面临日益复杂的、充满机会和挑战的全球市场。面对全球化浪潮:是隔岸观潮,还是下海弄潮?如何选择国际目标市场?怎样进入国际市场?如何设计国际营销战略方案?执行和协调这些方案的手段又是怎么样的呢?斯文德·霍伦森教授的著作《国际营销》对此一一进行了解答。

斯文德·霍伦森教授的著作是南丹麦大学国际营销学副教授,曾在丹麦最大的跨国公司 Danfoss 任职国际营销专员、在一家农业机械企业任国际营销经理。在商界工作多年之后,他于 1992 年在丹麦哥本哈根商学院获得博士学位,开始了在南丹麦大学的教研工作。目前,他仍兼任 Grundfos、Danfoss、McCann Relationship Marketing 和世界银行等许多企业和组织的商务顾问,并在运营 Hollensen 咨询企业——该企业参与策划并执行了 Danfoss 中国企业的市场竞争力开发项目,并与全球营销网络(GMN)合作,承担了马来西亚、尼日利亚、加纳、英国和斯里兰卡等国的一些全球市场实践项目……可以说,他丰富的实践经验和学术背景都很好地反映在了这本著作当中。

作为欧洲"国际营销"领域具有较高口碑的教材,《国际营销》自 1998 年出版以来一版再版,而且,不同版本曾被翻译成俄语和荷兰语发行。在印度、西班牙和南美洲,通过与当地学者合作,该书被改编成更适合当地和区域使用的教材。和之前的版本相比,第 5 版进一步凸显了以下几个特点:

一是立足实践性。霍伦森教授丰富的国际营销实践经验及其与国际营销实务界保持的良好合作关系,使本书极具实践价值。本书在阐述过程中并没有空玄的理论卖弄,而代之以经世务实的理论解读,并辅以精选的、富有代表性的案例,使可操作性成为本书最重要的特点。

二是突出与时俱进性。一方面,理论的前沿性。本书扩展并增加了"去全球化"、价值网、顾客感知价值、服务价值链、蓝海战略、社会营销、全球客户管理、"逆流而上"战略、"上市时间"战略、"香蕉分割模型"等理论范式。另一方面,案例的时新性。本书新增加了大量来自全球各地的最新案例。

三是强调互动性。本书在每个章节和每个部分的案例都附带有提问和思考,丰富和提升了读者的知识获取能力和互动学习能力。

正如译者在翻译菲利普·科特勒《营销管理》的过程中所感受的那样，翻译一本好书是一次学习、磨砺、进益颇多的学术之旅。虽然在翻译《国际营销》的"旅途"中也不乏艰辛和困窘，但与优秀营销学者和著作的对话无疑是愉快的。在这里，我要感谢与我一道共同参与了这次旅途的硕士、博士和博士后们，他们是李乔、孙彬、韦寅蕾、孙婷婷、窦冬梅、杨志勇、刘文霞、华迎和邱琪，他们承担了本书初稿的翻译工作。

在本书翻译过程中，译者始终奉行"小心推敲、认真求证"的工作态度，对译文进行反复提炼和修正，力求翻译准确、规范和文字流畅。由于译者水平和时间有限，不当之处在所难免，还恳请各位读者批评指正。

目录

第1部分 决定是否国际化

第1章 企业国际营销 ... 3
- 1.1 全球化背景介绍 ... 3
- 1.2 国际营销计划的制订过程 ... 4
- 1.3 中小型企业和大型企业国际营销和管理风格的比较 ... 5
- 1.4 企业应该"留在国内"还是"走出国门" ... 15
- 1.5 国际营销概念的发展 ... 17
- 1.6 全球整合及市场响应的驱动力 ... 19
- 1.7 识别国际竞争优势的价值链框架 ... 23
- 1.8 价值商店和服务价值链 ... 30
- 1.9 信息企业和虚拟价值链 ... 34
- 1.10 总结 ... 36

第2章 国际化的开端 ... 46
- 2.1 引言 ... 46
- 2.2 国际化经营的动因 ... 47
- 2.3 国际化诱因（变革代理） ... 54
- 2.4 国际化的障碍/风险 ... 59
- 2.5 总结 ... 63

第3章 国际化理论 ... 66
- 3.1 引言 ... 66
- 3.2 乌普萨拉国际化模型 ... 69
- 3.3 交易成本分析模型 ... 73
- 3.4 网络模型 ... 76
- 3.5 中小型企业的国际化 ... 81
- 3.6 天生全球化 ... 83

3.7	服务的国际化	87
3.8	总结	92

第 4 章　构建企业的国际竞争力　95

4.1	引言	95
4.2	国家竞争力分析（波特钻石模型）	96
4.3	行业竞争分析	101
4.4	价值链分析	106
4.5	可持续的全球价值链——企业社会责任	116
4.6	企业社会责任和国际竞争力	117
4.7	价值网	119
4.8	蓝海战略和价值创新	120
4.9	总结	124

案例研究 I.1　Zara：走向全球时装界之巅的西班牙零售企业
案例研究 I.2　曼彻斯特联队：仍然在努力构建一个国际品牌

第 2 部分　决定进入哪些市场

第 5 章　国际营销调研　136

5.1	引言	136
5.2	国际调研人员角色的变化	137
5.3	将国际营销调研与决策制定过程联系起来	137
5.4	二手数据调研	140
5.5	一手数据调研	145
5.6	其他类型的营销调研	157
5.7	建立国际营销信息系统	162
5.8	总结	163

第 6 章　政治经济环境　167

6.1	引言	167
6.2	政治/法律环境	167
6.3	经济环境	178
6.4	欧洲经济、货币联盟和欧元	184
6.5	贫困也是一种市场机会	191
6.6	总结	195

第 7 章　社会文化环境　200

7.1	引言	200
7.2	文化的层次	203

7.3 高情境与低情境文化 204
7.4 文化的构成要素 205
7.5 霍夫施泰德关于民族文化的原创性著作（"4+1"维模型） 212
7.6 霍夫施泰德模型的优点和缺点 214
7.7 如何管理文化差异 216
7.8 世界文化的趋同和分化 217
7.9 文化维度对道德决策的影响 218
7.10 社会营销 220
7.11 总结 221

第8章 国际市场选择程序 225
8.1 引言 225
8.2 国际化市场选择：中小型企业与大型企业 226
8.3 建立国际市场选择模型 227
8.4 市场扩张战略 243
8.5 全球产品/市场组合 250
8.6 总结 252

案例研究 II.1　The Female Health Company：女性避孕产品在世界避孕产品市场上寻求立足点

案例研究 II.2　Skagen Designs：成为一家在国际市场上开展经营活动的手表设计企业

第3部分　市场进入战略

第9章 进入模式的选择方法 261
9.1 引言 261
9.2 交易成本方法 262
9.3 进入模式选择的影响因素 263
9.4 总结 269

第10章 出口模式 275
10.1 引言 275
10.2 间接出口模式 278
10.3 直接出口模式 283
10.4 合作出口模式/出口营销团体 290
10.5 总结 291

第11章 中间商进入模式 295
11.1 引言 295

11.2	合同制造	296
11.3	许可经营	298
11.4	特许经营	300
11.5	合资企业/战略联盟	306
11.6	其他中间商进入模式	316
11.7	总结	320

第 12 章 阶层控制模式 … 322

12.1	引言	322
12.2	国内销售代表	324
12.3	驻地销售代表/国外销售分支机构/国外销售子公司	324
12.4	销售和生产子公司	326
12.5	子公司成长战略	327
12.6	区域中心（区域总部）	328
12.7	跨国组织	330
12.8	建立全资子公司——收购或绿地投资	330
12.9	总部的选址与搬迁	331
12.10	国外撤资：从国外市场的撤出	332
12.11	总结	335

第 13 章 国际外包决策和二级供应商的作用 … 340

13.1	引言	340
13.2	国际外包的原因	342
13.3	分包的类型	344
13.4	买卖双方的互动	345
13.5	买卖双方关系的发展	348
13.6	逆向营销：由卖方主动转向买方主动	350
13.7	分包商的国际化	351
13.8	工程出口（交钥匙合同）	353
13.9	总结	354

案例研究 III.1　宜家：通过特许经营扩张到南美市场？
案例研究 III.2　IMAX 公司：电影业务全球化

第 4 部分　设计国际营销计划

第 14 章 产品决策 … 366

14.1	引言	366
14.2	国际产品供给的内涵	366

14.3	制定国际服务战略	367
14.4	产品生命周期	371
14.5	投放国际市场的新产品	378
14.6	产品定位	385
14.7	品牌资产	389
14.8	品牌化决策	390
14.9	感官品牌化	400
14.10	名人品牌效应	403
14.11	互联网的应用：产品决策中与消费者合作	406
14.12	长尾战略	413
14.13	绿色营销策略	414
14.14	品牌盗版和反盗版战略	419
14.15	总结	420

第15章 定价决策和商务条款 423

15.1	引言	423
15.2	与国内定价策略相对照的国际定价策略	424
15.3	影响国际定价决策的因素	424
15.4	国际定价策略	428
15.5	互联网对跨国定价的意义	442
15.6	销售和交付条款	444
15.7	支付条款	445
15.8	出口融资	448
15.9	总结	450

第16章 分销决策 454

16.1	引言	454
16.2	渠道决策的外部决定因素	456
16.3	渠道结构	458
16.4	管理和控制分销渠道	461
16.5	物流管理	466
16.6	因特网对分销决策的影响	472
16.7	特别专题1：国际零售	474
16.8	特别专题2：灰色营销（平行进口）	480
16.9	总结	482

第17章 营销沟通决策（促销战略） 487

17.1	引言	487
17.2	营销沟通过程	488
17.3	营销沟通工具	490

17.4 实践中的国际广告策略 ·············· 508
17.5 网络营销沟通决策：病毒式营销和社交网络 ·············· 513
17.6 总结 ·············· 521

案例研究 IV.1　戴森真空吸尘器：凭借著名的无袋式吸尘器由国内市场进入国际市场

案例研究 IV.2　凯旋摩托车：在国际摩托业务中浴火重生

第 5 部分　国际营销计划的实施与协调

第 18 章　跨文化销售谈判 ·············· 529
18.1 引言 ·············· 529
18.2 跨文化谈判 ·············· 531
18.3 为跨文化经营做准备 ·············· 542
18.4 应对外派人员 ·············· 543
18.5 知识管理和跨边界学习 ·············· 545
18.6 跨文化谈判中的国际贿赂 ·············· 549
18.6 总结 ·············· 550

第 19 章　国际营销计划的组织与控制 ·············· 554
19.1 引言 ·············· 554
19.2 国际营销活动的组织 ·············· 555
19.3 全球客户管理组织 ·············· 560
19.4 控制国际营销计划 ·············· 573
19.5 国际营销预算 ·············· 579
19.6 开发国际营销计划的过程 ·············· 582
19.7 总结 ·············· 582

案例研究 V.1　索尼音乐娱乐公司：新型全球组织结构及歌手 Pink 新唱片的营销、规划和预算

案例研究 V.2　飞利浦剃须刀：保持世界剃须刀市场领导品牌地位

第1部分

决定是否国际化

第1章　企业国际营销

第2章　国际化的开端

第3章　国际化理论

第4章　构建企业的国际竞争力

扫描二维码获取
"案例研究"内容

案例研究 I.1　Zara

案例研究 I.2　曼彻斯特联队

一种常见的情形是，准备经历出口冒险之旅的企业应该先留在母国发展，因为它还不具备开始从事出口业务所必需的能力。在第一部分，第 1 章从价值链角度讨论竞争能力和国际营销战略。第 2 章探讨企业国际化的主要动机。第 3 章聚焦于解释企业国际化过程的一些重要理论。第 4 章从宏观和微观角度讨论国际竞争力的概念。

第1章
企业国际营销

> **学习目标**
>
> 完成本章学习之后,你应该能够:
> - 描述中小型企业(SMEs)和大型企业(LSEs)的管理风格特点并加以比较。
> - 识别全球整合和市场响应的驱动因素。
> - 在全局视角下解释国际营销在企业中的角色。
> - 描述并理解价值链的概念。
> - 识别和探讨价值链国际化的不同方式。

1.1 全球化背景介绍

经历过两年的经济危机(2008—2010),企业高管们再度将目光投向未来。高管们开始重新思考国际营销战略布局,他们想要了解这种动荡究竟只是又一轮的商业周期,还是全球经济秩序的重建。尽管国际贸易随着需求减少而衰退,产品服务全球化的发展已经停滞了一段时期,全球化的整体趋势却是不可逆转的(Beinhocker et al., 2009)。

2005 年,托马斯·L. 弗里德曼(Thomas L. Friedman)的畅销书《世界是平的》问世。书中主要分析了 21 世纪早期的全球化,时至今日,局势已经发生了巨变。书名将世界比喻为一个商业竞争的平面,所有的参与者和竞争对手在这里拥有同等的机会。我们正在步入全球化的一个新阶段,这个阶段将不会存在于某个单一的地理中心,没有成功的终极模式,也没有绝对成功的创新或成长战略。来自世界各地的企业相互就顾客、资源、人才和知识资本在世界市场的每一个角落展开竞争。产品和服务将在许多地区之间流动。正如弗里德曼提到的，位于乌克兰、印度和中国等国家的众多企业，为跨国公司提供了从打字员、呼叫中心到会计、计算机程序员的人力来源。通过这种方式，新兴发展中国家的这些企业正逐渐成为戴尔、SAP、IBM 和微软等大型跨国公司复杂的全球供应链中不可分割的一部分。

> **全球化**
> 反映企业在全世界大多数国家和地区购买、开发、生产和销售产品和服务的一种趋势。

> **国际化**
> 在世界上许多国家经营业务，但通常仅限于某一地区（如欧洲）。

面对**全球化**的冲击和联系日益紧密的世界，许多企业试图将其销售扩张到外国市场。国际扩张提供了全新且更具利润潜力的市场，有利于提高企业竞争力，促进企业获取新产品创意、生产创新和最新技术。但除非企业事先有所准备，否则**国际化**就很难取得成功。事先规划被广泛认为是新的国际投资成功的重要因素（Knight，2000）。

1.2 国际营销计划的制订过程

本书提出了一个清晰的国际营销的决策导向路径，它依据企业营销人员在国际营销过程中面临的五种主要决策（见图 1.1）而构建。本书的 19 章将依据这五个决策的顺序分为五部分。

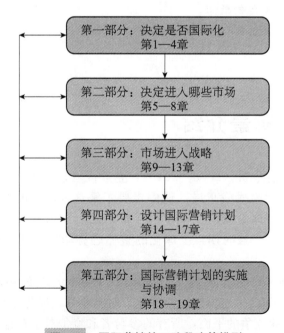

图 1.1 国际营销的五阶段决策模型

最后，企业全球竞争力主要取决于国际营销各阶段的最终效果：国际营销计划。营销计划的目标是在全球市场上创造持续的竞争优势。企业在开发国际营销计划时一般会经历某种心理过程（mental process），这个过程在中小型企业通常是非正式的；而在规模较大的组织往往会更为系统化。图1.2基于图1.1提出的五个决策阶段，给出了制订国际营销计划的一套系统的方法。本书各章将通过一些重要的模型和概念对上述五个决策阶段给出进一步的解释，并进行深入的讨论。

如果要了解全书的结构安排，请参阅图1.2。

1.3 中小型企业和大型企业国际营销和管理风格的比较

"趋同"的潜在原因是许多大型跨国公司（如IBM、飞利浦、通用汽车和ABB）都已经开始精简运营，所以实际上许多**大型企业**（large-scale enterprises, LSEs）的行动犹如一些小型、自治的、富有创业精神、行动导向的企业。总有人会质疑这种**中小型企业**（small and medium-sized enterprises, SMEs）行动导向的变化趋势。一些研究（如 Bonaccorsi et al., 1992）否定了一种广为接受的观点，即企业规模与出口密集度正相关。更有许多研究学者（如 Julien et al., 1997）发现中小型出口企业表现得并不像是一个同质化群体。

表1.1概述了中小型企业和大型企业在管理和营销风格上存在的主要性质上的差异。

> **大型企业**
> 根据欧盟的定义，大型企业是指拥有250名以上员工的企业。尽管只占企业总数的1%，LSEs 为欧盟提供了近1/3的职位。

> **中小型企业**
> 中小型企业普遍存在于欧盟和国际组织。欧盟将员工数量低于50的企业归为"小型"，低于250的归为"中型"。在欧盟，SMEs（员工数低于250）约占企业总数的99%。

资源

● 财务。对于中小型企业，已经充分证明的一个特点就是企业因股本基数（equity base）有限而造成财力匮乏。所有者只为企业投入有限的资本，而这种资本可能很快就会被消耗殆尽。

● 商科教育/专家知识。与大型企业相反，中小型企业管理者的特点之一是接受的正规商科教育有限。传统上，中小型企业的所有者/经理是一些技术或工艺专家，不太可能接受过主流商科的培训。小企业的管理者往往是通才而非专家，所以专业知识通常会成为其发展的一种制约。此外，国际营销知识经常会是扩张中的中小型企业习得最晚的一门商业学问，而企业中财务和生产专家资源的获取通常优先于营销专家。所以，由中小型企业的所有者亲自操刀，密切参与销售、分销、定价的活动，尤其是参与产品开发的现象并不少见。

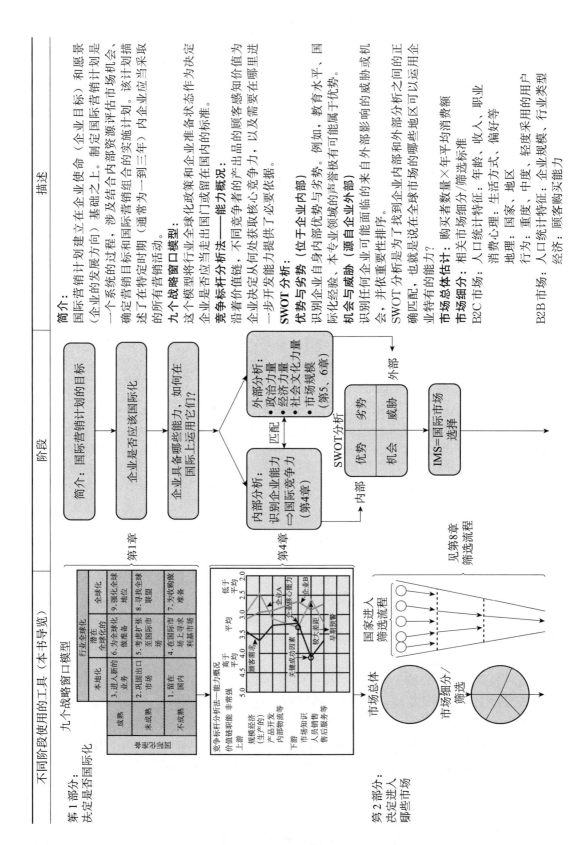

第1章 企业国际营销

地理市场： 地区（西欧、东欧、远东、北美等）、国家或国内某区域

顾客类型： 终端顾客、中间商、原始设备制造商（OEMs）、全球客户（GAs）

竞争者分析：

你将发现企业的竞争优势，即顾客选择与你而非其他竞争对手进行交易的原因。通过观察竞争对手的行为，你可能会进一步了解市场。例如，一个成功的竞争对手是否因为较低的价格？如果情况如此，该情况可以告诉你怎样的市场消费习惯。如果你发现市场已经因为有力的竞争者充斥着（"红海"），那么你可以选择基于企业现有的资源基础转而投向能产生更多利润的领域（"蓝海战略"）。你还可以避免目标市场需求不足造成的成本损失。

营销目标：

营销目标的实现应该带来销售量（否则你需要更改营销目标）。营销目标应当清晰、可以测量、目有明确的时间期限。也就是说这些目标应当遵循 SMART 原则：具体的（**S**pecific）、可度量的（**M**easurable）、可达成的（**A**chievable）、现实的（**R**ealistic）、有时限的（**T**imeable）。制定目标并检验其实现所需的资源和能力？

检验现实性：使目标拥有实现目标市场份额从现在（t_0）到可以预见的其余时间内容是否现实？

举例：三年后（t_3）的 5% 提高到目标市场份额（t_0）的 15%——是否现实？

市场进入战略：

一旦企业设定了目标市场的目标，下一步就是选择最佳的市场进入方式。所选择的模式可以视为纵向链条上的下一层决策，它将在国家层面上向纵向链条上的下一个与参与者提供渠道。

三种进入模式对应的特点如下（从制造商角度看）：

出口模式（代理、分销商）：低控制、低风险、高灵活性
中间商模式（合资、战略联盟）：共担控制与风险、股权分割
阶层控制模式（全资子公司）：高控制、高风险、低灵活性

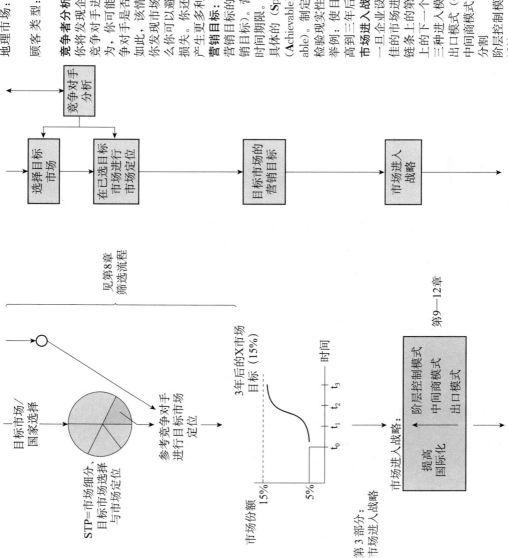

STP=市场细分、目标市场选择与市场定位

见第8章 筛选流程

第3部分：市场进入战略

第9—12章

制定营销组合：

计划中的国际营销组合部分（4Ps 或 7Ps）概述了实现国际营销目标的规划。它是营销计划的核心。营销组合部分应该含有以下相关信息：

产品：市场供应物——产品和服务
价格：为交付的产品/服务向顾客收取的费用
促销（分销）：如何在市场中提升和创造产品知名度、兴趣
渠道（分销）：如何将产品/服务带给顾客？如何通过增加与顾客的关系创造额外价值

实施：

将战略转化为行动（组织）：
为每个产品/服务，先在组织内部考虑的内部阻碍？
组织营销活动；
谁负责活动实施？
何时举办活动？
内部营销计划。

跨境谈判：

影响买卖双方谈判氛围间的最基本隔阂是文化差异，表现在沟通和谈判行为，时间观念，空间和文化差异可以通过文化培训和市场调研实现。社会规范性质的差异。减少规范文化差异可以通过文化培训和市场调研实现。

第 4 部分：
设计国际营销计划

营销组合计划（每个国家和总体）

营销组合（活动）	第1年 (t₁)	第2年 (t₂)	第3年 (t₃)
产品：特点、质量、名称、包装、保证、支持服务	新的变种	新产品线和服务	开发新技术/产品
价格：标价、附加服务价格、信用贷措施、条款/条件、折让	保持撇脂定价	降低价格	稳定价格
渠道：分销商、批发商、零售商、选址、交通	选择性分销	以新的合作伙伴扩展分销	新的国际市场
促销：广告、直邮、电子邮件、公关、销售促进、人员推销、企业简介、互联网	保持现有广告媒体	开展电子邮件营销活动	人员推销

第14—17章

第 5 部分：
国际营销计划的实施和协调

实施和跨境谈判

实施营销活动（Q=季度）	第1年 Q1 Q2 Q3 Q4	第2年 Q1 Q2 Q3 Q4	第3年 Q1 Q2 Q3 Q4	责任人
广告				XX
电子邮件				XY
展示				YX
人员销售……				YY

第18章

第 1 章 企业国际营销

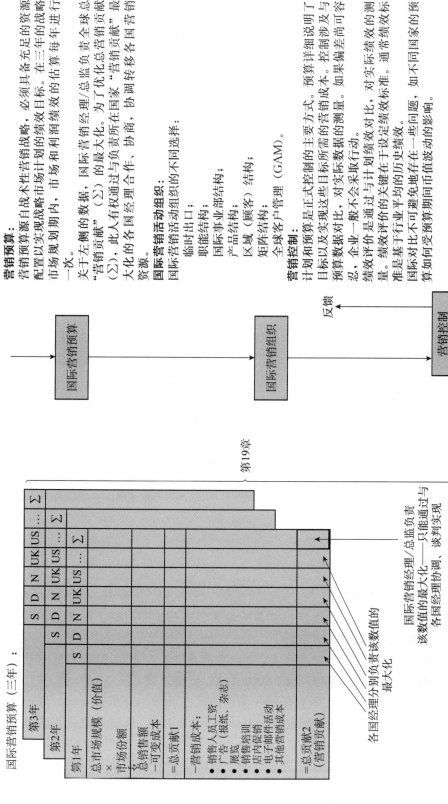

图 1.2 国际营销计划的开发

资料来源：Hollensen, S. (2008), *Essentials of Global Marketing*, FT/Prentice Hall, pp. 6–9。

表 1.1　LSEs 和 SMEs 的特点

	大型企业	中小型企业
资源	丰富的资源 资源内部化 协调 ● 人员 ● 财务 ● 市场知识等	有限的资源 资源外部化（资源外包）
战略制定/决策过程	深思熟虑的战略制定（Mintzberg，1987；Mintzberg and Waters，1985） 以较小的渐进式步伐进行的适应性决策模式（逻辑渐进主义）（如每个新产品开发：相对大型企业而言都是微小的创新）（见图 1.3）	应急的战略制定（Mintzberg，1987；Mintzberg and Waters，1985） 创业式的决策制定模型（如每个新产品开发：相对中小型企业而言都是巨大的创新）（见图 1.4） 所有者/经理直接并亲自参与和控制企业所有的决策过程
	LSEs	SMEs
组织	正式的/层级的 不依赖于个人	非正式的 所有者/企业家通常有控制/激励整个组织的权力/魅力
冒险	大部分是规避风险的 关注长期机会	有时冒险/有时规避风险 关注短期机会
灵活性	低	高
规模经济和范围经济	可以	有限
利用信息来源	利用先进的技术： ● 数据库 ● 外部咨询 ● 互联网	通过非正式和廉价的方式收集信息： ● 内部来源 ● 面对面交流

战略制定/决策过程

实现的战略（组织活动的观测结果）是预定（计划的）战略和应急（非计划的）战略互相混合的结果。没有企业能制定完全精心策划或预定的战略。事实上，所有的企业都会有预期和应急方面的战略元素。

一方面，在深思熟虑的（计划的）战略下（主要是大型企业），管理者试图尽量精确地表述其意图，进而努力以最接近计划的方式加以实施。

这种计划方法"设定了一系列有序的步骤——设定目标、分析、评估、选择、实施规划，以使得组织向长期最优方向发展"（Johnson，1988）。战略管理过程的另一种方法是所谓的逻辑渐进主义（logical incrementalism）（Quinn，1980），该方法要求依据经验灵活地进行持续的战略调整。如果战略上的微小调整被证明是成功的，那么战略则可以更进一步发展。依据 Johnson（1988）的观点，管理者可能觉得自己已经很好地进行了渐进式管理，但是这并不意味着他们成功追踪了环境变化。有时渐进调整的战略变化会偏离环境市场的变化，造成战略漂移（strategic drift）（见图 1.3）。

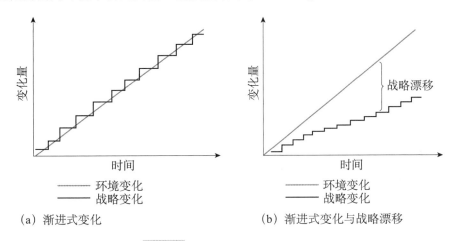

图 1.3　渐进式变化和战略漂移

资料来源：Johnson，G.（1988），"Rethinking incrementalism"，*Strategic Management Journal*，9. pp. 75 - 91. Copyright 1988 © of John Wiley & Sons Ltd。

示例 1.1 举了一个战略漂移的例子。

示例 1.1
乐高（LEGO）的战略漂移

丹麦的家族企业乐高集团（www.lego.com）是当今世界第五大玩具制造商，仅次于美泰（Mattel，因芭比娃娃而知名）、孩之宝（Hasbro，因游戏《智力棋盘》（Trivial Pursuit）和经迪士尼许可协议获取的迪士尼人物而知名）、任天堂（Nintendo，电脑游戏）和世嘉（SEGA，电脑游戏）。

直到现在，乐高始终坚信其独特的理念超越了其他产品，但今天乐高感受到了在争夺儿童娱乐时间上的压力。著名的乐高积木同电视、视频、光盘游戏、互联网之间的竞争不断加剧。因为乐高的管理人员盲目相信其独一无二的教学玩具，而与世界发展脱节，战略漂移似乎已经在乐高产生。许多"上班族"父母越来越没有时间"控制"孩子的娱乐习惯。壮观的电脑游戏战胜了乐高代表的"健康"教学

© 2010 the Lego Group.

玩具。这种发展趋势已经不断提速，并且迫使乐高重新评估现有的产品项目和营销战略。

1998—2000 年，乐高遭受严重的亏损，被迫进行裁员，但是 2002 年乐高又获得了丰厚的利润，然而 2003 年乐高的净亏损约为 1.9 亿欧元。

乐高试图将传统理念和价值观扩展至面向 2—16 岁儿童的媒体产品。这些新品类包括电脑和游戏机软件、书籍、杂志、电视、电影和音乐，旨在重建长久以来已经在儿童及其家长心目中树立起来的信心和信任感。

乐高推出了由哈利波特、巴布工程师、星球大战、迪士尼小熊维尼授权制作的主题玩具组合套装。乐高还走高科技路线，推出的产品如乐高机器人（Mindstorms），畅销的乐高生化战士玩具也将出现在动画电影中。继 2003 年的巨额亏损后（发布于 2004 年年初），乐高现在正回归先前的理念。为了确保提高对核心业务的关注，2004 年秋季，乐高集团决定出售乐高主题公园（LEGOLAND Parks）。乐高将更关注主要产品积木，专注于低龄儿童的组装热情。该战略在 2005 年就获得了成效。乐高集团的净利润增长可观，从 2004 年亏损 2.42 亿欧元到 2005 年盈利 0.29 亿欧元，2009 年甚至增长为 3 亿欧元。尽管身为国际玩具市场中规模较小的企业，通过关注于重建强劲的核心业务——经典建筑玩具，乐高集团作为财务更强健、更具竞争力的玩具企业，期望到 2010 年直至以后都能维持其市场地位。

资料来源：改编自各种公开资料。

另一方面，中小型企业的特点在于创业式的决策制定模型。中小型企业的战略可能会出现更多的巨变，因为决策是依靠直觉制定的，其松散且非结构化。如图 1.4 所示，可能实现的战略范围由各种可能的结果区间决定。中小型企业家的显著特点是倾向于寻求新的机会，这种天然的变革倾向性、固有的创业精神能给企业成长带来相当大的改变。因为企业家改变了其关注点（即核心业务），这种发展不是通过计划或协调来实现的，而是以有可能影响企业整体走向的分散的决策为基本特征的。

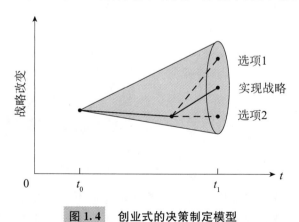

图 1.4　创业式的决策制定模型

组织

与大型企业相比，中小型企业的员工通常与企业家更接近，因为受企业家影响，这些员工为了留在企业就必须符合企业家的个性和风格特点。

冒险

当然，不同程度的风险无处不在。大型企业一般会规避风险，因为它们采用渐进式决策的模型，更关注长期的机会。

在中小型企业中，冒险取决于特定的情境。当企业生存受到威胁时，或某个主要竞争对手正在破坏企业活动时，企业可能会采取冒险行动。企业家还可能在没收集完所有相关信息时采取冒险行动，因而在决策过程中会忽略掉一些重要事实。

当然，另一方面，在某些情境下中小型企业会规避风险。这种情况通常发生在企业因之前经历冒险活动而遭受损失时，企业在信心恢复之前不再愿意冒任何风险。

灵活性

由于中小型企业和顾客间的沟通线路较短，所以企业能更快、更灵活地对顾客询价做出反应。

规模经济和范围经济

规模经济

由于"经验曲线效应"（experience curve effects），生产和销售的累计产量的增加会带来更低的每单位成本和更高的生产、营销等效率。构建全球布局自然扩大了企业运营的规模，带给企业更大的生产能力和更强的资产基础。然而，更大的规模只有当企业把规模系统地转化为**规模经济**时才能创造竞争优势。规模经济效应大体上表现为几种不同的方式（Gupta and Govindarajan, 2001）：

> **规模经济**
> 产量的累积会导致更低的单位成本价格。

- 由于经验曲线效应，单位的运营成本降低，固定成本被分摊到较大的产量上。
- 汇集全球的采购能够使得供应商集中全球的购买力。这通常会带来数量折扣和更低的交易成本。
- 更大的规模使全球化企业有机会建立特定技术或产品的开发中心。为了这个目标，企业需要将足够数量的人才集中在某个地方。

因为规模（更大的市场份额）和积累的经验，大型企业通常可以利用这些因素带来的优势（见关于任天堂 Game Boy 游戏机的示例 1.2）。中小型企业倾向于有利可图的、小型的细分市场。这些细分市场对大型企业而言无关紧要，但对中小型企业来说就已经足够了。然而，它们只能带来在特定行业中非常有限的市场份额。

示例 1.2
任天堂（Nintendo）Game Boy 游戏机的规模经济

从 1989 年至 2009 年年中，Game Boy 游戏机已在全世界售出 2 亿台，虽然正被索尼和微软夺走控制台系统的市场份额，任天堂仍主导着掌上游戏机市场。过去 15 年间，诸如世嘉（Sega）、日本电气（NEC）、SNK 及手机商诺基亚等企业共推出了 9 款相互竞争的便携式游戏系统，但都不甚成功。

规模经济主要与硬件制造有关，对软件而言具有局限性。企业必须提供众多不同类型的游戏，其中绝大多数只能在短期内流行。这点在与电影相关的软件上尤为明显：游戏流行的程度会随着电影在影院下线而衰退。

Bildagentur-online/Alamy

范围经济

当企业服务于多个国际市场时，协同效应及全球范围经济就产生了；如果服务一个只在某个国家运营的客户，全球范围经济就不会产生。顾客应该能从许多国家购买到相同的产品和服务。全球顾客可以从一群本地供应商或一个存在于所有市场的全球供应商处采购产品和服务。与一群本地供应商相比，单个全球供应商可以通过不同国家间更稳定的质量和产品服务特点、更快速流畅的协调能力以及更低的交易成本为全球客户提供价值。

在全球范围取得**范围经济**的挑战在于应对两种有冲突的需求间的矛盾：一个是统一协调大部分营销组合要素的需要，另一个是产品和服务实际交付时本地自主权的要求（Gupta and Govindarajan，2001）。

范围经济
将一个企业/国家的资源重新利用到另一个企业/国家。

大型企业通常服务于坐落在不同洲的不同市场（国家），也因此可以将从某个国家获取的经验转移至另一个国家。中小型企业通常只为有限的几个海外国际市

场提供服务。有时当中小型企业加入某个联盟或合资企业，而合作伙伴拥有其在国际市场缺乏的互补性产品项目或本地市场知识时，中小型企业也可以利用范围经济。

世界汽车产业就是规模经济和范围经济的一个实例。大部分汽车企业在整个产品系列上采用相似的发动机和变速器，如此一来，相同的发动机和变速器可以运用在不同的车型上。这给福特、大众这样的企业带来了节约成本的巨大潜力。汽车产业不但通过生产更多绝对数量的发动机或变速器而实现了规模经济（每单位产出的成本降低），而且还实现了范围经济（将一个企业/国家的资源重新利用到另一个企业/国家）。汽车行业显然已经经历了一轮兼并和收购的浪潮，目的就是创造更大的世界汽车企业以期从足够大的规模中获益。

利用信息来源

大型企业一般靠委托声誉良好（且收费高昂）的国际咨询企业出具市场报告以获取关键的全球营销信息。

中小型企业经常通过面对面交流这种非正式的方式收集信息。企业家能够不自觉地整合这些信息并利用它们做出决策。在大多数情况下获得的信息是不完整、碎片化的，评估是基于直觉，而且常常是依靠猜测。整个过程都是为了寻求一种可利用这些信息的成熟时机。

此外，随着中小型企业选择越来越明确的国际市场导向，同时当企业越来越从生产导向（"上游"）向营销导向（"下游"）演变时，对复杂信息的需求会增加（Cafferata and Mensi，1995）。

为了应对国际市场的压力，大型企业和中小型企业都朝着既全球整合而又市场响应型的战略发展。但两类企业的出发点是不一样的。大型全球企业的传统战略是在世界范围内推出标准化产品从而充分利用其规模经济。这些企业已经意识到，保持各国市场的竞争力需要更高程度的（当地）市场响应。另一方面，中小型企业传统上将各国市场视为互相独立的。但是随着其国际竞争力的提升，它们也开始意识到不同国际市场之间存在着相互关联。中小型企业认识到协调不同国家的营销战略有利于在研发、生产、营销方面利用规模经济。

1.4　企业应该"留在国内"还是"走出国门"

Solberg（1997）探讨了在什么条件下企业应该"留在国内"或进一步"强化全球地位"的两种极端情况（见图 1.5）。

		行业全球化		
		本地化	潜在全球化	全球化
国际化准备	成熟	3.进入新的业务	6.为全球化做准备	9.强化全球地位
	未成熟	2.巩固出口市场	5.考虑扩张至国际市场	8.寻找全球联盟
	不成熟	1.留在国内	4.在国际市场上寻求利基市场	7.为收购做准备

图 1.5 九个战略窗口

资料来源：Solberg（1997，p.11）。

行业全球化

企业原则上不会影响行业全球化的程度，因为行业全球化程度主要由国际营销环境决定。企业的战略行为决定于行业的国际竞争结构。当行业国际化程度较高时，市场、顾客和供应商之间存在众多相关性，行业由少数几家实力雄厚的大型市场参与者掌控（全球化的）；而本地化指的是多国化市场环境，在该环境下市场之间相互独立。典型的全球化行业有个人电脑、信息技术（软件）、唱片（CDs）、电影和飞行器（两家主导者为波音和空客）。较为本地化的行业是那些较少受文化限制的行业如美发、食品和乳制品（如挪威的棕色奶酪）。

国际化准备

该维度主要由企业决定。准备程度取决于企业在国际市场上实施战略的能力，即国际企业运营的实际技能。这些技能或组织能力可能由个人技能（如语言、文化敏感性等）和管理者的国际经验或财务资源组成。准备充分的企业（成熟）拥有支配国际市场的良好基础，因此可以取得更大的市场份额。

全球/国际营销文献并没有深入讨论过"在国内市场展开经营活动"的选择。不过，Solberg（1997）认为，当企业只有有限的国际经验和弱势的国内市场地位时，企业几乎没有进入国际市场的理由，反而应当尽量提高国内市场绩效。该选择是图 1.5 里的 1 号窗口。

若企业发现自己身处一个全球化的行业，而且与周围众多跨国公司相比能力很弱时，Solberg（1997）认为它可能会通过寻求提高资本净值的方式来吸引未来合作伙伴的收购要约。该选择（见图 1.6 中 7 号窗口）可能与中小型企业把先进的高科技部件（作为子供应商）卖给具备全球网络的大型工业企业有关。在全球需求波动的环境下，财务资源有限的中小型企业通常在财务上较为脆弱。如果企业已经获得了一些国际企业运营能力，就可以通过与表现出互补能力的企业达成联盟（8 号窗口）以克服部分竞争劣势。图 1.5 中的其他窗口在 Solberg（1997）的文章中有进一步的讨论。

1.5 国际营销概念的发展

国际营销主要包括比竞争者更好地发现和满足全球顾客的需要，以及在全球环境的约束下协调营销活动。企业对全球市场机会的反应形式很大程度上取决于管理人员对全球商业本质的经营设想或信念，包括有意识和无意识的。这种关于企业商务活动的世界观可以描述为 EPRG 框架（Perlmutter，1969；Chakravarthy and Perlmutter，1985）。它的四种导向是：

- 民族中心导向（ethnocentric）：母国比其他国家优越，母国的需要与企业最相关。总部本质上是将经营方式扩展到了国外的分支机构。这种情况下，控制高度集中，组织和技术执行在国外与国内没有本质上的差别。
- 多国中心（多国化）导向（polycentric/multidomestic）：每个国家都是独特的，因此应该针对性地采取不同方式。多国中心导向的企业认为不同地方的生产和营销条件各不相同，为了最大化各地利润应当尽量适应不同条件。但这种情况下，对分支机构的控制高度分散，总部和分支机构间的沟通有限。
- 地区中心导向（regioncentric）：世界由不同地区组成（例如欧洲、亚洲、中东）。企业努力整合协调地区内而非地区间的营销计划。
- 全球中心（全球化）导向（geocentric/global）：世界正变得越来越小。企业可以提供适应当地的全球化产品概念，即全球化思考，本土化行动。

地区中心导向和全球中心导向的企业（与民族中心导向和多国中心导向相反）追求在地区或全球范围内组织和整合生产、营销。与民族中心导向的企业相比，每个国际单位都是整体多国网络的重要组成部分，总部和分支机构之间的沟通和控制较少采取自上而下的方式。

由此我们可以得出国际营销的定义：

国际营销的定义是企业致力于协调跨国营销活动，其目的是比竞争对手更好地发现和满足全球顾客的需要。这意味着企业能够：
- 基于市场间的相似性和差异性制定国际营销战略；
- 在世界范围的扩散（学习）和适应过程中利用总部（母国组织）的知识；
- 将知识和"最佳实践"从任一市场转移并运用到其他国际市场。

以下是对一些重要概念的解释：
- 协调营销活动：协调和整合营销战略并在全球市场加以实施，涉及集权、授权、标准化和本地响应。

- 发现全球顾客需要：涉及开展国际市场调研和分析细分市场，并试图了解不同国家客户群的异同。
- 满足全球顾客需要：调整产品、服务和营销组合要素以满足各个国家和地区顾客的不同需要。
- 比竞争对手更好：通过提供更好的价值、低价格、高质量、更优的分销网络以及有效的广告战略或更出众的品牌形象来评估、监控，并对全球竞争做出反应。

国际营销定义的第二部分也体现在图1.6和1.7中。下文对其进行进一步的论述。

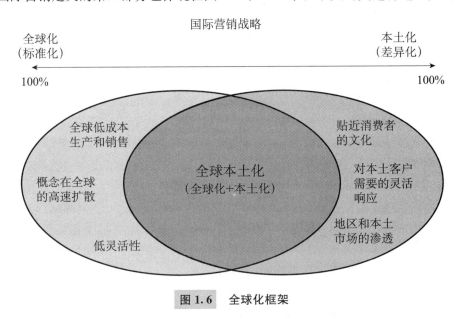

图1.6　全球化框架

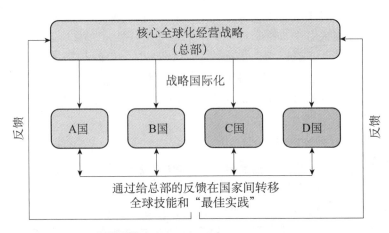

图1.7　跨国知识转移和学习的原理

国际营销战略通过总部和分支机构之间的动态依赖关系，努力实现"全球化思考，本土化行动"(所谓的"**全球化**"框架)。组织遵循这样的战略来协调行动,在得益于全球整合、效率及全球创新扩散的同时,确保本地的灵活性。

> **全球化**
> 产品或服务的开发和销售面向全球市场,但同时调整以适应本土文化和行为(全球化思考,本土化行动)。

价值链的功能主要应在竞争力最强(且成本效率最高)的环节实现,并不一定在企业总部实现(Bellin and Pham,2007)。

国际营销的两种极端——全球化和本土化,可以结合成"全球本土化"(glocalization)的框架,如图 1.6 中所示。

全球化的一个关键要素是知识管理,即持续借鉴经验。从实践上说,知识管理是专注于跨边界的学习活动,其目的在于追踪在某个市场运用的、可以为其他地区(其他地理市场)所用的有价值的能力,从而使企业能够持续地更新知识。这点表现为图 1.7 中知识和最佳实践在市场间的转移。但是,某个文化环境下开发和运用的知识,并非总能轻易地转移到另一个文化环境。缺少人际关系、缺失信任和文化差异共同导致了跨文化知识管理中的阻力、摩擦和误解。

随着全球化已成为许多企业商业战略的核心(涉及产品开发或服务提供方面),管理"全球知识引擎"(global knowledge engine)从而在当今的知识密集型经济中获取竞争优势的能力,就成了持续性竞争力的关键之一。全球营销环境下,知识的管理实际上是一种跨文化的活动,它的关键任务就是培养和不断提升跨文化的协作能力(第19 章有深入讨论)。当然,对组织而言,战略性的、为提高企业竞争力而使用的知识种类或类型,会依商业环境和与之相关的各类知识的价值而变。

1.6 全球整合及市场响应的驱动力

图 1.8 假定中小型企业和大型企业相互学习。

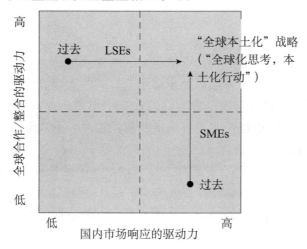

图 1.8 全球整合/市场响应:LSEs 和 SMEs 未来的导向

两种运动的结果都有可能是一种以行动为导向的方法，企业通过这种方法同时利用两个方向的优势。接下来的部分将要讨论图1.8中，中小型企业和大型企业的出发点的差异。如图1.8中表示，中小型企业和大型企业都朝右上角运动，最终聚在了一起。

图1.8中大型企业自"左"向"右"运动，举个例子就是麦当劳为适应本地饮食文化而调整其菜单列表（见示例1.3）。传统上，中小型企业具有"高度的响应性"，但分权和本地决策的趋势使得它们跨境合作程度低（这与大型企业的特点正相反），所以更为脆弱。

"全球本土化战略"和"全球本土化"用来反映和联结图1.8中的两个维度：全球化（y轴）和本土化（x轴）。全球本土化战略反映了对全球整合战略的渴望，同时也承认本土适应/市场响应的重要性。通过这种方法，全球本土化力图实现企业国际营销活动在标准化和适应性之间的最佳平衡（Bellin and Pham, 2007; Svensson, 2001, 2002）。

> **全球整合**
> 识别国际市场间的相似性，并将它们整合成全球总体战略。

> **市场响应**
> 对市场需要和欲望做出反应。

首先我们将尽量解释图1.8中的全球合作/**全球整合**和**市场响应**的动因。

全球合作/整合的驱动力

在向全球整合营销的转变中，各国目标市场的相似性比差异性更重要。这种转变的主要驱动力有（Sheth and Parvatiyar, 2001; Segal-Horn, 2002）：

- 消除贸易壁垒（解除管制）。消除阻碍跨国贸易的历史壁垒，包括关税的（如进口税）和非关税的（如安全法规）。解除管制现已发生在多个层面：国家的、地区的（国家贸易集团内部）和国际的。解除管制减少了跨国贸易的时间、成本和复杂性，因而对全球化具有影响力。

- 全球客户/顾客。随着顾客的全球化及其全球采购活动的合理化，他们需要供应商提供全球化的服务以满足其独特的全球需求。通常全球服务包含产品全球交付、可靠的供应和服务体系、统一的特点以及全球定价。一些大型企业，如IBM、波音、宜家、西门子和ABB，对其较小的供应商（通常是中小型企业）提出了全球化的需求。这些管理着全球客户的中小型企业为了确保所有功能单位的质量一致，需要跨职能的顾客团队。该问题在第19章有深入讨论（19.3节）。

- 关系管理/网络组织。当企业走向全球市场，为了在竞争中抢占优势地位，依靠与外部组织形成的关系网络（如顾客和供应商关系），变得越发必要。企业可能还得同分布在世界各地的内部单位（如销售子公司）合作。商业联盟和关系网络有助于降低市场不确定性，尤其是在技术快速融合、全球市场的资源需求量更大的环境下。但是网络化组织需要更多的合作和沟通。

- 标准化的全球技术。早期世界市场的需求存在差异是因为先进的科技产品在进入消费市场前主要是为国防和政府部门开发的。然而，今天企业对获取生产的规模和范围经济的渴望是如此强烈，以至于产品和服务在全球市场变得更加随处可得。最终，我们将会看到各国消费性电子产品的需求和应用更加同质化。
- 全球市场。从母国到世界其他各地的"创新扩散"的概念正在被全球市场的概念所替代。基于世界人口统计学的考虑，全球市场有可能发展起来。例如，如果一个市场参与者将产品或服务瞄准了全世界的青少年，那么制定针对该细分市场的全球战略和提高全球目标市场覆盖率的运营计划则相对容易些。这一点越来越明显地表现在软饮料、服装和运动鞋行业，特别是在互联网经济下。
- 地球村。"地球村"是指全世界的人们拥有公认的文化符号的现象。它对商业的影响在于相似的产品和服务可以被销售给世界上几乎任何一个国家的相似的顾客群。文化同质性意味着全球市场趋同化的可能，并可能会出现一个全球性的市场，这正是谷歌、可口可乐、耐克和李维斯在内的品牌都渴求的市场。
- 全球通信。新的低成本互联网沟通方式（电子邮件、电子商务、Facebook、LinkedIn、Twitter等）使得世界不同地区之间的沟通和贸易更加便利。因此，各国市场的顾客可以从世界上的不同地区购买相似的产品和服务。
- 全球成本驱动。分为规模经济和范围经济，这一点在1.3节已经有所论述。

市场响应的驱动力

市场响应的驱动力有：
- 文化差异。尽管地球村现象，但文化的多样性显然仍会持续存在。文化差异主要会带来国际谈判和营销管理上的困难，表现为个人价值观以及对企业组织的设想上的差异。每个文化都有其对立的价值观。市场是由人而非产品构成的。世界上可能存在全球化的产品，但不存在全球化的人。
- 地区主义/保护主义。地区主义是指地理相近的国家聚集成为区域集群。这些地区集群（如欧盟、北美自由贸易区）形成的地区贸易集团是对全球化的一种严重阻碍，因为地区贸易通常与全球贸易互相冲突。在这种情况下，国家个体间已消除的贸易壁垒重新在某个地区与某些国家产生。贸易集团划分了内部成员与外部成员。因此，有人认为地区主义导致保护主义在地区间而非国家个体间重现。
- 去全球化（deglobalization）浪潮。2 500年前，希腊历史学家希罗多德（基于观察）称每个人都认为他们本地的习俗和宗教是最优秀的。阿拉伯国家当前的运动，或大型会议如达沃斯世界经济论坛（World Economic Forum in Davos），或世界贸易组织（WTO）的会议表明旧的价值观有回归的可能，它们会给全球化的进一步成功带来阻碍。诸如"麦当劳化""可口可乐化"的说法简单地描述了对美

> **去全球化**
> 远离全球化的趋势，认为每个市场都是特别的，每个市场都有自己的经济、文化和宗教。

国文化帝国主义的担心。

2001年的"9·11"事件意味着全球化是否会继续发展仍存在争议。Quelch（2002）却主张全球化进程仍将继续，因为在"9·11"事件之后，各国政府就安全问题加强了跨国合作，而这些合作会增强其他领域的互动。

示例1.3是关于麦当劳本土化行动的案例。

示例1.3
麦当劳正朝更高的市场响应水平发展

麦当劳（www.mcdonalds.com）今天已经在超过100个国家拥有超过32 000家餐厅。麦当劳总部位于伊利诺斯州奥克布鲁克（Oak Brook, Illinois），总部管理人员认识到尽管标准化可以降低成本，但成功通常更依靠适应本土环境的能力。下面就是麦当劳在不同国家经营的例子。

日本

麦当劳在日本的第一家餐厅开业于1971年，那时当地的快餐只有碗面或味噌汤。

拥有先发优势的麦当劳在日本一直保持着领先地位。到1997年，麦当劳在日本拥有了超过1 000家销售点，它销售的食物比日本其他任何一家餐饮企业都多，其中包括每年5亿个汉堡。

麦当劳（日本）有限公司提供的商品包括日式炸鸡（Chicken Tatsuta）、照烧鸡（Teriyaki Chicken）、照烧麦氏堡（Teriyaki McBurger）。汉堡都夹有一个煎蛋。饮料包括冰咖啡和玉米浓汤。

Japan Tamagoburger
McDonald's Corporation.

麦当劳在日本近70%的食物原料依靠进口，包括从美国进口的腌菜、从澳大利亚进口的牛肉饼。巨大的进口量有利于麦当劳与供应商讨价还价以保证采购的低成本。

印度

从1996年进入印度市场到今天，麦当劳在印度的餐厅超过了150家。麦当劳必须适应印度市场有40%的素食者，而肉食者反感牛肉、猪肉，也不喜欢冻肉和鱼，而且印度人普遍喜欢在所有食品里添加香料。

在印度，巨无霸汉堡（Big Mac）被换成了羊肉做的麦王公汉堡（Maharaja Mac），麦当劳还向素食消费者提供蔬菜和香料调味的米饼（Rice-patties）。

Riceburger
McDonald's Corporation.

其他国家

在热带国家市场，麦当劳的产品线中增加了番石榴汁。在德国，麦当劳的啤酒和麦可颂（McCroissants）都卖得很好。麦当劳的香蕉水果派（banana-fruit pies）在拉丁美洲受到欢迎，意大利面（McSpaghetti noodles）在菲律宾最受喜爱。在泰国，麦当劳推出带有甜酱的武士猪肉汉堡（Samurai pork burger）。同时，麦当劳在新西兰还推出了猕猴桃汉堡（Kiwiburger），配有甜菜根酱和可以自选的杏派。

在新加坡，麦当劳提供的薯条搭配的是辣椒酱，开苏汉堡（Kiasuburger）鸡肉早餐最为畅销。新加坡是麦当劳最早推出外送服务的市场之一。

Veggie McCurry Pan
McDonald's Corporation.

正如前文所示，麦当劳通过标准化在包装上实现了规模经济和成本节约。2003年，麦当劳声明称所有的餐厅（遍布100多个国家的30 000家餐厅）很快将为所有菜单项采用统一的品牌包装。根据企业的新闻发布会发布的消息，新包装将突出展现人们正在从事的喜爱的活动的真实照片，如听音乐、踢足球和给孩子们读书等。麦当劳全球首席营销官说道，"这是我们有史以来第一次在全球范围内采用单独一套品牌包装传递单一的品牌信息"。两年后，麦当劳不得不在2005年撤回了之前的方案，并发布本土化包装计划（Frost，2006）。

资料来源：改编自各种公开资料。

1.7　识别国际竞争优势的价值链框架

价值链提供了表示和划分活动类型的系统方法。任何一个行业的企业实施的活动都可以划分为九种一般类型。

> **价值链**
> 对企业为顾客提供价值和盈利活动的一种分类。

在价值链的不同阶段，企业都有机会通过以优于和/或不同于竞争对手的方式，执行某些活动或流程来提供某种独特性或优势，从而为企业的竞争战略做出积极的贡献。如果获得了可持续、可防御、可盈利且市场认为有价值的竞争优势，哪怕行业结构可能不利且行业平均利润率只是适中，企业仍将有可能赚取高回报率。

从竞争上看，价值是购买者愿意为企业的供给品所支付的额度（感知价值）。若企业所获的价值超过了产品生产的成本，那么企业就是盈利的。为购买者创造超过生产成本的价值是任何一种一般战略的目标。企业经常会谨慎地提高成本以通过差异化定出高价，此时应该用价值而不是成本来分析企业竞争地位。购买者感知价值的概念将在第四章深入讨论。

价值链显示了总价值，由价值活动和利润组成。价值活动涉及企业实施的各种有形活动和技术活动，是企业为购买者创造有价值的产品的基石。利润是总价值（价格）和实施价值活动的总成本之间的差值。

价值链活动是企业基础资源与全球市场战略定位之间的关键连接。企业资源只有转化为能产生比竞争对手成本更低或价值更高的活动时，才是有价值的（Sheehan and Foss，2009）。所以，竞争优势的功能是更有效地提供与竞争者相当的购买者价值（成本更低），或在与竞争者相当的成本条件下以独特的方式创造更高的顾客价值，从而定出高价（差异化）。企业可能有能力识别出价值低于成本的价值链元素。这些元素可以被分离出来，以更低的成本由企业外部生产（外包）。

价值活动可以分为两大类：基本活动和辅助活动。基本活动涉及产品的有形的创造、销售、送达顾客以及售后支持。对任何一个企业，基本活动都可以划分为五种一般类别（进货物流、生产运营、出货物流、营销和销售、服务）。辅助活动是通过提供采购、技术、人力资源和各种企业范围的基础设施，以辅助基本活动。采购、技术开发和人力资源管理与具体的基本活动及支撑整个价值链相关。企业基础设施与具体的基本活动不相关，但支撑了整个价值链。

基本活动

组织的基本活动分为五个主要方面：进货物流、生产运营、出货物流、营销和销售、服务。

- 进货物流。进货物流是指与接收、存储和分配产品/服务的投入相关联的各种活动。包括物料搬运、库存控制、运输等。
- 生产运营。生产运营活动是指将各种投入转化为最终产品或服务的活动，包括机械加工、包装、组装、检测等。
- 出货物流。出货物流是指与集中、存储和将产品发送给与顾客有关的各种活动。涉及有形产品的此类活动包括仓储、物料搬运、运输等。对服务而言，如果服务发生在某个固定地点（如体育赛事），它的生产运营活动则与将顾客带到服务提供地点更相关。
- 营销和销售。此类活动为顾客/用户提供了解和购买产品/服务的方法，包括销售管理、广告、销售等。对于公共服务，帮助用户获取特定服务的沟通网络往往很重要。
- 服务。服务活动涉及增加或保持产品/服务价值有关的所有活动。Asugman et al.（1997）将售后服务定义为产品售出后，企业将产品潜在的使用问题最小化、消费体验价值最大化的活动。售后服务由以下活动组成：已出售产品的安装和启动、产品备用配件的提供、维修服务的提供、产品技术咨询、保险的提供与支持。

以上每类基本活动都与辅助活动相关联。

辅助活动

辅助活动可以分为四类：
- 采购。采购是指企业获取基本活动所需各种资源的过程（并非资源本身）。它发生在组织的许多部门中。
- 技术开发。所有的价值活动都含有"技术"，哪怕只是一些专业知识。关键的技术可能与产品（如研发、产品设计）或流程（如流程开发）或特定的资源（如原材料改进）直接相关。
- 人力资源管理。它的重要性胜过所有的基本活动。人力资源管理涉及与组织成员的招聘、培训、发展和报酬相关的各项活动。
- 基础设施。计划、财务、质量管理等体系对企业所有基本活动的战略能力至关重要。基础设施还包括维持组织文化的组织结构和组织惯例。

基于上述介绍可知，生产导向的"上游"活动和市场导向的"下游"活动之间被区分开来。

了解了波特最初的价值链模型后，我们将在本书的绝大部分内容中使用一个简化的模型（见图 1.9）。这个简化版本的特点在于它只包含了企业的基本活动。

尽管价值活动是竞争优势构建的基石，但价值链却不是孤立活动的集合，而是由相互依赖的活动组成的系统。价值活动与价值链内的横向联系相关。这种横向联系是指一项价值活动对另一项价值活动绩效的依赖关系。

价值链上活动的时间次序不总是如图 1.9 中所示。有些企业在最终产品生产（按单加工）之前就下达订单，销售和营销职能发生的时间要早于生产。

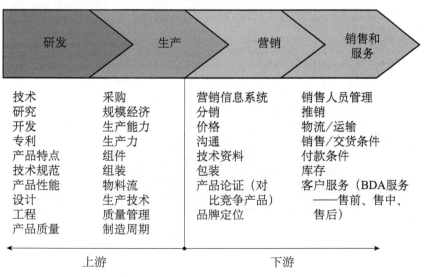

图 1.9　简化的价值链

在理解组织的竞争优势时，应当分析下列联系的战略重要性，以评估它们如何作用于成本降低或价值增值。有两类联系：

- 内部联系：同一条价值链上的活动之间的联系，这些活动可能属于企业的不同计划层级；
- 外部联系：整个价值系统内不同参与者"拥有"的不同价值链间的联系。

内部联系

基本活动之间可能存在一些重要联系。特别是企业必须就这些联系以及它们如何影响价值创造和战略能力做出选择。例如，保持高水平的成品库存会减少生产调度的问题，缩短顾客反应时间。但是这也会增加生产运营的总成本。因此，企业应该评估存货带来的价值增加是否比其引致的成本增加要大。另外，企业应该避免将价值链活动割裂开来，同时，尽量避免单项价值链活动的次优化问题。在分析某些问题时，管理人员容易忽略这一点，例如营销活动和生产运营活动就常常被单独进行评估。生产运营绩效看起来似乎很好，因为其表现为产量高、变化少、单位成本低。但与此同时，营销队伍可能正以快速、灵活和多样化的方式向顾客推销产品。如果把这两种优势结合起来反而变成了劣势，因为两者之间并不和谐，而和谐才是价值链所倡导的。一项基本活动与一项辅助活动间的联系有可能是竞争优势的基础。例如，组织可能拥有一个独特的物料采购系统。许多国际旅馆和旅游企业利用电脑系统向全球消费者提供某个地点的实时报价和预订服务。

在评价不同活动之间的联系时，还应当补充一点，即从组织的三个计划层面全面深入地理解价值链模型（简化版见图1.9）很重要。

单从概念上来看，企业可以被描述为一个金字塔（见图1.10）。金字塔由决策层和活动层交错聚集而成，但主要的价值链活动与所有的三个企业战略层面都有关系。

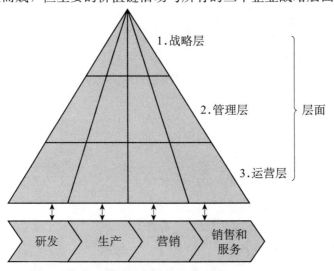

图1.10 价值链与战略金字塔

- 战略层面负责形成企业使命陈述、确定目标、识别实现目标所需的资源、选择合适的企业战略。
- 管理层面的任务是将企业目标转化为职能和/或单位目标、确保资源合理配置（如到营销部门）并有效地用于追求可能实现目标的活动。
- 运营层面负责任务实施的有效性，从而推动单位/职能目标的实现。运营目标的实现是为了确保组织实现管理和战略目标。三个层面是相互依赖的，清晰的上层目标能够确保企业所有成员都朝同一个目标协作努力。

外部联系

大多数行业的一个重要特点就是一个组织很少从事从设计产品到分销至最终顾客的所有的价值链活动。企业角色通常是专业化的，任何一个单一的组织都是在一个庞大的价值系统中进行产品/服务的创造活动。只考察企业的内部价值链还不足以理解价值是如何被创造出来的。价值创造多数发生在供应和分销链上，我们需要对这整个流程进行分析。

供应商拥有的价值链，创造并交付了企业所需的资源（价值链的上游部分）。除了交付产品，供应商还可以通过许多其他的方式影响企业绩效。如意大利时尚企业贝纳通（Benetton）管理并维持着一个由供应商、代理商、独立零售商构成的复杂网络，从而保障了其在20世纪70年代至80年代快速且成功国际化发展。

此外，产品要经过价值链渠道抵达购买者。渠道实施的其他活动也会影响购买者和企业活动。企业产品最终将成为购买者价值链的一部分。差异化的根本是企业及其产品在购买者价值链上的角色，这种角色由购买者的需要决定。企业获取并维持竞争优势除了要靠理解其自身的价值链外，还须明白如何适应整个价值系统。

总成本降低（或价值增加）经常可以通过价值系统内不同组织间的合作来实现。我们将在第11章中对此进行论述，下游合作安排的基本原理常常是基于此，如不同组织间的合资、分包和外包（如国际摩托车制造商和电子行业的技术共享）等活动。

示例 1.4
Pocoyo ——一部学前系列动画片的全球化上下游合作

由仁捷娱乐（Zinkia Entertainment）制作、经格拉纳达公司（Granada Ventures）销往世界各地的 Pocoyo（中文译为"小P优优"），是最成功的学前儿童电视节目之一。自2005年年底推出以来，Pocoyo 已经被卖到100多个国家，成为一个全球品牌。Pocoyo 为吸引低龄儿童的注意而设计，以全白背景和明亮色块对比制作而成。

Pocoyo

Pocoyo 是一个小男孩的形象，他拥有一系列可以激发儿童想象力的特质，鼓励儿童去观察、倾听和互动。Pocoyo 身穿蓝色衣服，充满好奇心和热情。在每个探索世界的故事里，Pocoyo 都会从他的好朋友小狗劳拉（Loula）、鸭子帕托（Pato）、大象艾丽（Elly）和瞌睡鸟（Sleepy Bird）那儿得到帮助，但它们有时也会帮倒忙。

Pocoyo 这一节目的核心、同时也是最吸引人的特质是寓教于乐。临床研究发现，笑不仅可以增加儿童观看节目的乐趣和投入，还可以提高15%的知识水平。在节目开发过程中，仁捷娱乐与行为心理学家密切合作，采用简单有效的视觉笑料帮助儿童在最简单的事物中发掘神奇和欢乐。该节目并没有描绘一个理想的童年时光，Pocoyo 和一个真实的学龄前儿童一样，时而情绪化、时而吵闹、时而伤心。

Pocoyo Series © Zinkia Entertainment, S. A.

Pocoyo 的价值链

图 1.11 所示的是 *Pocoyo* 的价值链，仁捷娱乐把控 *Pocoyo* 系列片的开发和制作（上游），而格拉纳达公司管理全球许可和发行权（下游）。

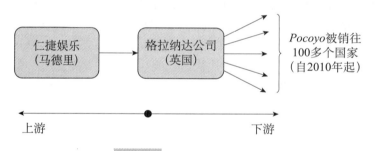

图 1.11 *Pocoyo* 的价值链

仁捷娱乐成立于2001年，位于西班牙马德里，其主要的关注点是创作电视动画片及开发移动设备和游戏平台上的游戏。企业拥有员工100多名，其开发的动画片已经销售至全世界100多个国家。仁捷娱乐还是一家制作影音内容的创新工场，专注于动画和电影纪录片，以及线上营销沟通、控制台和多玩家移动设备游戏的互动内容。自仁捷娱乐成立以来，其项目之一就是学前三维系列动画片 *Pocoyo*（52×7分钟）。2003年6月，*Pocoyo* 在第三十届法国昂西国际动画节上（International Festival of Annecy）被授予"世界最佳电视动画片"水晶奖。

仁捷娱乐在 *Pocoyo* 价值链上的合作伙伴是格拉纳达公司，格拉纳达公司是英国电视频道——英国独立电视台（ITV）下属的商品许可发行部。随着格拉纳达（Granada）和卡尔顿（Carlton）的合并，格拉纳达合资企业在2003年10月正式成立了，其职责主要是突破原先的广播电台的限制，面向其他电视频道出售许可证，以使其品牌可以遍布世界各地，为企业提供另外一部分收入来源。目前，格拉纳达公司拥有电视、电影、体育赛事等近1 000种产品和3 000张DVD的全球许可和发行权。其中包括品牌 *Pocoyo* 和《地狱厨房》（*Hell's Kitchen*），还有自制品牌《我是名人，让我离开这里!》(I'm a Celebrity…Get Me Out of Here!)

Pocoyo 全球化的文化问题

品牌全球化一般都是复杂的,而且市场的文化需求难以界定。而 Pocoyo 的核心主题是学习、轻松幽默、视觉刺激和游戏,这似乎超越了国界。

Pocoyo 在西班牙开发,融入了英国的大量元素。最初播出时,动画片里的 Pocoyo 经常吸着安抚奶嘴,这在英国敲响了警钟。马德里团队之前还未意识到它可能会引发争议,但考虑到今天"家长使用安抚奶嘴是否正确"的文化争议已经在世界其他多个地区出现,安抚奶嘴不得不被去掉。

全球品牌延伸

品牌商品化延伸对确保 Pocoyo 在全球的成功和长久生命力同样重要。格拉纳达公司通过书籍、洗澡玩具和服装等产品,在荧屏之外也赋予了 Pocoyo 生命。儿童全天都可以在家长、小伙伴的陪同下和 Pocoyo 一起玩乐。企业由此开创了一个良性的品牌圈,增进了顾客忠诚和情感。

资料来源:Donohoe,G. (2006),"How to reach children in every nation",*Brand Strategy*,June,p. 10;www. zinkia. com/;www. granadaventures. co. uk/。

价值链的国际化

国际配置和协调

所有国际化导向的企业都必须考虑其价值链职能的逐步国际化。企业必须决定是否将单个价值链的职能转移到出口市场,或是将其集中在总部处理。价值链职能主要应该在竞争力最强(且成本效益最高)的地方实现,而不一定是在总部。

图 1.9 中标出的上游活动和下游活动之间必然存在差异。下游活动更接近购买者,所处位置与购买者所在地相关。举个例子,如果企业准备在澳大利亚进行销售,那么它通常必须在澳大利亚提供服务并配备销售人员。在某些行业,可能会有一支销售队伍在购买者国家和企业间往返,而其他具体的下游活动,如制作广告文案,有时会在总部进行。更常见的是,企业必须在其运营所在的每个国家都派有人员执行下游活动。相反,上游活动和辅助活动更独立于购买者所在地(见图 1.12)。但是,如果出口市场与母国市场的文化较为接近,则从总部(母国市场)控制整条价值链可能更为适用。

以上的差异可以带来一些有趣的启示。

第一,下游活动创造的竞争优势多为国家所特有:企业的声誉、品牌名称和服务网络大部分产生于企业活动,并且大多仅在活动所在的国家形成进入/流动壁垒。上游和辅助活动的竞争优势更常产生于企业竞争所在的各个国家所构成的整个系统,而不是产生于企业在任何单独的一个国家所处的地位。

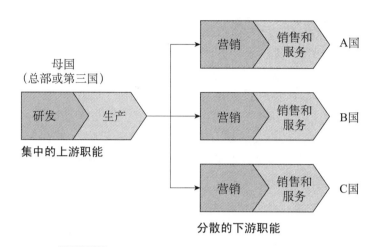

图 1.12 集中化的上游活动和分散化的下游活动

资料来源：Hollensen，S.（2008），*Essentials of Global Marketing*，FT/Prentice Hall。

第二，在下游活动或其他与购买者有关的活动对竞争优势至关重要的行业，国际竞争往往会更加趋于多国化（multidomestic）。例如在很多服务行业，除了下游活动，上游活动也经常与购买者所在地有关，全球战略相对更为少见。而在上游和辅助活动如技术开发和生产运营对竞争优势非常重要的行业，全球竞争则较为普遍。例如，为了生产足够多的产量以实现规模经济，企业很有必要在世界范围内集中和协调生产职能。

此外，随着越来越多的顾客加入地区合作购买组织，维持市场间的价格差异变得越来越困难，这给企业去协调欧洲的价格政策带来了压力。关于这个问题将在第 15 章中进一步讨论。

相对于国内战略，国际化战略的不同问题可以从企业如何进行国际竞争的两个重要维度来总结。第一个维度称为企业全球活动的配置，或价值链中的每项活动在全世界的分布，包括分布点的数量。例如，企业可以将价值链的不同部分设置在不同的地区——工厂在中国，呼叫中心在印度，零售商店在欧洲。IBM 是利用地区间工资差异的一个实例，IBM 在印度的员工数量由 2004 年的 9 000 名增加到了 2007 年年中的 50 000 名，进一步的大幅增长还在规划中。这些员工大部分是在 IBM 全球服务（IBM Global Services）部门工作，该部门是 IBM 增长最快但利润最低的部门，在这里印度员工的福利状况是依靠降低（工资）成本来改善，而不是靠提高产品价格（Ghemawat，2007）。

第二个维度称为协调，指的是如何在不同国家间协调好相同或相关的活动（Porter，1986）。

1.8 价值商店和服务价值链

迈克尔·波特的价值链模型明确地列出了企业在为顾客创造价值的过程中所进行

的一系列的关键的活动。该模型是在 1985 年提出的，并主导着企业高管们的思考方式。但是越来越多的服务企业，包括银行、医院、保险公司、商业咨询公司和电信公司，发现传统的价值链模型与它们所处的服务行业领域的现实之间并不相符。Stabell and Fjeldstad（1998）提出了价值创造的两个新模型——**价值商店**（value shops）和**价值网络**（value networks）。他们认为价值链是一个生产产品的模型，而价值商店是一个在服务环境中解决顾客或客户问题的模型。价值网络是调节顾客间交易的模型。每个模型利用不同的核心活动组合给顾客创造和传递不同形式的价值。

> **价值商店**
> 在服务环境中解决问题的模型。与车间相似，价值是在调动资源以解决具体的顾客问题的过程中创造出来的。

> **价值网络**
> 由几个企业的价值链形成的网络，其中每个企业都为整个价值链的一小部分做出贡献。

两种价值链类型之间的主要差异如表 1.2 中所示。

表 1.2　传统的价值链和服务价值链的对比

传统价值链模型	服务价值链（价值商店）模型
价值创造是通过将投入（原材料和部件）转变为产品。	价值创造是通过解决顾客问题。价值靠资源和活动的调度解决某个特定和独特的顾客问题来创造。顾客价值与解决方案本身无关，与解决问题的价值有关。
顺序的过程（"我们先开发产品，然后生产，最后销售"）	循环与迭代过程
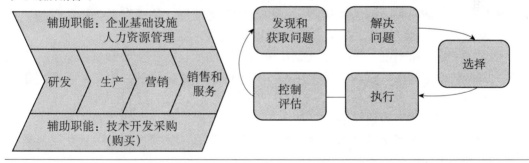	
传统价值链由基本活动和辅助活动组成。基本活动是与创造价值和将价值带给顾客直接相关的活动：上游活动（产品开发和生产）和下游活动（营销、销售和服务）。辅助活动帮助实现和提高基本活动的绩效，包括采购、技术开发、人力资源管理和企业基础设施。	价值商店的主要活动有： ● 发现问题：与记录、审查和构思亟待解决的问题，选择解决问题的整体方案等有关的活动。 ● 解决问题：与生成和评估备选方案有关的活动。 ● 选择：与从备选解决方案中进行选择有关的活动。 ● 执行：与沟通、组织、执行已选方案有关的活动。 ● 控制和评估：与测量和评估方案的实施在多大程度上解决了初始问题有关的活动。
举例：家具、日常消费食品、电子产品和其他大宗商品的生产和销售。	举例：银行、医院、保险公司、商业咨询公司和电信公司。

资料来源：整理自 Stabell and Fjeldstad（1998）。

价值商店（像车间而非零售店）通过调度资源（如人员、知识和技能）并有效利用资源来解决具体问题，如疾病治疗、向顾客提供航空服务，或为商业问题提供解决方案。商店的组织围绕着决策的制定和执行——识别和评估问题或机会，制订可选方案或方法，选择一种方案或方法，执行，评估结果。该模型适用于绝大多数服务导向的组织，如建筑承包商、咨询企业和法人组织。它还适用于那些需要识别和开发特定市场机会的组织，如新药品开发、潜在油田钻井或新飞行器设计。

典型企业中的不同部门可能表现出不同的配置特点。例如生产和分销可能类似于传统的价值链，而研究和开发则更像一个价值商店。

价值商店利用专业的知识系统来支持问题解决方案的制定，但是挑战在于要提供一套完整的方案使得整个问题解决和机会开发的过程能够无缝对接。在价值商店中出现了几种关键的技术和应用，其中大多数都是为了更好地利用人员和知识。邮件、内联网、桌面视频会议和共享的电子工作室加强了人们之间的沟通协作，这是人员、知识在价值商店间流动所必需的。整合项目的计划和执行显得至关重要，例如在药品开发中，新药品的审批过程冗长复杂，提早几个月通过可能意味着数百万美元的收入。以推理引擎（inference engines）和神经网络为代表的技术，有助于人们深入地认识问题，使解决问题的过程更加明确化，从而更好地解决问题。

"价值网络"一词运用广泛，定义却并不严密。它通常指的是各自擅长价值链中某部分的一群企业，以一种有效的方式联合创造并提供产品和服务。Stabell and Fjeldstad（1998）定义的价值网络却与此迥然不同，它并非关联企业所构成的网络，而是单个企业通过顾客网络进行互动和交易的一种商业模型。该模型显然最适用于电信企业，也同样适用于保险公司和银行，这些机构业务的本质就是对具有不同财务需求的顾客进行调节——例如一些顾客需要储蓄，一些顾客需要借贷。关键活动包括运营与顾客相关的基础设施、推广网络、管理合同和公共关系、提供服务。

信息技术最为密集的一些企业就是价值网络，例如银行、航空和电信企业。它们的绝大部分技术是为调节顾客交易提供基本的"网络"基础设施。但是今天的竞争格局正在从关注交易的自动化和效率，向监测和利用顾客行为信息的方向转变。

监测和利用顾客行为信息的目的在于更好地了解顾客的使用模式、交易机会、共同兴趣等，从而为顾客交易创造更多的附加价值。例如，数据挖掘和可视化工具就可以用来识别顾客间的正负面联系。

通过竞争以获得成功通常需要的不仅仅是较好地运用基本模型，还需要额外提供补充的价值。第二种价值配置模型可以有效运用于价值主张的差异化，或者针对推行不同价值模型的竞争对手界定自己的价值主张。但是在寻求其他价值模型时必须要利用好基本模型。例如，哈雷戴维森（Harley-Davidson）的基本模型是它的价值链——制造和销售产品。组建哈雷车主会（Harley Owners Group，HOG），即一个顾客网络，通过增强品牌识别、建立忠诚以及提供关于顾客行为和偏好的有价值的信息和反馈，为基本模型增加了价值。亚马逊网站（Amazon.com）的价值链跟其他图书分销商一样，最初靠利用技术大大提高了流程的效率。今天，它正依赖书籍推荐和特别兴趣小组以增加其价值网络的特色。我们的调查表明，价值网络为很多现有企业提供了为顾客增加更多价值的机会，也使新进入者获得了从提供较少价值的企业手中抢夺市场份额的机会。

产品价值链和服务价值链的结合

Blomstermo et al. （2006）区分了硬服务（hard services）和软服务（soft services）。硬服务是指生产和消费可以分开的服务。例如，软件服务可以被转移到 CD 或其他的有形媒介上，后者可以大批量生产，从而使得标准化成为可能。而软服务的生产和消费是同时发生的，顾客充当共同生产者，生产和消费无法分开。软服务的提供者从国际运营的第一天起就必须出现在国外。图 1.13 主要适用于软服务，但在越来越多的行业中我们也看到实体产品和服务已经开始互相结合了。

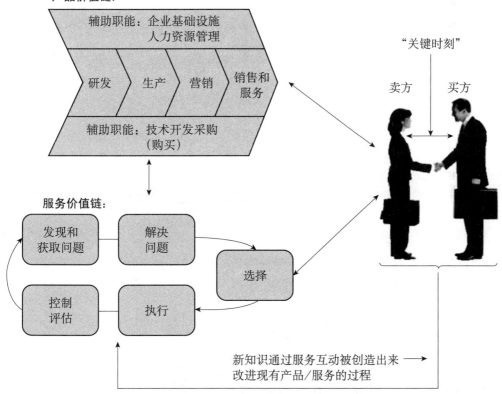

图 1.13 产品价值链和服务价值链的结合

绝大部分产品企业提供维护和增强产品业务价值的服务。例如，思科（Cisco）构建了安装、维护和网络设计服务业务来确保其高质量的产品支持，并借此增强企业与电信顾客间的关系。当意识到竞争对手在利用产品提供有价值的服务时，企业可能会发现自己已经被卷入服务的竞争当中。如果企业毫无作为，将会冒着自有产品沦为一般商品的风险——这种情况在大多数产品市场正在发生，这里不考虑提供服务的情况——还有可能遭受顾客关系受损的风险。为了使现有的服务组能够盈利，或继而组建一个新的嵌入的服务业务，产品企业的高管必须决定服务单位的主要关注点究竟是支持现有的产品业务，还是需要发展为新的独立平台。

当企业选择一种业务设计来给顾客提供嵌入式服务时，应当记住，了解企业的战略意图会影响服务交付生命周期中的哪些因素，是最为重要的。如果目标是维护或增强某种产品的价值，那么企业应当将产品交付系统和与之相关的服务整合起来，以推动简化服务工作［如减少子系统的采用或整合诊断软件（diagnostic software）］的产品设计开发。这种方法需要减少服务交付过程的节点，并尽可能地将服务支持融入产品。如果企业想让服务业务成为一个独立的发展平台，那么企业应当主要关注于持续地降低单位成本和提高服务的生产率（Auguste et al.，2006）。

在"关键时刻"（"moment of truth"）[①]（例如在咨询企业服务时），卖方同时代表了企业产品和服务价值链的所有职能。卖方（产品和服务提供者）和买方在互动的过程中创造了服务："服务在生产的同时被创造和消费。"优秀的卖方代表对服务品牌的成功至关重要，卖方代表是传递卖方承诺的最终负责人。必须把这种对服务品牌价值的共识，植根于卖方代表的心中，这样才能激发他们做出品牌支持的行为。由于服务品牌的国际化扩张吸引了来自全球各地的员工，这种内部的品牌建设过程越发具有挑战性。

图1.13也体现了服务互动（关键时刻）的循环的特点，即服务互动生成服务价值链的事后评价，事后评价又可以作为重新设计产品价值链的依据。图1.13中的互动还表现为买卖双方的谈判过程，在此过程中卖方代表一个品牌企业销售"硬件"（实体产品）和"软件"（服务）的组合项目。

通过对图1.13的整个决策循环过程的学习，目的之一就是从各种各样的国际买卖双方的互动中找出最佳的实践方式。这将帮助我们更好地组建：

- 服务价值链（价值商店）；
- 产品价值链；
- 服务和产品价值链的结合。

1.9　信息企业和虚拟价值链

大多数的企业管理者会认同我们已经迈进了一个新的纪元"信息时代"，它与工业时代有明显的不同。是什么力量导致了这些改变？

舆论的观点随时间在改变。最初，舆论认为改变的动力是计算机和计算机技术的自动化；接着，认为是由于电子通信改变了时空。最近的观点认为是因为信息的价值创造力，作为一种资源，信息可以重复使用、共享，而且可以在没有任何价值损失的情况下进行交换，甚至有时其价值还能成倍增长。今天，热衷于无形资产的竞争意味

[①]　关键时刻（moment of truth，MOT）这一理论是由北欧航空公司前总裁詹·卡尔森提出的。他认为，关键时刻就是顾客与北欧航空公司的职员面对面相互交流的时刻，推而广之，就是指客户与企业的各种资源发生接触的那一刻。这个时刻决定了企业未来的成败。——译者注

着人们将知识和与其相关的知识资本视为关键资源，因为知识是企业创新和革新的支柱。

另一种理解信息的战略机会与威胁的方式是将**虚拟价值链**看作对实体价值链的补充（见图1.14）。

> **虚拟价值链**
> 是对传统价值链的扩展，在虚拟价值链上信息处理本身就可以为顾客创造价值。

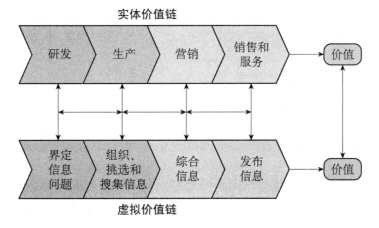

图1.14 虚拟价值链作为实体价值链的补充

通过提出虚拟价值链，Rayport and Sviokla（1996）扩展了传统的价值链模型，将信息视作增值过程的一个支持要素。他们说明了信息本身是如何被用来创造价值的。

利用信息创造商业价值基本上有四种方式（Marchand，1999）：

- 风险管理。在20世纪，风险管理的发展刺激了金融、会计、审计和控制等职能和专业的发展。这些信息密集型职能往往是信息技术资源和人员时间的主要消耗者。
- 降低成本。这点关注的是尽可能有效地利用信息实现业务流程和交易所需要的产出。这种信息管理的流程观点与20世纪90年代的流程再造及持续改进运动密切相关。它们都关注于去除不必要和无用的步骤和活动，特别是文书工作和信息流动，然后对其进行简化，如果有可能的话，将其余流程实现自动化运作。
- 提供产品和服务。这点关注的是了解顾客，与合作伙伴、供应商共享信息以提高顾客满意度。许多服务和制造企业关注于利用信息建立顾客关系和需求管理。这些战略促使企业投资于销售点进行系统（point-of-sale systems）、客户管理、客户概况分析和服务管理系统。
- 开发新产品。最后，企业可以利用信息进行创新——开发新产品、提供不同的服务、采用新兴技术。像英特尔和微软这样的企业正在学习用"持续发现模式"来运作，更快速地开发新产品和利用市场知识来保持竞争优势。在这里，信息管理是通过人员调动和协作流程在全企业实现信息分享、促进发现。

每个企业都追求以上战略的各种组合。

图1.14中的每一项实体价值链上的活动都有可能利用虚拟价值链中的一个或全部四个信息处理阶段来为顾客创造附加价值。这就是为什么不同的实体和虚拟价值链活动之间都有水平的双向箭头。通过这种方式，在实体价值链的每个阶段都有可能捕获信息。很明显，利用这些信息可以提高并协调实体价值链上每个阶段的绩效。而且，

还可以通过对这些信息进行分析和重新包装来构建内容产品或创造新的业务线。

企业可以利用信息触及其他企业的顾客或运营活动，从而重构一个行业的价值系统。最终的结果可能是传统行业领域边界的消失。亚马逊网站的 CEO 杰夫·贝索斯（Jeff Bezos）就明确地将其企业视为信息经纪人而非图书销售商。

1.10 总结

国际营销的定义是企业通过协调跨国营销的活动，从而比竞争对手更好地发现和满足全球顾客的需要。这意味着企业能够：
- 基于市场间的相似性和差异性制定国际营销战略；
- 利用总部（母公司）的知识在世界范围内进行扩散（学习）和适应性改变；
- 将知识和最佳实践从任一个市场转移并运用到其他国际市场。

中小型企业的特点在于其创业式的行动导向的决策模式。在中小型企业可能出现更多的战略巨变，因为决策的制定是依靠直觉，是松散且非结构化的。另一方面，中小型企业比大型企业更灵活，能更迅速地应对国际环境的突变。

但是由于大型企业通常表现得就像是中小型企业的集合，中小型企业和大型企业在市场响应手段上似乎呈现出趋同化的营销行为。

本书的主要部分采用波特的价值链模型作为基本框架。只考察企业的内部价值链还不足以理解价值是如何被创造出来的。在多数情况下，供应和分销价值链是相互联系的，在考虑价值链活动的逐步国际化前应当分析和理解整个价值链的流程。这里还涉及全球价值链活动的配置和协调决策。

服务价值链（基于所谓的价值商店的概念）是作为对传统（波特）价值链的补充而提出的。价值商店是通过调度和利用资源（如人员、知识和技能）解决具体问题来创造价值的。价值商店的组织围绕着在与顾客的具体的服务互动过程中的决策的制定和执行——识别和评估问题或机会，制定可选方案或方法，选择一种方案或方法，执行并对结果进行评估。该模型适用于绝大多数服务导向的组织。

许多产品企业想要通过嵌入式服务获得成功：随着竞争的压力使产品市场越发趋于一般商品化，在未来的几年，服务将成为价值创造的主要差异化因素。然而，企业需要清楚地理解新游戏的战略规则，并且必须将规则融入企业运营，以实现快速增长的企业业务的承诺。

本章的最后提出了虚拟价值链作为实体价值链的补充，即通过信息去创造更多的商业价值。

案例研究

毛绒熊工作坊（Build-A-Bear Workshop，BBW）：如何东山再起？

2010 年春季，BBW 的创始人玛克辛·克拉克（Maxine Clark）正沉浸在美丽的五月时光里，随后她将收拾行李前往欧洲，与一些有潜力的主加盟商进一步谈判。2008年金融危机后的两年对于 BBW 来说是困难时期。克拉克仍然对 BBW 的经营理念持有百分百的信心，它顺应了体验式经济的新潮流——让消费者参与创造顾客价值。但是，全球化浪潮的热情已渐渐退去，如何能使 BBW 的经营回到正轨并再次与新的全球增长同步呢？

背景

毛绒熊工作坊（BBW）（www.buildabear.com）是唯一一家在零售体验行业里为顾客量身定制动物毛绒玩具的领先的跨国公司。

企业成立于 1997 年，目前在世界各地经营超过 400 家店铺，包括在美国、波多黎各、加拿大、英国、爱尔兰和法国的企业直营店，以及在欧洲、亚洲、澳大利亚和非洲的专营店。

在 2008 年整个财政年度，BBW 报告了 4.68 亿美元的收入。

从 1997 年 10 月在密苏里州圣路易斯的第一家专卖店开张，BBW 已售出超过 7 000 万只动物毛绒玩具。BBW 的门店数量从 2005 年的 200 家增长到 2009 年 1 月 3 日的 346 家，营业收入从 2005 年的 3.62 亿美元增长到 2008 年的 4.68 亿美元。

截至 2009 年 1 月，BBW 雇用了约 1 200 名全职和 4 800 名兼职雇员。

BBW 没有任何生产设备。毛绒玩具的皮、填充物、衣服和配件主要是由中国的工厂生产。

企业的宣传语是："在这里交到好朋友"（"where best firend are made"）。它的总部设在密苏里州的欧弗兰市。

企业的诞生

马克辛·克拉克于 1996 年离开 Payless ShoeSource。当时她 47 岁，薪水在零售行业已经非常高了。她离开 Payless 时本可以选择离开零售业甚至退休，因为她已经赚了足够的钱可以去做任何想做的事，即使这份活儿的薪酬或责任并不相匹配。她也可以去重新学习和创业。

通常，克拉克觉得购物很无聊，她一直在寻找能重新激发她儿时走进商店的那份激情和魔力。购物是一件大事。让顾客成为商店的一部分，将是一种特殊的体验。

克拉克回忆到：

> 我想说，1996 年的一个夏日我萌发了 BBW 的创意。当时我正与我的朋友凯蒂在外逛街，她只有 10 岁。我们需要买一个 Beanie Babies 的玩具，但是答应给我们送货的商店竟然一个都没有了。凯蒂看着我说，"这看起来很简单——我们可以自己来做"。她说的是去我的地下室来自己动手做这个手工，但我听到的却是构建 BBW 的伟大创意。[①]

---

① 资料来源：http://www.businessweek.com/smallbiz/contcnt/scp2007/sb20070912_785676.htm?Chan=search。

为了思考如何打造一个专为儿童设计的零售娱乐概念,克拉克参观玩具工厂及儿童零售店,把想法做了一个列表,然后咨询了"专家":孩子们。克拉克首先咨询了一个朋友的孩子,然后组建了一个 20 个孩子的顾问委员会,委员会成员的年龄为 6—14 岁,然后给孩子们展示了她的三个想法。"制作一个熊"(Build-A-Bear)的概念的形成就来自这群孩子们,再加上克拉克个人对于泰迪熊的偏好以及毛绒玩具市场的高利润率。

Build-A-Bear

随后克拉克聘请了洛杉矶的设计顾问企业 Adrienne Weiss,用她 750 000 美元个人储蓄投资中的 80% 来开发"制作一个熊"的概念。克拉克在每一个细节之处都与顾问通力合作,包括手工技术、雇员着装、店面设计和企业标志。该标志是一个正在被测量、缝制、填充的泰迪熊,字母写法则类似于儿童的手写。

克拉克 1997 年在美国圣路易斯市的商场开了第一家 BBW 概念店,不到四个月的时间销售额就近 40 万美元。

1999 年,该零售概念的成功吸引了风投资本,BBW 在美国又开了 10 家新店。这些店平均每平方英尺的销售额为 700 美元,与全国商场每平方英尺 350 美元相比较而言是一个巨大的成功。开设一家新店的成本为 50 万—70 万美元,但 BBW 年销售额可达到约 200 万美元,这使得克拉克很容易为继续扩张找到风投。

2003 年,BBW 的国际扩张始于在加拿大和英国建立新店。虽然克拉克在创业之初就打算走国际化路线,但具体的计划直到 2002 年年底才成形。2002 年 11 月 BBW 与日本 Tech R&DS 企业签署了特许经营协议,同时开始在英国寻找店址。BBW 之所以选择这些国家是根据顾客在美国门店的反响度或者企业网站的访问量决定的。哪个国家搜寻 BBW 的 ID 越多,就表明哪个国家对 BBW 的兴趣越浓厚。

顾客的零售体验

BBW 的客户零售体验区平均占地 3 000 平方英尺,店面设计的每一个元素都是为了取悦 12 岁以下的儿童。

走入门店的顾客将进入一个以泰迪熊为主题的环境。他们将遇到店内被称为制作熊达人的助理,在制作阶段与顾客分享制作经验,制作过程包括 8 个阶段:选择、倾听、填充、缝制、洗刷短绒、装扮、取名和带回家。为吸引目标顾客,BBW 想通过店面设计实现"主题公园"式的观感,所以选择的商场通常是开放式的,有跨越大部分店面的入口,高度可视化并配有多彩的泰迪熊主题和陈列。

在选择环节,BBW 将为客户介绍店内各个类型毛绒玩具的特点,然后让顾客挑选一个成为他们的新朋友。店内有 30 多个品种的玩具样本，包括泰迪熊、兔子、狗、小猫等。BBW 毛绒玩具的价格也非常实惠，从 10 至 25 美元不等。

在倾听环节，顾客可以在店内助理的帮助下从几个声音选项中选择一种声音芯片内置到他们的毛绒玩具里面，进一步个性化他们的新朋友。声音芯片将在填充环节被安全地插入玩具里。顾客还可以自己录制一段 10 秒内的声音信息，可以是笑声、咆哮、嘶吼、猫叫声或者其他动物的叫声，或者是诸如"我爱你"的消息，"Take Me Out to the Ballgame"的歌曲等。

Build-A-Bear

在填充环节，顾客将在店内助理的帮助下为他们的毛绒玩具填充适量的填充物。BBW 的特别之处也发生在这一环节。每位顾客将选择一个绸缎做的小心脏——BBW 的商标，在加入自己的爱和祝福后，再小心地放入毛绒玩具里面。这个过程为毛绒玩具与顾客之间的友谊赋予了生命。

在缝制环节，在最后一道缝整齐地缝上之前，店内助理会在其中插入一个条形码，这是为了能让毛绒玩具在遗失并被送回到 BBW 门店后能够与主人重逢。成千上万个毛绒玩具已经通过 BBW 独特的"查找熊"（Find-A-Bear®）ID 程序与主人团聚。条形码还可以生成出生证上的唯一代码，让顾客可以在 buildabearville.com 网上免费激活，继续他们回家后的友谊之旅。

在洗刷短绒环节，顾客洗刷玩具，让他们的新朋友干干净净、惹人喜爱。

在装扮环节，顾客可以给他们的新朋友穿着最新流行的款式。熊玩具的特色精品服饰和配件适合各种场合。BBW 甚至有自己的时尚专家"Pawlette Coufur"。BBW 有很多合作伙伴，包括 Hello Kitty、Disney 和 Harley-Davidson。

在取名环节，顾客要回答有关他们新朋友的几个问题，包括出生日期，当然还有它的名字。然后这个毛绒玩具将进入到下一个环节——设置"查找熊"ID，这个 ID 信息将用来创建个性化的出生证明。

最后，在带回家环节，顾客收到定制的出生证明和一个特殊的 Stuff Fur Staff® 俱乐部的会员资格，这是对顾客的一项回报计划。每一个新的毛绒玩具不是被装在一个购物袋里，而是被放置在他们自己的"Cub Condo"手提箱里，手提箱被设计成一个方便的旅行箱和小窝。

顾客体验的持续时间很大程度上取决于自己的喜好。大多数顾客选择参加全部的 8 个制作过程，整个制作过程平均耗时 45 分钟。因为顾客参与了毛绒玩具的创作过程，他们印象深刻并会把这个经历告诉很多其他的人。几乎有一半的新顾客是从朋友或家人那里得知 BBW 这家店的。

顾客回到家中坐在自己的电脑前仍可以继续与毛绒玩具开心地玩耍。在 build-abearville.com 网站，顾客可以使用出生证明上的代码来免费进行在线激活。激活后他们将获得独特的在线角色，通过线上游戏赢取游戏币，游戏币可以用来购买小熊的衣服、小熊之家的家具和其他物品。顾客还可以在这个网站上与其他用户开展自由交易。会员的网上账号激活是免费的且不会过期。

除了免费给毛绒玩具在线激活，顾客在店内购买还会获得奖励。当他们在门店或网站上购买一件服装或配件时，会收到一张收据代码。该代码可以为他们的虚拟账户增值，该账户可以为虚拟的毛绒玩具购买服饰和家具。

为了让制作毛绒玩具成为群体的娱乐活动，如生日派对、企业出游、家庭聚会等，BBW 提供了一个 Build-A-Party® 项目，这项独特的服务让顾客预先挑选动物玩具、服装和配饰来个性化定制自己的派对。

总体而言，BBW 坚信他们在该零售行业里的领先地位，他们销售超过 7 000 万的毛绒动物玩具，在他们的在线数据库中拥有超过 2 400 万个家庭用户群。

在 BBW 门店（包括网上销售）每个顾客平均花费约 50 美元。

顾客反馈拉动业务拓展

BBW 的主要受众是使用 E-mail 的群体，该企业非常依赖于电子通信技术。克拉克的电子邮箱每月会收到 4 000 封邮件，大部分都是来自顾客的。

这些来自顾客的声音创造了 BBW 大部分的新产品。一些顾客建议：增加一个黑色拉布拉多犬作为产品。BBW 做到了。在最初的半年，就卖出了 10 万个。"BBW 已经为每个动物玩具都提供了鞋子，但是为什么不加袜子呢？"有顾客这样建议道。此后不久，BBW 又增加了袜子。又有顾客提出要为毛绒玩具的生日派对和聚会提供房间，2002 年 BBW 在一些门店也开始提供该项服务。

每封电子邮件的作者都会收到克拉克本人或其他管理层的回复。克拉克通过"儿童顾问委员会"与顾客们保持着紧密的联系，该委员会由 20 个 8—17 岁的孩子组成，负责检验新产品和提出创意。他们每年都要与克拉克及其团队见三到四次面。

BBW 参与公益营销（cause marketing）

BBW 相信做好人、做好熊的泰迪熊理念。纵观其 11 年历史，企业积极支持保护儿童、家庭、动物和环境的事业。自成立以来，BBW 的公益捐赠超过 2 000 万美元。

其中一个伙伴是世界自然基金会（WWF），BBW 在门店内提供了一系列与世界自然基金会联合冠名的毛绒动物玩具。2000 年 BBW 将大熊猫玩具作为第一款联合冠名的玩具。从那时起，BBW 每年都会推出一款新的毛绒玩具，大部分代表的都是世界各地濒临灭绝的动物。除了大熊猫，BBW 已经售出孟加拉虎、豹、狮子、北极熊和长颈鹿等多款毛绒玩具。WWF 系列的毛绒玩具都带有一个收藏性质的奖章，上有 WWF 官方熊猫图案和真品证书编号，进一步提高了其收藏价值。

2006 年 BBW 宣布，它通过 WWF 系列玩具的销售向 WWF 捐赠了 100 万美元。每卖出一只 WWF 系列的毛绒玩具，就捐赠 1 美元给 WWF 用于保护世界各地的野生动物。

2009 年 WWF 延续了与世界自然基金会的合作伙伴关系，推出了 WWF 系列毛绒玩具的新项目。从 8 月 28 日开始，在 BBW 门店和 buildabear.com 网站上制作自己的 WWF 系列灰狼玩具（25 美元）。在美国和加拿大，每出售一只毛绒玩具，将有 1 美元捐赠给 WWF 用于保护濒危动物和它们的栖息地。

BBW 的零售门店、国际扩张和特许经营战略

BBW 的零售业务包括在美国、加拿大、英国、爱尔兰和法国的企业直营店。下表列出了截至 2009 年 1 月 3 日 BBW 的 346 家直营店。

企业直营店	门店数量（2009 年 1 月）
美国	271
加拿大	21
英国：	
英格兰	42
苏格兰	6
威尔士	1
北爱尔兰	1
爱尔兰	1
法国	3
	346

2003 年，BBW 开始在美国之外扩张，在加拿大开设了第一家企业直营店，在英国开设了第一家加盟店。截至 2009 年 1 月 3 日，共有 62 个加盟店设在下列国家：

国家	门店数量
日本	10
南非	9
丹麦	8
澳大利亚	6
泰国	6
新加坡	5
德国	4
俄罗斯	4
挪威＋瑞典	3
比荷卢经济联盟*	3
其他	4
总计	62

注：* 比荷卢经济联盟是比利时、荷兰、卢森堡三国建立的经济集团。

美国、加拿大、英国、爱尔兰和法国以外的所有门店，目前由第三方加盟商根据不同的特许经营协议在经营。一个国家或几个国家的主特许经营权一般授予一个加盟商。这些主特许经营协议的条款因国家而异，但通常BBW先收取一次性加盟费，然后基于加盟店的销售额收取一定比例的特许权使用费。这些协议的条款有效期可达十年，加盟商在满足某些条件的情况下可选择续约期限。

2008年财务年度的国际特许经营费收入为360万美元——占总收入的比例不到1%。

竞争

因为BBW以商场门店为主，所以BBW将其他争夺商场最佳位置的零售企业视为竞争对手，包括各种服装、鞋类及专业零售商。BBW也与其他玩具零售商竞争，如沃尔玛、玩具翻斗城、Target、Kmart、Sears和其他折扣连锁店，以及其他多家销售泰迪熊和布娃娃的企业，包括但不限于Ty、Fisher Price、Mattel、Ganz、Russ Berrie、Applause、Boyd's、Hasbro、Commonwealth、Gund和Vermont Teddy Bear。由于BBW销售的是商品和顾客体验的整合产品，BBW也将那些争夺客户时间和金钱的企业视为竞争对手，如电影院、游乐园、其他商场内的娱乐场所以及在线娱乐企业。

BBW注意到有几家小企业也在经营顾客定制化的泰迪熊和毛绒玩具的小商店或小卖部，但BBW相信它们不可能提供像BBW如此有广度和深度的产品体验，也无法成为一个全国性甚至国际性的大企业。

BBW还认为，儿童游乐模式中的一个新兴趋势就是互联网在线游戏。根据Emarketer.com的报告，8—11岁的孩子每天都会花1—2小时的时间上网。2007年，有24%的美国儿童和青少年网民访问虚拟世界。到2011年，这个比例估计会到53%。因此，BBW相信他们可以与诸如webkinz.com、clubpenguin.com、neopets.com的在线网站相抗衡。

到目前为止，BBW是唯一一个将虚拟世界与现实世界门店相结合的企业。越来越多的传统儿童玩具和娱乐企业开始开发他们的虚拟网上世界，包括Barbie.com、bebratz.com和virtualmagickingdom.com。

BBW的市场营销战略

尽管BBW为顾客提供互动和个性化的体验，他们的有形产品还是毛绒动物玩具，包括其旗舰产品泰迪熊——一个被大众喜爱超过100年的毛绒动物。据玩具行业协会和NPD集团公布的数据显示，2008年美国传统玩具市场（不包括视频游戏）的销售额为222亿美元，其中毛绒玩具和娃娃玩具占了20%的份额。据NPD集团进一步的资料显示，2007年全球玩具销售额为719.6亿美元。2008年，*Playings Magazine*基于销售额将BBW列为美国第十大玩具零售商。

BBW的整体策略与顾客在BBW门店的实体体验息息相关。与传统的营业员相反，BBW的店内助理更多地被培训成"表演者"（将经验传授给孩子）。

BBW的定价策略

不同于其他经常通过降价促销拉动销售的商场零售商，BBW使用增值营销来提高品牌知名度和吸引客流量，降价促销的使用非常有限。

BBW 的广告策略

BBW 采用各种不同的营销手段和营销项目来吸引客流量和提高品牌知名度。BBW 利用电视广告来触达目标群体——儿童和成人。BBW 会定期推出新产品介绍和促销来吸引顾客走进门店。BBW 还使用广播、印刷品和在线广告以最大限度地接触到新顾客和维持现有顾客。BBW 俱乐部忠诚会员项目有超过 400 万的活跃会员,通过这个数据库可以发送直邮或电子邮件,还可以通过网站 www.buildabear.com 来发布信息,开展电子商务。

BBW 已经与北美和欧洲的一些领先的零售商和文化公司建立了战略合作关系。BBW 相信,他们拥有的客户群体及其自身在行业里的地位使 BBW 成为极具吸引力的合作伙伴,他们的客户研究和洞察力使其能够专注于与其他企业的战略合作关系,而且他们相信这对于顾客是非常有吸引力的。

BBW 的财务业绩

BBW 近三年的主要财务数据说明企业正面临着一些问题。

同店销售额[①](same-store sales)是华尔街最喜爱的零售商评估指标。华尔街将通过观察该指标的趋势来判断企业业绩或股票价格的变化,然后继续寻找下一个热点。但是,有没有这种可能:尽管同店销售额面临上述压力,但该企业仍然具有价值?毕竟,同店销售额只是一个评估指标而已。

例如,如果成本下降比销售快,则还是有利可图。但不幸的是,BBW 的全年经营利润占销售额之比在过去三年都在下滑。

再来看看 BBW 在第一年的销售水平,如果这个数字极端地高,那么即使在接下来的几年内有所下降,则还是可以实现可观的利润。为了便于比较,这里给出了 BBW 每平方英尺销售额与其他成功美国零售商的分类比较。BBW 用每平方英尺的净零售额和可比门店销售额来衡量经营表现。下表给出了不同时期、不同店龄的门店每平方英尺的净零售额。

表 1　2006—2008 年 BBW 的财务状况　　　　单位:百万美元

BBW	2008 年	2007 年	2006 年
总收入	467	474	437
较低成本:			
可变成本(原材料等)	270	259	228
销售、一般、管理的成本	186	177	159
其他成本	6	16	21
净收入	5	22	29

资料来源:BBW 内部报告。

---

① 同店销售额以销售店开张至少一年为前提,是指同一销售店在相同时期下的销售额,通常以月份或季度为时间段比较前后两年同期的销售额及其变化趋势。该指标通常用来衡量一家零售店在相对固定的运营成本下的盈利或亏损状态,因此是衡量零售商投资回报的一项重要指标,反映了零售商的整体盈利能力。——译者注

表 2 每平方英尺的零售额（仅限于 BBW 南美洲的门店） 单位：美元

每平方英尺净零售额	2008 财年	2007 财年	2006 财年
店龄＞5 年	448	517	577
店龄 3—5 年	455	537	556
店龄＜3 年	432	497	592
所有可比较的门店	445	516	573

资料来源：BBW 内部报告。

如表 2 所示，最大的问题出现在新开的门店中——开业小于 3 年的门店的每平方英尺零售额的百分比跌幅最大。

自 BBW10 年前第一家店开业至今，已扩张到世界大部分地区，下文将对 BBW 在北欧市场的扩张做进一步的讲解。

BBW 在斯堪的纳维亚和德国的扩张

2002 年，丹麦人尼尔森和他的女儿在美国首次接触到 BBW 的概念。他对于这个概念十分看好，在返回丹麦不久就与一些朋友成立了一家企业。2003 年，这家新企业 Choose Holding ApS，用 250 000 美元买下 BBW 在丹麦的特许经营权。2004 年 4 月，第一家 BBW 店在哥本哈根开业。

基于美国一家 BBW 门店服务 100 万居民的经验，Choose Holding ApS 最初想在前 5 年就在丹麦开 5 家门店。但是截至 2009 年 8 月，Choose Holding ApS 已经在丹麦开设了 9 家门店。

2005 年，Choose Holding ApS 又获得了挪威和瑞典的特许经营权。在瑞典的第一家店于 2005 年开业，在挪威的第一家店于 2006 年开业。

这个由约翰·克里滕森（John Kristensen）和索伦·尼尔森（Soren Nielsen）领导的团队，目前在丹麦拥有 9 家门店，瑞典 2 家，挪威 1 家。

继在斯堪的纳维亚获得成功后，Choose Holding ApS 的创始人又用 750 000 美元获得在德国的特许经营权。前两家门店于 2006 年在德国汉堡开业，之后又相继在柏林和布伦瑞克开了两家门店。企业计划在未来 5 年内在德国开 50 家 BBW 门店。然而，德国市场与斯堪的纳维亚市场完全不同：

- 玩毛绒熊玩具的孩子年龄偏大。
- 父母在购买环节比孩子参与得更多。
- 对于大多数的德国人来说，BBW 的工作着装太过休闲，德国人习惯于 BBW 的门店经理更多地去处理管理事务，而不是 BBW 的传统做法——在前台与顾客进行直接沟通。
- BBW 的口号"在这里交到好朋友"在德国并不奏效，必须对其进行适当的修改——"自己交到好朋友"（"Beste Freunde zum selbermachen"）。

这些差异使得 BBW 在德国的门店并没有像计划中的那样运营良好。2008 年，4 家德国的门店被 Choose Holding ApS 的另一位创始人收购。

▶ 问题

1. 你如何描述 BBW 现在的全球战略特征?
2. BBW 的美国总部在直营店和加盟店的混业经营问题上决策是否正确?
3. 你认为 BBW 在德国失败的主要原因是什么?
4. BBW 应该如何管理全球业务以东山再起?

资料来源：www. buildabear. com（Financial Reports，10K）；http：//www. businessweek. com/smallbiz/content/sep2007/sb20070912_785676. htm? Chan＝search；http：//www. funduniverse. com/company-histories/BuildABear-Workshop-Inc-Company-History. html；http：//www. fyens. dk/article/948187；Business-Fyn--Bjoerne-eventyrfik-voksevaerk（28. 02. 2008）；http：//borsen. dk/investor/nyhed/122205/。

问题讨论

1. 大型企业和中小型企业中产生"导向趋同"的原因是什么?
2. 当中小企业试图进入出口市场时，它们该如何弥补其资源和国际营销知识匮乏的不足?
3. 国际营销和国内营销之间有什么主要的区别?
4. 请解释上游活动集中化和下游活动分散化经营的主要优势。
5. "虚拟价值链"和"传统价值链"之间有何区别?

参考文献

本章参考文献可通过扫描右侧二维码获取。

第 2 章
国际化的开端

学习目标

完成本章学习之后，你应该能够：
- 讨论企业国际化的原因（动机）。
- 解释主动性动因和被动性动因之间的区别。
- 分析出口的诱发动因。
- 解释推动出口行为的内部动因和外部诱因之间的区别。
- 描述阻碍开展出口业务的各种因素。
- 讨论出口过程中的主要障碍。

2.1 引言

当企业将它的研发、生产、销售以及其他业务拓展到国际市场时，国际化便发生了。在许多大型企业中，国际化是一个相对连续的过程，即企业在一段时间内，通过循序渐进的方法，同时运作多个国际化扩展项目。然而，对于中小型企业来说，国际化往往是一个相对间断的过程，也就是说，中小型企业倾向于将每一个国际化尝试视为不同的、独立的行为。

在国际化经营的准备阶段，中小型企业的管理者们为了顺利开启国际化经营的进程，通常会搜集并运用各种信息来尽可能多地获取与国际化经营相关的知识（Freeman，2002）。图 2.1 描述了国际化经营准备过程中不同阶段的内容，而本章接下来的内容也将围绕图中的这几个阶段展开。

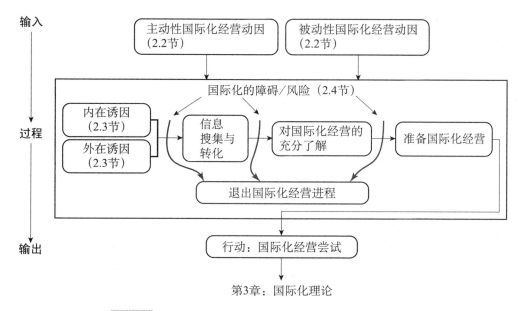

图 2.1 国际化经营准备：中小型企业国际化经营的开端

2.2　国际化经营的动因

对于大多数企业来说，选择出口最重要的原因是为了盈利。然而，正如大多数商业活动所体现出的，任何一个商业行动很少是由一个因素单独引起的。通常，企业是受到一系列因素的综合影响，才开始进行某种商业活动的。

表 2.1 列出了主要的**国际化经营动因**，主要分为主动性动因和被动性动因。主动性动因是指企业出于挖掘自身独特的竞争力（如一种特殊的技术知识）或寻求市场机会而尝试调整战略的刺激因素。而被动性动因则是指企业对其国内市场或国外市场的压力和威胁做出消极的反应，通过改变其经营方式被动地适应市场。

> **国际化经营动因**
> 企业选择国际化的主要原因，既包括主动性动因，也包括被动性动因。

接下来，让我们对每一个出口动因做详细的分析。

表 2.1　出口的主要动因

主动性动因	被动性动因
● 利润和增长目标	● 竞争压力
● 管理层推动	● 国内市场：规模小且已饱和
● 技术优势/产品独特	● 过度生产/产能过剩
● 国外市场机遇/市场信息	● 国外市场主动提交订单
● 规模经济	● 季节性产品扩销
● 税收优惠	● 接近国际顾客/心理距离

资料来源：改编自 Albaum *et al*.（1994，p.31）。

主动性动因

利润和增长目标

对于刚刚开始对国际化经营产生兴趣的中小型企业，实现短期利润对他们来说尤为重要。除此以外，实现增长也是中小型企业开展国际化经营的一个非常重要的动因。

长久以来，企业以往努力的结果将影响着企业对于增长的态度。例如，出口的利润率可能决定着管理层对于出口的态度。当然，当企业计划进入国际市场时，预期的利润率与实际所取得的利润率往往相去甚远。最初的利润率也许非常低，尤其是在国际化经营刚起步的阶段。如果企业在之前从未进入过国际市场，那么预期与现实之间的差距可能就更大。即使提前做了周密的计划，突发影响因素仍会极大地改变盈利状况。例如，外汇汇率的突然改变就会极大地改变企业对利润的预测，尽管这些预测是经过认真的市场评估以后得出的结论。

企业成长的动机越强烈，它为寻找实现增长和利润目标的途径所进行的活动就会越多，这其中也包括为了发现新的可能性而进行的探索活动。

管理层推动

管理层推动是这样一种动因，它反映了管理层对于国际营销活动的愿望、动力以及热情。这种热情仅仅是因为管理者希望自己的企业成为国际化经营企业中的一员。此外，国际化经营也可以为他们提供一个很好的出国旅行的理由。通常，管理层进行国际化经营的迫切性反映了一种创业动机，即一种对企业获得持续的成长和市场扩张的渴望。

> **管理层推动**
> 来自管理者的动因，反映了管理者对于推动国际化进程的愿望和热情。

在决定企业的出口活动方面，管理层的态度起着至关重要的作用。在中小型企业，出口决策往往是由一个决策者做出；而在大型企业中，出口决策则可能是由一个决策小组做出。一个企业是否采取进入国外市场的战略，与参与决策过程的人数无关，而是取决于决策制定者对国外市场的感知、期望以及企业进入这些市场的能力。

管理者的文化社会化（cultural socialization）背景也可能影响一个企业国际化经营的进程。那些出生在国外或者有在国外居住或旅行经历的管理者往往比其他管理者更具有国际化思维。先前就职于出口企业或者是某一个专业贸易组织成员的经历也将有助于增强关键决策制定者对国外环境的了解与评价。

技术优势/产品独特

一个企业有可能提供世界上其他企业所没有的产品或服务，或是在某一特定领域拥有先进的技术。但是，一定要区分开现实中的真正优势和感知优势。许多企业以为他们的产品或服务是独一无二的，然而在国际市场上可能并非如此。但是，如果他们的产品或技术的确是独一无二的，那么他们一定能够获得长久的竞争优势，并在国际市场上获得巨大的成功。现在，一个需要考虑的问题就是：技术上或者产品上的优势可以持续多久。根据历史经验来说，一个具有竞争优势的企业可以在几年的时间里成为国外市场上的唯一供应商。然而，由于技术竞争的加剧以及常常缺乏知识产权的国际保护，这种技术优势被削弱得非常快。

然而，无论如何，由于产品的感知竞争力，一个提供优质产品的企业往往更有可能得到关注。一个潜在购买者的购买往往会受产品的多方面因素的影响。此外，如果一个企业在它的本土市场拥有独特的竞争优势，那么它将这种优势推广到海外市场的可能性也将非常大，因为它在其他市场上继续利用这一优势的机会成本非常低。

国外市场机会/市场信息

很显然，只有当企业拥有或者有能力获得应对市场机遇的必要资源时，市场机遇才会成为激励因素。通常，决策制定者在筹划进入国外市场时往往只考虑相当有限的几个国外市场机会。而且，这样的决策制定者往往更倾向于率先开发那些与国内市场机会相似的海外市场。

有时，海外市场发展的惊人速度为那些意图扩张的企业提供了非常吸引人的市场机会。东南亚市场的吸引力主要在于其经济上的成功，而东欧则是因其新取得的政治自由及其希望与西欧、北美、日本建立贸易和经济联系的愿望。另外一些市场吸引力提升的国家则是由于其内部重要的改革，如中国和南非。

出口企业可以凭借专业的营销知识及获取的信息超过自己的竞争对手。这些信息包括有关国外消费者、市场或市场形势等并不为大多数企业所掌握的信息。这些信息可能通过企业的国际调研，或是从其拥有的特殊资源中获得，也可能得自于在适当的时间、适当的地点的某次经历（例如，在旅行过程中发现了一个有利的市场机会）。企业过去成功的营销经验将对未来的营销活动产生巨大的推动力［逻辑渐进主义（logical incrementalism），详细内容见 1.3 节］。有能力开展一个或者多个重要的营销活动往往成为一家企业开始从事出口业务或者扩大出口业务的催化剂。

规模经济——学习曲线

参与国际营销活动可以使企业提高产出，从而使其在学习曲线上爬升更快。自从波士顿咨询公司研究发现双倍的产出可以减少近 30% 的生产成本后，越来越多的企业便开始追求这样的效果。为国际市场而扩大的生产也可以降低国内市场销售的生产成本，从而使企业在国内市场也更具竞争力。这种影响也使追求市场份额成为企业的主要目标（详见示例 1.2 和示例 2.1）。在国际化的初始阶段，国际化也许意味着对出口市场的搜寻；之后，企业将进入开设国外子公司和配置国外生产设备阶段。

通过出口进入国际市场，可以使管理、设备、员工和研发费用等固定成本在更多的组织单元之间进行分摊。对于一些企业来说，通过在国际范围内对营销组合进行标准化，将有可能在国外市场上最大限度地实现规模效应。然而，对于其他企业来说，标准化营销对于实现规模经济来说并非必要。

税收优惠

税收优惠同样也起到了推动的作用。在美国，税收机构也被称为对外销售公司（foreign sales corporation，FSC），其设立旨在帮助出口企业。该组织遵守国际合约并为企业提供一定的延期缴税服务。税收优惠使企业能够在国外市场上以更低的成本提供产品或者获得更高的利润。因此，税收优惠与利润激励联系非常紧密。

然而，世界贸易组织提出的反倾销法将惩罚那些在本土市场以极低价格销售的国外供应商，以保护本土供应商。该法律是每一个签署了世贸组织协议的国家（大多数国家都签署了该协议）所必须遵守的。

示例 2.1
日本企业的国际营销与规模经济

日本企业通常运用渗透定价战略来挖掘国外市场机遇，即以较低的进入价格获取市场份额，从而建立长期的市场垄断地位。他们坦然接受头几年的损失，将其作为对长期市场开发的投资。日本企业之所以可以这样做，是因为日本产业（尤其是集团企业这种组织形式）往往受到银行或者其他金融组织的支持或是被其持有，也正因为如此，他们才能拥有较低的融资成本。

此外，凭借其实行的终身雇佣制，可以把劳动成本当作固定成本的一部分，而不是像西方一样将其视作变动成本。由于所有边际劳动成本将维持在进入时的工资水平，提高产量是快速提高生产率的唯一方式。因此，追求市场份额，而不是利润率，成为那些追求规模效应的日本企业所秉持的最重要的观念，同时市场份额的增加也可以降低分销成本。国际贸易公司通常负责国际销售与营销，使日本企业可以专注于追求规模经济，尽可能获得更低的单位成本。

资料来源：Genestre *et al.*（1995）。

被动性动因

竞争压力

被动性动因的主要形式就是对竞争压力的一种反应。企业也许会担心国内市场份额被那些通过国际营销实现规模效应的竞争对手所挤占，此外，他们也会担心国外市场最终被那些已经觊觎该市场的本土企业所抢占，因为他们知道那些率先抢占市场的企业将更容易保持其市场份额。一旦企业意识到它的准备工作是不充分的，那么，仓促地进入也许会导致同样仓促地撤退。除此以外，其他企业尤其是竞争对手正在进行国际化,也将极大地激励企业进行国际化。可口可乐的国际化远远早于百事可乐,但是毋庸置疑的是,可口可乐进入国际市场也影响着百事可乐向着同样的方向发展。

国内市场:规模小且已饱和

企业可能因为国内市场的发展潜力较小而被迫进行出口。对于一些企业来说,国内市场并不能使其保持有效的规模经济和范围经济,因此这些企业会自动地将出口市场作为其市场进入策略的一部分。这种行为对于那些在全球范围内拥有少量的、易识别顾客的工业产品,或者那些在许多国家提供市场很小的专业消费产品的供应商来说尤为适用。

无论是以销售额还是市场份额来衡量,一个饱和的国内市场都对企业国际化具有激励作用。企业在国内市场所销售的产品也许是处于产品生命周期的衰退期。企业可能会选择通过拓展市场来延长而非强行延缓产品的生命周期。在过去,这样的努力往往会获得成功,因为在许多发展中国家,消费者是逐步达到在工业化国家早已达到的某个需求水平和高度。一些发展中国家仍然需要一些在工业化国家需求已经萎缩的产品。因此,企业可以通过开拓国际市场来延长产品的生命周期(关于产品生命周期更进一步的分析见 14.4 节)。

许多美国的电器供应商和汽车制造商最初进入国际市场就是因为他们认为国内市场已经接近饱和。美国石棉产品生产商发现国内法律禁止石棉产品进入本地市场,然而却发现海外市场的消费者保护法比较宽松,所以,他们能够继续生产以满足海外市场的需求。

关于市场饱和的另一个观点同样有助于理解企业为什么要向海外扩张。国内市场饱和意味着在企业中存在生产资源上的闲置(如在生产和管理上的过剩)。生产上的过剩激励着企业寻求新的市场机遇,而管理上的过剩则为搜集、分析和利用市场信息提供了智力资源。

过度生产/产能过剩

如果某产品的国内销售低于预期,那么库存就会超过预期的存货水平。这种情况也会激励企业通过库存产品降价倾销而开始出口销售。但是,一旦国内市场需求回归原先的水平,那么国际营销活动就会减少甚至停止。采取此战略的企业当再次使用该战略时往往会遇到困难,因为大部分的国外顾客对于短期的、零散的业务关系都不感兴趣。这种来自国外市场的反应久而久之可能会使得该出口动因的重要性逐步减弱。

然而,在一些情境下,产能过剩可以成为强有力的激励因素。如果生产设备并没有最大化地被利用,那么企业将视进军国际市场作为在更大范围内分摊固定成本的一个理想手段。此外,如果所有的固定成本都被分摊到国内销售的产品上,那么企业就能以变动成本为主的定价策略来实现对国际市场的渗透。尽管这种战略在短期内比较有效,但是它会造成产品的国外价格低于国内价格,从而导致平行进口的出现。从长期来看,固定成本必须被分摊以保证生产设备的更替。仅仅凭借基于变动成本的市场渗透战略，在长期是不可行的。

有时，国内市场需求的变化也会导致产能过剩。当国内市场转向新的生产替代产品的企业时，就会导致旧的产品生产过剩，而使企业不得不寻求国外市场的机遇。

国外市场主动提交订单

许多小型企业意识到出口市场的机遇是因为他们的产品引起了来自海外市场的关注。这些关注可能来自在全球发行的行业杂志刊登的广告，或者是通过展览及其他方式。因此，出口企业最初的订单很大一部分都是国外买方主动提出的。

季节性产品扩销

国内市场与国际市场在市场需求的季节性上有所不同。这一点是企业开发国外市场的持久推动因素，而国际化也能使企业获得整年更加稳定的需求。

欧洲的一个农业机械制造商在春季的需求主要来自国内市场。为了获得整年更为稳定的需求，企业将其市场转向季节与北半球相反的南半球（例如澳大利亚、南非）。

接近国际顾客/心理距离

在物理或心理上接近国际市场在企业的出口活动中扮演着非常重要的角色。例如，建在邻近奥地利界的德国企业可能都没有把在奥地利的营销活动看作国际营销。确实，这种情况下，企业只是把经营活动看作对国内营销活动的一个拓展，而并没有特别关注产品在海外销售这一事实。

不像美国企业，大部分欧洲企业都自动地成了国际营销企业，仅仅是因为他们的邻国都非常的接近。一个比利时的企业只需要走100公里就可以到达多个国外市场。

然而，即便是对那些邻近的市场，在进入市场后的一段时间，由于那些没有预期到的知识缺口，管理者也有可能面临所谓的**冲击效应**（shock effects）。管理者以为他们知道关于本地市场的一切，但在进入市场之后，他们往往意识到事实并非如此。因此，企业管理者在进入远距离市场时往往更为谨慎，在制订计划上也会花更多的时间，因为他们充分认识到了心理距离的重要性。然而，在对待那些他们认为心理距离较近的国家时，他们却可能无法保持足够的谨慎（Pedersen and Petersen，2004）。

> **冲击效应**
> 当管理者意识到他们并没有掌握足够多关于本地市场的知识，尤其是本以为具有较近的心理距离时，他们便会经历这种冲击。

因此，与国外市场在地理上的接近并不必然等同于与国外消费者的接近。有时候，多样化的文化、法律因素或者其他社会规范都可能使一个地理位置很近的国外市场在心理距离上变得很远。例如，研究表明美国企业认为与加拿大的心理距离远远近于与墨西哥的心理距离。甚至是英国也被许多美国企业认为在心理距离上要远远近于墨西哥或者其他拉丁美洲国家，很大一部分的原因是语言的相似性，而不是地理距离。

在一个对英国小型企业出口动因的调查中，Westhead et al.（2002）发现了企业开始出口产品/服务的主要原因：
- 因国外消费者的订单而与国外市场产生联系；
- 一次性订单（并非持续性出口）；
- 国外市场信息的可得性；
- 作为企业增长目标的一部分；
- 主要创立者/拥有者/管理者以出口市场作为目标。

Westhead et al.（2002）的调研结果也表明，企业越大，越可能是主动性动因在发挥作用。

Suárez-Ortega and Alamo-Vera（2005）的调研结果表明：推动企业国际化的主要动因来自企业内部，即取决于管理层的优势和劣势。他们认为，影响国际化活动的最主要因素并非外部环境，而是企业所拥有的可能会与国际市场经营成败密切相关的资源和能力。因此，国际化的速度和强度，往往会通过旨在提高管理者技术和能力的项目而得到强化。同时，旨在让更多非出口商对出口产生兴趣的出口促进项目应该着重强调那些可以提高管理者对出口优势认识的活动。

示例 2.2
海尔国际化——主动性和被动性动因

中国的家用电器（如冰箱）制造商——海尔集团，在 1984 年张瑞敏被任命为厂长时已濒临破产，他已经是一年内更换的第四任厂长。在张瑞敏的领导下，企业发展成为全球第四大家用电器制造商。2008 年，海尔集团的销售量超过了 178 亿美元。

主动性动因

在海尔最初的发展阶段，张瑞敏就具有国际化意识。1984 年，在加入企业后不久，

Kevin Lee/Bloomberg/Getty Images.

张瑞敏便从 Liebherr 引进了技术和设备。Liebherr 是一家在华生产多种热销冰箱品牌的德国企业。同时，张瑞敏还积极地与 Liebherr 拓展合作，通过生产基于其标准的冰箱并将这些冰箱卖回 Liebherr，从而进入德国市场。在 1986 年，海尔的出口额第一次达到了 300 万美元。之后，张瑞敏在评论这一政策时说道"通过出口获得外汇在那时是非常必要的"。

当海尔在美国建厂时，张瑞敏认为海外建厂将给企业带来地理位置上的优势——避免关税、减少运输成本。国际化优势通过控制服务、营销/分销来获得，而所有者优势则是在充分利用当地高质量的人力资源的前提下，通过精进设计和产品研发能力来获得。

被动性动因

全球家用电器制造商不断进入中国市场，迫使海尔积极寻求海外扩张。尤其是在中国加入 WTO 以后，几乎所有国际竞争者都投资于中国市场，建立全资子公司。因此，对于海尔来说，最好的防御策略就是进入竞争者的本土市场。

随着竞争越来越激烈，中国家用电器市场的饱和成为海尔进行国际化的主要动力。在 20 世纪 90 年代中叶之后，在不同的市场上，价格战争一个接着一个。而到 2000 年年底，海尔冰箱、冷藏箱、空调和洗碗机在中国的市场份额分别达到了 33%、42%、33% 和 31%。也因此，在国内市场上未来发展的潜力非常有限。

另外一个激励海尔进行国际化的外界因素是中国政府。作为一家国际企业，海尔获得了其他中国企业所没有的特殊待遇。例如，海尔被获准建立一个金融企业，成为地方商业银行的主要持股人，并与美国保险企业经营合资公司。如果不是积极地开展国际化并且在家用电器市场占据主导的地位，一般来说，一个制造商很难获准涉足金融领域。

资料来源：改编自 Liu and Li（2002）。

2.3 国际化诱因（变革代理）

国际化如果要发生，必须有企业内部或者外部的一些人物或事件（所谓的变革代理，change agent）的推动（见表 2.2）。这就是我们所说的**国际化诱因**。在该领域的研究表明，仅由一个独立因素诱发企业开始国际化进程的情况非常少见。大多数情况下，企业的国际化进程是由一系列因素联合推动的。

> **国际化诱因**
> 开启企业国际化进程的内部或者外部事件。

内在诱因

敏锐的管理层/人际网络

敏锐的管理层可以较早地意识到海外市场的发展机遇。他们经常把下面的工作视作自己的分内之事：不断掌握有关海外市场的知识，始终对何时何地企业应该拓展海外市场保持开放的心态。敏锐的管理层中还包括许多见多识广的管理者。

其中一个国际化诱因是频繁的国外旅行，在旅行的过程中管理层往往能发现新的商业机遇或者是信息，使他们相信这样的机遇是确实存在的。那些曾经在国外居住、学习过外语或者是对国外文化感兴趣的管理者，往往能够更早而不是更晚地发现国际营销机遇是否适合自己的企业。

通常，管理者在进入企业时都已经从先前的工作中获得了一定的国际营销经验和人际网络，并尝试着将这些经验运用到拓展新企业的商业活动中去（Vissak et al.，2008）。在他们设定自己的新工作目标时，管理者往往会考虑一个全新的选项组合，其中一项也许就是国际营销活动。

特定的内部事件

一个重要的事件也可能成为又一个主要的变革代理。如果一个新晋雇员坚定地认为企业应该实施国际营销，那么他就可能会想办法去推动管理层。生产过剩、国内市场萎缩或得到有关当前产品使用的新信息都可以看作这样的事件。例如，企业的研究活动可能开发了一种适合海外销售的副产品，曾经有一个食品制造商发现了一种低成本的蛋白质非常适合解决非洲某些地区的食品短缺。

表 2.2　启动出口业务的诱因

内在诱因	外在诱因
● 敏锐的管理层/人际网络	● 市场需求
● 特定的内部事件	● 网络伙伴
● 作为内向型国际化的进口活动	● 竞争企业
	● 外部专家

调查显示，在一些中小企业，最初的出口决定往往由总裁根据市场部提供的充足的信息做出。而决策的实施，也就是国际营销活动的开始与落实，则是市场部人员的主要职责。到决策的最后环节，也就是评价国际营销活动时，责任才再次落到总裁身上。为了在内部影响企业决策，工作的重点往往最先放在说服总裁上，然后是说服市场部，让他们相信国际营销是一项重要的活动。因此，如果一个人想参与到国际商务中，那么市场部是一个非常好的地方。

在近期的一个关于芬兰中小企业国际化行为的调查中，Forsman et al.（2002）发现三大最主要的开始国际化运营的动机：管理层对国际化的兴趣；国外对企业产品和服务的问询；本土市场需求不足。

该研究有一个有趣的发现，即企业并不把与商会或者是其他支持组织之间的联系作为进行国际营销活动的重要因素。然而，当企业开始考虑国际化时，商会却常常被用作获取进一步国外资料的途径。

内向型/外向型国际化

国际化通常被认为是外向的流出，大部分国际化模型都没有精确地解释前期的内向活动以及所获取的知识是怎样影响后期的外向活动的。国际化的自然的路径是先参与内向型活动（进口），之后再参与外向型活动（出口）。通过进口活动所获得的关系和知识将被运用于之后的出口活动中（Welch et al.，2001）。

Welch and Loustarinen（1993）认为**内向型国际化**（进口）先于并影响着**外向型国际化**（进入国际市场，进行国际营销活动），如图2.2所示。

> **内向型/外向型国际化**
> 将进口作为进入国外市场的前期准备活动。

内向型国际化与外向型国际化最直接的联系是有效的内向活动决定着外向活动的成败，尤其是在国际化的早期阶段。内向型国际化的开始可能是由于下列因素：
- 买家：对不同的国外资源进行积极的国际搜寻活动（买家主动＝反向营销）；
- 卖家：由国外供应商发起（从传统的卖方角度）。

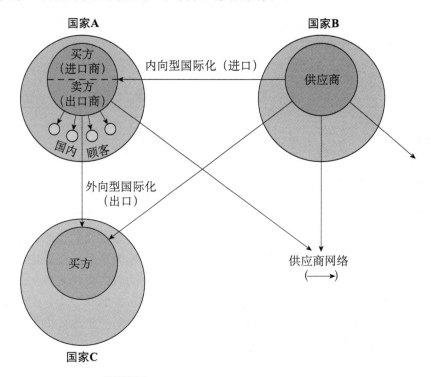

图2.2　内向型/外向型国际化：网络示例

在从内向型国际化转向外向型国际化的过程中，无论是对本土顾客（在国家A）还是国外顾客，企业由购买者的角色（在国家A）转变成为销售者。通过与国外供应商的互动，买者（进口商）获得了与供应商联系的网络，也因此，在之后可能与该网络中的其他成员进行外向型出口活动。

内向型国际化运营往往通过诸多不同的形式来强化企业的资源。内向流入意味着进口生产过程中所需的产品，例如原材料和机械。除此以外，内向运营还包括通过其他运营形式，如特许经营、直接投资和联盟（Forsman et al.，2002）以获得资金和技术。在某些情况下，内向的外商许可也可能会引发对外技术转让。根据Fletcher（2001）和Freeman（2002）的理论，内向和外向活动以及两者之间的联系都可以以不同的方式开展。两者之间的联系在补偿贸易协议（本土企业向原本进口的国家开展出口活动）中体现得尤为明显。此外，在跨国公司的分支机构组织间以及战略性合作伙伴关系中同样可以发现这种联系。

外在诱因

市场需求

国际市场的增长也会带来一些企业产品需求的增长，促使企业进行国际化。许多制药企业往往在国际市场对其产品的需求刚刚开始增长时就进入国际市场。总部位于美国的企业 Squibb，在土耳其市场还未达到盈利规模时，便进入该市场。但是之后土耳其市场发展非常迅猛，也激励着 Squibb 进一步进行国际化。

网络伙伴

企业的网络伙伴有时可以作为企业强化其国际化知识和职能的重要资源，也是国际化的重要诱因（Vissak et al., 2008）。这样的合作伙伴可以是分销商、贸易组织、调研机构或是大学。已经与国内分销商建立起来的联系可能会延伸到国外分销网络。通过贸易协会会议、国际公约会议或者商业圆桌会议等途径，不同企业的管理者之间进行正式和非正式（通常通过互联网）的会议，常常扮演着重要的变革代理角色。小型企业往往根据其所属的企业群体的集体经验做出产品出口的决定。

竞争企业

竞争企业的管理者认为某些国际市场富有价值并值得开发的信息，往往会引起管理层的注意。这些信息不仅来源可靠，而且可以被视为一种威胁，这主要是由于竞争者最终可能会蚕食企业的业务。

外部专家

许多外部专家支持国际化，包括出口代理商、政府、商会以及银行。
- 出口代理商。出口代理商、出口贸易公司以及出口管理公司通常具有作为国际营销专家的资格。他们往往已经代理了其他产品的国际化业务，拥有海外联系并且有权代理其他可出口的产品。如果贸易中介发现某些企业的产品有潜在的海外市场，那么他们就会直接联系这些潜在的出口商。
- 政府。在几乎所有的国家，政府都试图通过提供国际营销的专业知识（出口协助项目），刺激国际贸易。例如，政府的激励措施，不仅对企业可能需要的直接融资有积极影响，而且还可以提供有价值的信息。
- 商会。商会或者类似的出口生产组织都对刺激国际贸易非常感兴趣，包括出口和进口。这些组织试图说服单个企业参与到国际营销中，并采取激励手段促使他们这样做。这些激励手段包括帮助潜在的出口者或进口者建立海外业务上的联系，提供海外市场的信息，并且将这些潜在出口者或进口者引荐给那些能够为国际营销活动提供资金支持的金融机构。

- 银行。银行和其他金融机构在企业国际化过程中发挥着重要作用。他们提醒国内客户关注国际机遇，并帮助他们抓住这些机遇。当然，银行也会希望国内客户在进行国际化扩张的时候能够尽可能多地使用他们提供的服务。

信息搜寻与转化

在所有资源中，信息和知识也许是中小企业开启国际化进程的最重要的因素（见图 2.1）。

因为每一个国际机遇对于中小企业来说都是一次可能的革新，所以领导层必须获取适当的信息。与大型企业相比，中小企业往往缺乏资源，因此信息对于中小企业来说尤其重要。这就需要管理层从多个渠道搜寻与计划实施的国际化项目相关的信息，例如内部报告、政府中介、贸易协会、个人联系以及网络渠道。在信息转化阶段，国际化信息将通过管理者转化成企业内部的知识。通过搜寻信息并将其转化为知识的过程，管理者才能更好地了解国际化的情况。在这个阶段，企业将进入持续地搜集和转化国际化知识的循环过程。这个循环将一直持续，直到管理层认为他们所掌握的知识已经能够有效地降低与该国际化项目相关的风险以保证项目实施的高成功率。一旦获取了足够的信息并将它们转化成企业可用的知识，企业便结束这一循环过程，为国际化做好了准备。此时，企业将开始采取行动，即进行国际化的尝试。"行动"是指管理层基于所获取的知识而采取的行为或者活动。在这个阶段，可以说企业已经具有了嵌入式的国际化的文化，即使最具挑战的国际市场也可以被攻克，这将进一步促进企业的国际化进程，并增加管理者的国际化知识储备。

在以上的描述中，企业或多或少是孤立的。然而，网络理论则强调在众多企业和组织中建立合作关系的重要性。通过与众多企业打交道，企业自身可以获得比相互隔绝时更多的优势。在最细微的层面上，知识是由个体创造的。个体通过特定的方式获得显性知识，并通过亲身实践的经验（经验学习）来获得隐性知识。

由于组织中的多种因素以及企业内部的不同发展阶段，国际化的准备过程（见图 2.1）在每个企业中都是独特的（Knight and Liesch, 2002）。例如，对于中小企业来说，管理者的人际网络似乎可以加速企业国际化的准备过程。这些人际网络可以帮助企业与供应商、分销商或者其他国际伙伴建立跨界联盟（Freeman *et al.*, 2006）。

通过图 2.1 描述的过程，由于存在阻碍国际化的因素，企业可能会在任何时刻从国际化的准备过程中退出。管理者也许决定不采取任何行动，这就意味着企业从国际化的准备过程中退出。

2.4 国际化的障碍/风险

在实现出口运营的成功的过程中，会遭遇许多的障碍。有些问题主要影响出口的开始阶段，有些问题则是在出口的过程中遇到。

阻碍国际化形成的因素

阻碍国际化形成的因素主要包括以下（以内部为主）几种：资金不足；知识不足；缺少与国外市场的联系；缺少出口保证；缺少向国外市场扩张的融资能力；缺少满足国外市场的生产能力；缺少国外分销渠道；管理层着眼于开发国内市场；出口生产、分销和融资的高费用带来的成本增加。

积极的潜在出口商所面对的主要障碍是对国外潜在的顾客、竞争和商业活动缺乏足够的信息。得到海外分销与服务的充分展示、保证金、进口关税与配额，以及与国外分销商和顾客交流的困难，也是企业主要关心的问题。此外，海外市场对非标准出口产品的需求将导致生产的分散，进而可能引发严重的问题，这将增加生产和分销的成本。

在对英国和爱尔兰微型工艺企业（少于十个员工）的研究中，Fillis（2002）发现在国内市场拥有足够的业务是企业决定不出口的主要因素。其他比较重要的原因有缺乏出口调查、在经营中采取被动反应的姿态、相对复杂的出口程序、出口协助程度较低以及有限的政府激励。Westhead et al.（2002）的研究也得出了类似的结论。他们认为对于小企业来说，"专注于本土市场"是其不出口任何产品的主要原因。如示例2.3所示，国际化过程也可能朝着与预期不同的方向发展。

示例 2.3
英国电信（BT）的反国际化

从20世纪90年代中叶开始，BT就开始了国际化。在之后的几年中，BT采取了国际化战略，以期成为全球领先的电信业务供应商，为在不同国家的跨国公司提供相关服务。然而近年来，该企业的国际业务增长速度有所放缓。1994年，只有不到1%的营业额来自国际业务。2002年，这个比例增长到11%。到2007年，国际业务占200亿总营业额的15%。因此，总的来说，BT通过国际业务，实现了营业额的快速增长，但在国际化过程中，也经历了一些挫折，尤其是在起始阶段，如图2.3所示。

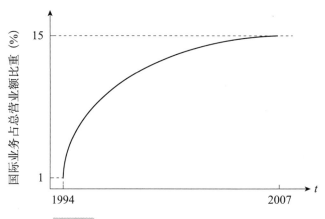

图 2.3 BT 的国际化图解（1994—2007）

资料来源：Hollensen, S. (2008) *Essentials of Global Marketing*, FT/ Prentice Hall, p. 47。

在国际化的初始阶段，BT 围绕三个指导性原则确立了其国际化战略：

（1）不在流量不确定的地方对基础设施建设过度投入；

（2）通过分销伙伴以及股份制合营企业获得快速、可靠的渠道以进入目标市场，该战略风险相对较低，并且使企业通过与那些了解当地市场环境的企业合作而快速进入市场；

（3）保证战略拥有足够的灵活性以适应快速改变的市场环境。

1999 年，BT 的事业发展进入了顶峰时期，其拥有 25 家股份制合营企业和 44 家分销伙伴。在这些股份制合营企业中，BT 最初只占有少数股份，但是其明确表示将逐渐提高股份比例并最终实现控股。BT 也经常通过参股分销伙伴以激励他们销售 BT 的产品。

BT 的反国际化

2002 年，BT 实施了一个新的企业战略，与之前的国际化战略相比防御性更强。在与这些合营企业以及合作伙伴之间主要有两大问题：

（1）对于不同的合伙企业，BT 需要不同的技术和能力。这使得协调合伙企业之间的活动变得十分复杂。结果，BT 企业发现，拥有大量的合伙企业使得它的学习曲线变得非常陡峭。

（2）在合营企业中仅拥有少数股权的策略对 BT 产生了意想不到的影响。而且，合伙企业也没有足够的动力去全力销售 BT 的产品。特别是当 BT 的产品与合伙企业自己的产品形成竞争时，更是如此。当 BT 试图在合伙企业中增加股份时，它常常发现其他股东也有几乎一样的意图。最终，BT 从北美和亚洲市场上撤资。

我们可以从 BT 的企业案例中学到什么？

BT 的反国际化由其财务的健康状况所驱动，在 20 世纪 90 年代，高昂的市场进入成本与不断下跌的价格（由电信部门的过剩产能造成）导致了利润的下降。

因此，新的防御战略表现为 BT 的反国际化进程，BT 从美国和亚洲市场上退出（"多重撤退"，见图 2.4）。BT 的新国际化战略以欧洲市场为基础，这里与其在英国的核心业务密切相关。这也意味着 BT 试图拥有并控制欧洲市场分销机制的方方面面。

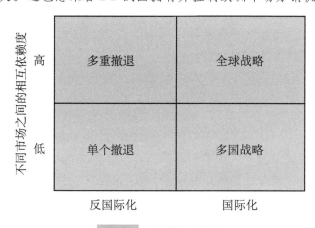

图 2.4 全球战略选择

资料来源：Hollensen, S. (2008), *Essentials of Global Marketing*, FT/Prentice Hall, p.48。

对 BT 的案例研究说明，未来全球营销战略的发展可以有两个方向。如果企业市场全球化运营良好，可以进一步利用市场之间的相互关联以及协力合作来强化全球战略，如图 2.4 右上角所示。然而，案例也同样说明：企业从个别的市场撤出，不可能不损害企业的全球价值主张。因此，BT 的反国际化也意味着（由于市场的高度独立性）BT 不得不进行多重市场撤退。

当我们来考虑中小型企业（并不是像 BT 这样的企业）的情况时，我们常常发现不同市场之间的相互依赖程度较低。在这种情况下，我们便会采取所谓的多国战略，以提高国际化程度（见图 2.4 右下角）。如果我们希望降低国际化程度，则会采取单个撤退的策略（见图 2.4 左下角）。

资料来源：改编自 Turner and Gardiner (2007)；BT Financial Report (2007)；Hollensen, S. (2008), *Essentials of Global Marketing*, FT/Prentice Hall。

阻碍进一步国际化进程的因素

国际化过程中的主要障碍可以分为广义市场风险、商业风险以及政治风险三类。

广义市场风险

广义市场风险包括：
- 相对的市场距离；

- 在国外市场与其他企业之间的竞争；
- 在国外市场上产品用途的差异；
- 语言和文化差异；
- 在国外市场寻找合适分销商的困难；
- 产品规格在国外市场上存在差异；
- 向海外买家提供服务的复杂性。

商业风险

商业风险包括：
- 用外币交易时汇率波动的影响；
- 由于合同纠纷、破产、拒收产品或者诈骗导致的支付失败；
- 在出口运输或分销过程中出现的延误和/或损害；
- 出口资金融通的困难。

政治风险

由本国及东道国介入造成的政治风险主要有：
- 外国政府的限制；
- 本国的出口政策；
- 东道国的外汇管制以限制国外顾客的支付；
- 在克服出口障碍方面缺乏政府的支持；
- 缺少对出口企业的税收激励；
- 相对于出口市场，本币价值较高；
- 进口产品征收高额关税；
- 不清楚国外进口规范和流程；
- 贸易文件的复杂性；
- 国家法律条文对规范出口的强制要求；
- 国外市场因内部纷争、革命或者战争而分裂。

这些风险的重要性不必过分强调。面对这些风险，出口商可以采取不同的风险管理战略，其中包括：
- 避免出口至高风险的市场。
- 多样化海外市场以保证企业不过度依赖于某个市场。
- 如果可能的话尽可能投保，密切关注政府的计划。
- 结构化出口业务使买者承担更多的风险。比如，以硬通货定价，要求提前支付现金等。

在 Fillis（2002）的研究中，超过 1/3 的出口工艺企业表示，当他们进入出口市场时会遭遇到各种问题。最常见的问题是如何选择一个可靠的分销商，其次是产品的推广以及制定有竞争力的价格。

2.5 总结

本章主要概括地介绍了国际化的准备过程。首先介绍了企业国际化的主要动因，分为主动性动因和被动性动因。主动性动因是指基于挖掘自身独有竞争力或者市场机会的目的，由内部激励而展开的战略调整。而被动性动因则是指企业为了应对国内市场或者国外市场的压力与威胁而消极地做出调整。

国际化的发生必须依靠一些人或者一些事，即由企业内部或者外部诱因来启动并执行。为了在国际市场上取得成功，企业必须克服出口的障碍。一些障碍主要影响出口的开始阶段，而其他障碍则会在出口的过程中出现。

"生命吸管"（Life Straw）：Vestergaard-Frandsen 将脏水变为可饮用水

总部设在瑞士洛桑的 Vestergaard-Frandsen（VF，www.vestergaard-frandsen.com）的企业使命是，创造产品来拯救生活在发展中国家的人们。"在追求某个目标的过程中获得盈利"（Profit for a purpose）的理念使人道主义责任

融入 VF 的核心业务。该企业提供用于紧急救助和疾病控制的产品。

VF 在 50 年前始创于丹麦时，还是一个不起眼的宾馆和饭店制服制造商。目前其总部设在瑞士洛桑，拥有 150 名雇员，用 CEO Mikkel Vestergaard Frandsen 的话说，他们致力于"人道主义事业"的业务。与 1957 年最初创办于丹麦的纺织企业极为不同，他们现在正在开发创新型的产品，用以预防在发展中国家由水污染和蚊虫传染导致的疾病。对于**由水污染导致的疾病**，VF 开发了一种产品"生命吸管"（见下文所述）。对于蚊虫传染的疾病，VF 是世界上生产浸渍杀虫剂蚊帐的领先制造商之一。这种产品可以防止因蚊虫叮咬而引发的疟疾。除了蚊子肆虐的地区，这种产品还被广泛用于世界各地的难民营和灾区。

> **由水污染导致的疾病**
> 主要指饮用了被人类、动物粪便污染了的水，这些粪便往往带有病毒或者细菌。其中包括霍乱病毒、伤寒病毒、变形或者杆菌的痢疾病毒以及其他造成腹泻的疾病。

VF 是家族式企业，它并没有披露其财务数据，但是多年来它已经售出了 1.65 亿套蚊帐，企业也因此而盈利。

"生命吸管"的概念始于由吉米·卡特（Jimmy Carter）和罗莎琳·卡特（Rosalynn Carter）创建的卡特中心的研究工作。自 1986 年以来，他们的目标就是在非洲和亚洲地区根除麦地那龙线虫病（GWD）。预防这种疾病的最有效的方法就是过滤饮用水以使携带 GWD 的小水蚤不会进入人的体内。"生命吸管"不仅可以预防这种疾病，而且在预防许多发展中国家由于缺乏安全饮用水而导致的细菌和病毒感染方面也发挥了重要的作用。

安全饮用水的匮乏

可供饮用水在某些地方已经变得越来越稀缺了，这已成为一个主要的社会和经济问题。目前，全世界大约有十亿人经常饮用不健康的水。

大约有 99.7% 的地球上的水资源处于不能饮用的形态，如海洋、地下水、冰盖和冰川。由于地表和地下污染的增加，目前剩下的 0.3% 的水资源也存在很多问题，许多国家发现可供饮用的水源越来越少。

纵观历史，国家之间和国家内部因为水资源及其供给而引发的冲突屡屡发生。许多人认为，由于未被污染的水变得越来越稀缺，未来的冲突甚至战争将会因供水而起。

世界上超过十亿即占世界人口约 1/6 的人口无法获得安全的饮用水。在非洲和亚洲，女人们步行去取水的平均距离是 6 公里。

"生命吸管"产品

"生命吸管"是一种易于使用的便携式净水器，它没有零部件，也不需要电源或电池。这个轻型过滤器可以清除 99.999% 经水传染的细菌和病毒，以及 15 微米大小的杂物。这个小型净水器至少可以过滤 700 升（185 加仑）的水！

"生命吸管"有两种型号：一种是个人使用的，一种是家庭使用的。

个人使用的"生命吸管"非常便携，看起来就像一个普通的吸管。它可以挂在脖子上，你可以喝来自任何来源的水而不会生病。它可以消除 99.999% 的细菌。它的功能真的就像是一个在吸管中的水处理厂。

家庭版的"生命吸管"在一个六口之家可以持续使用三年以上。它使用起来很简单。把它挂在墙上，倒入脏水，通过中空纤维过滤出来的就是洁净的水。其过滤过程非常快，你可以马上喝到洁净的水而不需要长期储存。

每年有 500 万人死于由水污染导致的疾病（主要是儿童）。世界卫生组织（WHO）估计，安全的饮用水每年可以防止 140 万儿童死于腹泻。

像"生命吸管"这样简单而廉价的产品可以改变上面的数字而且物有所值。个人使用版的价格大约是 3 美元；家庭使用版的价格大约是 15 美元，可以使用两年。

"生命吸管"的功能如何？

当用"生命吸管"吸水时，水首先通过的是预过滤器，其第一层是网孔为 100 微米的聚乙烯过滤织物，然后通过第二层网孔为 15 微米的聚酯过滤织物。这样，所有大的杂物和大量的细菌都被过滤掉了。然后，水会进入一个由无数碘珠浸透的空间里，在这里，细菌、病毒和寄生虫都被杀死。接着是一个空的空间，在这里，碘被冲洗掉而碘珠仍可以保留其杀菌效果。最后进入一个由粒状活性炭组成的空间，其作用是消除碘的糟糕气味和那些残余的寄生虫。这样，最大的寄生虫被预过滤器过滤了，羸弱的被碘杀死了,而中等大小的寄生虫则被活性炭所俘获。

"生命吸管"的客户和分销

"生命吸管"的客户主要是外国政府援助机构、国际救援和发展组织、基金会和慈善机构。

对于高风险地区的人们(终端用户)来说,获取"生命吸管"最好的方法是通过慈善组织,这些组织会提供资金,有时也会购买"生命吸管"产品。非政府组织再把产品分发到贫困区的农户手中。

生活在印度的孩子正在用"生命吸管"喝水
Vestergaard-Frandsen.

▶ 问题

1. McNeil (2009) 中 Kevin Starace 认为:"Vestergaard 与我们合作的其他企业不同,他们认为终端用户是消费者而非病人或受害者。"这种观点的主要含义是什么?
2. 在 Vestergaard Frandsen 未来的国际化进程中,什么因素是最关键的?

资料来源:www.vestergaard-frandsen.com;Donald G. McNeil Jr. (2009),"A company prospers by saving poor people's lives",*New York Times-Science Times*,3 February。

问题讨论 ≫≫

1. 出口动因可以分为主动性动因或被动性动因。请举例说明每种出口动因。你对这些动因如何进行排序?除了本章所涉及的出口动因之外,你还能列举出其他动因吗?它们是哪些?
2. 在国际营销中"变革代理"是指什么?请举例说明不同类型的变革代理。
3. 请讨论出口过程中最关键的障碍。
4. 在海尔国际化进程中最重要的变革代理是什么?
5. 日本(见示例 2.1)企业最重要的出口动因是什么?

参考文献 ≫≫

本章参考文献可通过扫描右侧二维码获取。

第 3 章
国际化理论

> **学习目标**
>
> 完成本章学习之后，你应该能够：
> - 分析并比较企业国际化进程的三大理论：
>   (1) 乌普萨拉国际化模型；
>   (2) 交易成本理论；
>   (3) 网络模型。
> - 解释中小型企业国际化的最重要的决定因素。
> - 讨论影响服务国际化的不同因素。
> - 解释并讨论网络模型对于作为分包商的中小型企业的适用性。
> - 解释术语"天生全球化"的含义及其与网络营销的联系。

3.1 引言

在第 2 章中我们已经讨论了国际化经营的开始阶段可能遇到的障碍，本章我们将首先介绍针对国际营销的不同的理论解释，然后选择其中的三个模型在接下来的 3.2 节、3.3 节和 3.4 节做进一步的讨论。

国际化经营的发展历史

很多早期关于国际化经营的研究都受到一般营销理论的影响。之后，国际化经营的主要命题则是讨论在出口与 FDI（直接对外投资）之间做出抉择。在过去的 20 年中，人们将关注的焦点转向了网络的国际化，即企业不单单与顾客建立各种联系，也与环境中的其他参与者建立联系。

传统的营销手段

彭罗斯的传统理论（Penrosian tradition）（Penrose，1959；Prahalad and Hamel，1990）反映了传统营销聚焦于企业核心竞争力与国外环境中的机遇相结合的现象。

从成本的角度看，该传统理论认为，企业必须拥有"补偿优势"以弥补"进入海外的成本"（Kindleberger，1969；Hymer，1976）。进而，这种观点将科技与营销技能作为成功进入海外市场的关键因素。

国际贸易中的生命周期概念

国际化的序列模型（sequential modes）源于弗农（Vernon）的"产品生命周期假设"（1966）。他认为企业先经历出口阶段，然后再转向以获取市场为目的的对外直接投资阶段，接下来再是以成本为导向的对外直接投资。而技术和营销因素的结合则共同解释了选址决策的标准化问题。

弗农的假设认为，发达国家（advanced countries，ACs）的制造商比其他生产商更"接近"市场；因此，产品最初往往是在发达国家进行生产。随着需求的上升，一定程度的标准化就显现出来。通过大量生产来实现的规模经济就会变得越来越重要。这时，对产品成本的考虑就会超过对产品适应性的考虑。当标准化的产品推出后，欠发达国家（less developed countries，LDCs）作为生产地的竞争优势就可能会显露出来。例如，个人电脑的生产地从发达国家转移至发展中国家就是一个例子。图15.4将解释产品生命周期概念。

乌普萨拉国际化模型

斯堪的纳维亚"多阶段进入模型"提出了进入一系列海外市场的顺序模式，以及伴随的对每一个市场的不断增加的投入。在理解乌普萨拉学派的思想时，这种对投入的持续增加是其思想中非常重要的一点（Jonanson and Wiedersheim-Paul，1975；Johanson and Vahlne，1977）。**乌普萨拉国际化模型**（Uppsala internationalization model）最主要的结论是：随着经验的增长，企业将倾向于加强他们对海外市场的投入（参见3.2节）。

> **乌普萨拉国际化模型**
> 企业对新的市场的投入是通过逐步递增的步骤实现的：首先选择具有较小心理距离（psychic distances）的新的地理市场，与此同时配合较小风险的进入模式。

国际化/交易成本法

在20世纪70年代早期，像许可经营这种国际化的中介模式并未引起人们的注意。

Buckley and Casson（1976）扩大了企业的选择，把许可经营包括在内，并把它看作接触海外顾客的一种方式。但在他们看来，跨国公司通常更愿意通过直接股权投资来"内化"交易，而不愿许可其他企业利用其生产能力。直到20世纪80年代中叶，合资经营才被明确列为管理者可以选择的一种管理方法（Contractor and Lorange，1988；Kogut，1988）。

Buckley和Casson在选择是基于市场（外部化）还是基于企业（内部化）的解决问题方式上，强调了许可经营作为市场进入方式的战略重要性。实际上，国际化包括两个相互依赖的决策——区位选择与控制方式。

内部化的观点与交易成本（transaction cost，TC）理论（Williamson，1975）紧密相关。内部化理论最核心的问题是，在决定进入国外市场时，企业是应该在其企业内部（子公司）发展国际化，还是与外部合作伙伴通过一些形式的合作（外部化）来发展国际化。内部化观点以及交易成本观点都关注于企业交易成本的最小化以及导致市场失灵的潜在原因。意图是通过分析交易的特征来决定怎样是最有效的，换言之，即找出交易成本最小化的管理模式。内部化理论可以看作交易成本理论在跨国公司中的运用（Rugman，1986；Madhok，1998）。

邓宁的折中理论

邓宁（Dunning，1998）在他的所有权—区位—内部化（OLI）框架（国际生产折中理论）中，讨论了区位因素在海外投资决策中的重要性。"折中"在这里表示对于企业跨国活动的解释需要借助一系列的经济理论。根据邓宁的观点，当满足以下三个条件时，企业参与国际化生产的倾向会增强：

（1）所有权优势：一个拥有海外生产设施的企业比起其他外国企业更具有所有权优势。这些优势也可能包括无形资产，比如专有技术。

（2）区位优势：对企业来说，持续地将自己的资产和国外市场的生产要素（劳动力、能源、材料、组件、运输以及沟通渠道）相结合一定是有利可图的。否则，这些国外市场则只会被当作出口对象。

（3）内部化优势：将自己的优势及其所有权内部化，一定比把它们在市场上出售给国外的企业（或许可国外企业使用）更有利可图。

网络方法

在网络方法中，最基本的假设是：在分析时，不能把跨国公司作为一个孤立的参与者，而应该把它与国际环境中的其他参与者联系起来进行考虑。这是因为单个企业也可能需要被其他企业所控制的资源。一个企业在其本土的关系网可以帮助该企业与国外的其他网络建立起联系（Johanson and Mattson，1998）。

在接下来的三节（3.2节到3.4节）我们将集中论述上面提到的三个理论方法。

文化距离与心理距离的区别

文化距离（将在第 7 章中讨论）指一个国家的文化程度（宏观），被定义为国家之间的（实际的）文化价值观的差异程度。换言之，就是国与国之间的"距离"。

心理距离（在本章讨论）可以被定义为单个管理者对于本土市场与国外市场之间差异的认知，它是对现实情况非常主观的判断。因此，心理距离不同于那些能通过公开信息获得数据的教育、宗教、语言等因素，它不能用客观的指标来衡量。两种观念之间的区别对于管理者来说非常重要。通过在个体层面对心理距离进行评估，我们可以采取适当的方法来缩短管理者对于国外市场的心理距离（Sousa and Bradley，2005，2006）。

> **心理距离**
> 考虑到本土市场与国外市场之间不同的语言、文化与政治制度，管理者对两个市场差异程度的认知影响着企业与市场之间的交流。

3.2 乌普萨拉国际化模型

阶段模型

20 世纪 70 年代，乌普萨拉大学的许多瑞典研究员（Johanson and Wiedersheim-Paul，1975；Johanson and Vahlne，1977）非常关注国际化进程。通过研究瑞典制造商的国际化进程，他们创建了一个关于企业出口过程中选择市场和进入模式的模型。他们的研究也深受 Aharoni（1996）的开创性研究的影响。

在这些基础假设的基础上，乌普萨拉研究员解释了他们所观察到的瑞典制造商国际化过程的模式。他们注意到，首先，企业往往在相当临近的市场开始他们的海外运营，然后逐渐渗透到更为广泛的市场。其次，企业通过出口进入新的市场。只有非常少的企业通过自己的销售机制或者生产子公司进入新的市场。只有在向同一市场出口很多年以后，才会建立由企业独资或持过半数股权的经营机构。

Johanson and Wiedersheim-Paul（1975）区分了进入国际市场的四种模式。更高的阶段表示更高程度的国际参与/市场投入：

阶段 1：没有常规的出口活动（零星的出口）；
阶段 2：通过独立代理商出口（出口模式）；
阶段 3：建立国外销售子公司；
阶段 4：国外生产/制造企业。

对 4 个瑞典企业的案例研究，最初支持了企业逐步推进国际化的假设。国际化的各个阶段被严格限制在特定的国家市场中。表 3.1 中展示了这个市场投入的维度。

市场投入的概念被假定包括两个因素——资源投入的数量以及投入程度。资源的数量可以通过市场（营销、组织、人员等）的投资规模来判断。而投入程度则是指寻找资源的替代用途并将它们转化成替代用途的难度。

国际活动需要一般知识和针对特定市场的知识。针对特定市场的知识主要通过在市场经营中的经验获得，而运营的知识则可以从一个国家转移到另一个国家；因此，如图3.1所示，运营知识可以促进企业的地域多样化。市场知识和市场投入之间的直接关系被假设为：知识是人力资源的一部分。因此，对市场了解得越多，资源的价值就越高，市场投入就越大。

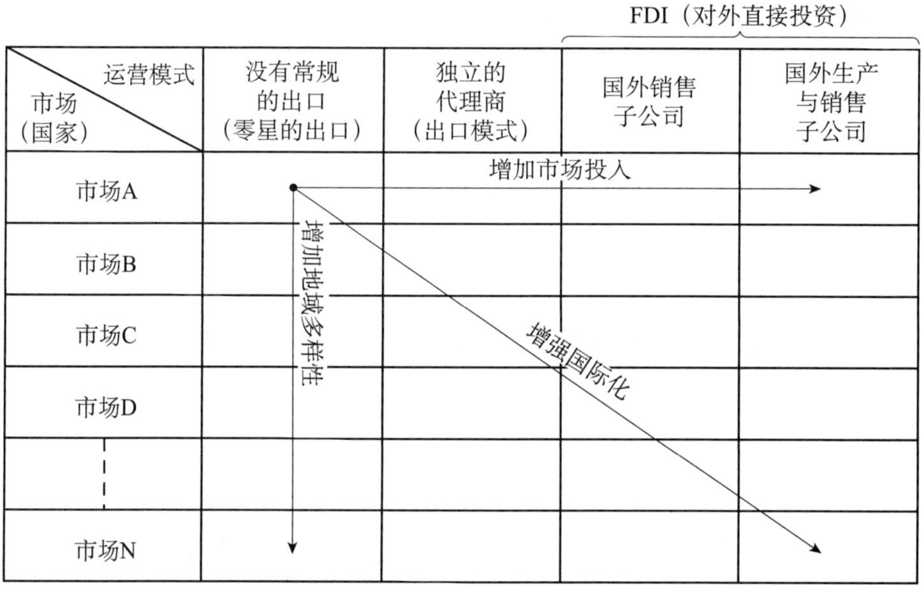

	没有常规的出口（零星的出口）	独立的代理商（出口模式）	FDI（对外直接投资）	
运营模式 市场（国家）			国外销售子公司	国外生产与销售子公司
市场A			增加市场投入	
市场B				
市场C		增强国际化		
市场D				
⋮				
市场N				

（纵向箭头：增加地域多样性）

图3.1 企业的国际化：（有机）渐进式

资料来源：改编自 Forsgren and Johanson（1975，p.16）。

图3.1显示了增加的市场投入往往在市场和地域两个维度上循序渐进地展开。然而，有三个例外情况：第一，拥有大量资源的企业，对他们来说投入无足轻重，他们可以采取较大的国际化步伐；第二，当市场环境稳定且同质时，相关的市场知识可以通过其他渠道获得而不是亲身经历；第三，当企业对具有类似环境的市场积累了可观的经验时，企业也许就能够将这些经验运用到任意的特定市场中（Johanson and Vahlne，1990）。

图3.1中的地域维度表明，企业将进入心理距离持续变远的新的市场。心理距离的定义涉及一系列因素，包括语言、文化以及政治系统等差异。心理距离也影响着企业与市场之间信息的交流。因此，企业在开始国际化时往往选择进入那些他们最容易理解的市场。在那里，企业更容易发现机遇，市场的不确定性也更低（Brewer，2007）。

Welch and Loustarinen（1988）对原始的阶段模型进行了扩展，将国际化发展到六个维度（见图3.2）：

（1）销售主体（什么？）：产品、服务、技术和系统；

(2) 经营方式（如何？）：中介、子公司、许可经营、特许经营、管理合同；
(3) 市场（哪里？）：不同市场之间政治/文化/心理/物理距离的差异；
(4) 组织结构：出口部门、国际部；
(5) 财务：是否有支持国际活动的国际资金来源；
(6) 人员：国际化技能、经验与培训。

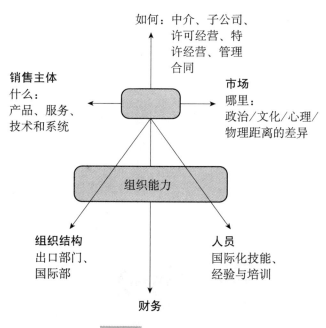

图 3.2 国际化的维度

资料来源：Welch and Loustarinen (1988)，转载获 The Braybrooke Press Ltd. 授权。

对早期乌普萨拉模型的批判性观点

关于乌普萨拉模型，人们提出了许多批评，观点之一就是认为该模型过于绝对化（Reid，1983；Turnbull，1987）。

除此以外，该模型没有考虑不同国家市场之间的相互联系（Johanson and Mattson，1986）。那些能够意识到并处理好不同国家市场之间相互关系的企业，相对于那些将国外市场当作完全独立个体的企业而言，国际化程度更高。这个观点似乎是合理的。

研究表明，国际化阶段模型对于服务行业并不适用。对瑞典科技咨询企业（典型的服务行业）进行的调查研究表明，阶段模型提出的渐进式海外投资在这类企业中是不存在的（Sharma and Johanson，1987）。

近来，在一些行业中，新进入者的国际化过程更为引人注目，也印证了上述这些批判的观点。最近，许多企业似乎倾向于在国际化过程中采用蛙跳模式，跨过其中的某些阶段，即在国际化早期就直接进入心理距离"较远"的市场，同时，全球化进程也普遍加快。

Nordström（1990）最初的研究似乎也证实了这种争论。瑞典企业在最初将英国、德国和美国作为建立其销售子公司的目标市场，要比选择斯堪的纳维亚半岛的邻国更为普遍。

当然，上述蛙跳模式也不单单局限在直接进入远距离市场，而是也可以跨越某些依赖中间商的进入模式（国外经营方式），从而跳过国际化的顺序阶段，而直接投资国外市场（见图3.3）。

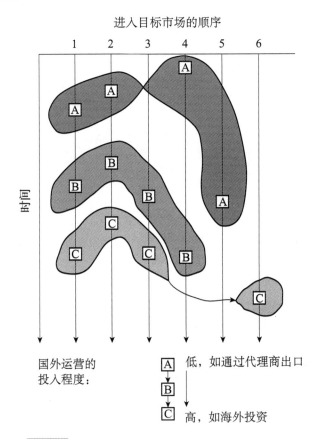

图3.3　企业进入各个目标国家市场的国际化模式

资料来源：Welch and Loustarinen（1988），转载获 The Braybrooke Press Ltd. 授权。

如图3.3所示，在1号市场，企业遵循主流的发展模式；而在6号市场，因为企业从之前的市场经营中积累了一些经验，所以选择跳过其中几个环节，直接开始海外投资。

另一些人认为乌普萨拉模型对于高度国际化的企业和产业并不适用。在这些案例中，竞争力和竞争因素都比心理距离重要得多，是企业国际化过程中最主要的解释因素。此外，如果在一个国家获得的交易知识能够适用于另一个国家，那么拥有丰富国际经验的企业比那些经验匮乏的企业感受到的心理距离更近。

Nordström（1990）认为世界的同质性正在逐步加强，因而心理距离变得越来越小。

当今，企业可以通过更快、更便捷的渠道获取到关于海外运营的知识。企业再也没必要闭门造车，在缓慢而渐进的反复试验过程中获得知识。很多因素促成了这个结果。例如，全世界的大学、商学院以及管理层培训中心都越来越强调国际商务的重要性。

更为重要的是，也许是因为富有经验并从事海外贸易的人越来越多，因此，对企业来说，聘请拥有所需经验和知识的人员更加容易了，再也不用自己在组织内部培养。随着国际贸易和海外投资的持续增长，富有海外贸易经验的人数不断增多。

无论是从绝对的绩效还是不断降低的性能价格比（price/performance ratios）来看，信息技术的急剧发展使企业可以更容易地熟悉国外市场，因而使跨越式战略发展成为可能（见3.6节基于网络的"天生全球化"）。

尽管面临众多批判，但有关多个国家和情境的更大范围的研究却大大支持了乌普萨拉模型。实验研究表明，投入与经验是影响国际化贸易行为的重要因素（Cumberland，2006）。特别是在出口行为的解释上，这一模型得到了有力的支持，而且文化距离的相关性也得到了证实。

3.3　交易成本分析模型

Coase（1937）奠定了交易成本分析模型的基础。他认为企业会倾向于采用扩张战略，直到依靠企业内部组织的边际交易成本与在开放市场上开展同样一项交易所耗费的成本相等时才会停止，此时企业边界就确定了。该理论提出，企业倾向于选择在企业内部从事那些自己具有成本优势的活动，即在企业建立起一套内部（层级的）管理控制和实施系统，而把那些外部企业具有成本优势的活动委托市场完成，即委托给市场上的其他企业（如出口中间商、代理商或分销商等）。

当市场无法在完全竞争的（即无摩擦的）条件下运行时，**交易成本**便产生了。完全竞争市场中，运营成本（如交易成本）将会为零，很少或者几乎没有为自由市场交易设置障碍的因素。但是，在现实世界中，买家和卖家之间通常都会产生这样或那样的摩擦，并因此产生交易成本（见图3.4）。

| **交易成本** |
| 指买家和卖家之间产生的摩擦，可以用机会主义行为来解释。|

买者与卖者之间的摩擦通常可以由**机会主义行为**来解释。Williamson（1985）将机会主义行为定义为"用欺诈的手法谋求个人利益"。机会主义行为包括误导、曲解、伪装和迷惑等手段。为了抵御机会主义的

| **机会主义行为** |
| 用欺诈手法——误导、曲解、伪装和迷惑来谋求个人利益。|

危害，当事人往往会采取一系列保护措施和治理结构。其中，"保护措施"（或者"治理结构"）的定义是：用于实现交易者之间公平与平等目标的一种控制机制。保护措施的目标是以最低的成本使交易者相信，在进行交易时有所控制并建立互信能让他们变

得更好。其中，最主要的保护措施就是法律契约。法律契约明确了每一个当事人的义务，并允许交易者向第三方（法院）提出处罚机会主义贸易伙伴的诉求。

交易成本分析的基本框架主张，结构化的决策均源于对成本最小化的追求。企业通过**内部化**，即通过纵向整合，以降低交易成本。根据买者和卖者之间不同的交易关系，交易成本可以被划分为不同的种类。关于各成本要素的基本条件用公式表示为：

交易成本＝事前成本＋事后成本＝
（搜寻成本＋缔约成本）＋（监督成本＋执行成本）

> **交易成本分析**
> 交易成本分析法认为，如果买方与卖方之间的摩擦成本大于建立内部层级系统的成本，那么企业就会选择"内部化"。

> **内部化**
> 把外部合作伙伴整合到本企业内部，使其成为企业的一部分。

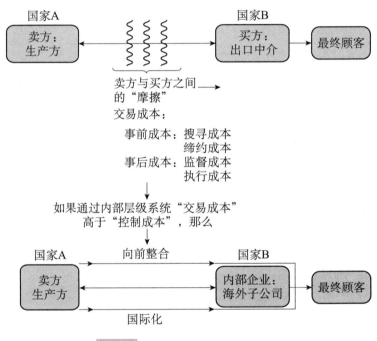

图3.4 交易成本模型的分析原则

事前成本

- **搜寻成本**：包括搜集信息以判断、评估潜在出口中介所产生的成本。尽管对于许多出口商来说，这些成本非常高，但是获取海外市场的相关知识对出口的成功至关重要。对于距离较远且企业不熟悉的市场，搜寻成本可能非常高，因为企业往往缺乏现成的（公开的）市场信息，而且市场上的组织形态也截然不同（例如，从英国出口到中国市场）。相比较而言，对临近的且企业比较熟悉的市场，搜寻成本会更令人容易接受（例如，从英国出口到德国）。
- **缔约成本**：在卖方（制造商）与买方（出口中介）通过谈判并签订合约的过程

中产生的相关成本。

事后成本

- 监督成本：与监督合同执行以确保买卖双方履行合约预定条款相关的成本。
- 执行成本：与制裁不依照合同行事的贸易合作伙伴相关的成本。

交易成本理论的一个最基本的假设是企业在进行贸易时，总是试图将总成本最小化。因此，在考虑最有效的出口模式时，交易成本理论认为企业应该选择能够使事前成本和事后成本之和最小的方法。

Williamson（1975）的分析是建立在这样的假设基础之上的：存在交易成本，以及在交易背后的不同形式的治理结构。在他起初的研究中，定义了两种主要的市场治理方式：**外部化**（externalization）和**内部化**（internalization）或层级制。根据定义，在外部化的情况下，市场交易是在企业外部发生的，价格机制传达了所需要的全部治理信息。比较而言，在内部化的情况下，国际化企业则是自己创造了一种内部市场，通过一系列企业内部的合同来定义层级化的企业治理。

> **外部化**
> 通过外部的合作伙伴（进口商、中介、分销商）从事经营活动。

> **内部化**
> 通过自己内部的系统（自己的子公司）来从事经营活动。

外部化和内部化贸易分别相当于中间商（代理商、分销商）和销售子公司（或是其他涉及所有权控制的治理结构）。

因此，Williamson 的框架为一系列关于组织的国际化活动和国际市场进入模式的选择研究奠定了理论基础。我们将在本书的第 3 部分重新回到这个问题。

交易成本理论的结论是：

> 如果外部化（通过进口商或者代理商）的交易成本（如上文所定义）高于通过内部层级系统实施的控制成本，那么企业就会寻求内部化活动，如将全球化营销战略由全资控股子公司实施。更简单地说，如果处理买方和卖方之间摩擦的成本过高，那么企业就会宁可选择内部化，即采取子公司的形式。

交易成本分析框架的局限性

人性假设的狭隘性

Ghoshal and Moran（1996）批评了 Williamson 最初的研究结果，认为其关于人性的假设过于狭隘（机会主义，以及同样对经济目标的狭隘解释）。他们也想不明白为什么交易成本理论的主流发展一直没有受到 Ouchi（1980）的社会控制这一重要理论的影响。Ouchi 指出了一些中间形式（介于市场和层级之间）的适用性。例如，宗族集团的治理是建立在双赢的情境下（而不是在零和游戏的情境下）。

排除"内部"交易成本

交易成本分析法的分析框架中似乎忽视了内部交易成本,即假设跨国公司内部不存在摩擦。但事实上,我们可以想象到在制定内部转移价格时,企业总部与其销售子公司之间就可能存在严重的摩擦(产生交易成本)。

中介组织的适用性(对于中小型企业)

人们常质疑交易成本分析框架对于中小型企业国际化过程的适用性(Christensen and Lindmark, 1993)。缺乏资源和知识对于中小型企业来说是进行外化活动最主要的动力,但是由于在利用市场的过程中时常出现合同问题,所以在许多情况下,选择市场并不是相对于构建层级结构的最佳替代方案。取而代之,中小型企业不得不依赖于一种治理的折中形式,如合同关系以及通过共同的投资导向、技能以及信任构建所建立的类似宗族系统的关系。因此,中小型企业通常高度依赖于可获得的协作环境。本书将在下一节对这种方法进行展开和讨论。

生产成本的重要性被低估

值得争辩的是,交易成本的重要性被过度强调,而生产成本的重要性则没有被纳入考虑。生产成本是指完成在价值链中特定的任务/职能所消耗的成本,如研发成本、制造成本以及营销成本。根据 Williamson(1985)的理论,对国际化模式最有效的选择,就是选择能使生产和交易成本总和最小化的途径。

3.4 网络模型

基本概念

商业网络是指一种处理多个商业参与者之间相互依赖活动的模式。我们已经了解到,在商业领域,另外两种处理或管理交互关系的模式是市场和层级结构。

网络模型与市场不同,其强调参与者之间的关系。在市场模型中,参与者相互之间并没有特定的联系,交互关系通过市场价格机制得以规范。相反,在商业网络中,参与者通过交换关系实现相互的连接,并通过关系互动调节各自的需求和能力。

产业网络与层级结构也不同,其中的参与者是自主的,双方各自处理自己的交互关系;而不是由一个更高等级的协调单元所控制。一个层级作为一个单元

> **商业网络**
> 参与者自主地建立相互之间的关系连接,这种关系灵活,而且会随着环境的快速变化而改变。维系这些关系的"黏合剂"以技术、经济、法律,尤其是人际纽带为基础。

> **网络模型**
> 企业在国内市场网络中的关系可以作为通向其他国家网络的桥梁。

被上一个层级所控制，而商业网络是由其参与者与网络中其他人交往的意愿所构成的。网络比起层级结构更为松散，更容易调整形态。在网络中任何参与者都可以参与到新的关系中或者打破旧的关系，从而调整该结构。因此，商业网络在应对激烈的市场变化时更加灵活，例如那些技术变化非常快的市场环境。

综上我们可以得出结论，商业网络将会出现在下列情境中：特定的参与者之间通过合作可以带来强劲的增长，或是环境变化特别迅速。因此，网络方法意味着研究对象的转变：从以企业为研究对象，转变为以企业之间或企业群组之间的交易为研究对象。这也意味着从单纯的交易向更持久的交易关系的方向发展，国际化业务正是在这种关系所构建起的结构中得以进行和发展。

显然，商业关系以及由此发展出的产业网络都是非常微妙的现象，很难被局外人，即那些潜在进入者所察觉。参与者通过一系列的纽带——如科技的、社会的、认知的、管理的、法律的、经济的纽带等——互相联系。

在网络模型中一个基础的假设是单个企业依赖于被其他企业所控制的资源。企业凭借在网络中的地位可以获得这些外部资源。因为地位的提高需要时间和资源的积累，所以一个企业考虑在国外网络中寻求合作伙伴，就必须建立并提升自己的地位。

从外部进入一个网络，需要该网络中的其他参与者有参与互动的激励，这是一种资源需求型的互动，并且可能要求企业之间适应他们各自开展业务的方式。因此，对企业来说，进入国外市场或者网络往往是由与特定国家网络中的内部参与企业的互动开始的。然而，对网络内部企业来说，成为这类活动主体的概率更高。

一个国家的网络也许远远超过该国的地理疆域。关于企业国际化，网络观点认为，国际化企业最初往往参与到该国最主要的国内网络之中。

企业在国内市场网络中的关系可以作为通向其他国家网络的桥梁。在一些例子中，如果供应商还希望保持它在国内市场与某个顾客的业务，就会满足顾客的要求开拓海外业务。图 3.5 展示了一个关于国际化网络的例子。如图 3.5 所示，其中一个子供应商在国家 B 建立了一个子公司。在这里，制造子公司由子供应商的当地公司提供服务。国家 E、F 和国家 C 的部分产品都来自位于国家 B 的制造子公司。通常我们可以认为直接或者间接的桥梁在不同企业和不同国家网络之间确实存在。这种桥梁对于最初的国际化和接下来的新市场进入都非常重要。

网络关系的特征一部分取决于参与的企业，这些企业主要通过技术、经济和法律的纽带进行联结。然而，在更重要的层面上，关系通常形成于参与商业活动的人之间。这种情况主要是社会和认知的纽带。不同的产业和国家，在考虑企业和个人关系孰轻孰重时可能有所不同，但我们可以想到，在关系建立最初的阶段，个人影响对关系建立最为重要。之后，例行程序和制度体系将变得更为重要。

进入一个网络以后，企业的国际化过程时常进展得更加迅速。尤其是中小型的高科技企业，他们倾向于直接进入较远距离的市场并快速地建立子公司。原因之一是这些企业背后的企业家都有做新兴科技生意的伙伴网络。这种情况下，国际化就是对由网络化优势的开发利用。

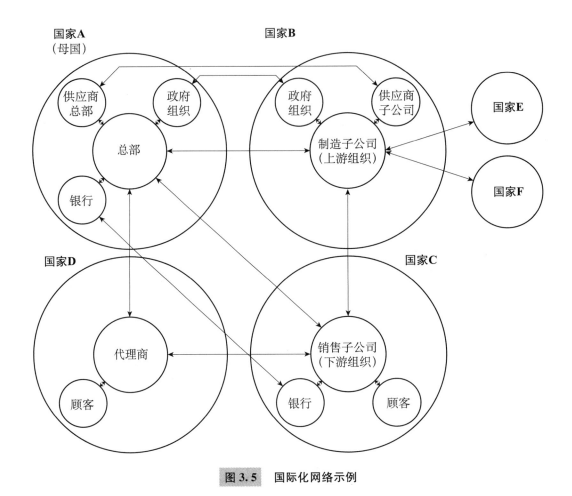

图 3.5　国际化网络示例

国际化的四种情境

乌普萨拉国际化模型将国际化与环境和市场竞争独立开来。接下来，我们将试着把这两个重要方面融合在一起。"生产网络"包括企业之间的以下相互关系：这些企业的活动与某个具体的领域密切相关。企业的国际化程度体现了企业在不同国家网络中的地位高低、影响力的强弱以及是否能够互相协调。

网络模型也催生了市场国际化的概念。生产网络可以表现出或多或少的国际化程度。其中，高度国际化的生产网络往往意味着全球生产网络在不同国家之间存在较多且稳固的关系，而较低的国际化程度则意味着国家网络之间鲜有联系。

接下来，我们将探讨四种不同的情境，一方面是以企业国际化程度的高低为特征，另一方面是以市场（生产网）国际化程度的高低为特征（见图3.6）。

		市场国际化的程度	
		低	高
企业国际化的程度	低	早期开拓者	后期开拓者
	高	单一国际化	群体国际化

图 3.6　企业国际化的四个情境

资料来源：Johanson and Mattson (1988, p.298)，转载获 Taylor & Francis 授权。

早期开拓者

在这个时期，竞争者、顾客、供应商和其他国内外市场中的企业间还没有形成重要的国际化联系。

人们在乌普萨拉国际化模型中已经描绘了早期国际化的情况，以及其演变为单一国际化的过程（见 3.2 节）。企业渐进且缓慢地通过代理商融入目标市场，然后建立销售子公司，进而建立制造子公司，这基本上是通过更多地了解市场来为更多的资源投入打下坚实的基础。

单一国际化

在这种情况下企业已经与其他国家的企业有过接触的经历，并且获得了适应不同的外部环境（即文化差异、机构差异等）的知识和方法。在一个新的国家网络中建立企业时，知识和经验也同样非常有用。

由于企业的供应商、顾客以及竞争者的国际化程度不高，因此，进一步国际化的动力不会来自生产网络中的其他成员。相反，单一国际化的企业有能力促使其自己的生产网络进一步国际化，进而，企业自身也参与其中。企业与其他国家网络之间或网络中的联系，有可能为其供应商和顾客建立网络联系搭建桥梁。

后期开拓者

在顾客和竞争者都渐趋国际化的环境中，国际化程度较低的企业很可能被其顾客或其他的供应商挤出国内市场。有时企业开启国际化的步伐不妨加大一些。

那么，企业在这种情况下应该如何走出去？这里我们将区别中小型企业和大型企业。

中小型企业在跨出国门时，需要高度专业化，并且要适应生产网络的特定部分的解决方案。在进行海外生产的早期，主要就是在考虑哪种纽带对于顾客来说更重要。在这一方面，中小型企业非常灵活。

本土市场上规模非常大的大型企业一般比小型企业的专业化程度要低，同时他们的情况往往比小型企业更加复杂。一种可行的方法是通过并购或者合资的方式立足于国外的生产网络。

总的来说，一个本土上规模非常大的企业可能很难在高度国际化的网络中找到细分市场。它无法达到这类细分市场所要求的灵活程度，但小型企业却可以。

与早期开拓者相比，后期开拓者经常会发现在结构紧凑的网络中很难找到新的立足点。最好的分销商已经与竞争者建立了密切的关系。而竞争者可以或多或少合法地使用掠夺性的定价策略使后来者没有利润。所以，在将早期的开拓者与后期的开拓者相比较时，我们发现在国际营销中，时机是多么的重要。

群体国际化

在这种情况下，企业有可能通过自己在一个网络中的地位搭建通往另一个网络的渠道，具体可以通过扩展和渗透的方式来实现。在价值链的各个环节（如研发部门、生产部门、市场/销售部门）都非常需要国际活动之间的相互协调。在一个市场经营的同时，也可以充分利用其他市场的生产销售能力。这可能会带来基于产品定制化的生产协调以及跨境内部企业交易的增加。

高度的国际化加速了销售子公司的建立，因为关于国际化的知识水平已经达到很高的程度，而且迫切需要不同市场的销售与营销活动进行密切的配合。

网络模型对于作为分包商的中小型企业的适用性

如今，伴随企业间互信互利关系的发展，企业网络已然形成。接下来，支配与控制的特征将会开启一个力量更加均衡的网络。

从中小型企业方面看，显而易见的是，小型企业通常是作为大型企业的分包商来获取其大部分收入和利润的，这使其非常依赖于大型企业。相对的，大型企业拥有对分包商的控制力。通过对大型企业影响中小型企业决策制定（如定价或者投资方面）的程度进行度量，就可以得出控制力的大小。

交换网络建立在控制、协调与合作的基础之上。"控制"可以理解为类层级结构（quasi-hierarchical），允许一个企业支配另一个企业，例如过去在汽车行业中主要制造商与他们的分包商之间的关系。"协调"可以理解为在一个网络中处于"领导"或"中心"位置的企业协调安排价值增值链的过程。这要求企业专注于在价值链上更具竞争优势的某一环节，同时舍弃或者将本身并无优势而网络伙伴具备优势的活动分包出去。

合作是在狭小的细分市场中持续专业化的结果，这也使得各个企业在价值增值链上互相依赖。过去在与分包商之间的关系中，分包商在设计和生产方面只能听从居控制地位的企业的指示，但如今需要快速转变以适应市场的需求，这就使得分包商在整个设计和生产的流程中获得了更加平等的地位。也因此，分包商与顾客之间关系的本质发生了改变。更加坚定的互信关系将使得伙伴关系长久稳固。同时，还需要紧密地协调，企业要对价值链进行管理。为了更好地面对新环境带来的压力，这些小型企业将要依赖与其他企业之间联系的类型和数量。结果是，建立网络的需求以及网络本身的价值都增加了。

当一个网络由某一家企业支配且关系均为传统的分包商模式时，价格战（或者价格仅仅是由支配地位的企业所强加的）将是最重要的法则。同时，合作的企业认识到最优的网络可以有效地降低风险，而非最优的网络则会由于对外界依赖（如一个不可靠的供应商）程度的不断提高而增加自身的风险。为了克服由依存关系带来的危险，可以实施一些传统的抗风险策略，例如通过采购企业开辟多条采购渠道，或者通过销售企业实现顾客群体的多元化。

3.5 中小型企业的国际化

面对全球化带来的威胁，许多中小型企业试图扩大他们在国外市场上的销售额。国际化扩张为企业提供了全新的、潜在的拥有更多利润的市场，帮助企业提升其竞争力，还有助于企业获得新的产品理念、创新的能力和最前沿的科学技术。

在宏观环境与产业层面，全球化带来的市场动荡，来自（尤其是）跨国公司竞争的加剧、贸易自由化所带来的受保护市场的减少，以及国际营销机会的出现，都会影响中小型企业的运营与绩效。在这种环境下，那些具有创业导向的领导层被寄予了厚望。

从总体上看，这些小型的、创业型的、刚起步的企业从事跨境商业活动将比间断的进入模式更加合适。大多数创业型企业所面临的挑战是如何在资源有限的前提下建立并且发展一个可行、有竞争力且可持续的商业模式，这些企业通常要采取灵活、富有想象力和创新性的商业实践。许多企业尤其是高科技企业的国际商业活动就是该过程不可缺少的一部分。同样也是从这个方面来看，国际化是一个企业层面特定的行为，与其国际商业活动有着密不可分的关系。

因此，我们在这里假定，创业型企业的国际化过程就是其成长和发展的过程。这或许会包含一个或多个价值链活动，其中一些活动相对于其他部分来说可能国际化程度更高一些，或者更加顺从国际化的趋势。国际化也许是这个过程中的一部分，但是对于非常小且年轻的企业来说，在最初的阶段，通过与外部环境中的组织或个人建立联系或进行交易从而实现国际化的可能性更大。该过程既包括内向型的连接又包括外向型的连接（见图 2.2），这些连接反映了企业目前的能力和专业领域，和/或企业目前的需求水平和认识到的不足。

最初的国际扩张可能会需要对价值链上的内向型活动和外向型活动进行组合，虽然这也许并不能产生直接的互惠关系，但联结的效率和协同作用是进行国际化的企业需要考虑的重要问题。

时间因素在这里远比在发展阶段更加重要，因为即使已经确定了详细的发展规划，不同的企业间也会表现得非常不同。

个人因素的重要性

进行国际化的企业家认为,开启国际化新事业的创始人对整合不同国家市场资源的可能性都非常的灵敏,这主要来自他们在早期经营活动中形成的能力。

Manolova and Bush(2002)的研究结果表明,所有者/创始人希望在企业国际化过程的同时能够丰富自己的国际化经验、技能或者是整体的竞争力。因此,拥有国际化技能或者积极的环境意识的管理人员,国际化的过程会"少些不确定性",这类管理者比起没有类似技能或者意识的管理者更可能受人追捧。

Manolova and Bush(2002)也清楚地阐述了个人因素与中小型企业国际化之间存在的关系,但是,更重要的是,"其中的一些个人因素要比其他要素更为重要"。那些对国际环境反应积极的所有者/创始人或者管理者更有可能让他们的小型企业走出国门。

Manolova and Bush(2002)最重要的发现还在于,他们认为国际化不是因为"人口统计学"在起作用,而是"观念"在起作用。如果所有者/创始人或者管理者认为在一个特殊的国际市场中周围环境的不确定性较低,或者认为国际化所需要的技能已经具备,那么该小型企业很有可能会采取国际化的策略。此外,研究同时发现,公共政策方针以及教育和培训项目需要识别出不同技术领域的小型企业在国际化过程中的显著的差异。有关这些差异的知识可以引导小型企业在国际化的发展过程中与其所处领域的特点相匹配。

创业导向与以下几点有关:寻找机遇的能力、风险承受力以及由某个强势领导人或者由某个有着特殊价值体系的组织所驱动的执行力。具有创业导向的中小型企业将积极参与产品的市场创新,进行风险更高的投资活动,并采取主动的创新活动。

创新需要一种鼓励和支持新奇想法、实验以及创新流程的企业环境,这有可能产生新产品、新技术和新科技。风险承受反映了企业对高风险高回报的项目投资的倾向性。主动性则是被动性的反面,意味着采取主动、积极甚至带有侵略性的方式去追逐资本,并且极力塑造环境以使企业获益。自主则意味着个人或者团队创造新想法或愿景并付诸实施的自主行为。最后,竞争进取性则指企业在市场中为了超越对手而采取直接且激烈的竞争行为的倾向。

但是,中小型企业可能缺少资源与本土对手或是从国外入侵本土市场的强大竞争者进行正面交锋。对于小型企业来说,全球化或许会带来许多挑战,并且使商业环境变得更加严酷,但是总的来说,面对全球化浪潮的冲击,具有创新导向的中小型企业会比没有创新意识的企业做得更好。

技术获取是使企业实现有效竞争或者开发产品以更好地满足顾客需求的一种途径。源于技术获取的创新是竞争优势的重要来源,尤其是在动荡的环境中,可以使企业有能力以比竞争者更快的速度营销新的产品或进行产品改进。技术获取可以使得产品更好地适应国外市场的特殊需求。企业可以顺应全球化的趋势以获得额外的收益。那些适应全球化需求调整营销和经营战略的中小型企业,很可能比没有这样做的企业表现得更好。全球化的方式和节奏还受到以下因素的影响：产品、行业、其他外部环境变量以及企业特殊的因素。因此，在给定的任何一个时点，中小型企业都处在一个国际化的状态中，被向前或向后的力量所牵制，而并非像乌普萨拉模型中所描述的那样按照阶段化的模式发展。

如果不提前准备，中小型企业的国际化则不太可能良性运转。提早计划常常是企业成功开启新事业的重要因素。这样的计划在国际化的尝试中更加重要，因为国际环境比本土环境要更加复杂多变。于是，国际化准备描述了一个寻求海外扩张的企业为准备工作所做出的努力。准备工作涉及国际市场调研、人员招募、融资、获取支持国际化的其他资源以及使产品适应海外目标市场的需求。

在下一章节，我们将会看到一个特别的有关中小型企业国际化的案例，即所谓的"天生全球化"。

3.6 天生全球化

引言

在最近几年中，研究发现越来越多的企业在国际化的过程中并未遵循传统的阶段模型。相反，这些企业自从成立时起就着眼于国际市场或者是全球市场。

所谓**天生全球化**（born globals）企业，是指企业从设立之初就将走向全球化作为自己的愿景，并跨越长期的国内或者国际化发展阶段，快速进入全球化（Oviatt and McDougall, 1994, Gabrielsson and Kirpalani, 2004）。

> **天生全球化**
> 一家企业从设立伊始就快速走向全球化，并且没有经历长期的国际化阶段。

天生全球化反映了一种有趣的现象，即企业在一个被压缩的时空环境下运营，这使得它们在创业伊始就具备全球化的视野。这个"时间—空间压缩"（time-space compression）的现象（Harvey, 1996）意味着如果基础设施、通信和IT设备与技术人员有机融合，那么全球的贸易和信息交换将被压缩到"此地和此时"（here and now）的时空下。全球金融市场就是一个很好地阐释该现象的例子（Törnroos, 2002）。

Oviatt and McDougall（1994）依据价值链上活动的数量与参与国家的数量两个标准，把天生全球化企业（他们还将其称为"国际新挑战"）分成了四个不同的类别。例如，他们将"出口/进口模式创业者"与"全球化创业者"区别开来，因为后者不同于前者的是，它涉及在许多国家之间互相协调的活动。

天生全球化企业具有以下几个典型特征：员工人数少于500人的中小型企业，年销售额少于1亿美元，并且在开发独特产品或过程创新时依赖于尖端科技。天生全球化企业最显著的特征是它们由具有创业导向的人所管理，这些人从企业设立伊始就将世界视为一个单一的、无边界的市场。天生全球化企业规模很小，着眼于技术，从设立初期开始就在国际市场上运作。在许多发达国家中，已经有越来越多的天生全球化企业诞生。

最近，又提出了**重生全球化企业**（born-again global firms）的概念，例如，某些已经长期在本土市场经营的企业，忽然快速且专注地投入全球化进程（Bell et al., 2001）。

总之，天生全球化企业现象对传统的国际化理论提出了新的挑战。

天生全球化企业对传统理论的挑战

天生全球化企业与"后期开拓者"或者"群体国际化"有些类似（Johanson and Mattson，1998）。在后者的情况下，外部环境和企业本身都已经高度国际化了。Johanson 和 Mattson 指出，在一个国际化的市场中，企业国际化的过程会加速，抛开其他方面的原因，这是因为对跨境协调与整合的需求非常强烈。由于通常情况下相关的合作伙伴和分销商已经占据了邻近的市场，企业没有必要遵循"水中涟漪"的方式来进行市场选择。同理，因为战略联盟、合资等方式更加盛行，企业的"成长轨迹"也并不需要遵循传统的方式；他们可以寻求与自身技能和资源互补的合作伙伴。换句话说，企业的国际化过程个性化很强，而且需要根据国际市场的具体环境来具体分析。

许多行业都是以全球性的采购以及跨境的网络为特征的。由于买方需求更加趋于同质化，所以革新产品可以迅速进入全球各个市场。因此，分包商的国际化过程可以非常多元化且不同于阶段模型。换而言之，新的市场环境将企业迅速拉入到很多市场中。最后，金融市场的国际化也意味着无论哪个国家的创业者都可以在全球任何地方找到所需资本。

在天生全球化企业的例子中，我们假设决策者（创始人）的背景对接下来的国际化路线有重大影响。市场知识、个人网络关系、国际联系以及从之前的工作、关系和教育中习得的经验，这些都是在创立企业之前需要具备的国际化的技能。各种因素例如教育、国外生活的经验、其他以国际化为导向的工作经验等，塑造了创业家的心智，并且显著降低了其与特定产品市场的心理距离；创始人的早期经验和知识扩展了不同国家间的网络，为新的商业机遇创造了可能（Madsen and Servais，1997）。

天生全球化企业经常通过一个特定的网络寻找能够与其自身竞争力互补的合作伙伴来管理他们的销售与市场活动。由于资源有限，寻求互补性资源尤为必要。

有机渐进式"乌普萨拉模型"的过程与加速的"天生全球化企业"路径在许多方面都是相互对立的，这是两种极端的情形（见图 3.7）。这两种情形代表着不同的选择，即选择独自行动（"有机渐进式"路径），或是基于不同形式的合作与伙伴关系，以实现快速增长和国际化的"天生全球化"路径。

虽然在国际化的时间框架和路径的前提条件上有所不同，但是两个模型也有一些相同的特点。国际化被视为一个知识与学习齐头并进的过程，即使在快速的国际化进程中也是如此。企业现在拥有的知识累积得益于过去的知识。着眼于天生全球化路径的企业并没有时间以有机渐进式的路径（在企业内部）发展这些技能，它们需要事先就拥有这些技术，或者能够在国际化的同时获得这些技术，即通过与其他已经有这类

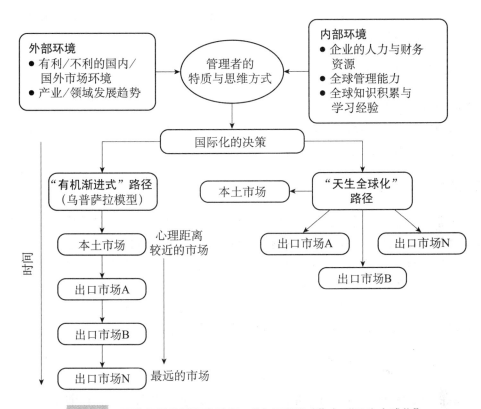

图 3.7　两种极端的国际化路径:"有机渐进式"与"天生全球化"

资料来源:改编自 Aijö *et al.* (2005, p.6)。

互补性能力的企业协作来获取(Melen and Nordman, 2009)。

在大多数情况下,天生全球化企业必须选择一个同质的且最易于适应的细分市场。因为这些小型企业在全球没有足够的运营规模,不能像大企业一样采取多国战略。这些小型企业较为脆弱,因为它们只依赖于一种单一的产品(利基市场),所以它们不得不先在领先市场上进行商业化,而不考虑这些市场的地理位置,这些市场是产品能够更广泛而快速地进入大型市场的关键。这一点对企业来说非常重要,因为小型企业经常在销售之前需要承担相对高昂的固定研发费用。鉴于这一因素成为影响初期市场选择的关键,心理距离作为市场选择标准的重要性就降低了。为了生存下去,企业必须快速步入增长轨道以弥补前期的费用。最后,典型的天生全球化企业之间的竞争非常激烈,其产品可能很快会被淘汰掉(例如软件产品)。如果一家企业希望在其"全球机会窗口期"(global window of opportunity)充分利用其潜在的市场优势,就不得不同时进入所有的主要市场(Aijö *et al.*, 2005)。

催生天生全球化企业的因素

在国际贸易中,天生全球化企业的数量和影响力都在与日俱增(Knight *et al.*,

2004）。以下趋势也许可以解释天生全球化企业地位上升的原因，并有助于解释这类企业成功进入国际市场的原因。

日益重要的利基市场

在成熟的经济体里顾客对专业化或定制化产品的需求日益旺盛。伴随市场全球化以及大型跨国公司在全球的持续竞争，很多小型企业除了在某一相对狭小的国际利基市场占据一席之地以提供专业化的商品之外已别无选择。

流程/技术生产的进步

微处理器技术的改进意味着小规模、分批生产将会变得更加经济实惠。目前，新的机器设备使复杂的非标准化部件的生产变得更加简单。新技术使得小型企业在复杂产品的生产和销售方面已经可以与大型跨国公司相媲美。这些技术使得小型进口商可以进行流水线生产，使得其产品在国际市场上非常有竞争力。而且，新技术可以帮助企业以更小的规模来生产更多元化的产品，结果就是许多行业变得越来越专业化，而越来越多的消费品将根据消费者的多样化需求进行定制生产。

中小型企业/天生全球化的灵活性

小型企业的优势——反应时间更快、灵活、适应能力强等——有助于天生全球化企业实现国际化扩张。中小型企业更加灵活，可以更快地适应海外市场消费者的偏好以及各种国际标准。

全球网络

目前，成功的国际商务越发重视合作，这种合作通过与外国企业建立伙伴关系而建立，这些企业包括分销商、贸易公司、分包商，以及越来越多的传统的买家和卖家。缺乏经验的经理如果能够与国外合作伙伴建立互惠互利且长期的战略合作关系，将大大提升他们在国际商务中成功的机会。

信息技术的进步与高速发展

最近，天生全球化企业之所以受到青睐的一个重要原因，就是通信技术的进步，它大大提升了信息交流的速度。在大型垂直一体化的企业中，那些需要花费大量财力与时间来传递信息的日子一去不复返了。随着因特网的发明和其他电子通信设备，如手机、电子邮箱以及其他计算机支持技术［例如电子数据交换（EDI）技术］的帮助，即使是小型企业的经理们都可以进行高效的跨境商业活动。如今，每个人都可以即时快捷地获得信息，物品正在趋于更加小型化，并可以迅速传递到全球各个角落和人群的手中。

另一个重要的趋势就是科技的全球化。合作研究与发展平台、国际技术转移、跨境教育，以及科学、工程、商科专业学生的国际交流在近几年呈爆炸式发展。因此，小型企业可以更加便捷地获取新的、更好的有关制造、产品创新以及整体运营的方法。

此外，互联网革命为通过开设电子商务网站建立全球销售平台的年轻中小型企业提供了一个新的机遇。如今，许多新的小型企业都是天生全球化企业，因为他们在互联网上"起家"，并且通过集中化的电子商务网站向全球顾客销售产品。

总的来说，基于服务与信息提供的互联网企业比电子零售商和销售有形产品的制造商能够更快地走向国际市场。因此，基于因特网的企业比电子零售商或制造商更能够服务一个庞大数量的国际市场（Kim，2003）。

3.7 服务的国际化

在产品历经日益复杂的价值链以提升企业的相对竞争优势的过程中，服务在营销中将变得更加重要。由于信息技术使对目标市场的销售与售后支持产生了无限的变化，所以服务本身也正变得更加复杂。

在有关服务领域国际营销的文献中，通常认为，国际化战略对于服务型企业来说比制造企业更具风险。主要的原因是：在许多服务型企业中，服务的生产和生产设施就是服务的一部分，与其他情况相比，这就要求企业对自身资源有更好的控制能力。传统的国际市场营销模型关注制造企业的需求，体现为：国际化的进程可以从最保守的规模开始，首先通过非直接的出口渠道，进而一步一步向更为直接的渠道发展。这可以让企业逐渐积累有关海外市场的质量期望、个人需求、分销渠道以及媒体结构和购买行为特色的知识。而对于服务型企业来说情况就有所不同了，它们会立即面临进入海外市场的所有问题。一家服务型企业必须努力寻求合适的进入模式和策略来帮助其应对将要面临的问题，而这种选择当然主要依赖于具体的服务和市场的类型。

首先让我们来了解服务的一些特点。

服务的特点

服务是一种复杂的现象。这个词汇有很多含义，从个人服务到作为一种产品的服务。服务不是一个具体的事物，它是一个过程或者是活动，并且这些活动是无法切实地触摸到的。这个概念具有广泛的外延。如果销售人员努力提出解决方案来满足顾客最为具体的要求，那么一台机器，或者几乎任何实物产品都可以被转化为一种对该顾客的服务。一台机器当然始终是实物产品，但是设计一台合适的满足顾客需要的机器则是一种服务。

一种服务经常或多或少涉及与服务提供者之间的互动。可是，有些情况下顾客作为一个个体也并不与服务企业互动。

对于大多数服务，我们可以识别出三种基本特征。

（1）**服务的生产与消费至少在某种程度上是同时发生的**。服务的生产和消费是同时发生的（这也被称为"不可分割性"特点）。这是指，因为在服务被出售和消费时没有任何产前质量（pre-produced quality）可以控制，所以人们很难在传统意义上进行质量控制和营销。

人们还需要认识到，对顾客来讲服务过程中可见的那一部分才会起决定作用。考虑到其他不可见的要素，顾客往往只能够体验服务的结果；但可见的服务活动却是顾客可以体验和评估的，并且是对每一个细节做出评价。因此，质量控制和营销必须要在服务生产与消费同时发生的时间和地点进行。

大多数服务的定义仅仅指出服务最终不会产生对任何物品的所有权。一般来讲这种观点是正确的。当我们享受航空企业带来的服务时，比如，从一个地点飞往另一个地点，在我们到达目的地后什么都没留下，只剩下机票和登机牌。

正因为如此，服务不可能像货物一样被储存起来。如果一架飞机在起飞时上座率只有一半，那么也不可能将剩下的空座位留到隔天再卖掉，这一部分收入就损失掉了。因此，对运力进行规划成为一个很重要的问题。尽管服务难以储存，但企业还是可以努力"储存顾客"。例如，如果一家餐厅座无虚席，则餐厅可以尝试吸引顾客在前台等候，直到有空的席位出现时，再请顾客进行消费。

（2）**顾客参与服务的生产过程，至少在某种程度上是这样的**。顾客不只是某种服务的接受者；顾客通过与企业人员的交流，并作为服务生产时的资源共同参与了服务的生产过程。因此，针对一位顾客的服务不可能与另一位顾客得到的服务完全一样。

在许多情况下，顾客的期待和需要的细节在服务过程之初（服务生产过程）企业并不了解，因此企业也不知道需要什么资源，以及这些资源应该以何种程度和方式进行配置和应用。一个银行的顾客也许直到与银行柜员或者贷款经办人交流后才真正明白他需要什么。因此企业需要根据具体情况来调整自身资源以及利用资源的方式。顾客感知价值取决于成功的、以顾客为导向的资源管理和顾客付出的比较，而不是生产前就设计好的一些特征组合。

（3）**服务是由活动或一系列的活动所组成的过程，而非实物**。服务的一个很重要的特点就是它作为过程的本质。服务是由一系列活动所组成的过程，涉及许多不同种类的资源（包括人力资源）的应用。服务经常需要与顾客进行直接的互动，从而使顾客的问题得以解决。因为顾客参与了这个过程，所以该过程，尤其是顾客参与进来的部分，就成为解决方案的一部分。

为了能够理解服务管理与服务营销，尤为关键的是要意识到服务的消费是一个过程消费，而不是结果消费。顾客或者使用者认为服务的过程（也即服务的生产过程）是服务消费的一部分，并不是像传统的实体货物的营销一样只是一个过程的产物。当消费某种实物产品时，顾客是在使用这件产品本身，他们是在消费某种生产过程的产物。比较而言，当消费某种服务时，顾客或多或少地都能够感受到服务的生产过程，而且通常在这个过程中发挥非常重要的作用。

服务国际化需要考虑的因素

信息技术

运用信息技术，服务营销人员可以通过与顾客的互动来预测并满足他们的需求。提高服务质量、提供多种服务选择以及与顾客进行交流都可以改善企业与顾客间的关系。计算机通信技术的使用令服务营销人员得以在每一个消费环节都能够建立起与顾客持续互动的关系。线上客户数据库可以显示出顾客的消费模式，并且帮助企业追踪顾客需求的变动。全自动的服务交付机制可以提供一种多水平的自助服务手段。简而言之，国际服务营销人员需要深入了解信息技术以便寻求更好的管理顾客关系的方法。

信息技术的发展使得跨国服务企业为顾客提供每天 24 小时、每周 7 天的服务（即我们所熟知的 24/7）成为可能。信息技术改变了服务型组织的规模与经济性。如今，通过综合运用电脑、电话、传真机和电子邮箱等信息技术，一些居家的服务组织足不出户就有能力满足全球范围内的顾客需要。未来，多个居家服务组织通过共同组建灵活的网络，就可以快速地对顾客需求做出反应。而且，这将是很容易就可以做到的。但是，即使一家企业选择通过电子商务来实现国际化，也不可能完全依赖于自身的力量进行服务运营。例如在海外市场，服务企业至少会依赖于邮政与递送服务，而且服务企业对这类网络合伙伙伴控制的可能性非常有限。

文化问题

文化问题对服务的接受和采用程度具有非常显著的影响。由于服务必然会在某种程度上包含人与人之间的互动，因此文化不相容的可能性会较大。例如，在某些国家的文化中家庭主妇的角色就是照顾家庭成员，她们就不太可能对使用日间托儿中心感兴趣。

但是我们需要对服务进行设计，而且无论选择何种服务手段，都需要根据当地的文化偏好来进行调整。一些国际化的方式（例如特许经营）通过吸收当地的管理知识提供了一条更容易的途径来提供文化敏感度高的服务。提供给顾客的服务会比 B2B 的服务对文化适应度的要求更高。

然而，我们一定不能忽视文化的重要性，而且所有提供国际化服务的企业都应当考虑提前给员工提供相应的文化培训、雇佣当地的员工，并因地制宜地调整服务提供的方式。如果没有这些前期准备，企业将会面临将自己的业务拱手让与当地企业或者更加关注文化的国际服务提供商的风险。另外，虽然服务业的生意也许是"与人相关"的，但是科技与系统仍然很重要。当没有一个系统来辅助服务的提供时，即使最好的员工也会对服务的提供束手无策。

服务并不必然需要有形的存在。对于已经建立的服务型企业来说，通过互联网（或者在一些行业中使用数字电视）进行交易的竞争对手是其最主要的挑战，尤其是那些在全球有着广泛财产和人力投资的企业。

地理位置

选址的战略问题包括两个主要方面，以酒店业为例，先是大体上定位酒店运营的位置，然后是具体选择合适的地点。在酒店行业，选址决策需要考虑的最主要的因素是需求。简单说，企业经营应选取那些服务需求最大的地理区域，然后再具体选择某个地点，使有需求的目标顾客可以便利地获取服务。成功的战略取决于在合适的地点实现业务类型和规模的匹配。

影响酒店选址和餐饮服务的因素有所不同。酒店主要是坐落在人们旅游的场所附近，或者是为离开家的旅客提供便利的住所。

标准化 vs. 定制化

国际化服务营销的一个重要的战略问题是每一种服务可能被标准化的程度。除了许多服务类型都需要联系顾客外，很多东道国在服务领域都制定了法规，这使得服务标准化变得非常困难。譬如，会计与金融服务市场的法规在世界范围内差异很大。

伴随全球化，文化适应性的影响将会成为运营领域（例如合资经营、物资管理、采购、新产品开发、规划流程设计、监管与激励、培训、人员调度、环境管理以及员工—管理者关系）的研究核心。这些都是管理前端和后端的关键领域，随着服务的全球化，需要不断地适应各个国家的当地情况。

对当地员工的培训需要使用他们的母语。前端运营的国际化需要与顾客进行口头交流，因此服务必须高度适应当地文化。华特·迪士尼公司开办巴黎迪士尼公园的经验就是在外国文化中对顾客互动体验进行控制的典型案例。企业做出了一些对法国文化的妥协，例如公园中需要使用英语和法语两种语言。但是，一个更麻烦的问题是对思想独立的法国人进行培训，让他们扮演迪士尼中的角色，并且能够有礼貌地各司其职。当服务被定义为一种顾客互动体验时，企业将面临要将员工的行为在不同国家之间进行转换的挑战。

不同国家的普通顾客对服务的需求远比对产品的需求要广泛得多，而解决这些问题需要一个本土化的解决方案。

零售业是服务行业不易标准化的经典例子。姑且不论零售贸易国际化的问题，当地零售业的规定差异非常大，这不仅存在于国家之间（包括欧元区内部），也存在于每个国家的不同省份之间。

服务业国际营销的启示

我们可以区分五种主要的国际化服务策略。它们之间不是互斥的，而且在一些情况下也同样适用于制造业产品（Grönroos，1999）：

(1) 直接出口；
(2) 系统性出口/跟随大型国外客户；

(3) 直接进入市场/拥有子公司；
(4) 间接进入市场/中介模式；
(5) 电子商务营销/互联网。

服务的**直接出口**主要发生在工业品市场。负责修理与保养贵重设备的顾问和企业可能在本土市场设有服务基地，并在顾客需要的时候调动资源和系统来为海外顾客服务。修理贵重设备的服务经常以这种形式出口。一些顾问的工作也与此类似。因为这些服务需要立刻被生产出来，所以没有可能一步一步地学。因此，犯错误的风险是极大的。

系统性出口/跟随大型国外客户是指通过两家或多家企业互相提供补充性解决方案进行合作出口。一家服务型企业可能帮助另一家企业出口货物。例如，当某制造商将设备或者"交钥匙"工厂移交给国际买家时，对工程服务、分销、清洁、安保以及其他服务的需求便产生了。这便给服务企业一个拓展海外市场的机遇。正如相关文献发现，系统性出口是一种传统的服务出口的模式。例如，因为客户在海外市场的活动，广告机构与银行也拓展了其海外业务。系统性出口主要定位在产业市场。例如，律师事务所也已经拓展到了多座城市，也是意在配合它们客户的需求，即服务型企业正在被它们的客户带动去往客户所在的国家运营。真正全球化的企业想要并且需要真正的全球化的服务，包括旅行社、审计团队、顾问团队等。对于一家已经投入海外运营的企业，该策略的一个缺点是可能会忽略其顾客尚未涉足的潜在的广阔市场。

直接进入市场/拥有子公司意指服务型企业在海外市场设立自己的服务生产组织。对于制造业产品来说，在学习过程的第一阶段，这样的组织可以是一间销售办公室。而对于一家服务型企业而言，从一开始，当地的组织就不得不开始生产并提供服务。由于学习的时间变短，企业不得不从第一天起就开始处理有关生产、人力资源管理以及消费者行为分析的问题。除此之外，当地政府有可能会将新来的国际服务提供商视为当地企业乃至全国企业的威胁。

间接进入市场/中间商模式经常在以下情况被采用，即服务型企业不想在当地设立全资或合资企业，但是想在海外市场建立一个稳定的运营机构。

● 许可证协议授予当地企业的专利独家使用权。这当然要求这种独家使用权能得到保障。

● 特许经营经常为餐厅和餐饮服务行业所采用，企业可以间接地进入一个海外市场。当地的服务企业可以得到某个营销概念的特许使用权，也可能包含某种特定的运营模式的使用权，通过这种方法，就可以复制在国外市场中已经经过验证的、迎合顾客需求的理念。正在国际化的企业作为授予人得到了特许经营者当地的有关知识，而与此同时特许经营者也得到了一个与新的或可能已成熟的理念一同成长的机会。如果拥有一个合理的标准化服务条款，那么咨询企业也有可能进行海外特许经营。

● 管理合同是另一种企业经营使用的间接进入的形式，例如其在酒店行业中的应用。考虑到对市场知识的需求，间接进入也许是到目前为止所提到的风险最小的国际化策略。相反，在使用这种进入策略（拥有子公司）的时候，国际化经营的企业对海外运营机构的控制力会很有限。

电子商务营销/互联网作为一种国际化策略,意指服务型企业通过使用先进的电子科技以拓展其服务的范围。互联网为企业提供了一种在线交流和产品售卖的方式,以及一种收集顾客购买习惯与消费模式信息的途径,企业还可以利用互联网上的合作伙伴网络来安排服务产品的交付与支付。亚马逊公司就是通过电子商务营销来实现服务国际化的很好的案例。当企业提出某种理念时,应该考虑它们的服务是否能引起消费者的兴趣,从而自然而然地开展跨境业务。电视购物(卫星电视)是利用先进技术实现服务国际化的又一案例。当使用电子商务营销时,企业不会被限定在某一特定的地点。通过互联网,企业可以管理世界各地的服务业务,并且可以到达广阔市场中的每一位顾客。

3.8 总结

表 3.1 中总结了本章的主要结论。

表 3.1　三种国际化理论模型概览

	乌普萨拉国际化模型	交易成本分析模型	网络模型
分析单位	企业	交易或者一系列交易	存在于企业间的多元组织间关系 不同企业群组间的关系
企业行为的基本假设	该模型建立在行为理论以及渐进式决策过程的基础上,不考虑竞争性市场因素的影响,是一个渐进的"干中学"的过程	在真实世界中,买家与卖家间存在摩擦/交易困难,这种摩擦主要来自机会主义行为:经理的自觉行为(例如利用诡计为自己谋利)	将网络(关系)维系在一起的"黏合剂"是基于技术、经济、法律,特别是人际关系纽带在关系设立的初期经理的个人影响是最强的;在后期,日常事务以及系统将会变得更加重要
影响发展过程的解释变量	企业拥有的知识/市场投入 本土与海外市场的心理距离	当交易的特点是由资产的特殊性、不确定性,以及交易频率所决定时,交易的困难程度和交易费用将会增加	单个企业是自治的且依赖于别的企业所控制的资源 商业网络会出现在参与者的频繁协作以及环境快速变化的领域中
对国际营销的启示	应以较小的渐进式步伐增加对市场的投入;选择那些与当前市场心理距离较近的市场 应选择边际风险较小的进入模式	在以上所提到的情况下(例如高昂的交易费用),企业应该寻求业务活动的国际化(例如在全资子公司实行国际营销策略)	一家企业在本土网络的关系可以作为与其他国家的网络进行连接的桥梁。这种直接或间接的桥梁作用在国际化初期和之后进入新市场时都很重要。有时,一家中小型企业可能会被迫进入国际网络;例如,当某位客户要求其供应商(即该中小型企业)一起前往国外时 请参阅第 13 章案例研究 LM Glasfiber

天生全球化代表了国际营销中一个相对新兴的研究领域。天生全球化企业有一些基本的共同点：拥有独一无二的资产，关注某一细小的全球细分市场，强烈的顾客导向，而且企业家的远见与能力在其中扮演非常重要的角色。最后，对于这些企业，走向全球化并不是一个选择，而是一条必由之路。它们被全球的顾客以及狭窄的本土/地区细分市场推向国际化。它们之所以能够做到在任何时间都能触及全球的每个角落，得益于企业家的远见与能力以及对海外市场竞争优势的深刻的认识与理解。

本章着重强调了中小型企业国际化过程中个人因素的重要性。

介绍了服务国际化的五个主要的策略：（1）直接出口；（2）系统性出口/跟随大型国外客户；（3）直接进入市场/拥有子公司；（4）间接进入市场/中间商模式；（5）电子商务营销/互联网。

Classic media《邮递员派特叔叔》（*Postman Pat*）的国际化

2006年12月14日，英国Entertainment Rights（ER）公司宣布将以2.1亿美元（1.07亿英镑）收购美国竞争对手Classic Media（CM）。这笔交易已于2007年1月11日完成。

2009年4月1日，ER宣布将被Boomerang Media公司［由其子公司CM的创办人埃里克·埃伦博根（Eric Ellenbogen）和约翰·恩格尔曼（John Engelman）创建］并购。2009年5月11日，ER又宣布，其旗下子公司和机构都将并入CM。

ER在2006年花费了1.07亿英镑收购了拥有《莱西》（*Lassie*）和《独行侠》（*The Lone Ranger*）版权的CM，这令其被巨额债务压得不堪重负。

通过收购ER，CM收获了在学龄前孩子心目中最大的偶像：邮递员派特叔叔。

《邮递员派特叔叔》

1981年9月，BBC1电视台开始播出《邮递员派特叔叔》的动画片。在虚构的约克郡小镇格林代尔，邮递员派特和他的忠实伙伴杰斯猫开始了他们漫长的送信旅程。这部动画片已经和英国BBC广播平台签约至2010年，其目标受众是学龄前儿童（2—6岁）。

目前，《邮递员派特叔叔》及其电视节目已在全世界100多个国家和地区播出。对于这么一个在众多国际市场上销售的产品，通过大力发展特许经营和纪念品销售来提升顾客的品牌意识是至关重要的。例如，在英国，玛莎百货（Marks & Spencer）于2004年获得了在其70个顶尖店铺中使用"邮递员派特叔叔"这一卡通形象的授权，售卖面向3—6岁儿童的睡衣、内衣、拖鞋、手表和拼图等一系列产品。派特和杰斯猫成为父母、祖父母、监护人和其他人无法抗拒的要买给孩子的礼物。

在2009年5月，CM与位于北约克郡的英国最大的主题公园之一——Flamingo Land 建立了合作伙伴关系，"邮递员派特叔叔"和来自他的邮局的其他卡通形象在这个主题公园中定居下来。2009年10月，CM与Timeless Films 公司合作制作了一部《邮递员派特叔叔》的3D动画电影，并计划在2011年上映。在经历了30年的电视放映后，"邮递员派特叔叔"第一次登上大银幕。Timeless Films 公司将面向英国和全球发行这部电影。

© J. F. T. L Images/Alamy.

▶ 问题

1. 列出你在选择新的国际市场时的主要标准。

2. 你认为CM在对《邮递员派特叔叔》的国际化时应采用"渐进式"还是"天生全球化"的路径？

3. 除了使用"邮递员派特叔叔"的卡通形象外，CM还能给其授权伙伴带来什么样的价值？

资料来源：Sweney, M.（2009），"Boomerang Media buys Postman Pat owner Entertainment Rights", Guardian. co. uk, 1 April 2009；"Marks & Spencer takes on Postman Pat", *Weekly E-news*, Issue 76, 14 September 2004, www. licensmag. com。

问题讨论

1. 请解释为什么国际化是一个需要不断进行评估的连续过程。

2. 请解释下列三种国际化理论之间的主要区别：乌普萨拉模型、交易成本理论和网络模型。

3. "心理"或"心理距离"的概念是指什么？

参考文献

本章参考文献可通过扫描右侧二维码获取。

第 4 章
构建企业的国际竞争力

学习目标

完成本章学习之后,你应该能够:
- 从更广阔的视角(从宏观到微观层面)界定国家竞争力的概念。
- 讨论影响企业国际竞争力的因素。
- 解释如何把波特提出的基于竞争的传统五力模型扩展为协作五源模型。
- 探究竞争三角背后隐含的思想。
- 分析竞争优势的基本来源。
- 解释竞争标杆分析法的步骤。
- 解释企业如何利用蓝海战略创造顾客价值。

4.1 引言

本章的主题是企业如何在国际市场上创造和发展竞争优势。企业国际竞争力的发展会与环境相互作用。企业必须能够调整自身以适应顾客、竞争对手以及公共机构的需求。为了登上国际竞争舞台,企业必须建立有竞争力的根基,包括资源、竞争力,以及与国际领域的其他竞争者之间关系。

为了能从一个更广阔的视角理解企业国际竞争力的发展,接下来,本章将提出一个三阶段模型(见图 4.1):

(1) 国家竞争力分析(波特钻石模型)——宏观层面;
(2) 行业竞争分析(波特五力模型)——中观层面;
(3) 价值链分析——微观层面;

(a) 竞争三角；
(b) 竞争标杆分析法。

该模型的分析从宏观层面开始，接着通过波特五力模型框架分析企业竞争环境。基于企业价值链的分析在于讨论价值链的哪些活动/职能是企业的核心竞争力（必须在企业内部发展），以及哪些能力应该通过联盟和市场关系来建立。

图 4.1 所示的图形中（本章内容将围绕该图示展开），各个模型在一个递阶形式的窗口中依次呈现，在该图中通过点击图示方框"企业战略、结构和竞争"可以从阶段 1 跨越到阶段 2，这里就出现了波特五力模型。接着，通过点击图示方框"市场竞争对手/竞争强度"可以从阶段 2 跨越到阶段 3，进而价值链分析模型/竞争三角模型就出现了。

个体竞争力与基于时间的竞争（time-based competition）

本章的分析仅限在企业层面上，但也可以进一步深入分析个体竞争力层面（Veliyath and Zahra，2000）。影响个体竞争力形成的因素包括内在能力、技能、动机水平和努力的程度。传统的决策制定的观点认为：不确定性使高层管理者搜寻更多的额外信息，并以此来提高确定性。而 Kedia et al. （2002）指出，一些高层管理者通过采取策略以加快决策过程中的信息和方案分析速度，进而提高了竞争力。例如，这些管理者通常会同时研究几个备选方案，而这种比较过程提高了对方案优劣势进行分析的速度。

4.2　国家竞争力分析（波特钻石模型）

国家竞争力分析代表了整个模型（见图 4.1）的最高层次。迈克尔·E. 波特将其著作命名为《国家竞争优势》（Porter，1990），但是，首先需要说明的非常重要的一点就是，在国际舞台上竞争的实质上是企业而非国家。但是母国特征对企业国际化经营的成败仍扮演着重要角色。母国的环境塑造了企业在技术和方法方面进行快速创新的能力，并确保企业沿着正确的方向进行创新。这是竞争优势产生的根源，也是竞争优势得以持续的根基。竞争优势最终形成于国家环境和企业战略的有效结合。国家内部条件可能会为企业创造出获取国际竞争优势的环境，但这仍取决于企业对机遇的把握。国家钻石模型对企业选择竞争行业以及合适的战略至关重要。母国这一根基是决定企业相对于国外竞争对手的优劣势的一项重要因素。

了解国外竞争者的母国基础对分析竞争对手而言也至关重要。竞争对手的母国赋予其优势和劣势，并进一步决定了其未来可能施行的战略。

Porter（1990）将某个行业中多家企业的聚集描述为产业集群。在产业集群中，企业拥有一个与行业内其他企业相联系的关系网，网络成员包括顾客（包括加工半成品的企业）、供应商和竞争者。这些产业集群有可能遍及世界，但通常是发迹于某一个国家或地区。

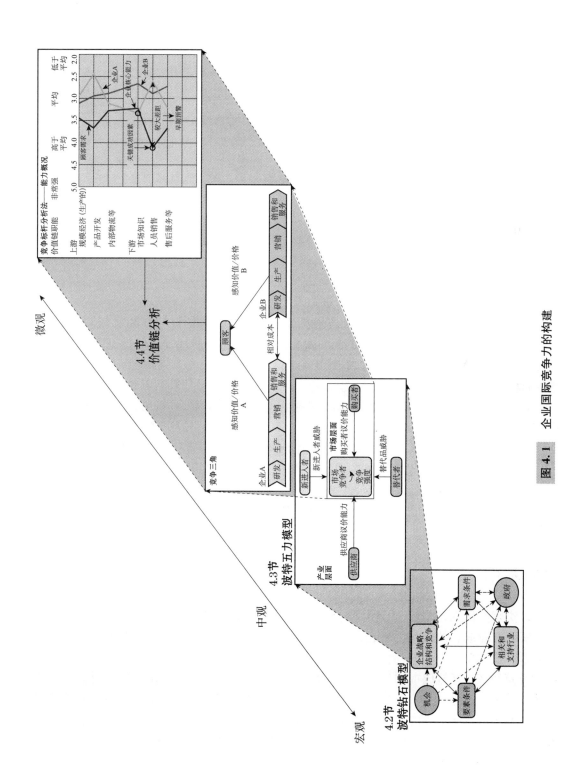

图 4.1 企业国际竞争力的构建

企业从位于母国的世界级购买者、供应商和相关行业那里获取重要的竞争优势。它们能够帮助企业洞察未来的市场需求以及技术发展，有助于形成变革和改进的氛围，并成为企业创新进程中的合作伙伴及盟友。在母国拥有强大的集群可以促进信息的流动。与国外企业进行交易相比，这种集群使企业间的联系更加深入和开放。加入一个位于较小地域的产业集群甚至会更有价值，因此我们可以提出一个重要的问题：一个特定的全球行业的国家区位是由什么决定的？与所有经典的交易理论一样，对该问题的回答可以追溯到国家要素禀赋与行业需求的匹配情况这一问题。

现在让我们详细地考虑一下**波特钻石模型**中的不同因素。接下来的分析，都以印度信息技术/软件行业（特别是以班加罗尔地区来说明）为例（Nair *et al.*, 2007）。

> **波特钻石模型**
> 母国的特征在解释企业国际竞争力上扮演着重要角色。这些解释因素主要有：要素条件，需求条件，相关和支持行业，企业战略、结构和竞争，机会以及政府。

要素条件

我们可以将要素分为初级要素和高级要素。初级要素包括自然资源（气候、矿产、石油），它们的流动性较差。这些要素可以为国际竞争力创造基础，但是绝不会在缺乏高级要素［例如熟练的人力资源（技能）和研究能力］的情况下转化为真正的价值创造，这些高级要素对行业而言往往是特定的。

对于印度的软件行业，班加罗尔所拥有的数家工程与科学导向的教育机构，还有印度科技大学（Indian Institute of Science）（一家研究型的研究生院），被公认为是该地区软件行业发展的基础。这些国有的工程企业和私有的工程学院吸引了全国各地的青年来到班加罗尔，创造了一个多元的、多语言的、包容的、大同的文化。软件行业最具关键的成功因素是可以获得受过高等教育的高级人才，特别是具备通用技能的人才。这些通才（而非软件或编程专家）可以基于行业需要经过培训而成为特定领域的问题解决专家。

需求条件

这类因素体现在波特钻石模型右侧的方框内（见图4.1）。

驱动行业成功的这类因素包含以下特征：早期存在的母国需求、市场规模、市场成长率和成熟率。

规模经济、运输成本和母国市场规模之间相互作用。每个制造商在达到了足够的规模经济后，都想从某一单独的区域进行扩张，并服务于更加广阔的市场。为了使运输成本最小化，制造商的选址将定位于本地需求较大的区域。当规模经济限制了企业选址的数量时，市场规模就成为决定市场吸引力的重要因素。巨大的母国市场也会确保当地企业能够发展出基于规模和经验的成本优势。

一种有趣的模式是：一个早期大型的母国市场饱和后，高效率的企业被迫向国外寻求新的业务。例如，日本摩托车行业拥有巨大的国内市场，并利用其规模优势进入全球市场。此外，需求结构同样发挥了重要作用。

产品的基本或核心设计几乎总是反映母国市场的需要。例如，在电力传输设备行业，瑞典主宰了国际高压配电市场。人口和产业集群的分布使得瑞典具有相对庞大的高压电远距离传输需求。瑞典国内市场的需要塑造了后来足以应对全球市场的行业（其中有身为世界市场领先制造商之一的 ABB）。

当然，购买者的成熟度也同样重要。美国政府是电脑芯片的第一个购买者，同时也是多年以来的唯一买家。政府采购价格的缺乏弹性鼓励了企业开发技术先进的产品，而无须过多担心成本问题。在这种情况下，相比于购买商不够成熟或者价格更敏感的情况，前沿技术显然可以发展得更为深入和快速。

印度软件行业的兴起与千年虫问题（Y2K problem）（引发原因在于旧系统的编码惯例只用两位数表示年份，所以当日历年变为 2000 年时，系统存在崩溃的可能）有关，当时，美国企业与一些印度软件企业签订了契约，因为这些印度软件企业的员工精通旧的编程语言，例如 Cobol 和 Fortran。随着与美国企业合作经验的增加以及千年虫问题的解决，印度软件企业开始多元化经营，并提供更多增值的产品和服务。服务于苛刻的美国顾客促使印度软件企业开发高质量的产品和服务。这些经验为在日后满足德国、日本以及其他市场的信息技术顾客的需要提供了帮助。

相关和支持性行业

一个行业的成功与地区内的供应商和相关行业有关。

在许多情况下，竞争优势来自对于一个地区的服务于核心行业的劳动力的利用，这些劳动力应该是可获取的，而且有支持该行业发展的娴熟技能。技术协调也会因地理位置的临近而变得容易。波特认为意大利之所以能够保持它在金银珠宝行业的领先地位，有一部分原因是意大利本地就有珠宝加工机器的制造商。这里，集群优势主要不在于运输成本降低，而在于技术和营销合作。在半导体行业，日本电子行业（该行业购买半导体）的优势也极大地促使半导体企业也定位于同一地区。所以，应当注意的是集群现象离不开规模经济。如果中间投入品的生产不存在规模经济，小规模的生产中心就能与大规模的生产中心相匹敌。事实上，半导体和电子产品的生产都存在规模经济。规模经济与两个行业间的技术与营销相结合带来了集群优势。

起初，班加罗尔存在一个问题，即缺乏可靠的支持性行业，例如电信和电力供应，许多软件企业需要安装自己的发电机和卫星通信设备。之后，支持软件企业并为其提供风险投资、招聘协助、网络、硬件维护和营销/会计支持的企业就在班加罗尔出现了。除此之外，会计企业诸如毕马威、普华永道和安永也可以为不断涌进印度市场的跨国公司提供帮助，例如为其解决融资与选址问题。最终，在班加罗尔，以软件行业为中心逐步形成了一个完整的支持体系。

企业战略、结构和竞争

企业战略、结构和竞争涉及的范围很宽,包含如何组织和管理企业、企业目标和国内竞争的性质。

在波特对十个不同国家的成功行业进行的研究中,最为令人信服的研究结果之一,就是国内竞争对企业国际竞争能力的形成具有重要的积极影响。在德国,制药行业中的巴斯夫(BASF)、赫斯特(Hoechst)、拜耳(Bayer)之间激烈的国内竞争被人们所熟知。竞争的过程淘汰了较差的技术、产品和管理实践,而幸存者都是效率最高的企业。在激烈的国内竞争中,企业被迫变得更加高效,采用节约成本的新技术,缩短产品开发时间,并且学会有效地激励和控制员工。因此,国内竞争对于刺激全球企业进行技术开发尤为重要。

丹麦国家虽小,却拥有三家排名世界前十的助听器制造商:William Demant、Widex 和 GN Resound/Danavox。1996 年,Oticon(William Demant 的前身)同 Widex 之间展开了一场技术之战,以争当全世界首家推出全数字式助听器的厂商。Widex(两家中规模较小的一方)最终获胜,但同时也促使 Oticon 在技术开发上一直保持领先地位。

至于印度的软件行业,班加罗尔地区的绝大多数企业都经历着激烈的竞争。争夺未来顾客的竞争不仅存在于本土企业之间,还存在于本地企业与班加罗尔以外的企业和跨国公司之间,诸如 IBM、埃森哲(Accenture)等。由此带来的压力要求企业不但要交付高质量的产品和服务,还要具备成本效益。这些竞争鼓励企业去获取软件开发等级的国际认证。时至今日,班加罗尔地区已经成为世界上具备 CMM-SEI(Carnegie Mellon University's Software Engineering Institute,美国卡耐基梅隆大学软件工程研究所)5 级(最高质量级别)认证的企业集中度最高的地区。

政府

根据波特钻石模型,政府这一因素与四个主要因素中的每一个因素都可以相互影响。政府在鼓励未来将取得国际地位的行业发展方面能够发挥强有力的作用。政府会出资建设基础设施,提供公路、机场、教育和医疗保健,支持替代能源(如风力涡轮机)的使用,或支持影响生产要素的其他环境体系的构建。

对于印度软件行业,由于其高技术要求和劳动密集型特征,德里(Delhi)的联邦政府早在 20 世纪 70 年代就将软件业视为增长领域。虽然在 70 年代到 80 年代间,软件行业主要由国有企业(如 CMC)主导,1984 年政府开始实行行业和投资政策自由化,允许国外的信息技术企业(如德州仪器,Texas Instruments)进入。新举措之一还包括建立科技园,例如班加罗尔的软件科技园(software technology parks,STP)。

因此,班加罗尔之所以成功地成为软件中心,可以归功为政府在行业发展初期和随后阶段发挥的积极作用。

机会

根据波特钻石模型，国家/地区竞争力还可能由一些随机事件引发。

当我们回顾绝大多数行业的发展历史时，我们也可以看到机会所发挥的所用。最重要的有关机会的例子可能涉及谁最先产生主要的新观点这个问题。与经济状况关系甚微，企业家通常会选择在自己的国家开创企业或推出新业务。一旦新的行业开始在该国兴起，规模和集群效应会进一步强化该行业在这个国家中的地位。

关于印度软件行业竞争力的发展（特别是班加罗尔），我们可以确定两个关键性的事件：

(1) 千年虫问题（之前已经有所描述），导致对印度软件企业服务需求的增长；

(2) 2001年美国和欧洲互联网泡沫的破裂，导致企业寻求将软件功能外包到印度来降低成本。

总之，我们已经确定了影响全球行业分布的六种因素：生产要素、母国需求、支持性行业的分布、国内行业的内部结构、机会和政府。同时，我们也认为这些因素是相互关联的。

还是以印度的软件行业（班加罗尔）为例，并将其贯穿于对钻石模型讨论的始终，可以得出以下结论（Nair *et al.*，2007）：

(1) 班加罗尔软件行业的兴起不是依赖于服务本国顾客，而是为了满足北美顾客的需求。同时，软件企业的竞争对手是更偏向于全球的而非本土的。

(2) 软件服务业需要的支持不如制造业需要的那么复杂。对制造业而言，拥有运作良好的基础设施（交通、物流等）很重要，而对软件行业而言却不是必需的，因为绝大多数的物流可以通过互联网完成。这是班加罗尔软件行业形成了国际竞争力，而制造业却没有的一个原因。

(3) 软件行业十分依赖的关键性投入要素是受过良好教育的高端人力资源。

总部位于班加罗尔的企业虽然开始于价值链的低端（为解决千年虫问题提供编程工作），但它们一直在朝着为新兴领域提供更多增值服务的方向迈进。

4.3 行业竞争分析

理解企业竞争力的下一步是考虑行业的竞争领域，也就是钻石模型最上方的方框（见图4.1）。

最为有助于分析竞争结构的框架之一是由Porter（1980）提出的。他提出行业竞争根植于行业的基本经济结构，而且不仅局限于现有竞争者的行为。竞争态势取决于五种基本的竞争力量，如图4.1所示。这些力量共同决定了行业最终的潜在利润，该利润用投资资本的长期回报测量。潜在利润在不同行业也存在差异。

为了更清楚地说明问题，我们需要定义一些关键术语。行业是指一组企业，它们都提供一种或一类可以相互近似替代的产品。例如汽车行业和制药行业（Kotler，1997，p.230）。市场是一种产品的实际和潜在购买者以及销售者的组合。行业层面和市场层面有区别，因为我们假定一个行业可能包含几个不同的市场。这就是为什么图4.1外边的方框标示为"行业层面"，而内部的方框标示为"市场层面"。

所以行业层面（**波特五力模型**）由不同类型的参与者（新进入者、供应商、替代者、购买者和市场竞争者）组成，它们在行业内拥有潜在的或当前的利益。

市场层面由具有当前利益的市场参与者构成，即购买者和销售者（市场竞争者）。4.4节（价值链分析）将会对市场层面做进一步的详尽说明，同时也讨论不同竞争者供应品的购买者感知价值。

> **波特五力模型**
> 行业竞争状态和潜在利润取决于五种基本的竞争力量：新进入者、供应商、购买者、替代者和市场竞争者。

尽管上面提到的两个层次的划分对波特五力模型的分析方法来说是恰当的，但Levitt（1960）仍指出了"营销近视症"（marketing myopia）的危险，即从销售者的视角定义竞争领域（即市场）过于狭隘。例如，欧洲豪车制造商之间过于关注彼此而忽视了刚进入豪车市场的日本大规模制造商，就表现出了这种短视。

竞争分析的目标是在一个行业中找到一种定位，在这种定位下，企业能够有力地对抗五种力量以保卫自己，或者从自己的利益出发影响这些因素。了解这些潜在的压力可以突出企业的关键优势和劣势，体现企业的行业地位，还可以指明在哪些领域进行战略调整可以产生最大回报。因此，结构分析是制定竞争战略的基础。

在波特模型中，五种竞争力量的每一种都包含许多元素，这些元素共同决定了每种力量的优势和对竞争程度的影响。现在，我们将依次讨论这五种力量。

市场竞争者

市场内现有竞争者之间的竞争强度取决于许多因素：
- 行业集中度。众多规模相当的竞争者会导致更为激烈的竞争。当行业存在一个突出的具备强大成本优势的领导者（规模至少要比排行第二的企业大50%）时，竞争将会少一些。
- 市场增长率。市场增长缓慢则竞争往往更激烈。
- 成本结构。高昂的固定成本刺激企业必须通过削减价格来充分利用产能。
- 差异化程度。一般性的商品刺激竞争，而高度差异化的产品则因难以被复制，竞争也不那么激烈。
- 转换成本。当转换成本高时——因为产品是专用的，顾客已经投入许多资源来学习如何使用该产品，或者已经做出对其他产品和供应商而言并无价值的专用性投资（资产专用性高），此时竞争会减少。
- 退出壁垒。由于在其他领域缺乏机会、纵向一体化程度高、情感障碍或关闭工厂成本高等类似的因素，导致市场的退出壁垒较高时，竞争强度会比退出壁垒低时更高。

企业应当注意避免去破坏竞争稳定的局面。企业需要平衡好自身地位与行业整体的健康。例如，激烈的价格战或促销战有可能使企业的市场份额增长几个百分点，而当竞争对手进行报复时却可能导致行业整体长期盈利能力的下滑。有时，保护产业结构比追求短期利益更好。

供应商

原材料和零件的成本可以对企业的盈利能力产生重大影响。供应商的议价能力越强，则成本越高。供应商的议价能力在以下情形下更强：
- 供给由少数几家企业所控制，它们所处的行业比其买家所处的行业更集中；
- 供应商的产品是独特或者差异化的，或者它们已经构筑起了转换成本；
- 供应商无须与销往该行业的其他产品竞争；
- 供应商对购买者企业形成了一种有效的威胁——通过前向一体化而直接参与企经营；
- 购买者没有对供应商企业实现后向一体化从而构成威胁（即接管供应商的活动）；
- 该市场对供应商群体而言不算重要顾客。

企业要削弱供应商的议价能力可以通过以下途径：寻求新的供应来源、朝供应方向实行后向一体化以构成威胁，以及设计众多供应商都可以生产的标准化组件。

购买者

购买者的议价能力在以下情形下更高：
- 购买者集中而且/或者购买量大；
- 购买者对制造行业产品实行后向一体化而形成一种有效的威胁；
- 购买的产品是标准化的或无差异的；
- 产品的供应商（销售者）众多；
- 购买者赚取的利润低，从而强烈激励其降低采购成本；
- 供应商产品对购买者产品的质量不重要，但价格却很重要。

供应商企业要减弱购买者的议价能力可以通过以下途径：增加购买者的数量，向购买者所在行业实行前向一体化（即接管购买者的活动），或生产高价值、高度差异化的产品。在超市零售中，领先品牌通常能够获得最高的利润率，部分原因是排名第一意味着超市需要大量储备该品牌的货物，从而削弱了购买者在价格谈判中的议价能力。

我们在分析产品购买者但并非终端用户的顾客（例如 OEMs 或分销商）时，同样可以采用分析其他购买者的方法。非终端顾客若能影响下游顾客的购买决策将获得强大的议价能力（Porter，2008）。多年来，原料供应商杜邦（DuPont）通过同时向烹饪设备制造商和下游终端顾客（家庭）为其旗下品牌"特氟龙"（Teflon）打广告，创造了巨大的影响力（参见本书第11章中有关要素品牌化的内容）。

替代者

替代产品的存在可以降低行业的吸引力和盈利能力,因为替代产品将会限制价格上涨的空间。

如果行业是成功的并存在高额利润,竞争者更有可能通过替代产品进入市场以获取部分可得的潜在利润。替代品的威胁取决于:
- 购买者购买替代品的意愿;
- 替代品的相对性价比;
- 转换为替代品的成本。

降低替代品威胁可以通过以下途径:逐步构筑转换成本,这种转换成本可以是心理上的。例如可以创造强烈的、与众不同的品牌个性,维持符合顾客感知价值的差别价格。

新进入者

新进入者可以增强行业竞争。相应地,新进入者的威胁由市场现有的进入壁垒的高度来决定。影响进入壁垒的关键因素有:
- 规模经济;
- 产品差异和品牌识别,它们赋予了现有企业顾客忠诚;
- 生产的资本需要;
- 转换成本——转换供应商所需的成本;
- 有权使用的分销渠道。

由于进入壁垒过高,就连潜在利润丰厚的市场都会失去对新竞争者的吸引力(或甚至进入的可能性),所以营销策划者不该采取被动的方式,而应当主动寻找提高壁垒的方法。

高昂的促销和研发费用、清晰传达的对进入行为的报复行动都是抬高进入壁垒的方法。一些管理活动会在不经意间降低壁垒。例如,新产品设计会极大地降低制造成本,这会令新来者的进入变得更容易。

战略集团

战略集团可以被定义为企业的集合,这些企业可能采取相似的方式应对环境的变化,并且拥有相似的商业模式或战略组合。例如,餐饮行业可以依据准备时间、定价以及外观等变量划分为几种战略集团,包括快餐和正餐。行业中的集团数量以及构成,往往取决于定义集团时所选用的维度。一种极端的情况是,一个行业可能只有一个战略集团,只要所有企业本质上都采用相同的战略,就会出现这种情况。另一个极端的情况则是,每个企业都可能是一个不同的战略集团。

战略集团分析是一种可以为管理人员提供市场地位信息的技术，也是识别直接竞争对手的有效工具。上面所说的五力行业分析，则是这一分析过程的第一步。在准确识别出五种力量之后，就可以根据竞争变量把行业内的主要竞争对手刻画出来。战略和竞争地位相似的竞争者会被划分为一个战略集团。为了区分直接竞争者（拥有相似战略或商业模式的企业）和间接竞争者，我们还可以制作一个二维方格，根据行业的两个最重要的维度来"定位"各个企业。在实践中，企业可以设法转移到对自己更为有利的战略集团中。一般而言，这种转移的难易程度，主要是取决于目标战略集团进入壁垒的高低。

协作五源模型

最初的波特模型是基于这样的假设：企业的竞争优势在充满激烈竞争关系的市场中发展得更好。这样，五力模型就可以帮助企业从所面对的五个竞争维度来思考问题：如何从所处环境中汲取最大的竞争收益，或使企业被挤出局的可能性最小。

自 20 世纪 90 年代初以来，另一个学派（Reve，1990；Kanter，1994；Burton，1995）出现了，该学派强调行业参与者之间的协作（而非竞争）机制存在积极作用，继而强调了 Kanter（1994）所提出的"协作优势"是企业卓越绩效的基础。

然而，一心一意地只追求竞争优势或只追求协作优势的选择，都可能是错误的。所有企业在战略选择时真正面临的问题在于，和哪些企业合作（合作到什么程度），与哪些企业竞争（竞争激烈到什么程度）。

关于以上这些方面，企业需要处理的基本问题是：
- 在企业所处的行业环境的不同维度选择合适的竞争和协作战略组合；
- 协调竞争和协作两个元素，使它们相互协调和促进，而不是相互阻碍；
- 这样，企业通过运用基础资源并利用协作优势和竞争优势以优化其整体地位。

如上所述，在当前环境下，有必要引入关注于协作优势和战略评估的同类框架以对竞争力战略模型进行补充。这种互补性分析被称为五源框架（Burton，1995），具体概述如下。

与围绕企业的五种竞争力量相对应——如波特观点中所阐述的，企业的行业环境中同样存在构建协作优势的五种潜在来源（**五源模型**，five-sources model）。表 4.1 列出了这些来源。

> **五源模型**
> 与波特提出的五种竞争力量对应，同企业周边活动的参与者构建合作优势有五种潜在来源。

为了制定有效且一致的商业战略，企业必须同时评估和形成协作和竞争策略。这样做有两个目的：
- 在行业环境的每个维度都取得协作和竞争的适当平衡（如与供应商的关系，顾客/渠道策略）；
- 采取适当的方式对二者进行整合，避免潜在的冲突以及二者之间可能的破坏性的不一致。

表 4.1　五源模型与波特五力模型对照

波特五力模型	五源模型
市场竞争者	与其他企业进行横向协作,在生产流程相同阶段经营/生产同一组密切相关的产品(如当代汽车制造商之间的全球合作安排)
供应商	与零件或服务供应商间的纵向协作——又称为准垂直整合安排(例如供应商与组装商间的经连会(keiretsu)的形成,以日本汽车、电子及其他行业为代表)
购买者	与特定渠道或顾客(如领先用户)间的选择性合作安排,所涉及的协作超出了标准的、单纯的交易关系
替代者	与互补品、替代品的制造商间的相关多元化联盟。替代品制造商不是"天然的盟友",但这种联盟并非无法实现(例如有线电话与移动电话企业协作以实现合作网络规模的增长)
新进入者	与之前无关部门之间合作的多元化联盟。在联盟内部,行业的界限可能会变得模糊,或者可能开辟了前所未有的跨行业技术/业务融合的新前景(通常是因为新的技术可能性,例如新兴多媒体领域的协作)

资料来源:Burton(1995),转载获 The Braybrooke Press Ltd. 授权。

这就是我们所说的整合战略,它致力于实现竞争与协作的有机结合。

4.4　价值链分析

到目前为止,我们已经从战略角度讨论了企业国际竞争力。为了进一步了解企业的核心竞争力,我们将考察波特五力模型中的市场层面,涉及购买者和销售者(市场竞争者)的内容。在此,我们将更深入地思考在同一竞争层面是什么创造了企业的竞争优势。

顾客感知价值

在市场上取得成功,不仅取决于发现顾客需要并做出快速反应,而且还要确保顾客对企业所作反应的评价是优于其他竞争对手的(即感知价值高)。一些作者(Porter,1980;Day and Wensley,1988)认为,造成同一市场上企业绩效差异的原因,可以从多个层面进行分析。造成这种差异的直接原因可以简化为两个基本因素(D'Aveni,2007):顾客感知价值与顾客感知损失(成本)的比较。

感知价值是顾客通过使用产品/服务所得到的收益(图 4.2 公式中的分子)与寻找、获得和使用产品所花费的直接和间接成本(图 4.2 公式中的分母)之间的比较或权衡。这一比值越高,顾客感知的价值越高,产品的竞争力越强。

需要注意的是:请勿将图 4.2 中的公式当作精确计算"顾客感知价值"的数学公式,而是应该借助上述公式来思考,与顾客为了能够使用或消费产品/服务所"付出"的损失相比,顾客"得到"了什么。

当产品/服务被购买之后进入使用或消费阶段时,顾客满意水平就可以被评估了。

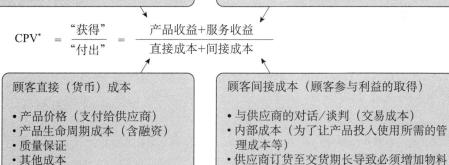

图 4.2　顾客价值（感知价值）图解

注：CPV（customer perceived value），顾客感知价值。
资料来源：改编自 Anderson *et al*.（2007，2008）；McGrath and Keil（2007）；Smith and Nagle（2005）。

如果顾客对购买过程和产品质量的实际满意程度超过了最初的预期，那么顾客将倾向于再次消费，而且有可能成为企业产品/服务的忠实客户（品牌忠诚）。

　　能带来顾客收益的要素有产品价值、服务价值、技术价值和承诺价值。能降低成本的有两类要素：与支付价格相关的要素、由顾客引发的内部成本要素。这些要素又可以再细分为不同的属性。例如，对价值的承诺包括对人员和顾客关系的投资。内部成本包含安装的时间和费用、维护、培训及个人体能等因素。

　　如果收益高于成本，顾客至少会考虑购买你的产品。例如，对于工业领域的顾客，价值可能表现为购买一件新设备所获得的回报率。如果获得了可接受的投资回报率——投入的设备所带来的成本的降低和收入的增加，证明了该设备的采购价格和运行成本是合理的——那么价值就被创造出来了。

　　当我们谈到顾客价值时，我们应当意识到顾客价值并不仅仅是由企业自己创造的。顾客价值有时是在顾客或供应商（Grönroos，2009），甚至是互补者和/或竞争对手参与的共同创造的过程中产生的。这种扩展的"顾客价值创造"将我们引入 4.7 节所介绍的价值网的概念。

竞争三角

与竞争对手相比，商品的顾客感知价值越高，生产成本越低，企业的绩效越好。所以企业如果生产与竞争对手相比感知价值更高和/或相对成本更低的商品，就可以认为是在市场里拥有竞争优势的。

这一点可以用**竞争三角**（competitive triangle）说明（见图4.1）。单一维度衡量的竞争优势是不存在的，**感知价值**（与价格相比）和相对成本必须同时纳入评价。考虑到竞争优势的二维属性，两家企业中谁的竞争优势更强就不会总是那么明确。

如图4.3所示，企业A在情况Ⅰ下具备明显胜过企业B的优势，在情况Ⅳ下存在明显的劣势，但在情况Ⅱ和情况Ⅲ下就不能直接得出结论了。若市场中的顾客的质量意识较高，需求具有差异化且价格弹性较低，那么企业B在情况Ⅱ下可能具有优势。而当顾客的需求具有同质性的且价格弹性较高时，企业A在情况Ⅱ下具有优势。情况Ⅲ则相反。

> **竞争三角**
> 由顾客、企业、竞争者组成（"三角"）。企业或竞争者谁能"赢得"顾客青睐，往往取决于两者提供给顾客的感知价值与它们所产生的成本之间的比较。

> **感知价值**
> 顾客对企业提供的产品/服务的总体评价。

		感知价值（与购买价格比较）	
		A更高	B更高
相对成本	A更低	Ⅰ	Ⅱ
	B更低	Ⅲ	Ⅳ

图4.3 感知价值、相对成本和竞争优势

即使企业A的竞争优势明显胜过企业B，也不一定能给企业A带来更高的投资回报，如企业A正处于成长阶段，而企业B处于维持阶段。因此，应该从投资回报和产能扩张两个角度来测量绩效，产能扩张可以被看作投资的延期回报。

虽然感知价值、相对成本和绩效之间的关系比较复杂，我们仍可以坚持一个基本观点：这两种变量是竞争优势的基础。让我们进一步了解竞争优势的这两个基本来源。

感知价值优势

我们已经认识到：顾客想要购买的并非是产品，而是收益。换句话说，产品之所

以被购买，并不是因为产品本身，而是因为它能"交付"什么承诺。这些收益可能是无形的，即它们与具体的产品特性无关，而与形象或声誉等有关。或者说，交付的产品在某些功能方面被认为胜过了它的竞争对手。

感知价值是顾客对提供的产品/服务的整体评价。因此，确定在企业提供产品/服务过程中（价值链）顾客所寻求的价值是企业进行价值提供活动的起点。它也许是与产品特定用途相关的物理属性、服务属性和可获得的技术支持的组合。因此，这就要求我们去了解构成顾客价值链的活动。

除非我们提供的产品或服务能够以某种方式与竞争者区别开来，否则市场极有可能将其视为一种普通的"大众商品"，而人们对该商品的购买往往会转向最便宜的供应商。所以提高商品的附加值十分重要，只有这样才能在竞争中脱颖而出。

那么，通过哪些途径可以实现这种价值差异化呢？

如果从价值链角度（见1.7节）来看，我们可以说业务系统的每项活动都能给产品或服务增加感知价值。对于顾客而言，价值是获取产品或服务过程中累积的对一连串收益的感知。价格是顾客愿意为这一连串的收益所付出的成本。如果一项产品或服务的价格较高，那么它必须能够提供较高的价值，否则它将被驱逐出市场。反之，如果一项产品或服务的价值较低，那么它的价格必须也较低，否则它也会被驱逐出市场。因此，在一个竞争性的环境下，在一段时期内，顾客愿意为产品或服务支付的价格是其价值的最佳代理度量指标。

尤其从价值链下游的职能来看，差异化的优势可以通过传统4P营销组合的任一方面来创造：产品、分销、促销、价格都可以增加顾客感知价值。判断营销的某一方面的改进是否值得，关键在于要弄清楚其创造的潜在收益能否为顾客提供价值。

如果我们要对该模型进行扩展，需要特别强调以下几点（Booms and Bitner，1981；Magrath，1986；Rafiq and Ahmed，1995）：

- 人员（people）。既包括需要通过对其进行教育以参与服务过程的顾客，也包括需要激励和通过良好培训以维持高水准服务的雇员（员工）。顾客会识别服务人员的特质，并会将这些特质与其工作的企业联系到一起。
- 物质方面（physical aspects）。主要包括交付地点的外观，以及使服务更为有形化的要素。例如，游客通过在迪士尼乐园的所见获得了体验，而隐藏在地下的辅助设备却是满足游客幻想的必需品。
- 流程（process）。服务依赖于精心设计的交付方式。由于服务的消费和生产会同时发生，流程管理可以确保服务的可得性和质量的稳定性。如果缺乏可靠的流程管理，服务的供给与需求的平衡将极其困难。

在这三个额外的P中，人员是影响产品质量的顾客感知的关键。因为企业形象受到员工的极大影响，因此，企业需要特别重视雇员素质并监督员工表现。营销管理者不但要管理服务的提供者——顾客界面，还要管理其他顾客的行为，比如会影响餐厅用餐的其他人员的数量、类型和行为等。

相对成本优势

价值链上每一项活动的执行都有成本。顾客从产品或服务中获取一连串的收益也需要支付一定的"交付成本"。如果某个商业系统想要保持盈利的话,那么这些成本就给产品或服务的价格设定了一个下限。降低价格,就意味着首先要通过调整商业系统来降低交付成本。如前所述,可以把这种博弈规则描述为,以尽可能低的交付成本,为最终顾客提供尽可能高的感知价值。

企业的成本地位,往往取决于企业与竞争者在价值链上的活动配置的比较,以及各项活动成本驱动因素的相对定位。当执行所有活动的累积成本低于竞争对手时,企业就拥有了成本优势。这种相对成本地位的评估需要识别每位重要竞争者的价值链。实际上,完成这一步骤极其困难,因为企业无法取得竞争者价值活动成本的直接信息。但是,一些成本可以从公开数据或同供应商、分销商的访谈中估算出来。

创造相对成本优势,需要了解影响成本的因素。人们常言"大即是美"。有一部分原因是由于规模经济,规模经济能将固定成本分摊到更大的产量上,但这更应归功于经验曲线的影响。

> **相对成本优势**
> 企业的成本地位取决于企业与竞争对手在价值链上的活动配置的比较。

经验曲线是一种现象,它来自早些时候的学习曲线的概念。学习对成本的效应曾体现在第二次世界大战中的战斗机制造中。随着学习的不断深入,生产每架战斗机所用的时间逐渐缩短。规模经济和学习在累计产量上的总效应被称为经验曲线。波士顿咨询公司估算得出,累计产量每翻一番,成本平均减少 15%—20%。

波士顿咨询公司的创始人布鲁斯·亨德森(Bruce Henderson)的后续研究拓展了这一概念,其研究证明,所有的成本,不单是生产成本,会随着产量增长而以一定的比率降低。事实上,更为准确地说,经验曲线描述的是实际单位成本与累计产量之间的关系。

经验曲线表明,假设所有企业都在同一条曲线上运营,拥有更大市场份额的企业会通过经验曲线效应而获得成本优势。但是,企业采用一种新兴技术,往往会使它的经验曲线下降,从而使其超越更多传统企业而获取成本优势——即使企业的累计产量可能很低,也是如此。

经验曲线的一般形式和企业跨越到另一条经验曲线如图 4.4 所示。

通过投资新技术而跨越经验曲线,对中小型企业和新进入者而言是一个特别的机会,因为它们(刚开始)只有一小块市场份额,因而累计产量较小。

经验曲线对定价战略的意义将在第 16 章中进行深入讨论。根据 Porter(1980)的观点,其他决定价值链成本的驱动因素有:

- 产能利用率。产能的不充分利用会引发成本。
- 联系。一种活动的成本,会受其他活动执行情况的影响。例如,提高质量保障,可以降低售后服务成本。

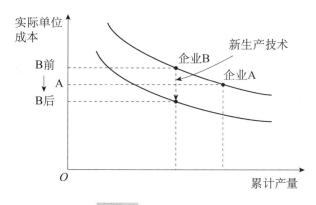

图 4.4　跨越经验曲线

- 相互联系。例如，不同的战略业务单元（stratagic business units，SBUs）共享研发、采购、营销流程可以降低成本。
- 整合。例如，将活动分拆（外包）给子供应商可以降低成本、增加柔性。
- 时机。例如，最早进入市场的企业可以获得成本优势。因为如果没有竞争者，在顾客心中建立品牌的成本会更低。
- 策略制定。产品宽度、服务水平和渠道决策都是影响成本的策略。
- 位置。企业位置靠近供应商能够降低进货配送成本。位置靠近顾客可以降低出货配送成本。例如，有些制造商将生产活动设在东欧或远东地区，以便利用当地低廉的工资成本。
- 制度因素。政府规定、关税、本地竞争条款等会影响成本。

竞争优势的基本来源

企业创造的感知价值和产生的成本都取决于企业的**资源**和**竞争力**（见图 4.5）。

资源

资源是分析的基本单位。它包括业务流程的所有投入，即财务、技术、人员和组织资源。尽管资源提供了竞争力构建的基础，但其本身几乎并没有生产力。

企业想要进入市场，资源是必需的。从技能和资源来看，同一个市场上的竞争者之间的差异通常不会很大，这无法解释不同企业在感知价值的创造、相对成本以及绩效上的差异了。拥有资源能够阻止失败的发生，但却不能推动成功。但是资源可以给潜在的新进入者制造进入壁垒，进而提高市场的平均绩效水平。

> **资源**
> 分析的基本单位，即财务、技术、人员和组织资源，分布在企业的不同部门。

> **竞争力**
> 对不同资源进行组合的技能，进而形成企业的竞争力，这是企业真正擅长的东西。

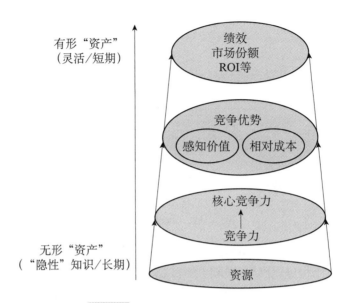

图 4.5 绩效和竞争优势的根源

资料来源：改编自 Jüttner and Wehrli (1994)。

竞争力

竞争力作为更高层次的要素，是各种资源之间相互组合的结果。它的形成和质量，往往取决于两个因素：首先是企业整合资源的特定能力。这些能力在集体学习的过程中得以发展并逐渐提高。其次，竞争力质量的基础是资源组合。资源组合可以形成潜在的竞争力，企业应该竭尽所能地挖掘这些潜能。

Cardy and Selvarajan (2006) 将竞争力划分为个人能力或企业能力两大类。其中，个人能力是个体所拥有的，包含类似知识、技能、本领、经验和性格在内的特征；企业能力归组织所有，嵌入组织的流程和结构，即使组织成员离开了，仍然会存在于组织内部。这两类能力并不是完全独立的，个人能力的集合可以形成一种嵌入组织的行事方式或文化。此外，企业特征也会决定最适合组织的个人能力类型。

企业可以拥有很多种竞争力，但只有少部分竞争力属于**核心竞争力**，即被认为是胜过其他所有竞争者的企业价值链活动（见图 4.6）。

> **核心竞争力**
> 被认为是优于竞争对手的企业价值链活动。

在图 4.6 中，核心竞争力表现为竞争者无法轻易模仿并且有可能带来长期利润的战略资源（资产）。企业的目标是把产品和服务放在右上角。左上角也代表盈利的可能，但是竞争优势较易于模仿，所以只会存在短期的高额利润。左下角代表价值敏感的商品供应商所处的位置。在这里利润很可能较低，因为产品的差异化主要是来自渠道（分销）特别是价格。

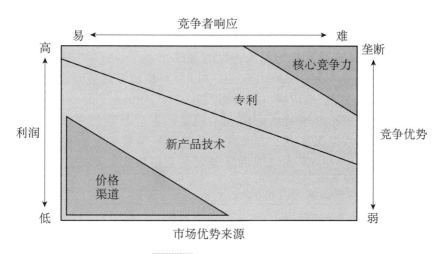

图 4.6 核心竞争力图解

资料来源：Tampoe, M. (1994), "Exploiting the core competences of your organization", *Long Range Planning*, 27, 4, p. 74, 获 Elsevier 授权。

竞争标杆分析法

任何一种营销战略效率的最终检验都要依据利润。争夺市场份额的企业如果采用销售量衡量市场份额，其实是自欺欺人的，因为他们会失望地发现提高销量是以牺牲利润为代价的。

由于市场份额属于一种"事后"测量，所以我们需要采用反映竞争绩效的连续指标，这将会突出营销组合中可以改进的环节。

最近几年，许多企业已经开发了一种评价相对市场绩效的技术，这种技术被称为**竞争标杆分析法**。最初，竞争标杆分析法的理念是逐一拆解竞争者的产品，从价值设计的角度上比较竞争产品各部件与自身产品的性能差异。这种方法的使用源自日本，但是后来许多西方企业也发现了这种细致比较的价值。

> **竞争标杆分析法**
> 评价企业与主要竞争者的相对市场绩效的技术。

竞争标杆分析法的概念与 Porter（1996）所说的运营效率（operationel effectivenss, OE）相似，指的是企业在执行与竞争者相似的活动时表现得更好。然而，波特还认为 OE 是胜过竞争对手的必要条件，而不是充分条件。企业还得考虑战略（或市场）定位，即执行与竞争者不同的活动或以不同的方式执行相似的活动。只有少数几家企业凭借 OE 在长期竞争中取得了成功，主要原因是最佳实践的快速扩散。竞争者在外部顾问的帮助下，可以迅速模仿管理技术和新科技。

但是，标杆分析法的观念却可以超越上述有关技术和成本效率的简单比较。这是因为市场争夺战的竞争焦点是"心理份额"（share of mind），也就是我们实际上必须测量的顾客感知。

标杆分析计划可以采用的测量指标有交货可靠性、订货便利性、售后服务、销售代理质量、单据和其他文档的准确性。这些指标的选择不是随机的，而是基于它们对顾客的重要性。市场调查通常基于深入访谈的基础之上，一般被用来识别哪些是"关键的成功因素"。顾客认为最重要的因素（见图 4.7）构成了标杆问卷的基础。企业通过该问卷对顾客样本进行常规访谈，例如德国电信（German Telecom）每天都对国内消费者和企业客户随机样本进行电话访问，测量顾客对服务的感知。对绝大多数企业来说，每年一次的调查就足够了，而有些企业可能需要每个季度一次才行，特别是在市场条件不断变化时。调查结果通常表现为竞争概况的形式，如图 4.7 中所举的例子。

价值链职能举例 （主要为下游职能）	顾客 对顾客的重要性 （关键成功因素）					自有企业（企业 A） 顾客如何评价我们企业的表现？					主要竞争者（企业 B） 顾客如何评价主要竞争者的表现？				
	十分重要				不很重要	好				差	好				差
	5	4	3	2	1	5	4	3	2	1	5	4	3	2	1
采用新技术															
高技术品质和竞争力															
采用成熟技术															
易于购买															
了解顾客需要															
低价格															
按时交货															
便于咨询															
承担全部责任															
灵活快捷															
公开联系人															
提供顾客培训															
考虑到未来的要求															
彬彬有礼且乐于助人															
专用发票															
提供保障															
ISO9000 认证															
一次性成功															
能够提供参考															
环保意识															

图 4.7 竞争标杆分析法（仅以少数标准为例）

以上提到的大多数标准都与价值链的下游职能有关。当与购买者、供应商之间的关系都比较密切时，特别是在工业市场，企业会更关注供应商的上游职能的竞争力。

动态标杆模型的开发

基于价值链职能，我们为在确定的市场上发展企业竞争力提供了一个模型。该模型以一个特定的市场为基础，假定市场需求在国家之间、市场之间各不相同。

介绍国际竞争力开发模型之前，我们首先定义两个重要概念：

（1）关键成功因素。企业所拥有的且具备较强竞争力的价值链职能正是顾客所需要或期望的。

（2）核心竞争力。企业 X 处于强有力的竞争地位的价值链职能。

战略过程

战略过程模型如图 4.8 所示。

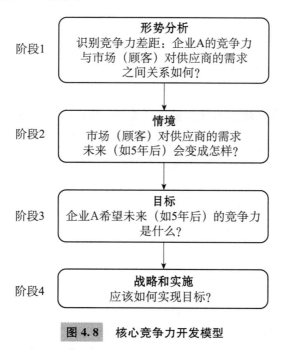

图 4.8　核心竞争力开发模型

阶段 1：形势分析（识别竞争力差距）

在此我们不去探讨测量价值链职能过程中的细节问题。采用传统观念的测量无法做到客观公正，还必须得依靠企业代表（采访相关管理者）的内部评价，并由能够判断市场（顾客）现在和未来需求的外部专家（"关键知情人"）进行补充。

图 4.1 中企业 A（图 4.1 中右上角方框）的竞争力概况是不按照市场（顾客）需求经营的例子。企业 A 在价值链上的部分职能环节拥有核心竞争力，但是这在顾客看来是无关紧要的（图 4.1 中的市场知识）。

一方面，如果企业 A 的最初定位和关键成功因素整体匹配良好，那么重点就是集中资源提高其核心竞争力以创造可持续的竞争优势。

另一方面，如果顾客需求和企业最初在关键成功因素上的定位差别很大，如图 4.1（在人员销售职能方面）所示，则有以下备选方案：

- 提高关键成功因素的地位；
- 找到企业 A 的竞争力组合与其市场需求和期望相符的业务领域。

由于新的业务领域含有风险，通常来说重要的是尽早识别关键成功因素中可能的缺口。换句话说，应当建立预警系统持续监测关键的竞争因素，以便尽早启动措施控制可能的缺口。

图 4.1 也展示了企业 B 的竞争力概况。

阶段 2 和 3：情境和目标

为了估计未来市场的需求，企业可以面向未来的可能趋势构建不同的情境。企业应当先整体描绘这些发展趋势，然后再具体分析市场未来需求/期望对供应商价值链职能所产生的影响。

经过这个程序，之前所说的市场期望与企业 A 最初定位之间的"缺口"，就变得更明确了。与此同时，企业 A 最大的缺口可能从最初的人员销售转变成了产品开发环节。基于市场领导者战略的知识，完全可以对市场领导者未来竞争力组合的情境进行描述。

管理者可以把这些情境作为其讨论企业未来（如未来 5 年内）目标和竞争组合的基础和前提。管理者应该基于现实设定目标，并适当考虑组织的资源组合（图 4.1 没有列出情境因素）。

阶段 4：战略和实施

战略要依据企业 A 将要开发的价值链职能来制定。由此产生战略实施计划，其中涉及对组织现有能力水平的调整。

4.5　可持续的全球价值链——企业社会责任

价值链包括所有"将产品从概念带入市场"所必需的活动。它涉及产品开发、不同生产阶段、原材料的提取、零加工的材料、零件生产、组装、配送、销售，甚至还有回收。所有这些活动可能会遍及数个企业和国家，从而使价值链更加全球化（可见第 1 章）。

为了使价值链也具有战略性，Porter and Kramer（2006）强调指出，企业社会责任（corporate social responsibility，CSR）应该为企业价值链实践和/或改善竞争环境做出贡献。Porter 和 Kramer 以雀巢（Nestlé）的企业社会责任活动为例，详细论证了 CSR 与价值链的整合对雀巢企业带来的好处——这些活动增强了雀巢企业价值链的基础活动和辅助活动。基于这个实例，他们提倡企业进行 CSR 项目规划，CSR 活动可以对基础活动和/或辅助活动做出贡献,从而使 CSR 活动成为企业价值链的有机组成部分。这些 CSR 活动,有助于企业确保获得所必需的原材料采购、降低运营成本、确保物流畅通或者为价值链的营销和销售职能做出贡献。巧妙规划的 CSR 活动还将有助于采购、人力开发等价值链的部分活动。

4.6 企业社会责任和国际竞争力

Porter and Kramer(2006)认为,如果 CSR 活动能够改善企业的竞争环境,那么该活动就具备了战略性特征。通过 CSR 活动改善企业竞争环境,是一件对整个行业都有益的事,因此,企业必须努力确保和抓住各种改善竞争环境的机会,并最终获利。为此,Porter and Kramer(2006)指出,企业应当设计战略性的 CSR 活动,以便改善企业/行业的竞争环境,并努力把相关收益纳入到企业的价值链中来。但是,在发展中国家,这一观念可能不得不有所转变。在发展中国家,企业的竞争环境非常脆弱。虽然 CSR 活动只能改善竞争环境,但它仍是企业的战略重点。所以,这些直接面向竞争环境改善的 CSR 活动,对企业而言具有战略重要性。Porter 和 Kramer 是这样描述的:CSR 活动可以改善生产投入要素,如熟练的劳动力或需要完善的物理基础设施。在特定的行业中,通过为产品和服务设定更高的质量标准(有关产品安全特性、环境友好和对社会负责的性能特点),CSR 活动也会影响产品和服务的需求条件。CSR 活动还可以使本地的需求条件更加完善,并保持可持续的规模。此外,实施 CSR 活动还可以影响和构建有利于良性竞争的、更好的投资氛围,以及知识产权保护等规章制度,营造良好的企业间竞争环境。最后,还可以运用 CSR 活动来提升相对薄弱的、相关支持性行业的水平,或提升原材料供应商的竞争力。

企业实施 CSR 活动,也可以获得有形资源(物质资源如原材料、人力资源、利润增长等)和无形资源(声誉、品牌、商誉、技术),这些都可能成为企业重要的战略性资源。如果这些资源对企业而言是独一无二的、对顾客是有价值的、稀有的、竞争者难以模仿或无法完全替代的,那么它们就属于战略资源,而且可以给企业带来竞争优势。

接下来,我们会分析一些特定条件,在这些条件下,可持续的全球价值链(sustainable global value chain,SGVC)将能够获得国际竞争力。在本书中,我们采用国际竞争力的一个最基本的概念:只要能将产品销往出口市场并且获利,全球价值链在国际上就是具有竞争力的。另外,我们将 SGVC 定义为一种全球化的价值链,这条价值链上的产品和生产流程都源自对环境、社会和/或经济问题的关注和实践。通过参考有关可持续发展和 CSR 方面的学术文献,我们发现,可以根据不同的特征界定出 SGVC 的不同类型(与特定社会或环境问题有关)。

如果企业参与 CSR 活动导致了收入的提高或成本的降低,那么 CSR 活动就带来了价值增值(见图 4.9)。

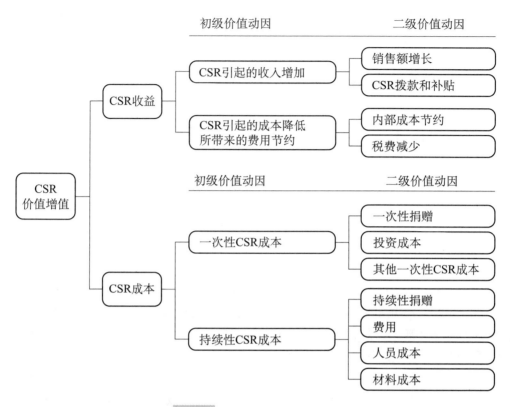

图 4.9 CSR 价值增值的动因

资料来源：Weber，M.（2008），"The business case for corporate social responsibility: a company-level measurement approach for CSR"，*European Management Journal*，26，4，pp. 247–261。转载获 Elsevier 授权。

CSR 收益

由于实施 CSR 所带来的收入增加，可能来自销售数量、价格或利润增长所带来的额外销售额。一般而言，公益营销项目、与 CSR 相关的特定产品线或赢得公开招标项目的可能性增加等，都可能带来如上所述的积极效果，例如，企业采用了某种环保技术。由于实施 CSR 所带来的收入增加，也可以指 CSR 拨款和补贴。销售增长可能是由于：

- 更好的部门价值；
- 更强的顾客吸引力和顾客保留（更高的重复购买率、更高的市场份额）；
- 更强的就业吸引力（每个职位的应征者更多、更高的雇佣率）；
- 更好的员工积极性和员工挽留（更低的波动率、更少的旷工）。

CSR 引致的成本降低所带来的费用的节约，可能来自内部成本的节约。其中，内部成本节约可能是由于效率的提高，或是基于 CSR 的特定的协作关系，如企业与非政府组织（NGOs）之间进行的协作，为企业提供了有关关键利益相关者（如公共机构）的信息，或者搭建起与它们之间的某种联系，从而降低了产品或市场开发成本等。同时，成本节约也可能来自政府为推广 CSR 活动所给予的税收减免或某些关税优惠，如环保技术的税收减免等。

在评价 CSR 收益时，管理者需要审慎考虑时间跨度问题。由于 CSR 收益通常会存在时间上的滞后性，因此收益评价应该关注较长时期的效应。如前所述，对一些 CSR 收益而言，很难将 CSR 的作用与其他因素的影响区分开来。在这种情况下，一些补充数据的评估以及 CSR 关键绩效指标，就显得十分重要了。

CSR 成本

一次性 CSR 成本包括一次性捐赠，如给予 2004 年海啸受难者的捐赠。此外，一次性 CSR 成本还包括投资成本，如安装超出法律要求的烟雾过滤器的成本，以及 CSR 活动造成的其他一次性成本等。

持续性 CSR 成本包括出于某种事由的持续性捐赠，以及费用，如持续性支付使用某些商标或专利的授权费。此外，持续性 CSR 成本还包括反复产生的人员或材料成本，如管理者协调 CSR 项目的成本或制作公益营销活动宣传资料的材料成本等。

用传统的成本会计系统评估 CSR 成本，往往非常困难，因为传统的成本会计系统不区分 CSR 成本和非 CSR 成本。传统成本会计是基于总量指标（如产量）来将管理费用分摊到产品上。

虽然在企业价值链和竞争环境中的 CSR 都是一些具体活动的描述，但是有些 CSR 活动仍然可以为企业提供新的商业机会。有关这一点，在接下来的两部分内容中会做进一步的探究。

当前，社会上充斥着各种类型的、或大或小的社会问题和环境问题。大家所公认的两个主要的问题和由此带来的商业机会是，贫穷和环境恶化——"绿色"市场。贫穷对子孙后代的健康生存带来了威胁。这两个问题可以创造出许多商业机会，Hollensen (2010) 在第 9 章中深入讨论了这一点。

4.7 价值网

价值链分析（4.4 节）反映的是一个线性的流程，忽略了价值链以外的投入——许多企业可能在各个阶段对该流程进行投入（Neves, 2007）。所以价值链实际上变成了一个价值网络，这个价值网络由一群相关的实体通过一系列复杂的关系为整体价值创造做出贡献，结果就形成了一个所谓的**价值网**（Brandenburger and Nalebuff, 1996；Teng, 2003）。

> **价值网**
> 企业与供应商、顾客（纵向网络合作伙伴）、互补者和竞争者（横向网络合作伙伴）协作进行的价值创造。

价值网揭示了两种基本的对称情况：一组对称情况是，在纵向上，顾客和供应商在价值创造过程中是平等的伙伴关系；另一组对称情况是，横向上的竞争对手和互补者。互补者犹如竞争对手的一面镜子。一项产品或服务的互补品是任何一种能使前者更具吸引力的产品或服务,即电脑硬件与软件、热狗和芥末、商品目录与夜间送货服务、红酒和干洗店的关系。价值网帮助企业"由外而内"地了解竞争者和互补者。市场参与者有哪些,它们各自扮演什么角色,相互依赖性如何?我们需要重新审视那条古训,即"谁是敌谁是友"。价值网同时也建议企业由内而外地了解自身业务,并与其他市场参与者建立价值网。

参照图 4.10,我们还可以思考不同的市场参与者如何给整个全球价值网增加价值。例如,瑞典家具巨人宜家(IKEA)就提供了一个顾客共同创造的实例。零售商让顾客为家具支付较低的价格,但同时鼓励顾客自行搬运和组装家具。与传统的家具商店相比,宜家的商业模式十分依赖顾客的价值创造(Michel *et al.*,2008)。

Hollensen(2010)对"价值网"的概念做了进一步的解释和讨论。

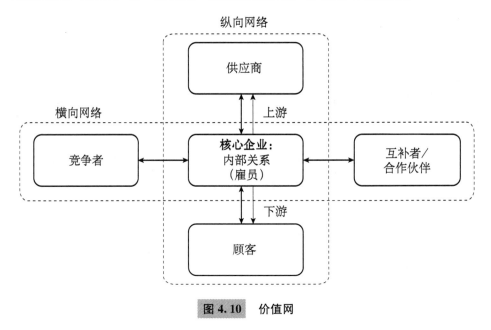

图 4.10 价值网

4.8 蓝海战略和价值创新

Kim and Mauborgne(2005a,2005b,2005c)用海洋来比喻和描述企业选择的竞争空间。**红海**指的是被频繁进入的市场,在这里产品是定义明确的,竞争者是已知的,竞争是基于价格、产品质量和服务之上的。换句话说,红海代表了当今所有行业的一种旧的范式。

相反,**蓝海**表示一种环境,在这里,产品还未定

> **红海**
> 成熟行业内严酷的正面竞争通常只会导致血腥的红海竞争,竞争者只会在日益萎缩的利润池内肆意厮杀。

> **蓝海**
> 未开发的市场,这里的竞争者还尚未结构化,市场相对未知。在这里可以避开正面竞争。

义明确，竞争者是非结构化的，市场是相对未知的。在蓝海中航行的企业通过开展引人注目的价值创新活动来开创没有对手的市场，从而赢得竞争。使用蓝海战略的管理者相信，对企业而言通过参与激烈的正面竞争无法有效地寻求可持续的利润增长。

Porter（1980，1985）称企业奋斗是为了获得竞争优势、抢占市场份额和进行差异化；蓝海战略认为恶性竞争只会导致血腥的红海竞争，竞争者只会在日益萎缩的利润池内肆意厮杀。

蓝海通过识别未被满足的顾客需求，并提出极富吸引力的新价值主张来创造市场。它的实现是依赖重新配置企业提供的产品来平衡顾客需要和为此所花费的经济成本。这与红海的情况相反，红海是已知的市场，且充斥着竞争。

蓝海战略应当是动态而非静态的过程。以美体小铺（The Body Shop）企业为例，在 20 世纪 80 年代，美体小铺极为成功，它没有直接与大型化妆品企业竞争，而是开发了天然美容产品这个全新的市场。到 90 年代，美体小铺仍在奋斗，但其最初战略举措的卓越成效并未减弱。以往企业在这个激烈的行业中竞争，靠的主要是一种吸引力，而美体小铺则依靠其聪明才智开创了新的市场空间（Kim and Mauborgne，2005b）。

Kim and Mauborgne（2005a）研究了纵贯百余年（1880—2000）、跨越 30 个行业的 150 项战略举措。他们认为蓝海战略区别于传统战略框架的首要一点就是，在传统的文献中，企业构成了分析的基本单位，行业分析是对企业进行定位的方法。学者们假设当市场的吸引力水平持续变化时，企业的绩效水平也随时间发生变化，然而事实上，评价蓝海、红海战略差异的正确标准，是具体的企业战略行动，而不是企业本身或所处的行业。

价值创新

Kim and Mauborgne（2005a）认为未来领先企业的成功不是要靠与竞争对手一决胜负，而是靠战略行动，他们称之为价值创新。

价值与创新的结合不仅是营销和分类定位（taxonomic positioning），这种结合非常重要。缺乏创新的价值，倾向于关注扩大价值创造的规模；而缺乏价值的创新，倾向于是技术驱动、市场领先或未来主义，时常超越了顾客可接受的和可支付的能力。传统的波特逻辑（Porter，1980，1985）仅仅指导企业在渐进式的份额增长边际上竞争。价值创新的逻辑则始于企业通过提供巨大的价值跨越以主宰市场的雄心。许多企业靠保持和扩大顾客基础以寻求增长。这通常促使企业提供更细化、更定制化的产品服务来满足顾客独特的需要。价值创新者将基础建构在未来顾客认为有价值的、强大的共同特性上（Kim and Mauborgne，1997），而不是关注于顾客差异。

价值创新密切关注顾客，但不是只关注于此。同价值链分析一样，价值创新力求平衡交付价值主张的成本与顾客价值之间的关系，解决交付价值与成本间权衡的两难困境。如果顾客赋予产品服务的价值为零或较少，企业将会消除或降低成本，而不是因为高昂的成本而降低顾客所期望的价值水平。提出具有吸引力的价值主张，是一种实现真正共赢的解决方案。顾客以较低的付出获取他们真正想要的商品或服务，销售者通过减少启动成本和/或运营交付成本而获得更高的投资回报率。这两方面的结合，是开创蓝海市场的催化剂。示例4.1用一级方程式连锁酒店的案例说明了这一点。

通过价值创新分析可以得到行业中不同市场参与者的价值曲线（又被Kim and Mauborgne（2005c）称为"战略布局图"，见示例4.1）。这些不同的价值曲线为核心企业提出了如下所述的4个基本问题：

（1）应该将哪些要素降低到行业标准以下？
（2）哪些要素理所应当被剔除？
（3）应该将哪些要素提高到行业标准以上？
（4）应该创造哪些在行业中从未被提供过的要素？

新的价值曲线决定了企业是否正在进入蓝海。

价值创造的一个现实实例是动物毛绒玩具市场，该市场一直由Gund这样的企业主导。该企业为一项填充技术申请了专利，这项专利可以增加动物玩偶的柔软度和拥抱的舒适度。第一个在此市场中尝试蓝海战略的竞争者是成立于1997年的毛绒熊工作坊（BBW）（见第1章案例研究）。BBW通过让顾客共同参与价值创造，开发了一种独特的价值主张。工作室让顾客（3—10岁的儿童）来体验自己创作玩具熊的乐趣。这一概念使零售连锁店的销售量急剧增长，企业在前12年间销售了5 500万只玩具熊（Sheehan and Vaidyanathan，2009）。

示例4.1
一级方程式连锁酒店（Hotel Chain Formule 1）的价值创新

当雅高（Accor）企业在1985年推出一级方程式（法国经济型旅馆）时，经济型旅馆行业正处于发展停滞和产能过剩的困境中。最高管理层敦促管理者忘掉一切对行业现存规则、实践和传统的认知。该行业中存在两种截然不同的细分市场。一种是由没有星级和一星级的酒店（非常廉价，每间一晚约20欧元）组成，另一种是二星级酒店，每个房间的平均价格为40欧元。较贵的二星级酒店通过提供比廉价市场更优质的睡眠

Tony Souter © Dorling Kindersley.

设施来吸引顾客。雅高管理层进行市场调查后发现，所有经济型酒店的绝大多数顾客想要的是以低价格睡个好觉。接着他们给自己提出（并回答）了4个基本问题：

（1）经济型酒店行业认为哪些要素理所应当被剔除？雅高管理层取消了一些标准化的酒店特征，如昂贵的餐厅和吸引人的休息室。雅高估计他们可能会因此失去一些顾客，但他们也认为大多数顾客没有这些设施也能居住。

（2）应该将哪些要素降低到行业标准以下？雅高还认为经济型酒店在其他一些方面也有过度投入的现象，因此对一些不必要的要素进行了削减。例如，一级方程式酒店接待员只在登记入住和退房的高峰期提供服务，而其他时间顾客则只使用自动柜员机。一级方程式酒店的房间较小且只配备一张床和少量必需品——没有桌子和装饰品，还用少数衣架取代了衣柜。

（3）应该将哪些要素提高到行业标准以上？从一级方程式酒店的价值曲线（见图4.11）上可以看到床铺质量、卫生和房间安静程度这三个要素被提高到低端经济型酒店（一星级和二星级酒店）的相对水平之上。而酒店的感知价格水平应该与一星级酒店的平均水平一样。

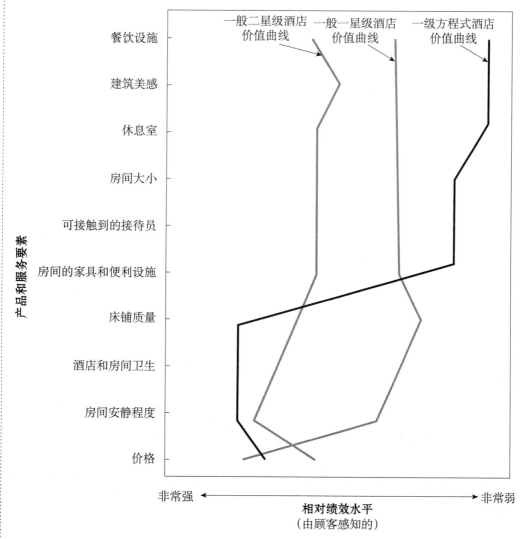

图 4.11　一级方程式酒店的价值曲线

资料来源：改编自 Kim and Mauborgne (1997)。

(4)应该开发哪些（行业从未提供过的）新的要素？这包括使成本最小化的要素，例如通过自动设备取出钥匙。房间是由工厂模块式生产的，这种生产方式可能不能带来最佳的建筑美感，但是却带来了生产的规模经济和可观的成本优势。一级方程式酒店使每个房间的平均建造成本削减了一半，员工成本（占销售总额的比例）也降到了行业平均水平（约30%）以下，为20%—23%。成本节约可以使雅高企业得以在改进顾客认为最有价值的酒店特性上下工夫（"以低价格睡个好觉"）。

注意在图4.11中，如果顾客感知的价格相对较低，则被认为是具有较高的绩效。

雅高企业和一级方程式酒店怎么了？

今天的雅高企业是数家连锁酒店（除一级方程式以外）的所有者——Etap、Mercure、Sofitel、Novotel、Ibis、Motel 6。2008年，雅高集团的销售额为77亿欧元，营业利润为8.75亿欧元。

在法国，一级方程式酒店被简称为F1酒店（Hotel F1）。在欧洲其他地区，该品牌名称已被并入Etap酒店。在欧洲以外的地区，有55家酒店在一级方程式的品牌下运营，它们分布在南非、澳大利亚、巴西、印度尼西亚、日本和新西兰。雅高在欧洲经济型酒店市场的份额接近50%。

资料来源：www.accor.com；www.hotelformule1.com；Kim and Mauborgne (1997)。

4.9 总结

本章的主要问题是企业如何在国际市场上创造和发展竞争优势。本章提出的一个三阶段模型可以让我们了解如何从一个更广阔的视角理解企业国际竞争优势的发展。

(1) 国家竞争力分析（波特钻石模型）；
(2) 竞争分析（波特五力模型）；
(3) 价值链分析：竞争三角、标杆分析法。

国家竞争力分析

第一阶段，国家竞争力分析从宏观层面出发，波特钻石模型表明了母国特征在企业国际化经营的成功中扮演着核心角色。

竞争分析

第二阶段转到竞争环境，企业是分析的基本单位。波特的五力模型显示了行业竞争根植于行业基本的经济结构，而不仅限于现有竞争者的行为。竞争的态势取决于五种基本的竞争力量，它们共同决定了行业的潜在利润。

战略集团分析有助于识别最直接的竞争对手及其竞争基础。它还提出了一个问题：企业从一个战略集团转到另一个战略集团的可能性有多大。

价值链分析

这部分我们观察了在同一竞争层面（行业竞争者之间）是什么创造了竞争优势。根据竞争三角，可以得出的结论是，如果企业提供的产品具备以下条件，它就在市场上拥有了竞争优势：

- 对顾客而言更高的感知价值；
- 比竞争企业更低的相对成本。

企业通过采用竞争标杆分析法可以找到其竞争优势或核心竞争力，这项技术由顾客来衡量企业相对于一流竞争对手的市场绩效。测量价值链的指标有交货可靠性、订货便利性、售后服务、销售代表的质量。这些价值链活动的选择是建立在它们对顾客的重要性的基础之上。由于顾客感知随时间而变化，因此尝试去估计顾客对某个供应商特定产品的未来需求可能会有重大意义。

根据蓝海战略，红海代表了现有的所有行业，它是已知的市场空间。蓝海则代表了当今不存在的行业，它是未知的市场空间。

在红海中，行业的边界已经确定且被接受了，竞争规则也是已知的。企业努力胜过竞争对手抢夺更大份额的现有需求。随着市场空间越来越拥挤，利润和增长的预期减少。产品变成了一般商品，恶性竞争使红海"血流成河"。

通过把企业的社会责任活动纳入价值链当中，企业可以获得有形资源（物质资源如原材料、人力资源、利润增长等）和无形资源（声誉、品牌、商誉、技术），这些都可能成为企业重要的战略性资源。如果这些资源是企业独有的、顾客认为有价值的、稀有的、竞争者难以模仿或无法完全替代的，那么它们就属于战略性资源，而且可以给企业带来竞争优势。

蓝海，与之相反，被定义为未被涉足的市场空间，意味着需求创造和高盈利的成长机会。有些蓝海是在远离现存行业边界的地方偶然开创的，而绝大多数蓝海则是通过扩张现有行业边界而创造的。在蓝海中，竞争反而无关紧要，因为游戏规则尚未确立。

一旦企业创造了蓝海，就应当在蓝海中尽量游得更远，让自己成为移动的目标，同时将自身与潜在模仿者区别开来，阻止竞争对手入侵，以此维持其利润，并使其成为自身成长的庇护所。这么做的目标就是尽可能久地主导蓝海、控制模仿者。然而，随着其他企业的战略也聚焦到该市场，蓝海变红，竞争变激烈，企业需要再次着手开创新的蓝海来打破竞争。

任天堂 Wii（Nintendo Wii）：任天堂 Wii 成为全球市场领导者
——这种情况能持久吗？

几年前，几乎没有分析师会预测任天堂 Wii 将超越 Playstation 3（PS 3）和 Xbox 360 品牌成为游戏机市场上的领导者。但分析师们也会犯错：2007 年 8 月 23 日，www.Vgchartz.com 网站基于全世界零售商样本数据的调查显示，任天堂 Wii（2006 年 11 月发布——在 Xbox 360 发布后一年）的历史销量已超过 Xbox 360，成为新的全球市场领导者。

这将对第三方发行商产生巨大冲击，也势必会影响三大市场参与者（微软、索尼、任天堂）的未来决策。

使任天堂 Wii 如此迅速地获得领先地位的原因之一无疑是它对各个年龄群体、各类人群、各个国家的广泛的吸引力。

任天堂——关键事实和财务数据

任天堂公司成立于 1889 年，最初企业名叫 Marufuku，是制作并销售日本游戏纸牌"hanafuda"的企业。1951 年更名为任天堂纸牌公司，1951 年经迪士尼授权开始制作主题纸牌。20 世纪 80 年代，任天堂寻找到了新产品，于 1989 年、1991 年分别发布了 Game Boy 游戏机、SFC 游戏系统（Super Family Computer，在美国称为 Super NES）。企业在 1994 年打破传统与 Silicon Graphics 等企业成立了设计联盟。继 1995 年开发了一款 32 位的游戏产品之后，任天堂在 1996 年推出了更受吹捧的 N64 游戏系统。任天堂还与微软、野村综合研究所（Nomura Research Institute）组队开发日本的卫星网络系统。顶尖竞争者之间的价格战在美国和日本市场上一直在持续。

1998 年，任天堂在美国发布了"Pokémon"游戏，在游戏中可以训练和交易虚拟怪兽（该游戏从 1996 年开始就在日本非常流行）。企业还发布了视频游戏"The Legend of Zelda：Ocarina of Time"，在 6 周左右就售出了 250 万套。1998 年，任天堂发行了 50 套新游戏，同年索尼发行了 131 套。

1999 年，任天堂发布新一代的游戏系统 Dolphin（后更名为 GameCube）将采用 IBM 的 PowerPC 微处理器和松下的 DVD 播放器。

2001 年 9 月，任天堂发布了众人期待已久的 GameCube 操作系统（100 美元的零售价低于其竞争者索尼的 PlayStation 2 和微软的 Xbox）；该系统于 11 月在北美首次亮相。此外，企业还推出了 Game Boy Advance，这个最新的手持游戏机拥有更大的屏幕和运行更快的芯片。

2003 年任天堂入股（约 3%）游戏开发商和玩具制造商 Bandai，期望该行动能巩固两家企业在游戏软件营销方面的合作。

目前，任天堂（www.nintendo.co.jp）投入到交互式娱乐产品的开发过程中，为其家用视频游戏系统生产和销售软硬件。任天堂公司主要在日本、欧洲和美国经营，其总部设在日本京都,拥有约 3 400 名员工。

2007 财年,任天堂的收入为 81.894 亿美元,比 2006 年增长 90%。2007 财年企业营业利润为 19.162 亿美元,2006 年为 7.737 亿美元。约 67% 的企业收入来自日本以外的地区。2007 财年净利润为 14.782 亿美元,比 2006 年增长 77.2%。

任天堂力求在其投资、资产、权益上取得比行业平均水平更高的回报。

过去几年里,任天堂没有通过负债来增加资本。它在 2007 年年初的总负债股权比为 0,而行业平均水平为 12%。无负债的情况表明该企业能高效地为运营筹措资金。此外,没有偿债义务使企业拥有了关键的流动性和财务灵活性。

电子游戏机行业

交互式娱乐软件市场以产品生命周期短、新产品发布频繁为特点。

游戏机在产品生命周期开始的时候相对昂贵。早期,忠实的游戏爱好者可以为拥有一台主机支付高昂的价钱,但销量在两到三年后就会下降,因为摩尔定律和规模经济会导致价格下降,而且第三方开发商会推出一些必备的游戏。四年后,市场开始呼唤下一代产品,此时在本地杂货店就能发现打折的游戏主机。

任天堂从 1977 年制作彩色电视游戏开始就已涉足视频游戏机市场,被认为是该市场上最老牌的企业。它是世界上最大的游戏机制造商之一,也是手持游戏机市场的领导者。过去 20 年间,任天堂发布了 4 代游戏机,包括任天堂娱乐系统(Nintendo Entertainment System)、任天堂超级娱乐系统(Super Nintendo Entertainment System)、Nintendo 64 和 GameCube。任天堂自 1989 年发布最早版本的 Game Boy 手持机后就主导了手持游戏市场。在 2007 财年,任天堂卖出了 7 950 万台 Game Boy Advance(GBA),而 Nintendo DS,任天堂的另一款手持机卖出了 4 030 万台。

任天堂推出 Wii

任天堂最新的机型 Wii 于 2006 年 11 月推出。任天堂之所以采用这个品牌名称,是因为:

- Wii 听起来与"we"相似,强调此款游戏机是面向所有人的。
- Wii 可以被世界各地的人轻易地记住,不管他们说的是什么语言。
- Wii 里有个特别的拼写"ii",看上去像是两个玩家一起玩游戏的样子。

Wii 的智慧在于它改变了规则,并且创造了一种在玩家和游戏之间加入大量互动的娱乐类型。

任天堂 Wii
Bob Riha Jr/WireImage/Getty Images.

Wii 的蓝海战略

任天堂试图通过创造独特的游戏体验和保持低于索尼、微软的系统成本来开创一片蓝海。

在福布斯网站（Forbes.com）的一个最近的访问中，主管任天堂美国营销和企业事务的副总裁佩林·卡普兰（Perrin Kaplan）讲述了公司的蓝海战略。

> 在任天堂，我们将我们的战略称为"蓝海"。它与"红海"刚好相反。我们发现蓝海就是创造一个市场，这个市场最初空无一人——走到谁也不曾到达的地方去。红海战略则是我们的竞争对手正在做的——竞争激烈，销售额有限且产品缺乏新意。我们正在开发各种游戏以扩大在日本和美国的顾客基础。没错，已经玩起游戏的人现在还在玩，但是我们抓住了那些没玩过，但是已经开始喜欢上类似"Nintendog""Animal Crossing"和"Brain Games"等游戏的人群。这些游戏就是我们的蓝海。

(Forbes，2006)

蓝海战略的一部分内容涉及战略布局图的绘制，以描绘当前的市场空间以及参与竞争的相关产品的主要特征。它能够直观地反映哪些竞争产品的成本更高，还能帮助企业确定哪些价值可以取消、减少和/或提高，最终帮助企业识别新的价值。

图1是新的任天堂Wii与微软Xbox 360、索尼Playstation 3比较的战略布局图。该图的下方列出了竞争优势的主要来源。

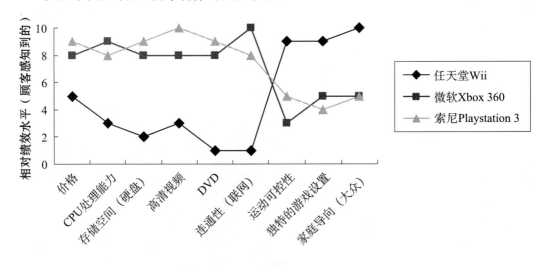

图1 价值曲线：Wii vs. Xbox 和 PS 3

价格：Wii 比 Xbox 360、Playstation 3 便宜 30%—40%。

CPU 处理能力：Wii 的处理速度相对较慢，没有 Dolby 5.1（音响系统）。Xbox 360 和 PS 3 都有比绝大多数电脑更强劲的处理器。

存储空间（硬盘）：在基础机型里，Wii 不配备硬盘。

高清视频：PS 3、Xbox 360 都采用支持高清游戏和适用于高清电视的高端显卡。Wii 的图像比 PS 2、旧版 Xbox 稍好一些，但逊色于 PS 3 和 Xbox 360。

DVD：索尼和微软都可以提供 DVD 播放。索尼甚至有蓝光 DVD 驱动器。

连通性（联网）：Xbox 360 主要定位是具备多玩家功能的在线游戏机。

运动可控性：Wii 通过创新的运动控制手柄给玩游戏增加了新的价值。手柄将玩家动作直接与视频游戏（网球、高尔夫、击剑等）连接。

独特的游戏设置：新的 Wii 游戏机能够感应到玩家的景深和动作，提升了玩家的游戏体验。

家庭导向（大众）：通过运动控制手柄，任天堂向全新的、未开发的非玩家公众打开了游戏机世界的大门。从 30 岁左右的家长到青少年，甚至祖父母都可以很容易地体会到用 Wii 玩游戏的乐趣。

Wii 与微软（Xbox）、索尼（PS 3）的市场份额比较

表 1 展示了 2005—2008 年游戏机在全世界的销量和相应的市场份额。

表 1　游戏机的全球销量和市场份额

	2005 年（百万台）	2006 年（百万台）	2007 年（百万台）	2008 年（百万台）
索尼				
PS 2	16.8	11.7	8.6	7.4
PS 3	—	1.2	7.2	10.3
合计	16.8（69%）	12.9（53%）	15.8（40%）	17.7（33%）
微软				
Xbox	3.6	0.7	—	—
Xbox 360	1.2	6.8	7.8	11.2
合计	4.8（20%）	7.5（31%）	7.8（20%）	11.2（21%）
任天堂				
GameCube	2.7	1.0	—	—
Wii	—	3.0	15.5	24.8
合计	2.7（11%）	4.0（16%）	15.5（40%）	24.8（46%）
总计	24.3（100%）	24.4（100%）	39.1（100%）	53.7（100%）

资料来源：www.vgchartz.com；http://vgchartz.com/hwcomps.php?weekly=1。

Wii 目前的销量在三个主要市场上分配得很平均——30% 在日本，美洲市场（包括加拿大和南美）占 40%，其他市场（包括欧洲、澳大利亚和少数利基市场）占 30%。索尼（PS 2 和 PS 3）和微软（Xbox 和 Xbox 360）的销量分布得比较不均衡：微软 Xbox 和 Xbox 360 的主要市场在北美，而索尼 PS 2 和 PS 3 的最大市场在日本、中国和亚洲其他地区。

从零售方面看，游戏机的销售渠道主要是各种电子和影音零售商、超市、折扣店、百货店和网络零售商。

任天堂的战略

Wii 通过强调它的简易性和较低的价格（相比索尼和微软）冲破障碍以获取新顾客，成功地变身为市场领先者。

任天堂通过简单易玩的项目，例如 Brain Training 和 Wii Fit（于 2008 年 4/5 月推出）吸引了非传统的用户，例如女性和超过 60 岁的老人。Brain Training 软件的销售面向寻求刺激记忆和学习过程的中年人群。70 英镑的 Wii Fit 游戏配备了一个平衡板——可以与 Wii 主机无线连接。玩家可以站立、坐下、躺在平衡板上进行一系列的锻炼，如瑜伽和俯卧撑，还有模拟障碍滑雪或转呼啦圈，这都是在屏幕上的健身专家的指导下进行的。专家认为这些游戏可以帮助人们减轻体重。Wii Fit 还可以帮助老年人提高平衡能力以避免跌倒。研发人员希望电脑游戏最终能够有效锻炼肌肉的力量和协调性，降低帕金森病人摔倒的风险。

任天堂的软件和硬件都高度依赖于子供应商。企业靠委托多家子供应商和合同制造商生产游戏机的关键零件或组装最终产品。由于供应商难以扩大产量，致使任天堂在 2006 年 11 月推出 Wii 游戏机后，无法满足日益增长的需求。关键零件或最终产品的短缺对企业收入造成了不良的影响。

任天堂还十分依赖于软件供应商，这些供应商都是依据任天堂的许可协议来开发新的游戏。

硬件（游戏主机）市场被 3 家参与者主导，但软件市场则更开放且被几个地区的参与者和本地开发者分割。然而，游戏软件行业正处于合并的阶段。2007 年年底，法国 Vivendi Games 收购了美国 Activision 52% 的股份，并成立了新的企业 Activision Blizzard，新企业的规模与市场领先者 Electronic Arts 接近。2007 年 11 月，在发布收购 Activision 公告的同时，Activision Blizzard 推出了同时适用于三家平台的游戏"Guitar Hero World Tour"。

竞争者战略
索尼 Playstation
2008 年 PS 2 的累计销量达到了 1.3 亿台，成为世界上最畅销的游戏平台。然而，索尼在 2006—2007 年推出的新一代 PS 3 并未如企业希望的那样立即获得成功。PS 3 也不如任天堂 Wii 成功。索尼痛苦地发现这是一台复杂的、只能被具备一定资质的年轻男性在黑暗空间内使用的游戏主机。核心用户群体局限在 14—30 岁的男性。

微软 Xbox 360
微软仍然将 Xbox 360 瞄准于"严肃的"玩家这一细分市场。Xbox 的成像、游戏以及 Xbox 网络现场游戏曾经受到核心用户的欢迎，其中主要是年轻男性。美国市场至今仍保持着最重要的地位，占 Xbox 总销售额的近 50%。

Xbox 是具有最高"游戏依附"率的一款主机。"游戏依附"率（"game attach" rate）被定义为购买者平均为每台主机购置的游戏数量。2008 年，平均每台微软 Xbox 360 有 8 个游戏，全行业最高。

微软软件分销网络的优势使企业存活至今，而且它拥有比任天堂更广阔的世界市场。微软坚定地定位在中国、印度、马来西亚和南非等增长型国家市场，这给 Xbox 未来的销售带来了希望。

任天堂的两大竞争者，索尼和微软，现在（2010 年 5 月）都已经公布了赶超 Wii

的计划。2010年年底，预计推出以下两种产品：

- 索尼的装置（追踪"手杖"运动的控制器）与任天堂的控制器相似。电视上方设置的摄像头可以探测玩家所持手杖顶端附着的彩色圆球的运动。该产品在北美、欧洲、日本和其他亚洲国家售卖。目前，索尼还未确定它的价格。
- 与竞争对手不同，微软的Natal不采用控制器。相反，一系列的感应器让玩家可以通过手势、动作和说话来控制行动。

▶ 问题

1. 微软凭借Xbox进入游戏机市场的动机是什么？
2. 微软Xbox和索尼Playstation 3的竞争优势有哪些？
3. Wii的商业模式有哪些竞争优势？
4. 你认为任天堂有哪些机会可以利用Wii来开创长期的蓝海？

资料来源：www.Vgchartz.com；Smith, G. (2009). "Seniors may benefit from Wii game system", 16 April，http://www.hpodemo.com/common/news/news _ results.asp? task = Headline&id = 11597&StoreID= A340488DBE514E6AAAA2480FC2404258；O'Brian, J.M. (2007). "Wii will rock you", *Fortune*, 4 June, http://money.cnn.com/magazines/fortune/fortune _ archive/2007/06/11/100083454/index.ht；Forbes interview, 7 June 2006. http://www.forbes.com/technology/cionetwork/2006/02/07/xbox-ps3-revolution-cx_ rr _ 0207nintendo.html；Gamespot (2006). "Microsoft to ship 13-15 million 360s by June2007", 21 July；www.gamespot.com；*Financial Times* (2000). "Companies and markets：Microsoft to take onvideo game leaders", 10 March；*New Media Age* (2000). "Let the games begin", 8 March；BBC News (2002). "Works starts on new Xbox", 26 June；BBC News (2002). "Price cut boosts Xbox sales", 24 July；CNN News (2002). "Console wars：round two", 22 May。

问题讨论

1. 国家竞争力分析如何解释单个企业的竞争优势？
2. 找出分析竞争者优势与劣势的主要维度。本地的、区域的、全球的竞争者是否需要单独分析？
3. 劳动力成本高昂的国家如何提高国家竞争力？
4. 身为可口可乐的全球营销经理，怎样才能监控企业在世界各地对主要竞争对手（例如百事）的反应？

参考文献

本章参考文献可通过扫描右侧二维码获取。

第2部分

决定进入哪些市场

第5章　国际营销调研
第6章　政治经济环境
第7章　社会文化环境
第8章　国际市场选择程序

案例研究II.1　The Female Health Company
案例研究II.2　Skagen Designs

扫描二维码获取
"案例研究"内容

在对第一阶段，即是否进行国际化经营有了初步讨论后，第 2 部分将主要围绕如何选择"正确"的国际市场来展开。首先，第 5 章介绍了非常重要的国际营销调研工具，以此来分析国际化经营的内外部环境。接下来先后介绍了国际营销过程中需要考虑的政治、经济环境（第 6 章）和社会文化环境（第 7 章），由此，企业得以选择其实施国际营销组合策略的目标市场（见第 4 部分）。第 2 部分的结构如图Ⅱ.1 所示。

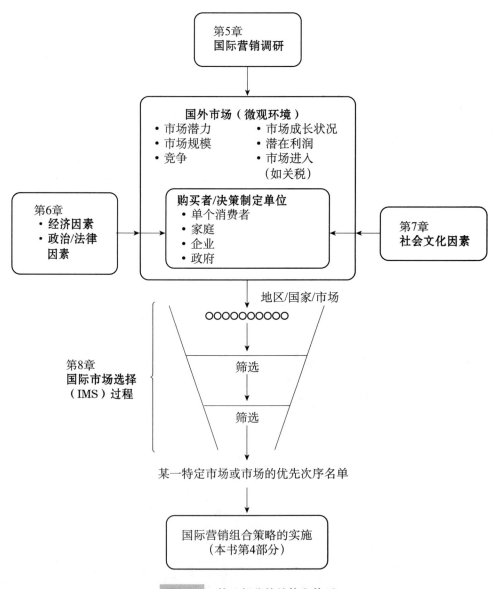

图Ⅱ.1 第 2 部分的结构和体系

如图Ⅱ.1所示，调研工具将在第5章介绍，并且第6、7章介绍的环境因素，将会为解决以下问题提供必要的环境框架：
- 正确目标市场的选择（第8章）；
- 国际营销组合的实施。

第6、7章后的讨论将围绕影响市场和消费者行为，进而影响企业国际营销组合策略的主要宏观环境因素。

第 5 章
国际营销调研

学习目标

完成本章学习之后，你应该能够：
- 认识到拥有精心设计的国际信息系统的重要性。
- 将国际营销调研与决策制定过程联系起来。
- 讨论收集和使用国际市场数据的关键问题。
- 区分不同的调研方法、数据来源和数据类型。
- 讨论定性市场调研方法带来的机遇与存在的问题。
- 理解在线调查是如何实施的。
- 理解在国际营销调研中将互联网作为一个重要的数据来源的合理性。

5.1 引言

信息是成功实施国际营销战略的非常关键的要素。由于企业在国外市场上缺乏对于消费者、竞争者以及市场环境的了解，加之国际市场日益复杂多变的环境，使得搜集国外市场的信息变得越来越重要。

相对于一个只关注单一国家市场的调研人员，一个国际市场调研员不得不应对很多国家，这些国家可能在很多重要方面有巨大的差异。因此，许多国际营销的决策关注的是不同国家间优先权和资源分配的问题。

国际营销首要的作用是生产并卖出国际消费者想要的东西，而不是简单地销售任何可以被轻易生产出来的东西。因此，消费者的需求必须通过市场调研或通过建立一套决策支持系统（decision support system，DSS）来进行评定，从而保证企业可以通过满足消费者的需求，更有效地开展其市场营销活动。

"营销调研"指的是针对一个明确定义的问题，进行信息的收集、分析和报告。加强对营销调研的关注是营销从始到终都要关注的一个很明确的问题或项目。

营销调研对信息的收集和分析是一个持续不断的过程，这一点不同于决策支持系统（DSS）或营销信息系统（marketing information system，MIS）。在实践中，营销调研与DSS/MIS往往很难区分，因此这里将交替使用这三种表述。

在本章结尾，将会介绍国际营销信息系统是如何建立的。

5.2 国际调研人员角色的变化

国际市场调研的主要任务是为决策者提供帮助。它是一个可以帮助降低在国际市场中由于环境的不确定性以及知识的缺乏而导致的决策风险的工具。它保证了管理决策是在扎实的知识基础上做出的，并且将战略思考聚焦在市场的需求而非产品本身。

早期的市场调研被看作是一个行政职能（staff function）而非业务职能（line function）。调研人员与营销经理几乎没有互动并且也不参与营销决策的制定。同样，企业外部的调研机构与营销经理也几乎没有互动。然而，随着我们进入新千年，市场营销与营销调研之间的分界线越来越窄，市场调研人员与营销管理人员之间的差异也越来越小。

由于业务职能和行政职能边界的模糊，市场营销经理正越来越多地参与到营销调研中。营销调研更像是业务职能而非行政职能这一趋势将很可能在不久的将来持续，甚至加速发展。因为在将来，企业将更多地通过"了解并响应"市场需求来塑造其自身的商业运作方式。因此，在商业企业中，仅仅关注推出的产品情况和向经理作报告的传统市场调研人员将越来越少。从营销调研人员到调研加决策制定者的转变已经开始。实际上，一些最有效率的顾客满意度调研人员不仅仅参与到了决策的制定中，也作为团队的一部分去实施组织机构的变革，从而进一步反馈顾客满意度调查的结果。

更为有效的决策工具和决策支持系统使市场调研管理者向决策制定者的转变越来越容易。目前，高级管理人员可以通过世界各地的计算机和互联网直接获得内部和外部的二手数据。

在这个新千年的时代，一个好的营销调研人员将会成为一个好的营销经理，反之亦然。

5.3 将国际营销调研与决策制定过程联系起来

在企业内部，应该将国际营销调研与决策制定过程联系起来。意识到在一个特定情势下需要采取行动往往是决策制定过程启动的因素。

虽然大多数企业都意识到进行国内营销调研的必要性，但还是有很多企业并没有充分认识到调研对于国际营销活动的必要性。大多数中小型企业在进入国外市场之前根本没有进行国际市场调研。一般是在对国外市场情况进行主观评价之后,就决定进入海外市场或向海外市场扩张,选择并任命分销商。相对于大型企业,中小型企业的市场调研常常是较为不严谨、不正式和缺乏量化分析的。此外,中小型企业一旦已经进入国外市场,就很可能终止一切对于该市场的调研活动。因此,许多企业的总经理似乎也认为国外市场调研并不重要。

企业不情愿进行国际营销调研的一个主要原因是对跨文化的顾客偏好缺乏敏感性。那么,国际营销调研/DSS应该提供哪些信息呢?

表5.1根据国际营销过程的主要决策阶段,总结了国际营销调研的主要任务。如图5.1所示,内部(企业层面的)和外部(市场层面的)数据都是不可或缺的。而在为营销决策提供数据支持时,企业内部信息系统所发挥的作用常常被忽视。

表 5.1　关键国际营销决策所需要的信息

国际营销决策阶段	所需信息
1. 决定是否进行国际化经营	为本企业产品的国际营销进行市场机会(全球需求)评估 管理层对于国际化经营的承诺 与当地和国际竞争对手相比,企业的竞争力 国内市场机会与国际市场机会的比较
2. 决定进入哪个市场	按国家/地区的市场潜力所进行的世界市场排序 当地竞争态势 政治风险 贸易壁垒 与潜在市场的文化/心理距离
3. 决定如何进入国外市场	产品属性(标准化 vs. 复杂产品) 市场/细分市场的规模 潜在中间商的行为 当地的竞争行为 运输成本 政府的要求
4. 设计国际营销方案	购买者行为 竞争方式 可用的分销渠道 媒体和促销渠道
5. 执行和控制国际营销方案	不同文化背景下的谈判模式 基于不同产品线、销售团队、顾客类型和国家/地区的销售额 边际贡献 每个市场的营销费用

不同类型的信息如何影响关键性的决策将在本书的不同部分和章节进行充分的讨论。除了可以将信息划分为内部和外部信息之外,还可以将其划分为一手数据和二手数据:

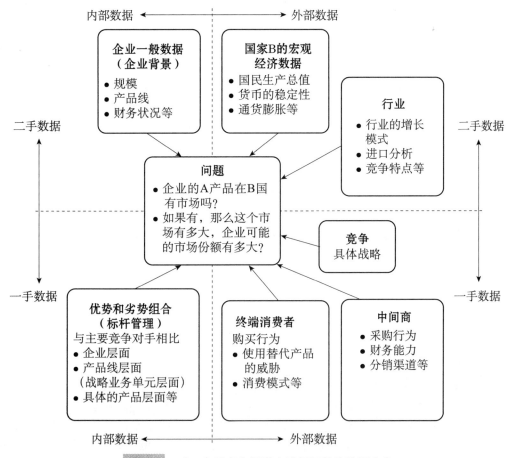

图 5.1 对一个国家市场潜力进行评估的数据分类

1. **一手数据**（primary data）：为了解决当前特定的营销问题而量身定制的调查活动，由此直接收集到的信息。其主要优点是提供的信息是专门的（细节化的）、具有相关性的而且是最新的。然而，一手数据的缺点就是数据搜集的成本高而且耗时久。

2. **二手数据**（secondary data）：出于其他目的已搜集到的、可以立即使用的信息。其主要缺点常常是更加一般性和粗糙。其优点是成本低、耗时短。对该术语不熟悉的人往往将二手数据调研（secondary research）称为"案头调研"（desk research）。

一手数据

为了解决当前特定的调研问题而专门设计调查活动所收集到的一手信息。

二手数据

出于其他目的已经搜集到的、可以立即使用的信息。

在本章后面的内容中，将对上述这两种基本的调研方式（一手和二手）进行更为详细的探讨。

如果将内/外部数据与一手/二手数据进行结合，我们就可以将数据划分为四种类型。图 5.1 中，这种方法被用于将指标变量进行分类来回答下述营销问题：在 B 国，某企业的 A 产品有市场吗？如果有，这个市场的规模有多大，该企业可能占有的市场份额是多少？注意，在图 5.1 中，只列举了几个有限的指标变量。当然，图 5.1 是基于一个国家的视角，我们也可以进一步扩展，不仅包含 B 国，也包含一系列国家，比如说以欧盟为视角。

按照惯例，在没有进行相关的二手数据搜集的前提下，不应该直接进行一手数据的调研，而且只要二手数据是可用的、合适的，就应该加以采用。二手数据往往有助于对问题和调查对象进行明确定义。但是在大多数情况下，二手数据并不能提供所需的全部信息，企业必须进行一手数据的搜集。

在图 5.1 中，企业的优劣势分析所需的数据（内部、一手数据）应该算是最难搜集并且成本最高的了。然而，因为这些数据是通过与该企业的一些主要竞争对手进行比较而获得的，因此，这一部分的数据信息将会是企业国际竞争力非常重要的一个指标。接下来的两节内容将主要讨论一手数据和二手数据调研方式的差异。

由于有大量的国际市场调研需要考虑，所以对于企业来说，从寻找和使用二手数据来开始进行市场调研是非常必要的。

5.4　二手数据调研

用二手数据进行国外市场调研的优点

相对于赴国外进行市场调研，在国内进行二手数据调研成本低而且花费时间更少。由于不必与国外联系，这样就保证了未来的项目成本处于较低的水平。在国内对国外营销环境进行调查也具有相对客观的优点。调研者不会被国外的风俗习惯所影响。作为市场搜寻的初始阶段，二手数据调研可以通过快速搜集市场背景信息，将许多国家从备选库中剔除出去。

用二手数据进行国外市场调研的缺点

用二手数据进行国外市场调研存在以下问题：
- 数据的不可获得性。许多发展中国家的二手数据资源是稀缺的。这些经济羸弱的国家的信息统计非常落后——甚至很多国家都不进行人口普查。零售、批发贸易的信息获得尤为困难。此时，一手数据的收集就变得至关重要。
- 数据的信度。有时候政治因素可能会影响数据的信度。在一些发展中国家，政府可能会通过虚假数据来给人们勾画出一幅国家经济繁荣向上的图景。此外，由于数据收集方式或数据收集者的因素，许多数据都缺乏统计上的精确性。作为一种实际操作方式，可以通过询问以下问题来有效地判断数据来源的信度（Cateora，1993，p.346）：

数据是由谁收集的？是否存在故意歪曲事实的诱因？

收集这些数据的目的是什么？

数据是如何收集的（方法）？

从已知的数据来源和市场因素来看，这些数据是否存在内在的连续性和逻辑关系？

- 数据分类。许多国家公布的数据的分类过于宽泛，无法用于微观层面的研究。
- 数据的可比性。国际营销人员通常喜欢比较不同国家的数据。但由于各国之间对某些统计现象的定义有很大差异，因此这些二手数据往往并不具备可比性。比如说对"超市"的定义，世界各地就有很多版本。日本对超市的定义就与英国的定义差别很大。日本的超市一般会占据两到三层的建筑；在超市中会出售日用品，如食品，同时也包括服装、家具、家用电器和运动器材，而且还会有一个餐厅。

总之，随着经济的发展，有记录的二手数据的可获得性和准确性也将大大提高。而且，发展中国家中也有很多例外：比如说印度，虽然相比于其他国家，它的经济发展水平较低，但却有着由政府主导收集的准确和完备的数据。

尽管获得二手数据的可能性已经显著提高，但国际社会对数据保密问题却变得越来越敏感。营销人员可以轻松地获取包含着有价值的信息的海量数据库，但是那些提供数据的人才是真正的所有者。国际营销人员必须关注不同国家的隐私保护法以及企业使用这些数据所可能带来的消费者的反应。对这些问题的疏忽很可能会导致调查过程事与愿违或是企业的形象地位受损。

在进行二手数据调研或建立决策支持系统时，有许多可用的信息来源。总体来说，这些二手数据可以被分为内部来源和外部来源（图5.1）。其中外部来源既可以是基于国际/全球的，也可以是基于地区/国家的。

内部数据来源

企业的内部数据可以成为最丰富的信息来源。然而，现实中企业的内部数据往往没有得到充分的利用。

国际营销与销售部门是一个企业与国外顾客进行商业互动的最重要的部门。所以，这里会产生大量可用的信息，其中包括：

- 总销售额。每个企业都有该企业在某一时段内的总销售额的记录，例如，每周、每月的销售记录等等。
- 按国别的销售额统计。即按国别来统计销售额。这一方面是为了评估出口经理或销售人员的工作业绩和能力（因为佣金往往与销售额挂钩，因此会影响销售人员的收入），另一方面则是为了评估企业在特定国家市场中的市场渗透程度。
- 按产品类别的销售额统计。几乎没有一家企业只销售一种产品。大多数企业都销售系列产品并记录每一款产品的销售额，或者因经营产品的范围很广而按产品大类进行记录。
- 按细分市场的销售额统计。这种市场细分可以按地域或者行业类型进行划分。此类统计可以对细分市场的趋势，即处于平稳、衰退还是扩张状态做出预测。
- 按分销渠道类型的销售额统计。如果企业有多种销售渠道，就可以计算每种渠道的有效性和盈利性。这类信息使得营销管理人员可以识别并发展有潜力的分销渠道，从而实现更为有效的渠道营销。

- 定价信息。有关产品价格调整的历史数据可以使企业建立一套有效的基于需求的价格调整机制。
- 沟通组合信息。这类信息包括广告、赞助和直邮对销售额的影响情况。这类信息可为评估将来的沟通支出方案的有效性起到一个参考作用。
- 销售代表的记录和报告。销售代表应该为每个"活跃的"顾客建立来访卡片或档案。此外，销售代表要经常向销售主管部门汇报订单流失情况，并解释可能的原因，同时，也要汇报有意购买本企业产品的企业客户的情况。这类信息有利于企业改进营销战略。

外部数据来源

寻找国际商业信息的一个基本方法就是到公共图书馆或大学图书馆查询。互联网也可以帮助搜寻信息。互联网上有成千上万个数据库用来进行智能信息收集（例如调查竞争对手的情况）。此外，电子数据库也能够提供从新产品开发的新闻，到学术和商贸刊物上的新观念，再到国际贸易统计数据的更新等各种各样的营销信息。但是，互联网并不能完全替代其他的二手数据来源。与信息质量相比，成本仍是影响企业二手数据来源选择的一个因素。

用二手数据来对国外市场潜力进行评估

二手数据经常被用来评估潜在的国外市场规模的大小。为了评估目前的产品需求状况以及预测未来的需求状况，可靠的历史数据是必需的。如前所述，二手数据在质量上和可获得性方面经常是欠缺的。然而，为了计划的有效性，对市场规模进行评估是必不可少的。虽然有很多的限制，但仍然有办法可以通过最少量的信息来对某一市场的未来需求进行预测。现在有许多技术可以实现这个目标（参见 Graig and Douglas，2000）。以下四个是已经在某些细节方面被验证有效的技术方法：代理指标法（proxy indicators），连锁比率法（chain ratio method），超前滞后分析（lead-lag analysis）和类比估计法（estimation by analogy）。

代理指标法

代理指标法在直接的测量结果很难获得的情况下较为有效。这种方法是用间接的变量作为替代或代理。

以家庭为单位的耐用消费品的拥有量，也被认为是一个国家的经济发展水平的代理指标。比如，对冰箱或者其他家用电器的购买可以看成是洗衣机的一个很好的代理指标。甚至电视机的购买也可以作为一个代理指标。另外一个代理指标是将总的家用电器购买与居民的电话线路相联系。在发展中国家，相对来说条件比较优越的居民的家里都会安装电话。我们的假设是家里拥有电话的居民有可能购买洗衣机。

这种方法可以提供一个粗略估计，而且相对来说花费较少且容易实施，但是使用代理指标也可能产生效度问题。这种方法的精确程度取决于所选的代理指标（Waheeduzzaman, 2008）。在第 6 章中的巨无霸指数（Big Mac Index, 在不同国家巨无霸汉堡包的相对价格）就被用作某种货币相对于美元的未来走势的代理指标。

连锁比率法

连锁比率法是一个简单的算法技术，其中，比率是用来减少基础人口的数量。这种缩减技术的目的，是推导出现实中的真正需求量。如果这些比率计算是符合逻辑且遵照现实的，那么这种方法就可以提供一个合理的精确估计量。比如，一个国家对家用空调设备的市场潜在需求取决于城市化水平（住在城市的人口数与总人口数的比率）、家庭总数、能用上电的人口的比率和能负担得起空调设备的人口的比率。将前面提到的这些变量相乘，就可以粗略地估计出一个国家潜在的对空调设备的需求水平。如果一个市场调研人员想要估计一下泰国洗衣机的市场需求，他可以这样做：泰国有 1 760 万户家庭，其中 82% 的家庭可以用电，而且 50% 的家庭有自来水供应。将这些变量相乘，即 1 760×0.82×0.50，得出的总的潜在市场需求是 720 万。

虽然这种方法比较粗略，但可以提供一个接近真实数据的估计。相对来说，比较经济而且便于实施（Waheeduzzaman, 2008）。

超前滞后分析

这种技术是将一个国家的销售的时间序列数据投射到另一个国家。这种方法的一个假设是两个国家的需求决定因素是相同的，而销售数据的差异只是由于时间的先后不同。这就要求在所有国家的扩散过程，尤其是扩散速度应该是一致的。当然，实际情况并非总是如此，似乎越是新近推出的产品，就扩散得越快（Craig and Douglas, 2000）。

图 5.2 通过 DVD 市场的示例阐释了**超前滞后分析**所蕴含的原则。2003 年年底，假定有 55% 的美国家庭至少拥有一台 DVD 播放机，而意大利则只有 20% 的家庭拥有 DVD 播放机。我们假设意大利市场比美国市场滞后 2 年时间。所以如果我们要研究意大利市

> **超前滞后分析**
> 两个国家的需求决定因素和扩散速度相同，只有时间的先后不同。

场的 DVD 播放机的未来市场渗透率（由需求导致的结果），我们可以通过向后平行移动美国的 S 形渗透率曲线 2 年，来预测意大利市场的情况，如图 5.2 所示。这张图也说明了如今的新产品是如何快速地从一个市场扩散到另一个市场的。运用超前滞后分析的难点在于如何确定相关的时间滞后期以及一系列可能影响未来需求的因素。然而，这种技术对管理者来说非常直观，因此也更可能会影响他们的想法。

当缺少用来进行超前滞后分析的数据时，可以使用类比估计法。

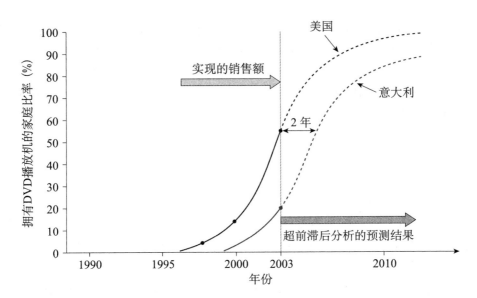

图 5.2 运用超前滞后方法对美国和意大利 DVD 播放机的渗透率进行分析

类比估计法

类比估计法实际上是把从一个国家得到的基于相关值的单因素指数（某个因素与产品需求之间）应用到目标国际市场。首先，要在需求和某个因素之间建立联系（相关性），以作为类比的基础。只要二者之间的关系建立起来，就可以通过类比估计，由已知的情境推测出未知的市场需求。

> **类比估计法**
> 由一个市场得到的相关值（某个因素与产品需求之间）被应用到另一个国际市场中。

举例

我们想估计德国市场对冰箱的需求。我们知道英国的市场规模，却不知道德国的市场规模。

因为在这两个国家几乎所有的家庭都已经拥有了冰箱，所以这两个国家之间的一个好的相关因素就是家庭数量或人口规模。在这里，我们选择人口规模来作为类比的基础：英国的人口规模是 6 000 万；德国的人口规模是 8 200 万。

进一步，我们了解到 2002 年在英国售出的冰箱总量为 110 万台。

然后通过类比估计出德国的需求为：

$$(82/60) \times 110 \text{ 万台} = 150 \text{ 万台}$$

重要提示

在进行类比估计时要小心谨慎，因为此方法有一个假定，即很多因素而不是类比估计所使用的相关因素（本例中的人口规模）在两个国家都应该是相似的，比如相同的文化背景、消费者的购买力、口味、税收水平、价格、销售方法、产品可用性、消费模式等等。虽然这种方法有明显的缺点，但当国际营销数据较为有限时，它仍然是比较有用的。

5.5 一手数据调研

定性和定量调研

如果一个营销人员所调研的问题无法通过二手数据得到充分解答，那么就有必要通过一手数据来寻找额外的信息。这些数据可以通过**定性调研**和**定量调研**进行收集。定性和定量分析方法的主要区别是定量分析方法需要从一个规模较大、具有代表性的受访者群体中获得数据。

定性调研方法的目标是对所调研的问题有一个全景式的认识，所以定性调研所涉及的变量非常多却只有为数不多的受访者（见图5.3）。对于定性和定量调研方法的选择，其实就是一个在分析结果的广度和深度之间进行取舍权衡的问题。

> **定性调研**
> 通过对少量受访者进行大量变量的调研，从而对所调研的问题有一个全景式的认识。

> **定量调研**
> 数据分析是基于大量受访者的问卷。

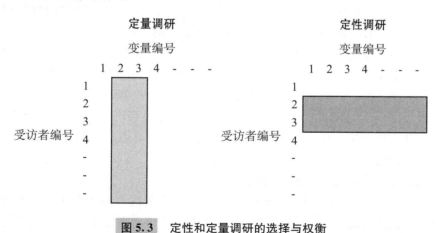

图5.3 定性和定量调研的选择与权衡

其他关于两种调研方法的区别已经在表5.2中进行了总结。数据搜集和对定量问卷的数据分析是基于对所有受访者的数据进行对比得出的。这就对测量工具（问卷）提出了很高的要求，问卷结构必须精心设计（有不同类型的回答方式），而且必须在实际调查前对问卷进行测试。保证所有受访者都接受同样的刺激，即回答同样的问题。只要受访者是同质性群体，这种做法通常不会出现问题。但是如果受访者是异质性群体，则对同一问题就可能产生不同的理解。在跨文化调研中这一问题尤为突出。

表 5.2　定量与定性调研方法对比

比较内容	定量调研 （如，邮件调查问卷）	定性调研 （如，焦点小组访谈或案例方法）
目标	从目标群体中将数据量化并得出结论	对潜在的原因和动机有一个初步的定性理解
调研类型	描述性/随机性	探索性
调研设计的灵活性	低（由于有标准的、结构性的问卷；单向沟通）	高（由于人员面谈，采访者在谈话过程中可以调整问题；双向沟通）
样本大小	大	小
受访者的选择	总体中的代表样本	对问题有相当了解的人群（关键的信息提供者）
每个受访者提供的信息量	低	高
数据分析	统计汇总	主观的，解释性的
相同结果的可复制性	高	低
对采访者的要求	不需要特殊的技能	需要特殊的技能（涉及对采访者与受访者之间互动的理解）
调研所花费的时间	设计阶段：高（形成的问题必须正确） 分析阶段：低（问题的答案可以编码）	设计阶段：低（在采访之前没有"确切"的问题要求） 分析阶段：高（由于很多是"软"数据）

对定性数据进行数据搜集和分析会因受访者个人的情况及其特定的背景而具有很高的灵活性。定性和定量调研的另一个差别在于数据的来源：

● 定量调研方法是由一系列在某种程度上相互独立的程序组成，如问卷设计、数据搜集和数据分析的发生都是在不同阶段。负责数据搜集的人员往往不参与问卷的设计工作。在这里，测量工具（问卷）是调研过程中的关键因素。

● 定性调研具有与信息源接近的特点，其数据搜集和分析是由同一个人完成的，即采访者。在数据搜集工作中，采访者和受访者之间存在互动影响，每一个新问题的提出都在一定程度上取决于受访者对前一个问题的回答。调研过程中的关键因素正是采访者和他们的个人能力（或能力的缺乏）。

在数据搜集、分析/解释等各个环节之间，定性分析的界线并不明显，因为数据搜集工作（例如，人员访谈中的下一个问题）取决于采访者对之前问题答案的解读。调研人员来自田野调查（数据搜集）的经验通常对于数据分析阶段有很大的影响。在以下的章节中，我们将介绍两种最重要的定性调研方法。

三角测量：将定性和定量调研方法相结合

定性和定量调研方法经常互为补充。三角测量（triangulation）是指对同一现象进行研究时同时采用了定性和定量调研方法（Denzin，1978；Jick，1979）。这种方法源自航海和军事战略，它们采用多重参照法来确定一个物体的确切位置。与之类似，市场调研人员可以通过同时搜集定性和定量数据来提高他们判断的准确性和有效性。有时候，定性调研方法可以解释或强化定量研究的发现，甚至能透露出新的信息。

有时候，在设计调查问卷以收集定量数据时，可以将定性数据（例如，通过与一些关键的受访者进行深度访谈所获得的数据）作为有待考察的因素引入其中，以得到设计更佳的调查问卷。这样，三角测量可以使调研人员在设计结构化和正式的问卷之前对调研问题有更丰富的理解。

调研设计

图 5.4 说明一手数据收集的设计工作涉及对调查方法、接触方式、抽样方案和调研工具等进行决策。下面我们将深入了解图 5.4 中的每一个元素。

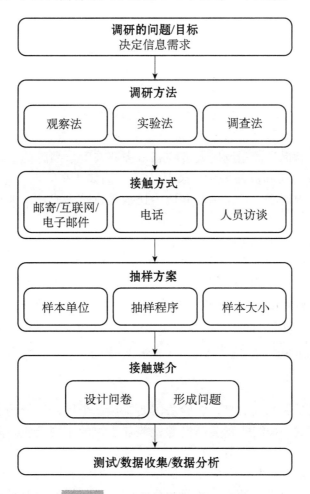

图 5.4　一手数据收集：调研设计

调研的问题/目标

企业已逐渐认识到在国际市场调研中获取一手数据的必要性。随着企业国际化程度的不断提升，实施国际调研的重要性和复杂性也随之提高。一手数据调查的实施应该以明确的调研问题和具体的调研目标为开端。最主要的困难是将商务问题转化为有着一系列特定研究目标的调研问题。在这个初始阶段，调研人员往往在对整个问题只有一个模糊的认识时就仓促开始。这时就很容易将某种征兆错误地视为问题的原因，而且基于这种征兆所做出的决定可能从一开始在方向上就是错误的。

调研目标可能包括获取细节信息以使企业能更好地渗透到市场中，设计和调整营销策略组合，或是监视一国的政治气候以便企业能够成功地扩大经营范围。调研目标越明确，调研人员越能确定所要收集的信息。

调研方法

图 5.4 列出了三种调研方法：观察法、实验法和调查法。

观察法

这种获取一手数据的方法主要是基于观察和对相关市场行为的记录。观察法更适合调查人们在做什么而非探讨这么做的原因。以下是几个观察法的例子：

- 店内调研：食品厂商派调研人员到超市去调查竞争品牌的价格或者零售商给予其品牌多大的货架空间和商品展示的支持力度。例如，在欧洲，进行店内调研之前，调研人员必须对店内调研、货架拍照和店内访谈进行事先安排，并且还要向商店管理人员和员工介绍自己。
- 机械观察通常用于调查电视收视率。
- 收银机扫描仪可用来跟踪顾客购买和商品库存情况。

观察法可以获得人们不情愿或不能够提供的信息。在有些国家，人们可能并不愿意讨论个人生活习惯和消费情况。此时，观察法是获得必要信息的唯一途径。然而，有些事情基本上是观察不到的，如感觉、态度和动机或私生活。长期的或非常规的行为也很难观察到。由于这些局限性，调研人员经常会将观察法和其他数据收集方法结合起来使用。

实验法

实验法搜集的是偶发性信息。实验法需要挑选几个用以比较的实验小组，对他们采取不同的刺激方式，控制非相关因素并检验各小组的不同反应。因此实验法是用来解释因果关系的。

在营销调研领域，实验法多应用在试销阶段，即将所要调研的产品选择性地投放到一些销售地点和区域进行销售，从而观察、记录和分析消费者对产品的接受程度以及交易情况。例如，为了排除广告对销售效果可能产生的干扰，实验中就有必要选择一些相对独立的营销区域作为测试市场。

产品在这些测试市场上的表现在一定程度上可以显示出其正式上市后的预期表现。然而，在全球市场上进行实验法调研非常困难。调研人员在设计实验时，不仅要控制很多变量，而且还要使得变量具有跨文化的可比性。这对于调研人员而言是很大的挑战。例如，在某个国家的分销系统中进行的一个因果实验可能很难应用到有着不同分销系统的国家中。因此，虽然国际市场调研人员已经认识到实验法的潜在价值，但实验法还是极少被采用。

调查法

调查法可能是最重要的数据收集方法，它是对受访者从量和质两个方面进行提问以获取数据。典型的调查法是采用结构式提问，即准备一份正式的问卷，并以事先安排好的问题顺序进行提问。提问可以是口头的，也可以是书面的或通过计算机完成。

调查法已经在多种营销问题的调查中得到了广泛应用，包括：
- 顾客态度；
- 顾客购买习惯；
- 潜在市场规模；
- 市场趋势。

与实验法不同，调查法的目的在于搜集描述性数据而非随机数据；与观察法不同，其通常需要受访者的参与。

鉴于调查法在国际营销中的重要性和多样性，我们将做重点阐述。

接触方式

接触方式的选择通常是基于对速度、准确性和成本的权衡。大体上有四种接触方式可供选择：邮寄调查、互联网/电子邮件、电话访问和人员（面对面）访谈。每一种方式都有其自身的优缺点。表 5.3 将这些方式的优缺点进行了汇总。

表 5.3　四种接触方式的优点与缺点

问题/问卷	邮寄	互联网/电子邮件	电话	人员访谈
灵活性（说明问题的能力）	差	一般	好	很好
深入获取信息的可能性（使用开放式问题）	一般	差	一般	很好
使用视觉辅助工具	好	很好	差	很好
广泛获取样本的可能性	很好	很好	很好	一般
问卷回收率	差	一般	好	一般
询问敏感问题	好	差	好	一般
控制采访者的影响（不存在调查者偏差）	很好	一般	一般	差
数据收集速度	差	很好	很好	好
成本	好	很好	很好	差

邮寄调查

邮寄调查是最为节约的方式之一。问卷中可以包含图片——这在电话访问中是不可能有的。邮寄调查可以允许受访者在他们空闲的时间来回答问卷，而不是像电话访问或人员访谈那样经常是在受访者不方便的时候进行。由于这一点，邮寄调查并不像其他接触方式那样被看作是一种唐突的方式。然而，邮寄调查相比于其他方式需要花费更长的时间。你可能需要在问卷寄出后等上几个星期，才能肯定你已经获得了大部分的回复。在教育水平较低和文化水平较低的国家，邮寄调查的回复率经常小到无法使用。

互联网/电子邮件调查（线上调查）

这种方法可以收集到大量的数据，而且可以对这些数据进行量化和编码，然后输入到计算机中。如果调研经费预算紧张，而目标人群又非常分散，那么互联网/电子邮件调查就是不二选择了。电子邮件调查不但经济而且速度非常快。在邮件中附加图片和音频文件也是可行的。然而，很多人对未经请求发送的电子邮件比对未经请求邮寄的普通邮件更反感。

在国际营销调研中使用线上调查的一个优点是节省了差旅成本。通常情况下，调研人员需要赶赴实施调查的国家，尤其对于面对面的访谈来说更是如此（Adiham et al.，2009）。这就导致了很高的差旅成本，同时实地调研所需的时间也更长。而通过线上调查，可以从世界任何地方，通过任何一台电脑招募和采访受访者，而且大部分上网的人都知道如何使用聊天室并会说英语。

线上调查可以通过电子邮件来完成，或在网站上贴出调查内容。当大众被锁定为调查对象时，调查可以设计成弹出式的，即当使用者在浏览他们各自的网页时，在浏览的窗口中会弹出调查问卷。这样一种基于网络的调查对于拥有很多用户的情形是非常合适的，因为它可以使这个网站的所有访问者都拥有参与此项调查的平等的机会。然而，在基于网络的调查中，调研人员对于参与到调查中的受访者的控制程度要低于电子邮件调查。

电话访问

此方法在某种程度上是介于人员访谈和邮寄调查之间的。它的回复率通常高于邮寄调查，而低于人员访谈，而且其成本比人员访谈低，调查时可允许有一定的灵活性。其缺点是无法使用可视化工具来辅助，而且在受访者终止访问之前，或者为尽快结束访问而给出快速回答（无效回答）时，可以提问的问题数量是有限的。随着计算机辅助电话调查（computer-aided telephone interviewing，CATI）的推广，调研人员可以集中在一个地点，通过阅读计算机显示器上的问题来提问，并通过键盘将答案直接输入计算机中。由计算机控制调查问卷中的提问顺序对访谈工作起到了很大的帮助作用。有些调研公司在购物中心安装了终端设备，受访者可以阅读显示器上的问题，并将他们的回答输入计算机中。

人员访谈

人员访谈有两种形式——个人访谈和小组访谈。个人访谈是在受访者的家中、办公室，或在街道上或购物场所与之交谈。采访者必须得到受访者的配合。小组访谈

（焦点小组访谈法）需要一位训练有素的主持人，并邀请6—10人一起围绕某种产品、服务或某个组织进行讨论，一般需要数个小时。此间主持人必须持客观态度，熟悉所谈论的话题和行业情况，并对小组情况和消费者行为有所了解。通常参与者会得到一小笔酬劳。

人员访谈法颇为灵活且可以搜集到大量的信息。训练有素的采访者可以长时间地吸引受访者的注意力并阐释很难的问题。他们可以引导谈话，随机应变地探讨问题并进行深度挖掘。采访者可以展示实际产品、广告或包装来观察受访者的反应和行为。

人员访谈的主要缺点是成本高且抽样困难。集体访谈通常采用较小的样本规模来控制时间和成本，但这样一来，可能很难从访谈结果中得出结论。由于在人员访谈中，调研人员可以有更大的自由，所以调研人员偏差的问题也会更严重。

总之，没有所谓"最好"的接触方式——好与不好都取决于具体的情况。有时候将不同的接触方式结合起来使用可能更为合适。

抽样方案

除非在个别非常有限的市场，让调研人员和所有与调研问题相关的人都进行接触不仅不切实际，而且成本很高。这个总人数在统计上被称为"总体"（"universe"或"population"）。在营销学领域，它包括了某一特定产品或服务的所有现实的和潜在的用户/顾客。

> **抽样方案**
> 指营销调研中的一种方案，此方案概括说明了需要调研的一个或多个群体，调研需要选出的个体数量，以及选择的依据。

总体可以按总体单位进行定义，也可以按样本单位进行定义。假设现在一个口红制造商想要评估消费者对一个新的口红产品系列的市场反应，并想从15岁以上的女性中抽取样本。该制造商可以直接从该年龄段的女性中抽样，这时样本单位与总体单位是相同的。或者，其也可以以家庭为单位抽样，然后对被选中家庭中所有15岁以上的女性进行调查。此时，样本单位是家庭，而总体单位是15岁以上的女性。

实践中经常对抽选出的可以代表总体的消费者/顾客群体进行接触。可以接受调查的消费者的总数被称为"样本框"（sample frame），而实际接受调查的人数被称为"样本"。

抽样方法

抽样方法有多种，两种最主要的方法为随机抽样和非随机抽样：

● 随机抽样（probability sampling）。这种方法是按照提前确定的每一个单位在总体中被抽中的概率来抽取样本，尽管每一个单位被选中的概率并不一定完全一样。具体方式如：简单随机抽样（simple random sampling）、系统抽样（systematic sampling）、分层抽样（stratified sampling）和聚类抽样（cluster sampling）（更详细的内容见 Malhotra，1993）。

● 非随机抽样（non-probability sampling）。这种方法难以确定上面所提到的概率和估计抽样误差。其主要依靠调研人员的个人判断。具体方式如：便利抽样（convenience sampling)、配额抽样（quota sampling）和"滚雪球"抽样（snowball sampling）（更详细的内容见 Malhotra，1993）。

既然非随机抽样存在种种弊端（调查结果不可推及总体，抽样误差难以计算），那么它为什么还是经常被营销人员采用呢？原因在于其内在的优势：
- 成本比随机抽样低；
- 如果精确性不是关键因素，非随机抽样就有着相当的吸引力；
- 实施速度比随机抽样更快；
- 如果使用得当，非随机抽样也可以抽出具有代表性的样本（如采用配额抽样法）

(Malhotra，1993，p. 359）。

样本大小

一旦选定抽样方法，接下来就要确定合适的样本大小。确定样本大小是一个复杂的决策问题，牵扯到成本、统计和管理问题。在相同条件下，样本越大抽样误差就越小。但是样本大意味着成本更高，而每个项目的可用资源（时间和金钱）往往是有限的。

此外，调研的成本将随着样本规模的增加呈直线式增长，而抽样误差水平的降低幅度只等于相应的样本规模增加的平方根。比如说，如果样本规模变为原来的 4 倍，成本也将变为 4 倍，但是样本的误差水平将只降低一半。确定样本大小的方法有：
- 传统的统计技术（假设是标准正态分布）。
- 可获取的预算资金。尽管看起来并不科学，但样本大小取决于财务预算却是不争的事实。这可以使调研人员认真考虑所获得信息的性价比。
- 经验法则。有时凭直觉判断就是确定合适样本大小的理由，或者按行业的惯例来确定。
- 根据要分析的子群体的数量确定。一般而言，分析的子群体越多，总样本规模就需要越大。

在跨国市场调研中，抽样方法的选择更是一个复杂的问题。为了保持一致性，调研人员理论上都希望在所有的国家采用相同的调研方法。然而，希望使用的抽样方法经常让位于现实和灵活性的考虑。为了保证能对不同国家的消费群体进行合理的比较，在不同的国家可能会采用不同的抽样方法。因此，抽样方法的适用性取决于抽样所得的样本能否代表某一国家的目标群体，以及能否从不同国家的类似群体抽取到具有可比性的样本。

接触媒介/测量工具

设计问卷

在没有清楚地了解所需的信息之前是很难设计出一份好的调查问卷的。调查问卷就是将调研目标转化成具体问题的转换器。要搜集的信息和调研对象的类型都将影响到调研方法的使用，而这又反过来影响调查问卷的类型，即是采用进行深入调查所用的无结构的（开放式的）问卷，还是进行街头拦访所用的有结构的（非开放式的）问卷。

在跨文化的研究中，开放式的问题似乎更有效，因为这类问题有助于确认受访者的参照系。另一个问卷设计问题是对于直接和间接问题的选择。对于同一个问题，不同社会的敏感程度往往不同。在不同的国家，与收入、年龄有关的问题，人们的接受程度也不一样。所以，调研人员一定要确保所提的问题是可以被目标群体的社会文化所接受的。这可能意味着在有些国家问题可以直接提出，而在有些国家必须委婉地提出。

形成问题（措辞）

问题的类型确定后，接下来就要真正把问题写出来。在陈述问题和决定提问次序时应注意四个总体原则：

- 表达须清楚。例如，尽量避免把两个问题融合在一个问题中。
- 注意措辞，以避免受访者产生偏向性。例如，避免有诱导性的提问。
- 应考虑受访者回答问题的能力。例如，询问受访者有关他从未见过的品牌或商店的问题就不妥当。由于受访者或许是健忘的，所以要问相对近期发生的事情。例如，"你在上周是否买过一听或更多的可乐？"
- 应考虑受访者是否愿意回答问题。像借钱、性行为及犯罪记录一类的"尴尬主题"应该谨慎处理。可以用第三人称来询问，或在提问前先声明这种行为或态度是常见的。例如，"很多人都受到了痔疮的困扰，您或您的家人是否也有这种困扰？"此外，在访问的最后来问令人尴尬的问题也是一个可行的解决办法。

在对问题的措辞上，语言和文化的影响是尤为重要的。国际营销调研人员的目标即是将说或写出来的话语被误解或误读的可能性降至最小。语言和文化的差异使这一问题成为国际营销调研过程中的一个特别敏感的问题。

在许多国家内部的不同区域都有着不同的语言——在瑞士，有的地区使用德语，而其他地区则使用法语和意大利语——且同一个词在不同的国家可能有不同的意思。举例来说，在美国，"家庭"（family）通常仅指父母和孩子。而在欧洲南部、中东和许多拉丁美洲国家，"家庭"还包括祖父母、叔叔和舅舅、姑姑和姨妈以及堂（表）兄弟姐妹等。

在对问卷进行最后评估时，应考虑以下因素：

- 某个问题是否必要？"很乐意去了解"这个短语虽然常被提及，但问卷中每一个问题都要有其明确的目的性，否则就应删除。
- 问卷是否过长？
- 这些问题能否达到调查目标？

前测

不论调研人员在国际调研活动中多么得心应手和经验丰富，都应该对调研工具进行提前测试。最理想的前测是从所研究的总体中挑选一个群体来进行，或者至少是选出一些专家/个人进行测试。前测的实施应该与最终调查时要采用的方法保持一致。如果调查是在街头或在购物场所进行，那么前测也应该采用同样的方法。尽管这可能意味着时间的拖延和成本的增加，但没有前测，研究出现低质失效的风险太大，所以前测不能省略。

数据搜集

国际营销调研人员必须核实数据搜集是否准确、高效，并有着合理的成本。他们需要设定调研中的操作标准。因为如果没有明确的标准，不同的采访者将可能采取不同的方式进行访谈。所以采访者应被告知调研性质、起止时间以及抽样方法。有时候，样本访谈会包括有关营销调研和指标的一些具体信息。对这些实施流程进行现场检查对于确保数据质量是非常关键的。

数据分析和解读

数据收集完成后就进入了调研的最后阶段，即通过对数据进行分析和解读来回答所要调研的问题。分析跨国调研数据时需要有极大的创造力和怀疑精神。这不仅是因为搜集到的数据往往是有限的，还因为结论往往受到了文化差异的显著影响。这就要求由当地受过适当培训的人来做监督人员和采访者；或者需要向当地专业的调研公司寻求实质性的建议，或者干脆就委托这些公司进行数据搜集工作。尽管跨国调研中所分析的数据经常是定性的，但调研人员当然可以采用最好的、最适合的工具进行分析。但另一方面，也要注意不要用过于复杂的工具分析并不复杂的数据，因为即使是最好的工具也不会改善数据的质量。调查工具和数据的质量必须相匹配。

示例 5.1
在印度进行市场调研的挑战性

今天，印度存在于每一个跨国公司的雷达目标区中，而且，为印度市场制定一个专门的战略规划越来越成为一种趋势。按购买力平价计算的印度 GDP 已超万亿美元，在全球排名第四，而且印度 15 岁以下的人口比例达到了 40%，对于印度来说，未来前景看起来一片光明。

一个单一的战略并不能适应印度的市场。印度更像是一个大陆而不像是一个国家，因为这里有众多的宗教信仰、语言、方言、习俗和传统。在实施进入战略之前，对这个分布有 29 个邦和 6 个联邦属地，人口达到十亿的市场来说，进行充分的调研和了解是非常有必要的。下面列举了在印度进行市场调研会遭遇到的最重大的挑战：

● 在印度进行调研最大的弊端是公共领域的二手数据无法获得。无疑，像中国这样的国家文档系统还是比较健全的。而在印度，可以查到的数据不是过时的，就是支离破碎，没有一个明确的官方来源。例如，最近的可查到的政府人口普查数据是 2001 年的。

- 企业数据可能会通过复印资料来保存,但这种数字化方式也是最近才开始兴起的,而且进程也很缓慢。这一点可以从企业监管局(ROC)的业务处理中很明显地看出来。每一个 ROC 部门的数字化水平都不同,所以很难获得印度企业的同类型的数据。
- 虽然英语是最流行的商务语言,但如果要想洞察消费者的行为,单单使用英语一种语言是不够的。要想覆盖整个市场,就要考虑 10 种主要的语言。与回答问卷一样,将问卷进行翻译同样存在挑战。
- 文化因素在访谈过程中也是一个挑战。例如,当安排一个小组讨论时,在紧要关头肯定有临时退席或迟到的人。因此,要想使受访者的数目成功地达到预期数目,受访者的样本规模几乎应达到预期数目的两倍。如果调查对象是富裕人士或者社会地位较高的人,一些额外的准备如派人陪同护送就显得非常必要,这样才能保证这些调查对象会参与并配合调查。
- 在吸引受访者的过程中,大城市和小城市之间有很大的差别。从小城市来的受访者相对于大城市来说更愿意合作,而对于大城市的受访者,则必须施以一些激励手段。
- 技术的应用可以促使调研过程更加合理顺畅。计算机辅助电话调查,因为其方便快捷和低成本的特点,在国际上应用得非常广泛,但它的作用在印度却受到了限制。一方面是由于电话线路在印度各社会阶层的渗透程度较低,另一方面是由于在印度文化中对接听电话缺乏兴趣。所以,计算机辅助电话调查只在印度相对富裕的地区有效,而这些地区只占印度整个国家的 10%。
- 企业受访者(企业客户、渠道成员、供应商、商业伙伴)的固有倾向就是对接受访谈或分享信息报以怀疑的态度。他们倾向于要么回答得很含糊,要么提供一些并不能真正反映市场情况的信息。因此,交叉检查是必须要做的。

总而言之,要想在印度市场进行成功的调研,要遵循几条黄金规则:
- 通过多渠道的数据收集来验证和强化对市场特征的假设。
- 雇用当地有经验的人或选择一个当地的合作伙伴来完成实际的调研任务。

资料来源:整理自 Ramanurthy and Naikare(2009)。

运用一手数据调研的问题

在国际营销调研中收集一手数据时面临的最大的问题就是不同国家间的文化差异,具体表现可能是受访者无法清晰地表达他们的观点,或是调查问卷翻译的质量不好(Cateora *et al*., 2000)。

实地调查抽样

抽样面临的最大的困难源于缺少充足的人口统计学数据和可用的抽样名单。比如,在南美洲和亚洲的一些城市，并没有可用的街道地图，街道和房屋都没有进行标记和编号。在沙特阿拉伯，抽样的困难更加明显，以至于非随机抽样成为营销调研者的噩梦。进行随机抽样面临的困难包括：
- 没有官方认可的人口普查数据；
- 不完善且过时的电话号码簿；
- 因为没有关于居民点的准确地图，所以区域采样是无法实施的。

此外，挨家挨户访问在沙特阿拉伯是非法的。

未回复

未回复是指无法得到样本框中所选择的单位的回复。结果就是无法获得部分样本单位的意见或者使样本不具代表性。一个好的抽样方法只能识别出应被选择的样本单位，但却无法保证这些单位一定能被调查到。

造成未回复的两个主要原因是：
- 不在家。在男性仍是主要劳动力的国家，想在工作时间内在家里联系到一家之主可能会很困难。通常白天在家的只有家庭主妇或仆人。
- 拒绝回复。在许多国家的文化习俗中，几乎是禁止同陌生人交谈的，尤其是对女性而言。这种情况在中东地区、地中海的大部分地区以及大部分东南亚地区很普遍——实际上，那些非常传统的社会几乎都有此种情况。此外，在许多社会，像对卫生用品和食品的偏好等被视为是私人的事情而不能和外人谈论。例如，在许多拉丁美洲国家，女性可能觉得与调研人员谈论自己选择的卫生巾的品牌，甚至洗发露、香水的品牌都是非常难为情的一件事。受访者也可能会怀疑调研人员是政府委派的为征收额外的税金而搜集信息的工作人员。在许多国家隐私已成为一个大问题：例如，在日本，中产阶级越来越注意保护其个人信息。

语言障碍

这一困难包括很难准确地翻译从而难以获得想要的特定信息，以及难以准确地阐释受访者的答案。

在识字率较低的一些发展中国家，书面问卷是完全无效的。甚至在一个国家内，由于方言及不同语言的存在，使得全国问卷调查无法实施——印度就是这种情形，它共有 25 种官方语言。

找一个对当地语言非常熟悉的人来准备问卷或检查问卷是一个很显而易见的解决途径，但却常常被忽视。为了找出问卷设计中可能存在的翻译错误，设计者可以使用回译法来检验。即先将问卷从一种语言翻译成另一种语言，再反过来，将另一种语言的问卷翻译回原来的语言。举例来说，如果一份调查问卷准备在法国发放，则先将英语版本翻译成法语版本，再找另外一个翻译人员将法语版本翻译回英语。接下来，将两个英语版本进行对照，看哪里有出入，这样就能对译文进行彻底的检查。

测量

如果没有合适的测量方法，再好的调研设计也无用武之地。在某一文化语境中运作令人满意的测量方法或许无法在另一个国家实现预定的目标。因此必须特别注意要确保测量方法的**信度**和**效度**。

一般来说，你"如何"测量体现了信度，你测量"什么"体现了效度。

如果我们用同一测量工具反复多次测量同一现象而得到了类似的结果，那么该方法就是有信度的。效度有三种类型：结构效度、内部效度和外部效度。

- 结构效度为要研究的概念建立了一个正确的可操作的测量方法。如果一个测量方法缺乏结构效度，那么它就不能测量出想要测量的对象内容。
- 内部效度建立了一个因果关系，即一种状态将导致另一种状态。
- 外部效度是指将调研结果推及其他总体的可能性。例如，如果对一个国家的某一营销问题所得出的研究结论同样适用于另一个国家的类似问题，那么此结论就具有很高的外部效度。如果此种关系成立，用类比法来测量各国的市场需求就是合理的。其假设是，相似的国家中产品需求是以相同的方式发展变化的。

> **信度**
> 用同一测量工具多次测量同一现象，得到的结果相近，那么这种方法就是信度高的（"如何"测量的维度）。

> **效度**
> 如果测量工具测量的是它应该测量的东西，那么它就是效度高的（测量"什么"的维度）。效度有三种类型：结构效度、内部效度和外部效度。

在一个国家被证明是既具有信度又具有效度的测量方法到了另一个国家可能就完全不同了。同一量表在不同的国家信度可能不同，这是因为消费者对产品的知识处于不同的水平。所以，在跨国的调研中只简单地比较结果可能是错误的。解决这个问题的一种办法就是在每一个感兴趣的相关市场，通过对测量工具进行前测，直到达到相近的、令人满意的信度水平，从而使量表适应当地的文化。

无论如何，因为不同的方法在不同国家可能有不同的信度，所以在进行跨文化调研设计时将这些可能的差异考虑进来是非常有必要的。因而，在 A 国最适合的调研手段可能是邮寄调查，而在 B 国最适合的调研手段可能是人员访谈。在从不同的国家收集数据时，使用同等信度水平的不同调研手段要比在不同国家间使用同样的调研手段更重要。

5.6 其他类型的营销调研

在此区别一下专项调研和持续调研。

专项调研

专业调研聚焦于特定的营销问题，在一个时间点从一个受访者样本中搜集数据。

专项调研的例子包括使用调查和态度调查，以及通过顾客定制调查、多客户调查等方法进行的产品和概念测试。更多的一般意义上的营销问题（例如对产品组合的整体市场评估）可以采用德尔菲调查法（见下文）。

顾客定制调查

这种调查是基于客户的特殊要求而专门设计的。调研设计是基于营销调研机构或国际营销调研人员的调研简报而定制的。因为是量身定制的，所以可能非常昂贵。

多客户调查

这是一种不必亲自进行一手数据收集就可以得到特定问题答案的相对低成本的调查方式，其主要分为两类：
- 独立调研。由市场调研公司（如 Frost and Sullivan 公司）完全独立实施调查，然后再出售调查结果。
- 综合调研。调研机构将以一个特定的国外市场中的某一细分市场为目标进行调研，客户仅购买它所需要的调研问题。因此，访谈（通常是面访或电话访问）时的主题覆盖面很广。随后，客户就能获得其购买的问题的分析。为了保证综合调研有效，调研人员就必须对调研的目的以及相应的目标细分市场有明确的界定以得到有用的信息。

德尔菲调查法

德尔菲调查法是指通过整合专家意见，从而更清晰地定位于定性分析而非定量调查。这种方法试图从某一特定领域的专家那里获取答案，而不是从仅有有限知识的普通大众那里寻求一般的回答。

此方法关注国际贸易环境的未来发展趋势或者对某种新产品市场渗透情况的长期预测。一般会选择 10—30 个主要调查对象，然后要求其识别出所调查领域中的主要问题并按重要程度进行排序，同时解释排序的理论依据。然后将汇总的信息返回给所有的参与者，鼓励他们阐明对不同排序及观点所持的赞同意见或反对意见。参与者可以对其他人的观点提出异议，反过来，被质疑的参与者也可以针对这些异议进行申辩。经过几个回合的质疑与申辩后，就可以达成一个合理的一致意见了。

此方法的一个缺点在于它的步骤繁多，在结论出来之前，可能已经过去数个月的时间。然而，电子邮件的使用将加快这一过程。如果操作得当，德尔菲法能够为企业的国际信息系统提供富有洞察力的预测数据。

持续调研（纵向设计）

纵向设计不同于专项调研，因为纵向设计的样本或面板在一段较长时期内是固定不变的。这样，纵向调研可以通过一系列的画面使人们深入了解所发生的变化。面板是由一组受访者组成的样本，这些受访者同意在一段较长的时间内定期地提供信息。

主要有两种类型的面板：

- 消费者面板。长期提供其购买行为的信息。例如，日用品面板会记录一系列超市品牌的名称、包装尺寸、价格以及库存情况。通过对同一个家庭一段时期内的跟踪，就可以获得其品牌忠诚度和品牌转换行为的数据，同时也可发现购买某种特定商品的个人或家庭的人口统计特征。
- 零售商面板。通过与零售店（如超级市场）之间的合作，即可在商品经过付款台时，通过激光扫描仪对上面的条形码进行扫描，来测得某一品牌商品的销售情况。尽管通过这种方式无法获知其品牌忠诚度和品牌转换情况，但借此可以对商店的销售情况有一个精准的测算。A. C. 尼尔森公司是零售数据的主要提供商。

销售预测

一个企业可以通过两种方式来预测它的销量。一种是先预测总的市场销量（叫作市场预测），再来测定本企业可能占据的市场份额。另一种是直接预测企业的销量。本章所讨论的预测技术主要是基于后一种方法。这意味着计划者只对具体的企业产品销量的预测感兴趣。

我们现在就要检验一下企业计划者所关心的短期、中期和长期预测的适用性和有效性，并从单个企业部门的角度来看一下这些预测。

- 短期预测。短期预测一般指时限为三个月的预测，此种预测一般应用于策略层面，如指导生产计划的制订。相比于短期波动对短期预测的影响来说，销售的一般趋势的影响并不是那么重要。
- 中期预测。此种预测对计划者来说具有直接的指导意义。它们对企业预算的编制极其重要，而且销售预测是预算编制的起点。因此，如果销售预测不准确，那么整个预算就不会准确。例如，如果对销售的预测过于乐观，那么企业将会有未售出的存货，而这些存货必将占用企业的营运资本。如果对销售的预测过于悲观，那么企业将会因为没有生产出市场需要的额外商品而错失市场机会。更重要的一点是，如果将预测的任务交由会计师来做，他们将会倾向于过于保守，导致的结果就是预测数据低于实际数据。这就需要重申销售预测应是销售经理的职责的观点。此种中期预测一般是时限为一年期的预测。
- 长期预测。此种预测根据行业类型的不同，时限可以是三年或三年以上。在计算机行业，三年就可以被认为是长期，然而对于钢铁行业来说，十年才是一个长期的范畴。长期预测是基于政府政策、经济趋势等宏观环境因素而得出的。这样的长期预测主要是对财务会计人员很重要，因为他们需要预测长期的资源需求情况，但是长期预测也是企业董事会所关心的。董事会必须决定制定何种政策以使企业的生产水平能够和预测的需求相匹配；这些决策可能意味着企业要新建一个工厂或是对员工加强培训。预测可以针对不同的范畴进行展开，最开始是国际层面，接着向下延伸到国家层面，然后是行业和企业层面，直到预测到每个产品的层面。接下来将预测的时间段按照季节性进行分割，再按地理区位落实到单个销售人员的负责区域。正是这些后续的预测才能引起销售经理的特殊兴趣，或者说正是源于这些预测，销售预算和薪酬系统才得以建立。

图 5.5 展示了一个趋势预测的例子。图 5.5 描绘了所销售产品的单位销售额和趋势。这一趋势是在即期的基础上进行扩展（这正是要运用预测者技能和直觉的时候）。之前销售额对趋势线的偏离被运用到预测线的绘制中，从而得到了预测的销售额。

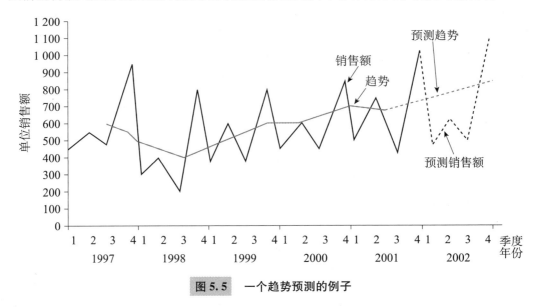

图 5.5 一个趋势预测的例子

在这个例子中，我们可以看到趋势线缓慢地上升，与之前的几年相似。与其他技术一样，这个例子中所运用的技术同样面临着未来情况好转或衰退的无法预知性，而预测者正是运用这些数据主观地绘制趋势线。

情境规划

情境是关于未来趋势的所有可能性（Wright，2005）。它与预测的不同点在于：情境是探索未来的可能情况，而非预测未来的某一时点。图 5.6 显示了两种不同的情境——A 和 B，基于两个维度的测量结果既受**收敛因素**的影响，又受**发散因素**的影响。

图 5.6 表明了应该在收敛因素和发散因素之间保持平衡。时间轴从左侧延伸到右侧，情境的路线同时也穿过了一系列的时间窗，每个时间窗都是由情境创造者想要强调的关键维度组成的。在图 5.6 中显示了两个"时间窗"：其中一个距离现在 2 年，另一个距离现在 5 年。两个维度可以是，例如，某企业的主要产

情境
可选择的关于未来的比较可信的故事。

收敛因素
驱动企业向着同一方向发展的因素。

发散因素
驱动企业向着背离方向发展的因素。

品的"全球市场占有率"和"全球市场增长率"。"收敛因素"意味着情境 A 和情境 B 将随着时间的推移逐渐向彼此靠近。"发散因素"将产生相反的影响。

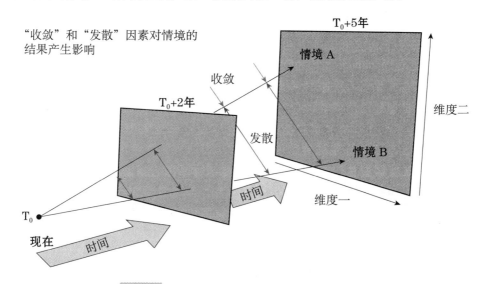

图 5.6 情境 A 和情境 B 随着时间推移的发展

收敛因素的例子可以是：
- 在关键国际市场上宏观经济条件的高度稳定性；
- 逐渐提高的跨国界的产品标准化程度。

发散因素的例子可以是目标市场中的文化多样性。

情境设计可以允许我们考虑一系列可能的未来，其中每一个都与其他的情境和现在的经营环境有显著的差别。不同于只考虑一个"最可能"的预测，情境设计使企业对不同的观点进行比较和对比。

因为情境设计是外部主导的，所以它在识别企业的增长战略以及企业市场地位的潜在威胁时是非常有效的。情境设计也可以帮助企业识别那些会导致企业份额下降或利润下降的特殊的外部行业变化。

情境设计指导方针

- 建立一个核心的设计团队。最好是在团队中进行情境的战略意义分析。一个有效率的团队的创作动力更可能推动某种突破，从而使情境设计更具意义。对一个人来说显而易见的现象，对另一人来说可能就是惊喜。根据经验，设计团队中有五到八个人是最佳的。
- 培养跨部门的专家。包括所有职能领域——销售、营销、运营、采购、信息技术、人事部门的主管等等。我们同时也建议包括高管以外的人。这可以为企业开拓新的视野。这正是一个吸纳新星和有创新思维能力的人到组织中的好时机。
- 吸纳外部信息和外部人员。应该注重在团队讨论中导入有趣味性的和富有挑战性的观点。在一个完全由内部人员组成的团队中很难获得突破性的见解。外部人员可以是消费者、供应商或咨询师。如果可能的话，可以引入其他业务的主管人员甚至是外部的批发商。但是，很多主管还是觉得让外部人员加入企业的计划制订过程是不太舒服的。

5.7 建立国际营销信息系统

一旦完成了调研，并且数据也已收集到位并进行了分析，那么下一步就应该把这些信息合并到企业管理决策的制定当中。越来越多的企业开始关注不断提高营销努力的效率和效果。在营销调研部门，更是如此。

可以通过各种各样的渠道来获得大量的数据。其中的诀窍就是要将信息从数据和事实的形态转变为可供企业组织使用、支持营销决策制定的观点和预测。随着与顾客发展更紧密关系的需求不断加强，随着制定错误的营销决策的代价不断增加，随着市场复杂程度的增加以及竞争者攻击性的提升，建立一个及时、完善的信息系统的重要性越来越凸显出来。对最新和最具相关性的信息的需求，将促使信息系统的开发和实施。这个信息系统将用于生产新的信息，收集已存在的信息，存储和检索信息，将数据加工成有用的信息，并将信息传递给对其有需求的个人。**国际营销信息系统**是将人员、系统和过程加以整合，以便构建起有规律的、可持续的、信息有序流动的互动组织，它所生成的信息流，对营销人员解决问题和制定决策都是非常必要的。作为经过设计的、有序的、定制化地满足特定营销管理人员需求的信息流，国际营销信息系统可以被概念化为一个由4个流程组成的系统，包括定位信息、收集信息、加工信息和使用信息。图5.7阐释了四阶段国际MIS流程中每一流程的核心内容。

> **国际营销信息系统**
> 是一个由人员、系统和过程构成的互动组织，设计该组织的目的是构建一个有规律的、可持续的信息流，这一信息流对国际营销人员解决问题和制定决策至关重要。

在整个国际MIS模型中，输入的信息流有三个主要的来源：微观环境、宏观环境和企业的职能领域。管理人员在分析、计划、实施和控制环节可以使用这些输出的信息。该模型满足了对专业化MIS的日益膨胀且紧迫的要求，其为管理人员提供了及时的、准确的、客观的信息，从而帮助他们在复杂多变的经济全球化世界中掌控企业的方向。在动态的商业环境背景下，企业正在加紧发展它们的营销信息系统，以期为管理者提供实时的营销信息。同样，因为消费者对产品的选择变得日益挑剔，它们也将业务范围从本地扩展到本国，继而扩展到全球。

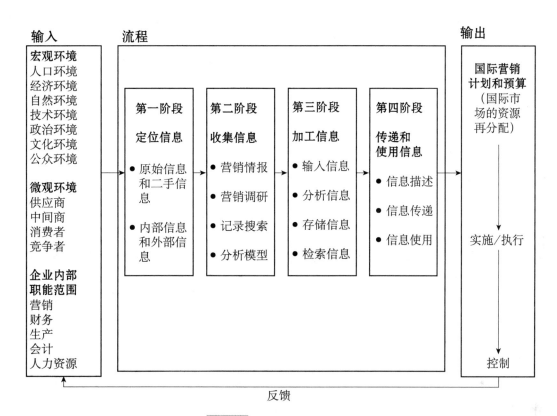

图 5.7 国际营销信息系统

资料来源:Schmidt and Hollensen(2006),p.587。

5.8 总结

国际营销调研的基本目标是为管理层提供相关的信息以便他们更正确地做出决策。对于国内和国际营销来说,这一目标是完全一致的。但国际营销更为复杂,因为在多个不同国家的环境中搜集信息的难度更大。

在本章中,我们特别关注了信息搜集过程和对营销信息的使用。然而,这些介绍远不够详尽,与特定的调研问题相关的细节知识,读者还是应该参考营销调研的书籍。

国际营销人员的调研工作应该从搜集有关的二手数据开始。通常情况下,许多信息已经是现成的,调研人员应该知道的是如何识别并定位这些二手数据的国际来源。

如果有必要搜集一手数据,国际营销人员应该清楚,将用于一个国家的调研方法照搬到另一个国家虽然简单,但并不可取。在不同的国家进行调研时有必要对调研方法进行适当的调整。

为了有效地处理搜集的信息，企业应该建立一个决策支持系统或国际营销信息系统。这一系统应该把企业内部的信息和企业外部的信息都汇总起来。此外，国际营销信息系统可以通过对企业职能部门和国际事务部的互联与整合，为管理者提供决策制定支持。但在最终的分析阶段，每一个国际营销人员都应该牢记信息系统绝不能完全取代理性的判断。

Teepack Spezialmaschinen GmbH：
对顾客满意度的全球调研

Teepack（www.teepack.com）是一家为世界上著名的茶、香草和水果茶品牌，如立顿、Pickwick、Twinings 和 Lyons/Tetley 生产专门的茶袋包装机的企业。

Teepack 是 Teekanne 的姊妹企业，Teekanne 企业旗下拥有 Teefix、Pompadour 和 Teekanne 品牌，是德国领先的茶、香草和水果茶的包装企业。Teekanne 集团在多个国家拥有生产和销售子公司，其员工数约 1 300 人，2007 年的营业额达 17 700 万欧元。Teepack 企业的员工数为 200 人，2008 年营业额达 3 000 万欧元。Teepack 是唯一一个与主要的茶袋包装品牌（Teekanne）有所有权关系的茶袋包装机制造商。

Teepack 于 1949 年发明了自动茶袋包装机，它以双室茶包为茶叶市场带来了革新。这意味着产品的生产能力得到了大幅度的增长。如今，最新一代机器的生产能力几乎达到了每分钟生产 400 包，也即每年 40 亿包的水平。

Teepack 的机器所生产的茶包，是目前市场上销售最多的双室茶包。这种茶包最大的优点在于：两个茶室之间空间足够大，可以为茶包提供最大程度的稳定性和耐久性，而且不需要添加胶合物或热封剂。

这种实用的茶包目前还很流行。例如，在德国，所销售的茶包中 82% 都是这种双室茶包；在美国，这个比例达到了 90%，在欧洲，如果不包括英国，这个数据几乎接近 100%。甚至在澳大利亚，这种双室茶包也极大地方便了消费者。在这里，英国茶包和双室茶包的销售量也差不多相当。

从 1950 年开始，Teepack 就已经成为世界上领先的双室茶包包装机制造商，并售出了 2 000 多台包装机 "Constanta"。正因为有了 Teepack 的包装机，立顿才成为世界茶叶市场的领导者。到 1957 年，Teepack 已经在美国售出了 100 多台茶袋包装机。

技术创新推动 Teepack 设计出了一款新的，甚至更高效的机器 "Perfecta"。自 1990 年以来，在全世界范围内已售出 200 多台 Perfecta。

今天，在全球双室茶包加工机器的市场上，Teepack 可以占到 70% 的份额。它们的产品线包含了 200 多种机器。

▶ 问题

在回答问题之前，请访问 www.teepack.com 网站。

1. 你将如何预测全球市场对茶袋包装机的需求？

2. Teepack 和 Teekanne 两企业如何利用彼此之间的关系来收集相关市场的调研数据？

3. 如果你要对 Teepack 企业所面临的国际茶袋包装机市场上的竞争情况进行评估，你会选择何种市场分析方法？

4. 为了获得更好的顾客反馈，Teepack 的高层管理人员想学习如何测量顾客的满意度。请设计一个调查问卷，且问卷中要包含应该涉及的相关主题。

问题讨论

1. 分析在国际市场中使用国际营销信息系统的原因。你希望使用哪些类型的信息？

2. 国际营销管理者在建立集中的营销信息系统时会遇到哪些问题？这些问题如何解决？

3. 将调查问卷（为一个特定国家设计的）进行翻译以应用于多个国家的风险是什么？如何避免这些风险？

4. 请指出进行国外市场评估时必须考虑的因素，并将这些因素进行分类。

5. 美国的一个制鞋商想了解其产品在中国市场的潜在吸引力。该企业需要一些信息以进行初步的评估，你认为这家企业需要从哪些来源获取信息，以及获取哪种类型的信息？

6. 在决定调研活动应该是集中进行还是分散进行时，主要应考虑哪些因素？

7. 区分内部效度和外部效度。对于国际营销人员来说，外部效度意味着什么？

8. 一个想要在全球进行销售的新品牌选择在东京进行试销是否合适？为什么？

9. 如果你要去沙特阿拉伯进行营销调研，你认为获取一手数据会遇到什么困难？

10. 人口因素是否具有普遍意义？不同的文化是否对人口因素有不同的理解？

11. 如果要对国际市场的销售进行预测，过去的经验在多大程度上可以用于预测未来?

12. 企业应该如何决定是自己搜集信息还是从外部购买?

参考文献

本章参考文献可通过扫描右侧二维码获取。

第 6 章
政治经济环境

> **学习目标**
>
> 完成本章学习之后，你应该能够：
> - 讨论政治/法律环境将如何影响潜在的国外市场的吸引力。
> - 区分母国与东道国环境中的政治因素。
> - 阐述政治风险分析过程的步骤。
> - 区分关税壁垒和非关税壁垒。
> - 描述主要的贸易集团。
> - 探讨为什么消费结构会因国家而异。
> - 阐述管理者如何影响当地的政治环境。
> - 定义地区经济一体化并区别不同的一体化水平。
> - 讨论地区经济一体化的优缺点。
> - 评价 EMU 和欧元对欧洲经济的影响。

6.1 引言

本章主要讨论企业所面对的众多环境因素中的宏观环境因素。市场营销人员不得不适应他们所处环境中的某些不可控因素。在本章中，将主要讨论国外环境因素中的政治/法律因素和经济因素。

6.2 政治/法律环境

本节将重点关注政治问题。政治/法律环境主要包含两个维度：

1. 母国环境；
2. 东道国环境。

除了这两个维度外，还有第三个维度：

3. 一般国际环境（见图6.1）。

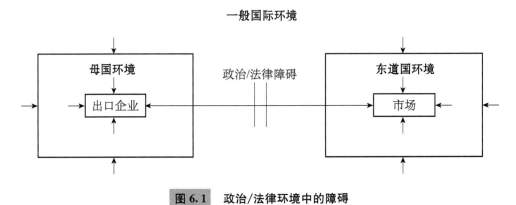

图6.1 政治/法律环境中的障碍

母国环境

企业的母国政治环境不仅对其国内经营活动有影响，而且也会制约其国际经营活动，如限制企业国际化时可能进入的国家。

母国政治环境影响企业国际经营活动的最著名的例子是南非。来自母国的政治压力导致一些企业一起离开该国。在美国企业离开南非后，德国企业和日本企业则成为留下来的主要外资力量。德国企业并没有像美国企业那样需要面对来自母国的政治压力，而当日本变成南非的最大贸易伙伴时，日本政府却遭遇了尴尬的境地，结果是一些日本企业不得不缩减它们在南非的经营活动。

跨国公司面对的一个挑战就是来自政治环境的三方威胁。即使母国和东道国的政治环境都不存在问题，它们仍可能要面对来自第三国市场的威胁。例如，一些企业的经营活动与母国政府和南非政府相处方面都不存在问题，但是，却可能由于它们在南非的经营活动而使它们在第三国市场的经营活动受到干扰或抵制，例如在美国。目前，如果欧洲企业在古巴做生意，那么它们在美国做生意就会受到影响。有关雀巢企业的婴儿食品问题争议最大的地方不是在其母国瑞士，也不是在东道国非洲，而是在第三国市场——美国。

政府规制国际营销活动的第三个方面是关于贿赂和腐败。在许多国家，投其所好的行贿已经成为一种常规的生活方式，这种"给车轮上油"行为的目的是希望能够提高找政府办事的效率。在过去，许多企业在进行跨国经营时，都向外国政府官员行贿或者投其所好以取得合同。

许多企业管理者认为他们的母国不应将自己的道德准则运用到那些以贿赂和投其所好为习俗的社会和文化中去。在他们看来，如果想要进行全球竞争，就必须能够自由地运用那些东道国最为普遍的竞争手段。特别是在面对那些市场有限甚至是呈萎缩状态的行业时，竞争的白热化迫使企业不得不采取任何可能的手段来获取合同。

另一方面，只根据企业所从事的业务是在国内还是在国际范围，就对企业及管理运用不同的道德标准，其造成的后果是难以想象的。而且，贿赂也可能给虚假的经营业绩和道德水平低下的管理人员和雇员开绿灯，最终导致企业只关心如何以最好的方式去行贿，而不是如何以最好的方式进行生产和营销产品。

国际营销人员必须能仔细地识别什么才是国际化经营的合理手段，包括为满足国外利益相关者的期望而进行的运营方式，和完全意义上的贿赂、腐败。

促销活动（由政府组织赞助）

政府组织所采取的促进出口的举措日益成为国际市场环境中的重要因素。许多促销活动是由政府单独实施和赞助的，除此之外则是由企业和政府共同努力来完成的。

此外，所谓的规制性支持活动也是政府采取的旨在提高本国产品在国际市场竞争力的直接手段。同时，政府也鼓励企业，尤其是小型企业更多地参与出口活动。

补贴对企业来说具有特别的意义：出口补贴是有利于出口行业的，而关税则是有利于国内行业的。在两种情形下，目的都是在面对激烈的市场竞争时保证那些有可能被完全压垮的行业和私营企业的盈利能力。对于出口行业来说，补贴可以增加收益，或降低某些特定投入要素的成本。补贴可以通过对出口销售利润征收较低税率，退还各种间接税等途径来实现。此外，补贴还可以采取直接资金补贴的形式，从而使接受补贴的企业可以与国外具有成本优势的企业进行竞争，或者帮助接受补贴的企业进行特殊的促销活动。

从更为广泛的意义上讲，政府出口促进方案和国际营销活动方案都是为克服如下的内部障碍而设计的（Albaum et al.，2002）。

- 缺乏激励机制，因为国际营销活动相对于国内业务来说，往往更加费时、成本较高、风险较大而利润则较低。
- 缺乏足够的信息。
- 基于运作/资源方面的局限性。

在发展中国家，这些促进方案是非常普遍的，尤其是当政府的补贴受到商界的欢迎时。

融资活动

通过成为国际金融组织，例如国际货币基金组织（IMF）和世界银行的成员，一国政府就可以充当国际银行家的角色。提供补贴只是一国政府开展融资促销的一种形式。

信贷政策是决定企业出口营销方案最终效果的关键因素之一。即使某些供应商价格比竞争对手高或是在其产品质量上不如其竞争对手，但如果该供应商能提供更优惠的支付条款或融资条件,那么他就更有可能达成交易。

如果将赊销条件放宽,那么对方拒不付款的风险就会增大,而很多出口商是不愿意承担这种风险的。因此,有必要通过信用保险的手段将出口商面临的部分风险转移给政府机构。出口信用保险(export credit insurance)和担保可以覆盖到与任一笔出口交易有关的特定的商业和政治风险。

信息服务

许多大企业可以自己搜集它们所需要的信息。其他企业,即使它们不具备自己搜寻信息的专业技能,也可以通过雇用外部的调查机构来完成这项工作。然而,有大量的企业并没有采用以上的信息搜集方式。这些企业要么是规模较小,要么是初次开展国际营销业务,政府就是其获取市场基础信息的主要来源。

虽然对国际/出口市场营销人员而言至关重要的信息因国家而异,但是下面这些类型的信息是较为典型的(Albaum et al., 2002, pp.119-120):
- 各个国家的经济、政治和社会信息,包括基础设施建设情况;
- 关于总体国际营销交易的概要和细节的信息;
- 国外企业的报表;
- 特定的出口机会;
- 各个国家不同产品的海外潜在买家、分销商和代理商名单;
- 国内外相关政策法规信息;
- 政府无法有效提供的各种信息:例如,国外信贷信息;
- 有助于企业实施运营管理的信息:例如,出口程序和技术信息。

对于企业来说,很多类型的信息可以通过公开出版的报告或是互联网来获得。此外,政府官员会经常参加一些论坛和研讨会,这些活动旨在帮助国际营销人员获取各种相关的信息。

出口促进活动

许多政府行为都能够刺激出口。这些行为包括(Albaum et al., 2002, pp.119-120):
- 在海外设立贸易发展办公室,这既可以作为独立的实体,也可以作为大使馆或领事馆正常运营的一部分。
- 政府赞助的商品交易会和展览。商品交易会是买卖双方进行贸易洽谈和出口商展示其产品的便利场所。
- 赞助那些以到海外推销产品和/或设立代理机构和国外代表处为目的的贸易代表团。
- 在国外市场运营永久性的贸易中心,常常主要是负责组织单一行业的贸易展销活动。

从国家政府的角度来看，以上这些活动代表了刺激出口增长的各种不同的途径；从单个企业的角度来看，这些活动为企业提供了以较低成本与海外市场潜在客户进行直接接触的机会。

私营组织促进活动

各种非政府组织在国际营销的促进活动中扮演着重要角色。这些组织包括（Albaum et al., 2002, p.120）：

- 行业和贸易协会，全国性、区域性、部门性的行业协会，贸易企业协会，制造商和贸易商的混合协会以及其他机构。
- 商会：本地商会、全国性商会、国内和国际商会组织、国内商会的海外分支机构、跨国商会等。
- 其他致力于促进贸易发展的组织：从事出口调研的组织、区域性出口促进组织、世界贸易中心、地理导向的贸易促进组织、出口协会和俱乐部、国际商业协会、世界贸易俱乐部和与商事仲裁有关的组织。
- 出口服务机构、银行、运输企业、货运代理行、出口商和贸易公司。

企业可以获得的支持类型包括信息和公开出版物，培训和技术细节的支持，以及在国外进行促销活动的支持。

国有贸易

许多国家现在都允许通过合资企业或国有企业私营化的方式进行私营贸易活动。然而，仍然有一些国家的国有贸易活动非常活跃，如古巴等。

私有企业关注国有贸易的原因有两个：第一，国有企业拥有的进口垄断权意味着出口商不得不对其出口营销策略进行实质性的调整；第二，如果国有进出口企业打算利用它们所拥有的垄断权力，那么私有企业国际营销人员的日子将会很难熬。

东道国环境

管理人员必须持续监控东道国政府的动向，因为政府政策及决定政治变迁潜在力量的政权稳定性反过来可能对企业的经营活动产生影响。

政治风险

每个国家都存在政治风险，但是不同的国家政治风险的大小会相差很大。总体来说，在长期稳定和政策具有连贯性的国家，政治风险是最低的。企业可能遭遇的政治风险类型主要有三种：

1. 所有权风险，指影响人们的财产和生命安全的风险。

2. 运营风险，指对企业进行中的经营活动进行干预的风险。

3. 转移风险，主要指企业在国家之间进行资本转移时可能遇到的风险。

政治风险可能是由政府的行为导致的，但也可能是政府无法控制的。这些行为及其后果可分为如下几类：

- 进口管制。对进口原材料、机器设备和零部件进行选择性的管制，是迫使外国企业采购东道国产品，以此来为当地产业创造市场发展机会的最常用手段。虽然这样做的目的是支持本国产业的发展，但其结果却经常造成已建立产业的外国投资者的运营活动出现瘫痪或是中断。特别是当国内没有足够的资源供给来满足需求时，该问题就会格外严重。

- 本地成分要求的法律规定（local-content laws）。除了通过进口管制以强迫外国企业对关键物资进行本地采购，许多国家都要求外国企业在本国销售的产品要具有一定的本地内容：也就是说，要含有本地生产的零部件。这一要求涉及的对象通常是那些使用外国生产的零部件进行组装的外企。本地内容要求并不仅仅局限于发展中国家。欧盟对外资装配企业的要求是需含有45％的本地内容。这个要求对远东的汽车制造商来说非常重要。

- 外汇控制。外汇控制是由一国外汇短缺所导致的。当某个国家面临外汇短缺时，它可能对所有资本活动进行全面的控制，或者有选择性地针对对政策变动最为敏感的企业进行控制，以保证某些重要用途的外汇的供给水平。外国投资者面临的一个问题就是如何将利润和投资转化成母国的货币（转移风险）。

- 市场控制。一国政府有时会采取管制措施以阻止外国企业在本国的某些特定市场中开展竞争活动。几年前，美国政府曾威胁要抵制与古巴进行贸易往来的外国企业。欧盟国家对此威胁已提出过抗议。

- 价格控制。一些关系到大规模的公众利益的产品，如药品、食品、汽油和汽车等基本产品，经常成为价格管制的对象。这种管理手段可以被一国政府在通货膨胀时期来使用，从而达到控制消费者的行为和生活成本的目的。

- 税收控制。当征税被用来作为控制外国投资的手段时，它就被视为一种政治风险。在许多情形下，政府提高税率时并不会发出预警，甚至有时还会违反一些正式协议。在欠发达国家，经济发展经常面临资金短缺的威胁，一些政府对一些成功的外国企业征收一些不合理的税金，成为其寻求运营资金的最为方便快捷的途径。

- 劳动力管制。在许多国家，工会非常强大并拥有很强的政治影响力。运用工会的力量，可以说服政府通过非常严格的法律来保障工人的工资，但对企业来说却意味着高昂的成本。早先拉丁美洲国家的工会就阻止过工厂解雇工人和工厂的倒闭。工会势力在西欧也逐渐变得强大起来。比如，德国和很多其他欧洲国家就要求在董事会中加入劳工代表。

- 政党更迭。一个新政府可能不会兑现前政府与企业签订的协议。这种情况在政党频繁更迭的发展中国家中格外突出。

- **国有化**（没收）。国有化被定义为一种对外国企业的财产进行没收的官方行为，是对国外企业进行控制的终极政府工具。幸运的是，这种针对外国企业的最极端的政府管制行为发生的频率已经越来越低了，因为发展中国家开始将吸引外商直接投资视为非常重要的举措。

> **国有化**
> 外国企业由东道国政府接管。

- **本国化**。这一措施可以看成是一种逐步没收的过程，通过对外国企业的控制和约束可以逐步削减所有者的控制权。该企业虽然仍然在东道国经营，但东道国政府可以通过运用不同的控制手段对其经营活动进行干预。这些控制包括：给予东道国管理人员更大的决策权；产品本地化生产比例提高而不是从国外进口后直接组装；企业的所有权逐步转移给东道国（东道国本地人员参与到该合资企业中）；提拔大量的东道国管理人员从事更高层次的管理工作。本国化为东道国政府审慎管制外国企业提供了足够的控制力。通过本国化，任何会对东道国产生负面影响的外国企业的经营活动都能够被东道国政府及时发现，并迅速采取矫正措施。

母国和东道国之间的贸易壁垒

国家之间的自由贸易促进了国际分工的专业化。它使得高效率的企业可以拥有远远高出之前受限于本国市场时的产出，从而使这些企业能够获得更大的规模经济效益。随着竞争的加剧，来自进口国的商品价格下降了，同时，出口国的利润也会增加。

尽管各个国家都有无数的理由表明它们希望开展彼此间的贸易，但是一个不争的事实是，一个进口频率特别高的进口国也会采取设立**贸易壁垒**的方式来限制外国商品和服务的流入。

> **贸易壁垒**
> 贸易法规（经常以关税的形式出现）更有利于保护本地企业而歧视外国企业。

国际贸易与国内贸易不同的一个原因就是国际贸易是由两个不同的政治实体承担的，每个政治实体都是能对其本国贸易施加控制的独立主权国家。虽然所有国家也都对其国外贸易进行控制，但是控制的程度却千差万别。任何国家或贸易集团都肯定会制定有利于本土企业而歧视外国企业的贸易法规。

一国征收关税的原因主要有两个：

1. 保护本国制造商。首先，关税是保护本国产品制造商的手段。因为进口关税提高了进口产品的实际成本，这样国内生产的产品对消费者就更具吸引力。通过这种途径，国内制造商相对于出口商就获得了保护性的贸易壁垒。虽然国内制造商受到关税保护可以使其获得价格优势，但从长期来看，关税保护也会使他们失去提高效率的原动力。如果保护性关税只是起到了鼓励企业产生自满情绪和低效率的作用，那么这种受保护的行业迟早会在激烈的国际竞争中丧生虎口。

2. 创造收益。其次，关税是政府收入的主要来源之一。在相对欠发达的国家，政府通过征收关税来增加收入是常用的手段。其主要原因就是欠发达国家一般缺乏正式的国内经济体制，目前并不能对国内的经济活动进行准确的追踪。而国家缺乏对经济活动的准确记录,使政府对国内销售征税变得极其困难。这些国家的政府通过对进出口产品征收关税以轻而易举地提高其收入的方法解决了这个问题。那些依靠国际贸易税收来获取较大比例的政府收入的国家主要是一些较为贫穷的国家。

贸易扭曲的实践可以划分为两种基本类型:关税壁垒和非关税壁垒。

关税壁垒

关税是直接对进口产品征收的税收,它总体上简单、直接且易于管理。由于作为贸易壁垒的关税是可见的,且在量上是可知的,所以企业在开发其营销战略时能够对其进行充分的考虑。

> **关税**
> 一国政府所采取的旨在保护本地企业在外部竞争中更具优势的一种工具。最常见的关税形式是从量税、从价税和歧视性关税。

在一些相对贫穷的国家,关税是增加政府收益和保护国内特定产业的最简单的方法。政客们也经常通过保护性关税来向本土制造商表示其正积极地保护国内市场。

关税的最普遍的形式有以下几种:
- 从量税。对特定产品征收的关税,按重量或者数量计收,并且通常以本国货币来计价。
- 从价税。一种直接按照进口货物价值(进口价格)的一定比例计收的关税。
- 歧视性关税。这种情况下,关税是针对来自某一特定国家的产品征收的,其原因或是由于与该国之间出现了贸易逆差,或是基于一定的政治目的。

非关税壁垒

在过去的 40 年中,大多数发达国家的关税壁垒已逐步地在减少。然而,与此同时,非关税壁垒却显著增加了。与关税壁垒相比,非关税壁垒更不易被察觉,也更具隐秘性。但它更可能给贸易带来毁灭性的破坏,因为非关税壁垒是一种未知量,而且较难预测。

最主要的非关税壁垒(前文未提到的)如下所述。

配额

在一定时期内对进出一国货物的数量(以单位或重量计算)进行限制,就叫作配额。紧随关税之后,配额是第二种最常见的贸易壁垒形式。一国政府实施配额制度的典型做法就是,向外国企业和其他国家的政府(在使用进口配额的情况下)以及国内制造商(在使用出口配额的情况下)授予配额许可证。政府一般会逐年签发这样的配额许可证。

政府实施进口配额的原因有两个:
1. 一国政府可能希望通过对进入本国市场的外国产品的数量进行限制来保护本国

制造商。由于国外竞争力量受到政府限制，这一举措可以帮助本国制造商维持其市场份额和产品价格。在这种情况下，国内制造商由于市场受到保护而获利。而国内消费者却由于较低的市场竞争所导致的高价格和缺乏选择而遭受损失。其他受损者还包括其自营生产需要进口而受到配额政策冲击的国内厂商。那些依靠进口所谓的"中间品"进行再生产的企业会发现它们产品的最终成本上升了。

2. 一国政府可以通过实施进口配额制度，迫使其他国家的企业之间为了争夺有限的进口配额量而互相竞争。这样，外国企业就有可能为了同分一杯羹而降低其产品价格。在这种情形下，消费者就能享受到低价带来的利益。对于生产竞争性商品的国内制造商，如果国外制造商不降价，他们就能获利；反之，他们则会遭受损失。

同样，至少有两个原因可以说明一国为什么会对本国制造商实施出口配额：

1. 一国很可能想保证某种产品在本国市场的供应量。这一动机在那些自然资源出口国是非常普遍的，因为这些资源对于其国内产业或国家的长远发展都是必不可少的。

2. 一国可以通过限制出口来限制国际市场上该产品的供给量，以此来提高该产品在国际市场上的价格。这也是石油输出国组织（OPEC）形成和保持活跃的背后动机。从中东到拉丁美洲，这一组织的成员国一直试图通过限制国际市场上原油的供应量来获得更高的利润。

出口配额的一种特殊形式叫作自动出口配额（voluntary export restraint, VER）——即一国在另一国的要求或压力下，对本国出口产品实施的配额。很多国家一般自主颁布自动出口配额政策以应对来自进口国的针对某种产品的进口配额或全面禁止的威胁。应用自动出口配额的典型案例是20世纪80年代的汽车行业。日本汽车制造商当时在美国市场上获得了巨大的市场份额。美国汽车制造企业的倒闭在美国民众和国会中产生了强烈的反日情绪。如果日本自身不实行其对美国出口的限制措施，美国国会就会实施惩罚政策，由于畏惧这种情况的出现，日本政府和汽车制造商就自主实施了针对出口美国市场的自动出口配额。

在实施出口配额的国家，如生产者不削减产量，那么国内消费者将受益于充足的商品供应以及由此带来的低价格。而进口国的制造商也由于出口国的产品出口受到限制而获益，因为这可以允许他们提高价格从而从中获利。出口配额损害了进口国消费者的利益，因为可供他们选择的产品变少了，而且还要面对更高的价格。然而，如果大量进口给本国制造商带来了威胁，出口配额制度也可能会使同样的消费者可以保住其工作。因此，有必要再次重申，在特定的出口配额情况下，究竟谁是赢家谁是输家仍需进行更为详尽的研究。

禁运

完全禁止某国的一种或多种产品的贸易（包括进口和出口）就是贸易禁运。贸易禁运的对象可以是一种或多种产品，甚至一国的所有产品。贸易禁运是目前限制性最强的一种非关税壁垒，并且一般是为了达到一定的政治目的而设立的。贸易禁运可以由一国或是由像联合国这样的超国家组织来颁布实施。由于贸易禁运实施难度大，所以相较于以前，贸易禁运的使用频率已经较少。对另一个国家实施完全贸易禁运的例子就是美国对古巴实施的贸易禁运政策。

行政性延迟措施

一国政府设计与制定的、用以削弱进口快速流入本国市场的法规控制或行政管理条例，即为行政性延迟措施。此种非关税壁垒包含范围广泛的政府行为，如：要求国际航运企业在不便利的机场着陆；要求对产品进行破坏性检验；有目的地使海关人员配备不足从而引起异常的时间延迟；要求出具的特殊许可证需要很长时间才能获得。此类行政性延迟措施的目的就是要歧视进口产品。总而言之，其实质上就是一种贸易保护主义。

虽然日本已经削减了它的一些贸易壁垒，但许多不易觉察到的非关税壁垒仍然存在。从感冒药、维生素到农产品以及建筑材料等产品很难进入日本市场。

本地成分要求

通过立法规定外国企业向本国出口的产品或服务中必须包含一定的本国制造商提供的产品或服务的做法，即本地成分要求（local-content requirements）。这种要求可以理解为某一最终产品中必须包含本地产品的成分，或最终产品的生产成本中必须包含一定比率的本地原料。

本地成分要求的目的，是迫使外国企业在生产过程中能够使用本地资源，尤其是劳动力资源。与其他对进口的限制类似，这一要求有助于保护本地的制造商，以免受到由于在其他低工资国家经营所带来的价格优势的威胁。现在，很多企业都通过在有本地成分要求的国家内部设厂来规避这一限制。

贸易壁垒的发展历史

非关税壁垒在经济衰退时期尤其盛行。在美国和欧洲，我们曾多次看到迫于国际竞争的威胁，来自本地行业的势力强大的政治游说团体对他们的政府进行游说，劝说政府采取干预措施以保护他们的国内产业。最近的一次贸易保护主义抬头是在20世纪30年代。在那期间，在历史上最严重的经济衰退的冲击下，世界上很多国家都采取了高关税的措施。

在第二次世界大战之后，世界上掀起了一股反对30年代的高关税政策的浪潮，并为促进世界贸易自由化做出了卓有成效的努力。关贸总协定及其后的世界贸易组织等国际组织的发展也推动了国际贸易的进程，并创造了一种关税及非关税壁垒逐渐减少的贸易氛围。

政治风险分析过程

政治风险分析（见图6.2）的目的是帮助企业能够根据风险回报率做出明智的决

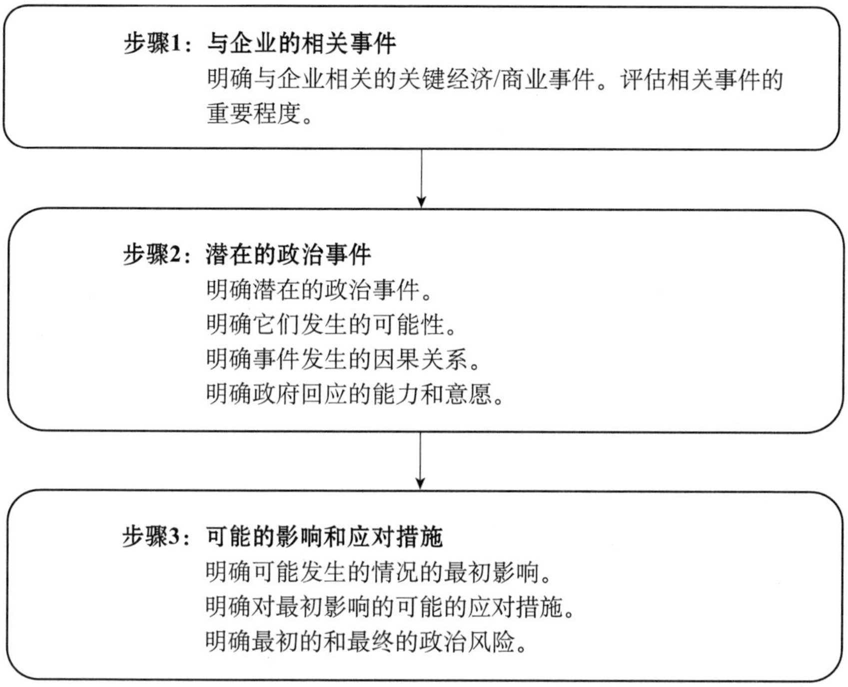

```
┌─────────────────────────────────────────────┐
│  步骤1：与企业的相关事件                     │
│      明确与企业相关的关键经济/商业事件。评估相关事件的 │
│      重要程度。                              │
└─────────────────────────────────────────────┘
                      ↓
┌─────────────────────────────────────────────┐
│  步骤2：潜在的政治事件                       │
│      明确潜在的政治事件。                    │
│      明确它们发生的可能性。                  │
│      明确事件发生的因果关系。                │
│      明确政府回应的能力和意愿。              │
└─────────────────────────────────────────────┘
                      ↓
┌─────────────────────────────────────────────┐
│  步骤3：可能的影响和应对措施                 │
│      明确可能发生的情况的最初影响。          │
│      明确对最初影响的可能的应对措施。        │
│      明确最初的和最终的政治风险。            │
└─────────────────────────────────────────────┘
```

图 6.2 政治风险分析的三个步骤

策，如果一国的风险回报率较高，企业就应该进入或留在该国；如果风险回报率较低，企业就应避免进入或应及时离开该国。

总体来说，政治风险一般可以通过跟企业的各方利益相关者建立关系来规避（Erevelles *et al.*，2005）：

- 政府；
- 消费者；
- 雇员；
- 当地社会团体。

与政府建立关系

正确应对所处国家的政治风险、法规、条例等风险是管理人员必须具备的能力。而且，许多国家的法律常常会进行修正，新的法律不断被颁布，而现有法律又不断被修改。为了能够使所在国的政治环境向有利于自己的方向发展，管理人员可以提出改进的建议以对他们的本地经营活动产生积极的影响：

- 游说。影响当地政治的有效手段包括直接或通过说客与当地的立法者和政客打交道。游说即雇用人员阐明企业对某些政治事件看法的一种政策。游说人与当地官员接触，试图影响其对与企业相关事件的立场。他们会描述企业给当地经济、自然环境、公共设施建设和劳动力就业所带来的好处，其最终目标是使有利于企业的法律被通过，而不利于企业的法律被否决。

● 腐败/行贿。虽然行贿是非法的，但在很多国家确实是与决策者建立联系，从而获得政治影响力的一种常用手段。这一问题将在 18.6 节（跨文化谈判中的国际贿赂）中进一步讨论。

与消费者建立关系

当地消费者会支持那些为他们提供令人满意的产品和服务的企业。例如，在面临被没收的风险下，那些与消费者建立了良好关系的企业将会得到更多的支持，因为消费者害怕失去由该企业带给他们的利益。

与雇员建立关系

即使是在环境很不稳定的时期，当地雇员也可能对企业起到重要的保护作用，尤其是当他们感觉到他们的工作会因为政府的干预而受到很大影响时，这种保护倾向将会更加强烈。因此，受到良好培训的雇员通常也会在意企业的存亡，因为他们把企业的存亡看成是自我生存的关键。

与当地社会团体建立关系

当地团体可能会担心外国企业榨取当地的资源和劳动力从而获得收益，却不能给当地的环境和居民带来回报。因此，企业应当成为一个很好的"当地人"，并与当地的社会团体搞好关系。

6.3 经济环境

市场的规模和增长受到很多因素的影响，但是一国总的购买力、电力的便利程度、通信系统、现代化的公路以及其他类型的基础设施水平将会对市场消费趋势产生影响。

经济发展可由以下三种经济活动类型来推动：

1. 初级层次。这些活动是与农业和采掘过程相关的（如煤炭、铁矿石、黄金和捕鱼）。

2. 第二层次。即工业生产。工业制造活动存在几个演化阶段，典型的制造业发展是从制造初级产品开始的。

3. 第三层次。以服务为基础的经济活动，例如旅游、保险和医疗保健。随着一国家庭平均收入的增加，家庭收入中用于购买食物的支出比例会降低，用于住房和家务的支出比例基本保持不变，而用于服务消费（如教育、交通和休闲）的支出比例将会增加。

汇率如何影响商务活动

并非只有在经济危机时期的企业才会受到汇率的影响。事实上,汇率的变动对国内企业和国际企业而言都会产生影响。现在让我们来探讨一下汇率变动是如何影响企业的商务决策,以及为何稳定、可预测的汇率是企业非常渴望的。

汇率会影响在全球市场上对某企业产品的需求。当一国货币为疲软货币(货币价值与其他国家货币价值相比较低)时,该国出口到国际市场上的产品价格会下降,而进口产品的价格则会上升。较低的价格使该国的出口产品在国际市场上拥有更大的吸引力,同时也会给该国企业提供从产品价格较高的竞争企业手中夺取市场份额的机会。

而且,如果某企业在货币坚挺(货币价值与其他国家货币价值相比较高)的国家销售其产品,而在货币疲软的国家支付工人的工资,那么它就可以提高其利润。

一国货币贬值是指政府在国际外汇市场上压低本国货币价值。与此相反,货币升值则是指一国政府在国际外汇市场上抬高本国货币价值。注意不要将这两个概念与疲软货币和坚挺货币相混淆,虽然它们的作用是类似的。

货币贬值可以使一国的出口产品在国际市场上的价格下降,并使进口产品的价格上升,因为该国货币在国际市场上已经变得没有那么值钱了。因此,政府有可能通过货币贬值来赋予本国企业一种在与外国企业竞争中的优势。它能够通过使货币贬值来促进出口,从而消除贸易逆差。然而,这种做法并不明智,因为货币贬值也会降低本国消费者的购买力。同时它还会造成本国企业长期的低效率,因为企业很少去考虑来自生产成本的压力。在这种情形下,结果可能就是通货膨胀发生概率的增加。另一方面,货币升值具有相反的作用:它提高了产品出口价格,但降低了产品进口价格。

如前所述,不利的汇率变动对国内企业和国际企业而言都意味着高昂的成本。因此,管理者们都希望汇率能够保持稳定。稳定的汇率可以提高财务计划的精确性,包括对现金流预测的准确性。虽然应对潜在汇率变动风险的措施的确存在,但这些措施的成本对于中小型企业而言都过于高昂。而且,随着汇率变动的不可预测性的增加,应对其伴随风险的保障成本也在不断上升。

一价定律

汇率告诉我们要支付多少单位的某种货币才能换得一定单位的另一种货币,但它并没有告诉我们在某个国家购买某种特定产品究竟是花费更多还是花费更少(以本国货币来衡量)。当我们到其他国家旅行时,我们会发现我们本国的货币相对其在国内的购买力,有时可以购买更多,而有时却购买得较少。换言之,汇率并不能保证和稳定本国货币的购买力。因此,我们在一些国家可能会失去购买力,而在另一些国家则可能又会获得购买力。

一价定律规定当以同一种货币标价时,同一种商品在所有国家出售都必须是以相同的价格。为了应用这一法则,同一种商品在所有国家都必须具有相同的质量和成分,而且必须在各个国家被完整地生产出来。

巨无霸指数/巨无霸货币

一价定律的有用之处在于它能帮助我们判断一种货币的价值是被高估还是低估了。每年《经济学家》（*Economist*）杂志都会出版"巨无霸货币"（Big MacCurrencies）的汇率指数表。

这一指数是根据购买力平价（PPP）理论得到的，即意味着一美元应该在所有的国家购买到同等数量的巨无霸汉堡包。这一理论也自然是基于一定的假设，如可以忽略的运输成本，所使用的标的商品或服务必须是"可交易的"，一种商品同另一国家的同种商品没有实质上的区别。因此，从长期来看，两国的汇率应该将会使两国相同的一篮子商品和服务的价格趋于相等的水平。从该指数来看，这"一篮子"商品和服务即是麦当劳的巨无霸汉堡包，这种汉堡包约在120个国家生产。巨无霸购买力平价指数代表了一种汇率水平，这种汇率意味着此种汉堡包在世界其他国家的成本和美国是一致的。通过对比实际的汇率水平与巨无霸购买力平价指数就可以看出一国的货币是被高估了还是被低估了。

巨无霸指数利用一价定律来确定美元与其他主要货币之间的汇率。它使用麦当劳的巨无霸汉堡包作为检验一价定律的唯一产品。为什么要选择巨无霸汉堡包呢？这是由于所有国家市场上的巨无霸汉堡包在质量和成分上完全相同，而且几乎完全由各销售国内部生产。其隐含的假设就是，以任何国家的货币标价的巨无霸汉堡包的价格，在换算成美元标价后，应等于在美国同一单位巨无霸汉堡包的价格。如果一国的巨无霸汉堡包的价格（换算成美元）高于美国的价格，则该国的货币可能被高估。相反，如果一国的巨无霸汉堡包的价格低于美国的价格，则该国的货币可能被低估。

一国货币在外汇市场上的汇率和按巨无霸指数计算出的汇率差距如此之大并不令人惊讶。其主要原因有以下几点：首先，很多国家食品的销售价格都受农产品补贴的影响。其次，巨无霸汉堡包并不是一种"贸易"产品，也即在某种意义上，人们不会在巨无霸汉堡包价格较低的国家买进，然后再在价格较高的国家卖出。再次，巨无霸汉堡包的价格也会受到不同国家实行的不同营销战略的影响。最后，各个国家对餐馆会征收不同的销售税。

巨无霸指数的缺点在于它用基于某种产品的一价定律来估计汇率的方法过于简化。但是，最新的研究发现，12个工业国家中有8个国家的货币价值倾向于朝着巨无霸指数所预测的变动趋势而变动。而且，从汇率波动幅度超过10%的7种货币中的6种来看，巨无霸指数与其他复杂的预测方法相比是一种比较不错的预测指标。

巨无霸指数也使用了购买力平价的概念，经济学家们常用这个概念来调整各国的国民收入数据（国民生产总值GNP等），以提高各国家之间的可比性。购买力平价是通过剔除不同国家之间价格水平的差异，使不同货币具有相同购买力的一种货币转换比率。购买力平价最简单的形式就是简单的一种相对价格，它显示了同一种产品或服务在不同国家间以该国货币计量的价格比率。

购买力平价的计算方法就是考察在一些国家生产的同一种产品的价格差异。举例来说，一单位巨无霸汉堡包在阿根廷的价格是 11.50 比索。如果我们用 11.50 除以美国的价格 3.54 美元，就会得到美元的购买力平价为 3.25（比索的"理论"汇率）。然后如果我们再用 3.25 除以实际汇率 3.49，就会发现阿根廷比索被低估了 7%[1－（3.25/3.49）]。

进而，计算一国货币相比于美元来说是被高估了还是低估了，最简单的方法就是用当地的巨无霸价格（以美元计价）除以美国的巨无霸价格。例如，印度尼西亚的卢比被低估了 51%[1－（1.74/3.54）]。

购买力平价指数不仅限于对单一产品价格的计算，也可用于"一篮子"产品。而且，购买力平价指数只有用于计算"一篮子"产品时才真正具有意义。

收入分类法

我们可以按多个方法对国家进行分类。大多数分类方法都是以国民收入（人均 GDP 或人均 GNP）和工业化程度为主要标准的。最常用的衡量一国经济发展水平的指标是**国民生产总值（GNP）**，即一国在一年内生产出来的所有产品和服务价值的总和。这一数字包括了国内生产，也包括了该国在国际经济活动中所创造的收入。国内生产总值（GDP）是一国通过国内的经济活动在一年内生产出来的所有产品和服务的价值的总和。换言之，如果我们在 GDP 的基础上加上由进口、出口和其他本国企业在国际经济活动中所创造的收入，我们就得到了 GNP。一个国家的**人均 GNP** 就是用该国的 GNP 除以该国的人口数量。人均 GDP 与人均 GNP 的计算方法类似。

> **国民生产总值（GNP）**
> 国民生产总值是一国在一年内生产出来的所有产品和服务的价值的总和，包括了本国在国际经济活动中所创造的收入。

> **人均 GNP**
> 该国的 GNP 除以该国的人口数量。

人均 GNP 和人均 GDP 都是测量一国人均收入水平的有效指标。就这一点而言，GNI（国民总收入）与 GNP 是一样的。

欠发达国家

这一类型的国家既包括不发达国家也包括发展中国家，其主要特点就是人均 GDP 较低（通常低于 3 000 美元），有限的制造业活动，以及落后和薄弱的基础设施。典型的如在交通、通信、教育和医疗保健等基础设施领域较为薄弱。而且，其政府公共部门往往效率低下且官僚化。

欠发达国家的经济往往严重依赖于单一的产品出口和贸易伙伴。其典型模式是依赖于对单一农产品和矿产的出口。哥伦比亚（咖啡）和古巴（蔗糖）就是极端依赖于农业出口的例子。国际需求和供给结构的变动会使欠发达国家暴露在风险之中。某一产品价格的下跌可能会导致整个国家收入的下跌。由此而产生的经济和政策调整又会通过关税和非关税壁垒的可能变动影响到对该国出口的出口商。

很多经济因素会影响到欠发达国家的经济发展。如果没有对经济高速发展的预期，私人资本将很难对这类国家进行投资。尤其对长期的基础设施项目来说，更是如此。因此，这些国家的重大资本投资项目，将不得不严重地依赖于国际援助计划。

国家间的产品分销渠道的质量存在很大的差异。特别是欠发达国家中规模较小、投资不足的分销渠道与发达国家的分销商之间往往差异巨大。比如说，在欠发达国家，零售商更倾向于成为市场交易商，而产生大型的自助服务销售网点的可能性相对来说很低。

新兴工业化国家

新兴工业化国家一般都拥有可以拉动出口的新兴的工业基础。新兴工业化国家和地区的典型例子就是东南亚的"四小龙"：新加坡、韩国、中国香港和中国台湾。巴西和墨西哥是南美新兴工业化国家的代表。虽然基础设施建设有了显著发展，但在新兴工业化国家，经济的高速增长也使其在生产出满足国内和国际消费者需求的产品时遇到了困难。

先进的工业化国家

这些国家拥有较高的人均收入水平，宽广而雄厚的工业基础，完善的服务部门，以及巨大的基础设施投资水平。

以上对世界经济体所做的简单的分类是有局限的。例如，一些发达的工业化国家（比如美国和法国）也都有重要的农业部门。

区域经济一体化

经济一体化已成为自第二次世界大战以来影响全球市场的主要经济发展趋势之一。许多国家都希望能够通过更多地参与国际经济合作来更有效地利用各自的资源，并为各成员国制造商提供更大的市场。

一些致力于一体化的努力有着颇具雄心的目标，比如实现政治一体化；而有些努力却由于利益分配不均衡和政治上的分歧而失败。根据区域经济一体化程度的不同，区域经济合作有几种主要的形式。这些经济一体化的努力正将世界划分为不同的贸易集团。

现在来介绍一下不同一体化水平的贸易集团。

自由贸易区

自由贸易区是国与国之间经济一体化中最少限制、最为松散的一种形式。在自由贸易区中，各成员国间所有的贸易壁垒都被消除了。但各成员国仍保持其对非成员国的贸易壁垒。

欧洲自由贸易区（EFTA）于1960年由欧洲8国达成协议而形成。自成立以来，欧洲自贸区就因其成员不断加入欧盟而逐渐失去了其最初的意义。所有的欧洲自贸区成员国都通过双边自由贸易协定与欧盟开展合作，而且，自1994年签署欧洲经济区（EEA）协定以来，各成员国的人员、产品、服务和资本都可以在欧盟和欧洲自贸区的联合区域中自由流动。在欧洲自贸区成员中，冰岛和列支敦士登决定不申请加入欧盟，挪威在1994年通过全民公决也拒绝加入欧盟。瑞士也决定不加入欧盟。

经过20世纪三次努力失败之后，美国和加拿大终于签署了自由贸易协定，并于1989年生效。1994年，北美自由贸易区进行了扩张，将墨西哥纳入北美自由贸易协定（NAFTA）之下。

关税同盟

关税同盟是在经济一体化进程的基础上更进一步的发展形式。与自由贸易区类似，货物和服务可以在其成员国之间进行自由贸易。此外，关税同盟还对非成员国实行统一的贸易政策。其典型的做法就是通过对来自非成员国的产品征收统一的关税，来实施共同的对外关税税率。比利时、荷兰、卢森堡三国于1921年成立了比荷卢经济联盟（Benelux），后来逐渐成为更大范围的欧洲经济一体化组织的一部分。

共同市场

共同市场与关税同盟具有同样的特征。而且，生产要素（劳动力、资本和技术）可以在成员国之间流动。对成员国间移民和跨境投资的限制也被取消。当生产要素具备流动性时，资本、劳动力和技术就可以发挥出最有效率的用途。

1987年，欧洲通过了以消除货物、服务、资本和人员自由流动障碍为目的的《单一欧洲法》（Single European Act），该法案的目标是在1992年12月31日之前完成内部市场的建立。1991年12月，欧共体国家在马斯特里赫特达成协议，即所谓的1992年进程，将会是超越单一的经济领域合作而迈向全面合作的坚实的一步。虽然许多旨在开放边境和市场的行动都已按部就班地实施，但是在某些领域，如汽车行业，仍需要很长的时间才能够开放。

经济同盟

真正的经济同盟的创立不仅要求商品、服务和生产要素跨境地自由流动，而且还要求实现经济政策的一体化。在同一经济同盟体中，各成员国要协调各国的货币政策、税收制度和政府支出政策。此外，由于各成员国使用共同的货币，这将会推动固定汇率体系的产生。1993年年末通过的《马斯特里赫特条约》（Maastricht Treaty），推动了欧盟的产生，该联盟从1994年1月1日开始生效。显然，一个完全的经济同盟体的形成需要各成员国将很大程度上的国家主权移交给这个超国家实体。虽然这种同盟形式离政治一体化似乎仅有一步之遥，但是欧盟的许多国家（尤其是北欧国家）对这一发展趋势仍持怀疑态度，因为它们害怕丧失了它们的国家认同感。

欧盟的扩张

欧盟的历史可以算得上是一段成功的扩张史。《巴黎条约》（Treaties of Paris）（1951）建立了欧洲煤钢共同体（ECSC），《罗马协议》（Treaty of Rome）（1957）建立了欧洲经济共同体（EEC）和欧洲原子能共同体（EURATOM），并由6个成员国——比利时、法国、德国、意大利、卢森堡和荷兰共同签署生效。接下来，欧盟实现了四次成功的扩张：1973年，丹麦、爱尔兰和英国加入欧盟；1981年，希腊加入；1986年，葡萄牙和西班牙加入；1995年，奥地利、芬兰和瑞典加入。

在成员国的数量从6个增加到15个后，欧盟准备在覆盖范围和多样化方面进行有史以来最大的一次扩张。在2004年5月1日，共有10个国家加入欧盟，即塞浦路斯、捷克、爱沙尼亚、匈牙利、拉脱维亚、立陶宛、马耳他、波兰、斯洛伐克和斯洛文尼亚。保加利亚和罗马尼亚于2007年1月1日加入欧盟，而土耳其当时并没有开启加入欧盟的谈判议程。但是，土耳其希望成为欧盟成员，未来将会再次开启这一议程。

截止到2010年1月1日，欧盟拥有的27个成员国分别是：奥地利、比利时、保加利亚、塞浦路斯、捷克、丹麦、爱沙尼亚、芬兰、法国、德国、希腊、匈牙利、爱尔兰、意大利、拉脱维亚、立陶宛、卢森堡、马耳他、荷兰、波兰、葡萄牙、罗马尼亚、西班牙、斯洛伐克、斯洛文尼亚、瑞典和英国。

想要加入欧盟的新国家必须满足一定的经济和政治条件，即"哥本哈根标准"。基于此标准，一个未来的欧盟成员国必须满足以下条件（http://europa.eu.int/comm/enlargement）：该国必须是一个民主的、尊重人权的、法制的、对少数族裔进行保护的国家；是一个运营良好的市场经济国家；并且采用构成欧盟法律主体的共同的规则、标准和政策。

6.4 欧洲经济、货币联盟和欧元

《马斯特里赫特条约》不仅促进了欧洲经济和货币联盟（EMU）的形成，也催生了新的欧洲共同货币——欧元（1999年1月1日推出）。欧元的形成意味着一价定律的适用范围扩展到了一个超过3.2亿人的共同市场，这一市场代表了世界经济总量的1/5，欧元的形成将会促进贸易量的增长并带来更加激烈的竞争。所以，这一"新"欧洲的发展,将会超越目前已有的成员国所组成的相对较小的集团,而产生更加深远的影响。

目前,欧元是世界最为坚挺的货币之一,正被欧洲 22 个国家超过 3.2 亿的人所使用。截至 2010 年 1 月 1 日,正式使用欧元的 16 个欧元区国家有:
- 比利时、德国、爱尔兰、西班牙、法国、意大利、卢森堡、荷兰、奥地利、葡萄牙和芬兰(1999 年加入);
- 希腊(2001 年加入);
- 斯洛文尼亚(2007 年加入);
- 塞浦路斯、马耳他(2008 年加入);
- 斯洛伐克(2009 年加入)。

显然,到目前为止英国、丹麦、瑞典已经决定本国货币不与欧元挂钩,而其他新的欧盟成员国正在为成为欧元区的一员而努力。

另一方面,安道尔、科索沃、黑山共和国、摩纳哥、圣马力诺和梵蒂冈虽然不是欧盟的成员国,却将欧元作为其货币来正式使用。截至 2010 年 1 月 1 日,共有 22(16+6)个国家在使用欧元。

欧洲经济一体化的影响不仅仅局限于所谓的"欧洲的"事务。最显著的一点就是与欧洲经济和货币联盟相关的发展将会对所有位于欧元区市场中的外国企业子公司产生直接的影响。这些企业将不得不调整它们的会计、人事和财务流程来适应新的货币。

欧洲经济和货币联盟同时也将影响到欧洲企业的国际竞争力。交易成本的降低、利率风险的降低、国内竞争的加剧和获取额外规模经济的可能性的增加都将促进欧洲企业成本结构的改变,并不可避免地对其外部的竞争者带来影响。然而,这些促进因素的效果也可能因为对薪酬公平性的要求和法规的限制而减弱。

由于欧洲经济和货币联盟涉及如此众多的重大议题,因此关于欧洲经济可能的发展态势很难形成一致的判断。

欧洲经济和货币联盟的支持者认为,较高的名义汇率稳定性,较低的交易成本(由于欧元的引入)以及价格的透明性(跨越欧盟各成员国边界)会带来信息成本的降低,这样就能使欧洲企业通过提供更便宜的商品来满足消费者的需求,并提高消费者福利,从而增强欧洲企业的国际竞争力。独立的欧洲央行(European Central Bank,ECB)的建立,旨在确保通货膨胀率保持在较低水平,降低真实利率进而刺激投资、产出和就业。

然而,欧洲经济和货币联盟的反对者提出:
- 丧失国家经济政策工具将会带来不稳定的影响。
- 由于缺乏参与经济体的"真正"意义上的趋同,可能会加剧非对称性冲击的问题。
- 欧洲央行旨在通过使用一种单一的工具,即共同的利率,来实现同盟的稳定,但是这一举措其实是不完善的。由于各个成员国之间的要素差异(包括自用资金集中度以及不同的借款利息），因此，共同的货币政策会对欧盟成员国产生不同的影响。

区域一体化的优点

由于产出和消费的增加，很多国家愿意参与到区域一体化的专业化分工和自由贸易中来，而且各国的生活水平的提高也都归功于国家间贸易量的增加。

贸易创造

众所周知，经济一体化清除了贸易集团内部各成员国之间贸易和（或）投资的壁垒。因经济一体化而造成的国家间贸易水平的提高称为贸易创造。贸易创造的效果之一就是各成员国的消费者和工业企业购买者在购买产品和服务时选择范围更宽。

贸易创造的另一个效应是购买者可以因贸易壁垒，如关税的削减而以更低的成本获得所需的产品和服务。而且，因为产品成本下降，人们在购买原来需求的产品和服务之后会有更多的货币剩余，从而可以消费其他的商品，因此这就导致了更高的消费需求。

更容易达成共识

世界贸易组织（WTO）致力于在全球范围内逐步降低贸易壁垒。而区域经济一体化组织的不同之处在于其包含的国家数量较少，从几个到三十个或更多数量不等。因此，相对于WTO的133个成员国家和地区，由于区域经济一体化组织所涉及的成员国数目较少，因此其成员国在消除贸易壁垒的问题上更容易达成共识。

政治合作

区域经济一体化的努力也能给各成员国带来政治利益。一群国家在国际舞台上的政治影响力比单个国家要强得多。因此，区域经济一体化的成员国在与其他国家谈判时就会有更多的话语权。此外，涉及政治合作的一体化还能降低成员国之间发生军事冲突的概率。

区域一体化的缺点

虽然贸易会给各国带来利益，但它也会产生一些很明显的负面影响。现在让我们来看一下其中比较重要的几种。

贸易转移效应

贸易创造效应的反面是贸易转移效应，即贸易从非贸易集团成员国转向成员国。由于各成员国之间互相征收较低的关税，因此在贸易集团形成之后就会产生贸易转移效应。这将实际上会导致成员国与集团外效率较高的制造商之间贸易量的减少，而与贸易集团内效率较低的制造商之间贸易量的增加。在这个意义上，经济一体化无意间就对效率较低（与集团外国家相比）的成员国制造商给予了报酬。当然，除非在该产品和服务上有来自其他成员国的竞争，否则人们就会在贸易转移效应的作用下为该国制造商较低效率的生产方式支付更多。

就业转移效应

区域经济一体化最具争议性的一个方面也许就是它对人们工作的影响。比如说，主要使用非熟练劳动力进行生产的行业就会倾向于将生产转移到贸易集团内工资水平较低的国家进行。

这样，贸易协定必然会导致集团内劳动力市场的混乱——有些国家工作机会减少，而有些国家工作机会却增加。

保护国内低工资行业免受竞争的那些国家很有可能会发现，一旦贸易和投资壁垒被消除，这些行业中的工作机会就会向工资更低的国家转移。但这也是工人们提高自身的技术水平并接受更先进的职业培训的契机。这有助于增强国家的竞争力，因为拥有更好的教育和更熟练技能的劳动力将比那些非熟练劳动力更能够吸引高收入的工作机会落户该国。然而，这种促进国家去改进一些抽象的"生产要素"的机会对于那些发现自己突然失业的人而言，几乎起不到任何安慰作用。

国家主权的丧失

区域一体化程度的持续提高需要成员国交出更多的国家主权。一国必须将其一定程度的国家主权移交给贸易集团。

主要的贸易集团

表 6.1 展示了世界上主要的贸易集团及其人口、GNI（国民总收入）和人均 GNI。GNI（＝GNP）是世界银行目前正在使用的衡量收入的指标。在此之前，世界银行使用的指标是**国内生产总值**（GDP），即由一国资本和劳动力所生产的全部商品和服务的价值总和。GNI 是在 GDP 的基础上加

> **国内生产总值**
> 加上/减去来自国外资产（例如，国外的子公司）的净收入即为 GNI（＝GNP）。

上在国外（例如，国外的子公司）的资产所取得的净收入。这就意味着 GNI 是由一国的居民或企业所生产的所有商品和服务的价值总和，而不管他们所处的地理位置是国内还是国外（世界银行，2005）。

表 6.1　主要贸易集团（截至 2008 年 1 月 1 日）

组织	类型	成员	人口（百万）	GNI（十亿美元）	人均 GNI（美元）
欧盟（EU）	政治和经济联盟	比利时	10.7	374.5	44 330
		卢森堡	0.5	41.4	84 890
		丹麦	5.5	325.1	59 130
		法国	62.0	2 702.2	42 250
		德国	82.1	3 485.7	42 440
		爱尔兰	4.5	221.2	49 590
		意大利	59.9	2 109.9	35 240
		英国	61.4	2 787.2	45 390
		荷兰	16.4	824.6	50 150
		希腊	11.2	322.0	28 650
		葡萄牙	10.6	218.4	20 560
		西班牙	45.6	1 456.5	31 960
		瑞典	9.2	469.7	50 940
		奥地利	8.3	386.0	46 260
		芬兰	5.3	255.7	48 120
		保加利亚	7.6	41.8	5 490
		塞浦路斯	0.9	19.6	22 950
		捷克	10.4	173.2	16 600
		爱沙尼亚	1.3	19.1	14 270
		拉脱维亚	2.3	26.9	11 860
		立陶宛	3.4	39.9	11 870
		匈牙利	10.0	128.6	12 810
		马耳他	0.4	6.8	16 680
		波兰	38.1	453.0	11 880
		罗马尼亚	21.5	170.6	7 930
		斯洛伐克	5.4	78.6	14 540
		斯洛文尼亚	2.0	49.0	24 010
		合计	496.5	17 187.2	34 617

续表

组织	类型	成员	人口（百万）	GNI（十亿美元）	人均GNI（美元）
东南亚国家联盟（ASEAN）	有限的贸易和合作协议	印度尼西亚	228.2	458.2	2 010
		文莱	0.4	10.2	26 740
		越南	86.3	77.0	890
		马来西亚	27.0	188.1	6 970
		新加坡	4.8	168.2	34 760
		菲律宾	90.3	170.4	1 890
		泰国	67.4	191.7	2 840
		老挝	6.2	4.7	750
		缅甸	49.2	n.a.	n.a.
		柬埔寨	14.7	8.9	600
		合计	**574.5**	**1 277.4**	**2 223**
亚太经合组织（APEC，不包括ASEAN、美国和加拿大）	正式制度	中国	1 325.6	3 678.5	2 770
		日本	127.7	4 879.2	38 210
		韩国	48.6	1 046.3	21 530
		澳大利亚	21.4	862.5	40 350
		新西兰	4.3	119.2	27 940
		合计	**1 550.6**	**11 310.2**	**7 294**
北美自由贸易区（NAFTA）	自由贸易区	美国	304.1	14 466.1	47 580
		加拿大	33.3	1 390.0	41 730
		墨西哥	106.4	1 061.4	9 980
		合计	**443.8**	**16 917.5**	**39 119**

资料来源：整理自世界银行（2008）。

欧盟、美国和日本在其规模和经济重要性上更为突出。而均属小国家的卢森堡和丹麦的富足则以较高的人均GNI为标志。

除了表6.1所提到的主要贸易集团，最重要的全球市场就是欧洲、北美和日本这"三大经济体"。

欧洲、北美和日本三大经济体

欧洲、北美和日本三个地区的全球经济规模与它们实际的国家数量和地理规模极不相称。Ohmae（1985）曾指出仅日本和美国的经济总量就占了全球经济总量的30%，如果再加上英国、德国、法国和意大利，这一比率就上升到了45%。除了在经济上比较富裕外，这些国家还有其他的一些共同点：成熟但增长缓慢的经济、人口老龄化、高速发展的科技、持续增加的研发和生产设施投入。这还只是 Ohmae 之所见的一部分。

这三大经济体创造了一个 6 亿人口的市场，且这 6 亿人口拥有相似的市场人口统计特征和购买力水平，这主要是缘于：
- 资本密集型制造业的发展；
- 日新月异的技术更新；
- 集中化的消费模式。

对于任何一种上述力量的正常反应就是贸易保护主义。Ohmae 指出，在 20 世纪 80 年代对财富创造作出重大贡献的产业几乎都集中在日本、美国和欧洲，它们占据了超过 80% 的全球产量和消费量。这意味着这三大经济体中的 6 亿消费者对同样的产品具有相同的渴望：Gucci 包、索尼随身听、麦当劳汉堡包等等。但同时也意味着存在一个全球性的朝阳市场，他们对牛仔裤、CD 和录音带有着不同的品味，当然购买力也不同。而这其中，关注的重点应是在不同国家之间基于价值观和态度的不同来进行消费者心理的细分。

以联盟和合资企业的方式进入三大经济体中的任一市场对企业而言都意味着全新的挑战，正如 Ohmae 所指出的，要开启该市场之门就需要企业在合作中学会如何与企业文化和语言完全不同的其他企业进行沟通交流。

人均收入

在经济上描述一个国家发展状况最常用的统计数据就是该国的人均收入。人均收入被用来概括性地描述一个国家经济的发展水平，同时也用来描述该国的现代化程度以及健康、教育和社会福利的水平。之所以用这一指标来评价外国经济，部分理由是其数据通常较易获得并且是被广泛接受的。而实际上，一个更重要的理由则是人均收入是衡量市场规模和质量的很好的指示器。

世界各国的人均收入差异很大。世界银行的研究发现，世界一半以上的人口都生活在人均收入只有 330 美元的国家。

然而，对人均收入指标的使用也存在一些批评：
- 收入分配不平等。如果一个国家的收入分配极为不平等，那么人均收入数据就没有太大意义。这一点之前已经被讨论过了。人均收入代表的是平均值，只有在一国大多数人的收入水平都接近平均值时才有意义。然而，事实往往并非如此。在世界各国中，斯堪的纳维亚的国民收入分配是相对较为平均的。但即便是该国，如果产品完全是收入敏感性的，那么在市场营销人员对他们的产品进行市场潜力分析时，也会非常关注收入水平的差异。很多国家都存在收入分配相对不平等的问题。一个极端的例子就是巴西，在该国，收入水平最低的 20% 的人口拥有的国民收入不足 3%，而收入水平最高的 20% 的人口拥有的国民收入则为 63%。这一情况将直接影响到市场的规模，尤其是影响到某一特定产品的潜在顾客的数量。
- 无法反映购买力。人均收入水平对比的前提是通过汇率换算，转化成共同的货币——通常是美元。但投机活动经常会使一国货币背离其"真实"价值。
- 缺乏可比性。比如，欧洲国家的很大一部分预算支出是花费在食品、服装和住房上。而在许多欠发达国家，这些物品大部分都是自筹的，即自给自足的，因此并不反映在国民收入总额中。

消费结构

对不同文化、国家和社会的消费总量进行测量是很重要的，消费的特点可以揭示出消费的结构。在大多数发达国家，较大比例的消费支出被用于购买资本产品，而在贫穷国家，相当多的支出被用于购买消费产品。

不同国家消费结构的差异可以用德国统计学家恩格尔的理论来解释。消费定律（恩格尔定律）指出，更贫困的家庭和社会用于购买食品的支出在总支出中所占的比重比富裕的家庭和社会更大。尤其是在住房方面，欠发达国家用于住房支出的比重要比发达国家小得多。

消费结构在发达国家之间也有差异。在英国，每人每年平均要吃掉13磅谷物食品，而法国的人均消费量只有1磅，在日本，消费量还不到1/4磅。美国人则平均每年要吃掉10磅谷物食品（Jain，1996，p. 193）。

6.5 贫困也是一种市场机会

贫困在现代世界中是一种很普遍的现实。贫困人口所形成的市场已经被认为是可以从中获取利润的金矿，而且它被称为"金字塔底部"（"bottom of the pyramid"，BOP）的市场（Prahalad，2004）。依据Prahalad的观点，对BOP市场的关注应该上升到企业核心业务的一部分，而不应只是一种简单的企业社会责任的倡议。因此，为了满足BOP市场的需求（可以通过满足尚未被满足的社会需求和迎合新消费者的偏好的手段来实现），商业组织可以创造出具有重大价值的市场机会。例如，发展小额信贷业务就是一个很好的例子。

根据Prahalad的说法（2004），那些认同BOP市场是一个有价值的、未被服务到的市场的企业营销人员同样也会认同：即使是穷人也能成为好的客户。尽管他们的收入水平比较低，但他们也是有识别力的。他们不仅想要获得商品的使用价值，而且对那些富人所追捧的品牌也十分了解。低收入确实为交易带来了障碍，但如果企业可以通过采取正确的步骤和投入足够的资源来满足BOP市场的需求，那么这些贫穷的消费者也可以克服重重障碍来进行消费。

Prahalad认识到要想服务于低收入的群体，企业必须采用一定的商业策略来应对这些人的独特需求；而且企业要想取得成功，就不得不依赖其他组织机构的参与配合。这些组织机构主要包括地方和中央政府、金融机构和非政府组织（NGOs）。Prahalad认为要想在低收入市场脱颖而出，企业需要具备四个要素。

1. 创造购买力；
2. 通过产品创新和消费者教育来形成产品需求；
3. 通过建立更完善的分销渠道和通信系统来改善与消费者的接触方式；
4. 采用符合当地情况的本地化解决方案。

接下来我们将关注 BOP 市场，即以穷人为消费者的市场。

穷人作为消费者

贫穷是一种关于程度的概念有，并涉及主观判断。Prahalad（2004）使用的标准是按 1990 年的价格折算成购买力平价，即每天 2 美元（相当于 2008 年的 3.50 美元）。在这一贫困水平上意味着，人们的基本生活需求可以得到满足，但也仅仅是刚刚满足。

Prahalad 声称，BOP 的潜在市场折算成购买力平价是 13 万亿美元。根据 Karnani（2007）的观点，这个估计严重超出了 BOP 真实的市场规模。贫困人口的平均消费是每天 1.25 美元。假设共有 27 亿贫困人口，这就意味着 BOP 的市场规模以 2002 年的购买力平价来折算是 1.2 万亿美元。Karnani 认为即使是这个数字也存在被高估的可能，他认为相比于美国的 11 万亿美元的经济总量，全球的 BOP 市场规模可能仅仅只有 0.3 万亿美元。

根据 Hammond et al.（2007）的观点，BOP 的市场主要集中在四个地区：非洲、亚洲、东欧、拉丁美洲和加勒比地区：12.3% 的 BOP 的市场在非洲，72.2% 在亚洲，6.4% 在东欧，剩下的 9.1% 在拉丁美洲和加勒比地区。在非洲和亚洲，农村地区占据了 BOP 市场的大部分，而在东欧、拉丁美洲和加勒比地区，却是城市地区占据了 BOP 市场的大部分。

也有一些学者不认同 Prahalad（2004）关于 BOP 市场的概念（Karnani，2007；Pitta et al.，2008）。这些学者驳斥了 Prahalad 关于 BOP 的经济规模和财富量的计算方法。他们认为，BOP 市场的经济规模大小要明显小于 Prahalad 的估计，他们还引用 BOP 的人们所固有的生存问题作为证据：即他们将收入的 80% 用于购买食物、衣服和燃料。

对 Prahalad 观点的批评者还指出，一个企业想要在 BOP 市场获利是不大可能的。事实上，服务于这部分市场的费用可能会非常高。BOP 市场的客户通常是分散在不同地区的；他们具有很高的异质性，从而降低了获得显著的规模经济的可能性；并且，他们的个人交易通常意味着交易额也很低。此外，处于 BOP 市场的消费者对价格是非常敏感的，而这再一次使实现盈利的目标变得非常困难。

根据马斯洛的理论，人类共有五种核心需求，并且是分为不同的层次逐步得到满足的：

1. 生理需求；
2. 安全和保障需求；
3. 社会归属需求；

4. 自尊需求；
5. 自我实现的需求。

根据这一理论，除非低层次的需求已经得到满足，否则高层次的需求是不会出现的。然而，BOP市场所购买的东西已经不仅仅是单纯地为满足生存需求。实际上，在过去的几十年里，在BOP市场上，消费增长最快的一直是通信技术领域，而此种需求显然属于一个更高层次的需求。对通信的需求，意味着人们认为交流、改善社会关系、获得更多的知识以及自尊也同样重要。因此，虽然用马斯洛的需求框架来对基本的需求进行分类比较有效，但是要想解释来自BOP的高层次需求的动机和优先性，可能就得借助一些其他的概念，诸如社会资本、家庭系统、文化差异和补偿性消费（Subrahmanyan and Gomez-Arias，2008）。

同其他市场一样，来自BOP的市场消费者也会寻求能提供娱乐、体育、文化和精神文明的商品和服务。传统的娱乐形式如宗教节日和集市仍然很流行。例如，许多贫穷的印度家庭为了面子和迎合社会风俗，在举办婚礼时会入不敷出（Subrahmanyan and Gomez-Arias，2008）。很多试图通过目前的营销技巧来攫取BOP这部分市场利润的西方企业在很大程度上都会失败。失败的原因是这些产品可能太昂贵或者太复杂，无法以足够小的数量和规模供给，或者根本不是穷人想要的东西。BOP市场并不是唾手可得的。这是一个充满潜力的市场，但是要想获得潜在的收益就必须付出巨大的努力并采用创新型的战略。

在这里，我们不是仅仅将穷人看作是消费者，本章建议应将关注的焦点放在如何让这些穷人成为产品和服务的生产者和营销人员上，因为，在BOP市场内部形成的潜在企业家可以通过提高其收入水平来改善他们所处的经济环境。

雇用穷人作为产品和服务的营销人员

为了能在BOP市场产生成功的企业家，需要满足三个关键的条件（Pitta et al.，2008）。

- 信贷的获得（小额贷款）；
- 联盟的建立；
- 营销组合的调整。

信贷的获得（小额贷款）

一个贫穷的人可以通过小额贷款成为一个生产者，继而提高家庭的收入并获得经济上的独立，这个想法是极其诱人的。有证据表明，小额贷款已经成功地帮助了来自BOP市场的贫困人群。但同时也有证据表明，许多潜在的企业家并没有利用好这样的信贷（Karnani，2007）。

正式的商业信贷在BOP市场是很难获得的，而要想在非正式的金融市场获取金融服务的成本又是巨大的。

2006年的诺贝尔和平奖授予了穆罕默德·尤努斯先生，他在孟加拉国创办了格莱珉银行（Grameen Bank，又称"乡村银行"），他认为在发展中国家发展小额贷款拥有巨大的空间和潜力。在过去的10年中，大多数非洲国家都建立了小额贷款银行，这种乡村银行的发展规模是惊人的。虽然为个人或是非常小型的企业提供通常数额很小的资金，似乎对经济增长的边际贡献很小，但是这种小额贷款的确可以扩大一个国家的经济基础，并且促进经济增长，使人们的生活水平得到真正的提高。

乡村银行目前已为超过700万人提供了信用服务，其中97%是妇女。大多数贷款是非常小的，很少有超过100美元的。在孟加拉国，银行通常在当地的寺庙或村中的大堂里进行营业。贷款通常用来改善灌溉系统或购买新的工具来提高效率。作为诺贝尔奖的一部分，尤努斯还获得一笔1 000万瑞典克朗（135万美元）的奖金，他将用这部分钱来寻找新的办法以帮助贫穷的人们创立自己的企业。

示例 6.1
格莱珉达能（Grameen Danone）食品公司在孟加拉国设厂

格莱珉达能食品有限公司，一个由四家格莱珉公司和一家法国公司达能所组成的合资企业，已经在孟加拉国设厂，主要业务是为儿童提供营养丰富的酸奶。

在孟加拉国首都达卡举办的开业仪式上，法国足球明星齐达内获邀出席为企业造势，并为该企业在博格拉开办的第一个工厂进行宣传。

酸奶，Shakti Doi，由全脂牛奶制成，富含蛋白质、维生素、铁、钙和锌等营养物质，以满足儿童的营养需要。最初的价格设定就是考虑到让低收入群体也可以负担得起。

作为格莱珉集团的主席，穆罕默德·尤努斯教授说："格莱珉达能公司在孟加拉国的举措代表了一种独特的尝试，即以最大化所服务人群的利益为使命，创建一家具有社会责任的社会型企业。"

1 000多名妇女将在本地销售该公司的产品，产生的额外收入可以用来支持她们的家庭，而且通过提供原材料和对产品进行营销，当地的人们也会享受到更多由该公司创造的商业机会。

该公司的目标还包括通过使用特殊的可生物降解的杯子来出售酸奶，以减少其对生态环境可能带来的影响，同时通过沼气和太阳能装置来部分地解决工厂的供电问题。

该公司的主要目标是实现利润最大化，但更重要的目标是为当地的穷人创造就业机会，而且该公司已经同意不会将利润从企业抽走。

资料来源：整理自 DII（www.dairyindustries.com），2006年12月。

联盟的建立

BOP 需要包括私营企业、政府、非政府组织、金融机构和其他组织（如社区）等多方成员的介入。

通过将获利的动机融汇到价值创造的过程中，希望私营企业在服务于 BOP 市场方面能发挥领导作用，进而，减轻贫困的愿望也就更有可能实现。

最后，公共部门在发展 BOP 的主张上至关重要。目前其支持 BOP 的方式正在从传统的政府援助转向通过采用各种方法打造一个可持续的发展环境。例如，通过向企业家提供资金和培训，政府可以支持 BOP 中的消费者和生产者。

联盟在卫生保健部门也是非常重要的。例如，一个十天供应量的救命抗生素的成本实际上不能通过使用"较小的包装剂量"来降低。也即是说，要想降低成本，只能要么减少每日剂量，要么减少总体剂量，而两者都可能导致产生抗药性的有机体，从而威胁到病人的生命乃至社会的稳定。为了对这种情况进行补救，其他成员的作用，如政府和非政府组织也将是非常重要的，营销人员也必须认识到与他们合作是很重要的。

6.6 总结

在本章中，我们主要分析了影响企业在国际市场上开展经营活动的政治/法律和经济环境。大部分企业都无法直接影响它们所处的市场环境，但是它们经营活动成功的机会却很大程度上依赖于这些环境的结构和内容。因此，一个从事国际营销或计划从事此项活动的人，必须对所处环境的政治和法律因素有一个仔细的评估，这样才能采取相应的管理措施。

政治环境

由于国内、国外和国际政治环境是互相影响的，因此，国际营销人员所面对的政治环境也是相当复杂的。当一个企业想要在国外进行投资时，该企业就必须对东道国的政治环境保持高度的敏感性。企业应该建立一套监测系统来系统地评估其所面临的政治风险——例如没收、国有化和对进口和/或出口进行管制。通过巧妙的调整和控制，政治风险可以减小或被抵消。

关税传统上曾被广泛地用作国际贸易壁垒。而 20 世纪最后十年的国际贸易自由化浪潮使关税壁垒得到显著削弱。因此，各国政府越来越多地使用非关税壁垒来保护他们所认为的本国的一些无法经受自由的国际竞争的弱势产业。政府也可以通过本国的投资政策来推动或抑制国际经营活动，即通过立法约束本国企业与外国参与者在企业或本国的其他组织中的股权或所有权比例。

各种形式的贸易壁垒都会阻碍国际营销。虽然很多国家都已经通过加入世界贸易组织来达到削减贸易壁垒的目的，但毫无疑问，有些壁垒仍然会长期存在。

从政治风险的角度来看，可以使用以下因素来了解一个国家的政治风险情况：
- 政府政策的变化情况；
- 政府的稳定性情况；
- 东道国政府经济管理的质量；
- 东道国对外国投资的态度；
- 东道国与世界其他国家的关系；
- 东道国与母公司所在的母国政府的关系；
- 东道国对任用外国人士的态度；
- 政府与民众的关系密切程度；
- 行政程序的公平和诚实程度。

上述这些因素的重要程度会因国家的不同以及企业的不同而异，但无论怎样，在一个特定的国家开展业务之前，应通盘考虑上述因素，以确保能够全面了解这个国家的政治概况。

经济环境

经济环境是市场潜力和市场机会的一个主要决定因素。各国市场的显著差别主要来源于经济的差异。当然，人口特征也代表了一个重要的维度。国民所拥有的收入和财富也是极为重要的因素，因为这些关键数据决定了人们的购买能力。各个国家及其市场可能处在不同的经济发展阶段，并且每个阶段都具有不同的特征。

《马斯特里赫特条约》催生了欧洲经济和货币联盟。这个"新"欧洲超越了其成员国所组成的相对较小的国家群体，其发展将更加具有划时代的意义。

测量他国经济发展水平的方法包括：（a）产出水平，如国民生产总值和国内生产总值；（b）购买力平价或用两国货币在两国购买相同的一篮子商品时的相对购买力。这一指标可以修正两国对比的结果。

G20 和经济金融危机：全球化究竟是 什么？2009 年发生在伦敦会议期间的大规模抗议活动

二十国集团（G20）成立于1999年（最初为财长和央行行长会议机制），旨在汇集重要的工业化国家和发展中经济体，定期地讨论全球经济的关键问题。G20 的创建既是对 20 世纪 90 年代后期爆发的金融危机的回应，也反映了人们日益认识到一些重要的新兴市场国家还没有被充分地纳入全球经济讨论和治理的核心。1999 年 12 月 15—16 日，G20 首次会议在柏林举行，主办方是德国和加拿大的财政部部长。G20 是由来自19个国家（阿根廷、澳大利亚、巴西、加拿大、中国、法国、德国、印度、印度尼西亚、意大利、日本、墨西哥、俄罗斯、沙特阿拉伯、南非、韩国、土耳其、英国、美国）和欧盟（G20的第20个成员）的财政部部长和央行行长组成。

2009年4月2日，来自G20的各国领导人——他们所在的国家创造了全世界85%的产出——在伦敦会面。这次会议的召开主要是为了应对几个世纪以来最严重的国际银行业危机。

伦敦峰会的举行正值全世界面临自第二次世界大战以来最严重的经济危机的时候，此次峰会由英国首相戈登·布朗（Gordon Brown）主持（英国最近获得了主持G20财长会议的机会）。

以2008年11月华盛顿峰会的成果为基础，此次伦敦峰会的目的在于汇集世界主要经济体和主要国际机构的领导人，通过采取必要的集体行动来稳定世界经济，确保经济的复苏和就业的好转。

在此次伦敦峰会上，各国财长在一些实际行动方面达成了共识，包括对加强金融系统建设的具体承诺，以及额外投放1.1万亿美元的资源为世界各地的就业和经济增长提供支持。

与世界银行会议或者八国集团会议召开期间一样，此次伦敦峰会期间也发生了大规模的抗议和示威活动。大约有5 000人参加了示威活动。这些示威者的行为动机是多方面的：就像反战活动家出于各种目的一样，这些示威者中有环保主义者（他们希望G20可以考虑远离化石燃料）和反全球化人士。对于全球化的赞成和反对理由如下：

支持全球化的理由

全球化对于消费者和资本家来说是一件好事。贸易保护主义壁垒的消除，既刺激了资本的自由流动，也为一些企业在世界各地建立基地铺平了道路。互联网的兴起和近年来电信行业的迅猛发展更加速了本已经动力十足的经济发展。富有活力的贸易提供了更多的消费选择，提高了生活水平，带来了国际旅游的增长。全球化的支持者认为，全球化促进了信息交换，使我们可以更好地理解世界其他地区的文化，并且使大多数国家成功实现了民主。

反对全球化的理由

街头抗议也表明反对全球化的力量在不断增强。反全球化运动始于20世纪末期，旨在反对企业经济活动的全球化以及由此带来的与发展中国家的自由贸易。

批评人士说，西方国家从全球化进程中获得的好处是以牺牲发展中国家的利益为代价的。示威人士说，富裕国家应该对最贫穷国家的债务进行免除。总体来说，抗议者们认为，像WTO、世界银行/国际货币基金组织、G8、G20这些全球机构或协议，侵蚀了本土的政策制定。许多政府和自由贸易机构被看作是在为跨国公司（例如微软和联合利华）谋取利益。

摇滚乐队U2的主唱博诺也曾参与过几次旨在推动债务减免的会议，他说，人们的心声需要被聆听并得到妥善解决。他敦促各国政府的财长向发展中国家提供进一步的债务减免帮助，并且在此方面已取得了一定的成效。

在过去的十年里，最贫困人口在全球收入中所占的比重进一步下降，即便是对于发达国家民众来说，全球化进程也并没有使他们每个人都成为赢家。全球化为自由经济贸易提供了可能性，但却增加了人们的不安全感。跨国公司可以选择将生产线转移到低工资的国家，这给本国的体力劳动者造成了严重的威胁。

SAUL LOEB/AFP/Getty Images.

发展中国家要求欧盟和美国削减农业补贴计划，并为更多产品提供市场准入，如中美洲的糖和巴西橙汁等。然而，在几个欧盟国家和美国，成千上万与农业相关的工作正处于危机中，农业企业已成为政府关注的焦点，在这种情况下，期望美国或欧盟政府在不久的将来在这些问题上进行严肃的谈判与磋商是不太可能的。

示威者们关注的核心问题是，巨型的跨国公司正变得比通过民主形式选举产生的政府具有更大的权力和影响力，他们甚至把股东的利益凌驾于当地居民甚至客户的利益之上。而生态环境保护者则谴责跨国公司在追逐巨额利润的同时，无视对生态环境造成的破坏。人权主义者谴责企业的权力正在限制个人的自由。甚至连一些依托于小企业的商人们也开始对此项抵制全球化的运动表示同情，因为他们害怕自己也将因为全球规模经济而失业。

一个不争的事实就是，这场关于全球化的争论可能同时遍及各个国家和各大洲。然而，这种争论却恰恰说明了"地球村"已经近在眼前。

▶ 问题

1. 反全球化组织的主要主张是什么？
2. 这些抗议活动将怎样影响跨国公司的运作？
3. G20怎样进行营销推广工作才能将自己的观点传递给世界听众？

资料来源：整理自http：//news.bbc.co.uk/2/hi/in_depth/business/2009/g20/default.stm。

问题讨论

1. 识别阻碍商品和服务自由流动的贸易壁垒的类型。
2. 说明欧洲单一货币对以欧洲市场为产品出口对象的企业的意义。
3. 当对世界市场进行比较分析时,GNP 有什么用处?你还推荐哪些其他方法?
4. 讨论使用人均收入来衡量市场潜力有何局限性。
5. 如何区分:(a)自由贸易区,(b)关税同盟,(c)共同市场,(d)经济和货币联盟,(e)政治联盟。
6. 为什么国际市场营销人员对市场中人口的年龄结构感兴趣?
7. 说明汇率波动如何影响:(a)贸易,(b)投资,(c)旅游业。
8. 为什么对国际营销人员而言政治稳定如此重要?从最近发生的一些新闻事件中举例说明你的观点。
9. 一个国家政治目标的转变是如何影响到国际营销人员营销活动的成功概率的?
10. 一个国家的自然环境会影响该国对工业品的国际营销人员的吸引力。试讨论此问题。
11. 解释为什么一国处于贸易平衡状态对国际营销人员有利。

参考文献

本章参考文献可通过扫描右侧二维码获取。

第 7 章
社会文化环境

> **学习目标**
>
> 完成本章学习之后，你应该能够：
> - 讨论社会文化环境如何影响一个潜在市场的吸引力。
> - 定义文化并举出一些构成文化的因素。
> - 解释霍夫施泰德"4+1"文化模型。
> - 讨论霍夫施泰德模型的优缺点。
> - 讨论世界文化是在趋同还是在分化。

7.1 引言

文化是一个非常难以定义的概念。不同的学者往往给出不同的定义。霍夫施泰德（Hofstede，1980）对文化的定义在管理学界广为流传，因此我们引用至此：文化是一个群体成员赖以区别于另一群体成员的集体思维方式……在此意义上，文化主要包括一种价值观体系，价值观是构成文化的基石（p.21）。

文化对国际营销人员而言意义深远。文化显而易见是一些差异的来源，并且一些文化差异与其他差异相比较而言更易于管理。例如，在跟消费者语言不同或信仰不同的消费市场打交道时，国际营销人员可以提前做出计划，去管理由这些差异所引发的具体的问题。通常，更大的困难在于如何理解不同国家消费者的价值观和潜在的态度。

文化的概念是非常宽广和复杂的。文化几乎存在于一个人生活的方方面面。人们在社会中的生活方式受到宗教、教育、家庭和参照群体的影响，同样也受到法律、经济、政治和技术水平的影响。而这些影响之间也存在各种各样的相互作用。我们可以从不同的社会交往方式中看到文化的差异：人们使用不同的语言，而且使用语言和其他沟通方式（例如，人与人之间空间的运用）的重要性也不同。对于工作的重要性、享受闲暇、奖励的种类以及人类价值的认知，不同文化背景下的人的评价显然不同。在一些国家当中，金钱的激励作用非常大，而在另外一些国家和文化当中，社会地位和被人认可则更为重要。

文化在繁杂的社会关系中发展，而社会关系是由整个群体内在化认可而最终形成的一种模式。换句话说，文化并不是一成不变的，而是随着时间缓慢变迁的。最后，文化差异虽然并非一定是可见的，但却非常微妙，而且有时候一个人可能永远都不会意识到文化差异的存在。

文化被公认为必须具有以下三大特征：

1. 文化是学习得来的：即，文化是通过群体成员内部学习并代代相传的。就国家文化而言，你在自己生命的早期就已经充分学习到了本国的文化。到你5岁的时候，你已经是一个运用本国语言的专家了。你已经将价值观内化，并且能够：
- 与家庭中的其他成员进行互动；
- 寻求奖励并且避免受到惩罚；
- 通过谈判来获取你想要的东西；
- 制造和解决冲突。

2. 文化是内在联系的：即文化中的一部分与其他部分是紧密相连的，比如宗教和婚姻，商业和社会地位。

3. 文化是可以共享的：即文化信条可以传递给群体中的其他成员。文化群体中的其他成员可以将文化价值观传递给群体中的某个个体，这些群体成员包括父母、其他成年人、家庭、学校等机构组织还有朋友等。

文化可以分为三个层级（图7.1）。文化的有形部分，即你可以看到、听到，闻到、尝到或者触摸到的部分，是潜在的价值观和一个群体共享的假设前提的一种外在表现。这些文化因素的结构就如同冰山的构成一样。

人们可以看到的露出水面的部分只是冰山的一小部分。而人们看不到的价值观和假设才是足以让船沉没的部分。人们的日常行为深受价值观和社会规范的影响，这些比基本的文化假设更能解释表面现象。价值观和社会规范帮助人们调整短期的日常行为；这些标准在短时间（十年或二十年）内发生变化，而基本的文化假设则需要数百年才可以形成。

从本书的目的出发，我们把**文化**定义为后天习得的方式，社会运用这些方式来相互理解、做出决定和进行交流。

> **文化**
> 后天习得的方式，社会运用这些方式来相互理解、做出决定和进行交流。

分析文化影响力的方法之一，是在高低两种情境下对文化进行分析。由于语言是文化的重要部分，也是一种重要的沟通工具，因此我们将对口头语言和无声语言进行剖析。

文化之间的差异可能是非常巨大的。就拿中国和瑞士来说吧，这两个国家的语言

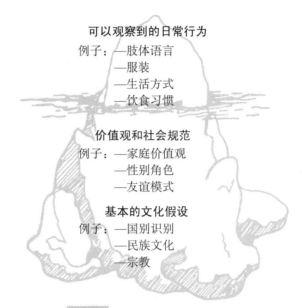

图 7.1　文化的有形和无形部分

和价值观差异非常大。西班牙和意大利的文化也同样存在差异，但是差异却不甚明显。因为他们的语言都是由拉丁文衍生而来，这两个国家的书面沟通形式相同，而且它们具有虽不完全相同、但却极为相似的价值观和社会规范。

示例 7.1
跨越国界的苏格兰威士忌

苏格兰威士忌在全球范围内销售，但人们购买的原因却并不相同。苏格兰威士忌需要向每一种文化传递正确的品牌形象，而不丧失产品的核心品牌价值。苏格兰威士忌品牌形象的核心价值是地位和身份。

在英国，苏格兰威士忌的这一形象比较内敛，从不过分张扬或者"浮于表面"。而在意大利，苏格兰威士忌的形象则总是与男子汉气概紧密相连，所有的广告中都会向人们展示一位怀抱美女的男性，以此来渲染饮用苏格兰威士忌的男性所享有的至尊地位。但是在日本，苏格兰威士忌的品牌形象则是跟随大众，因为在日本，个人主义并不受推崇。

因此，在英国适用的低调的饮酒者形象可能在其他国家并不适合。

资料来源：Mackenzie（1998）。

在不同的文化中，人们交流的技巧各不相同。在有些语言中，交流是直接通过所说的语言或所写的文字；但在其他一些语言中，一些比较模糊的元素，如语境、信息传递者的社会地位在沟通理解中起着相当重要的作用。Hall（1960a）曾利用这一发现对各种文化做了一个大致的区分,将其定义为"低情境文化"(low-context cultures)和"高情境文化"(high-context cultures)。

7.2 文化的层次

在企业国际化的过程中,形成组织内部员工认可的行为规范正变得越来越重要。随着跨国公司所雇用员工的文化背景越来越多样化,我们可以利用文化的不同层次来为分析每一个员工的行为方式及其制定商业决策的过程,提供一个通用的框架。

个人的行为方式会受到不同层次文化的影响。国家文化决定了商业/行业文化的价值观,而商业/行业文化又决定着企业的文化。

图 7.2 阐释了一国卖方与另一国买方的一个典型的谈判情形。买方或卖方都受到相互交织的不同层次文化的影响,而不同的文化层次会影响个体所可能采取的行为。

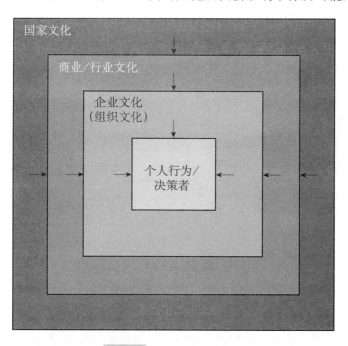

图 7.2 文化的不同层次

在图 7.2 中,文化的各个层次环环相扣,好似一种"嵌套"结构,以突出文化各层次间的相互作用和影响。一般而言,整个"嵌套"结构主要由以下几个层次组成:

- 国家文化。它为商业活动提供了一个文化概念和法律法规的整体框架。
- 商业/行业文化。所有商业活动都是在一定的竞争环境和特定的行业(或服务部门)中进行的。有时,这些内容会相互重叠,但总体而言,企业必须深知自己处在哪一种行业之中。这一层次的文化有其独立的文化根源和历史,而且处在这一层次的企业也清楚地知道其中的游戏规则。行业文化与某一行业密切相关,而且这种与商业行为和商业道德有关的文化在各国之间也大致相仿。例如，航运业、石油贸易、国际贸易和电子行业在世界各国都是非常相似的。

- 企业文化（组织文化）。整个组织一般都包含多种职能的子文化。职能文化通过共同的价值观、信仰、意义和企业某职能部门成员的行为方式（例如：营销、财务、运输、采购、高层管理人员和蓝领工人）表现出来。
- 个人行为。个人行为受到其他层次文化的影响。在互动的环境中，个人成为营销活动中与他人进行互动的核心。个人之所以重要，是因为每一个人对世界的认知都不尽相同。文化是通过学习习得的，而并非是天生的。由于学习环境的不同以及个性的差异，这一学习过程将创造出不同的个体。

在这些层次之外，我们还可以再加入一层"全球文化"，并将其作为文化层次模型的外部边界。该层次的典型例子就是国际化企业、全球品牌或组织、全球范围的工作职位和产业。这些从事多国业务的组织是全球化的，它们共同的信仰模式构成了独特的全球文化。以世界贸易组织为例，该组织为全球范围内所有的商业组织提供政策支持（Wilhelms et al., 2009）。

7.3 高情境与低情境文化

Edward T. Hall (1960a) 提出了高情境和低情境文化的概念，用于理解不同文化的导向。表 7.1 总结了高低情景文化之间的一些不同点。

表 7.1 一般的文化比较特征

特点	低情境/个人主义 （如西欧、美国）	高情境/集体主义 （如日本、中国、沙特阿拉伯）
交流和语言	明显，直接	含蓄，不直接
自我和空间的意识	非正式握手	正式拥抱、鞠躬和握手
服装和外表	穿着体现个人成功，表现多样	社会地位的暗示，宗教规则
食物和饮食习惯	饮食只是生活的必需品，快餐	饮食是一种社会活动
时间意识	线性的、准确的，准时很重要，时间=金钱	弹性的、相对的，时间被用来娱乐，时间=关系
家庭和朋友	核心家庭，自我导向，重视幼童	扩展的家庭，他人导向，忠诚和责任，尊重长者
价值观和规范	独立，冲突对抗	集体主义，和谐
信仰和态度	平等主义，挑战权威，个人掌握自己的命运，性别平等	等级制度，尊重权威，个体接受命运，性别角色不同
思维过程和学习	非线性的、全方位的、同时的，承认生活的困难	线性的、有逻辑性的、按照时间顺序的，问题解决型
工作习惯	实干导向（迅速地开始工作），多劳多得，工作有价值	关系导向（首先你必须交一个朋友，然后才开始真正地处理实际问题），按资排辈，工作是生活的必需品

- **低情境文化**依赖口头或书面的语言直接表达意思。信息发出者将他们的信息进行编码,并希望信息接收者能够对这些语言或文字进行准确的解读,从而能准确地理解信息发出者所要传递的信息。
- **高情境文化**通过使用和理解与信息内容相关的因素来更好地解读信息。在高情境的文化中,社会地位、对他人的熟悉程度以及社会环境都会附加很多额外的信息,同时这些信息也会被信息接收者所感知到。

> **低情境文化**
> 仅仅依赖口语或者书面语言(把所有都写到纸上)。沟通的复杂程度低。

> **高情境文化**
> 利用更多要素充实信息。一种需要传递很多信息的文化情境。沟通的复杂程度高。

在对阿拉伯国家的工业品买家行为的分析中,Solberg(2002)发现,在阿拉伯国家,通常情况下,与认可自己产品的合作伙伴建立信任关系要比在西方花费更多的时间。建立关系网,即利用其他合作伙伴的力量,似乎对阿拉伯的买家更加重要。在阿拉伯国家,代理企业的地位以及企业与著名家族的人际关系可能对生意的成功至关重要。与错误的代理企业"谈恋爱"可能会葬送出口商花费很长时间才换来的市场机会。

通常,两种文化的情境差异越大,他们之间要进行准确的沟通就越困难。

7.4 文化的构成要素

对于文化的构成要素有各种各样的定义,其中包括 Murdoch(1945)提出的 73 种广泛文化要素的定义。

以下要素通常都包含在文化的概念中。

语言

一国的语言是其文化的关键因素,可以将语言当作文化的镜子。因此,如果有人想要跟另一种文化进行广泛的交流,掌握该文化下的语言就是必需的。学习语言也即学习一种文化,因为语言实际上就是对衍生这种语言的文化的一种反映。

一般而言,语言主要包括两种类型:口头语言是一种有声的表达方式,表达含义较为明显;非口头语言在表达上较为含蓄,但它能够充分利用肢体语言、沉默和社会距离等一些要素来表达含义,是一种强有力的沟通方法。

口头语言

口头语言是交流的一种重要方式,它包含多种形式,如戏剧和诗歌等,书面语言往往是某一群体文化的重要组成部分。在口头语言中,语言内容以及表达方式都可以为信息接收者提供线索,以便用于判断说话者是何种类型的人。

语言表达能力在国际营销中主要起到下述四个方面的作用:

1. 语言对于信息收集和风险评估有重要作用。对管理人员来说,与其完全依赖别人的观点,倒不如自己亲自去看一看、听一听实际上发生了什么。人们总是更习惯于讲自己的语言,这应该是一个可以加以利用的优势。要想获得最有价值的市场情报,管理人员必须身处市场之中,而非站在市场之外进行旁观。例如,跨国公司应将本地的经理人看作政治信息的一个重要来源,用来进行风险评估;但是也要注意,这些人员有时也会存在偏见。

2. 语言为融入本地社会开辟了道路。虽然世界各国广泛使用英语,而且英语也是许多企业的官方语言,但是使用本地语言却会有很大的不同。例如,一个企业如果将它们的促销资料和其他相关信息都用当地语言表达,那么消费者就会认为该企业确实想在这个市场上认真地开展商业活动。

3. 语言能力在企业的交流中也变得越来越重要,不论是在企业内部沟通时,还是与渠道成员沟通时,都是如此。人们不难想象,如果某个国家/区域的管理者要依靠翻译才能与员工交流的话,那将会面临怎样的沟通难题。

4. 语言不仅是一种沟通能力,它超越了机械认识另一种文化的模式,把情境也纳入沟通理解的过程之中。

语言因文化而不同的一个非常重要的维度,就是语言表达的间接或直接的程度。在语言表达直接的文化中,如果管理人员要进行有效的交流的话,那么他就应该直截了当地表明自己的意思。此时,指向不明往往是沟通能力匮乏的一种表现。在语言表达直接的文化中,有效沟通的职责在说话者身上。相反,在语言表达含蓄的文化中(大多都是高情境下),要进行有效的交流,说话者和聆听者都要承担责任。同样,间接表达的方式也有助于避免不愉快的、直接的冲突和分歧。

世界上以汉语作为母语的人数是最多的,其数量是位居世界第二的英语的3倍。但是,如果把英语作为商业语言的人数包括在内,那么说英语的人数就超过了说汉语的人数。

需要注意的是,官方语言并非一国所有人都使用的语言。例如,法语是加拿大的官方语言,但是很多加拿大人只懂得一点,甚至完全不懂法语。

因此,英语经常是(但并不总是)各个国家进行商务沟通的官方语言。

非口头语言

根据 Hall(1960a)的研究,**非口头语言**是一种更为有力的交流方式。在高情境文化的国家中,非口头语言在沟通中更加重要。在这样的文化中,人们对多种多样的信息系统往往更加敏感,而在低情境的盎

> **非口头语言**
> 在高情境文化中,非口头语言往往更加重要,包括时间、空间(人们之间谈话时的距离)、物质财富、朋友关系、商业准则。

格鲁—日耳曼文化（Anglo-Germanic cultures）中，人们并不太注意非口头语言所传达的信息。

根据 Hall（1960a）的研究，非口头语言信息在高情境文化的交流中占到了 90%。表 7.2 描述了一些主要的非口头语言的形式。

表 7.2　国际商务中主要的非口头语言

非口头语言	对国际营销和商业活动的意义
时间	准时的重要性。在高情境文化中（中东、拉丁美洲），时间是灵活的，且不被视作是有限的商品。
空间	人们之间谈话时的距离。例如，人们之间谈话时的距离随文化的不同而不同。阿拉伯人和拉美人交谈时都站得比较近，而美国人在同样距离时则会不大舒服。当和一个阿拉伯人交谈时，如果你离得太远的话，则会被认为是不积极的反应。
物质财富	物质财富的适用性以及对先进科技的关注度。这对高情境和低情境文化都有重要意义。
朋友关系	当处于困境中时，作为社会保险的值得信赖的朋友的重要性。例如，在高情境的国家中，广泛的社会关系和恰当的私人关系对商业至关重要。在与商业伙伴进行商业合作时，首先应该从私人层面了解对方。
商业准则	基于法律、道德规范或非正式社会习俗的谈判准则。例如，在高情境文化中，直入主题的谈判方法普遍不太受欢迎，因为对他们而言，交易达成并非仅仅依赖产品质量或价格因素，还要基于资产或者交易对手的可信赖程度做出交易决策。合同可能通过握手而非复杂的协议来达成——这种情况却让许多西方的商业人员感到不适应。

示例 7.2
在沙特阿拉伯和欧洲广告中关于性感和接触文化的比较

虽然沙特阿拉伯是一个仅有 900 万人口（包括 200 万移民）的国家，但它却是世界上第六大香水市场，位列美国、日本、德国、法国和意大利之后。沙特阿拉伯人均香水的消费量居世界第一位，远高于其他国家。

在香水的促销活动中，大的进口商一般都是使用与欧洲市场相同的广告素材。需要特别加以阿拉伯化的东西，都是根据阿拉伯的道德文化进行的调整。

一般来说，沙特阿拉伯是一个高接触文化背景的国家。但是，如果在广告中不恰当地运用两性之间的接触，往往会造成一些问题。男式香水 Drakkar Noir 设计两个版本，就充分说明了这一问题。在阿拉伯的版本中，Guy Laroche（通过广告代理商 Mirabelle）对广告稍作修改，使广告看上去不至于显得很有挑逗意味。但在欧洲版本（左图）的广告中，一位男士的手中抓着一个香水瓶，而一位女士的手则握住男士赤裸的前臂。在阿拉伯的版本中（右图），男士的胳膊上套着一件深色夹克的袖子，而女士也只是用她的指尖轻触男士的手。

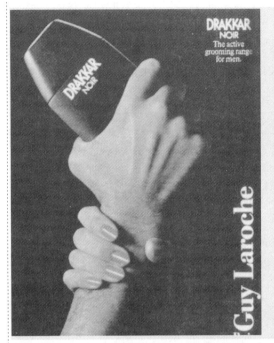

Drakar Noir：欧洲和沙特阿拉伯关于性感和接触的文化
资料来源：Field（1986）。

行为方式和社会习俗

管理人员需要密切监测行为方式和社会习俗的变化，尤其是当民族间的文化差异看上去很细微的时候。麦当劳和可口可乐都成功地适应了文化差异问题，从而在世界范围内获得了巨大的成功。

在谈判的过程中，正确理解行为方式和社会习俗也尤为重要。这是因为在谈判过程中，以翻译者自身的逻辑框架作为参考，有可能会得出错误的结论。为了有效地进行对外谈判，就需要正确地理解所有类型的交流方式。

在各种文化中，外国商人必须注意观察一些基本的社会习俗。在这方面，一个很重要的例子就是：使用左手和右手的区别。在所谓的"右手国家"中，左手是专门用来上厕所的手，如果用左手进餐则会被视为不礼貌。

技术和物质文化

物质文化来源于技术发展，并与一个社会如何组织经济活动直接相关。在经济社会中，物质文化的发达程度是通过基本的经济、社会、金融和市场方面的基础设施的可得性和充沛性体现出来的。

技术的进步使得文化更加趋同。黑白电视机广泛地进入美国市场，要比进入欧洲和日本市场早10年以上，而彩色电视机进入市场的滞后时间则缩短到了5年。到录像机进入上述这两个市场时，进入时间的间隔就只有3年了。而且这次，欧洲人和日本人却后来居上，因为美国人将精力主要放在了有线电视系统上。当光盘出现后，进入不同市场的时间差距缩短到仅仅一年左右。现在，覆盖欧洲的互联网或通过卫星系统收看的音乐电视网，在时间上已经没有任何延迟了。

社会机构

社会机构——商业、政治、家庭或其他相关群体组织——会影响个人的行为方式和个人与他人联系的方式。例如，在一些国家中，家庭是最重要的社会单位，而且家庭关系有时会对工作环境和员工雇佣关系产生影响。

在拉丁美洲和阿拉伯国家，如果一位经理对他的亲戚给予特殊关照，人们只会认为他在履行自己的职责。因为在拉美人心目中，理应把工作交给自己信任的人去做。但是在美国和欧洲，这样做会被认为是任人唯亲和裙带关系使然。在印度，也存在相当多的裙带关系，但这种现象却和印度文化中的行为规范是一致的。如果能够正确理解家庭关系在工作和商业交易中的重要性，就可以避免因为裙带关系所造成的尴尬局面。

在全球范围内，消费者社会化过程的一个重要部分就是"参照群体"（reference groups）。这些参照群体为行为方式的形成提供了富有影响力的价值观和人生观。一般而言，主要的参照群体包括家庭、同事和其他可供模仿的群体，次要的参照群体则包括一些内部互动较少的社会组织，如专业协会和贸易组织。

社会组织也决定了管理者和下属的角色以及他们之间沟通的方式。在一些文化中，管理者和下属是互相分离的。而在另一些文化中，他们却都处在更加平等的位置上，而且是在一个团队中共同工作。

教育

教育指传授技能、思想、态度和针对特定学科培训的过程。在广义的教育定义中，即使是原始人也接受过教育。例如，南非丛林中原始部落的人也充分接受居住地文化的教育。

教育的功能之一，就是将现有的文化和传统传递给后代。然而，教育也可以用来改变现有的文化。但这也只是大多数国家教育的一个方面。同时，教育水平也会对各种商业职能产生影响。在围绕某种生产设备的使用所组织的培训中，需要考虑到培训者的教育背景。

国际营销管理人员在招募合适的销售人员或支持人员时也要做好克服各种障碍的准备。例如，日本的企业文化中非常重视员工忠诚，员工也把自己看成是企业大家庭中的一员。如果某个外国企业决定离开日本，该企业的员工就会觉得自己的事业半途而废，他们也无法再在日本的商业系统中找到合适的位置。因此，在日本，大学毕业生都不愿意进入那些外国企业，除非是规模庞大且知名度极高的外企。

如果技术也被市场化了，那么产品的复杂程度将取决于未来用户受教育的水平。顾客决定是否接受一种产品，常常会受到目标顾客能否恰当地使用这一产品或服务的影响。

价值观和态度

价值观和态度将帮助我们去判断什么是正确的或恰当的、什么是重要的、什么是可取的。其中，有些是和营销活动相关的，这就是我们要在此讨论的内容。

价值观和态度在核心信念（如宗教信仰）中植根越深，国际营销管理者的行动就越需要小心谨慎。在工业化国家中，人们对待变化的态度基本上都是积极的，而在受到传统约束的社会里，人们对变化往往抱有怀疑的态度，尤其是当这种变化来自外国实体时，更是如此。

在一个保守的社会中，人们普遍不情愿去承受变革的风险。因此，营销人员必须尽力减少顾客和分销商所感知到的、新产品所带来的风险。在某种程度上，教育、产品质量保证书、委托销售或其他营销手段可以解决这一问题。

美学

美学指人们对某种文化中的艺术、音乐、民俗和戏剧中的美和品位所持的态度。特定文化的美学，对解释不同艺术表达形式中的符号含义有着重要作用。即使是在高度相似的市场中，什么可以接受、什么不可以接受也存在巨大的差异。在广告中，有关"性"的主题就是一个例子。

> **美学**
> 指在不同文化中人们对艺术、音乐、民俗和戏剧的鉴赏力是不同的。

因此，深入评价在产品、包装设计、颜色、品牌名称和符号中的美学要素对企业来说至关重要。例如，美国的一些传达积极含义的传统品牌名称，在其他国家可能有着截然不同的含义，这可能会极大地损害企业形象和营销效果（见表 7.3）。

表 7.3 美国的品牌名称和口号在国外翻译后引起的歧义

企业	产品	品牌名称或口号	国家	含义
ENCO	石油	以前的名字叫 EXXON	日本	"抛锚的车子"
American Motors	汽车	Matador	西班牙	"杀手"
Ford	卡车	Fiera	西班牙	"丑陋的老女人"
Pepsi	软饮料	"Come alive with Pepsi"	德国	"从坟墓里出来"

资料来源：Copeland and Griggs (1985, p. 62)。

宗教信仰

一些主要的宗教信仰大多是由一些不同的国家文化所共有的：

- 基督教是最为盛行的宗教之一。大多数基督教徒主要生活在欧洲和美洲。不过，非洲信仰基督教的人也在急剧增长。
- 伊斯兰教主要流传于非洲、阿拉伯国家、地中海沿岸国家和印度尼西亚。近年来，伊朗、巴基斯坦、阿尔及利亚和其他一些地方宗教激进主义者也有所增加。
- 印度教在印度颇为常见。印度教的教义强调每个人灵魂的历练与进步，而不是追求努力工作与创造财富。
- 佛教在中亚和东南亚地区、中国、韩国和日本根深蒂固。同印度教一样，佛教强调精神修养，而不是追求财富，但是这些地区持续的经济发展并未显示出佛教会阻碍经济活动。
- 儒家文化主要植根于中国、日本和韩国，它主要强调上下级之间的忠诚和责任，这对这些地区家族企业的发展产生了重要影响。

例如，在伊斯兰教、佛教或基督教的共同信仰下，宗教可以为跨文化交流提供一些共识。美国和欧洲都尽力将政府事务和宗教事务区分开来，并仍对个人的不同宗教信仰保有一定程度的尊重。在一些国家，如黎巴嫩和伊朗，宗教则是政府存在的根基，也是影响商业、政治和教育活动的主导因素。

宗教可以通过以下几种方式直接影响国际营销战略：

- 宗教假期在各国差别很大。不仅基督教徒和伊斯兰教徒的宗教假日不同，即使是基督教国家之间也会有所不同。一般而言，星期天是所有以基督教为主要宗教的国家都有的宗教假日，而在伊斯兰国家，整个斋月实际上都是宗教假日。

举个例子，在斋月期间，沙特阿拉伯的伊斯兰教徒从日出到日落都会禁食。因此，工厂的产量会下降。许多伊斯兰教徒会在日出前进食，并吃下他们认为足以支撑到日落的食物。这一定会影响他们工作所需要的体力和耐力。管理层如果在这时还想保持正常的产出水平，就会遭遇抵制。因此，管理人员必须对这种习俗和其他类似的习俗保持足够的敏感度。

- 消费模式可能会受到宗教要求或禁忌的影响。天主教徒星期五吃鱼，就是一个经典的例子。另外，印度教徒禁食牛肉，伊斯兰教徒和犹太教徒禁食猪肉。以色列、中东的伊斯兰国家（如沙特阿拉伯、伊拉克和伊朗）、东南亚国家（如印度尼西亚和马来西亚）都禁食猪肉。
- 伊斯兰教徒每天要面向圣城麦加所在的方向做 5 次祷告。前来观光的西方人必须了解这一宗教仪式。在沙特阿拉伯和伊朗，管理人员和工人都会在地板上铺上毛毯，一天中数次跪下进行祷告是非常常见的现象。
- 女性在经济中所扮演的角色依文化不同而存在差异，在这方面，宗教信仰是主要原因。在中东地区，女性仅限于消费者、工人和市场调查中的被调查对象等角色。这样的差异，就要求对适用于西方国家的管理方法进行大幅度的调整。除此之外，女性的穿着不能露出胳膊、腿、躯干和脸。因此，美国女性到访这些国家，应该尊重当地的穿着习俗。

> ### 示例 7.3
> ### 宝利来相机在伊斯兰国家市场的成功
>
> 在过去的 30 年中，宝利来（Poaroid）的即时成像相机（尽管最初的相机现在已经买不到了）对瓦解阿拉伯世界禁止照相的文化起到了重要作用，那些蒙面的女性现在终于可以露出她们的面庞了。
>
> 在 20 世纪 60 年代中期，宝利来相机进入伊斯兰国家时，它发现即时摄影特别受到消费者的青睐。由于宗教信仰的限制，这些国家照相馆为数不多。但是当拥有宝利来即时成像相机之后，阿拉伯国家的男士们就可以自由地给妻子和女儿拍照，再也不用担忧照相馆里自己妻子或女儿的脸会被陌生人看见，也不用担心自己的照片被其他人复制了。
>
>
> ROBYN BECK/AFP/Getty Images.
>
> **资料来源：** Harper（1986）。

7.5 霍夫施泰德关于民族文化的原创性著作（"4＋1"维模型）

国际企业的管理人员可能既没有时间，也没有资源去全面了解一种特定的文化。但是，熟悉不同文化间普遍存在的差异，往往可以为企业制定正确的战略提供有益的指导。霍夫施泰德（Hofstede，1983）提出了一种识别不同民族文化之间基本差异的方法。他试图去解释这一项象，即关于动机的一些概念，在各个国家的作用方式并不相同。霍夫施泰德的研究基于 IBM 庞大的数据库，他选取 1967—1973 年这一区间，使用了 116 000 份调查问卷进（来自 IBM 的员工），涉及 72 个国家、20 种语言。

根据霍夫施泰德的研究，不同国家的人们在对国家文化的看法和解释方面会存在四个维度的差异：权力距离、不确定性规避、个人主义和男性化倾向。

1. 权力距离是指人们在物质和教育方面不平等的程度（也就是从相对平等到极度不平等）。在权力距离较大的国家，权力集中在以高层决策者为代表的少数人手中，而下层的人们仅仅需要执行上级的决策。这些国家的人们会欣然接受财富和权力的差异。但是，在权力距离较小的国家，权力非常分散，而且人们之间的关系也更为平等。权力的距离越小，就会有越多的人希望能够参与组织机构的决策过程。日本就是权力距离较大的国家的典型例子。在美国和加拿大,权力距离属于中等水平,但丹麦、奥地利和以色列的权力距离水平的排名则较为落后。

2. 不确定性规避是指一国的人们对正式规章制度和固定生活模式的偏好程度。例如,职业结构和法律都是为了增强人们安全感的工具。在不确定性规避中,较为重要的一个维度是承担风险的态度。高不确定性规避是与风险厌恶联系在一起的。在不确定性规避程度较低的社会中,人们会勇于面对未来,而无须承受无穷无尽的压力。在不确定性规避程度较高的文化中,管理人员会制订长期的计划,尽可能地降低未来不确定事件可能造成的压力。在不确定性规避方面,美国和加拿大得分较低,这表明在这些国家里,人们处理未来变化时更加乐观和主动。比较而言,日本、希腊、葡萄牙和比利时等国家则得分较高,表明这些国家的人们希望未来更加结构化和具有可预见性。

3. 个人主义指一国的人们以个人身份进行活动(而不愿意以群体成员的身份进行活动)的意愿的强烈程度。在个人主义的社会中,人们往往以自我为中心,对他人的依赖相对较低。他们往往把个人目标的实现置于集体目标之上。比较而言,在集体主义的社会中,社会成员一般都有一种团队精神。他们互相依赖,并寻求相互包容,以便保持群体的和谐。集体主义的管理者对他们的企业高度忠诚,并服从集体决策。英国、澳大利亚、加拿大和美国这些国家个人主义程度较高,且得分接近,而日本、巴西、哥伦比亚、智利和委内瑞拉的个人主义程度则相对较低。

4. 男性化倾向是指一个社会中"男性化"价值(如成就、事业、成功、金钱和竞争)凌驾于"女性化"价值(如生活品质、维持良好的人际关系、服务、关怀弱者、保护环境和团结)之上的程度。男性化文化体现了男性和女性的社会角色差异,这种文化认为大的才是重要的,而女性化文化则认为"小即美",并强调生活和环境的质量高于物质的结果。男性化指数相对较高的国家包括美国、意大利和日本;男性化指数较低的国家有丹麦和瑞典,这些国家的人们努力工作是源于对更加高品质目标的追求。男性化程度得分的不同,也反映到可获得的工作机会类型和与之相关的职业流动性等方面。

示例 7.4
万豪国际酒店与亚洲高权力距离的交锋

万豪国际酒店(Marriott International)的业务遍及世界 60 个国家,并且有意进一步扩张旗下业务,尤其是亚洲市场的业务。在万豪集团的每一家酒店,和它新进入的每一个区域,都会将"关心员工"这一理念置于首要地位。而这一理念的重心也会根据不同地区而做出相应的调整。在东欧,员工通常对管理持有怀疑态度,万豪集团的主要任务就是获取员工信任,并与员工建立情感联系;而在亚洲,员

Thomas J. Peterson/Alamy.

工授权这一理念并未得到普及（即高度的权力距离）。因此，企业的主要精力放在了训练员工如何做出独立决策及采取主动上。

资料来源：整理自 Bellin and Pham（2007）。

5. 时间观点。在霍夫施泰德完成最初研究的几年之后，Hofstede and Bond（1988）通过对 23 个国家的研究，又发现了文化差异的第五个维度。最初他们将其称为"儒家动力学说"（Confucian dynamism），之后又重新命名为"时间导向"（time orientation）。时间导向指某一组织的成员表现出一种实用的未来导向的观点，而非一种传统历史的或短期的观点。长期导向（long-term orientation，LTO）指数包括：毅力、按资排辈并遵守这一秩序。与之相反的是短期导向，包括个人的坚定性和稳定性。

在大多数东南亚地区的市场，如韩国和中国内地、中国香港、中国台湾这些国家和地区，长期导向指数往往很高。这种趋势与当地盛行的儒家文化有关。另一方面，欧洲许多国家却是短期导向的国家。

7.6 霍夫施泰德模型的优点和缺点

该模型的优点：
- 虽然霍夫施泰德模型的数据已有 30 年的历史，但迄今为止还没有出现其他基于如此大样本（11.6 万个被调查者）数据进行的研究。
- 调查总体（IBM 员工）在各国间进行了控制，这就意味着可以在不同国家之间进行比较。虽然把这一模型应用到同一民族文化下的其他职业群体具有一定的困难，但这仍是其优点之一。
- 四种维度深入揭示了各种文化的价值观，可以在各国文化间进行有意义的比较。
- 每个维度的内在含义高度相关。向被调查者提出的问题都与国际企业管理人员曾经遇到的重要问题有关。
- 没有其他任何研究能对各国文化进行如此详细的比较。目前为止，这是此类研究中做得最好的。

该模型的缺点：
- 与其他所有有关国家文化的研究类似，霍夫施泰德模型假定各国的领土边界和文化边界是一致的。但是，我们不应该把文化的同质性当作是理所当然的，有些国家包含着多种文化群体，或是除了主流文化群体外，还有亚文化群体，如美国、意大利（南北之争）、比利时（法国文化和佛兰德文化）和西班牙（巴斯克文化、加泰罗尼亚文化和卡斯蒂里亚文化）。南斯拉夫在 20 世纪 90 年代的解体，就证实了在一个分裂的民族文化中建立紧密的政治实体是徒劳无功的。

- 霍夫施泰德模型中的被调查者都是在同一个行业（计算机行业）和同一个跨国公司。因此，调查结果会产生一定的误导，主要基于两个方面：第一，在任何一个国家，IBM 员工的价值观都仅仅代表社会中一个很小的群体（受过良好教育的、中产阶级、城市居民）；第二，其他一些社会群体，如非技术型手工工人、公共部门的员工、家族企业的企业家等，都或多或少地被忽略了。因此，任何以单一企业的员工作为调查对象的研究通常都会产生这种代表性不足的问题。

- 由于霍夫施泰德模型四个维度之间的相互重叠，使霍夫施泰德的研究具有一定的技术困难，如：低权力距离/女性化倾向，高权力距离/男性化倾向这两个维度之间就有一定的重叠。

- 类似地，文化的四个维度在不同的文化中可能有着不同的定义。例如，在一种文化中集体主义者的行为，在其他文化中可能会有不同的意义。举个例子，日本人的集体主义是基于企业，而中国集体主义的基础则是家庭。按照日本的文化，在日本企业工作的中国人如把家庭的利益凌驾于企业的利益之上，就会被认为对企业不够忠诚，而且不值得充分信任。

示例 7.5
宝矿力水特——在亚洲拓展的日本软饮料企业

宝矿力水特（Pocari Sweat）是产自日本的运动型软饮料，非常受消费者欢迎，由大冢制药有限责任公司制造生产。该品牌在 1980 年创建于日本，目前已经在国际市场上站稳了脚跟。宝矿力水特目前在 16 个国家和地区销售，包括韩国、泰国、印度尼西亚、埃及、阿拉伯联合酋长国、中国大陆和中国台湾等。另外，在世界许多城市的唐人街，消费者都可以买到宝矿力水特。

www.pocarisweat.info

宝矿力水特的口号是：

"宝矿力水特——迅速补充身体流汗后缺失的水分和电解质。"在宝矿力水特的广告中还提到，"人体的大约 60% 是由体液构成的，在体液中保持着钠离子和其他离子的平衡"。不同于奇怪的命名和半透明的液体颜色，宝矿力水特品尝起来并非像汗水的味道，而是口感温和，还有一些淡淡的甜味。

- 你如何评价宝矿力水特这一品牌的名称和它的口号？

资料来源：大冢制药有限责任公司，www.pocarisweat.info。

7.7 如何管理文化差异

在识别并分析了影响商业活动的文化环境中最为重要的因素之后，国际营销人员就能够根据这些分析结果做出相应的决策了。

与第 8 章的内容（国际市场选择过程）相一致，具有较低吸引力的市场无须给予进一步的考虑。而另一方面，对于那些吸引力较大的市场，营销管理者就必须决定如何针对特定的文化做出适当的调整。

例如，考虑"准时"这个例子。在大多数低情境的文化下——如德国、瑞士和匈牙利等国——认为准时非常重要。如果你要在上午 9：00 参加一个会议，而你在 9：07 才到达会场，你就是"迟到"了。这些文化认为准时很重要，开会迟到（这样就浪费了那些必须等你的人的时间）是不受欢迎的。

相比较而言，在南欧一些国家和拉丁美洲国家，人们的时间观念是富于弹性的。这并不意味着某类文化群体是"错"的，而另一类就是"对"的。只是反映了不同文化群体中由于各种不同的原因以及随着时间的演进形成的不同的时间观念。文化能够而且确实正在以独特的方式对世界各地的商业活动产生影响。

文化差异影响商业活动的另一个例子，是呈送名片的方式。美国有一种"非正式"的文化，因此人们递名片的方式非常随意。名片被很快地发到别人手里，而且接受名片的人在收到名片后会迅速地放入口袋，以备日后使用。

而在日本，文化则相对"正式"。给别人递送名片是一件非常重要的事情。递名片的人要以双手将名片毕恭毕敬地递给对方，而接受名片的人则在接过名片后必须仔细阅读名片上的内容。这样的程序，往往可以使人清楚地了解名片上所示的头衔：这一点，对日本人而言极其重要，因为在企业等级体系中的职位，对日本人而言意义非凡。

假如你很随意地接过日本人递过来的名片，并很快放进自己的口袋，日本人会觉得你不尊重他们。但在美国，如果你仔细阅读名片内容，美国人也会有负面的解读，因为他们认为这样做，是名片内容的真实性受到怀疑。

这些关于时间观念和呈送名片方式的例子，只是文化因素影响商业关系的众多方面中的两个例子而已。

为了理解另一种文化，我们不可避免地会基于自己文化中现有的知识来对新的文化环境做出解读。

在国际营销中，以当地市场买方或潜在买方的身份去了解新市场，尤为重要。为了使市场营销更加具有可操作性，国际营销人员要明确每个市场里购买者的特点，而且需要有效地利用市场调研这一途径。

Lee（1966）使用"自我参照标准"（self-reference criterion，SRC）这一术语来描述这样一种现象：人们无意识地把自己的民族文化当作基本标准来衡量他人的文化。他提出一种可以消除自我参考标准的方法，主要包括四个步骤：

1. 根据本国文化、特质、习惯和规范来定义问题或目标。

2. 根据外国的文化、特质、习惯和规范来定义问题或目标。

3. 排除自我参考标准在解决问题时产生的影响，并仔细检查其是如何将问题复杂化的。

4. 排除自我参考标准的影响之后，对问题进行重新定义，并据此解决国外市场里的特殊状况。

因此，在一国独特的环境中去认识该国文化，是尤为重要的。要认识到不同文化之间存在的差异并没有孰优孰劣之分。只有这样，人们才能够比较客观地探索各个文化之间的差异点与共同点，最终找寻这些异同点产生的原因并做出解释。

7.8 世界文化的趋同和分化

如前所述，对国际营销的成功而言，将对于不同文化的知识与营销战略的全球化与一体化相结合，是十分关键的。

似乎不同年龄段的人对文化全球化的态度也有很大差别。一般而言，青年文化比其他年龄群体更加国际化和全球化（Smith，2000）。

青年文化

各国的产品或服务也许处于不同的发展阶段，但绝大多数情况下，各国的青年人却变得越来越同质化。青年文化呈现出更加国际化，而非更加民族化的特点。尽管一些强烈的民族特征和信仰仍然存在，但这些东西正在逐步被侵蚀殆尽。麦当劳文化席卷南欧，与此同时，通过卫星还可以收看到受 MTV 价值观影响的节目，而且，全世界的观众都能看到《辛普森一家》（The Simpsons）和"瑞克湖"（Ricky Lake）这些英语文化的节目。

专家已经达成共识，青年人市场和成人市场的差异在几个关键方面正在慢慢变化。青年顾客比较看中产品的质量，同时具有相当的产品辨别能力和技术知识水平。他们更加独立，勇于承担责任，而且更加敏感、富有经验且早熟。

代际界限变得愈发模糊。许多引领青年人的潮流领导者都是 30 多岁或 40 多岁的人，如音乐家、体育明星等。文化和家庭的影响在欧洲和世界其他地区仍然占据重要地位。青年人几乎没有榜样，但他们却非常敬仰在音乐、体育方面有所成就的人以及自己的父母，尤其是白手起家、依靠自己的勤奋获得成功的父母。

在考虑到不同年龄群体的界限变得日益模糊的同时，也要权衡跨国界文化融合的趋势。营销人员必须注意到，在对青年人做营销时，不能使用公然针对青年人的战略。因为，他们对那些明显针对"青年人"的促销活动感到反感，而且认为这样的活动是虚伪的和具有欺骗性的（Smith，1998）。

现在的青年人相对于其前辈拥有更多的自由。他们的文化意识更强烈，不愿意看任何事物或人的脸色行事。Pasco（2000）发现，现在让青年人对名人产生敬佩之情已变得愈发困难。名人经常令青年人感到失望，他们甚至可以放弃自己最初所赢得的尊重。

对名人的失望，促使青年人不得不寻找其他激励自己的因素。他们会从其他不同的人那里，选择和吸收适合自己的价值观，而不是全盘接受。此外，尽管现在的青年人对企业并不信任，但他们却一直追逐品牌。对他们而言，对品牌进行情感投资往往比给名人投资更加安全。

7.9 文化维度对道德决策的影响

随着越来越多的企业从事国际化经营活动，管理人员认识到文化差异对道德决策的影响逐渐变得重要，因为这种认识有助于企业避免一些经营中存在的潜在缺陷，并帮助企业设计出更有效的国际营销管理方案。

文化是道德决策过程中的一个基本决定因素，它直接影响个体对道德问题的理解、选择和结果。为了在当前的国际市场上取得胜利，管理者有必要明确思想、价值观和道德标准是如何随着文化的变化而变化，进而如何影响到市场营销决策的。

在一些国家（例如印度），如果想让货物通过海关进入印度，海关人员通常要索取一定的费用。在其他国家，这种行为也许会被视为贿赂和违法行为，而在印度却是合法的（至少在一定程度上）。在这种情况下，企业就会面临一个问题：是向海关人员行贿，还是把货物长时间地放在海关仓库中等待正常的清关呢？

因获取服务而支付给外国中间商和咨询企业的费用和佣金也是一个特殊的问题——合法的劳务费用在什么情况下会变成贿赂？雇用外国中间商或咨询企业的一个理由就是从他们与当地决策者，尤其是与政府官员的接触中获利。假如出口中间商把企业所支付的费用和佣金的一部分用于贿赂当地官员，企业对此则显得鞭长莫及。

因此，每一种文化（国家的、行业的、组织的和专业的）建立了一套商业行为的道德准则，即商业道德准则。这一套行为准则会影响到企业的所有决策和行为，包括生产什么、如何生产（或不去生产）、工人应付工资数额、工人工作条件和工作时长、竞争策略、沟通方式。商业行为的对错标准和公平标准，哪些行为易受道德规范的影响，上述问题都受到其所处的文化环境的影响（贿赂问题将在第 19 章中进行讨论）。

图 7.3 显示了跨国公司遵守道德规范的程度。该图显示了从最不道德的行为一直到最道德的行为决策的连续统一的过程。

仅仅遵守法律法规的行为，被认为是可接受的道德行为的最低标准。如果一家企业属于最道德的企业，那么它必须解决以下六个方面的主要问题：

1. 组织关系，包括竞争对手、战略联盟和当地信息来源。
2. 经济关系，包括财务、税收、转移价格、当地再投资和股权参与。
3. 雇员关系，包括薪水、安全、人权、非歧视、集体议价、培训和性骚扰。
4. 客户关系，包括价格、质量和广告。
5. 行业关系，包括技术转移、研究与开发、基础设施建设以及组织的稳定性和

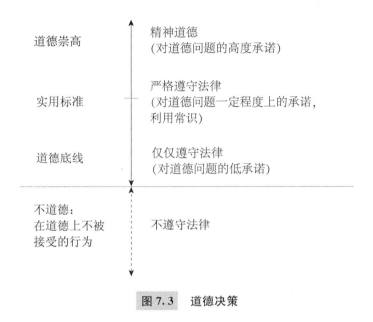

图 7.3　道德决策

寿命。

6. 政治关系，包括遵守法律、贿赂和其他腐败行为、补贴、税收激励、环境保护和政治参与程度。

示例 7.6
谷歌决定停止对其中国网站内容的审查

中国拥有世界上最大的网络用户群体。根据一项政府数据，中国有 3.84 亿网络用户，比美国的总人数还要多。预计到 2013 年，这个数据将会变为 8.4 亿，即中国人口总数的 61% 左右。

谷歌是世界上最大的搜索引擎公司，于 2000 年首次进入中国市场，并建立了中文界面的网站。谷歌将 Google.com 的中文界面网站的维护设在美国，同时处理来自中国的搜索请求。采用这种办法，这一高科技企业将不受中国审查制度的管制，因为谷歌的物理实体不在中国，而且谷歌也不需要中国政府颁发任何营业牌照。

2004 年，谷歌意识到其在中国的业务运作模式可能难以为继。谷歌的市场份额正被百度所侵蚀，其他一些企业（如微软和雅虎）也凭借他们在中国本土的影响力而获取了部分市场。在 2006 年 1 月，谷歌宣布在中国成立 Google.cn，并且遵守中国的网络过滤的规定。在 Google.cn，为了遵守中国的法律法规，谷歌屏蔽了一些中国政府认为具有破坏性或者颠覆性的资料和相关链接。中国政府对互联网的控制非常严格，政府会删除一些他们认为有害的信息，比如色情和暴力的内容，以及一些政治敏感性的材料。

2010年1月12日，谷歌宣布将不再对Google.cn的内容进行审查，还声称中国人权活动者的Gmail账户遭到黑客入侵。2010年3月22日，谷歌又重复了这条信息，也从事实上表明谷歌退出中国市场的决心。

Google在中国的搜索引擎市场仅仅排名第三，而占据第一把交椅的则是本土的搜索引擎巨头——百度。尽管谷歌的收入在上升，许多分析师认为谷歌在中国将会经历一段艰难的时光，而且，在退出中国市场之后，要想再次回归将会面临重重困难。

- "谷歌选择退出中国市场，而不是遵守中国政府的关于审查制度这一决策"是否明智？

资料来源：整理自各种公开资料。

我们一般很容易就能得出政治回报和其他类型报酬的道德标准；但在决定什么时候不该进行支付的时候，特别是如果不这样做就会影响到企业的盈利能力时，还是会觉得非常困难。由于不同文化的道德标准和道德水平不同，所以国际商务中有关道德与实用主义的两难问题无法得到有效解决。为此，就要求越来越多的国家愿意有效地面对和解决这类道德问题。只有这样，上述两难困境才可能得到有效解决。

7.10 社会营销

社会营销是将商业营销技术应用到相关项目的分析、计划、执行和评估之中——这些项目旨在对目标顾客的自发行为产生影响，以便提高他们的个人福利和社会福利水平（Hastings, 2003）。

> **社会营销**
> 为帮助改善目标顾客的个人福利（例如鼓励人们戒烟），通过计划、执行和项目评估等来影响目标顾客的自发行为。

社会营销旨在改变人们的行为：鼓励人们戒烟、锻炼或者参观性健康诊所。在大多数情况下，这些变化都不会是一蹴而就的，而是包括一系列步骤：从最初的一种意图到实施之后的强化。这是一个动态的、不确定的过程。在整个过程中，个体可能在任何一个时点上退出或改变主意。

社会营销是建立在信任的基础之上，因此，我们首先需要思考如何建立长期关系。

社会营销与商业营销有着清晰的联系。但是，社会营销与商业营销又有着鲜明的区别：社会营销主要解决社会问题，而商业营销的研究重点则在生产各种产品和服务，以便获取利润。通常情况下，社会营销的顾客并不期望付出与所提供服务的成本相匹配的某一价格，但商业营销的顾客往往会进行这种比较。而且，社会营销不应该与社会责任相关的营销活动相混淆，因为与社会责任相关的营销活动是所有营销从业者都应当考虑的。社会责任营销是商业营销中的一种，只是在对自己的产品或者服务进行营销的时候会充分考虑社会责任问题。

社会营销关注的是如何影响人们的行为，使人们改变原来的造成某种社会问题的行为方式或者生活方式，并引导他们养成其他的一些行为或生活方式，以便改善这些人的福利（或者其他人的福利）。改变人们行为的尝试，可能包括修正人们的态度、价值观、规则和想法，也可能需要改变社团或者群体中与自己生活有联系的个体的行为和价值观。

个体的福利或者社会福利并不仅仅由身处其中的个体主观地认定，而是与经过社会讨论和争辩过程之后的决定有关，但这并不意味着每一个个体都会赞同这一过程。

通常，社会营销的目标顾客并不认为自己正在受某种问题的困扰或者个体福利正在遭受损失。至少在一开始，有些顾客可能会这么认为。因此，对社会问题的认识是一个独立的问题，有人相信，也有人不相信。在社会营销中，遇到这样的事情是很正常的：虽然社会营销人员觉得某个个体或群体存在某种问题，但他们自己却认为自己并没有这方面的问题。例如，青少年酗酒和吸毒；在孟加拉国，穆斯林父亲认为自己的女人不应该接受教育；非洲的部分男性希望自己未来的妻子能够接受割礼。案例11.1（The Female Health Company）在改变性行为方面所做的尝试（尤其是针对发展中国家的女性）就是社会营销的内容。

7.11 总结

对于国际营销人员而言，了解顾客的个人价值观和顾客认同的行为规范十分重要，这有助于他们更加适宜地开展营销活动。同时，营销人员也必须熟悉拥有共同认知的群体，因为这种共同认知能够使这一群体对某种产品产生相同的观点、采取相似的行为方式，从而简化营销人员的工作。这样的群体很可能是跨越国界的。

如何看待其他的文化往往与我们自身的思维模式密切相关。因此，在对别的文化进行分类时，要避免种族中心主义倾向是非常困难的。对文化进行分类，对在全球市场上实施营销和广告战略非常必要。按文化的不同维度对其进行分类，是一种比较有效的方法。这种方法能够把不同文化的异同点一一列举出来。很多文化差异主要体现在沟通的方式上。在本章，我们已经讨论了几种不同的文化分类模式。

高情境和低情境文化

高情境和低情境交流文化的差异能够使我们理解这样的问题：为什么亚洲人（高情境文化）和西方人（低情境文化）的风格迥然不同，为什么亚洲人沟通比较含蓄而西方人沟通比较直接。而其他维度，如对时间的不同观念，也可以用来解释东西方之间的一些文化差异。

霍夫施泰德模型

为了提供一种更为精确的文化分类体系,霍夫施泰德在对所收集的大量数据进行深入研究之后,提出了对工作相关的价值观进行比较的"4+1"模型。这一模型也可以用来比较与消费价值观相关的文化。因此,人们后来常常用这一模型来解释不同文化背景下的营销活动和广告宣传活动的价值观和动机。

霍夫施泰德模型也可以用来解释实际的消费行为和产品使用的差异,用来预测消费者行为或者某种文化背景下营销战略的有效性,也可以为那些意图开展国际营销业务和实施国际广告战略的企业提供特别的帮助。

由于不同文化群体持有迥然不同的价值判断,这就使国际营销中的商业道德问题变得非常复杂。在一个国家被广为认同的、正确的东西,在其他国家可能是完全错误的、不被认同的。例如,在西方国家,向客户赠送昂贵的礼物通常会受到谴责,但在世界上许多其他国家,人们不仅接受礼物,而且还希望别人送礼。

社会营销就是旨在改变某种社会行为的项目计划与实施活动(例如,戒烟就是一种生活习惯的改变)。社会营销是一种用来改变人们思维方式以及行为方式的系统。社会营销是在商业营销概念的基础上发展而来的,它与商业营销一样,也是利用调研去获取目标顾客的信息。不过,社会营销的目的在于改变人们比较老旧的观念,并且将注意力集中在新概念上,以便提高人们的生活价值。在非营利组织、政府机构、社区组织、私人基金会、社会和健康问题联合组织,甚至在任何想在社会上拥有影响力的实体组织中,社会营销都非常流行。

宜家的产品目录:有文化差异吗?

英瓦尔·坎普拉德(Ingvar Kamprad)于1943年在瑞典的阿姆霍特创建了宜家(IKEA)。企业的名称由他的姓氏、家族农场以及他从小长大的村子名称的首字母构成:Ingvar Kamprad Elmtaryd Agunnaryd——IKEA。

宜家的经营哲学是:"我们将以低价位提供各种设计精良、功能性的家具,以便使得更多的人能够买得起这样的家具。"

20世纪40年代末期,当地报纸刊登了宜家的第一则广告。宜家产品的需求大增,英瓦尔·坎普拉德已无法应付大量的销售电话。因此,他开始制作邮购的产品目录,并且通过乡村的牛奶卡车将自己的产品运送出去。这一机智的办法解决了难题,也促成了宜家产品目录的诞生。

宜家的产品目录在1951年首次用瑞典语公开发行,2009年起,每年夏天宜家都会发布新的产品目录,多达56个版本,遍布35个国家,涉及27种语言。宜家的产品目录被认为是零售业巨头的主要营销工具,其成本占了年度营销预算的70%。就发行数量而言，宜家的产品目录甚至超过了《圣经》——据估计世界范围内发行量为1.99亿册（2009年），是《圣经》销量的三倍（然而，当宜家目录免费之后，《圣经》仍然是非小说类销量最大的出版物）。

在欧洲，宜家产品目录的发行量为每年2.2亿册，目录有300多页，包含约12 000种产品。宜家产品目录可以通过邮寄索取或者在商店里获得，而且都是免费的。每年8、9月份是目录发放的时间，并且全年有效。宜家承诺在目录有效期内，上面的所有价格都不会发生任何改变。大部分的宜家产品目录都是由宜家的家乡瑞典阿姆霍特的宜家目录服务企业AB出品的。

2009年年初的时候，280家宜家商店获得Inter IKEA Systems BV的特许经营权，2005年宜家的总营业额为227亿欧元。

宜家在其进入国家的家具市场中的份额仅有5%—10%，但更为重要的是宜家的品牌知名度要远大于宜家企业的规模。因为宜家不仅仅是一个家具制造商。它销售的斯堪的纳维亚式的生活方式受到世界各地顾客的喜爱。

宜家产品目录中的同款产品在丹麦和中国上海的不同展示
Inter IKEA Systems BV.

文化差异

宜家的产品约有12 000种。每一家店面根据店内空间的大小选择要销售哪一种产品。但是每一家商店的核心产品种类是相同的，而不同国家的宜家产品目录却是不同的。这里我们展示了同一款产品的两个不同版本，分别取自丹麦和中国的产品目录。

▶ 问题

1. 讨论宜家对世界上所有国家的产品目录中都展示同样的产品类别的利弊。
2. 产品目录是宜家国际营销计划中最重要的要素。讨论文化差异是否会影响目录作为市场营销工具的有效性。

3. 阐述对同一款产品的不同版本（来自丹麦和中国的产品目录）的展示中所体现出的文化差异。

资料来源：www.ikea.com。

问题讨论 ▶▶▶▶

1. 英语是国际通行的商务语言，那么对英国的管理人员而言，是否有必要学习一门外语？

2. 根据 Hofstede 和 Hall 的说法，亚洲人（a）更加具有集体主义倾向，（b）家庭导向，（c）更在乎社会地位。这些特征会如何影响你在亚洲地区的营销方式？

3. 你认为国与国之间的文化差异比一国国内的文化差异更加重要，还是更加不重要？在什么情况下哪一种更重要呢？

4. 试证明伊斯兰国家对营销活动可能有的一些限制政策。可以通过本章的例子来证明。

5. 文化的哪一个层次对商人的行为影响最大？

6. 本章重点讨论的是文化对国际营销战略的影响。试讨论营销活动对文化的潜在影响。

7. 自我参照标准在国际商业道德中起什么作用？

8. 请比较你所在国家的妇女地位和其他国家妇女地位的差异。这种差异是如何影响妇女作为消费者和商人的行为方式的？

参考文献 ▶▶▶▶

本章参考文献可通过扫描右侧二维码获取。

第 8 章
国际市场选择过程

> **学习目标**
>
> 完成本章学习之后,你应该能够:
> - 定义国际市场选择,并指出在国际市场选择中可能遇到的问题。
> - 分析国际营销人员如何用二手资料和一手资料(标准)筛选潜在的市场或国家。
> - 区分初步筛选和精细筛选。
> - 认识国际营销战略中市场划分的重要性。
> - 在各种市场扩张战略中进行选择。
> - 区分市场扩张中的集中化和多元化战略。

8.1 引言

识别并进入"正确"的市场是极其重要的,原因如下:
- 这是成败的关键,尤其是在企业国际化的早期阶段。
- 这将影响所选国家的市场营销项目的性质。
- 所选国家地理位置的特点将会影响企业国外运营的协调能力。

本章将介绍一个国际市场选择的系统性过程。一项针对目前的国际化的美国企业的研究表明,一般情况下它们并没有遵循系统性的步骤,但那些在进行国际市场选择时遵循系统性的步骤的企业,通常业绩表现要更好一些(YIP *et al*.,2000;Brouthers and Nakos,2005)。

8.2 国际市场选择：中小型企业与大型企业

中小型企业和大型企业的国际市场选择过程非常不同。

在中小型企业里，国际市场选择过程仅是代理商变动所引起的应激反应。这个代理商很可能以主动发出订单的形式出现。政府代理机构、商会和其他代理机构也同样可能带来进入国外的市场机会。这些例子都是中小型企业进入国外市场的外部驱动因素，在这里出口商只是对特定市场的机会做出反应。

在其他情况中，中小型企业的国际市场选择过程是基于以下几个准则进行的（Johanson and Vahlne, 1977）：

- 低心理距离：国外市场的不确定性较低，从国外市场获取信息的感知难度较低。心理距离指的是语言、文化、政治系统、教育水平或者产业发展水平之间的差异。
- 低文化距离：母国和外国之间感知到的文化差异较小（文化差异通常被认为是心理距离中的一部分）。
- 低地理距离。

使用上述任意一种标准选择新市场都会导致心理距离的持续增加。这一选择仅仅限于中小型企业进入邻近的国家，因为地理上的邻近能够更加反映文化的相似性，可以了解更多的关于国外市场的知识并且更容易获取信息。当应用这一模型时，决策者将重点关注基于渐进主义的决策，此时，企业将进入那些他们最为熟悉的国家，并以此作为国际化的开端。一般而言，中小型企业在早期的国际化进程中比一些有国际化经验的大型企业更可能使用心理距离或者其他经验法则作为国际化的依据（Andersen and Buvik, 2002）。

为了简化决策过程，中小型企业将国际市场选择程序简化成为一种决策：是否进入邻近国家的市场。这么做的原因在于中小型企业的总裁通常缺乏人力资源与财务资源，因此他们就不得不仅凭直觉去选择目标市场。

Sylvest and Lindholm（1997）在一项关于丹麦中小型企业国际化的研究中，发现在国际市场选择的过程中，"老的"中小型企业（建立于1960年以前）与"年轻的"（建成于1989年之后）中小型企业的差异很大。年轻的中小型企业比起老的中小型企业要更早进入到更远的国外市场，而相反，老的中小型企业则更倾向于按照传统的国际市场选择步骤按部就班地行事。年轻的中小型企业国际化更为迅速的原因很可能是由于他们作为大型企业的子供应商的角色，相对而言，他们更像是被自己的大客户或者他们的国际网络拉入到国际市场的。

中小型企业首先需要做出的决策就是在一批不熟悉的市场中选择目标市场，而在许多国家已有业务经营的大型企业则需要决定在这些国家中的哪一个推出新产品。通过依赖现有的业务经营，大型企业很容易获得关于产品的详细的一手数据，这些一手数据要比任何二手数据的准确性都要高。也正是因为如此，大型企业的行为也更加主动。尽管对于中小型企业而言，根据直觉和实用主义原则选择进入市场是比较令其满意的办法，接下来的内容仍然将基于一个更加积极主动的国际市场选择过程，并对其进行系统化的、逐步的分析。

然而，在现实生活中，国际市场选择过程并非总是符合逻辑且严格按照渐进的顺序进行的，而是一个包括多个反馈环的迭代过程（Andersen and Strandskov, 1998）。此外，在众多小型的分包企业中，出口企业并未对国外市场进行主动筛选，而是由获得合同的主要合作伙伴（主承包商）做出国际市场选择的决策，进而将中小型企业拉入国际市场（Brewer, 2001; Westhead et al., 2002）。中小型企业通常向全球客户出售商品（所谓的国际客户），这些全球客户拥有国际化的经营范围，他们需要通过中小型企业在不同国家进行产品和服务的生产和分销。已经在不同国家拥有分销网络和生产厂址的中小型企业通常能更好地定位于服务全球客户，例如，在汽车制造领域（Meyer, 2009）。

8.3 建立国际市场选择模型

乌普萨拉学派关于企业国际化过程的研究认为：企业选择国外市场有几个潜在的决定因素，大体可以分为以下两类：（1）环境因素；（2）企业特征因素（见图8.1）。

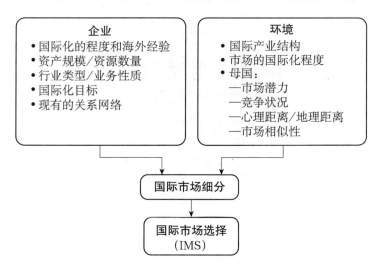

图 8.1 企业选择国外市场的潜在决定因素

我们首先来看一下环境因素。我们如何定义"国际市场"呢？以下有两个不同维度的定义方法可资借鉴：

1. 以一个国家或者若干国家作为国际市场。
2. 以具有相似特征的消费者作为国际市场。

根据第二种定义，一个市场可以由来自不同国家的消费者构成。

大多数关于国际营销的教材或研究都试图将世界市场细分为不同的国家或者国家

群。这主要是基于两个原因：

1. 以国家为单位获取国际化的数据更为容易（有时数据都是现成的）。而精确的跨国数据获取则相当困难。

2. 分销管理以及媒体推广都建立在单个国家的基础之上。大多数代理商/分销商仍旧只能在一个国家做产品代理。很少有代理商跨国销售他们的产品。

然而，按照国家市场或者多国市场来划分国际市场并不恰当。在很多情况下，国界线仅是政治协议或者战争的产物，而并不能反映出边界线两边消费者特征的不同。

市场筛选模型的展示

图8.1展示了一个国际市场选择的模型框架。接下来，我们将详细地探究方框中"国际市场细分"的具体细节。国际市场选择的要素如图8.2所示。

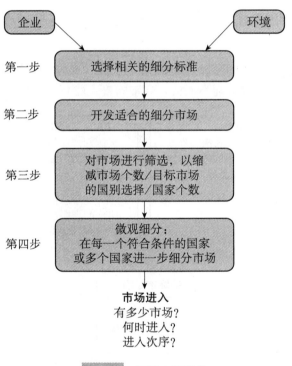

图8.2 国际市场细分

第一、二步：定义标准

大体来说，有效的市场细分有以下几大标准：
- 可测量性：选定的细分市场规模和购买力水平的可测量程度；
- 可获得性：接近并服务细分市场的程度；
- 可持续性/盈利性：细分市场足够大且能够盈利；

- 可操作性：企业拥有足够的资源形成有效的营销计划并将其实现的程度。

较高的可测量性和可获得性是一种更一般化的特征标准（见图 8.3 的顶部），反之亦然。

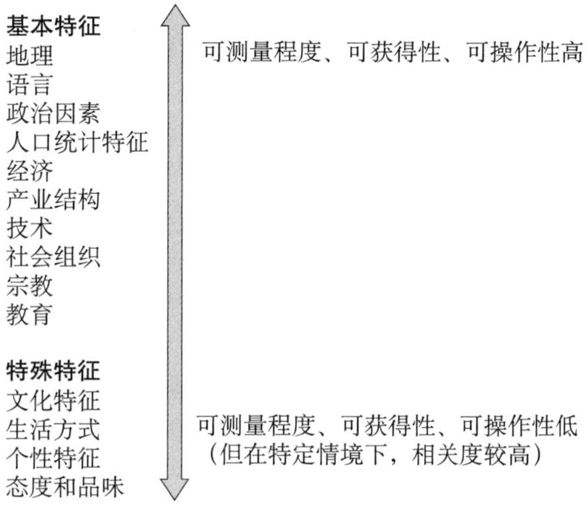

基本特征
地理
语言
政治因素
人口统计特征
经济
产业结构
技术
社会组织
宗教
教育

可测量程度、可获得性、可操作性高

特殊特征
文化特征
生活方式
个性特征
态度和品味

可测量程度、可获得性、可操作性低
（但在特定情境下，相关度较高）

图 8.3 国际市场细分的基本准则

意识到在市场细分过程中可以同时使用不止一个市场选择标准是非常重要的。

在第 6 章和第 7 章本书已经讨论了有关国际化环境的细分标准，并利用 PEST 模型对其进行结构化分析：

- 政治/法律；
- 经济；
- 社会/文化；
- 技术。

我们现在将对图 8.3 中提到的一般化和具体化的标准进行详细讨论。

一般化的标准

地理位置

在国际市场细分时，市场的地理位置非常重要。斯堪的纳维亚国家或者中东国家可以根据他们的地理接近性或者其他一些相似点进行归类。然而，地理位置本身就可以成为一个细分标准。例如，一些阿拉伯国家对空调的需求可能会让空调制造商将这些国家划为一个特定的市场群体。

语言

语言通常被认为是文化的一面镜子。首先，语言对国际营销人员的意义是不言自明的：广告需要翻译成本土语言；品牌名称必须能被大众所接受；商务谈判必须通过昂贵的翻译才能进行，甚至花费更为昂贵的翻译聘请费。在进行商务谈判的时候，语言流利是必备条件；有时甚至用母语进行说服和合约谈判都是非常困难的。

一个背后隐含的事实就是：语言可能隐含着某种思维模式或者不同的顾客动机。在这样的情形下，更好地掌握一门语言不仅能使沟通便利，还能无意识地强化对相关文化的洞察力。

政治因素

我们可以根据一个总体的政治特征对国家进行分类，并对国际市场进行细分。像最近的铁幕国家（Iron Curtain）就是一个以政治特征为基础的分类。一般来讲，中央政府的权力大小可以作为一个细分标准。例如，生产某种化学产品的企业，很可能由于政府的管制，而使得进入该国市场非常困难。

人口统计特征

人口统计特征是市场细分的一大重要依据。例如，通常可以根据老年人和儿童在总人口中所占的比重来分析人口特征。

如果一个国家的人口老龄化加剧，且每千人中婴儿的比率下降，正如一些欧洲国家的人口情形一样，婴儿食品企业可能就不会考虑进入这样的国家。在欧洲，出生率迟滞不前，而人均寿命却在不断提高。因此，婴儿用品相关行业，从玩具、食品到尿布均面临着激烈的竞争。个人电子消费品和住房产业也同样会受到波及。

经济

正如之前的研究所示，经济发展水平可以作为一个国际市场细分的重要变量。电子洗碗器或者厨具烘干器的推广使用需要达到一定的经济发展水平，因此类似的产品在印度的销量不会很好。但是在西欧的一些国家，这些产品却是居家的必需品。在特定的经济发展水平下才能出现一些特定的消费模式。人均收入较高的社会的消费者将会在服务、教育和娱乐上面花费更多的时间和财力。因此，可以按照不同国家的收入水平将其进行分类。

产业结构

一个国家的产业结构可以以其商业人口特征来展示。一些国家可能有许多小型的零售商；而另一些国家则可能依靠许多百货商店作为自己的零售渠道。一些国家可能以小型制造商为主，而另一些国家则以高度集中的、大规模的生产为主。在批发这个层面的竞争类型可能是国际市场划分的重要依据。因为国际营销人员会希望与一系列强有力的批发商进行合作。

技术

技术进步或者农业技术的发展水平很容易就成为市场细分的依据。一个想进入国际市场的软件企业可能希望根据每千人拥有的电脑数量作为市场细分的标准,而那些千人拥有个人电脑数量低于一定标准的国家可能并不值得企业进入。例如,该企业可能会发现,巴基斯坦、伊朗和大多数的阿拉伯国家,以及非洲和东欧的所有国家都不是特别理想的进入市场。

社会组织

在任何社会中,家庭都是一个重要的购买群体。欧洲的市场营销人员已经对所谓的生活在同一屋檐下的核心家庭形式(父母和子女)或者随着社会变迁而产生的单亲家庭司空见惯。在其他国家,社会基本单元则是三四代人都居住在一起的大家庭。

在美国,社会经济阶层经常被用作市场细分的工具。通常,社会阶层被划分为六个层级:最上层阶层、上层阶层、上层中产阶层、下层中产阶层、劳动贫穷阶层和最下层阶层。美国高收入专业人士被归入到上层阶层,即通过自己努力获取社会地位而非继承社会地位的"新富"。

相比之下,在俄罗斯除了将社会阶层划分为白领工人、蓝领工人和农民,很难找到更有用的划分方式。

宗教

在营销活动中,宗教习俗是非常重要的因素。最明显的例子就是,人们在圣诞节互赠礼物是基督教的传统之一,但即使是在如此简单的问题上,国际市场营销者也会遇到一些陷阱:因为在一些基督教国家,人们并不在圣诞节这天互赠礼物,而是在12月的其他日子或是在1月初赠送礼物。

宗教对市场营销产生影响的最显著的例子是在伊斯兰国家。以古兰经为基础制定的伊斯兰法律对人们的所有行为(包括经济行为)制定了一系列的规范。

教育

教育水平对国际市场营销人员具有重要的意义,主要是基于两点:青少年市场的潜力和发展中国家的识字率。

不同国家的教育系统各不相同,在职培训的方式也有很大的差异。因此,青少年市场的潜力在各国也会有很大的差异。

在多数工业化国家,识字率接近100%,并且所有媒体都对市场开放。而发展中国家的识字率则可能低到25%,甚至在个别国家识字率只有15%或者更低。尽管数字已经如此之低,但是实际情况可能比估计的数字更低。在那些国家,虽然有时有公共电视机可看,但电视机或者收音机已经超出了大多数人口的购买力。在这些国家开展营销活动的人员将面临巨大的挑战,可能更加需要视觉化的宣传材料。

特定的标准

文化特征

文化特征在世界市场细分中扮演着非常重要的角色。为了充分利用全球市场或者国际细分市场，企业需要了解不同市场上顾客购买行为的驱动因素。他们必须学会洞察已经存在的相似点的相似程度，或者通过市场营销活动获取相关的信息。一个特定社会中成员的文化行为通常受到一些动态因素的影响，这些动态因素也可以作为细分的标准：语言、宗教信仰、价值观和态度、物质因素和技术、审美、教育和社会制度。这些因素已在第 6 章和第 7 章做了详细的探讨。

生活方式

通常，对人们活动、兴趣或者观念的研究可以作为分析人们生活方式的工具。但是，此类研究还尚未基于国际化目的而开展起来。这也许是因为一些特定的消费习惯或者行为方式本身就可以作为正在研究的生活方式的指标。如，食品消费习惯就是此类指标之一。人们消费的食品类型可以很容易地反映当地人们的生活方式，这就是一个国际食品企业应该考虑的因素。例如，由于德国人喜好更为清淡的饮食，那么印度的辣咖喱口味的菜肴就不太受欢迎。较辣的阿拉伯菜肴在西欧国家同样也不会很受欢迎。

个性特征

个性特征能够通过一个人的行为方式反映出来。通常个性特征就是指脾气，因此，可以根据消费者的脾气进行市场细分。拉丁美洲和地中海地区的人们普遍都具有一些特定的个性特质，这些特质可以作为国际市场划分的依据。一个例子就是他们在购物时喜欢讨价还价。在定价方面，国际企业要有一定程度的灵活性以便给讨价还价留出余地。在土耳其，讨价还价几乎变成了民众的一种消遣方式。在伊斯坦布尔的地下市场，如果买家一次性接受卖家的出价而未讨价还价，会被认为是对卖家的一种冒犯。

态度、品味或素质

这些都是很复杂的概念，但是把这些概念作为市场细分的依据也未尝不可。某些文化中身份地位可以充当人们增强其自我概念或者提升他人对其印象的指标。

第三步：筛选市场/国家

这一筛选过程可以分为两步：
- 初级筛选。这是根据外部筛选标准（根据市场状况）对市场和国家进行的初步筛选。对于中小型企业，其内部资源的有限性（例如，财务资源）应当被纳入考量。

这样，就能够提前排除一批作为潜在市场的国家。
- 精细筛选。这里需要将企业在不同国家的核心竞争力（以及专门的能力）纳入考量。

初级筛选

即经过粗略筛选和宏观导向的筛选办法减少目标市场数量，其主要根据以下标准进行操作：
- 国与国之间的货物出口限制；
- 人均国民生产总值；
- 每千人拥有的轿车数量；
- 政府支出占国民生产总值的比重；
- 每张病床人口数。

> **商业环境风险指数**
> 在对国际市场进行粗略筛选和宏观导向的筛选时，非常有用的一个工具。

在筛选国家的时候，评估进入国家的政治风险是非常重要的。近些年来，营销人员发明了许多用于评估潜在市场风险的指数，其中之一就是**商业环境风险指数**（Business Environment Risk Index，BERI）。与商业环境风险指数类似的有国际商业检测（BMI，www.businessmonitor.com）。其他一些组织，例如经济学人智库（Economist Intelligence Unit）同样有国家风险测量服务（Country Risk Service，www.eiu.com）。或者也可以采用国际金融界权威杂志《欧洲货币》（*Euromoney*）的国家风险指数（Euromoney's country risk index）：他们的国家风险调研报告（Country Risk Survey）每两年发布一次，检测185个主权国家的政治和经济的稳定性。调研结果的重点一般都在经济方面，尤其是主权违约风险或者出口商的债务违约风险。这些国家风险分析报告的使用者通常需要付费才能使用这些服务。

BMI、《欧洲货币》、BERI和其他一些服务测量了一个国家最基本的商业氛围。他们在一年里分若干次从经济、政治和金融等方面对国家进行测量，赋值为0—4。综合BERI指数分布在0—100（见表8.1）。BERI指数曾经遭到质疑，怀疑其能否作为一种管理决策的基本工具。因此，在最终的市场进入决策做出之前，还需要一份深度的国家报告对其进行补充。

表 8.1　综合 BERI 指数中的标准

标准	权重	赋值 0—4	综合 BERI 指数⁺
政治稳定性	3		
经济增长	2.5		
货币可兑换性	2.5		
劳动力成本/生产率	2		
短期信贷	2		
长期贷款/风险投资	2		
对国外投资者和盈利的态度	1.5		
国有化	1.5		

续表

标准	权重	赋值0—4	综合BERI指数+
通货膨胀	1.5		
收支平衡	1.5		
合同的强制性	1.5		
行政延迟	1		
沟通方式：电话、传真、互联网	1		
本土化管理和合作伙伴	1		
专业服务和承包商	0.5		
总计	25	×4（最大值）	=最大值100

注：0=不可接受；1=较差；2=平均水平；3=高于平均水平；4最高水平。
+ 总分值：>80表示投资商较为青睐的环境，发达经济体；70—79表示投资商不太青睐的，但仍然是发达经济体；55—69表示具有投资潜力的不成熟经济体，可能是一个新型工业化国家；40—54表示高风险国家，可能是欠发达国家。企业的管理质量必须很高以识别其发展潜力。<40表示风险很高的经济体，除非有特别的理由否则只需投入少量资本。

另一种宏观筛选方法就是"份额转移法"（shift-share approach）（Green and Allaway，1985；Papadopoulos et al.，2002）。这种方法是建立在对不同国家之间进口份额的相对变化进行识别的基础之上的。该方法首先计算一篮子国家的特定商品的平均进口增长率，然后将每个国家的实际增长率与平均增长率进行比较。这二者之间的差异就称为"净转移"，可以通过净转移来识别出市场份额是在增长还是在下降。这一步骤的好处是不但考虑到一个国家进口的绝对值，还考虑了进口的相对值。从另一个角度看，它仅仅考虑了某些标准，并没有考虑其他宏观导向的标准。

精细筛选

BERI指数只聚焦在进入新市场的政治风险上，但是，从更宽泛的角度考虑，应该包括企业所需具备的竞争力。

出于这个目的，市场吸引力/竞争优势矩阵（见图8.4）在识别目标国家的最佳机会时，是非常有力的辅助工具。这个市场组合模型替代了波士顿咨询公司的"增长—份额矩阵"这一二维单因素模型。市场组合模型中两个维度的度量是基于大量的变量，如表8.2所示。下面我们将介绍并讨论其中一个重要的维度。

市场规模

一个特定国家/市场每年的市场容量可以应用以下公式计算：
产值（一个国家的产品）+进口—出口=理论市场规模+/—存货规模变动
=有效市场规模

如果该产品是在海关备案的标准化产品，那么产值、进口和出口的数据可以在特定国家的数据中找到。

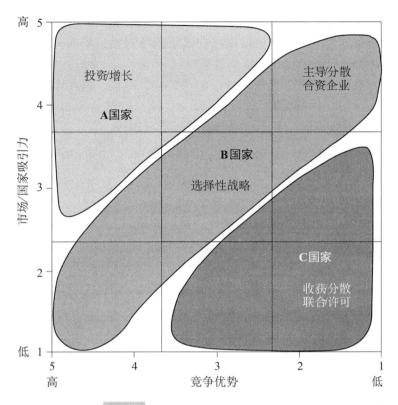

图 8.4 市场吸引力/竞争优势矩阵

表 8.2 市场/国家吸引力和竞争优势维度

市场/国家吸引力	竞争优势
市场规模（总的和细分市场）	市场份额
市场增长（总的和细分市场）	营销的能力（关于特定国家的知识）
顾客购买力	产品满足市场需求
市场季节性和波动	价格
平均行业边际利润	边际贡献
竞争条件（集中度、密集度、进入壁垒等）	形象
市场阻隔条件（关税/非关税壁垒、进口限制等）	技术定位
政府规制（价格控制、本地内容、出口补贴等）	产品质量
基础设施	市场支持
经济和政治稳定性	分销商和服务的质量
心理距离（总部与国外市场的距离）	金融资源
	进入分销渠道的途径

利用图 8.5 中的问卷能够更加精确地确定特定国家的位置（见图 8.4）。

如图 8.4 所示，该过程是将国家和市场分为不同种类：

● A 国家。这些是主要市场（即关键市场），为企业的长期发展战略提供最佳机遇。企业可能期望开展一个长期稳定的业务，因此，需要进行一项全面的调研项目。

- B国家。这些是二级市场，该市场中存在获利机会，但是政治或经济风险较高，这样就无法开展长期业务。在这些市场里，要根据所识别的潜在风险采取务实的解决办法，并需要一个综合性的市场营销信息系统。
- C国家。这些是三级市场或者所谓的"投机"市场。这些市场的风险极高，因此分配的资源最少。在这些国家，市场营销的目标一般都是短期的或者机会主义的；企业并不会给出实际的承诺，也不会进行重要的市场调研。

分析时间：
产品区域分析：
国家：

A. 市场吸引力

	1 非常差	2 差	3 中等	4 良好	5 优秀	% 权重因素	结果（分数×权重）
市场规模							
市场增长							
购买结构							
价格							
购买力							
市场进入							
竞争密度							
政治/经济风险等							
其他							
总和						100	

市场吸引力＝结果：100＝_____

B. 相对竞争优势

与最强竞争对手相比＝_____

	1 非常差	2 差	3 中等	4 良好	5 优秀	% 权重因素	结果（分数×权重）
产品符合市场需求							
价格和条件							
市场形象							
市场营销							
沟通							
可获取的市场份额							
财务状况							
其他							
总和						100	

相对竞争优势＝结果：100＝_____

图 8.5　基于市场吸引力/竞争优势矩阵的企业目标国问卷

第四步：在每个符合条件的国家和国家间发展细分市场

一旦确定了主要市场，企业就应利用标准的技术对市场进行细分，可以利用如下一些变量：
- 人口统计特征/经济因素；
- 生活方式；
- 消费者动机；
- 地理；
- 消费者行为；
- 消费心理等。

因此，对市场进行初步划分的依据是地理因素（依据国家划分），然后才是在这些国家群体的内部进行划分。但是问题在于根据基础信息，可能很难划分出具体的二级细分市场。并且，对市场进行过分细分很可能使得企业被迫采取差异化市场策略，这样可能导致该企业的整个经营策略变得过于分散。

传统市场细分方法的缺陷是很难将其应用到跨国市场的划分中去。假设一个国家希望在其所有的市场中使用一致的和可控的营销策略，那它就要使用一种适用于其细分市场的跨国方法。

这种细分方法备受争议的一点是，国际竞争的参与者理应将消费者作为其进行市场细分的基础，而不是把国家当作市场细分的依据。因为依靠地理因素进行市场划分很容易受到刻板印象的影响。而刻板印象会忽视一国内不同消费者之间的差别和不同国家消费者之间的共同点。

聚类分析方法也可以用于跨国集群市场的细分，在每一个细分的集群市场内实施的营销策略都会引起消费者类似的反应。图 8.6 将西欧市场分为六个集群。

一旦企业选定某个国家作为目标市场，下一步的微观市场细分过程就必须确定企业向该国市场投入产品或服务的种类。因此，企业必须谨慎地对待市场细分，尤其在市场规模较大且更为重要的国外市场，这样就可以通过差异化营销策略充分挖掘该市场的潜力（见图 8.7）。

在这种情况下，我们必须要注意特殊的营销战略的步骤，该战略是以全球范围内相似的细分市场为导向的。在这里，市场的细分并非是以某个特定国家的市场吸引力作为标准，而是识别出市场中类似的需求结构和相似的消费习惯作为市场划分的依据（很可能，这种类似的需求和行为习惯仅仅存在于小的细分市场）。

图 8.8 展示了国际市场细分/筛选过程的示意图（第一步至第四步的示意图见图 8.2）。

图 8.8 所示的模型是以整个全球市场作为企业产品的潜在市场为起点。但如果该企业仅将西欧市场作为自己的潜在市场，企业就可以从较低水平开始市场筛选的过程。图中西欧市场的六个集群是基于图 8.6 中的跨国集群市场的划分。在模型中越向下走，使用的一手数据就越多（个人访谈、田野调查等），也会运用更多的内部筛选标准。此

图 8.6　西欧的跨国集群市场

资料来源：Welford and Prescott（1996）．*European Business：An Issue-Based Approach*，3rd edition，转载获 Pearson Education 授权。

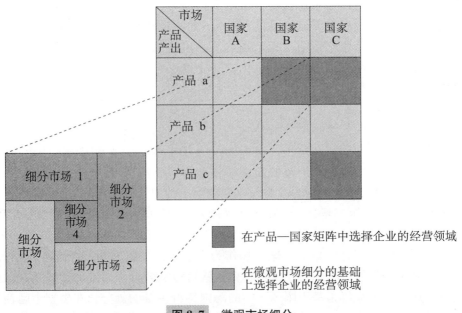

图 8.7　微观市场细分

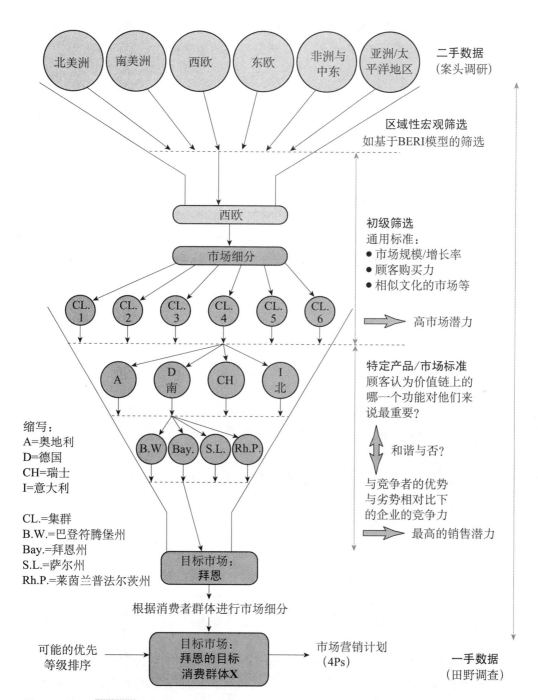

图 8.8 国际市场细分/筛选过程：主动和系统性筛选方法的范例

外，企业会在一些地理细分市场中发现有着较高市场潜力的市场。但是，这并不意味着企业的产品会有"较高的销售额"。在向某个特定国家出口商品的时候，企业有可能会遇到一些障碍（例如贸易壁垒等）。而且，企业管理层可能会只选择与母国市场文化相类似的目标市场。这样较远的市场就不太可能被选作目标市场，尽管这些市场的市场潜力可能比较大。另外,企业要将高市场潜力转变为高销售潜力,就必须协调好企业的竞争力(内部标准)和顾客认为对其至关重要的价值链职能之间的关系。只有这样,顾客才会信任企业,认可企业作为其供应商,并与其他供应商置于同等的地位。换而言之,在进行国际市场选择时,企业必须探寻与企业自身的优势、目标和战略之间能够产生协同效应的潜在市场。在很大程度上,企业进入新的国际市场这一决策要受到市场的互补性以及在这些市场上所积累的营销技能的影响。

一般情况下,图 8.8 中所示的企业决策是建立在企业主动出击的系统的决策行为基础之上的。但这跟现实情况仍有一定差异,尤其是中小型企业,他们常常采用的是实用主义的办法。通常,企业没有能力根据自己的标准独立进行市场划分,而且很多企业(作为供货商)也要接受更大的企业的评价和挑选。市场选择过程中的实用主义办法帮助企业更多地选择那些与管理者的私人网络和文化背景相似的顾客或市场。权变因素、运气以及"管理的直觉"在市场选择的早期和晚期扮演着关键的角色。在一个对澳大利亚企业的定性研究中,Rahman(2003)发现在评估国外市场吸引力的末期,企业最看重的因素是"管理直觉"。其中一个企业这样描述:

> 一天下来,大部分企业决策都源自管理层对市场的"管理直觉"。市场上总是有不确定性,尤其是需要做出有关未来的决定的时候,当然,国际市场也不例外。因此,我们认为,经理人需要在十分有限的信息基础上做出经营决策,因此"直觉"在这里就扮演着非常重要的角色(Rahman, 2003, p. 124)。

示例 8.1
柯尼卡美能达 Printing Solutions Europe B. V. 为其激光打印机产品所做的国际市场选择[①]

柯尼卡美能达集团(www.konicaminolta.eu)的业务遍及欧洲 23 个国家,在全球拥有约 34 000 名雇员。这些企业直接销售柯尼卡美能达的产品,不仅包括图像信息和光学产品,而且还包括工业器械产品。他们根据顾客的需求提供快速解决方案。柯尼卡美能达在全球的营销网络逐步发展为 33 个子公司。大约有 80% 的销售额来自日本以外的市场。

柯尼卡美能达 Printing Solutions Europe B. V.(以下简称 PSE)是位于日本东京的柯尼卡美能达集团的一个全资子公司。它是一个文件打印方案的开发商、制造商和供应商。产品线包括彩色和单色激光打印机(见图 8.9)、相关供应品和零配件。这些产品可以用于一般办公、电子出版、图形设计、高级成像和家庭办公设备。

---

① 该示例不能完全反映柯尼卡美能达 Printing Solutions Europe B. V. 目前采取的战略。

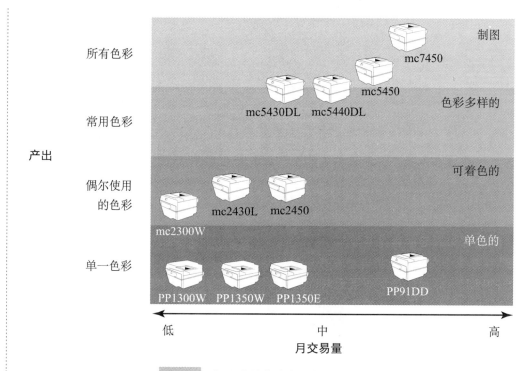

图 8.9　柯尼卡美能达激光打印机产品线

PSE 坐落于荷兰的尼沃海恩（Nieuwegein），成立于 1977 年，目前拥有 350 名员工。该企业通过电子商务网络、代理商、零售和分销合作伙伴销售自己的产品，并负责 EMEA 区域，即欧洲、中东和非洲的一切事务。

激光打印业最大的竞争对手是惠普公司（市场领导者）、Lexmark、Oki、爱普生、佳能、三星、戴尔和施乐。

可以利用多层筛选来识别合适的出口地区。国际市场选择模型显示：筛选过程和右边过滤环节的编码相对应，现将各过滤层次分别阐释如下（见图 8.10）：

过滤层次 1：地区宏观筛选

位于尼沃海恩的 PSE 将其业务聚焦于欧洲、中东和非洲市场。该企业具有将产品出口到这些大陆的知识储备，在这些地区，该企业对于跨文化、习俗、规范的营销非常在行。

筛选层次 2：初级市场筛选

这部分市场选择完全取决于柯尼卡美能达的偏好。该企业希望将业务聚焦于荷兰周边，即欧洲国家。这些市场非常有吸引力，因为他们有着很大的市场潜力。

筛选层次 3：特定国家筛选

这部分选择同样基于柯尼卡美能达的偏好。该企业希望到比利时投资，但企业遇到的最大问题是对于当地重要的分销渠道和最具市场潜力的商业用户群体知之甚少。

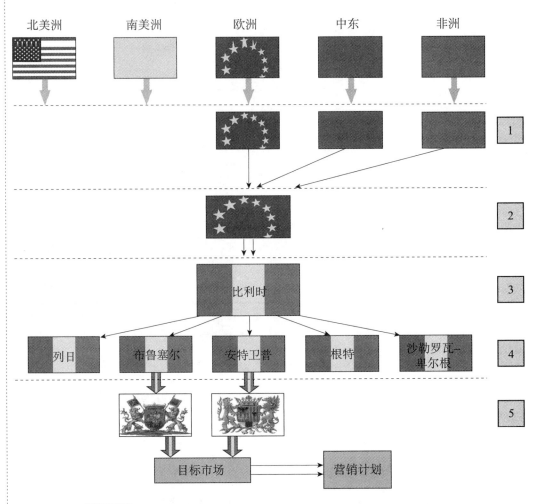

图 8.10 柯尼卡美能达 Printing Solutions Europe 的国际市场选择过程

筛选层次 4：特定市场筛选

柯尼卡美能达选择了比利时最大的工业区——安特卫普、布鲁塞尔、沙勒罗瓦-卑尔根（Charleroi-Bergen）、根特（Gent）、列日（Luik）。因为这些地区有着很大的潜在利润。

筛选层次 5：城市市场筛选

与比利时其他的工业区相比，安特卫普和布鲁塞尔这两个城市区域的经济活动最多。因此，这两大城市对柯尼卡美能达的打印机而言拥有着较大的市场潜力。尽管这两大城市中的市场竞争非常激烈，安特卫普和布鲁塞尔仍然被列为首要的选择对象。

结论

国际市场选择的结论是：安特卫普和布鲁塞尔作为柯尼卡美能达的出口区域具有

极高的市场潜力。这两个城市都有着活跃的经济活动并且优势互补。安特卫普有很多教育机构和大的批发商,而布鲁塞尔是一个国际化大都市。作为欧洲的决策中心,布鲁塞尔已经逐渐成为一个国际化的首都,许多世界级意见领袖都在这里召开会议以影响该市场并从事商业活动。

资料来源(特别鸣谢):Fontys University Eindhoven 营销管理系;BA Project,"From sales to customer relation management",Prepared by Roderick Akihary,Jan van Raamsdonk,Kim van Oostwaard,Slwia Wróblewaka,Martijn Hassouna and Natascha Ramautar,Tutor,Geert Timmers,Docent,Fonty University Eindhoven,2005/2006 学年。特别鸣谢柯尼卡美能达 Printing Solutions Europe 提供照片。

企业也需要考虑竞争对手在潜在市场中的现有地位。即便是在潜在市场非常大并且极具吸引力的情况下,竞争对手或许也会非常强大,以至于进入潜在市场以期从竞争对手手中夺取市场份额的时候需要耗费许多资源。

8.4 市场扩张战略

选择市场扩张战略是出口营销中的关键决策。首先,随着时间变化,不同的战略选择可能会造成不同市场的竞争条件发生变化。比如,一个生命周期较短的产品选择迅速进入新市场并扩大市场份额的战略,将提高竞争者的市场准入门槛,同时也能提高自己的盈利能力。但是,假如有针对性地选择少数几个市场进行渗透,有可能创造出更大的市场份额和更有力的竞争地位。

设计市场扩张战略时,企业必须先回答以下两个问题:

1. 企业应当逐步进入各个市场(瀑布法=顺流而下法)还是同时进入各个市场(淋浴法)?
2. 企业应当在国际市场采用集中化战略还是多元化战略?

逐步进入与同时进入战略

瀑布法的前提假设是起初一个产品或者技术非常新或者非常昂贵,因此只有发达或富裕国家的消费者才能使用或者买得起。随着时间的推移,产品价格会下跌,直到发展中国家和一些欠发达国家的消费者都能够购买得起。因此,根据这个办法,在进入海外市场时,企业可能会决定渐进式地或实验性地进入国际市场,即首先挑选一个单一的关键市场进入,以积累国际运营的经验,然后等待时机成熟之后,再逐个进入其他市场。另外一种进入海外市场的方法是企业同时进入多个市场,在更广阔的跨国市场上充分发挥企业的核心竞争力和资源优势(请阅读示例 8.2 中 Sanex 企业的"淋浴法")。

对大型跨国公司而言，这两种策略都可被解释为国际产品生命周期的概念（Vernon，1966），如图 8.9 所示（同时详见图 15.6）。

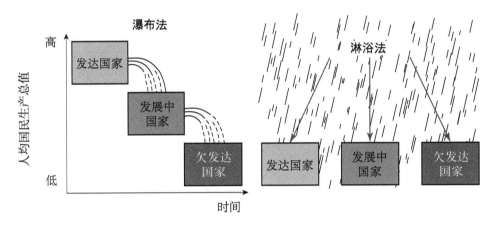

图 8.11　渐进式战略（瀑布法）和同时进入战略（淋浴法）

资料来源：Keehan, Warren J.; Green, Mark, *Global Marketing*, 2nd, 2000，电子资源转载获 Pearson Education 授权。

示例 8.2
Sanex 企业寻求跨国利基市场的进攻性战略：淋浴法的案例

1984 年，Sanex 企业以生产液体香皂起家，并迅速获得成功——一年之内在西班牙市场取得了领先地位。不久后被美国消费品巨头 Sara Lee 收购，该企业主要有以下四类产品：

1. 袋装肉制品和烘烤食品；
2. 个人消费品；
3. 咖啡和杂货；
4. 家庭和个人护理用品。

资料来源：© Sanex Global Brand.

Sanex 企业在欧洲的市场基础是不断增长的沐浴液市场。消费者的沐浴方式现在正从传统的浴缸浸泡向更加卫生的淋浴方式转变。Sanex 企业所提倡的健康皮肤概念恰好顺应了这一趋势。单词"Sanex"源自"Sano"，在西班牙语中，"Sano"的意思是"健康"。Sanex 企业的市场定位是在消费者心目中建立起一个跨越国界（欧洲）的健康的概念。这一市场定位与其他厂商（如宝洁、联合利华、高露洁和汉高）的定位形成了鲜明的对比。这些企业是以化妆品的形式推出各自企业的产品，且都具有强烈的香味和鲜艳的色彩，制作使用高级原料，广告类型以化妆品行业常见的以美女和华丽的背景为素材。

Sanex 企业的市场扩张战略是把产品同时投放到多个欧洲市场（图 8.11 中的"淋浴法"）。这种战略背后的含义是 Sanex 企业希望获得一种"先到者优势"，这就意味着在启动产品的国际市场扩张之前，不给竞争者时间复制 Sanex 企业的产品概念。现在，很多国家的消费者都了解 Sanex 企业沐浴液的产品概念，但是它的品牌潜力在各个国家的差异很大。假如大多数人都养成了淋浴的习惯，Sanex 企业面临的市场机会也许会更多。在英国，很多人仍然习惯泡浴缸，虽然人们洗淋浴的频率在渐渐增多。而在另一个有潜力的大市场美国，尽管人们现在也开始逐渐使用液体香皂，但还有很多人使用固体香皂。

Sanex 企业在较短时间内依次推出了一系列产品，包括除臭剂、古龙香水和护肤乳。现在，Sanex 企业的产品已经远销到欧洲和远东市场。

资料来源：Mazur and Lannon（1993，p.23）。

通过渐进法进入市场，尤其是进入小市场，这种方法会更容易受到一些缺乏进入国外市场经验的企业的青睐，因为他们希望能够一步一步逐渐进入国际市场。获取进入国际市场的信息，接着熟悉市场，最终到国际市场上经营。一个国际市场的后进入者或者进入的国际市场面临着当地巨大竞争压力的企业可能更加喜欢这种策略。类似的，如果企业规模小且资源有限，或企业对风险高度厌恶，那么它就可能更倾向于进入一个单一的或者数目有限的市场，并且逐步进行市场扩张，而非立即就大肆进行国际化市场扩张。

示例 8.3
"逆流而上"战略的案例

根据瀑布法（顺流而下法），跨国公司将新产品或者技术的一些特征去掉——这些特征最开始是为发达国家中的消费者设计的——然后将这些产品以较低的价格出售给发展中国家的消费者，通常情况下，还会根据对当地消费者使用习惯和需求的调研增加一些产品细节。现在把这个过程反过来，即所谓的"逆流而上"战略。跨国公司最开始为新兴市场设计低成本产品，然后对其进行修改使之适应一些挑剔的北美洲、欧洲、日本和澳大利亚的消费者市场。现在我们来看一下这种"逆流而上"的战略。

One Laptop per Child.

XO 笔记本电脑

尼古拉斯·内格罗蓬特（Nicholas Negroponte）在 2005 年创建了"One Laptop

per Child"企业,企业成立的初衷是为了给没有条件接受正式教育的孩子提供一种小巧便捷的笔记本电脑(可连接网络)。这一理念发展成了简单的"XO 笔记本电脑",2007 年面世并由国际组织经销到很多发展中国家。

2008 年,主要的个人电脑制造商,例如戴尔,开始推出他们自己的上网本,该产品不是面向发展中国家而是发达国家的主流消费者。这种小型笔记本的灵感正是来自 XO 以及其低廉的价格——一般售价低至 300 美元——对很在意成本的消费者的吸引力。

资料来源:整理自 http://images.businessweek.com/ss/09/04/0401_pg_trickleup/11.htm。

一些企业更偏爱快速进入国际市场,它们这样做,往往可以抓住突然出现的市场机会或者进行垄断竞争。迅速进入国际市场有助于产品迅速渗透到各国市场,同时可以使企业很快地积累起经验。通过将各个市场之间的经营活动加以整合和巩固,企业还可以获得生产和营销等方面的规模经济效益。当企业的产品或服务具有创新性或者具有较大的技术领先地位时,为了提前排除其他竞争者,形成垄断竞争,同时进入战略可能更受企业欢迎。全球信息技术的不断发展进步,使得企业的同时进入战略在技术上的可操作性越来越高,但是企业要采用这一战略,除了需要拥有雄厚的财力和管理资源,还需要较大的经营风险承受能力。

适合中小型企业的市场扩张战略

通常,中小型企业都要首先深耕国内市场,以便为企业积累资源,接下来,才会把积累到的资源投向国际市场(图 8.12)。中小型企业市场扩张战略的重心应该放在利用企业核心竞争力获取具有竞争优势的产品市场上(在这里是产品 A、B、C 和市场 1、2)。

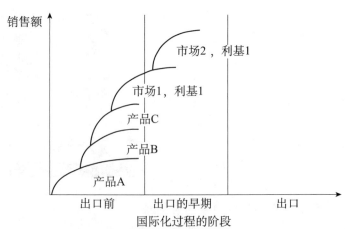

图 8.12 适合中小型企业的国际营销战略

资料来源:Bradley (1995). *International Marketing Strategy*, 2nd edition. 转载获 Pearson Education 授权。

这一过程是逐步进行的，首先选择一个时间点进入一个市场（市场 1，利基 1），在这个市场中积累经验，然后将这个市场作为桥头堡，将企业的竞争力传递到下一个市场中的相同的利基市场（市场 2，利基 1）。在原有市场得到巩固和盈利性得到保证的前提下，通过不断开发新的市场，企业可以推动其国际经营活动的发展。

集中化和多元化战略

有时，企业需要在两种战略中做出选择，一是在有限的几个类似市场中集中使用所有的资源，二是把资源分散到大量特点各异的市场中。企业或许会将其所有精力都集中用于进入具有与国内市场特征和基础设施水平相似的外国市场中。管理层也可能会重点关注一些邻近的国家。或者，企业也可能会同时进入环境和市场特点各不相同的几个国家，以便分散企业的经营风险。如此，因一国经济衰退带来的消极影响就可以通过其他经济增长的国家获得抵消。在不同的市场中，竞争的激烈程度也不尽相同，当市场中存在保护主义或竞争不太激烈时，企业可以将由这些市场中获得的利润转移到竞争激烈的市场中去。因为不同地区之间的一些行业市场并非完全是互相依赖的关系（如一个地区的市场趋势不能传递到另外一个地区），因此，将经营活动和投资分散到世界上不同的地区也可以达到分散企业经营风险的目的。

国家层面的集中化战略和多元化战略可以与顾客（细分市场）层面的集中化战略和多元化战略结合起来加以使用。矩阵如图 8.13 所示，列示了四种可能的战略。

从图 8.13 中可以得出四种市场扩张战略：
1. 在为数不多的国家有很少的顾客群/细分市场。
2. 在为数不多的国家有很多的顾客群/细分市场。
3. 在较多国家有为数不多的顾客群/细分市场。
4. 在很多国家有很多顾客群/细分市场。

使用赫芬达尔指数可以计算出一个企业的出口集中度，并且可以对出口集中度进行跨期比较或者与别的企业进行比较。该指数的定义是：对单个国家出口额占企业总出口额百分比的平方和。

$$C = \sum S_i^2, i = 1,2,3,4 \cdots n \text{ 个国家}$$

其中，C＝企业的出口集中指数；
　　　S_i＝对第 i 国出口额占企业总出口额的百分比（取值为 0—1）。

$$\sum S_i = 1$$

当集中指数达到最大值 1 时（$C=1$），所有的产品都出口到一个国家；当集中指数取最小值时（$C=1/n$），出口到各个国家的数量都相等。

		目标市场/消费者群体	
		集中化	多元化
国家	集中化	1	2
	多元化	3	4

图 8.13 市场扩张矩阵

资料来源：Ayal and Zif (1979, p.84)。

表 8.3 国际市场多元化战略与集中化战略

有利于多元化战略的因素	有利于集中化战略的因素
企业因素	
高管理风险意识（风险偏好）	低管理风险意识（风险规避）
通过市场发展达到增长的目标	通过市场渗透达到增长的目标
对市场了解较少	能够选择"最佳"的市场
产品因素	
有限的专业用途	一般用途
体积小	体积大
不可复制	可复制
处于产品生命周期的早期或晚期	处于产品生命周期的中期
在很多市场可供销售的标准化产品	需要进行调整以适应不同市场的产品
激进式创新可以刺激产生新的全球顾客解决方案	渐进式创新——狭窄的市场范围
市场因素	
小规模市场——特殊的细分市场	大规模市场——大体量的细分市场
不稳定的市场	稳定的市场
许多相似的市场	数量有限的市场
新兴的或正在收缩的市场	成熟的市场
各个市场的增长率较低	各市场的增长率很高
大型市场竞争非常激烈	大型市场并非过度竞争
现有竞争对手占有关键市场的大量份额	关键市场被许多竞争者分割
低顾客忠诚度	高顾客忠诚度
国家之间较高的协同效应	国家之间较低的协同效应
较短的竞争领先时间	较长的竞争领先时间

续表

有利于多元化战略的因素	有利于集中化战略的因素
营销因素	
新增市场的沟通成本降低	新增市场的沟通成本提高
新增市场的订单处理成本降低	新增市场的订单处理成本提高
新增市场的物流成本降低	新增市场的物流成本提高
多个市场间标准化的沟通方式	沟通需要针对不同市场进行调整

资料来源：改编自 Ayal and Zif（1979）；Piercy（1981）；Katsikea et al.（2005）。

示例 8.4
Bajaj 正在寻找被国际巨头忽略的国际市场

开发被国际巨头忽视的市场——正如印度摩托车制造商 Bajaj Auto 做的那样。该企业通过物美价廉的小型摩托车（动力引擎低于或等于 200cc）拓展了 50 个国家的市场。Bajaj 根据消费者的不同偏好为其摩托车产品线制定了不同的价格。

2008—2009 年，Bajaj 的摩托车销售量是 190 万量，其中 1/3 销往其他国家。世界三大

Bajaj Auto.

摩托车制造商（丰田、雅马哈和铃木）却聚焦于发达国家市场，例如美国和西欧国家，世界第四大摩托车制造 Bajaj 却把目标市场定位于发展中国家。

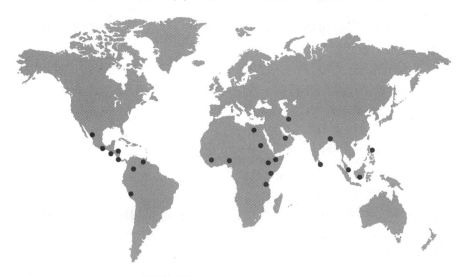

图 8.14 Bajaj 国际经销商的分布

www.bajajauto.com

Bajaj 拥有一个覆盖 50 个国家的经销网络，在斯里兰卡、哥伦比亚、孟加拉国、中美洲、秘鲁和埃及占据主要市场地位，并且在欧洲也逐渐站稳了脚跟。因此，Bajaj 在经销商的帮助下在尼日利亚投资修建了一个组装车间，以便满足日益增长的非洲市场需求。

该企业的一项政策是尽量靠近其经营的市场，Bajaj Auto 在蒙特雷（墨西哥）、迪拜、科隆坡（斯里兰卡）有自己的销售办公室，在印度尼西亚还有自己的 PT BAI 子公司。

资料来源：改编自 Sirkin *et al.*（2008），www.bajajauto.com。

8.5　全球产品/市场组合

企业的产品/市场组合分析不仅为评估如何在各个地区间分配资源提供了重要的分析工具，同样为评估如何在不同的产品业务间分配资源提供了重要的分析工具（Douglas and Craig，1995）。跨国公司的产品/市场组合代表了最高层次的综合分析，这种分析方法包含各产品业务的分析或地区分析。

如图 8.15 所示（根据图 8.4 的市场吸引力/竞争优势坐标图绘制），联合利华企业的最高层次的分析是对它的所有产品业务进行的分析。以此分析作为起点，对企业产品做进一步的深入分析时可以从产品的维度，也可以从地区的维度，或者将两者结合起来。

从图 8.15 所示的产品/市场组合分析可以看出，联合利华企业的食品业务的市场吸引力和市场竞争力较强。但是，更加详细的结果则需要更加深入的分析才能获得。这一更加具体的分析为企业制订专门的市场计划提供了可操作性强的信息。

将产品和地区两个维度结合起来，我们可以对全球产品/市场组合进行如下层面的分析（如图 8.15 箭头所示）：

1. 按地区归类的产品类别（或反之亦然）；
2. 按国家归类的产品类别（或反之亦然）；
3. 按品牌归类的地区（或反之亦然）；
4. 按品牌归类的国家（或反之亦然）。

当然，我们还可以进行更深入的分析，例如，可以在国家层面对某国的不同顾客群体（如食品零售商）进行分析。

对跨国或跨区域的各组合单位之间联通程度的评估非常重要。一个顾客（如一个大型的食品零售商）在其他国家可能也拥有自己的批发渠道，或者为了与供货商（如联合利华）进行集中交易，各国的大型零售商可能会结成跨国联盟，可参见 16.7 节关于国际零售的部分。

第 8 章 国际市场选择过程 251

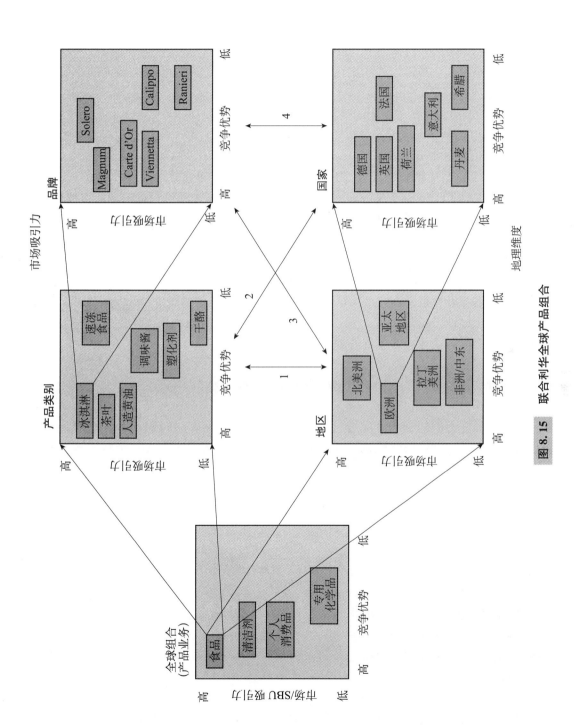

图 8.15 联合利华全球产品组合

8.6 总结

对于中小型企业来说,国际市场选择仅仅是对交易代理商的行为做出的一种简单反应。

一个主动的系统化的国际市场选择过程包括以下几步:

1. 细分市场划分标准的选择;
2. 开发适合的细分市场;
3. 进行市场筛选以缩小合适的国家的范围(目标市场的选择);
4. 微观市场细分:在各个符合条件的国家内部或国家之间进行进一步的市场细分。

但是,实用主义还是大多数企业在国际市场选择中使用的办法。在企业"筛选"第一个出口市场的过程中,运气和企业高层管理人员的私人关系网起到了非常重要的作用。在进行国际市场选择的过程中,企业必须探寻与企业自身的优势、目标、战略之间能够产生协同效应的目标市场。在很大程度上,企业进入新的国际市场这一决策要受到市场的互补性以及在这些市场上所积累的营销技能的影响。

描述完上面四个步骤之后,下一步需要确定的关键就是选择市场扩张战略。设计市场扩张战略时,企业应首先回答如下两个问题:

- 企业是要逐步进入各个市场(瀑布法)还是同时进入各个市场(淋浴法)?
- 企业在国际市场是采用集中化战略还是多元化战略?

企业的产品/市场组合分析是把产品和地区分析相结合的一种巧妙的办法。对不同区域间和产品业务间的资源分配进行评估非常重要。但是,对跨国或跨区域的各组合单位之间的联通程度进行评估同样也非常重要。例如,某顾客(在某个特定国家)的业务关系可能遍布好几个国家。

案例研究

飞利浦照明:中东的市场筛选

荷兰皇家飞利浦电子公司是世界上最大的电子企业之一,也是欧洲最大的电子企业,在 60 多个国家拥有 161 500 位雇员,2005 年销售额为 303.95 亿欧元。

1891 年,荷兰机械工程师杰勒德·菲利普斯(Gerard Philips)在埃因霍温一个前鹿皮工厂里面开始生产碳丝灯泡。他的早期客户是一些电力企业,它们在供电合约里面会提供照明设备。

如今飞利浦是世界照明市场的领导者。他们的照明产品(电灯泡和照明装置)遍布全世界:不仅仅是在家用产品,专业设备里面也能看到飞利浦照明的身影。例如,30%的办公室照明,65%的世界级机场照明,30%的医院照明,35%的汽车照明和55%的足球馆照明使用的都是飞利浦的产品。

竞争

飞利浦照明是照明设备制造领域的世界级领导者。其50%的市场份额在欧洲市场，36%在北美市场，14%在世界其他地区。自20世纪80年代起，飞利浦通过收购一些小型国有企业，如Companie des Lampes（法国）、AEG（德国）和Polam Pila（波兰）等企业，更加深入地参与到该产业部门集中化的过程中。同时，飞利浦还与Westinghouse Lamps、Kono Sylvania和EBT（中国）建立了合资企业。

GE

1988年通用电气照明（GEL）占据了50%的美国市场，但在欧洲的市场份额仅有2%。为了在2010年达到30%的市场份额，GEL收购了一些欧洲国有企业，如Tungsram（捷克斯洛伐克）、Thorn Emi（英国）、Sivi（意大利）和Linder Licht（德国）等。1994年，GEL在法国建立了一个物流系统，用来供应法国、德国、比荷卢经济联盟、瑞士、意大利和奥地利的产品。GEL现在准备降低与连锁超市有关产品的价格。

OSRAM

OSRAM是德国巨头西门子的全资子公司，其86%的营业额来自出口业务（46%出口到北美，41%出口到欧盟，6%出口到南美，6%出口到亚洲）。OSRAM未来几年的战略是将亚洲市场的营业额翻一番。

其他重要的制造商有Syvinia国际照明企业和松下企业。

飞利浦照明在中东的市场筛选

21世纪初，飞利浦需要为整个中东地区制定一致的营销战略。首要任务是挑选这一地区最有吸引力的市场。经过多年的努力，飞利浦企业开发出了一个模型，显示一个国家对照明产品的需求和人均GDP之间存在相关关系。在与许多国家的代理商/分销商的讨论过程中，飞利浦完全依赖于他们有关市场规模的信息做出决策。如果飞利浦低估了市场规模，那么它就会丧失市场机遇。这就是这个模型建立的原因，运用该模型飞利浦公司就可以对代理商/分销商提供的市场估计进行交叉检验。

图1展示了照明（对电灯泡和照明装置的需求）是一个国家的基本需求，并且只要一个国家开始发展，这一基本需求就会增长。但是随着国家财富的增长，对照明产

飞利浦照明在伊拉克巴格达的户外广告
Royal Philips Electronics of the Netherlands.

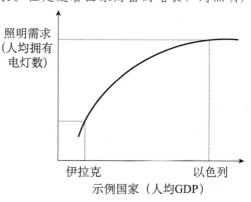

图1 国家财富与照明设施需求之间的关系

品的需求会下降。因为在经济发展后期，照明设施已经基本覆盖了，我们可以参考以色列的例子。

为了找到最具吸引力的市场，飞利浦会配合使用这一模型（见图1和表1）。对照明设备的人均需求要乘以一个国家的常住人口数量。以色列和科威特人均GDP都很高，但是他们的人口却很少。另一方面，伊拉克和伊朗是（并且仍然是）照明设备的大市场，但是因为它们混乱的政治状况，导致很难进入这些市场。

表1 中东基本人口统计数据（2007）

市场	人口（百万）	GNP增长率2007（%）	人均GNP（美元）
巴林	0.6	3.0	8 620
埃及	61.9	5.0	1 232
伊朗	66.0	3.0	1 670
伊拉克	19.7	−5.0	758
以色列	5.5	7.1	15 700
约旦	4.6	5.0	2 359
科威特	2.2	3.5	15 970
黎巴嫩	3.2	4.0	4 250
利比亚	5.5	3.5	4 982
阿曼	2.4	4.3	6 268
巴勒斯坦	2.1	−5.0	630
卡塔尔	0.6	2.0	13 520
沙特阿拉伯	20.6	3.5	5 943
叙利亚	17.0	6.0	982
阿拉伯联合酋长国	2.5	0.5	17 840
也门	15.0	3.0	793
中东	229.4	—	—

资料来源：Wim Wils, Eindhoven, Fontys Export Day, 13 October 2004, update via www.worldbank.org.

然而，飞利浦照明在中东的企业经理并不是将市场规模作为市场选择的唯一标准，相反，他们用模型作为与代理商和分销商讨论的起点。如果飞利浦在大的照明市场销售额非常低，那么就表示飞利浦的市场份额非常低（除非市场规模也很小）。飞利浦会与当地的代理商和分销商就如何通过双方的合作来提升当地的市场份额进行讨论。

▶ 问题

1. 讨论本案例中使用的市场筛选模型是否恰当。
2. 请提出可以供飞利浦在中东市场用以筛选市场的模型。

资料来源：Power Point presentation from Wim Wils, Eindhoven, Fontys Export Day, 13 October 2004; www.philips.com; www.worldbank.org.

问题讨论

1. 为什么对国外市场进行筛选是重要的?列举一些原因说明为什么许多企业并不使用系统的方法筛选国家或者市场。
2. 探索一些影响国际市场选择过程的因素。
3. 讨论在国际市场选择过程中仅利用二手数据作为筛选标准的优势与劣势。
4. 国际市场选择过程中使用机会主义选择方法的优缺点有哪些?
5. 全球市场细分与国内市场细分的不同点有哪些?这些不同点对一个服务于全球细分市场的企业来说,营销启示有哪些?
6. 讨论企业的地理扩张策略对当地子公司的市场经理制定和实施市场营销项目能力来说意味着什么?

参考文献

本章参考文献可通过扫描右侧二维码获取。

第3部分

市场进入战略

第9章　进入模式的选择方法

第10章　出口模式

第11章　中间商进入模式

第12章　阶层控制模式

第13章　国际外包决策和二级供应商的作用

案例研究Ⅲ.1　宜家

案例研究Ⅲ.2　IMAX公司

扫描二维码获取
"案例研究"内容

企业的国外目标市场一旦确定（见第2部分），接下来就面临最佳市场进入模式的选择问题。在这一部分，我们将讨论主要的市场进入模式以及进入模式的选择标准。对于试图打入国外市场的企业产品、技术和人力资本而言，国际市场进入模式是一种必要的制度安排。

为了将本部分和之后的章节区分开来，图Ⅲ.1显示了在一国消费者市场上经典的分销系统。

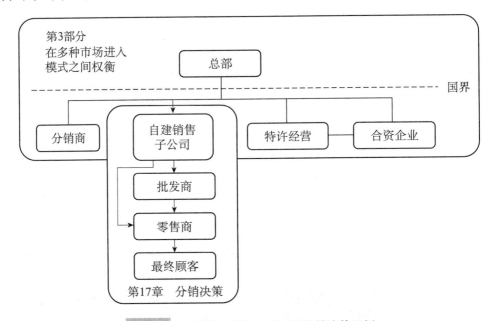

图Ⅲ.1 不同的市场进入模式及分销决策示例

在这里，市场进入模式的选择（拥有销售子公司）可以被视作纵向价值链上的第一个决策层次，将产品营销和分销给纵向价值链上的下一个参与者。在第17章中，我们将进一步讨论在单一国内市场上如何选择分销系统的问题。

许多企业已经发现，如果在企业国际化初始阶段选择了错误的进入模式，则将对其后续的市场进入和扩张活动产生威胁。一般情况下，企业会将初始的市场进入模式制度化，例如，通过现有的渠道进行新产品的销售，或运用同样的进入模式开拓新的市场，这种模式的制度化将会给初始进入模式的选择带来问题。企业对模式进行调整的惰性，会阻碍其采用新的进入模式。因为，进入模式一旦确定，企业就不会轻易改变，即使改变也会遇到很多困难。因此，在当今瞬息万变的国际化市场背景下，企业在转变既定的进入模式时存在的惰性和困难，使得企业市场进入模式的选择成为十分关键的战略问题（Hollensen，1991）。

对大多数中小型企业而言，市场进入是关键的第一步。但是，对许多成熟企业而言，如何进入新兴市场并不是一个主要问题，它们关心的往往是如何有效地挖掘在现有国际经营网络中的商业机会。

然而，最理想的市场进入策略是不存在的，不同企业在进入同一市场时，可能会采用不同的进入模式，或者同一个企业在不同市场上可能采用不同的进入模式。Peterson and Welch（2002）发现为了进入或开发一个特定的国外市场，企业经常会结合多种进入模式。这种"模式包"以一种整合、互补的方式对几种运营模式进行协调。在某些情况下，企业可能会使用相互竞争的模式组合，尤其是当一家企业尝试对一个出口市场进行敌意接管的时候。例如，当地分销商由于要履行合约规定的义务，可能会反对放弃某个市场，但出口商仍然可以建立一个全资的销售子公司。

如图Ⅲ.2所示，企业的国际市场进入模式通常可以分为三大类。不同的进入模式具有不同的控制水平、风险和灵活性。例如，阶层控制模式（hierarchical modes）（即投资模式，investment modes）可以赋予企业所有权，因此企业具有较高的控制权，但是在国外市场上较高的资源承诺可能会蕴藏着巨大的风险。同时，较高的资源承诺也提高了退出壁垒，削弱了企业对进入模式进行简单、迅速调整的能力。因此，企业不可能同时保持高控制和高灵活性，而必须在二者之间做出权衡。

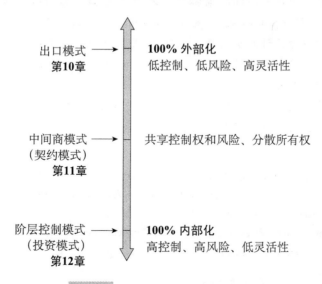

图Ⅲ.2　国际市场进入模式的分类

图Ⅲ.3提供了主要市场进入模式的三个示例。通过使用阶层控制模式，相互独立的各部门之间的交易被企业内部交易所替代，内部转移价格取代了市场价格。

在选择恰当的市场进入模式时，企业需要考虑许多方面的因素。这些因素

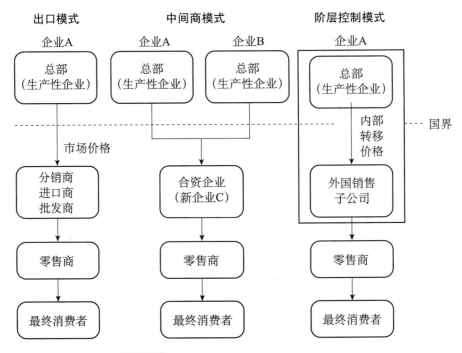

图Ⅲ.3　消费者市场上不同进入模式示例

（标准）会根据市场情境和企业遇到问题的不同而有所变化。

第9章将检验不同的决策标准以及它们是如何影响这三种市场进入模式的选择的；第10章（出口模式）、第11章（中间商模式）和第12章（阶层控制模式）将分别详细讨论三种主要的市场进入模式。中小型企业的特殊问题是如何将它们的国际化进程与大客户管理、采购以及进入模式结合起来？在第13章中，我们将针对这个问题展开深入的讨论。

我们将利用简化的价值链（见图1.9）对第10章、第11章和第12章中不同的市场进入模式的结构进行阐述。

参考文献

Hollensen, S. (1991), "Shift of market servicing organization in international markets: a Danish case study", in Vestergaard, H. (ed.), An Enlarged Europe in the Global Economy, EIBA's 17th Annual Conference, Copenhagen, EIBA.

Petersen, B. and Welch, L. S. (2002), "Foreign operation mode combinations and internationalization", *Journal of Business Research*, 55, pp.157-162.

第 9 章
进入模式的选择方法

> **学习目标**
>
> 完成本章学习之后，你应该能够：
> - 识别和划分不同的市场进入模式。
> - 探究对不同的市场进入模式进行选择的方法。
> - 解释机会主义行为如何影响生产商/中间商之间的关系。
> - 识别选择市场进入策略时应该考虑的要素。

9.1 引言

我们已经了解了企业进入国际市场的主要模式。基于此，我们关心的问题是：企业在选择**进入模式**时应该采用什么类型的策略呢？

根据 Root（1994）的研究，有三种不同的原则：

1. 无判断原则（naive rule）：对于所有国外市场，决策制定者都采用相同的进入模式。这种原则忽略了不同国外市场的异质性。

2. 实用原则（pragmatic rule）：决策者在不同市场上采用切实可行的进入模式。在早期出口阶段，企业采取典型的低风险进入模式开展业务。只有在这种模式不可行或者不盈利时，企业才会寻找另一种可行的模式。由此看来，实用原则并没有对所有的备选方式进行充分的调查，并且"切实可行的"也不一定就是最好的。

3. 战略原则（strategy rule）：这种方法要求企业在选择之前，对所有的进入模式

> **进入模式**
>
> 企业的产品或服务进入新的国外市场的制度安排。主要的进入模式包括出口模式、中间商模式和阶层控制模式。

进行系统的比较和评价。在战略制定的过程中，基于企业资源的可获得性、风险和非盈利目标，利用该原则选择进入模式以使利润最大化。

尽管很多中小型企业可能会采用前两种原则，但本章将主要分析战略原则。

9.2 交易成本方法

第3章（3.3节）已经阐释了交易成本分析的主要原理，本章将进一步深入讨论"摩擦"（friction）和机会主义问题。

这里分析的单位是交易，而不是企业。这种方法的基本思想是：在现实世界中，买方和卖方在市场交易中总是不可避免地存在摩擦。这种摩擦主要是制造商和出口中间商关系中存在的机会主义行为引起的。

就中间商而言，制造商一般会明确出口中间商应该完成的销售促进任务。只有在完成任务后，中间商才能获得佣金。

就进口商而言，出口中间商作为一个中介，在某种程度上拥有较高的自由度来制定销售价格，能够基于某种差价，即厂商价格（进口商的购买价格）和进口商销售价格之间的差价，获取利润。

无论出口中间商是谁，以下经常发生的现象都会导致摩擦和机会主义行为：
- 出口中间商的存货水平；
- 出口中间商为顾客所提供的技术和商业服务水平；
- 制造商和出口中间商对营销成本（广告、展览等）的分摊；
- 价格确定：从制造商到出口中间商的价格，从出口中间商到顾客的价格；
- 代理商的提成。

出口中间商的机会主义行为

出口中间商的机会主义行为主要反映在两个方面：
- 在大多数制造商—出口中间商的关系中，促销费用的分摊是固定的。因此，出口中间商财务报表中若显示过高的促销费用（例如，操纵发票），则会致使制造商给予较高的支付。
- 为了从制造商处获得较低的工厂交货价格，出口中间商可能操纵有关市场规模和竞争者价格方面的信息。当然，这种机会主义行为可以通过给予出口中间商一定的营业提成来避免。

制造商的机会主义行为

在本章中，我们一直假设出口中间商是产生机会主义行为的一方。然而，制造商同样也会产生机会主义行为，因为在帮助制造商开拓市场时，中间商也必须要投入资源（时间和金钱）。因此，制造商的机会主义行为尤其在其销售昂贵的、技术复杂的产品的情况下更有可能出现。

如此看来，出口中间商承担了大部分的经济风险，而且总是受到制造商不断更换进入模式的"达摩克利斯之剑"的威胁。如果出口中间商达不到制造商的期望，就有可能被另外一家中间商所替代。当然，制造商也可能建立自己的出口组织（销售子公司），交易频率（市场规模）的提升，往往可以分摊较高的交易成本。

最终，制造商可能会实施蓄谋已久的战略，即利用出口中间商获得的市场知识和顾客联系，建立自己的销售组织。

出口中间商应采取何种措施应对制造商的机会主义行为

Heide and John（1998）认为出口中间商为了平衡双方之间的关系应该采取进一步的"抵制"投资行为。这种投资对制造商会产生一些约束，以提高其退出壁垒；也就是说，出口中间商为制造商制造了"退出障碍"。这些投资行为的例子如下：
- 与制造商的主要员工建立私人关系；
- 创立一个与制造商产品相关的独立的形象；
- 提高产品附加价值，如建立代理商与顾客之间联系的 BDA（before-during-after，"前中后"）全程服务。

如果上述"抵制"投资行为不能成功实施，Heide and John（1988）建议出口中间商通过代理更多的产品来降低风险。

当然，上述措施都是制造商所反对的。当制造商同时面临如上情况时，从理论角度看，企业（制造商）应该进行内部化而非外部化。

9.3 进入模式选择的影响因素

对于一个特定的产品或目标国家，企业的进入模式选择受到多种互相冲突的因素的影响。因为需要预测这些影响因素的强度和方向，这就使得企业进入模式的决策过程变得异常复杂，必须要在多种备选的进入模式中进行权衡。

一般而言，进入模式的选择应该建立在其对预期利润的贡献的基础之上。但这说起来容易，做起来难，对于那些相关数据相对缺乏的国外市场而言，尤其如此。而且，大部分选择标准都是定性的，对其进行量化处理往往是很困难的。

如图 9.1 所示，影响进入模式选择的因素一般分为以下四类：
1. 内部因素；
2. 外部因素；
3. 理想的模式特征；
4. 交易专用性的行为。

而且，上述每类因素都为我们提出了迫切需要解决的命题，即每类因素是如何影

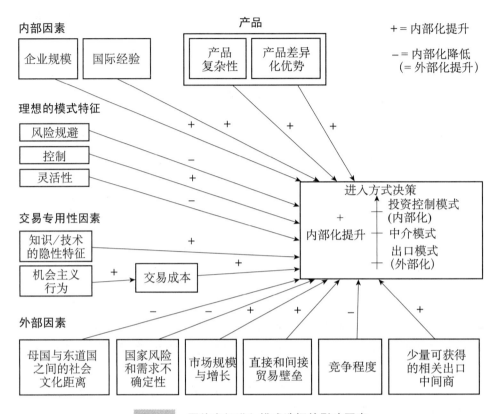

图 9.1 国外市场进入模式选择的影响因素

响进入模式的选择的？在本书和图 9.1 中，均标示了这些因素的影响方向。由于进入模式的选择非常复杂，所以上述命题都是在保持其他因素不变的条件下提出来的。

内部因素

企业规模

规模是体现企业资源可获得性的一个重要指标；随着时间的推移，企业资源可获得性的提高为提升企业的国际参与度奠定了基础。尽管中小型企业期望对国际市场运营拥有较高的控制权，也期望在国外市场投入更多的资源，但它们很有可能仍会以出口方式进入国际市场，因为它们并不具备采取具有高度控制权的进入模式所必需的资源。因此，低资源投入的出口进入模式（市场模式）更适合中小型企业。企业只有随着其发展壮大，才会逐渐采用阶层控制模式。

国际经验

另一个影响企业进入模式选择的因素，是管理者和企业的国际经验。经验，代表了一家企业参与国际化经营的程度，可以从特定国家或地区的经营活动中获取，也可以从一般的国际环境中获取。国际经验降低了经营成本和服务于市场的不确定性，进而可以增加企业对国外市场的资源投入的可能性，最终有利于采取全资子公司的模式（阶层控制模式）进行对外直接投资。

Dow and Larimo（2009）通过调查发现，从业者应该认识到：并非所有形式的经验都是一样的。在相似国家经营（低的认知心理距离）的国际经验和对高控制进入模式（在国外市场投资全资子公司）的选择存在正相关关系。这说明连续开发一个地理区域是明智的，而不是从一个区域"跳到"另外一个区域。这样会使集群内经验的收益实现最大化。

在国际化理论发展的过程中，Johanson and Vahlne（1977）认为，通过获取客观的知识来降低国际市场的不确定性，不如在真实的国外市场运营（获取经验知识）的效果好。他们认为，直接从国际市场上获得的经验可以增加获得额外的国际市场资源的可能性。

产品/服务

产品或服务的物理特性，如价值/重量的比（单位价值）、易腐性、产品构成等，对于决定产品的生产地来说十分重要。那些具备较高的价值/重量比的产品（如贵重手表），就比较适合采用直接出口的模式，尤其是在该类产品具有明显的规模经济的时候，或是管理者希望对生产环节保持控制权的情况下。相反，由于运往较远市场的运费过于昂贵，所以在软饮料或啤酒行业，企业通常会通过许可贸易或通过在当地投资瓶装厂或生产工厂来进入国际市场。

产品的属性会影响渠道的选择，因为产品在特征和使用方面存在很大差异，而且销售工作也迥然不同。例如，产品的技术特征（高复杂性）可能会要求售前和售后的服务。在许多国外市场，中间商可能就无法从事这项工作，所以企业会采用阶层控制模式中的一种来进入国际市场。

Blomstermo et al.（2006）对硬服务和软服务进行了区分。硬服务是指那些生产和消费可以分离的服务。比如，软件服务可以转移到 CD 上，或其他一些有形的媒介上，从而可以规模生产，并且实现标准化。比较而言，软服务是指生产和消费是同时进行的，消费者是共同制造商，因此生产和服务是不可分离的。软服务提供者必须从开始国际运营的第一天就亲临现场。Blomstermo et al.（2006）认为在国际市场进入模式的选择方面，硬服务和软服务存在显著的差异。相比硬服务，软服务管理者可能更加偏向于选择一种高控制进入模式（阶层控制模式）。对软服务提供者而言，与国外顾客进行互动非常重要，所以他们应该选择一种高控制的方式，从而能够很好地监督服务的共同生产过程。

通过物理属性、品牌名称、广告和售后服务（例如，担保、保修和更换政策）可以实现产品的差异化，从而提升消费者对该产品的偏好，同时也分摊了企业在国外市场的运营成本。产品的差异化优势可以促使企业提价，以获得超额利润（准租金）。同时，差异化也有助于企业建立进入壁垒来限制竞争，这正是企业竞争战略的基础。此外,企业还可以更好地为顾客服务,强化其竞争地位。总之,由于产品差异化优势构成了"自然垄断",企业可以通过使用阶层控制模式的方式扩大产品影响并保护其竞争优势。

外部因素

母国和东道国之间的社会文化距离

社会文化相似的国家是指那些有相似的商业和行业惯例,共同或相近的语言,类似的教育水平以及文化特征的国家。企业所在的母国和东道国之间的社会文化差异会产生内部的不确定性,进而影响企业预期的进入模式选择。

母国和东道国在文化、经济系统以及商业惯例方面的感知差距越大,企业越不倾向于采用直接投资模式,而是采用合资模式,甚至是风险更低的进入方式,比如代理或出口。这是因为如果企业感到它们不能适应陌生环境,则使用后者会使它们能够比较灵活地撤出东道国市场。总之,在其他条件相同的情况下,母国和东道国之间的社会文化感知差距越大,企业越倾向于采用低资源投入和高灵活性的市场进入模式。Dow and Larimo(2009)发现,感知的文化距离(心理距离)对于进入模式选择的影响远远超过了霍夫施泰德的文化维度。特别是,语言的差距反而成为最不重要的因素。而其他诸如信仰差异、民主水平、工业发展程度等都对进入模式的选择有更为重要的影响。

国家风险和需求不确定性

国外市场相对于国内市场通常具有较高的风险。这些风险不仅来自市场本身,还包括它采用的进入模式、投资、存货以及应收账款。因此,在谋划国际市场进入模式的时候,企业必须对市场和进入方式进行系统的风险分析。汇率风险是另一影响因素。此外,风险还包括经济风险和政治风险。

当某个国家风险较高时,企业就要通过控制这个国家的资源投入来降低风险。也就是说,在其他条件相同的情况下,当国家风险较高时,企业将采用那些资源投入较少的进入方式(出口方式)。

东道国政治和经济环境的不可预测性提高了感知风险和企业所面临的需求不确定性。因此,企业会偏向于使用较灵活的进入方式,而放弃较耗费资源的方式。

市场规模和增长

国家规模和市场增长率是决定进入模式的重要参数。一方面,国家和市场越大,增长率越高,管理者越愿意投入资源,从而考虑建立一个全资销售子公司,或是控股合资企业。管理者对运作过程保持控制可以使其有效地制订计划并引导市场发展。

另一方面,对于那些地理上相对独立,又不能从邻国得到有效服务的小型市场,由于它们不容易受到关注和获取资源，所以这些市场适合以出口或许可证协议的方式进入。在该市场上，企业不可能进一步促进市场的发展，或最大化市场渗透率，因此可以降低资源投入，将剩余资源用于其他潜在的可能获利的市场。

直接和间接贸易壁垒

东道国对商品和零件征收关税或制定配额会促使厂商进行本土化生产或组装（阶层控制模式）。

产品或贸易规则以及当地供应商的偏好同样对于进入模式和运营决策有重要的影响。当地供应商的偏好或"国货偏好"通常会促使企业考虑同本土企业合资或其他的合同安排（中间商模式）。本土的合作伙伴有助于建立本地联系，进行销售谈判，建立分销渠道，以及传播企业的海外形象。

产品和贸易规则以及风俗习惯的相似性，会促使企业加强与当地企业的联系，这样，往往更有利于其在本土市场上获取信息和建立联系，从而为企业进一步进入市场扫平障碍。例如，在产品规格或标准必须做出重大的调整和修改的地方，企业就会在当地建生产工厂、组装厂或成品工厂（阶层控制模式）。

因此，直接和间接的贸易壁垒所产生的净效应将会促使企业转而行使多种职能，如在当地市场采购、生产和设计营销策略。

竞争强度

当东道国市场的竞争强度较大时，企业将努力避免使用内部化策略。因为这种市场通常盈利水平较低，不需要太多的资源投入。因此，在其他条件相同的情况下，东道国的竞争强度越大，企业越应该采用资源投入较低的进入模式（出口模式）。

可获得的相关中间商数量较少

如果国外目标市场的中间商数量较少，市场上就会充斥着少数中间商的机会主义行为。这时企业就应该采用阶层控制模式，来降低机会主义行为的影响。

示例 9.1
依据与新市场的心理距离，Zara 调整了进入模式

Zara（www.inditex.com）是西班牙商业大亨阿曼西奥·奥特加拥有的 Inditex 集团旗下的一家时装零售连锁品牌。Zara 一直以来都采用阶层控制的进入模式（直接投资），它在大部分欧洲国家都使用这种模式，并建立了众多的全资商店。2008 年，Zara 有 87% 的店铺都是自我管理的。采用阶层控制模式的市场都有巨大的增长潜力，而且与西班牙的社会文化距离相对较近（较低的国家风险）。

中间商模式（通常是指合资和特许经营）主要适用于那些社会文化距离相对较远的国家。

合资经营

合资是一种合作型战略，在这种战略指导下，本土企业通过所拥有的基础设施和专利来与 Zara 进行合作。这种模式适用于规模较大且竞争激烈的市场，因为在这些市场上，或者很难获取资源来建立零售卖场，或者存在其他诸多障碍，所以通过与当地企业进行合作较为可行。例如，1999 年，Zara 通过控股 50% 的比例与德国企业 Otto Versand 进行合资，这家企业拥有在欧洲最大的一个市场（德国）进行分销和市场经营的经验。

特许经营

在社会文化距离较大的高风险国家和销售潜力低的小规模国家，比如科威特、安道尔公国、波多黎各、巴拿马或菲律宾，Zara 通常采用特许经营的模式。

无论 Zara 使用何种进入模式，特许经营模式的主要特征是：企业会依据自己管理的店面标准对特许经营店从产品、人力资源、培训、门面装修、内部设计、物流优化等方面进行总体整合和管理。这些措施能够确保商店管理的一致性以及企业在全球顾客眼中的形象。

资料来源：根据 Zara 案例研究和各种公开资料改编。

理想的模式特征

风险规避

如果决策者是风险规避型的，他们将采用出口模式（例如，间接和直接出口）或许可模式（中间商模式），因为这意味着较低的财务和管理资源投入。尽管合资模式在谈判和管理上会耗费大量的时间和精力，但是这种模式能够使双方共同分担财务风险，以及建立本地分销网络和雇用本地员工的成本。但是，资源投入水平低、风险也低的市场进入模式，一般不可能推进国际业务的深入发展，而且还会使企业失去许多良机。

控制

进入模式的选择还要考虑在国际市场上进行运营所需的控制水平。控制经常与资源投入水平紧密相连。资源投入很少的进入模式（比如直接出口），对国外市场上销售的产品或服务的控制权往往也很小甚至没有。在许可经营和契约合同的情况下，管理者需要确保生产能够达到所要求的质量标准。类似地，合资也会在一定程度上限制对国际运营的管理控制水平，而且是导致与合作伙伴在目标方面出现分歧和冲突的根源。比较而言，全资子公司（阶层控制模式）具有最强的控制力，但同时也需要巨大的资源投入。

灵活性

管理者必须评估既定的进入模式的灵活性。阶层控制模式（涉及大量的**股权**投资）是典型的成本高，但灵活性低，并且在短期内调整最困难的模式。当市场状况变化迅速时，中间商模式（契约和合资）限制了企业适应或改变战略的能力。

> **股权**
> 以一个明确的财务价值进行的投资。

交易专用性因素

交易成本分析方法已经在本章的前半部分和第 3 章（3.3 节）进行了讨论，因此这里我们仅讨论其中的一个因素。

知识/技术的隐性特征

当企业转移的特定知识技术具有**隐性特征**时，对其进行详细的阐释就非常困难。这将使得协议的签署（转移这种复杂的知识/技术）很棘手。转移隐性/知识/技术的困难和成本使得企业有动力采用阶层控制模式。投资模式是方便企业内部进行隐性知识/技术转移的较好方式。通过使用这种方式，企业可以利用人力资本、组织惯例来对涉及转移的问题进行处理。因此，特殊的专有知识/技术越是具备此特征，企业越倾向于采用阶层控制模式。

> **隐性特征**
> 难以用语言清晰地表达和描述。隐性知识/技术通常与复杂的产品和服务相关，对其功能的描述非常困难。

9.4 总结

从制造商（国际厂商）的视角来看，市场进入模式分为三类：
1. 出口模式：低控制，低风险，高灵活性；
2. **中间商模式**（契约模式）：共担控制权和风险，分散所有权；
3. 阶层控制模式（投资模式）：高控制，高风险，低灵活性。

> **中间商模式**
> 介于出口模式（外部合作者）和阶层控制模式（内部模式）之间的进入模式。

我们不能明确地指出哪种模式是最优的。因为有众多内外部因素影响着厂商的选择，所以需要强调的是，一个试图进入全球市场的厂商在同一时间可能会使用多种进入模式。而且，企业可能拥有多种生产线，每一个生产线可能要求不同的进入模式。

Ansell condoms:在欧洲安全套市场上,并购是获得市场份额的正确方式吗?

Ansell 有限公司是先前著名的 Pacific Dunlop 有限公司的新名称。

Ansell 的公司名称是 2002 年 4 月重新确定的,名称的修改体现了公司将其核心业务重新定位于防护用品以及更宽泛意义上的健康品服务领域的战略考虑,同时,公司还对一系列不适合其战略发展的业务进行了剥离。Ansell 有限公司是总部位于澳大利亚里士满(Richmond)的上市公司。

1905 年,Dunlop 公司的前员工埃里克·安塞尔(Eric Ansell)携带机器设备,在澳大利亚墨尔本建立了自己的公司——Ansell Rubber,主要生产玩具气球和安全套。Ansell 建立后,实施了战略收购和扩张,在研发方面进行了诸多投资,为全球市场带来了大量新产品。

现在,Ansell 有限公司已成为全球领先的防护产品制造商。随着企业在美洲、欧洲和亚洲运营的不断扩大,Ansell 在全世界雇用员工超过了 11 000 个,同时在天然橡胶、人工聚合手套以及安全套市场上占据了世界第一的位置。

Ansell 的安全套品牌通过其个人健康事业部实施全球营销,主要办公地点设在美国新泽西州的 Red Bank。这家拥有 100 年历史的大型企业已经在橡胶手套和安全套产品上拥有了一系列创新。它生产和销售各种各样的带有香味、色彩、杀精剂、颗粒和棱纹等特征的安全套。Ansell 在世界范围内出售各种品牌的安全套,每一个品牌都有各自独特的营销战略来适应特定国家和地区的需求。关于其全球品牌的简要清单如下:Lifestyles(针对美国市场),Mates(针对英国市场),KamaSutra(针对印度市场),Contempo,Manix,Primex,Pleasure 和 Chekmate。

另外,公司还介入各种公共部门市场,主要在发展中国家,通过健康和社会福利项目或机构向市场提供安全套。Ansell 同样参与更大范围的学习和教育活动,通过介绍新产品不断提升其产品形象。例如,具有杀精功能的 Lifestyle Ultra Sensitive 安全套是为了满足超薄需求,并最大限度地预防性传染病(STDs)。

Ansell Healthcare.

全球生产

据估计,全球范围内安全套的年产量达到了约 150 亿只(2008)。目前全球共有 100 个制造商经营此项业务。大多数的工厂专门生产天然橡胶制成的安全套,有一些同时也生产诸如手套、医用指套和导管等其他橡胶产品。因此,它们大多都位于那些劳动力成本相对较低并且靠近天然橡胶工厂的地区。

由于需要严格的检验、复杂的包装和显著的产品差异化,所以相对于手套生产,安全套更加具有劳动密集性特征。

2008 年每个国家的安全套估计产量如表 1 所示。

表 1　2008 年分国家的安全套估计产量

国家	年产量（十亿只）
印度	3.3
泰国	2.8
中国	2.5
日本	2.0
马来西亚	1.5
美国	1.0
欧洲	1.0
韩国	0.5
印度尼西亚	0.3
南美	0.2
越南	0.2
其他	0.1
总计	15.4

男性安全套的世界市场

安全套能够预防意外怀孕和性传染病。其中，后者是其特有功能。尽管从外形来看，安全套类型有各种各样的差别（比如，带罗纹的、薄的和厚的）。但多年来，橡胶安全套基本没多大变化。

当前，全球的公共健康组织向世界各地，主要是发展中国家，以免费或最低成本的形式大约发放了 100 亿只男性安全套。据估计，通过商业渠道发放的大约有 5 000 万只，大部分是在发达国家，比如，美国、日本和欧洲等。男性安全套的市场规模及其构成见表 2。

表 2　男性安全套的世界市场（2008）

	年销售量（十亿只）
全球公共健康组织（联合国、世界卫生组织和当地政府）	10
商业渠道（主要在美国、日本和欧洲国家）	5
世界市场	15

资料来源：改编自各种公开资料。

2008 年，35% 的安全套被联合国人口基金（the United Nations Population Fund）购买；另外，世界卫生组织（WHO）也是主要的买家之一。

除了表 3 列出的那些直接竞争者之外，还有一些间接的竞争者（拥有替代品的生产厂商）需要注意。依据杜蕾斯的 Sex Survey，男性安全套是全球最普遍的避孕方式

（41%的人使用这种方式）。在59%的非安全套使用者中，19%使用药物避孕，8%使用自然方法，其余的75%则不采取避孕措施。

表3　在世界市场上男性安全套公司的份额（2008）

公司	国家	主要品牌	主要策略 （MS＝市场份额）	市场份额 （%）
Seton Scholl London (SSL)	UK	Durex, Durex Avanti, Durex Pleasure, Durex Fetherlite, Durex Extra Sensitive, 等	在除美国（15% MS）和日本（5% MS）以外的主要市场上占据优势地位的真正的全球品牌。在英国，Durex的MS达到85%。	25
Ansell Limited	澳大利亚/美国	LifeStyle, Mates, Contempo, Manix, Primex, KamaSutra, Pleasure and Chekmate	在美国、英国、亚洲以及澳大利亚、新西兰市场上拥有相对较强市场地位的准全球化企业。本土/地区品牌，比如，美国的 LifeStyles，英国的 Mates	14
Church&Dwight Co	美国	Trojan, Trojan Magnum, Trojan Pleasure, Trojan Enz	美国市场的领导者，在英国市场的地位较低	8
Okamoto Industries	日本	Beyond Seven, Skinless Skin	母国市场导向：占据日本市场的60% MS，但是出口较少，主要是面向美国市场	10
其他：Sagami Rubber Industries（日本），Fuji Latex Co（日本），DKT Indonesia（印度尼西亚），Mayer Laboratories（日本）和其他70家厂商			在本土市场拥有强势地位的国内和地区导向的企业	43
总计				100

资料来源：根据各种公开资料进行估计。

Ansell拥有全球安全套市场14%的市场份额，是第二大安全套制造商。该公司在波兰拥有50%的市场份额，在德国拥有8%的市场份额，在巴西是第三大制造商（占据20%的市场份额），在澳大利亚位居第一，在加拿大是最具成长性的品牌。

在商业领域，分销渠道正在从药店向零售连锁（超市）转移。例如，在20世纪90年代早期的英国，安全套在超市的销售仅占25%，在药店的销售能占到一半以上。而现在，超市占到了零售的40%，而药店的销售量则出现了明显的下滑，已降至30%。在英国，全国零售连锁店（超市、Boots和Superdrug）占据了安全套销售的至少65%。

世界男性安全套市场的主要竞争者（生产厂商）

SSL 国际

1929 年，LRC（London Rubber Company）企业注册了杜蕾斯（DUREX）避孕套商标，这个名称来源于耐用性（Durability）、可靠性（Reliability）和卓越性（Excellence）这三个单词。作为全球安全套提供商最重要的一步是其在 1951 年引进了第一条全自动生产线。两年以后，它开发了第一台电子检测机器。

在 20 世纪 80 年代，由于人们对艾滋病的恐惧，在英国本土市场上，杜蕾斯安全套开始在公共场合公开出售（比如，超市和酒店等）。在那段时间，伴随着 1982 年的第一个海报促销以及 1987 年的第一个安全套电视广告，杜蕾斯的市场得到了迅猛发展。

在 20 世纪 90 年代，为了提升品牌的知名度，杜蕾斯实施了一系列营销措施：1992 年，在户外安装零售贩卖机；1995 年，赞助 MTV 活动；1995 年，首次进行杜蕾斯 Sex Survey 调查；1996 年，首次推出了混合包装的产品，内装有带颜色、香味和棱纹的不同类型的安全套；1997 年，首次推出了名为"Avanti"的非人工胶乳安全套。

21 世纪初，杜蕾斯在 30 个国家建立了 www.Durex.com 网站。这些具有本土特色的网站，使用本土语言，提供与性相关的信息，同时允许消费者对专家进行提问，并且提供了大量杜蕾斯安全套产品的细节信息和活动概况。

杜蕾斯现在是 SSL 国际的一部分，SSL 成立于 1999 年，由 Seton-Scholl 集团和 London International（LRC 的前任所有者）合并而成。该公司在世界范围内提供 Scholl 和 Marigold gloves 等著名品牌产品，业务范围涉及医药和消费者健康市场。

凭借约 25% 的市场份额，杜蕾斯被誉为世界市场中的行业领导者。但是在不同的国家，其排名可能有些许差异。比如，在英国其市场份额达到 80%—85%，在意大利是 55%—60%，在美国占到 10%—15%，在日本大约是 5%。

Church & Dwight 有限公司

Armkel、LLC 和 Church & Dwight 与私人股权集团 Kelso & Company 组建的 50/50 股权的合资企业，在 2001 年收购了 Carter-Wallace 企业其余的消费品业务，包括 Trojan 避孕套。

Trojan 品牌以 60%—70% 的市场份额占据了美国安全套市场的最大比例。

企业在加拿大和墨西哥以 Trojan 为品牌名称销售产品，最近在英国进行限量分销。在加拿大，Trojan 品牌处于领导地位。2003 年，企业进入英国安全套市场，但是到目前为止市场份额仍较低。企业在英国的分销渠道模式与国内基本相同。

Okamoto

Okamoto 品牌创立于 1934 年。它在日本拥有高达 60% 的市场份额，主要是由于日本人偏好用安全套来控制出生率。

在 1988 年后期，Okamoto 进军美国市场，但至今仍未取得太大的成功。

近期发展——对欧洲主要的安全套制造商的可能性收购

由于欧洲一些拥有强势本土品牌的制造商处于财务危机之中，Ansell 正打算收购一家这样的企业。

▶ 问题

1. 在全球战略方面，Ansell 和其他的三个竞争者有什么不同？
2. 对于 Ansell 安全套（采购或生产）的进入模式你推荐哪一种？
3. Ansell 收购欧洲竞争者的利弊是什么？你认为这是一个好策略吗？

资料来源：www.ansell.com； www.durex.com； http://www.churchdwight.com/conprods/personal/； http://www.okamoto-condoms.com/；"Polish condom producer acquires condomi"，*Polish News Bulletin*，21 January 2005；Office of Fair Trading（2006），*Condoms-Review of the undertakings given by LRC Products Limited*，OFT837，HMSO；http://www.wikinvest.com/stock/Ansell_(ANN-AU)。

问题讨论

1. 为什么选择合适的市场进入模式和发展战略是国际营销人员最难做出的决策之一？
2. 你同意大型企业通过一种理性的分析手段（战略原则）选择进入模式，而中小型企业通过一种更加实用主义或机会主义的手段进行决策的观点吗？
3. 通过图 9.1 来识别影响进入模式选择的最重要的因素，并给出优先级排序。

参考文献

本章参考文献可通过扫描右侧二维码获取。

第 10 章
出口模式

> **学习目标**
>
> 完成本章学习之后,你应该能够:
> - 区别间接出口模式、直接出口模式和合作出口模式。
> - 描述和理解间接出口的五种主要进入模式:
>   ——出口采购代理商;
>   ——中间商;
>   ——出口管理公司/出口企业;
>   ——贸易公司;
>   ——背驮式出口(Piggyback)。
> - 描述直接出口的两种主要进入模式:
>   ——分销商;
>   ——代理商。
> - 讨论主要出口模式的优势和劣势。
> - 讨论制造商如何对中间商施加影响以使其成为高效的营销合作伙伴。

10.1 引言

企业在国内市场或第三方国家把产品制造出来以后,会直接或间接出口至东道国市场。出口是企业初期进入国际市场的最常用模式。有时,国外买家会主动订货;有时,国内客户也会因拓展国际业务的需要而进行订货。这些都会促使企业考虑进入国际化市场,并调查这些市场的发展潜力。

因此，出口主要适用于企业进入国际市场的初期，并逐渐向基于国外市场的运营模式转化。在有些情况下，由于规模经济或全球市场中的顾客数量有限（例如航空航天业），生产就可能仅仅集中在一个或几个地点，而后会把产品出口到其他市场。

出口可以有多种组织方式，这往往取决于中间商的数量和类型。就像在批发过程中一样，出口代理商和进口代理商的职能范围也颇为不同。其中，有些中间商相当于负责全程服务的批发商，如出口管理公司，行使着与出口相关的所有职能；有些中间商却是高度专业化的，专门行使货运代理、单据处理或清关等职能。

在建立出口渠道的过程中，企业必须决定哪些功能应该交由外部代理商来负责，哪些功能应该由本企业自己负责。因此，出口渠道也呈现出多种形式。简言之，可以具体分为以下三种：间接出口、直接出口和合作出口。

1. 间接出口。该模式是指制造商并不直接参与出口活动，而是由其他国内企业如出口行或贸易公司等来执行这些活动。此时，制造商并不参与其产品在国外的销售。

2. 直接出口。该模式通常是指制造商会参与出口活动，并与国外目标市场的一级中间商有着直接的接触。这类厂商常常会参与文件处理、货物交付和定价等活动，同时，把产品销售给代理商和中间商。

3. 合作出口。该模式包括与其他企业（出口营销团体）签订合作协议，主要涉及出口职能的行使等问题。

图 10.1 显示了基于价值链视角的不同类型的出口模式。

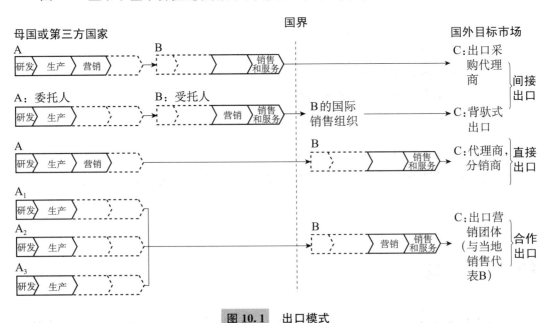

图 10.1　出口模式

注：A，A_1，A_2 和 A_3 代表产品/服务的制造商；
　　B 代表一个独立的中间商（代理商）；
　　C 代表顾客。

合作伙伴的注意力占有率/心理份额

无论制造商在市场中采用哪种出口模式,较为重要的是制造商需要考虑它在出口合作伙伴那里的注意力占有率,即心理份额有多大。**合作伙伴的注意力占有率**(partner mindshare)是对信任、承诺与合作的关系强度的一种度量。有研究表明:注意力占有率的高低,往往与出口中间商把该合作企业品牌置于优先位置的概率和中间商解除合作关系的概率存在显著的相关关系。而且,注意力占有率也会在销售业绩中得到清晰的体现。显而易见的是:具备较高的注意力占有率意愿的中间商,往往比那些意愿较低的中间商表现出更好的销售业绩。

> **合作伙伴的注意力占有率**
> 制造商的产品在出口合作伙伴(如代理商或分销商)心目中占据的份额。

一般而言,可以把影响注意力占有率的因素划分为三种驱动力(Gibbs,2005):

1. 承诺和信任;
2. 合作;
3. 利益的分享和共同的目标。

较高的注意力占有率的取得,往往要求在上述因素中均获得高分。例如,有些制造商善于沟通,但却不可信赖。显然,与其合作,往往不会取得较高的注意力占有率。

除了上述这三类因素以外,我们还需要引入测量的第四组指标——产品、品牌和利润。可以利用这组指标来测量制造商产品的感知吸引力。制造商可将其视为一种保健型驱动因素。一般而言,制造商的表现,往往至少要与市场上其他竞争对手的表现旗鼓相当。这样,制造商才能获得注意力占有率所带来的全部收益。

对于很多拥有卓越产品和强势品牌的制造商而言,虽然其获利能力可能非常突出,但仍有可能被出口合作伙伴认为是傲慢的、不值得信赖的、毫无帮助的。也就是说,它们在出口合作伙伴那里可能只具有较低的注意力占有率。

在实践中,可以进一步对上述每种驱动力再进行分解。例如,一提到合作,往往需要重点考察以下几个方面的内容:一是制造商在销售方面善于合作的程度;二是制造商在营销方面善于合作的程度。当然,也需要考量其他方面的指标。例如,是否能够及时地沟通相关信息、有多少真正的合作规划以及出口中间商认为该过程的价值有多大,等等。

当供应商拒绝与合作者共享资源时,注意力占有率就会遭到严重破坏,合作者就会感到被排斥,即不属于合作群体的一部分。如果中间商跟某个制造商没有形成长期休戚相关的关系,而该中间商又在该制造商的竞争对手那里具有较高的注意力占有率,那么该制造商就可能会逐步终止与该中间商的合作。与此相对,制造商也可以有其他选择。例如,把自己的产品和业务与中间商的业务计划整合在一起,并想方设法表明对中间商的承诺。美国跨国计算机科技公司——Oracle企业就遵循此法,并指出:"我们的做法是给合作者一些营销资料,他们就好像我们企业的内部员工一样,我们会给予他们应该得到的东西。"(Hotopf,2005)

总之，制造商需要了解合作伙伴的商业模式、目标及其对制造商的价值和替代成本。同时，制造商也需要审视这种关系的长期价值（生命周期价值＝平均每年的价值×制造商与出口中间商的合作年数）。该公式可以用于证明对合作关系的投资数额。

10.2　间接出口模式

当出口制造商通过位于制造商本国的独立组织进行出口时，就是采用的间接出口模式。在间接出口中，销售就像是一种国内销售，实际上，企业并非真正在从事国际营销，因为其产品是通过其他企业运往国外的。这种出口模式通常适用于具有有限的国际扩张目标的企业。

> **间接出口模式**
> 制造商通过位于本国（或第三方国家）的独立出口组织进行出口。

如果将国际化销售视为处理生产剩余能力的一种途径，或认为是可有可无的（不太重要的）方式，那么运用**间接出口模式**就较为合适。有些企业想要进行国际扩张，但资源有限，因而要逐步进入国际市场，因此，采取间接出口模式也是企业在投入主要资源和精力发展出口组织之前对国际市场的初步尝试。

但是，企业必须认识到，对代理商或出口管理公司的利用往往也会带来很多风险。首先，企业极少或基本不能控制在国外销售的产品或服务的营销方式。产品可能会通过不合适的渠道进行销售，服务或销售支持较少、促销不足，而且也存在定价过低或定价过高的风险。显然，这会损害产品或服务在国外市场的声誉或形象。企业在市场开发上付出的努力不足，最终可能会以丧失潜在机会为代价。

需要特别强调的是，通过间接出口模式逐步进入国际市场的企业，往往极少或基本没有建立与国外市场的联系。因此，企业对国外市场发展的潜力知之甚少，从而缺乏制订国际市场扩张计划所需要的有用信息。同时，企业也往往缺乏识别产品的潜在销售代理商或分销商的手段。

间接出口模式具有进入市场成本最低和风险最低的优势，它使企业几乎不必了解其产品如何销售、何时销售、在何地销售和销售给谁。甚至，有时国内企业竟然都不知道其产品正在进行出口。

另外，从事出口业务的中小型企业仅依靠一己之力开发国际市场的资源非常有限。通过间接出口模式，中小型企业可以利用其他有经验的出口商资源，将其业务扩展到世界各地。

间接出口主要有五种进入模式：
1. 出口采购代理商；
2. 中间商；
3. 出口管理公司；
4. 贸易公司；
5. 背驮式出口（piggyback）（间接出口的一种特殊形式，见图10.1）。

出口采购代理商（出口代理行）

许多企业或个体可能直到被国外的买家主动造访后，才意识到其产品或服务具有出口价值。这些买家可能会通过最原始的手段，在工厂门口购买产品，自己承担出口任务，然后把产品销售和分销到一个或多个海外市场。

出口采购代理商是国外买家驻扎在出口方所在母国的代表机构。这种类型的代理商基本上是在出口方所在国市场，由海外顾客雇用的购买代理商，并依赖来自这些顾客的订单进行经营运作。由于出口采购代理商代表着买方的利益，因此主要由买方来支付一定的佣金。而出口制造商并不直接参与购买条款的确定，而是由出口采购代理商和海外买方共同商定的。

> **出口采购代理商**
> 国外买家驻扎在出口方所在母国的代表机构。该代理商向国外买家提供服务，如识别潜在的卖家和进行价格谈判。

出口代理行实质上就成了国内买家。它会根据要购买的特定商品搜索市场，然后向制造商发出产品规格要求进行招标。在其他条件同等的情况下，价格最低的投标商将获得订单。在此过程中，一般不牵扯感情、友情或是招揽买卖的沟通。

从出口商的角度看，向出口代理行销售是一条便捷的途径。通常，在出口方母国款项即刻得到偿付是有保障的，同时对出口商来说也丝毫不用担心货物的运输问题。而且，这一途径几乎不存在信用风险，出口商仅仅需要按照规格履行订单要求即可。只不过一个关键的问题是：出口商几乎不能直接控制该产品的国际营销。

小型企业通常认为这是一种进行国外销售的、最为简单的方法。但殊不知，由于对出口代理商的完全依赖，他们几乎不能察觉消费者行为和竞争对手活动的变化，甚至不能察觉到该出口代理商会终止购买的意图。因此，如果一家企业有寻求发展长期出口业务的意愿，那么它就应该采取更加积极的措施，以便加强自己对产品销售市场的了解。

中间商

另一种基于母国的代理商类型是出口/进口中间商。中间商的主要功能是将买卖双方联系起来。因此，中间商仅仅是一个具备契约执行功能的专家，而并不真正从事产品的买卖业务。中间商一般会收到成交额的5%作为佣金。它通常会专注于特定的产品或产品类别。为了成为某种产品的专家，中间商会倾向于只专注一两种产品。由于中间商基本上是进行基础产品的交易，对许多潜在出口商来讲，这种类型的代理商并不是分销渠道的一个实用的选择。对于出口中间商而言，最为与众不同的特征就是它们既可以作为买方也可以作为卖方的代理商。

出口管理公司/出口行

出口行或出口管理公司（export management companies，EMCs）是为一系列非竞争企业而建立的专业公司，扮演着这些企业的"出口部"的角色（Rosenbloom and Andras，2008）。由于出口管理公司都是以其所代理的每个制造商的名义进行交易的，因此所有对买方的回复和合同都是以制造商的名义来进行谈判的，报价和订单也需要由制造商来最终确认。

通过代理多家企业，出口管理公司能够把销售成本和管理成本分摊到更多的产品和企业身上。同时，由于多家企业的产品往往会一起运送，由此所带来的经济效应也会降低相关的运输成本。

出口管理公司会处理必要的文档，而且在某些被证明是非常难以进入的市场上，出口管理公司对当地商业惯例和政府规定的把握会大有用武之地。因此，相对于自食其力地把产品打入国外市场，独立企业通过出口管理公司进入国际市场，能够实现以更加低廉的成本获取更加广阔的国外市场。但同时，这种方式也存在很多弊端：

● 出口管理公司专注于某一地理区域、产品或顾客类型（零售顾客、行业顾客或机构顾客）。这可能与供应商的目标不一致。所以，市场选择是建立在有利于出口管理公司的基础上的，而不是建立在制造商的基础上的。

● 由于出口管理公司主要赚取佣金，它们会倾向于关注当前最具销售潜力的产品，而不是那些有可能在长期内致力于更多的顾客培养和持续营销才能获得成功的产品。

● 出口管理公司可能试图代理很多的产品系列，以至于销售人员不会对制造商的产品给予必要的关注。

● 出口管理公司可能同时代理竞争性产品，以至于会将一些企业置于不利地位。

因此，制造商在选择合适的出口管理公司的过程中要保持谨慎，并做好资源投入的充分准备，以维系其与出口管理公司的合作关系，并对其绩效进行监督。

随着销售的不断增长，制造商会觉得自己能够依靠直接出口来更广泛、深入地涉足国际市场，并从中获取更大的收益。尽管如此，但转变却并非易事。首先，由于制造商已经非常依赖出口管理公司，所以除非该制造商已经采取措施并与国外顾客建立起了联系，而且已经具备了目标市场的知识，否则要脱离出口管理公司独立运行往往是非常困难的；其次，企业会发现从出口管理公司那里撤回合同承诺也异常困难；最后，出口管理公司也可能会利用其他制造商的产品来替代现有产品，并凭借其现有的顾客关系与原制造商进行竞争。

贸易公司

贸易公司是殖民地时期遗留下来的历史产物，虽然贸易公司现在已经发生了本质上的变化，但是在非洲和远东，它们仍然是一只重要的贸易力量。国际贸易公司在全球各个角落都非常活跃，尤其在日本，贸易公司的概念经常被高效地使用。在日本，有上千家从事进出口贸易的公司，最大的企业（据不同的资料统计，估计有 9—17 家）是指一般的贸易公司或综合商社（Sog Shosha）。这类企业包括伊藤忠商社（C. Itoh）、三井企业（Mitsui）和三菱企业（Mitsubishi Shoji Kaisha），操纵了 50％的日本出口额以及 67％的进口额。而较小的贸易公司一般仅限于国外贸易，较大的综合贸易公司还会较多地从事国内分销活动和其他活动。

贸易公司在诸多领域，如运输、仓储、金融、技术转移、计划资源开发、建筑和地区发展（如土耳其工程）、保险、咨询、不动产和交易决策（包括促进投资和合资公司）扮演重要角色。事实上，提供的金融服务的范围是综合贸易公司区别于其他贸易公司的主要因素。这些服务包括贷款担保、应收/应付账款的融资、发行本票、主要外汇交易、股权投资和直接贷款。

贸易公司从事的另一项业务是对销贸易（counter-trade）（物物交换），在往一个市场出售一种产品的同时，从该市场交换回另一种商品作为支付。贸易公司的根本角色就是迅速找到所要交换回产品的买家，但有时，这将是一个非常耗费资源的过程。

由于缺少"硬通货"，对销贸易在东欧和发展中国家仍是一种非常普遍的贸易形式。西方国家采用对销贸易的动机之一就是为了获取用于本企业生产的低成本的生产资源和原材料（Okoroafo，1994）。

背驮式出口

在**背驮式出口**模式中，中小型企业（委托人）缺乏出口经验，因此它们若想出口国外市场，一般会与较大的、已经在这些国外市场开展业务的、愿意代表它们利益的较大的企业（受托人）进行交易。这样可以使受托人充分利用已经建立的出口设施（销售分部）和国外分销系统。受托方或者作为代理商获取佣金，或者作为独立的分销商买下制造商的产品。背驮式营销通常会用在不相关企业的非竞争产品（但可以有关）和互补性产品（联合产品）的营销中。

> **背驮式出口**
> "pick-a-back" 的缩写，指委托方运用受托方的国际分销组织的一种模式。

考虑到需要处理技术问题和提供售后服务，受托人有时会坚持主张委托人的产品必须在某种程度上与自身产品类似。在背驮式出口过程中，品牌和促销策略是变动的。某些情况下，受托人会购买该产品，冠以自己的品牌，并将其作为自己的产品进行营销（自有商标）。更为常见的做法是，委托人保留制造商的品牌名称，双方共同安排产品促销活动。品牌和促销策略的选择，需要充分考虑品牌对产品的重要程度以及品牌建设的成功程度。

对委托方和受托方来说，背驮式出口模式有如下优势和劣势。

受托方

优势

如果一个企业的产品线之间差距过大或具有过剩的出口能力，那么它会有两种选择。其一，企业从内部完善其产品线以填补过剩的出口能力；其二，通过背驮式出口（或收购）来获取其需要的产品。背驮式出口之所以很有吸引力，是因为企业能够迅速地获取产品（一些人已经拥有了这些产品）。同时，由于受托方无须在研发、生产设备或新产品的试销中进行投资，因此其获取产品的成本很低。背驮式出口是将产品从一个企业转移到另一个企业。这样，企业就可以在无须开发和生产额外产品的情况下拓宽其产品范围。

劣势

虽然背驮式出口对受托方有很大的吸引力，但关于质量控制和产品担保方面仍令人担忧。第一个考虑是，委托方能保持交由另一家企业销售的产品的质量吗？这部分依赖于产品被冠以谁的品牌名称。如果委托方的品牌名称出现在产品上，那么其保持质量的动机会更强。第二个考虑是产品的持续供给。如果受托方在国外开拓了较大的市场，委托方会相应地提高生产能力吗？所有的这些考虑需要在双方的协议上有所体现。当然，如果背驮式出口协议较好地发挥了效用，对受托方会有另外的潜在收益，即它会发现委托方是一个可以建立更紧密关系的很好的收购候选人或合资伙伴。

委托方

优势

委托方无须建立自己的分销系统就可以便利地进行出口。它们可以认真观察受托方如何处理货物从而学习受托方的经验，也许委托方最终会接管并独立经营出口业务。

劣势

对小型企业来讲，这种类型的协议意味着放弃对其产品的营销控制，这是很多企业都不情愿做的事情，至少在长期看来是如此。缺乏来自受托方的承诺和失去市场上的大量商机是更深层次的弊端。

总而言之，背驮式营销为企业从事出口营销开辟了一条简便而又低风险的道路。这种途径尤其适用于那些或是规模太小而不能直接从事出口业务，或是不情愿在国外营销中投入过多资源的企业。

10.3 直接出口模式

直接出口模式是指制造商或出口商直接将产品出售给一个国外市场区域的进口商或买方的模式。在间接出口模式的讨论中，我们探讨了一些进入国外市场的简便的模式。在间接出口方式中，国外销售的处理方式与国内销售一样：制造商仅仅通过代理人处理国际营销业务（即通过一家企业将其产品销往海外）。但是，这种间接出口方式使企业获得的国际营销知识和所实现的销售都是十分有限的。

当出口商信心倍增之后，它们会决定独自肩负起出口任务。这包括建立海外联系、实施市场调研、处理文档、运输以及设计营销组合策略。**直接出口模式**包括通过国外代理商和分销商（独立的中间商）来进行出口。

通常"分销商"和"代理商"被视为同义词。但实质上二者有很大的区别：分销商通常具有对货物的所有权、可以进行存货融资，并承担相应的运营风险，而代理商则不可以。而且，分销商是赚取买卖差价，而非佣金。此外，由于分销商比代理商拥有更多必要的资源，所以它们通常还会提供售后服务。

> **直接出口模式**
> 制造商直接把产品销售给国外目标市场上的进口商、代理商或分销商。

分销商

出口企业可以通过**分销商（进口商）**出口货物。分销商作为企业的独家代理，在市场上是唯一的进口商。作为独立的买方，分销商可以根据自己的利益购买产品，并对选择顾客、设置销售条件享有充分的自由。对于每一个国家，出口商都需要一家分销商，只承担信用风险，产品运往一个目的地。在多数情况下，分销商拥有并经营批发和零售机构、仓库、维修和服务设施。一旦分销商与其出口商商定了价格、服务和分销条款，它们就会专注于自己的业务和交易上。

> **分销商（进口商）**
> 提供制造商产品的独立企业。这类企业在顾客选择和定价方面往往有着很大的自主权，其利润主要来源于买卖差价。其中，买价指从制造商那里购买所支付的价格。

一般而言，分销商的类型很广泛且常常会发生变动，但它们通常会寻求获取特定销售区域的独家代理权，并代表制造商全权负责产品在该区域的销售和服务。这种独家代理权可以在很大程度上确保为满足处理和销售该产品的要求而进行大量的资本投入。

代理商

代理商可以是独家的，即在特定的销售区域享有独家权利；也可以是半独家的，即同时从事其他厂商的非竞争产品的交易；或者是非独家的，即经营各种产品，包括其中一些会与出口商产品产生竞争的其他企业的产品。

代理商代表出口企业，并将产品销售给进口国的批发商和零售商。出口商直接将产品发运给顾客，关于融资、信贷、促销等所有安排都由出口商和买方共同决定。在进入国际市场时，独家代理商模式应用最为广泛。它们覆盖的区域较少，并拥有次级代理商。代理商和次级代理商依据先前的协议分享佣金（由出口商支付）。一些代理商提供金融和市场信息，一些还保障顾客账款的支付。代理商获取的佣金数量，主要取决于它们所提供的服务、市场规模、重要程度以及出口商与代理商之间的竞争。

> **代理商**
> 代表制造商（出口商）向顾客销售产品的独立企业。通常它不会存储产品，其收益来自合同约定的佣金（由制造商支付，一般为5%—10%）。

代理商和分销商的优点是：它们都非常熟悉当地市场和风俗习惯，并已经建立了商业网络和雇用了本土员工。由于酬金与销售直接挂钩，它们销售的直接动机就是获取佣金或边际利润。因此，它们都不情愿花费太多时间和努力去开发新的产品市场。此外，因为代理商和分销商通常都把自己视为其顾客的购买代理商，而不是出口商的销售代理商，以至于来自市场的反馈非常有限。如果代理商或分销商运营良好，并进行了市场开发，就有可能面临会被委托方的子公司所取代的风险。因此，出口商应该制定一种长期战略，在任何新的进入模式决策（例如建立子公司）中都将代理商考虑在内，以避免代理商被取代。

中间商的选择

在选择合适的中间商的过程中会存在很多问题，但以下方式有助于企业找到合适的中间商：

- 询问潜在的顾客以获取有关合适中间商的建议；
- 搜寻一些机构（诸如商会、贸易协会和政府贸易部门）的推荐；
- 运用商业代理机构；
- 挖走一个竞争者的代理商；
- 在合适的贸易类报纸上做广告。

为选择一个合适的中间商，出口商需要逐个考查每个候选企业对产品和当地市场的了解程度、经验和专业技能、要求的酬金、贷款率、顾客服务设备、以积极有效的方式促销出口商产品的能力。

图10.2描绘了制造商与其"愿景"之间的匹配关系，以及两个潜在中间商及其在特定市场上的绩效概况。

如果伙伴1和伙伴2是制造商唯一的潜在候选企业，那么由于制造商对市场的需求与伙伴2的绩效概括更为匹配，那么最终应该与伙伴2合作。

如图10.2中所列举的标准，其实并不一定是选择过程中的唯一标准。在实践中，能够刻画中间商特征并且可以作为选择标准的因素还有（需要在决策制定过程中加以

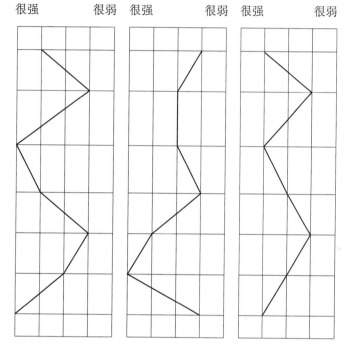

图 10.2 制造商和两个潜在分销伙伴之间的匹配

考虑）(Root，1998)：

- 企业规模；
- 物理设施；
- 保有库存的意愿；
- 对促销手段的了解和应用；
- 在供应商、顾客及银行中的声誉；
- 销售绩效的记录；
- 运营成本；
- 总体经验；
- 掌握英语及其他相关语言；
- 了解在制造商所在国的经营方法。

示例 10.1
Lofthouse of Fleetwood（渔夫之宝）选择新分销商的决策标准

Lofthouse of Fleetwood 有限公司（www.fishermansfriend.com），一个家族企业，于 1865 年在英国兰开夏郡弗利特伍德市创造了渔夫之宝（Fisherman's Friend）原味特强润喉糖。弗利特伍德是英国最大的渔港之一。由于在北大西洋的打渔区，渔夫们长期在恶劣且冰冷的气候条件下航行，容易引发很多疾病，因此，渔夫之宝润喉糖最初是为帮助渔夫缓解因咳嗽、感冒和支气管所引起的不适而生产的。渔夫之宝共为全球市场生产 13 种口味的润喉糖，其中

Fisherman's Friend 是 Lofthouse of Fleetwood 公司的注册商标

7 种口味（无糖黑醋栗口味、强劲原味、茴香口味、樱桃口味、无糖薄荷味、无糖原味和无糖柠檬味）在英国有售。渔夫之宝的核心理念就是：始终保持独一无二的、具有药用价值的、甜甜的、强烈的味觉体验，并在全球范围内保持一贯的纸质包装。渔夫之宝的原味特强润喉糖产品，一直保持着 1865 年时的规格进行生产，但其市场营销组合要素却针对不同国家而有所不同。

直至 1974 年，渔夫之宝才首次出口到挪威。至今，该产品仍在世界市场保持最高的人均消费量。今天，润喉糖的销售已经遍及 120 多个国家，并已经成长为一个主要的国际品牌；该品牌 80% 的销售额（占其总产出的比重）在欧洲，在英国的销售占总产出的 4%；德国是最大的销售市场，亚洲紧随其后，占了 15%，余下的份额由北美洲以及其他区域消化。由于渔夫之宝具有全球喜好的大众化口味，其在俄罗斯、中国和印度的发展都十分迅速。然而，在被世界大多数国家所接受的同时，日本人却无法接受这种产品——因为他们更偏好如土耳其软糖之类的、偏甜的口味。

Lofthouse of Fleetwood 与一家名为 Impex Management 的独立企业签订了市场营销外包协议，这样企业就可以只专注于研发和生产活动。在新的国际市场上，Impex Management 选择并面试了 6 个候选分销商，对它们的潜力进行了详细的 SWOT（优势、劣势、机会和威胁）分析。面试之后，Impex 和 Lofthouse 共同开会决定特定市场的合作伙伴。

在选择分销商的标准中，Lofthouse 和 Impex 企业达成以下一致意见：

● 规模：Lofthouse 需要分销商的规模要足够小以保证渔夫之宝产品在其总收入上占有较大比重，从而得到分销商更多的关注——Lofthouse 想要成为在一个小池塘中的一条大鱼。这样就需要与选择大的分销商以签订更多的零售订单之间进行权衡。

- 产品：分销商应该销售互补产品系列，并有在相关产品市场上经营的经验和适量的合同。它们不应直接参与销售竞争者的产品——Lofthouse 要求产品销售的排他性。
- 销售的组织结构：销售代表的数量及其市场覆盖率（销售代表负责哪个地理区域和哪种销售渠道？多长时间销售一次？）。
- 财务状况：Lofthouse 要求分销商的财务稳健且安全。
- 文化和价值观：Lofthouse 正寻求长期的合作关系。因此，要求分销商必须与其有相似的文化和价值观。

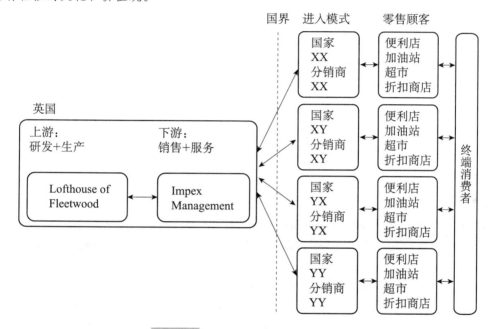

图 10.3 渔夫之宝的国际分销系统

- 家族企业：由于 Lofthouse 是一个家族企业，所以它正在寻求同为家族企业的分销商。

与 Lofthouse 和渔夫之宝保持长期关系的一家分销商，是其荷兰分销商——Concorp Brands（早期是 Nedean Zoetwaren BV）。该企业的情况最符合上述标准。该企业在荷兰市场分销甜食产品。渔夫之宝在 1974 年进入了 Concorp Brands 的分销产品系列。该企业雇用了大约 40 名员工，具体负责渔夫之宝在荷兰市场的日常销售。销售团队分为两个部分：

1. 便利销售网点：便利店、加油站、烟草制品零售店；
2. 零售渠道：超级市场和折扣店等。

约有 40% 的渔夫之宝产品通过便利销售网点进行销售，其余 60% 则通过零售渠道进行销售。

当前（2009 年 11 月），Concorp Brands 作为荷兰的分销商主要代理以下品牌：
- Freedent（箭牌/玛氏企业生产的口香糖，美国）；
- Skittles（箭牌/玛氏企业生产的糖果，美国）；
- Autodrop（Concorp Brands 生产的甘草和酸味糖果）；
- Oldtimes（产自荷兰的甘草糖）；
- Ricola（产自瑞士的润喉糖）；
- 渔夫之宝（产自英国的润喉糖）。

当 Lofthouse 在荷兰和其他国际市场通过分销商销售产品时，它不能控制渔夫之宝的转售价格和零售价格。所有分销商都有一个一致的价格清单，但它们仍有充分的自由根据当地市场环境制定转售价格。当某一分销商制定的价格与其他分销商差别过大时，尽管 Lofthouse/Impex 会对其进行管理，但这对分销商定价并无太大影响。事实上，在整个欧洲，欧元的存在就意味着更加透明的价格体制。从国际零售连锁店家乐福、Ahold、Tesco、Lidl 和 Aldi 购物的消费者非常了解欧洲不同国家的价格状况，如果不同国家间的价格差异过大，他们就会选择在价格更低的国家购买。

Lofthouse 在分销合同中规定，分销商应持有大概一个月的产品库存。因为除非流感爆发或其他一些不可预见的事件发生，一般情况下渔夫之宝产品的需求量都是可预测的。

资料来源：www.fishermansfriend.com；Brassington and Pettitt（2006）；http：//www.lz-blog.de/spotlight/2009/08/27/talk-with-fishermans-friend/。

当出口制造商选定中间商后，至关重要的环节就是双方之间谈判并拟定合同。国外代理协议是出口商和中间商关系的基础，因此合同必须清楚地规定所有相关方面以及合作关系所依赖的条件。协议必须本着共同受益的原则，其中权利和义务必须由双方共同商定。

对大多数出口商来讲，与国外代理商的协议中最重要的三个条款是：独家或排他性的代理权，有竞争力的产品线和合同的终止。销售区域问题越来越重要，由于在很多市场上，分销商数目越来越少，而规模越来越大，也越来越趋于专业化。区域扩大化趋势正致使分销商不断通过组织的发展、兼并对手来拓展其经营领域，从而对制造商来讲，在相邻市场中委托不同的分销商变得十分困难。

一般地，如下一些原则可以应用到各国的代理法规中：
- 在委托人不知情或未经其同意的情况下，代理商不得在以双方协定的价格收到所购货物后，再大批量将其售出。
- 代理商必须对委托人的事务严格保密，必须传达所有相关的信息。
- 委托人对代理人"以他的名义"做出的错误行为对第三方造成的损害负责（例如代理商带有欺骗性地歪曲或曲解委托方的意图）。

在合同期内，对中间商的支持和激励至关重要。这通常指根据销售量给予酬金，但也可以有其他的方式：

- 供应商负责重要的当地广告活动和提高品牌知名度；
- 有可能的话，与当地中间商合作来参与当地的展览和贸易展会；
- 定期造访和电话联系代理商或分销商；
- 由供应商负责在其所在国家安排代理商和分销商的定期会议并支付相关费用；
- 给予销售冠军奖金奖励及假期等；
- 为中间商提供技术培训；
- 有计划地从代理商和分销商那里搜集市场反馈信息；
- 发行有关供应商企业当前活动、人事变动、新产品开发和营销计划等的简报。

评估国际分销合作伙伴

即使企业在选择中间商时非常仔细，仍然有必要在发现合作关系进展不利时及时抽身。

在评估国际分销合作伙伴的过程中，我们可以应用图 10.4。

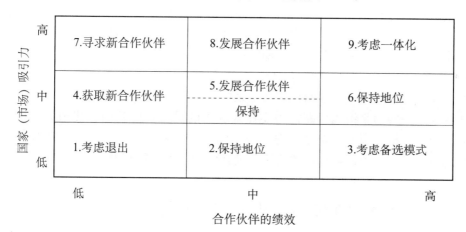

图 10.4　国际合作伙伴矩阵

根据图 10.4，评估国际分销合作伙伴的两个最重要的标准是：

1. 分销合作伙伴的绩效；
2. 分销合作伙伴所在市场的吸引力。

绩效可以通过诸如已获得的收益、市场份额、为制造商带来的利润、为潜在顾客建立的网络等标准来评估。国家（市场）的吸引力可以通过在第 8 章（表 8.2 和图 8.5）讲到的标准（例如市场规模和市场增长）来评估。

如图 10.4 所示，如果合作伙伴的绩效较低并伴随着较低的国家吸引力（方框 1），企业应考虑从该国退出，尤其是如果较低的吸引力似乎是一个长期的现象。

如果合作伙伴的绩效较高，但国家吸引力较低（方框 3），那么企业应考虑转变为另一种进入模式（如合资企业）。通过这种途径，企业在这个吸引力较低的市场上，给予合作伙伴丰厚的利润分成，以防止合作伙伴的不满。

如果合作伙伴在一个非常具有吸引力的市场上经营得很差（方框7），那么就应该寻求一个更好的合作伙伴。

如果市场非常活跃，并且合作伙伴的绩效很好（方框9），那么企业应考虑前向一体化，将现有进入模式（分销商）转变成一个子公司，或者将分销商提升为子公司新的CEO，只要分销商具备该职位所必需的能力以及足够的管理才能。

图10.4中的其他方框主要涉及保持当前位置或与当前合作伙伴共同"成长"的问题。这可以通过在企业总部提供有关产品或服务解决方案的培训，或者在当地市场拜访合作伙伴以显示对其在当地市场付出努力的肯定。

与分销合作伙伴协议的终止

与分销合作伙伴协定的终止条款通常涉及当地法规所规定的权利，最好在合同签订之前请当地律师对合同进行仔细的审查，而不是在关系终止后在法院讨论有关补偿的问题。

终止条款在各国都不尽相同，但在欧盟，企业必须遵守1994年对所有欧盟成员国生效的关于代理商的一项指令。按照指令的规定，协议被中止的代理商有以下权利：

- 全额支付代理商的业务费用（即使在代理结束之后）；
- 一次性支付一年期的佣金（参照过去几年的年平均佣金）；
- 对于无理由地终止协议给代理商带来的商誉的损害进行赔偿。

在西欧，一些国家将代理商视为委托人雇用的员工，而其他一些国家将代理商视为独立的商业机构。当一家企业考虑在一个国家开展业务时，有必要弄清楚代理合同的法律地位。例如，沙特阿拉伯的法律就极其保护代理商的利益。

10.4 合作出口模式/出口营销团体

中小型企业第一次尝试进入出口市场时，经常会采用加入出口营销团体的方式。由于当地的市场规模有限和可获得的管理和营销资源不足，很多这种类型的企业在生产和营销过程中都没能实现充分的规模经济。如家具和服装业等传统的、成熟的、分工较细的产业具备此特征。同时，小型的、新建的高科技企业也具有相同的特征。

如图10.1所示，显示了出口营销团体与制造商A1、A2、A3的合作模式，每个制造商分别拥有独立的上游职能，并通过一个共同的国外代理商实现在下游功能的合作。

中小型企业与其他企业进行合作的最重要的动机之一就是，要抓住每一个将一个互补性产品营销给大客户的良机。以下以家具产业为例子。

制造商A1、A2、A3在上游职能上拥有核心竞争力，它们的互补性产品生产线分别为：A1起居室家具；A2餐厅家具；A3卧室家具。

这些生产线通常会捆绑在一起形成较广泛的产品概念，这样可以在家具零售连锁店中更加吸引买方，尤其是针对拥有一种特定生活方式的顾客更有效。

这种制造商之间的合作既可以紧密，又可以松散。在松散的合作关系中，各个独立的制造商会通过同一个代理商出售其自有产品；而在紧密的合作关系中，一个新的出口协会就会产生，它是代表进入国际市场的前端机构，并可以获得巨大的规模经济效益。它的主要功能如下：

- 以协会名义进行出口；
- 统一运费、商定费率、租船；
- 进行市场调研；
- 指定国外销售代理商；
- 获得信贷信息和收回债务；
- 设定出口价格；
- 统一签订合同、制定销售条款；
- 共同出价并进行销售谈判。

协会的企业成员可以在一起更加有效地研究国外市场，并找到更好的代理商。通过建立一个组织来替代几个卖方以实现更加稳定的价格，进而降低销售成本。通过统一的运输，避免重复劳动，以实现运费的节约，达到产品的标准化升级，并创立一个更加强大的品牌，正如美国加利福尼亚州的果农成立新奇士（Sunkist）协会一样。

出口营销团体对中小型企业大有裨益，但令人惊讶的是只有较少的团体在运作。原因之一可能是各企业在关于该团体应该做什么这个问题上存在分歧。在很多中小型企业中，受其创始人和企业家的激发，都有着强烈的独立意识，这或许会和出口营销团体在共同目标的设定上存在矛盾。出口营销团体的主要任务之一就是平衡团体中不同股东之间的利益。

10.5 总结

三种主要出口模式的利弊如表 10.1 所示。

表 10.1　不同出口模式的优点和缺点

出口模式	优点	缺点
间接出口（例如，出口采购代理商、中间商或出口管理公司）	有限的承诺和投资需求；由于企业利用一个有经验的出口商进行国际化，所以有可能实现市场的多元化经营；风险（市场的和政治的）最低；无需出口经验	对产品和营销组合各要素缺乏控制力；在分销链条中增添国内成员可能会增加成本，而使生产者获得较少的利润；缺乏与市场的联系（无法获得有关市场的知识）；产品销售经验不足

续表

出口模式	优点	缺点
直接出口（例如，分销商或代理商）	拥有接触当地市场的经验并可以和潜在顾客接触；较短的分销链条（与间接出口模式相比）；可以获得市场知识；对市场营销组合有较多的控制（尤其是代理商）；可获得当地的销售支持和服务	由于关税和缺乏分销控制（尤其对于分销商）等因素对市场价格几乎无法控制；需要对销售组织进行一些投资（从基地的角度出发与分销商或代理商联系）；文化差异带来的沟通问题和信息过滤（交易成本发生了）；可能的贸易限制
出口营销团体	分担了国际化的成本和风险；为顾客提供了一条完整的产品线或销售系统	不平衡关系（目标不同）所带来的风险；参与企业不愿放弃其完全独立的权利

案例研究

Parle Products：一家印度饼干制造商在新的出口市场中寻求代理商和合作伙伴

很久以前，当英国人统治印度的时候，在孟买郊区建起了一家小型工厂，主要生产糖果和太妃糖。当时是1929年，印度市场主要被一些可以自由进口的国际大牌所占领。面对诸多困难和不公平竞争，Parle Products（以下简称"Parle"）（www.parleproducts.com）通过持之以恒地提供高质量的产品和革新精神生存下来，并取得了成功。

今天，Parle在印度饼干市场上占有40%的市场份额，在甜品市场上占有15%的市场份额。Parle的饼干品牌（如Parle-G、Monaco和Krackjack）及其甜品品牌（如Melody、Poppins、Mangobite和Kismi）都有较好的品牌形象，并受到消费者的青睐。

如果怀疑一家印度的家族企业不能达到世界领先水平，那么是时候重新考虑一下了。在家乡成长起来的本土品牌，Parle G，颠覆了人们的传统认识，一跃而成为世界上最大的饼干品牌。但是，在多数欧洲市场，Parle不得不对抗一个特别的竞争对手，即英国的United Biscuits（McVitie's的生产商）。在所有的欧洲市场上，Parle的市场份额还非常低。

United Biscuits（UB）

United Biscuits成立于1948年，主要兼并了两家苏格兰家族企业——McVitie & Price和McFarlane Lang。1960年，UB收购了Crawford's Biscurts和MacDonald's Biscuits。

2000年，UB被一家投资财团——Finalrealm收购，并转为私营有限公司。

品牌力量

UB的品牌在七个国家中排名第一或第二，并在英国、法国、西班牙的前十名饼干品牌中占据五个席位，在英国的前十名零食品牌中占据四个席位。2001年，超过89%

的英国家庭购买 McVitie's 的产品，人人都认可其品牌的影响力。

消费者洞察力

UB 作为英国最大的零食制造商，拥有甜品和风味食品品牌相平衡的产品组合，这使得它对于如何应对不断变化的消费者需求有着独特的理解。

Parle

Parle 是甜味和咸味饼干产品系列的领导者，但并未较多地出现在高端市场上。在高端市场，该企业仅有 Hide-n-Seek 一个品牌。

Parle 长期建立起来的广泛的分销网络，是其主要的竞争优势。它生产的饼干和糖果，即使在印度最偏远的地区和最小的村庄（一些村庄人口仅有 500 人）都可以买到。

Parle Products Pvt. Ltd.

Parle 有近 1 500 个批发商，直接或间接地满足 425 000 家零售店的需要。同时，它还拥有一支 200 人的、专门的销售队伍，为这些批发商和零售商提供服务。另外，它还有 31 个仓库栈房和货运代理商，负责把产品送往分销网络的各个角落。

Parle 的营销哲学强调"服务大众"。该企业一贯致力于为每一位消费者提供有营养的、快乐的产品，大多数 Parle 产品都是在洞悉印度消费者心理的基础上成功地进军中低价位市场。这种"物有所值"的市场定位，使其产品销量大增。

其他全球性的饼干品牌还包括来自 Nabisco 的奥利奥（Oreo）和来自 UB 的 McVitie's。相关市场报告表明：Parle（Parle G 作为市场领导者）在印度核心饼干市场中占据 40% 的市场份额；在甜品市场中，Parle 仅占有 15% 的市场份额，并且面临来自 Britannia's Tiger brand 及其他品牌的竞争。

Parle 的旗舰品牌，Parle G，贡献了企业 50% 以上的销售收入。该企业其他的饼干品牌还包括 Marie、Cheeslings、Jeffs、Sixer 和 Fun Centre。

▶ **问题**

1. 作为 Parle 的首次尝试，你将推荐其进入哪个区域的世界市场？
2. 对 Parle 最适用的出口模式是什么类型？
3. Parle 在国外市场如何筛选潜在的分销商或代理商？
4. 在准备签订合同之前，Parle 与其潜在的分销商或代理商应该讨论哪些最为关键的问题？

资料来源：改编自 Jain and Zachariah（2002）；http：//www.bsstrategist.com/archives/2002/mar/。

问题讨论

1. 为什么中小型企业常常会把出口作为其进入国际市场的最简单的方式？
2. 企业在选择分销商的过程中应该遵循什么程序？
3. 为什么在财务和法律上终止与海外中间商的合作关系会非常困难？可以采取什么措施来避免或使困难最小化？
4. 请给出通过国内销售来接触国外市场的途径。
5. 直接出口和间接出口模式的差异有哪些？
6. 请讨论激励国外分销商的财务和价格手段有哪些。
7. 哪种营销工作应该由出口商来解决？哪种又应该由国外市场的中间商来解决？
8. 委托方和受托方如何从背驮式出口模式中获取收益？
9. 当企业开始进行直接出口时，哪些工作是必须要做的？
10. 请讨论与国外分销商沟通的多种途径。
11. 请讨论"当向国外市场出口时，只需要做得跟当地的中间商一样好就可以了"这句话的含义。
12. 国际营销人员与中间商对双方之间的关系有着不同的期望。为什么要将这些期望在合同中加以明确的说明？

参考文献

本章参考文献可通过扫描右侧二维码获取。

第 11 章
中间商进入模式

> **学习目标**
>
> 完成本章学习之后,你应该能够:
> - 描述并理解主要的中间商进入模式:
> —合同制造;
> —许可经营;
> —特许经营;
> —合资企业或战略联盟。
> - 讨论主要的中间商进入模式的优缺点。
> - 解释合资企业形成的不同阶段。
> - 探讨合资企业中,两个合作方"分手"的原因。
> - 探讨管理合资企业/战略联盟的不同方式。

11.1 引言

迄今为止我们的假定是,进入国外市场的企业正以国内或第三国工厂生产的产品来供应国外市场。这是一种较为保守的出口形式。然而,有时这些企业会发现以国内或第三国的生产去满足所有的国外需求要么是不现实的,要么就是不可取的。中间商进入模式不同于出口模式之处在于,它还是知识和技能在合作伙伴之间进行流动的载体,其目的在于创造国外销售。中间商进入模式不同于阶层控制模式之处在于该模式下母公司没有完全的所有权,但是母公司和当地合作伙伴可以共享所有权和控制权。合资企业就是其中的一种形式。

中间商进入模式包括一系列的形式，如许可经营、特许经营、管理合同、总承包合同、合资企业和技术知识或合作生产协议。图 11.1 从一般价值链的视角列出了大部分适用的中间商进入模式。

一般而言，当拥有某种竞争优势的企业由于资源等制约因素而不能利用它的优势，但是能将这些优势转移给别的企业时，便会产生合同安排。这种合同安排通常需要合作企业之间建立的长期的合作关系，而且主要用于不同国家企业间的中间商品（如知识和/或技术等）的转移。

11.2 合同制造

促使企业在国外市场进行生产的因素主要包括：
- 期望贴近国外消费者。在当地生产可以更好地与他们进行互动，充分了解他们在产品设计、交付和服务等方面的需求；
- 国外生产成本（如劳动力成本）低；
- 运输成本使得重型或大型货物毫无竞争力；
- 关税或配额会妨碍出口商产品的进入；
- 一些国家的政府倾向于国内供应。

合同制造使企业不用做出最终承诺便能获得国外资源（生产）。企业管理部门可能缺乏资源或不愿意投资去建立和完成制造与销售环节，但是，在适当的时候，合同制造能够为企业实施长期国外发展策略提供通道。这种考虑对缺乏资源的企业或许是最重要的。

> **合同制造**
> 制造环节被外包给一个擅长生产和生产技术的外部合作伙伴。

合同制造使企业能够发展和控制其产品在国际市场的研发、营销、分销、销售和服务，同时，将生产责任移交给当地企业（见图 11.1）。

企业支付给制造商的费用通常是以每单位为计量基础，而且质量和规格要求也极其重要。生产的产品可以由企业在生产国、母国和其他国外市场销售。

这种商业组织形式在一些特定行业里非常普遍，如 Benetton 和宜家（IKEA）就十分依赖于由海外小型制造商所构成的合同网络。

合同制造也提供了很大的灵活性。在合同有效期内，如企业对生产质量或交付的可靠性不满意，它可以寻找另一个制造商。此外，如果企业管理部门决定退出市场，它并不用承担因放弃生产设备而可能发生的损失。另外，企业必须控制产品质量以符合其规定的标准。企业可能遇到运输、产品保证条款或完成追加订货等问题。制造商也可能不像缔约企业的成本效益那么高，或者生产能力不足，或者有可能利用合同条款为自己谋利。

因此，合同制造提供了一些优势，尤其是对那些在营销和分销上有优势的企业而言，他们需要关注的是如何签订合同。当企业失去了对生产的直接控制时，就需要有效的机制以确保生产者的生产符合企业的质量和交付标准。

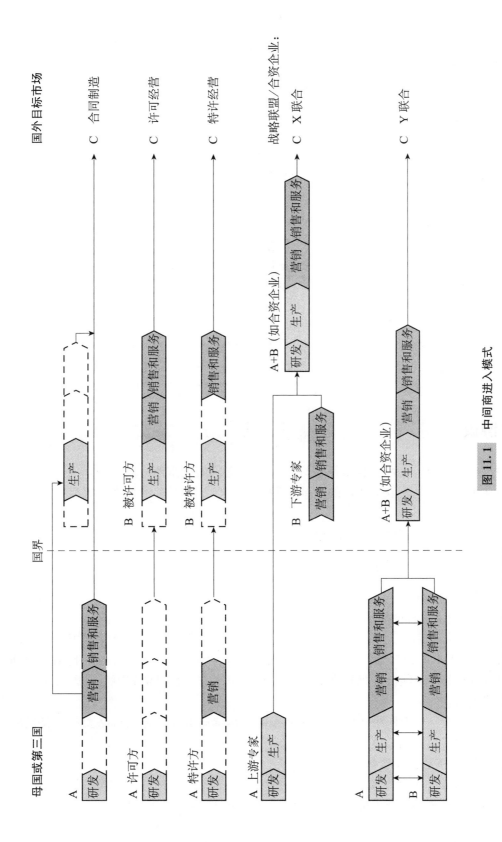

图 11.1 中间商进入模式

11.3　许可经营

许可经营是企业不需要投资就能在国外市场实现当地生产的另一种方式，其不同于合同制造之处在于：它一般具有长期性，同时国内企业还要承担很大的责任，因为许可方已将更多的价值链职能转移给了被许可方（见图 11.1）。

> **许可经营**
> 许可方赋予被许可方一种权利，并收取一定的许可使用费，如被许可方通过支付许可使用费，获得生产某种专利产品的权利。

许可方主要可以使用两种方法进行许可（Davis，2008）：

1. "独立"许可协议。在这里，许可协议主要用来规定权利转让的法律基础，使许可方能够获得许可使用费（或其他形式的补偿，比如一次性支付）。许可使用费可用来资助许可方正在进行的创造性活动。

2. "附加"许可协议。在这里，许可方使用许可协议不仅用来提取许可使用费，同时也用来支持与被许可方的长期关系。许可协议还可以加入一些涉及研发合作或股权交易的附加条款。而且，研发的过程要不断调整以与双方不断变化的需求相适应。为许可方工作的科学家和工程师必须根据被许可方的重要意见对其研究计划进行调整。

许可协议

在许可协议中，许可方会给予被许可方一些有价值的东西；同时，作为交换，许可方也从被许可方处获取了特定的业绩和回报。许可方可以赋予被许可方以下一种或多种权利：

- 有关产品或生产流程的专利权；
- 尚没有申请专利的生产技术知识；
- 技术咨询和辅导，通常包括生产流程所必需的零件、原材料或设备的供应；
- 营销咨询和辅导；
- 商标/商品名称的使用。

在商标许可经营中，许可方不应滥用商标许可。例如，皮尔·卡丹（Pierre Cardin）通过许可协议允许大约 800 个产品用它的商标，结果削弱了其商标的价值。短期内，过度许可经营可能会增加短期收入，但从长期来看，它可能就意味着杀死了一只会下金蛋的鹅。

在一些情况下，合同中还可注明许可方可以继续向被许可方出售必要的零件或服务。同时，总协议还可以扩展为一种交叉许可（cross-licensing），可以相互交换知识和/或专利。交叉许可不会涉及现金支付。

许可经营可以认为是双向的，因为一种许可同样允许原许可方获得被许可方的技术和产品。这很重要，因为被许可方是建立在许可方提供的信息基础之上的。一些许可方对回授很感兴趣，甚至降低许可使用费作为对产品改进和开发潜在的有利可图的新产品的回报。只要是在生产或服务存在的地方，被许可方就要负责这些市场的生产和营销工作。同时，被许可方也承担了与之相关的所有收益和风险。作为交换，被许可方支付给许可方许可使用费，它是许可方从许可行为中获得的主要收入来源，通常包括以下部分：

- 与产出无关的一笔收入。它包括在签订协议时获得的一笔关于特殊机械、零部件、蓝图和知识等的初始转让费。
- 最低许可使用费——许可方获得的最低保障的年收入。
- 浮动许可使用费——通常表示为正常售价的一定比例或基于产量的一项固定收入。

其他支付方法，包括将专利使用费转化为股权、管理和技术费用以及复杂的易货系统，这种做法在东欧国家间的许可协议中比较典型。

如果国外市场有较高的政治风险，那么对于许可方而言，寻求高额的初始支付并尽可能地压缩合同时限是明智的。相反，如果市场风险较小，被许可方有望占有较大的市场份额，那么支付条件可以相对宽松，而且很可能会受其他许可方竞争的影响。

许可协议应该形成一份书面文件。协议细节通常是合作双方仔细商讨、讨价还价的结果，并不存在所谓的标准协议。

接下来，我们将分别从许可方（许可转出）和被许可方（许可引入）的角度来了解许可经营。这里我们主要从许可方的角度来探讨，但是许可引入是小型企业成长战略中的一项重要内容，因此对此我们也会稍作介绍。

许可转出

一般来讲，使用许可经营有很多战略方面的原因。许可转出的重要动机如下：

- 许可方企业将保持产品开发的技术优势。它希望将精力集中在其核心竞争力上（产品开发活动），而将生产和价值链下游的职能转移到别的企业。
- 许可方企业规模太小，没有足够的财务、管理或营销实力进行海外投资（建立子公司）。
- 在高度发达的国家，由于技术过时或产品更新，因此，产品处于其生命周期的末期。延长产品生命周期的一种可能就是与欠发达国家的企业签订许可协议。
- 即使直接专利使用费不高，将主要零件（由许可方生产）给予被许可方所带来的收益也是相当可观的。
- 如果政府法规限制了对外直接投资，或者政治风险较高，许可经营可能是唯一现实的进入模式。
- 被许可方国家的进口受到限制（关税或非关税壁垒）。

确定协议价格时不可低估许可过程中涉及的相关费用。表11.1列出了澳大利亚企业进行许可转出时的费用分类情况。

表 11.1　海外许可的相关费用　　　　　　　　　　单位：%

海外许可总费用的分类	
产业产权保护费用	24.4
许可协议的签订费用	46.6
许可协议的维护费用	29.0
	100.0
许可协议签订费用的分类	
寻找合适的被许可方	22.8
与相关方的沟通费用	44.7
许可设备的安装和测试	9.9
被许可方的人员培训	19.9
其他（额外的营销费用和法律费用）	2.7
	100.0
许可协议维护费用的分类	
许可方的审计	9.7
在许可方市场上持续进行的市场调研	7.2
为许可方提供的后台服务	65.0
许可方所在地域的产业产权保护	11.0
其他	7.1
	100.0

资料来源：整理自 Carstairs and Welch (1981) 和 Young et al. (1989, p.132)。

许可引入

实证证据表明（Young et al.，1989，p.143），许多许可协议实际上是被许可方提出来的。这就意味着被许可方在谈判以及接下来的关系中处于不利地位。在其他情况下，许可引入被视作一种简便易行的选择，随着许可协议的定期续签，被许可方变得十分依赖于技术提供者（许可方）。

如图 11.2 所示，许可引入能改善被许可方的净现金流状况，但长期来看利润比较低。由于技术许可方式比别的方式能使企业产品更快地进入市场，企业就能更早地从正的现金流中获得利润。此外，许可意味着开发成本低。迅速获得新技术就能迅速获得收益、降低开发成本和增加现金流，这是吸引被许可方的原因所在。

表 11.5（见 11.6 节）总结了许可经营对许可方的利弊。

11.4　特许经营

术语"franchising"（"特许"）源自法语，意思是"to be free from servitude"（"免受奴役"）。**特许经营**

> **特许经营**
> 特许方有偿授予被特许方的一种权利，如被特许方通过支付一定的特许经营费，得以使用特许方的整个商业理念/系统，包括商标（品牌）的使用。

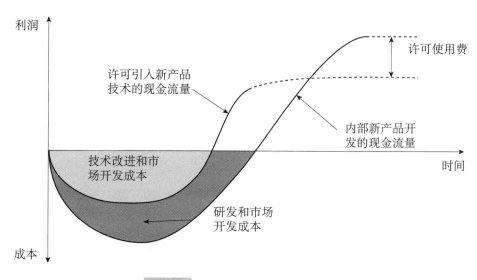

图 11.2 许可经营的生命周期收益

资料来源：Lowe and Crawford（1984）；Bradley（1995，p.388）。

直至 20 世纪 70 年代初才为欧洲所知。这个概念在美国很流行，有超过 1/3 的零售业起源于特许经营，相比之下，在欧洲只约 11%（Young et al.，1989，p.111）。

一些因素促成了特许经营的快速发展。首先，全球范围内制造行业的衰退以及取而代之的服务部门活动的蓬勃推动了特许经营的发展。它适用于服务和人员密集型的经济活动，特别是那些对于大量分散的、服务于地方市场的商店。其次，个体经营数量的增长也是造成特许经营迅速增长的因素之一。许多国家的政府政策旨在改善小企业经营的整体环境，作为促进就业的一种方法。

特许经营运用较好的是瑞典家具制造商宜家（IKEA），它在整个西方世界通过特许经营传播其经营理念（特别是在欧洲、北美）。从零售店经营面积和光顾零售店的顾客数量来看，近几年该企业通过特许经营已取得了显著发展。

特许经营是以市场为导向、出售商业服务的一种方式，通常面向那些虽有运转资金、但很少或是没有商业经验的小型独立投资者。特许经营是一个统称，可以指代任何内容，从使用一个名称到拥有整个商业概念都包括在内。特许经营有两个主要的类型：

● 产品和商品名称的特许经营。它非常类似于商标的特许经营。典型的形式是在分销体系中，供应商与分销商签订买卖产品或生产线的合同，分销商使用商品名称、商标和生产线。像可口可乐和百事可乐的包装采用的就是这种特许经营方式。

● 经营模式的"打包"特许经营。

第二种类型是本节讨论的重点。

国际经营模式的特许经营是一种市场进入模式，它涉及新加入者（特许方）和东道国之间的关系。在这种方式下，新加入者将它开发或拥有的经营模式通过协议转让给东道国。东道国可以是被特许方，也可以是主被特许方（master franchisee）（即二级特许方，subfranchisor）。特许经营系统可以设置为直接或间接系统（见图11.3）。

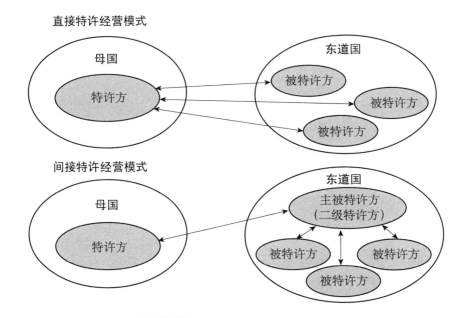

图11.3 直接和间接特许经营模式

资料来源：整理自 Welsh et al.（2006）in Hollensen, S.（2008）*Essentials of Global Marketing*，FT/Prentice Hall，p.233。

在直接系统中，特许人直接控制和协调被特许方的活动。在间接系统中，主被特许方（二级特许方）可在其区域内建立和服务自己的特许经营子系统。

直接系统的优点包括可以获得本地资源和知识、更高的适应性以及更有可能去开发成功的主被特许方（二级特许方），并将后者作为一种工具在国内发展其他潜在的被特许方。间接系统也有缺点，由于缺乏控制，因此存在监控问题。我们会看到：主被特许方凭借其权利同特许方展开竞争的例子。综上所述，成功的间接系统将取决于主被特许方的能力和承诺（Welsh et al., 2006）。

示例 11.1
毛绒熊工作坊的间接特许经营模式

毛绒熊工作坊（Build-A-Bear Workshop, Inc., BBW）是在零售体验行业提供定制化的动物玩具服务的一家企业，也是毛绒玩具市场上居于领先地位的唯一一家全球性的企业（参见第1章的案例研究"毛绒熊工作坊"）。

BBW于1997年在美国成立，企业目前在世界范围内经营400多家商店，主要基于特许经营的概念。BBW公布的2008财年的总收入为4.68亿美元。

BBW采取的间接特许经营模式如图11.4所示。

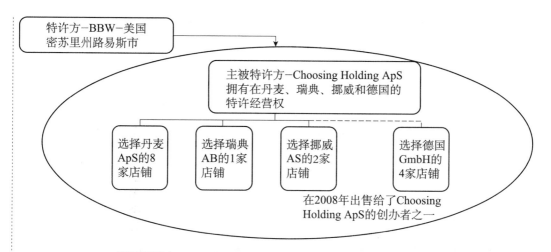

图 11.4 BBW 在斯堪的纳维亚和德国的间接特许经营模式

2003 年，这家新企业，Choose Holding ApS，花了 25 万美元，购买了丹麦的特许经营权。第一家 BBW 店于 2004 年 4 月在哥本哈根开业。2005 年，Choose Holding ApS 又取得在挪威和瑞典的特许经营权。在瑞典的第一家 BBW 店于 2005 年开业，在挪威的第一家 BBW 店于 2006 年开业。

在斯堪的纳维亚半岛获得成功后，Choose Holding ApS 的创始人又花了 75 万美元，取得了在德国的特许经营权。最早的两家 BBW 店于 2006 年在汉堡开业。然而，Choose Holding ApS 发现，德国市场与斯堪的纳维亚市场存在很大的差异，由于这些问题，德国企业出售给了 Choose Holding ApS 的另一个创始人（更多细节可阅读第 1 章案例研究"毛绒熊工作坊"）。

资料来源： 本书第 1 章案例研究"毛绒熊工作访"。

特许方打包转让的经营模式包含当地企业所必需的要素，这些要素可以帮助它们在东道国正常运营并且实现盈利，但前提是以特许方规定的方式，并且要受其监管和控制。具体包括以下条款：

- 商标/商品名称
- 版权
- 设计
- 专利
- 商业秘密
- 业务知识
- 独占区域
- 门店设计
- 区域市场调研
- 选址

除了打包的经营模式，特许方也为当地企业的创立和运营提供管理上的帮助。所有的本地被特许方都可以从特许方或者主被特许方（二级特许方）那里获得供应，并从统一的广告宣传中受益。作为回报，特许方从被特许方（或者二级特许方）那里获得初始使用费和/或延续特许经营费，这项费用占特许方直接供应的产品的年销售额的一定比例。

关于许可经营和特许经营的区别，仍存在激烈的争论。但是如果我们用广义的"经营模式"来定义特许经营，二者之间的区别可从表 11.2 中看出。

表 11.2　许可经营和特许经营的区别

许可经营	特许经营
通常使用术语"许可使用费"（royalties）。	使用"管理费用"这一术语更为贴切。
多件产品，甚至单一产品都可能是许可经营的内容。	涵盖全部业务，包括专有知识/技术、知识产权、商誉、商标和业务联系（特许经营是全方位的，而许可经营只关注业务的某一个方面）。
成熟企业通常会采取许可经营。	特许经营倾向于初创企业。
许可经营的协议一般是 16—20 年，尤其是涉及技术知识、版权和商标。条款与专利相似。	特许经营的协议通常是 5 年，有时会延续到 10 年。特许经营是可以续约的。
被许可方倾向于自我选择。它们通常是已建立的企业，通过展示强大的实力以表明能够胜任。被许可方还可以向相关或无关行业的企业转让许可，不必征求原许可方的同意。	被特许方由特许方严格挑选，被特许方的更换也由特许方控制。
通常涉及特定的现有产品，而对该产品持续进行研发带来的益处许可方几乎不传递给被许可方。	作为协议的一部分，特许方期望将持续进行的研究项目所带来的益处传递给被特许方。
协议中没有附加的商誉，因为被许可方完全保留商誉。	尽管特许方要保留主要的商誉，但是被特许方会获得当地的商誉。
被许可方享有相当大的自由谈判权。它们可以利用自身的贸易力量以及建立起来的市场地位作为讨价还价的工具。	有一个标准的收费结构，一个特许经营系统内的任何变化都会引起混乱。

资料来源：整理自 Perkins，(1987, pp. 22, 157)；Young et al. (1989, p. 148)。

经营模式特许的类型包括商业和个人服务、便利店、汽车维修和快餐。美国快餐业的特许经营世界闻名，如麦当劳、汉堡王和必胜客。

在图 10.1 的价值链方法中，快餐业就是特许经营的一个例子。其中，生产（如汉堡的装配）、销售和服务功能均转移到当地的商店（如麦当劳餐厅），但核心的研发和营销职能仍由特许方控制（如麦当劳在美国的总部）。特许方将制订总体的营销计划（包括广告词），这些计划也将根据当地的环境和文化进行调整。

正如之前所述，经营模式特许这种合作关系正在不断发展，它不仅包括产品和服务，还包括商业概念。商业概念通常包括针对企业成长和营销的战略计划、经营操作指导、加工标准和质量控制、对被特许方的持续指导以及特许方控制被特许方的一些方法。特许方为被特许方提供了大量的帮助，但不是所有的特许方都会提供同等水平的支持。特许方为被特许方提供支持和帮助的例子主要集中在融资、选址、租赁谈判、广告合作、人员培训和协助店面开张等方面。特许方为被特许方提供持续支持的程度是不一样的，包括中央数据处理、集中采购、在职培训、现场操作评估、新闻简报、地区或全国性会议、咨询热线和建立双方咨询委员会。能否获得这些服务是购买特许经营权时必须考虑的决定性因素，而且对于边远市场或处于边远地区的被特许方长期能否盈利也是至关重要的。

特许经营的国际化

同其他企业一样，特许方做出在全球范围内扩大其特许经营系统的决定时，必须要考虑相关的成功因素，目标是寻找促进合作、减少冲突的环境。考虑到特许协议的长期性这一特点，国家稳定就是一个重要的因素。

国际化扩张应从什么地方开始呢？特许经营的发展通常始于感知到的本土机会，可能是某个国外市场已经在运行特许经营的概念。在这种情况下，重点就放在本地市场上。而且，本地市场为检验和发展特许经营方式提供了一个更好的环境。沟通的便利，也使企业可以更为迅速地获得来自市场和被特许方的反馈信息。由于本地联系方便，企业也可以迅速做出调整。在早期进行诸如人员培训、选择被特许方、选址、组织供应商、促销和店面装修的基础上，对经营模式进行微调是必要的。特许经营开发的早期阶段就是一个关键的学习过程，不仅要使打包的经营模式适应市场的要求，而且还要考虑特许经营方式本身的性质。最终，凭借改进了的经营模式，以及对其运营模式的更好的理解，特许方便处于一个进攻国外市场的有利位置，而且更有信心在当地市场获得成功。

发展和管理特许经营双方的关系

特许经营将形成一种独特的组织关系，特许经营的双方将会在业务经营的过程中注入各自的特质。特许经营体系将特许方的经济规模优势与被特许方的当地知识和企业家才能结合起来，这种联合将有可能带来成功。特许方依靠被特许方而快速发展，因为它可以从被特许方处获得特许经营费以增加自己的资本，每年还有专利权使用费。同时，特许方也可从被特许方在本地的商誉和对创新的建议中获利。然而，最重要的因素是被特许方进行独立经营的动机。被特许方从特许方处获得商标使用权、技术咨询、服务支持、营销资源和国内广告的支持，以获得消费者的认同。

另外，还有两个关键的成功因素，也依赖于特许经营双方的相互关系：
1. 整个业务系统的统一性；
2. 业务系统的更新能力。

业务系统的统一性

如果特许方能够为被特许方提供一套完善的、经过验证的营销概念,而且被特许方能够遵循这种体系,并保持该体系的统一性,那么,这种商业模式在现实的市场中就能获得成功。特许经营的基石是标准化:顾客希望在每一个零售店获得相同的产品和服务。个别被特许方对特许方商业理念的认识偏差会反过来影响特许方的声誉。系统的统一性要求特许方对特许经营场所的主要运营进行控制(Doherty and Alexander,2006)。

业务系统的更新能力

尽管大多数特许方在母公司进行研发工作,但企业的绝大多数改革是由该领域的被特许方发起并进行的。因为被特许方更了解消费者的偏好,它们会察觉新的趋势和推出新产品和提供新服务的市场机会。问题是要让被特许方与母公司共享新的想法。由于一些原因,并不是所有的被特许方都愿意与特许方分享它们的想法。特许方不能与被特许方保持紧密的联系是目前最普遍的现象;而被特许方对特许方不信任是最糟糕的事情。为了共同利益,双方就需要增进信任感和相互的合作意识。

处理可能出现的冲突

特许经营双方之间天生存在许多冲突,因为对特许方有利的方面不一定都对被特许方有利。特许方或被特许方不履行法律协议中的条款是最基本的冲突之一。

特许方不能很好地沟通或者被特许方不能理解特许方的目的,都会造成双方在目标上的分歧。特许经营双方在对商业利益的追求上可以达成一致意见,这为企业提供了生存之本,并可以保持企业的竞争力。然而,双方在获取利益的方式上可能意见不一致。可以通过建立对被特许方的紧密监控(如电算化会计系统、采购和库存系统)来减少双方的冲突。减少冲突的另一方式是将特许经营双方视为经营的合作者,同时协调它们的目标和操作程序。这种观点需要一种强烈的共同文化,这种文化是建立在双方高度沟通而形成的价值观的基础上的(如召开跨国或跨地区会议、成立跨国或跨地区咨询委员会)。

11.5 合资企业/战略联盟

> **合资企业**
> 一种典型的基于两个合作伙伴的股权式合作。好比是"父母"双方创造一个"孩子"(即在市场上运营的合资企业)。

合资企业或战略联盟是两个或多个企业之间的一种合作关系。国际合资企业的成员来自不同的国家,这显然使管理这种合作安排变得更加复杂。

建立合资企业的原因有以下几点：
- 合作方提供的互补技术和管理技能可以在当前领域形成新的机会（如多媒体，在其中可以进行信息处理、信息沟通和媒体合并）；
- 许多企业发现与当地企业合资可以加快市场进入速度；
- 许多不发达国家，如中国和朝鲜，限制外资控股；
- 虽然研发和生产的全球化运营非常昂贵，但它是获得竞争优势的必要条件。

合资企业和战略联盟的首要区别在于：战略联盟是一个明显的非股权式合作，合作者不必对该联盟投资或认购股份；而合资企业既可以是契约式非股权式合资企业，又可以是股权式合资企业。

契约式合资企业不是一个保持各自特性的合办企业。组成合伙经营的两个或多个当事人会共同承担投资费用、风险并获得长期收益。通常一个股权式合资企业的形成会产生一个新的企业，该企业的外国投资者和当地投资者共享所有权和控制权。因而，从这些定义中我们可以发现，战略联盟与非股权式合资企业之间或多或少存在一些相似点（见图11.5）。

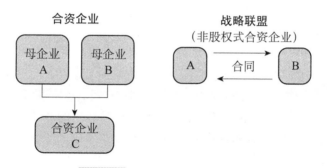

图 11.5　合资企业和战略联盟

采用股权式还是非股权式企业涉及如何将合作正式化的问题，而更多的注意力应该放在对合作者在合作中扮演什么样的角色上。

图 11.6 从价值链的角度显示了两种不同的联合方式，它们是以价值链上可能形成的合作模式为基础。图 11.6 中有两个合作者 A 和 B，它们都有自己的价值链。价值链联合经营有三种不同类型：

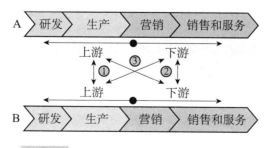

图 11.6　A 和 B 在价值链上合作的可能性

1. 上游（upstream-based）联合，即 A 和 B 在研发和/或生产上的联合；
2. 下游（downstream-based）联合，即 A 和 B 在市场营销、分销、销售和/或服务上的联合；
3. 上下游（upstream/downstream-based）联合，即 A 和 B 在价值链两端具有相异而又互补的竞争力。

类型 1 和类型 2 代表所谓的 **Y 联合**，类型 3 代表所谓的 **X 联合**（Porter and Fuller, 1986, pp. 336-337）：

- Y 联合。合作者共同负责一项或多项价值链活动。例如，模型或零件的联合生产使合作者达到规模经济以降低单位生产成本；另一种情况是联合企业通过联合营销的合约，利用现有的或新的分销渠道出售互补产品，以扩大两家企业的市场覆盖面。

> **Y 联合**
> 联盟/合资企业中的每个合作者贡献互补性的产品线或服务。每个合作者在其产品线上负责所有价值链活动的运作。

- X 联合。由合作者分别负责价值链上的活动。例如，合作一方负责开发和生产产品，而另一方负责市场营销。X 联合需要识别出企业在价值链上的哪些环节具有核心竞争力。例如，A 在上游职能中具有核心能力，而在下游职能中的能力较弱。A 希望进入国外市场，而它又不具有相关的当地市场知识，不知如何进入产品的国外分销渠道，因而找到了 B。B 在下游职能中具有核心能力，而在上游职能中的能力较弱。在这种情况下，A 和 B 形成了合作，B 帮助 A 在国外市场销售产品，A 帮助 B 进行研发和生产。

> **X 联合**
> 价值链上的合作者之间分开负责价值链活动，如制造商（出口商）专门负责上游活动，而当地合作伙伴负责下游活动。

总之，X 联合的合作者在价值链活动中具有不对称性的竞争力，即某一方竞争力弱，则另一方竞争力强，或者相反；而 Y 联合的合作者倾向于选择在价值链活动中具有相同优势和劣势的合作伙伴。

合资企业的形成阶段

表 11.3 显示了合资企业形成的各个阶段。

表 11.3　合资企业形成的各个阶段

1. **合资企业目标**
   建立战略目标并规定实现目标的期限。
2. **成本—收益分析**
   按下列标准评价合资与其他战略相比（如许可经营）的优缺点：
   (a) 财务承诺；
   (b) 协同性；
   (c) 管理层的忠诚度；
   (d) 降低风险；
   (e) 控制；
   (f) 长期市场渗透；
   (g) 其他优缺点。

续表

3. 选择合资伙伴
   （a）理想合资伙伴应具备的特征；
   （b）找到合资对象候选者并列出名单；
   （c）筛选和评估可能的合资伙伴；
   （d）初步接触/商谈；
   （e）合资伙伴的选择。
4. 制订经营计划
   在各种问题上达成广泛共识。
5. 合资协议谈判
   形成有关经营计划的最终协议。
6. 合同签订
   将协议内容写入具有法律约束力的合同，日后可根据双方意见进行修订。
7. 绩效评估
   建立评估合资企业绩效的控制系统。

资料来源：改编自 Young et al. (1989，p.233)。

步骤一：合资企业目标

合资企业的形成原因：进入新的市场、减少生产成本以及迅速地开发和扩散新技术。合资企业能够加速产品推广并迅速地克服法律和贸易壁垒。在这个高科技和市场全球化的时代，迅速地执行战略至关重要。结成联盟是实现目标的最快且最有效的方法。企业必须确保联盟目标与自己的现有业务相兼容，这样才能将专业知识转移给联盟方。企业经常基于不同的机会加入某个联盟，而不是考虑与自己的整体目标是否相关。当企业存在现金盈余时，这种行为的风险是巨大的。

合资企业的形成主要有以下三种目标：

1. 进入新的市场。许多企业承认，它们缺乏进入新市场所必需的市场营销知识。这些企业更愿意与具有这些营销技能的企业联合，而不愿意自己研发这些专有技术。因而，合资企业便具备了一个企业的产品研发能力和另一个企业的市场营销能力，迅速而有效地满足了市场需求。第一次进入国外市场所存在的文化差异也促进了联盟的形成。当一个企业要进入区域或少数民族市场时，联盟是一种非常有效的方式。

2. 减少生产成本。合资企业共同出资或共享现有设备，可以实现规模效益或提高设备的利用率，从而降低生产成本。

3. 开发和扩散技术。合资企业可以利用两个或多个投资者的技术能力研发产品，这超越了单个企业独自的开发能力。

步骤二：成本—收益分析

形成合资企业和战略联盟也许不是实现目标的最好方式，因而，我们可以通过与其他进入模式的比较来评价这种进入模式。这种分析可能要基于影响进入模式选择的各个因素的考虑（见9.3节）。

步骤三：选择合资伙伴

如果认为合资企业是实现企业目标的最佳进入方式，那么下一步便是选择合资伙伴。一般包括五个阶段：

理想合资伙伴应具备的特征

企业通常期望从合资伙伴处获得下面列举的一种或多种资源：
- 技术开发的相关知识；
- 销售和服务技能；
- 低成本的生产设备；
- 战略性的关键生产能力；
- 声誉和品牌资产；
- 市场进入和相关知识；
- 现金。

明确合资伙伴候选人

通常，对合资伙伴的选择并不是立即完成的。一般情况下，第一位候选人都是通过邮件建立的联系，由当地银行家或商会来安排的。企业很少或根本没有对其进行筛选，甚至对该候选人的动机和能力也没有做深入的调查。有时，董事会与其他企业高管的私人关系网决定了该企业将考虑的预期的合资伙伴。这些高管并没有认真考虑这个合作者是否合适，便以非正式的方式达成了联盟。其实，企业不应采用这种欠妥的方式，而应致力于寻找合适的候选人。这些候选人应在竞争对手、供应商、顾客、相关行业和贸易协会成员中选取。

筛选和评估可能的合资伙伴

如果合作者彼此了解，那么合作关系将会有一个好的开端。表11.4给出了一些用来判断潜在合作伙伴有效性的标准。这些标准只是一个框架，通过这个框架可以对合作者进行评价分级。这些标准所涉及的领域能够通过已披露的评估信息、敏锐的观察和提问形成理性的观点。

表11.4 分析潜在合作伙伴：通过评估现有业务和商业态度来判断潜在合作伙伴有效性的标准

1. 财务
   财务历史和整体财务状况（所有常用的比率）
   在某些业务领域经营成功的可能原因
   在某些业务领域经营失败的可能原因

续表

2. 组织
   组织结构
   高管的素质和流动情况
   员工状况/劳资关系
   信息及报告制度；制订计划的经验
   实际所有者与企业之间的工作关系

3. 市场
   在市场上及竞争者中间的声誉
   对服务和质量的关注及调研经验
   销售方法；销售人员的素质
   对付衰退的市场行情的经验
   新业务启动的成效

4. 生产
   现有厂房状况
   生产效率/布局
   资本投资和改良
   质量控制过程
   研究的经验（内/外部）；新技术的引进
   与主要供应商的关系

5. 机构
   与政府、业界的联系（影响）
   与银行、许可机构等的成功协商
   与非官方组织和企业的主要往来
   地理影响

6. 可能的谈判态度
   灵活或强硬
   合理的开放或封闭且保密
   短期导向或长期导向
   追求利益者或客观的谈判者
   积极迅速的决策或犹豫不决
   谈判经验和团队支持的强度

资料来源：Walmsley (1982); Paliwoda (1993)。

初步接触或商谈

由于企业的关系体现为个人关系，因此，企业高管与其他两到三个合作伙伴的高管进行个人会面将是十分必要的。强调商业关系中的私人交往是很重要的。这包括谈论个人的或社会话题来了解双方是否会产生"化学反应"。

合作伙伴的选择

选取的合作伙伴应该能给合作关系带来期望的互补优势。理想的情况是合作伙伴所具有的优势是独一无二的，长期可持续的、可维护的。合作的目标在于促成合作伙伴之间协同效应的产生，以实现双赢。此外，合作伙伴必须互相兼容，互相信任。

在合作关系中，任何一方都不能期望获得另一方的优势，这一点很重要，否则，将会破坏合作双方必要的相互信任。陶氏化学企业是一个频频成功的企业联盟实践者，它利用谈判过程来判断其他合作伙伴的企业文化以及最终的兼容性和信任度。

对合资企业的投入是必不可少的。这种投入既是财务上的，又是心理上的。除非在操作层面有高管的支持和热情，否则，联盟就会变得比较困难，尤其是出现紧急情况的时候。

步骤四：制订经营计划

创建合资企业之前必须讨论和决定如下问题：
- 股权分置（多数、少数、平分）。
- 管理部门（董事会等机构的构成）。
- 生产（设备安装、人员培训等）。
- 市场营销（4Ps、组织）。

步骤五：合资协议谈判

如图 11.7 所示，最终的条款是由期望合作的双方讨价还价的相对能力决定的。

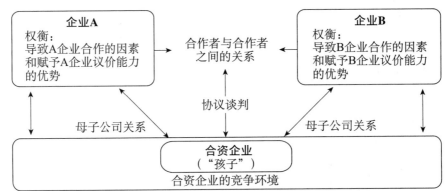

图 11.7 合作者与合作者之间关系创造的合资企业

资料来源：Harrigan（1985，p.50）。

步骤六：合同签订

一旦完成对合资协议的谈判，就要签订具有法律约束力的合同。当然，这个合同应注明合作者进行"联姻"的条件，同时，也要包含合作者"离婚"的情况，例如如何处置双方的"孩子"（合资企业）。

步骤七：绩效评估

对合资企业的绩效进行评估是一件困难的事情。管理者通常会陷入评估合作关系的陷阱，即把合资企业看作在低风险、稳定的环境中运营的目标清晰的企业内部部门。

最低收益、现金流量、市场份额以及其他传统的财务导向的产出测量指标成为评估绩效的标准指标。但是，这些指标可能并不合适，原因有二个：首先，它们体现了一种短期导向，而过快实现产出的最大化往往会危及联盟制订的长期计划；其次，许多联盟的目标可能不容易量化，例如，合作的目标可能包含能够进入一个市场或阻止竞争者的进入。

许多联盟在准备好按传统的产出指标衡量绩效之前还需要一段很长的时间。只有在合作关系成熟以后（如联盟的运营机制已经建立并得到较好的实施），管理者才会逐步地转向衡量产出指标，如利润和现金流量。

对一项在高风险环境下运营的联盟的利润和现金流量给予过高的期望会对其未来的成功产生不利影响。

管理合资企业

近年来，我们发现跨国合资企业的数量与日俱增。但是，这些合资企业的平均生命周期只有7年，而且大约80%的合资企业都以合作者一方的出售而告终，忽视这样一个事实是很危险的。

Harrigan模型（图11.8）可以作为解释这种高"离婚率"现象的框架。

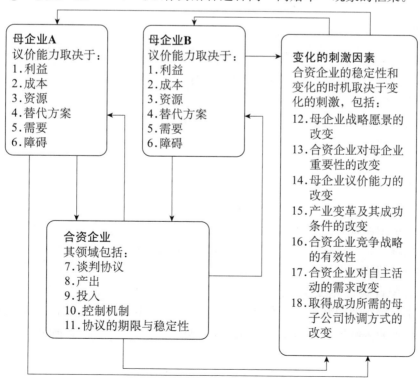

图 11.8 合资企业活动模型

资料来源：Harrigan (1985, p. 52)。

议价能力的变化

根据 Bleeke and Ernst（1994）的研究，理解合作者"离婚"的关键在于认识到它们各自议价能力的变化。假设我们已经建立了一个合资企业，其任务是开发一种新的产品来渗透某市场。在合资经营的初期，产品和技术的提供者一般具有最强的议价能力，但是，除非产品和技术是专有的或独一无二的，否则，这种力量经常会转移到那些控制分销渠道和顾客的人手中。

议价能力也受到教与学之间关系的强烈影响。一家擅长学习的企业往往更容易获得合作者的技能，并将之消化吸收，而且，随着联盟的不断演变，它可能会变得更少地依赖合作伙伴。在形成合资企业之前，许多企业都把它看作收购合作方的过渡阶段。通过成为合资企业的成员，合作者的潜在买家往往可以处于一个更加有利的位置，进而准确评估诸如品牌、分销网络、人员和系统等无形资产的真实价值。这样，就减少了买家在情况不明的情境下，购买昂贵的"柠檬"的风险（Nanda and Williamson, 1995）。

其他变化的刺激因素和潜在冲突

目标分歧

随着合资企业的运行，合作双方的目标可能产生分歧。例如，合资企业中一方的自身利益与合资企业的整体利益（单一来源的投入或原材料的定价问题）发生冲突时，当地市场便会出现不能容忍的状况。

进入当地市场的合资企业通常会出现目标分散的情况。这些合资企业是在跨国公司把当地合作伙伴带入外国市场时被创建的。跨国公司通常感兴趣的是其全球收入（即所有子公司的净利润之和）的最大化，这意味着如果能带来更高的总净利润，它是相当愿意损失一些子公司的利益的。但是，当地的合作伙伴也想要最大化特定子公司的利润。当这两个目标不相容时，冲突便爆发了，全球收入最大化与每个成员的利润最大化不一定是兼容的。例如，在跨国公司网络中，关于合资企业各个成员的角色安排就可能出现冲突（特别是出口市场的分配）。有一个例子，通用汽车（GM）同意大宇（Daewoo）为韩国市场制造紧凑型轿车，并出口给它在美国市场的子品牌庞蒂克（Pontiac）。但自从通用汽车的子公司欧宝（Opel）在欧洲出售类似的车型后，通用汽车就限制了合资企业向其美国子公司庞蒂克的出口。由于对庞蒂克的业绩表现不甚满意，大宇决定向东欧出口，与欧宝展开竞争，此举可能导致合资企业的解散（Hennert and Zeng, 2005）。

双重管理

另一个潜在问题是控制问题。显然地，一个合资企业必须解决双重管理问题。如果合作一方拥有少于50%的所有权，那么决策权就在所有权占多数的一方。如果董事会平分股权，那么董事会便很难快速做出决策。

利润汇回

利润汇回（repatriation of profits）也是导致冲突的原因之一。当地合作者希望将利润继续投资于合资企业，而另一方却希望能将利润汇回或者投资于其他项目。

不同文化的融合

企业文化是价值观、信仰和习俗的集合，这些都会对企业员工的行为和目标产生影响。由于通常东道国与合作方的文化非常不同，因而，形成一种共享文化对联盟的成功是极为重要的。

合作关系具有天然的以人为本的特征。从这个意义上来讲，由于合作伙伴的文化有所不同，因此联盟的运作也有一定的难度。文化差异通常会导致两方对抗的情况发生。文化规范应与管理者对联盟的理想文化的希望相一致，这既包括制定新规范，又包括改进现有规范。承认旧文化的存在并认真管理它是培育一种新文化的关键。如果两个组织进行联盟但却都保留各自的文化，这将导致联盟的失败。此外，语言差异也是跨国联盟中一个明显的障碍。

忽视当地文化几乎肯定会错失当地接受联盟产品和服务的机会。在形成联盟之前，对当地文化进行认真研究是至关重要的。此外，广泛雇用当地管理者通常是优先的选择。

股权共享

股权共享可能同样要求成员承担不均等的责任。有时跨国公司会认为，在对等持股的合资企业中，它为合资企业的成功贡献了一半以上的技术、管理技能和其他因素，却只得到了一半的利润。当然，当地合作者贡献了当地的知识以及其他无形资产，但这些可能被跨国公司低估了。即便如此，许多跨国公司依然认为当地合作者通过"搭便车"得到了太多。

在合资企业中培养信任

培养信任需要时间。企业合作初期的成功机会很少，但是一旦他们找到了合作的方式，各种各样的机会就会出现。最初在小型项目上的合作有利于建立信任并判断双方是否相容，同时将经济风险降至最低。任一方都有机会评估对方的能力和贡献大小，然后考虑进一步投资。当然，无论项目规模大小，能够共同在市场上取得胜利是一种建立信任、克服差异的绝佳方式。这通常被认为是通往更具雄心的联合经营的先兆。

预备退出战略

正如前文所述,新成立的合资企业失败的可能性更大,即使它遵守了前文所提及的关键原则。没有形成预期的市场、过高估计对方的能力、任一方的合作战略发生变化或者合作双方本来就是不相容的,这些都会导致联盟的失败。无论失败的原因是什么,合作者都应在合同中注明这些情况,以及合资资产的清算和分配,包括联合开发的技术等。

控制机制

控制机制可能是积极的,被母企业用来推动某些特定的行为;也可能是消极的,被母企业用来阻止或防止合资企业实施某些活动或决策。积极的控制往往是通过非正式机制来行使,包括人事、汇报关系和参与规划过程。另外,更具官僚特性的消极控制包括正式协议,母企业的批准或否决,以及利用合资企业的董事会等。

如果对控制措施没有进行再评估和修改以适应不断变化的环境,就会导致与控制相关的失败。这是合资企业的双方都要考虑的问题。对一些特殊问题的应对有可能会导致与控制相关的失败(Vaidya, 2009)。

股权均分或主导控制结构

最后,在合资企业成员间经常引发讨论的一个问题是,合资企业应基于股权均分(50—50)还是主导控制结构(如60—40)。一些研究者(Anderson and Gatignon, 1986)认为,主导控制结构往往使合资企业更容易管理,相较股权均分能够更成功地执行决策。其他研究人员(如 Geringer and Hebert, 1991)则不同意这种观点,他们认为股权均分结构对合资企业各方都有利,其中每个母企业或合资企业经理都有责任在不同的价值链活动上发挥主导控制作用。

11.6 其他中间商进入模式

管理合同强调了服务和管理技能日益增长的重要性。管理合同的典型情况是一家企业(订约方)为另一家企业提供管理技能,而后者提供资金并负责经营国外的相关价值链功能。一般而言,合同的内容主要是管理操作或控制系统以及当地员工的培训,以便在合同终止后当地企业能够顺利接管。在合同期满后继续经营通常不是管理合同订约方的意图。一般而言,订约方在转让专业知识给当地员工之后就选择离开。这通常会使其在该地区获得一个有利的竞争地位从而获得其他管理合同。

当一家企业寻求从另一家在某一领域具备相关经验的企业获得管理技能时,管理合同便会产生。在发展中国家,缺乏管理能力表现得最为明显。一般而言,对订约方提供管理服务的经济补偿是一项管理费用,它或许和财务绩效是无关的固定金额,或者占利润的一定比例（Luostarinen and Welch，1990）。表11.5列出了管理合同和不同中间商进入模式的优缺点。

表 11.5　不同中间商模式的优缺点

中间商进入方式	优点	缺点
合同制造（从订约方角度来看）	1. 允许低风险进入市场 2. 不需在当地投资（资金、时间、管理人才），不存在被国有化或征用的风险 3. 对研发、营销和销售/售后服务保留控制权 4. 避免了汇率风险和融资问题 5. 当地生产形象有助于促进销售，特别是对于政府和官方机构的销售 6. 避开关税壁垒和其他障碍而进入市场 7. 如果当地成本（主要是劳动力成本）较低，可能获得成本优势 8. 可避免因子公司而发生的企业内部转移定价问题	1. 生产技术的转移存在困难 2. 只有找到了符合要求的、可靠的制造商，合同制造才有可能，但这并不总是一项容易的工作 3. 必须对当地制造商的员工进行大量的技术培训 4. 在合同结束之时，转包方可能会成为强大的竞争对手 5. 即使可以通过拒绝接受不合格品来实施惩罚，但还是难以控制生产质量 6. 如果在发展中国家进行生产，那么就可能存在供应限制
许可经营（从许可方角度来看）	1. 因巨额的研发投入而开发出的产品增加了收入 2. 可以克服向国外市场出口时所遇到的进口壁垒，诸如高关税、配额等 3. 选择的制造商了解消费者的情况 4. 投资的资金需求较少，资本的投资回报率较高 5. 如果许可方能出售给被许可方其他的产品或零件，将会得到一些副产品；如果这些零件是用于当地生产的产品或设备，那么对它的进口便会实行关税减免 6. 许可方不会有资产国有化和资产被没收的危险 7. 由于有限的资金要求，新的产品可以在世界范围内、在竞争形成以前迅速被使用 8. 许可方可以利用被许可方在本土市场营销和促销组织及现有的顾客联系方面的优势 9. 专利权保护，特别是在对于非本土产品给予较少保护的国家 10. 在当地生产有利于获得政府合约	1. 在合同期间，许可方割让部分销售市场给被许可方；如果被许可方不符合预期，再谈判的费用将是高昂的 2. 当许可协议终止时，许可方发现之前的被许可方已然成了它的竞争对手 3. 被许可方也许不具备预期的市场营销和管理能力，因而其运营成本会比收入增长得更快 4. 即使被许可方达到了双方认同的最低资金周转率，它也不能完全占有市场，因为市场对其他竞争对手也开放，因此，许可方便失去了对营销环节的控制力 5. 当扩大生产规模或需要大量维修资金时，被许可方可能会陷入资金匮乏的危机；但如果许可方拥有一般业务扩张所需资金的话，这种危机也会转化为优势 6. 许可使用费通常占营业额的比例很小，大约为5%，但与企业自己生产所获得的收益相比相形见绌 7. 对被许可方缺乏控制 8. 产品的质量控制很难，而且产品有时会以许可方的品牌名称出售 9. 与被许可方谈判，有时是与当地政府谈判的费用很高 10. 政府经常对许可使用费的转移和零件的供应强加限制条件

续表

中间商进入方式	优点	缺点
特许经营（从特许方角度来看）	1. 比许可经营具有更高的控制力 2. 低风险、低成本的进入模式（被特许方对必要的设备和技术进行投资） 3. 合约的签订主要是基于资金、当地市场营销知识和经验的考虑 4. 具备开发新的距离较远的国家市场的能力，速度相对较快而且具有比其他方式更大的规模 5. 实现了国际市场营销上的规模经济 6. 可能在国外市场进行直接投资的先兆	1. 寻找合适的被特许方的费用较高而且费时 2. 对被特许方的运营缺乏控制，出现了许多合作、沟通和质量控制方面的问题 3. 创造和营销国际认可的独一无二的产品和服务的"打包"经营模式费用较高 4. 保护商誉和品牌名称的成本高 5. 地方法规问题，如资金转移、特许使用费的支付方式以及政府对特许经营协议强加的限制 6. 企业内部商业知识的开放会创造潜在的竞争对手 7. 如果被特许方不履行合同就会损害企业的国际形象和商誉（对品牌名称的免费使用）
合资企业（从母企业角度来看）	1. 能够获得专门技术并与当地市场接触。每一合作方均同意形成合资企业以获取另一方的技术和资源。典型的情况是国际合作伙伴贡献财务资源、技术或者产品；当地合作者提供在本国经营业务所需的技能和知识；每个合作者都能集中精力于该企业具有核心能力的价值链环节 2. 市场和政治风险降低 3. 共享知识和资源；与全资子公司相比，需要更少的资金和管理资源 4. 通过合并技能和资源（如更低的营销成本）而产生规模经济 5. 克服了东道国政府的限制 6. 可以规避当地关税和非关税壁垒 7. 分担失败的风险 8. 与兼并相比成本更低 9. 通过当地合作者可与各国政府建立良好的关系（共同面对东道国的压力）	1. 合作者各自的目标不相容，导致了冲突的产生 2. 对合资经营的贡献并不均衡 3. 丧失对国外运营的控制权。资金、技术或管理资源的大量投资应获得在合资企业中更大的控制力 4. 目标的完成将给公司员工造成过多的负担 5. 合作者可能被长期投资锁定而难以撤资 6. 由于商品在合作伙伴之间转移而引发转移价格问题 7. 合资对各个合作者的重要性会随时间而变化 8. 文化差异可能会导致参与企业之间的管理文化的差异 9. 缺乏灵活性和机密性 10. 管理结构和合资企业员工受双重母企业领导的问题；裙带关系可能是建立合资关系的标准
管理合同（从订约方角度来看）	1. 如果由于商业或政治原因而使直接投资或出口存在较大的风险，那么这将是一种重要的替代方式 2. 同其他的中间商进入模式相比，管理合同能同其他的国外市场运营形式联系在一起 3. 允许其中一个企业维持其市场参与，使其处于一个更有利的地位以利用所有可能出现的机会 4. 组织学习：如果一个企业处于其国际化的早期阶段，管理合同可以为其提供了解国外市场和国际贸易的有效方式	1. 培养了未来的竞争对手：管理方法的打包转移最终会给订约方树立竞争对手 2. 需要大量的关键员工，这些员工不总是唾手可得的，特别是在中小型企业 3. 需要付出大量努力建设基于当地的沟通渠道和对订约方的反馈机制 4. 订约方和地方政府之间关于契约式合作政策的潜在冲突 5. 控制力较弱，同时也限制了订约方发展合资企业的能力

其他管理合同可能是像交钥匙工程中出售一个加工厂，这个将在 13.8 节详细介绍。

示例 11.2
麦当劳＋可口可乐＋迪士尼＝一个强有力的联盟

如今的企业经营正受到两大思潮的驱动：全球化和核心竞争力。前者促使企业寻求在尽可能多的不同市场销售其产品的方法，这通常需要其他人的帮助。后者是指企业坚守自己的优势，意味着它们必须向外部寻求帮助。

麦当劳、可口可乐、迪士尼之间联系的纽带有很大不同。

麦当劳←→迪士尼

1997 年，麦当劳和迪士尼开始了长达 10 年的正式联盟。第一个具体的成果就是迪士尼电影 *Flubber*，其票房收入得益于麦当劳的搭售。1998 年 7 月，由布鲁斯·威利斯主演、投资 1.11 亿美元的电影 *Armageddon* 通过在遍布全球的 23 500 家麦当劳店售票及特别的"Astromeals"餐销售加以推广，这次活动的对象是年轻人（麦当劳相对较为薄弱的市场），而不是儿童。

麦当劳←→可口可乐

这个联盟没有正式协议，没有必须依赖的一纸合约。尽管可口可乐企业也向其他饭店出售饮料，但它与麦当劳企业之间的关系远远超出了单纯的供应关系。它帮助其合作伙伴在世界范围内开展新的工作。出售可口可乐的国家数量几乎是麦当劳的两倍。

迪士尼←→可口可乐

迪士尼同可口可乐之间的纽带是三者中最弱的，但它仍然是相当强的。1955 年以来，可口可乐便是迪士尼公园的唯一饮料供应商，而且，在 1985 年就达成了营销联盟。可口可乐企业也帮助迪士尼拓展海外市场。

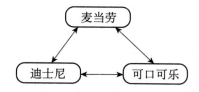

图 11.9　麦当劳＋可口可乐＋迪士尼＝一个强有力的联盟

▶ 问题

1. 麦当劳、可口可乐、迪士尼三头同盟在全球化进程中如此强大的原因是什么？
2. 哪些因素会迫使可口可乐、迪士尼和麦当劳的联盟瓦解？

11.7 总结

中间商进入模式区别于出口模式之处在于,前者是知识和技能转移的媒介,目的在于增加国外销售。它们区别于阶层控制模式之处在于,该模式下没有完全的所有权(由母企业享有),而是母企业和地方合作者共同享有所有权和控制权。合资企业就是其中的一种形式。

表11.5总结了不同中间商进入模式的优缺点。

Ka-Boo-Ki:乐高品牌的授权

丹麦玩具制造商乐高(LEGO)因其乐高积木而闻名于世。乐高品牌具有极强的影响力和知名度。20世纪90年代,乐高的管理层收到了一些顾客调查的结果,择其三条列示如下:

1."形象力"是品牌影响的度量标准,顾客对世界领先品牌的认知与他们对该品牌质量的判断相联系。在美国和日本,乐高并不是排名前十的品牌,但是其在欧洲的品牌知名度却很高,仅次于梅赛德斯—奔驰、劳斯莱斯、保时捷和宝马,排名第五,并且领先于雀巢、劳力士、捷豹、法拉利等知名品牌。

2.一项美国的调查(调查分别在欧洲、美国和日本进行)显示,乐高在最受欢迎的品牌中排名第13。

3.一项来自德国的市场调研机构的调查结果显示,在德国,乐高是最知名的玩具品牌之一,认知度高达67%,排名第二的Matchbox是41%。

乐高的管理层决定充分挖掘其强大的品牌价值,并任命了乐高Licensing A/S的总经理,以开拓新的业务领域。该公司的目标是将乐高品牌授权给合适的合作伙伴以获取收入,被授权方在销售自己的产品时可以使用乐高的品牌。

乐高的管理层发现可口可乐仅仅通过授权一项即可获得30亿丹麦克朗的收入。可口可乐的战略被称作"品牌榨取"(brand milking),它们只把品牌的使用权售予那些最高竞价者。

想法变成现实

1993年,授权乐高品牌的想法变成了现实,乐高将授权丹麦纺织企业Ka-Boo-Ki使用其品牌从事童装的生产和销售。Ka-Boo-Ki的总经理,托本·克劳森(Torben Klausen),之前曾受雇于乐高国际营销部门,当时他负责协调乐高积木在欧洲市场上的营销工作。这段工作经历让他可以更好地促进乐高授权工作的开展。自1993年之后,Ka-Boo-Ki的步伐逐渐加快。1997年年中,Ka-Boo-Ki投入巨资用于乐高童装的研发，并销往约 900 家商店，主要在斯堪的纳维亚地区和英国。

托本·克劳森说：

> 我们从一开始就得到了这个强大的国际品牌。但是在销售乐高童装时，我们必须满足乐高对卓越品质的要求。乐高必须批准投放到市场上的所有的新款式，每年大概是 350—400 种。

乐高童装凭借其功能性、艳丽的色彩以及卓越的品质而区别于其他品牌。这就意味着相对高的售价，而且乐高童装也不在折扣店销售，而是以店中店的形式销售，这就对营销和商品展示提出了更高的要求。

▶ 问题

你刚刚受雇于乐高 Licensing A/S，负责许可数据的开发。以下几项任务需要你来完成：

1. 影响 Ka-Boo-Ki 乐高童装未来市场需求的最重要因素是什么？
2. 在授权使用乐高品牌时，还可以考虑其他什么产品？
3. 请列出帮助选择合适的被授权方和产品的一些标准。
4. 除了授权使用乐高品牌，乐高还可以向被授权方转移什么价值/利益？
5. 被授权方可以向授权方转移什么价值/利益？

问题讨论 ▷▷▷

1. 为什么东道国企业倾向于以合资企业的方式作为一种国外企业的进入战略？
2. 为什么战略联盟可以应用于新产品开发？
3. 什么情况下可以考虑特许经营？它与选择许可经营的情况有何不同？
4. 你是否认为许可经营可以作为一个企业开发产品的长期战略？请将其与企业内部的产品开发进行比较。
5. 为什么企业会考虑与竞争对手建立合作关系？
6. 除了获得管理费，企业还能从国外管理合同中获得其他收益吗？

参考文献 ▷▷▷

本章参考文献可通过扫描右侧二维码获取。

第 12 章
阶层控制模式

学习目标

完成本章学习之后,你应该能够:
- 描述出几种主要的阶层控制模式:
  ——国内销售代表;
  ——驻地销售代表;
  ——国外销售子公司;
  ——生产和销售子公司;
  ——区域中心。
- 比较和对比两种投资选择:收购与绿地投资。
- 解释影响企业做出从国外市场撤资决策的不同决定因素。

12.1 引言

最后一种进入模式是**阶层控制模式**,在该模式下,企业对其国外市场的进入模式有着完全的所有权和控制权。然而问题是,企业的控制权是从何而来的?企业总部对其子公司的控制程度,取决于母公司价值链中多少或哪一部分功能可以转移到子公司所在的市场。而这些又取决于子公司和总部之间的责权分配以及母公司企图怎样在国际层面上延伸这种分配关系。在本章中,我们倾向于把那些没有被百分之百控制的子公司视作出口模式或中间商模式。然而,这种分类是有问题的。从下面的例子中可以看出:根据

> **阶层控制模式**
> 企业拥有对国外市场进入模式/组织的所有权和控制权。

定义，如果母公司控制了子公司的大部分股权（如75％），就会被划为中间商模式，然而在现实中，拥有子公司75％的股权一般也就意味着对该企业的绝对控制权，实际上是类似于阶层控制模式的。

如果制造商想在当地的营销活动中获得比出口模式下更多的影响力和控制权，那么它自然会考虑在国外市场组建自己的企业。然而，除了企业拥有自己的销售团队以外，这种转变还需要进行投资，该投资则被看作企业的运营成本（见图12.1）。

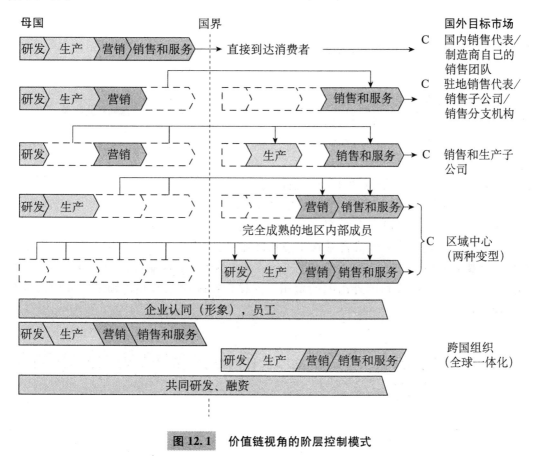

图12.1 价值链视角的阶层控制模式

注：C代表顾客。

按照图12.1所列的顺序，企业把其价值链中越来越多的运营活动分散到国外市场。换句话说，企业把实现其价值链功能的责任转移到了处于不同国家的当地管理机构的肩上。如果一家企业按照图12.1中所示的顺序发展，该企业也就从一个国际化阶段转移到了另一个国际化阶段（Perlmutter，1969）：

● 民族中心主义导向，以基于国内的销售代表模式为典型。该导向代表的是国内市场营销手段向国外市场的延伸。

● 多中心导向，以各国子公司模式为代表。该导向基于一个假设，即世界各地的市场/国家有很大的不同，因此，如果一家企业想在国际市场上取得成功，唯一的办法就是将每个国家作为单独的市场，利用自己在当地的子公司对该市场进行管理，并对营销组合进行调整。
- 区域中心导向，以世界某个地区为代表（见 12.6 节）。
- 全球中心导向，以跨国公司为代表。该导向基于一个假设，即世界范围内的市场既有不同点也有相似点，如果能够在世界范围内充分利用这些相似点以实现协同效应，那么一个跨国战略也是有可能建立的。

下面关于阶层控制模式的描述和讨论将以图 12.1 为出发点。

12.2　国内销售代表

国内销售代表往往居住于雇主所在的国家，通过到国外出差来执行其销售职能。由于国内销售代表是企业的雇员，企业对他们的控制程度要高于对独立中间商的控制程度。企业不能控制代理商及分销商对于其产品的关注程度，或是提供市场反馈信息的多少，但他们可以要求其销售代表执行各种各样的指令。

> **国内销售代表**
> 销售代表往往居住于雇主所在的国家，通过到国外出差来执行其销售职能。

使用本企业的雇员可以向顾客表示一种承诺，而这是雇用代理商和分销商所无法达到的效果。因此，这一模式常常在工业市场中使用，在这类市场中一般仅有几个大客户，需要与供应商之间保持密切的联系，同时，因为工业制品的订单规模足够大，从而能够弥补销售代表到国外出差的费用。同样，在政府采购和连锁零售业中，也存在该种模式。

12.3　驻地销售代表/国外销售分支机构/国外销售子公司

在这些情况下，企业将销售职能的实际执行转移到了国外市场。这三种模式比基于国内销售代表的模式承担了更多的对于消费者的义务。企业在做出是使用国内销售代表模式还是驻地销售代表模式的决定时，应该考虑以下几点因素：
- 下单或接受订单。如果企业认为它在国外市场的销售工作更多的是接受订单，它很有可能选择基于国内的销售代表模式，反之亦然。
- 产品的性质。如果产品具有高技术含量，工艺复杂，并且需要提供大量的服务或零部件，那么使用基于国内的销售代表模式就不是一种有效率的方法了。这时，企业就有必要在国外建立一个常驻销售机构了。

有时候，企业还会发现建立一个正式的分支机构非常重要，企业需向其配置常驻销售人员。在国外的分支机构就是企业合法的一部分，是企业的延伸。**国外分支机构**也经常会聘请所在国的公民作为其销售人员。如果国外市场的销售朝积极的方向发展，企业（在特定的时点）会考虑建立一家全资销售子公司。国外**子公司**是在东道国的法律环境下由国外企业拥有和经营的当地企业。

> **国外分支机构**
> 企业的延伸，是企业合法的一部分（经常称作销售办事处）。在企业所在国缴税。

通过销售子公司可以完全控制销售活动。企业常常会把核心的营销职能放在国内完成，但有些时候，属于子公司所在地的营销职能可能由销售子公司完成。当由销售子公司来执行销售职能（或开始从事销售活动）时，所有来自国外的订单都经过国外的销售子公司传给母公司，销售子公司从母公司得到货物后以正常的批发或零售价卖给国外的买家。国外销售子公司按一定的价格向母公司购买产品，由此将产生内部转移价格的问题。在第16章，我们会详细讨论这个问题。

> **子公司**
> 在东道国的法律环境下由国外企业拥有和经营的企业，在东道国缴税。

选择销售子公司模式的一个主要原因是可以将更多的自主权和经营责任转嫁给当地子公司，而这些子公司也更加接近消费者。然而，建立销售子公司的另一个原因可能是税收上的优惠，这一点对于一个总部设在高税率国家的企业来说尤其重要。经过适当的计划，企业可以在一个企业所得税较低的国家建立子公司，只要国外的收入没有真正返回到总部，企业就可以获得在母国避税的优势。当然，税收上具体的优惠要取决于母公司所在国和子公司所在国税法的比较。

何时从一个代理商模式转变为拥有自己的销售子公司和销售人员，是一个企业在海外市场开展业务时最为关注的问题之一（Ross *et al*., 2005）。图 12.2 显示了与两种进入模式相关的总销售额和营销成本情况。

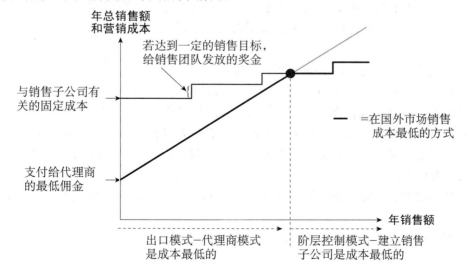

图 12.2 从代理商到销售子公司的盈亏平衡的转变

资料来源：Hollensen, S. (2008) *Essentials of Global Marketing*，FT/Prentice Hall，p. 245。

1. 代理商：这条曲线基于这样的协议，即代理商能够获得独立于年销售额的、最低的年度佣金。同时，代理商所获得的佣金比例也是固定的，与其创造的年度销售额的多少无关。

2. 销售子公司：这条曲线基于一个假定，即销售子公司的销售人员能够获得固定的年度薪酬（独立于年销售额），但是如果完成特定的销售目标，还会获得额外的奖励。

在这种情况下，将存在一个特定的收支平衡点，在这个时点上，从一个代理商模式转变为拥有自己的销售子公司将更为有利（从财务角度来看）。当然，在做出这种转变前，其他的一些问题也必须加以考虑，如控制、灵活性和投资水平等。

12.4 销售和生产子公司

销售子公司或许被认为是促使东道国的资金流向海外，而并没有为其所在的东道国贡献任何价值，尤其是在发展中国家。所以在这些国家，在当地尚未有建立制造或生产基地的需求之前，销售子公司一般不会出现。

一般而言，如果一家企业相信自己的产品在某个政治环境相对稳定的国家具有长期市场潜力，那么只有全部拥有销售和生产子公司的所有权，才能赋予企业必要的控制水平以充分实现其战略目标。然而，这种市场进入模式需要企业投入大量的管理时间、精力和金钱，同样也具有相当大的风险，因为以后当企业从该市场撤出时，代价会很大，不仅牵扯到财务支出，还会影响到企业在国际和国内市场上的声誉，尤其是在消费者和员工心目中的形象。

在很长的一段时期内，日本企业使用该战略在国际市场上树立起了强有力的形象。它们的耐心获得了高市场份额及丰厚利润，但是这些不是一夜间得来的。在采取重大行动之前，它们会花费五年多的时间来了解市场、消费者和竞争者，同时还要选择生产地点。

在当地进行生产的主要原因有以下几点：

- 保持已有业务。日本对欧洲的汽车出口经常会受到限制，且出口的汽车越多，越容易受限。随着欧洲市场一体化的发展，尼桑和丰田公司都已在英国建立了生产线。
- 拓展新业务。在当地进行生产会给人更强的信任感，这是劝说消费者变换供应商的最好方法，这一点在工业市场表现得尤为明显，因为售后服务和信誉是影响采购决策的重要因素。
- 节约成本。在海外进行生产会在诸如劳动力、原材料、运输成本等不同方面节省成本。
- 避免一国政府对某种货物的进口限制。

装配作业

装配作业是生产子公司的一种变形。这种情况下，国外工厂可能仅仅简单地把在国内或其他地方生产的零件装配起来。企业可以设法保持在国内工厂生产核心零件，并将核心零件的开发、制造和投资集中起来以获得规模经济带来的好处。其他一些零部件就可以在不同的国家（多源）生产，从而可以获得各个国家的比较优势。资本密集型的部件可以在发达国家生产，而劳动密集型部件可以在欠发达国家生产，因为那里的劳动力充足且廉价。这种战略在消费电子制造商中很普遍。当一种产品进入成熟期并且面临激烈的价格竞争时，就可以将其所有劳动密集型的生产转移到欠发达国家。这也是国际产品生命周期理论中的基本原理（参见第 14 章图 14.8）。

12.5　子公司成长战略

由于跨国公司面临着前所未有的竞争，它们位于发达国家的子公司越来越可能被关闭，转而把其业务迁移到低成本的东欧和亚洲国家。为了应对这种成本差异，子公司的经理被不断地鞭策，去做出超出其核心任务的贡献，将子公司活动推向价值链的高端环节，并且要具备创新和创业精神。

Scott and Gibbons（2009）指出，子公司可以采用四个相辅相成的战略来提升其地位：

1. 掌握主动权和增强子公司自治权。许多子公司被限制扩展原有的章程，且必须在总部明确规定的限制条件下运营。总部管理人员是子公司未来的最终决策者，子公司管理人员扮演的角色就是在该系统中对决策产生影响。增强子公司自治权的关键在于积极管理其同总部的关系，并确保子公司的"正确"形象。子公司的管理人员可以通过积极参与总部的非日常事务、显示子公司的坦诚、同组织目标保持一致来增强总部对其管理能力的信心。总部对子公司管理层判断能力的信心越强，子公司获得的自治权就越大，这将给予子公司更多的自由去把握机会。子公司管理人员也应该能够识别总部的各级别的关键决策人员，并且同这些人员建立关系网络，这能让子公司获得在组织内的信誉，并为子公司进一步扩张追加投资提供支持。

2. 构建同外部合作伙伴的信息网络。许多在一个小的本土市场内经营的生产子公司，在跨国公司的组织架构下，以人为的转移价格销售产品/服务。这使子公司远离最终客户，形成了一个真空——人为庇护子公司的管理人员和员工，避免他们受到成本和最低盈利能力之间直接关系的影响。这也导致子公司缺乏真正的市场反应，并抑制了市场主动性和创新，扼杀了开发和推动下一代产品的潜力。为了避免出现这种真空状态，子公司应该认识到需要建立同客户、供应商、行业成员和第三级机构的外部联系。这将使子公司能够了解当地市场，充分把握领先用户的需求，同时也将对未来发展提供新的视角。此外，作为跨国公司系统内部所有子公司组成的共同社区的一员，他们还需要充分利用这种优势，与分散在各地的子公司进行沟通和互动，使得他们能够融入一个网络，获取知识和机会，而这是本地竞争对手无法获得的。例如，开发外部客户群压低了成本，增强了子公司的灵活性，并降低了与市场动态相背离的风险。如果本地市场太小，可以为子公司的产品开发新的国际市场，通过识别和细分目前尚未被上级组织涉入的市场，然后修改产品供应策略以满足这些市场的需求。

3. 营造创业环境。子公司应该营造一个鼓励承担风险的环境，这对塑造员工的创业精神至关重要。冒险意味着面临失败的风险，惩罚失败则会抑制冒险。肯定子公司的创新价值很有必要。子公司管理人员可以创建一个创业导师和创业冠军的组织结构来支持个人的创业努力。这将为该子公司对冒险和创新的承诺释放出一个明确的信息。传统的奖励和制裁关注短期措施，主要对财务绩效进行评估。这将使管理人员的注意力从实现长期战略绩效向避免短期冒险行为转变。在短期目标中融入长期目标的评价，包括采取非财务性质的绩效测定措施，将促进管理人员努力建设一个可持续的未来发展图景，比如引导资源投入到特定的市场机会中去。

4. 促进子公司战略发展。传统观念认为，子公司只需要接受总部给它们分配的角色。目前该观念已经发生了变化，大多数子公司除了参与总公司的整体战略，同时还积极致力于其自身的战略发展。子公司的战略开发进程包括设定目标和说服总部对其运营增加投资的方法。子公司需要不断寻求建立一种优势，这个优势将确保它在集团内部的地位，使它不依赖于作为一个低成本制造商而存在。子公司的战略发展包括预测未来总公司的扩张需求，先于与其"竞争"的姊妹子公司发起活动来赢得未来的投资。通常，在董事会抛出问题之前，投资决策已经在幕后做出，所以很有必要利用子公司在总部的关系网络提前探明做出投资决策的人员信息，尤其是可能的关键决策者。子公司的 CEO 必须是其战略发展过程中的驾驶员，对于子公司的生存以及扮演总部赋予的角色负有最终的责任。

由于系统和流程的持续全球化，总部越来越多地限制子公司发展其独特地位的能力，以确保其生存和发展。在这个过程中，子公司必须清晰地定义它的边界，因为有很多活动并不一定具有成本效益或者对战略有利。然而，子公司的 CEO 必须识别能产生很高回报的增值业务，然后将问题及其解决方案汇报给总部，而不是等待总部主动采取行动。总之，正如以上建议，子公司有很多方法可以提高自己对于母公司（总部）的价值。

12.6　区域中心（区域总部）

迄今为止，我们谈论的市场进入模式都是针对某一个特定国家的。如果放松这一条件，即"针对地理区域开办企业"，使用该模式是为了满足世界上某一地区的特定需要。对某一特定地区的价值链活动的成功协调是竞争对手难以仿效的，因为这牵扯到许多难以言传的知识和复杂的社会活动。

通过像欧盟、北美自由贸易区和东盟等集团组织的形成，世界市场正逐渐呈现出区域化发展的趋势。

图 12.1 显示了两种**区域中心**模式。第一种变型中，位于价值链下游的功能被转移到了国外地区。第二种变型中，整个价值链的活动都转移到了国外地区，企业成了完全成熟的地区内部成员。在这种阶段，企业拥有了在该地区和对手竞争所必需的所有职能，而且能够对国外消费者的需求变化做出快速反应。

> **区域中心**
> 区域总部（"领导国家"）通常将会在整个区域内扮演协调和推动销售的重要角色。

建立区域中心即意味着要建立一个区域性的总部或者指定一个"领导国家"（"lead country"），这个"国家"对销售同类产品的组织起着协调者和激励者的作用（见图 12.3）。

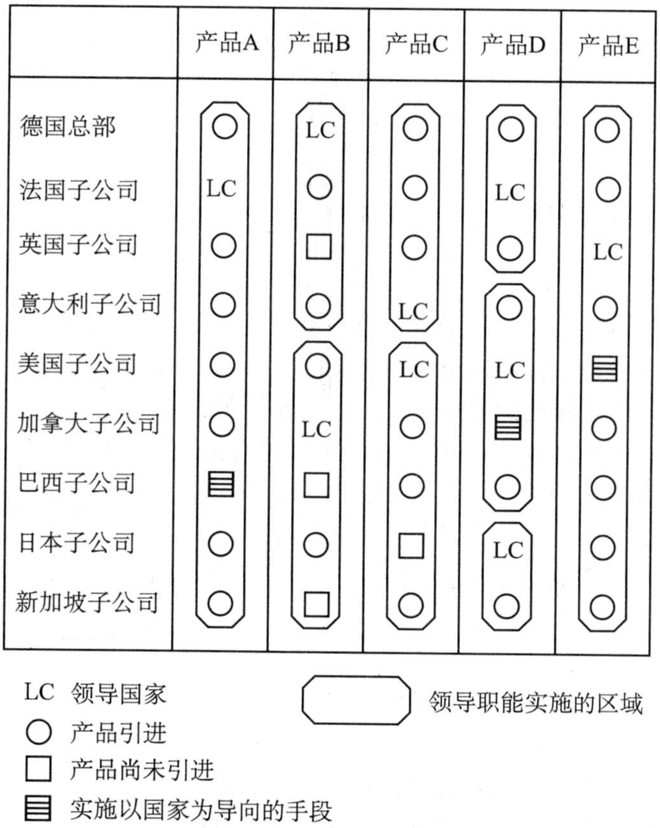

	产品A	产品B	产品C	产品D	产品E
德国总部	○	LC	○	○	○
法国子公司	LC	○	○	○	○
英国子公司	○	□	○	○	LC
意大利子公司	○	○	LC	○	○
美国子公司	○	○	LC	LC	☰
加拿大子公司	○	LC	○	☰	○
巴西子公司	☰	□	○	○	○
日本子公司	○	○	□	LC	○
新加坡子公司	○	□	○	○	○

LC 领导国家　　　　　　　领导职能实施的区域
○ 产品引进
□ 产品尚未引进
☰ 实施以国家为导向的手段

图 12.3　"领导国家"的概念

资料来源：Raffée and Kreutzer（1989）；www.emeraldinsight.com。

协调的职能要确保以下三点：
1. 国家和经营策略的相互一致性；
2. 一个子公司不能损害另一个子公司的利益；
3. 在各项业务和国家之间识别并发挥充分的协同效应。

激励的职能主要包含以下两点：

1. 促进全球性产品转化成本土产品;
2. 支持当地子公司的发展(Lasserre, 1996)。

图12.3(一个总部在德国的跨国公司的案例)显示出不同国家/子公司可以在不同产品组的组织中承担各自的领导职能。在图中,对产品A和E来说存在一个全球性的市场,只有一个国家/子公司在这个全球性市场内起着协调作用(法国和英国),对产品D来说,存在三个地区市场,每个地区各有一个领导者。

"领导国家"的选择受到下列因素的影响:

- 国外子公司的营销能力;
- 该国的人力资源质量;
- 该国的战略地位;
- 生产的所在地;
- 东道国的法律限制。

拥有最强"领导"能力的国家应该成为领导国家。

12.7 跨国组织

在国际化的最后阶段,为了实现在全球范围内潜在的协同效应,企业会试图协调和整合各国的经营活动。管理人员倾向于把世界看作一系列相互联系的市场。在这一阶段,雇员更倾向于认同他们的企业,而不是其所在的国家。

共同研发和跨国界的频繁人员交流是这类**跨国组织**的特点。对于跨国组织而言,它们的总体目标应该是通过识别各市场的相似点和不同点,整合各国子公司的优势来获得在全球范围内的竞争优势。已经达到这一目标的企业相对较少,联合利华就是其中的一个例子(也可见8.5节)。

> **跨国组织**
> 通过协调和整合各国的经营活动(研发、生产、营销,以及销售和服务)以实现全球范围的协同效应。

总之,管理一家跨国组织需要对以下问题尤为敏感:

- 一个全球性品牌何时才具有价值,或者何时应考虑当地的要求;
- 何时将一项技术革新或专长转移到另一个市场;
- 何时一个地区性的创意可以具有全球性的潜力;
- 何时将国际团队迅速调集起来集中投入到关键的商机上。

12.8 建立全资子公司——收购或绿地投资

本章中出现的所有阶层控制模式(除了国内销售代表模式外)都要求在国外进行设备投资。决定在某个国家实行全资经营时,企业要么可以收购已经存在的企业,要么白手起家筹建一家自己的企业(绿地投资)。

收购

收购可以使企业快速进入市场，通常使得收购方能够获得被收购方的分销渠道和现有顾客群体，有时还能获得已有的品牌名称和企业声誉。同时，在一些情况下，被收购方的管理系统会被保留下来，向收购方提供进入市场的桥梁，使收购方获得应对当地市场环境的经验。这对于缺乏国际管理经验的企业或不熟悉当地市场的企业来说尤其重要。

在饱和市场中，行业竞争激烈，存在大量的进入障碍，因此留给新进入者的空间少之又少。在此种情形下，收购可能是在东道国建立基地的唯一可行的办法。

收购有许多形式。根据 Root（1987）的观点，收购分为水平收购（horizontal acquisition，收购方和被收购方的产品线和市场相似）、垂直收购（vertical acquisition，被收购方成为收购方的供应商或客户）、同心收购（concentric acquisition，收购方和被收购方有不同的技术和相同的市场，或相同的技术但不同的市场）和混合收购（conglomerate acquisition，收购方和被收购方所属行业不同）。无论采取什么方式，外国投资者与当地管理团队之间的协调及管理风格都有可能引发问题。

绿地投资

收购中遇到的困难可能会导致企业倾向于从头开始建立自己的企业，尤其当生产物流是关键的行业成功因素，而企业又没有合适的收购对象或收购成本很高时，企业就更倾向于采取这种方法。

整合各国生产的能力和决定今后国际扩张方向的能力是一家企业考虑建立自己的生产线的关键动机因素，即使建立一家全资的生产线要比收购花更多的时间。此外，进一步推动绿地投资的动机也包括由东道国提供的一些激励因素。

而且，如果企业建立了自己的新工厂，它不仅可以吸纳最先进的技术和设备，还可以避免因改变被收购方已有的成型运作方式所带来的问题。一家新工厂意味着一个全新的开始，对跨国公司来讲这是一个机会，可以按照其形象和需求来塑造本地企业。

12.9 总部的选址与搬迁

首先考虑传统的总部选址标准（Baaij et al.，2005），清单内容如下：
- 企业税收优惠；
- 投资激励；
- 投资环境；
- 企业法规（内部限制——企业所有者必须遵照执行）；
- 运营成本；

- 质量、可得性和劳动力成本；
- 生活质量（主要的酒店和餐馆、优质住房的邻近度、文化生活和娱乐、学校质量、文化多样性、安全性、犯罪和健康因素、个人所得税、生活成本等）；
- 基础设施水平（特别是交通、通信和IT）；
- 高级商业服务的能力（如会计、法律和管理咨询）；
- 足够的代表处办公空间；
- 在当地的其他主要企业。

使用这个清单的主要好处不是找到合适的地点，而是排除不合适的地点。一旦对这些因素进行了评估，就可以更多地考虑总部选址的战略标准。

有三个战略动机会影响到总部的选址决策：
1. 兼并和收购；
2. 领导层和所有权的国际化；
3. 战略更新。

兼并和收购

规模相当的企业合并时，它们需要为合并后的企业总部找一个居中的位置。1987年，瑞典韦斯特罗斯的ASEA公司和瑞士巴登的BBC Brown Boveri公司，合并组建了新的ABB Asea Brown Boveri公司。新总部的选址并不在两家公司的原地址，而是在苏黎世。

领导层和所有权的国际化

在收购的情况下，显而易见的解决方案是最有效的——收购方成为新的总部，而被收购企业将进行搬迁（如戴姆勒-克莱斯勒）。总部搬迁的第二种动机即将领导层和所有权进行国际化，降低企业对民族感情的敏感性或与特定国家的联系。外籍董事会高管和股东将较少地留恋传统的母国，并且不太可能抵制总部的跨境搬迁。

战略更新

总部搬迁的最后一个原因，就是战略更新。这是飞利浦电子公司情系初创地埃因霍温106年后搬迁至阿姆斯特丹的关键原因。搬迁可以作为变革的一种机制，因为它象征着一个新的开始以及与过去的决裂。

12.10 国外撤资：从国外市场的撤出

大量的文献从理论或实证上研究了直接投资进入外国市场的策略，却很少有人关注撤出外国市场决策这一课题。

大多数研究表明，相当多的国外子公司在不断亏损：

● 1967—1975 年，全美最大的 180 家跨国公司增设了 4 700 多家子公司，但是同时也有超过 2 400 家子公司撤资（Boddewyn，1979）。

● 1966—1988 年，荷兰的大型跨国公司共进行了 225 项对外直接投资，然而，1988 年，只有一半的企业还健在（Barkema et al.，1996）。

关闭或出售一家国外子公司是一种战略性决定，其结果常常是改变企业的市场进入模式（如从当地的销售和生产子公司模式变成出口或合资模式），或是从东道国完全撤出。

最直接的退出原因是利润太低，这可能是因为居高不下的成本、市场需求的下降或面临更强大的竞争者。除了这种自愿的撤资，还有一种非自愿的撤资，即子公司被外国政府国有化或被没收了。

为了深入研究发生撤资的原因，我们有必要探讨那些促使和阻碍退出的因素，从而评估国外子公司撤出的可能性，Benito（1996）将这些因素分为四组（见图 12.4）。

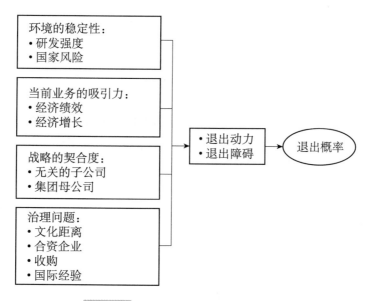

图 12.4　国外运营的撤资：一个框架

资料来源：Benito（1996，Figure 2）。

环境的稳定性

这是对子公司所在国市场竞争和政治环境的预测。

● 研发强度。针对特定市场进行大量的研发和产品营销投资可能会提高退出的门槛。

● 国家风险。这种风险是典型的超出企业控制范围之外的。政治上的风险经常会因子公司被当地政府没收而导致企业被迫撤资。

当前业务的吸引力

- 经济绩效。无法令人满意的经济绩效（不能对整个企业利润有所贡献）是关闭或卖掉子公司最常见的原因。同时，如果子公司的运营表现优异，企业的所有者也会因有利可图而将其出售。
- 经济增长。东道国经济的增长将会吸引更多的直接投资，这将成为退出的障碍。然而，有时候也会使子公司成为别的投资者收购的目标。

战略的契合度

不相关的扩张（多元化经营）增加了治理的成本，而且在不相关的子公司之间难以形成规模经济和范围经济。因此，这些因素会促使企业退出。

这一点同样适用于大型联合企业的母公司。

示例 12.1
沃尔玛从德国市场撤离

沃尔玛（www.walmartstores.com）在1962年由萨姆·沃尔顿（Sam Walton）建立，是年，第一家沃尔玛折扣店开始营业。目前，该公司旗下55个商店品牌的超过8 100家零售店分布在16个不同的国家（阿根廷、巴西、加拿大、智利、中国、哥斯达加黎、萨尔瓦多、危地马拉、洪都拉斯、印度、日本、墨西哥、尼加拉瓜、波多黎各、英国和美国）。2009财年，沃尔玛的销售额为4 010亿美元（仅20%在美国以外），其雇员在全世界超过了210万。当它在1997年以21家大型综合超市的规模收购Wertkauf GmbH，从而进入德国市场（在美国和日本之后的世界第三大零售市场）后，沃尔玛对其寄予了厚望。一年以后，沃尔玛进一步收购了Spar AG公司的74家门店。

然而，九年以后，沃尔玛不得不从德国市场撤出。到底发生了什么呢？

对于撤离，有如下几种解释：

1. 沃尔玛为德国市场任命了一位不会说德语的CEO。不仅如此，这位CEO还坚持要求他的经理们用英语工作。下一任CEO，一个英国人，试着从英格兰操纵局势。他最大的错误在于不理解员工和顾客。另一个让人吃惊的是沃尔玛在德国较短的营业时间，而且周日基本不营业。沃尔玛（德国）面对德国的营业法规（德国颁发的规定商店营业时间的法规Ladenschlussgesetz）和折扣限制非常无奈。

2. 沃尔玛的美国经理强迫德国的高管们在工作场所也执行美国式的管理实践。员工被禁止与位居要职的同事见面，同时也禁止员工之间的调情。

3. 沃尔玛（德国）的管理部门威胁道，如果员工不同意加班或不允许视频监控，这些商店将会被关闭。结果是沃尔玛（德国）与工会多次发生冲突。

4. 文化误解。德国的顾客不喜欢他们的购物过程由其他人掌控，他们喜欢自己寻找想要的商品，而不要身边总有微笑的服务员。

5. 一些美国的产品不适合德国的家庭。例如，美国的枕套与德国的尺寸不同，最终导致沃尔玛（德国）枕套大量积压，因为它们无法把这些枕套卖给德国顾客。

6. 沃尔玛在德国没有达到临界的规模。它在德国的两个总部（暂时的）和三大物流中心，成本高企却没有达到规模效益。由于只有相对较少的店面，沃尔玛在德国食品市场仅占到2％的份额。它面对的是来自德国的两大折扣商品供应商Aldi和Lidl的激烈竞争。例如，与沃尔玛不到100家的店相比，Aldi有一个4 000家店的销售网络。

在九年尝试未果后，沃尔玛在2006年6月把德国的85家店卖给了German rival Metro。

沃尔玛试图将美国企业的成功法则一成不变地应用到德国市场，被证明是一场惨败。这个案例表明在进行国际化经营时解决文化差异的问题是多么的重要。

资料来源："After struggling for years, Wal-Mart withdraws from Germany", *The Economist*, US Edition, 5 August, 2006; "Mighty Wal-Mart admits defeat in Germany", *The Independent*, 29 July 2006, London; www.walmartstores.com.

治理问题

- 文化差距。母国和东道国在地理上的相近会便于管理、协调生产和营销活动。所以，文化接近是阻碍退出的因素，反之亦然。
- 合资和收购。与当地合伙人合资开办企业可以快速获得对当地市场的了解，减少渗透市场的难度。另外，合资双方的民族和企业文化差异也影响到合资能否成功。在整合的关键初始阶段，合资和收购常常会陷入困境，所以，母公司信心不足会促使其退出。
- 经验。企业凭借经验来经营国外业务，并寻找问题解决的方案。随着经验的丰富，企业在运营国外子公司和解决问题时会更加得心应手，在做出关闭子公司的不愉快决定上也是如此。

12.11 总结

表12.1总结了各种阶层控制模式的优缺点。

而且，本章讨论了在什么情况下会发生撤资，最明显的原因似乎是从该市场赚取的利润太低。

表 12.1　各种层级进入模式的优缺点

阶层控制模式	优点	缺点
国内销售代表	相对于独立的中间商模式，对销售活动拥有更强的控制力 国内外的市场联系更紧密	高额的差旅费 在远离母国市场的国外市场运营成本过于高昂
国外销售分支机构/销售和生产子公司	完全的控制力 减少合伙人搭便车的可能性 接近市场（销售子公司） 直接获取市场知识（销售子公司） 降低运输成本（生产子公司） 避税（生产子公司） 易于获取原材料和劳动力（生产子公司）	高额的初始投资（子公司） 丧失灵活性 高风险（市场、政治、经济） 税收问题
区域中心/跨国组织	地区/全球范围内的协调一致 地区/全球范围的高效率在跨国基础上充分发挥学习的作用 资源和人员在世界范围内灵活的调整	可能的威胁： ● 增加官僚机构 ● 在国家层次上有限的反应能力和灵活性 子公司会感到自己没有影响力 总部和区域中心之间缺乏沟通
收购	快速地进入市场，立即获得： ● 分销渠道 ● 劳动力 ● 管理经验 ● 当地的知识 ● 与当地市场和政府的联系 ● 已建立的品牌/声誉	成本高 风险高（接管那些被视为国家传统的一部分的企业，有可能受到该国人民的抵制，因为他们认为似乎这些企业正在被国外利益集团接管） 可能的威胁： ● 与已有的业务缺乏整合 ● 收购方和被收购方之间的沟通和协调问题
绿地投资	可能是一种"最适合"的形式，即最能满足企业利益的方式（如将国内的生产与其整合起来） 可以整合最顶尖的技术（可以提高经营的效率）	高昂的投资成本 进入市场的速度慢（是一个耗时的过程）

案例研究

Polo Ralph Lauren：在东南亚市场的渠道拓展

Polo Ralph Lauren（以下简称"PRL"）企业由拉尔夫·劳伦（Ralph Lauren）于1967年创立，它是设计、营销和分销高档生活用品的领导者，其产品包括男装、女装、童装、配饰、香水和家居用品。

2009年，企业净收入总额为50亿美元，净利润为5.95亿美元。

2007—2009 年的净收入变化情况如表 1 所示。

表 1　2007—2009 年 PRL 在不同地区的净收入　　　　　单位：百万美元

净收入	2009 年	2008 年	2007 年
美国和加拿大	3 589	3 653	3 452
欧洲	1028	945	768
日本	393	272	65
其他地区（包括东南亚）	9	10	11
总计	5 019	4 880	4 295

PRL 在三个有差别但经过整合的细分市场上运营：

1. **批发**。批发业务（在 2009 年净收入中占据大约 57% 的份额）由批发渠道的销售组成，面向主要的百货商店、专卖店、高尔夫球和体育用品商店，遍布美国、欧洲和亚洲。商店的数目（PRL 的批发商经营的商店数量）大约有 6 097 家。

2. **零售**。零售业务（在 2009 年净收入中占据大约 39% 的份额）由零售渠道的销售组成，通过自营全价零售店和工厂店直接向消费者销售，遍布美国、加拿大、欧洲、南美洲和亚洲，同时通过线上零售网站 www.RalphLauren.com 和 www.Rugby.com 进行销售。PRL 在世界范围内有 163 家自营全价零售店和 163 家工厂店，共计约 250 万平方英尺的经营面积。

3. **许可经营**。许可经营业务（在 2009 年净收入中占大约 4% 的份额）主要是许可使用费的收取，许可方授予第三方使用各种商标在特定区域特定时期进行制造和销售指定产品的相应权利，如服装、眼镜和香水等。

通过网站 RalphLauren.com，客户能够浏览 PRL 的全线产品，包括服装、配饰和家居用品，这些产品能够通过多渠道触达零售客户，强化了奢侈品牌的形象。RalphLauren.com 每个月有平均 290 万的访客，约 35 万个新增客户，2009 年总客户数达到 170 万。

2008 年 8 月，该企业推出了它的第二个电子商务网站 Rugby.com。该网站提供了服装和配件可供购买（以前只能在 Rugby 商店购买），并配有穿衣搭配的小技巧、独特视频和博客等内容。Rugby.com 为青年男女提供了一系列的 Rugby 产品。

PRL 的业务通常受到季节性的影响，在零售市场，热销期主要集中在假日旅行、学生返校和节日购物时期（例如圣诞节）。

截至 2009 年 3 月底，PRL 有大约 17 000 名雇员（包括全职和兼职），其中大约 12 000 名在美国，大约 5 000 名在其他国家。

自 1967 年以来，随着产品数量、价格层次和市场的拓展，其独特的品牌形象一直在不断地发展。在国际知名设计师拉尔夫·劳伦的指导下，PRL 反映了一种独特的美国生活方式，对人们的穿着打扮以及世界各地的流行趋势具有相当大的影响力。

目前产品组合包括四个产品线：

1. **服装**：产品包括男装、女装及童装。
2. **配饰**：产品涵盖范围广泛，包括鞋、眼镜、手表、珠宝首饰、帽子、皮带和皮

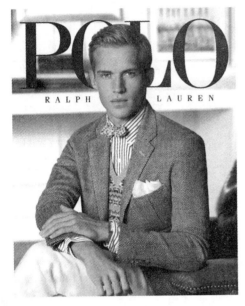 

Ralph Lauren Fragrances

革制品，如手袋和箱包。

3. 家居用品：相关家用产品，包括床上用品和沐浴产品、家具、织物、壁纸、油漆、桌面和礼品。

4. 香水：有 Romance，Polo，Lauren，Safari，Ralph 和 Black Label 等香水产品品牌进行销售。

在较远市场使用许可经营

PRL 授权被许可方在较远的市场批发销售指定类别的产品。这些地理区域的被许可方的产品来自产品许可方和其他独立的来源。

每个许可合作伙伴根据产品销售情况支付给 PRL 许可使用费。通常，需要支付最低使用费，以获得使用企业的商标和设计服务的权利。此外，许可合作伙伴可能需要拿出部分收入用于宣传产品和分摊与产品相关的创意成本。启动新产品或新领域，则需要更多的投入。许可协议一般是 3—5 年期，并可能授予被许可方有条件的续订权。

PRL 与许可合作伙伴紧密合作，以确保其产品的开发、营销和分销，从而抓住预期的市场机会，并向世界各地的消费者不间断地呈现其品牌所表现出来的独特视角和生活方式。同时，企业还对产品的包装、销售、分销、广告和促销等环节进行持续的监督。最终希望 PRL 的产品在各产品类别和国际市场上有一个一致的品牌形象。

目前 PRL 有四个许可合作伙伴，覆盖以下区域：

1. Oroton Group/ PRL：澳大利亚和新西兰；

2. Doosan 公司：韩国；

3. P. R. L. Enterprises, S. A.：巴拿马、阿鲁巴、库拉索、开曼群岛、哥斯达黎加、尼加拉瓜、洪都拉斯、萨尔瓦多、危地马拉、伯利兹、哥伦比亚、厄瓜多尔、玻利维亚、秘鲁、安提瓜、巴巴多斯、博内尔岛、多米尼加共和国、圣卢西亚、圣马丁、特立尼达和多巴哥；

4. Dickson Concepts：菲律宾、马来西亚、新加坡、泰国、印度尼西亚、中国内地、中国香港和中国台湾。

通常，国际许可合作伙伴获得授权后，能够在指定的区域销售、推广、营销和/或分销各种类别的 PRL 产品。

在东南亚市场从许可模式向阶层控制模式转变

2009 年 2 月，PRL 同 Dickson Concepts 公司（总部设在中国香港）达成一项协议，对其在东南亚的 Polo 品牌许可服装业务进行直接控制，该协议自 2010 年 1 月 1 日起生效。作为交换，PRL 支付了 2 000 万美元和其他一些费用。在 2010 年 1 月 1 日之前，Dickson 拥有在东南亚地区销售 Polo 品牌服装的权利，包括印度尼西亚、马来西亚、菲律宾、新加坡、泰国、中国内地、中国香港和中国台湾。在东南亚，Dickson Concepts 通过大约 40 家自营商店和近 100 家店内店销售 Polo 商品。

▶ **问题**

1. PRL 企业在东南亚将进入模式从许可经营转变为阶层控制模式的主要动机可能是什么？
2. 你会推荐他们将所有区域的许可回收，并将其转换为阶层控制模式吗？如果不会，那又是什么原因？

资料来源：Karmizadeh, M.（2009），"Polo will move distribution for Southeast Asia in-house", *Women's Wear Daily*，17 February 2009，197（35），p. 10；www.ralphlauren.com，especially Annual Report 2009。

问题讨论 ▶▶▶▶ >

1. 判断一项对外直接投资是失败还是成功的标准是什么？
2. 促使企业决定在国外建立生产机构的主要原因是什么？
3. 对于中小型企业来说，在国外建立一家全资子公司合适吗？
4. 在一个地区指定一个"领导国家"背后的意图是什么？
5. 为什么收购是在海外建立一家全资运营单位的常用方式？作为一种进入模式，它的局限性是什么？
6. 从子公司汇回利润会带来什么主要问题？

参考文献 ▶▶▶▶ >

本章参考文献可通过扫描右侧二维码获取。

第 13 章
国际外包决策和二级供应商的作用

> **学习目标**
>
> 完成本章学习之后，你应该能够：
> - 描述二级供应商在垂直价值链中的作用。
> - 探究国际外包的成因。
> - 解释买卖双方关系的发展。
> - 探讨二级供应商国际化的路径。
> - 解释一揽子合同（交钥匙合同）与传统分包合同的不同。

13.1 引言

近年来，关于分包和竞争力的研究越来越强调外包（outsourcing）的重要性，即企业可以把一部分职能或业务活动转移到组织之外进行。外包的效率通常会更高，除了在企业拥有核心竞争力的领域之外，因为核心竞争力是企业成功的关键。因此，问题的关键就在于一个组织应该自己履行某些职能（"制造"），还是寻求外部的资源（"购买"）。如果大型企业（主承包商）将价值链上越来越多的职能外包，这将给作为其分包商的中小型企业提供更多的商业机会。

分包商是指向主承包商提供半成品和服务的个人或企业，通常分包商与承包商的承包合同无直接关系。根据这个定义，分包商与中小型企业有以下几点不同：

- 分包商的产品通常是最终产品的部件，而不是完整的最终产品。
- 分包商和最终客户之间不进行直接联系，因为对最终客户负责的通常是承包商。

分包商在垂直生产链中的位置如图 13.1 所示。

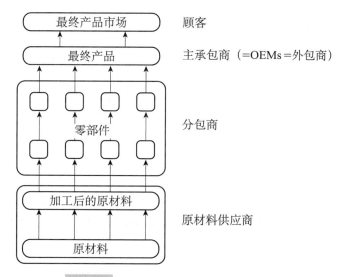

图 13.1 分包商在垂直生产链中的位置

资料来源：改编自 Lehtinen（1991，p.22）。

在 **OEM** 合同中（OEM 代表原始设备制造商），承包商被称作 OEM 或"采购商"，而零部件供应商被认为是 OEM 产品的"制造商"（分包商或二级供应商）。通常，OEM 合同与其他买卖合同有很大不同，

> **OEM**
> （原始设备制造商）二级供应商的客户。

因为 OEMs（承包商）常常比分包商具有更大的讨价还价的能力。然而在一种基于合作的买卖关系中，承包商与分包商的力量是均衡的；甚至有时分包商会提高其讨价还价的能力，成为市场中的主要力量（Cho and Chu，1994）。

本章接下来的内容结构如图 13.2 所示。

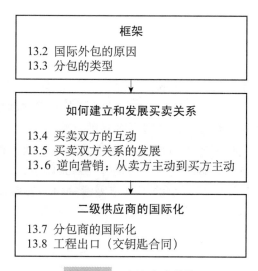

图 13.2 本章内容结构

13.2 国际外包的原因

越来越多的国际化企业从国际分包商那里采购需要的零部件、半成品以及其他物品。因为基于诸多方面的考虑，买方企业已经意识到供应商对其意义重大，所以都通过分包来构建竞争优势，具体原因如下。

专注于企业内部的核心竞争力

承包商希望把管理的时间和精力集中在能够使企业内部的技能和资源得到最充分利用的核心业务上。此外，在企业内部获得合适的熟练劳动力也可能相当困难。

降低产品/生产成本

从降低成本考虑，进行外包有两个潜在原因：

1. 规模经济。在许多情况下，分包商也为其他客户生产类似的零件，依照经验曲线效应，分包商能获得更低的单位生产成本。
2. 低工资成本。国内劳动力成本使得承包商在国内的生产不经济，从而促使企业进行国际分包。例如，服装加工业 80% 的劳动力成本发生在缝制阶段。制造小批量的不同类型的衣服的机械化程度较低。而且，制造过程中的设备调整也需要大量劳动力（Hibbert，1993）。因此，大部分劳动密集型的制衣环节已经搬迁到低工资水平的东欧和远东地区。

总成本效率

如果一家企业想比竞争对手更具效率，就必须将针对最终顾客的总成本最小化。图 13.3 展示了一个不同成本要素的模型，从基本的原材料价格一直到最终顾客成本。

供应链上的每一个环节都是外包的潜在对象。质量成本、存货成本（图 13.3 中未明确提及）、买方与供应商之间的交易成本都是要考虑的成本因素。然而，由于一些成本较难估计，因此在对分包商进行评估时很容易被忽略。

例如，分包商产品或服务的质量对采购方产品的质量起关键作用。然而，不仅仅是产品或服务的质量问题，运输过程的质量同样会对采购方的经营表现产生重要影响。比如，订货至交货这段时间中所涉及的不确定因素，也会影响采购方的存货投资、成本效率，甚至有可能耽误采购方的交货时间。因此，分包商及其交货情况对采购方向最终客户交货的时间有决定性作用。另一个事实是，零部件成本很大程度上在设计阶段就已经确定了。所以，买卖双方在设计阶段的密切合作也可以为生产和分销过程带来可观的成本优势。

图 13.3　阶层控制模式下的总成本/价值

资料来源：Cavinato (1992)。

创新潜力的提高

由于分包商对产品零部件的了解更为深入，所以分包商能够产生一些创新性的思想。同时，企业还可以从分包商的其他顾客那里获得创新思路。

波动的需求

如果承包商面对波动的需求水平、外部的不确定性和较短的产品生命周期，它就可能将一部分风险和存货管理的责任转移给分包商，从而实现更好的成本和预算控制。

最后，当买方进行国际采购时，汇率的波动也是一个重要的影响因素，尤其是在合同的签订与付款之间有时滞的情况下。当承包商所在国的货币相对于某一国的货币价值十分坚挺时，这会激励承包商从该国采购。

总之，价格是企业进行国际分包的重要原因，但是承包商越来越意识到与关键分包商之间的合作是构建其竞争力和盈利能力的重要因素。

13.3 分包的类型

一般地，分包商是指按照承包商的要求进行日常生产的企业。近来，分包关系日趋多样化，这表明有必要对分包商进行重新分类。

图13.4展示的是基于不同承包商和分包商关系对分包商进行的一种分类。这种分类表现出了协调程度与任务复杂性之间的相互作用。

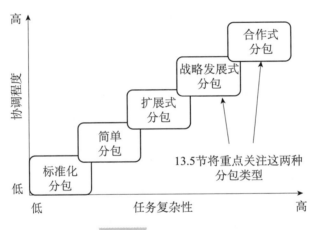

图 13.4　分包的类型

资料来源：改编自 Blenker and Christensen（1994）。

- **标准化分包**：通过销售标准化的产品可以在全球市场实现规模经济，这种情况下无须针对特定顾客的需求而进行调整。
- **简单分包**：由于承包商对各分包商的工作制定标准，因而双方之间的信息交换尤为简单。此时，承包商的内部运作能力通常是一个重要的竞争要素。
- **扩展式分包**：分包商与承包商共同的专业化的投入使得双方的退出成本都相对较高。因此，单方采购（single-sourcing）（一种产品或零部件的供应商只有一个）可能取代多渠道采购（multisourcing）（一种产品或零部件的供应商有多个）。
- **战略发展式分包**：这对于承包商非常重要。分包商对于承包商而言具有重要的价值，因为它们会参与承包商的长期计划制订，而且双方通过沟通来协调活动。
- **合作式分包**：这种关系是建立在双方相对于彼此所具有的战略价值以及相互依赖的基础上的。此时，分包商充分参与到承包商的研发活动中。

不同类型的分包商划分都有一定的重叠，在一些特定的关系中，将分包商界定为某个类别非常困难。一个承包商既可以是标准化分包商，同时也可以是合作式分包商，当然这主要取决于分包任务的复杂程度。如图13.4所示，分包商也可能扮演着不只一种角色。但是，在特定时期内，它们只能扮演一种角色。

13.4 买卖双方的互动

一般地，分包是指一家企业依照另一家企业的要求从事日常的生产活动。外包活动也逐渐涉及研发、设计和价值链上的其他职能。因此，如果在买卖双方之间重复进行的话，即使是始于一些简单的交易［即所谓的"片段"（episodes）］，那也是有可能演变成为一种买卖双方之间的持续关系的。

互动理论起源于瑞典，而后传入法国、英国、意大利和德国。一些志趣相投的学者组建了所谓的 IMP 组织（产业营销与采购组织），以便进行互动模型的研究（见图 13.5）。

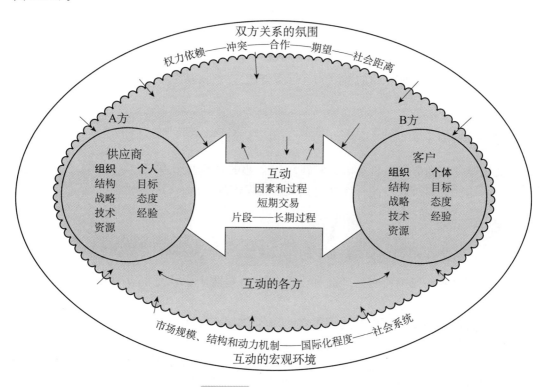

图 13.5　买卖双方的互动

资料来源：Turnbull and Valla (1986)，转载获 Taylor & Francis 授权。

互动模型包括四个基本要素：
1. 互动过程，这是两个组织间随时间推移发展和演化的交流过程。
2. 互动过程的参与方，这主要涉及参与互动过程的供应商和客户的特点。
3. 影响互动过程同时又受其影响的关系氛围。
4. 互动发生的环境。

互动过程

互动过程可以从短期和长期两个角度来分析。随着时间的推移，买卖双方所从事的一系列交易会演变成一种关系。根据在互动过程中双方对彼此的评价，这些交易要么会将这种关系制度化，要么会打破这种关系的平衡。这些"片段"会因交易类型的不同而不同：商业交易，由于交货问题而引发的时间危机，价格纠纷，新产品开发阶段等。

通过与供应商的社交互动，采购方试图减少决策过程中的不确定性。随着时间的推移和双方的相互适应，一种基于特定关系的模式会出现，并可能在危机中发挥缓冲器的作用。这种运作模式可以呈现某种特定的程序、共同的发展、个体之间的沟通风格或一些不成文的规矩等形式。这些规则会根据过去的交易进行修正并形成未来交易的框架。

互动各方

互动各方的特征对互动的方式有很大影响。我们将从三个分析视角对不同层次的买卖双方进行分析。

社会系统视角

文化维度（如语言、价值观、实践）和企业的运作模式等因素会影响参与者之间的距离，这种距离对双方的合作会起到限制或促进的作用。

组织视角

三类组织维度会影响买方和卖方之间的关系。
- 各家企业的技术特点（产品和生产技术）对两个组织之间互动的性质会有重大影响。
- 所售商品的复杂程度制约了供应商和客户之间互动的本质和紧密度。
- 关系的特征：供应商可以选择与客户建立一种稳定的关系，也可以只把双方的关系视为纯粹的交易关系，即双方之间的交易只是"一锤子"买卖，仅仅是为了增加销售量而没有更进一步的参与。

个体视角

个人的性格、目标和经验也会影响社交的方式，进而影响供应商和客户进一步的互动。

关系氛围

氛围就是两家企业发展起来的一种"气候"。这种氛围可以通过以下词汇来描述：

权力—依赖，合作—冲突、信任—机会主义，以及理解和社会距离。氛围的概念对于理解供应商和客户之间的关系至关重要。在关键客户管理中，氛围更是担当着尤为重要的角色。当买方、卖方相互接触时，它们之间的市场交易也从单一的交易转变成相互之间的联系。这两种情形的详细特征如表13.1和图13.6所示。

表 13.1　对市场交易的理解

	交易	关系
目标	销售（销售是最终结果和衡量成功的标准） 顾客需求满意度（顾客购买价值）	创造客户（销售是关系的开端） 顾客整合（交互价值产生）
对顾客的理解	匿名的顾客 独立的买方和卖方	熟悉的顾客 买卖双方互相依赖
营销人员的任务和绩效标准	以产品和价格作为评估的基础 目标是开发新的客户	以解决问题的能力作为评估的基础 关注现存客户的价值提升
交易的核心	关注产品 将销售视为战利品 离散的事件 对宽泛的顾客细分市场的独白	关注服务 将销售视为协议 连续过程 个体化的对话

资料来源：Jüttner and Wehrli (1994)，转载获 Emerald Publishing Ltd.（www.emeraldinsight.com）授权。

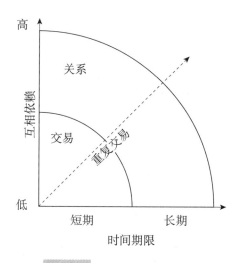

图 13.6　对市场交易的理解

资料来源：Jüttner and Wehrli (1994)，转载获 Emerald Publishing Ltd.（www.emeraldinsight.com）授权。

互动环境

供应商和客户之间的关系在一个大的宏观环境中演化，该环境会对这些关系的本质产生重要影响。传统的几个分析维度包括：政治和经济环境、文化和社会环境、市场结构、市场国际化和市场的动力机制（增长、创新比率）。

13.5 买卖双方关系的发展

两家企业之间关系的建立、成长、发展或者失败和人与人之间的关系很相似。关系的发展可以通过一个五阶段模型勾勒出来，这五个阶段分别为：相识、探索、扩展、承诺和瓦解，如图 13.7 所示。

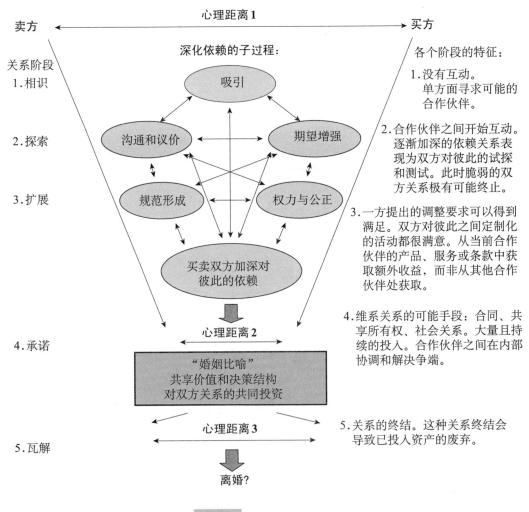

图 13.7　五阶段关系模型

图 13.7 显示了买卖双方（来自不同的国家和文化）之间初始的心理距离 1，这种心理距离受买卖双方心理特征、企业组织文化，以及企业所属的国家和行业文化的影响。例如，某家企业在进入一个心理距离较远的市场时可能会察觉到两国之间的巨大差异，从而导致高不确定性（Magnusson and Boyle，2009）。双方之间缺乏理解，将促

使企业投入更多的资源用于研究和制订计划，以缩短心理距离。图 13.7 还表明关系初始阶段的心理距离 1 可以通过双方的互动过程缩短至心理距离 2。然而，关系并不会永远持续下去。双方之间的心理距离可能会逐渐疏远，并增加到心理距离 3。如果在相互的关系中，这个问题不解决，可能会导致合作伙伴"离婚"。

在这个框架中，人们可以很容易地将买卖双方之间的市场关系比喻为"婚姻"（瓦解阶段就是"离婚"）。这种**"婚姻比喻"**表明业务关系既包括跨组织层面的关系，也包括人际关系（Mouzas et al., 2007）。Dwyer et al.（1987）把双方关系的第一阶段称为相识，这意味着双方将彼此视为潜在的合作伙伴。换句话说，该模式中把做出合作的决策和选择伙伴的决策合为一体。这两种决策类型在合作的初期同时存在，但是很难确切指出它们之间的先后顺序。

> **婚姻比喻**
> 缩短买卖双方的心理距离＋加深彼此的依赖＝共同的价值观和对双方关系的共同投入。

在中小型企业中，决策制定过程很有可能就是一种被动的反应。具体而言，中小型企业很可能首先意识到潜在合作伙伴的存在（可能是"一见钟情"），然后才决定进行合作。如果企业遵循以下三个标准（Kanter, 1994），挑选伙伴的过程就会相对容易。

- **自我分析**。当合伙人已经估计到了行业环境的变化，并且决定寻求合作者时，双方对自身和所处行业的充分认识将使关系的建立有一个良好的开端。如果管理人员具备评估潜在合作者的经验，他们就不易被第一印象所迷惑。

- **化学反应**。强调业务关系中的个体因素并不否认理性的财务和战略分析的重要性，但是成功的业务关系常常是建立在高管之间形成和维持的融洽的个人关系的基础之上的，这涉及个人和社会的利益。在一些高情境文化的国家中，经理人的兴趣、承诺和声望等因素尤为重要。譬如，在中国以及由华人主导的亚洲商务活动中，西方企业的高管应该投入个人时间与潜在合作者保持联系，以便显示对其所做决策的尊重和支持。

- **兼容性**。在"追求"阶段，企业将基于广泛的历史、哲学和战略基础来测试双方的兼容性，这包括相同的经历，价值观和生活原则，以及对未来的期望。在分析人员考察财务能力的同时，管理者还会针对一些无形因素进行是否兼容的评估。基于个人关系、哲学和战略的兼容性，以及双方高层的共同愿景所建立起来的合作关系，最终都要以制度的形式确定下来，并予以公开（订婚）。一旦牵扯到其他的股东，关系就变得非个人化了。与合作者在"订婚"阶段的成功主要取决于在个体和制度方面的平衡。

在图 13.7 中所示的探索阶段中，双方会试探性地进行一些交易，交易的结果会检验出对方的能力和合作的诚意。另外，双方之间使用电子数据交换（EDI），可以减少订单、生产计划表、票据等耗费成本的纸上作业。

在探索阶段的后期，双方都要"与家人会面"。两企业领导者之间的联系必须得到企业其他人员和股东的正式或非正式的认可。同时，也要得到其他的外部关系方的认可。

当一方（如在扩张阶段）满足了另一方的期望时，该方对对方的吸引力就会增强。

因此，对方会愿意保持双方间的关系，尤其是双方的合作带来了高水平的产出时，对方就会减少其他的替补合作伙伴的数量。

当双方共同"生活"时（"成家"），求爱阶段的浪漫很快会让位于日常生活的平淡。在承诺阶段，双方会因在交易过程中得到的一定程度的满足而排斥其他也能够提供类似收益的交易伙伴。但买方不会因此而不去接触其他的供应商，而是始终会去了解它们，但会避免经常性的试探性交易。

在描述双方关系的发展时，撤出该关系的可能性是很隐晦的。以下这些问题有可能会导致双方关系进入**瓦解阶段**：

- 合作之后发现运作和文化上的差异。合作关系的创始人会对这种差异的出现感到非常惊讶。在这一阶段，双方在权力、汇报和决策方式等方面的差异非常显著。

> **瓦解阶段**
> "离婚"：双方关系的终止，进而导致已投入资产的废弃。

- 企业其他岗位上的员工可能不会受到和高管一样的关注。因为高管们经常会进行正式或非正式的沟通，而其他员工之间却不常接触，但却不得不被推向与海外同事合作的最前端。
- 与来自不同文化背景的同事合作时，其他员工一般没有领导者那样的远见卓识和包容精神，而且也缺乏经验。他们对双方关系的战略重要性缺乏了解，而仅仅关注并不重要的操作层面的问题。
- 企业的中层管理者或许会反对合作关系的建立，并且会试图削弱这种关系。这种情况在那些强势的独立业务单位尤其常见。
- 私人关系的终止（由于管理者离开原工作岗位）对双方关系构成了潜在的威胁。

企业应该在它们建立合作关系时就了解到这些潜在的问题，因为只有如此它们才能采取相应的措施以防止关系的瓦解。通过共同分析这些弱化双方关系的因素的程度和重要性，合作双方能够不过分考虑它们已经遇到的困难，而更易达成共识。而且，这种共识会促使双方更愿意去从事关系修复的活动，以避免关系的瓦解（Tähtinen and Vaaland, 2006）。因此，很多组织允许其联盟伙伴长期保持最初的组织形式，而只有起初的环境发生变化时，双方才会考虑新结构的建立。譬如，在2004年，一项麦肯锡的研究表明，一些主要联盟当中超过70%的企业都需要进行组织重构。该结果进一步表明，相对于那些故步自封的联盟33%的成功率，勇于自我改变的联盟的成功概率为79%。

13.6 逆向营销：由卖方主动转向买方主动

逆向营销描述的是买方怎样在采购时找到潜在的分包商，并且向适宜的合作者提出长期合作的建议。与之相关的术语是主动采购与买方主动（Ottesen, 1995）。近年来，买卖双方之间的关系有了很大变化。

> **逆向营销**
> 买方（而不是在传统营销中的卖方）在寻求满足自身需求的供应商时占据主动。

由传统的卖方主动供给产品逐渐向买方主动寻求满足自身需求的供应商转变。

时至今日,采购过程发生了许多变化:

- 分包商数目减少。
- 产品生命周期缩短,这就要求缩短产品进入市场的时间。
- 对分包商有着更高的要求(零缺陷),企业要求其供应商供货有一定保证,那些不能达到要求的供应商将会被企业从供应商的名单上删除。
- 不仅仅是以获取较低价格为目的而采购。传统的一般交易关系逐渐被基于相互信任、相互依赖和互利互惠的合作伙伴关系所取代。

要实施逆向营销战略,首先要进行基础市场调研和逆向营销备选伙伴的评估(例如,可能的供应商)。在选择供应商之前,企业必须通盘考虑当前和未来业务中现有和可能的供应商,并进行比较分析(图13.8)。

	当前业务	新业务
现有供应商	加强渗透现有业务	发展和增加新业务
新的潜在供应商	取代现有供应商 增加供应商:取得供货	发展现有供应商未涉足的新业务

图13.8 供应商开发战略

在此基础上,企业可以选择那些适合的合作伙伴作为供应商,并按照自己的需要进行排序。

13.7 分包商的国际化

在第3章中,我们指出,国际化过程实际上就是一个学习过程(乌普萨拉学派)。一般而言,国际化过程都是渐进式的。从该视角出发,在国际化进程中,随着管理国际业务的能力逐渐增强、管理经验的逐步累积,企业会更加倾向于向国外市场增加更多的投入。目前,虽然对渐进式国际化理论的支持观点很多,但也存在很多的质疑和批评。

渐进式国际化模式存在的主要问题包括:似乎提出了一套企业贯彻国际化战略所必须采取的、确定性的机械步骤。然而,企业有时会跨越这些固定步骤中的一个或多个环节;更为甚者,企业有时甚至会全面停止其国际化进程(Welch and Luostarinen, 1998)。

承包商和分包商的国际化存在关键的差异,即分包商的国际化过程往往与其顾客紧密相关。对于分包商而言,其战略(包括国际化战略)往往无法独立于其合作伙伴(承包商)的战略。因此,分包商的国际化过程有时会呈现出不规则的发展路径,如跨越式发展。

Andersen *et al*. (1995) 介绍了国际化的四种基本路线(值得注意的是,有时不同的路线会有重叠的内容,如路线2和路线3)。

路线1：跟随国内顾客

如果承包商正在进行国际化，并且正在国外市场建立生产分部，那么它的一些分包商（如图13.4中的标准化分包或简单分包）就有可能会被国外的供应商所取代，因为国外供应商能够以更加低廉的价格提供标准化的零件。然而，在图13.4中处于上层的分包商以及那些对承包商有战略价值的分包商，如果承担对外直接投资的责任，就可以维持自己的地位，它们直接向海外生产单位供货，或提供售后服务，这些活动将促使分包商在国外建立自己的销售或（和）生产子公司。在大多数情况下，这类对外直接投资直接建立在长期采购保证的合同基础上（直到超过了投资回报期）。

例如，当家具连锁企业宜家在北美市场建立自己的销售分部时，它带来了自己在斯堪的纳维亚的战略性分包商，这些分包商有的已经在北美建立了子公司。另一个例子是日本的汽车制造商在美国建立了生产分部，它们的许多分包商也跟随其后在美国建立了子公司。这种发展路线与Johanson and Mattson（1998）在图3.6中所提出的"后期开拓者"颇为相似。

路线2：通过跨国公司的供应链实现国际化

企业通过向跨国公司的一个部门供货，有可能会致使企业同时向其他部门供货，或成为跨国公司网络的一部分。一种情况是，当企业之间发生兼并和收购活动时，那些有活力的分包商就获得了新的业务发展机会。

法国汽车制造商雷诺（Renault）和瑞典的沃尔沃（Volvo）组成的战略联盟就是一个例子。通过联盟，瑞典的分包商已经融入了法国雷诺的分包体系中，而法国的分包商也有机会进入沃尔沃的分包体系（Christensen and Lindmark，1993）。

路线3：通过与国内或国外供应商的合作而进行国际化

在与其他的专业分包商合作时，系统供应商有可能通过接管整个子系统的供应而从事国际化业务（如图13.9）。

系统供应商可以发展出新一层的分包商（第二层分包商）。通过系统供应商和国内主要承包商之间的交流，系统供应商可以借助承包商与全球承包商之间的网络和合同关系走向全球化（图13.9中的虚线）。例如，一家日本汽车座椅供应商在为丰田企业供货（国内主要承包商）的过程中，最终会接触到世界各地的丰田汽车厂全球承包商及其全球网络。

在许多情况下，分包商之间的合作主要是以隐性知识的交换为特征的，这类知识并不容易转移。这主要是由于整个次级供应系统常常涉及若干个领域，必须通过隐性知识的交换和沟通来协调。在日本汽车座椅供应商的例子中，系统供应商需要与分包商（皮革头枕等产品的供应商）建立紧密的联系，以便根据个别的汽车型号来调整汽

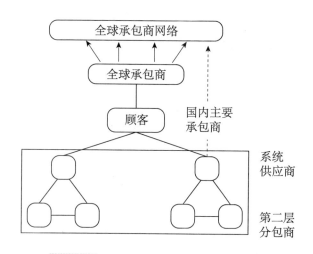

图 13.9　系统供应商国际化的可能途径

车座椅的生产。

路线 4：自主国际化

为了获得生产上的规模经济，标准化的承包商会采用自主国际化的路径。我们不建议小型分包商采用此路线。自主国际化对于资源有限的小型企业来讲壁垒很高。对于这些企业，路线 3（与其他分包商合作）似乎是一条更为现实的国际化路径。

13.8　工程出口（交钥匙合同）

本章主要讲授工业品市场的采购（分包）。虽然国际工程子供应商的营销活动和工业市场子供应商的营销活动有许多相似点，但也有其独特之处。例如，选择特定供应商的过程较为漫长，且官僚化。

但是，工程出口市场的子供应商也是非常国际化的，其营销活动的主体是在主要承包商所在地开展的。例如，伦敦是许多建筑承包商的所在地，它们的业务大部分就在英联邦国家展开。

工程出口是一项相当复杂的国际商务活动，涉及许多市场参与者。工程出口的前提条件，是出口国和进口国之间的技术差距，即出口国拥有进口国所需的某项产品和技术知识。

工程出口往往会涉及硬件和软件的供应和交付活动。一旦交付完成之后，就会建成一套完整的系统：这个系统可以生产产品和/或提供服务。例如，在发展中国家建立一个牛奶场，就是这类工程的典型例子。

> **工程出口**
> 硬件（如建筑物和基础设施）和软件（如技术和项目专门技术）的组合，如建造一座冰激凌加工厂。

硬件是那些对工程有用的有形物质资产的总称，包括建筑物、机器、存货、运输设备等，甚至买卖双方指定的报价单和合同中的图样、清单和说明书等也是硬件。

软件是项目供给中所有无形投入的总称，包括知识和服务。知识总共分为三种类型：
- 技术知识，包括产品、生产流程和硬件相关的知识。
- 工程知识，包括项目管理、装配和环境相关的知识。
- 管理知识，一般包括策略和运作上的管理知识，特别还包括营销和行政系统的相关知识。

服务包括咨询服务和帮助进行各种申请和论证（环境论证、工程融资论证、计划批准论证等）。

项目营销与产品营销在以下几个方面是不同的：
- 除了当地的业务之外，采购决策还牵扯到国内和国际发展组织的决策过程，这意味着将有大量人员和官僚机构的参与。
- 在谈判的过程中，通常会提出各种要求，在此基础上对产品进行设计和创造。
- 从发现需要到做出采购决策之间一般要相隔数年。因此，总营销费用是非常巨大的。
- 当工程移交给买方后，买卖双方之间的关系也就中止了。但是如果在工程的前中后期注重关系的培养，待新的工程出现时，这种"休眠关系"又会焕发生机（Hadjikhani, 1996）。

工程融资对于买方和卖方来说，都是关键的问题。工程的规模较大，以及计划与实施所需的时间较长，都将导致外部融资的需求。以下列出的是几种主要的融资方式，是根据融资来源的不同进行的分类：
- 主要以多边组织为融资渠道的工程，如世界银行或地区发展银行等作为主要融资渠道的工程。
- 主要以双边组织融资作为基本融资渠道的工程。
- 政府组织作为买方的工程。在计划经济中较为普遍，在这里政府企业是买方。但是，在市场经济中也存在，例如建设公共基础设施或修建一座大桥。
- 私人或企业为买方的工程，如联合利华在缅甸建设冰淇淋工厂的融资工程。

一些大型的工程项目，如建设一个新机场，可能会由很多合作伙伴组成一个联合体，在这个项目中可能会产生"领袖企业"，然而每一方都会基于其自身技术优势承担这个项目的一部分专业职能，比如，融资、组织、监督和（或）建筑等。

组织工程的出口需要建立起西方企业与发展中国家企业和政府的互动关系，而建立一家新组织或调整现有组织以履行工程出口职能是进行工程营销的前提。

13.9　总结

本章在国际化的背景下，从多角度分析了买卖双方之间的关系。承包商和分包商的买卖关系所具备的优势和劣势如表13.2所示。

表 13.2　承包商和分包商买卖关系的优势和劣势

	优势	劣势
承包商（买方）	由于没有投资生产设施，承包商十分灵活。承包商可以采购比自己生产更便宜的产品（比如由于便宜的劳动力成本）。承包商可以专注于内部的核心能力。扩展了承包商的产品范围。可以从分包商那里得到新思路以进行产品创新。	不是一定能够找到合适的制造商（分包商）。外包相较于内部运营，往往是相对不稳定的。承包商较少能够控制分包商的活动。分包商会成为竞争对手。外包产品的质量问题会危及承包商的业务。协助分包商可能会增加整个运营成本。
分包商（卖方）	由于承包商的国际化而接触到新的出口市场（特别是所谓的"后期开拓者"）。通过更好地利用产能，达到规模经济（较低的单位成本）。学习承包商的产品技术。学习承包商的营销实践。	为了满足承包商的要求而扩大生产能力，甚至扩大海外的销售和营销活动，有更加依赖承包商的风险。

工程出口与普通的买卖关系在以下几个方面略有不同：

- 工程采购的决策牵扯到国内和国际发展组织，这常常造成对分包商的选择过程非常官僚。
- 融资是工程的关键问题。

案例研究

LM Glasfiber A/S：在风力涡轮机行业中，跟随客户的国际扩张步伐

LM Glasfiber A/S（以下简称"LM"）是世界上风力涡轮机旋转扇叶供应商的领导者。它的总部位于丹麦的伦德斯科夫（Lunderskov）市，在丹麦的 10 个城市中有 14 座生产基地，占地面积 10 万平方米，拥有雇员超过 1 700 名。

该企业在德国、荷兰、西班牙、美国、印度和中国设有生产和销售机构，这为它向顾客提供及时、快捷的供货及售后服务提供了保障。

LM 在印度的建设过程如图 1 所示。一般而言，转动扇叶大约占整个风力涡轮机价值的 20%（不包括基座和安装等）。

图 1 显示了 LM（作为子供应商）通过买方或风力涡轮机制造商的网络（特别是 Micon 公司的网络）进行国际化所经历的各个阶段。

图中的①表示 LM 向丹麦的涡轮机制造商（国内承包商）网络供应了大量货物，其中最大的采购商是 NEG Micon（1999 年）、Vestas（风力系统）、Bonus（能源）和 Nordex。尽管丹麦占了整个风力涡轮机市场的 50%，但在国际市场上的竞争仍很激烈。LM 不仅和丹麦风力涡轮机制造商协会保持紧密的关系，还和 Ris 国家实验室在风力涡

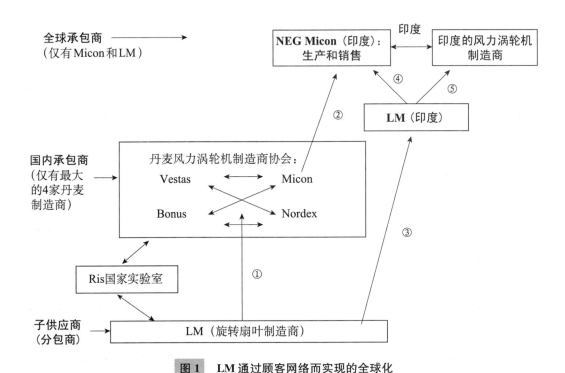

图 1　LM 通过顾客网络而实现的全球化

轮机技术研究领域密切合作。

上述示例是基于 20 世纪 90 年代 LM 与当时的世界第二大风力涡轮机制造商 Micon 之间的关系进行的分析（Micon 公司于 2004 年 5 月与 Vestas 公司合并）。Micon 公司的战略是将其扇叶的大部分生产外包给子供应商。然而，为了保持相对于竞争对手和外部子供应商足够的技术优势，Micon 公司总是试图控股内部子供应商。这种灵活的采购是 Micon 公司持续全球化的前提。

在图 1 中，②代表 Micon 公司于 20 世纪 90 年代初期在印度建立了销售与生产公司。对于风力涡轮机来说，印度是一个很有吸引力的市场，由于印度的电力供应不足，尤其是在农村，因此，印度政府十分支持风力发电，以便稳定电力供应（往往是与外国开发援助组织合作完成的）。

在拓展市场的过程中，LM 也意识到：它必须在印度启动扇叶制造业务，以便能够继续作为印度的子供应商而拓展业务。在图 1 中，③表示在 1994 年，LM 在印度与发展中国家工业化基金会（the Industria-lization Fund for Developing Countries）、印度的风力涡轮机制造商 NEPC 共同出资建立的合资企业——LM（印度）有限公司；④表示的是 LM（印度）作为印度当地企业提供的货物和服务。通过与

www.Imglasfiber.com. Copyright LM Glasfiber A/S.

NEPC 合作，LM 目前获得了向 NEPC 的网络供货的权力，NEPC 的网络包括了亚洲好几个市场。最后，图中的⑤是指 LM 利用与 NEPC 的关系在亚洲其他市场拓展业务。

自 2007 年开始，LM 已经成功地说服了三四家主供应商跟随其一起进军印度市场。这些子供应商都已分别在印度设立了生产工厂，以便尽可能地靠近自己的主要客户——LM 公司。

▶ 问题
1. 对于 LM 紧跟关键客户的步伐进行国际化的战略是否存在一些威胁因素？
2. 这个案例与第 3 章中的网络模型有何联系？

问题讨论

1. 不断向国际分包商进行外包的原因有哪些？
2. 请结合承包商与分包商关系的差异，描述一下分包商的主要类型。
3. 在分包活动中，解释从卖方主动到买方主动的转变。
4. 请解释美国子供应商与日本子供应商系统的不同。
5. 在工业市场上，工程出口/交钥匙工程和普通的分包有何不同？
6. 工程出口常常以复杂和耗时的决策过程为特点，这对于潜在的分包商的营销活动来说意味着什么？

参考文献

本章参考文献可通过扫描右侧二维码获取。

第4部分

设计国际营销计划

第14章　产品决策

第15章　定价决策和商务条款

第16章　分销决策

第17章　营销沟通决策(促销战略)

案例研究Ⅳ.1　戴森真空吸尘器

案例研究Ⅳ.2　凯旋摩托车

扫描二维码获取
"案例研究"内容

一旦企业选定了进入国际市场的方式之后（参见第 3 部分），接下来的任务就是设计国际营销组合计划了。

第 4 部分主要基于传统的 4Ps 营销组合理论：
- 第 14 章：产品（product）
- 第 15 章：价格（price）
- 第 16 章：分销（place/distribution）
- 第 17 章：促销（promotion）

最初的 4Ps 营销组合理论，源于对制造业的研究。当时，制造业仍处于面对消费者的 B2C 经营模式。市场营销组合这一概念的本质，在于充分运用一系列可控变量即 4Ps，以达到影响消费者的目的。但是，在企业和企业进行交易的 B2B 经营模式下，买卖双方之间的互动过程也会影响市场营销组合，因此，在传统的 4Ps 理论中，说服消费者是关键步骤，但在 B2B 模式下关键步骤则是买卖双方的谈判过程。而且，需要注意的是：传统的 4Ps 理论并没有体现出服务的特性，如无形性、易逝性、异质性（可变性）、不可分离性和所有权。

最具影响力的另一个市场营销理论框架，是 Booms 和 Bitner 在 1981 年提出的 7Ps 营销组合理论。他们认为，传统的 4Ps 理论中应该加入另外的 3 个因素，分别是参与者（participants）、有形展示（physical evidence）和过程（process）。下面将详细讨论 7Ps 理论架构。

参与者

任何与消费者接触的人都会对消费者对服务的整体满意程度造成一定的影响。其中，参与者主要包括其他消费者和所有参与提供服务的企业员工。由于生产和消费同时发生，企业员工在影响消费者对产品质量的预期方面起着关键作用。这一效应在"高接触度"的服务行业中格外明显，如餐饮业、航空业和专业咨询服务行业。实际上，企业员工也是产品的一部分，因此产品的质量不能和服务提供者完全割裂开来。所以，尤其要关注员工的工作质量，并监督他们的表现。在服务业，这一点尤其重要——员工表现的不同将直接导致服务质量的差异。

参与者这一概念也包括购买该服务的消费者和处于同一服务环境中的其他消费者。所以，营销管理者不但要管理服务提供人员和消费者之间的互动，也要顾及其他消费者的行为。例如，一家餐厅用餐人员的数量、类型和行为也在某种程度上决定了在这家餐厅用餐的质量。

过程

　　过程，是指给消费者提供一项服务的整体过程，是服务获得和交付的程序、运行机制和一系列活动的总称。在自助快餐店麦当劳吃一顿饭和在一家提供优质全方位服务的餐厅用餐，两者的过程是完全不同的。并且，在一些情况下，消费者在获得服务之前需要排队，而且服务的提供可能也需要花费一段时间。市场营销人员必须确保消费者了解获得服务的整个过程，并且也要确定排队和提供服务的时间是在消费者可接受的范围内。

有形展示

　　不同于一件有形的商品，服务在提供之前消费者无法体验，这也就决定了服务的无形性。服务的这一特性使得潜在消费者在决定是否使用一项服务时承担了更大的风险。为了减少消费者承担风险的感觉，同时提高成功率，应该给消费者提供一些有效的引导，使他们能够评估服务的质量。可以通过提供有形展示的方式，例如真实的案例分析、客户评价等。实体环境本身（如房屋、家具、布局等）对消费者衡量服务的质量和水平也是有帮助的，例如在餐厅、宾馆、零售店和很多其他服务性行业，实体环境扮演着特别重要的角色。实际上，实体环境也是服务的一部分。

　　一些观点认为没有必要修正或是扩展4Ps理论，因为Booms和Bitner扩展的三个方面已经包含在已有的理论框架中。他们认为，不论产品是有形还是无形，消费者经历的一系列满意和不满意都是源于产品本身的各个方面。过程可以并入分销中。例如，Buttle (1989) 提出产品和促销方式两个因素包含了参与者，而有形展示和过程也可以视为产品的一部分。事实上，Booms and Bitner (1981) 认为在做产品决策时，在营销组合中也需要考虑到新加入的三个要素。

　　因此，第4部分仍然使用4Ps理论的结构，但是新加入的三个要素会包含在本书第15章至第18章的内容中。

全球化

　　自20世纪80年代初期以来，"全球化"逐步成为讨论的热点。1983年，Levitt在"市场全球化"（The globalization of markets）一文中讨论了公司走向全球化的最佳方式，引起了众多争论。Levitt认可的全球化策略在得到很多支持的同时，也受到了众多指责。实际上，争论的一方代表了基于特定国家的差别化营销方式，而另一方代表了标准化的全球化营销方式，讨论的本质实际是这两种营销方式哪种更优。从第4部分中我们将了解到，在国际环境中存在不同的影响因素，这些因素有可能对全球化策略有利，也有可能对适应性策略有利。图IV.1绘出了在目前的规模上公司进行国际化或适应性经营的均衡。哪种因素会占据主导地位不但取决于环境，也取决于公司到底偏好哪种全球化营销战略。图IV.2显示的是以上两种策略的极值。

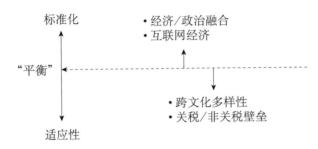

图 IV.1　影响标准化和适应性之间平衡的环境因素

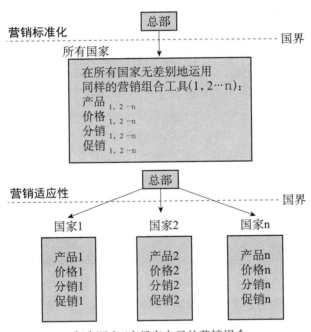

图 IV.2　国际营销组合中的标准化和适应性

所以，由于事关企业的国际营销策略，管理者们必须在其国际营销组合的标准化或是适应性的程度上做出选择。以下三点为市场营销的标准化提供了巨大的机会（Meffert and Bolz, 1993）：

1. **市场全球化**。消费者的消费行为逐渐遍布世界各地，并且采购过程具有协同和集中的特点。作为一种应对手段，生产者可以建立一个全球性的主要顾客管理机制，以此来避免位于不同国家的分支机构分别与国际性零售商谈判时所形成的相互竞争的局面。

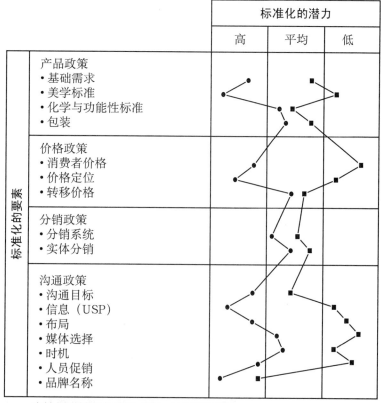

- ● 一次性纸尿裤的标准化概况（如帮宝适）
- ■ 一种特殊饮品的标准化概况（如Johnny Walker）

图 IV.3　某公司标准化潜力分析

资料来源：改编自 Kreutzer（1988）。改编获 Emerald Group Publishing Ltd. 授权；www.emeraldinsight.com。

表 IV.1　标准化和适应性的主要影响因素

利于标准化的因素	利于适应性的因素
● 研发、生产和营销中的规模经济（经验曲线效应）	● 基于环境的本地适应性：社会文化、经济和政治差异（没有经验曲线效应）
● 全球竞争	● 本地竞争
● 消费者品味和需求的趋同（消费者偏好是同质性的）	● 消费者需求的差异性（由于文化差异的存在，消费者需求是异质性的）
● 国际运营的集中化管理（可能会进行跨国界的经验转移）	● 对独立的子公司的片段化和分权式管理
● 竞争对手应用了标准化概念	● 竞争对手应用了适应性概念
● 市场与市场之间高度的竞争优势转移	● 市场与市场之间较低程度的竞争优势转移
其他问题：	其他问题：
● 更容易的沟通、规划和控制（通过互联网和移动技术）	● 法律问题——技术标准上的差异性
● 库存成本削减	

资料来源：Hollensen, S.（2008），*Essentials of Global Marketing*，FT/Prentice Hall，p. 299，Table 1。

2. 行业全球化。很多公司不再依靠国内市场实现规模经济和经验曲线效应。诸如计算机、医药、手机等很多行业只有通过全球化、大规模销售才能弥补其高额的研发成本。

3. 竞争全球化。需求的全球同质化的影响之一是不同的市场之间相互联系。因此，公司可以在世界范围内开展活动，并且在与全球范围内的厂商竞争时，尝试建立一个优质的分支机构。所以，位于不同国家的下属公司不再充当利润中心，而被视为全球管理组合的一部分。

标准化营销具备两个特点：

1. 营销过程的标准化主要与不同国家之间营销计划的决策程序标准化有关。为新产品投放、管理行为等制定统一标准，进而使市场营销的常规流程合理化。

2. 营销项目和营销组合的标准化与不同国家市场上能够将4Ps理论中的个别要素整合成一个统一的营销方式的程度有关。

标准化营销的以上两个特点通常是相互联系的：对于很多战略业务单元而言，过程的标准化是实施营销项目标准化的前提条件。

很多作者认为，标准化和适应性是两种互斥的选择。但是，实际上几乎没有营销组合是完全标准化或者完全适应性的，而讨论标准化的程度则更加具有现实意义。因此，图IV.3是宝洁公司两种不同产品的标准化潜力概况。

以上结果表明：在市场营销组合内，实现标准化有很多种不同的方式。对于上述这两种产品而言，至少能够在平均水平上对外包装进行标准化。但是在价格政策标准化方面，会面临一些困难。在这里给一次性纸尿裤确定一个标准化的定价是可能的。所以，宝洁在为这种产品选择市场时，会保证这些市场的购买力能够承受特定的目标区间的价格。而对于酒精饮品而言，由于不同市场对该类商品存在不同的法律约束，这使得确定标准化的定价几乎是不可能的事情。例如，由于税法规定的差异，丹麦的消费者购买一瓶Johnny Walker威士忌所支付的价格，是德国消费者的两倍。在很多情况下，某种商品在全球范围内会通用一个品牌名称。然而，只有在少数情况下，如特定的品牌名称与一些负面事物联系在一起时，企业往往不得不更换品牌名称，以避免这种负面形象。

我们以表IV.1结束对第4部分的介绍。在该表中，我们列出了影响国际营销计划中标准化或适应性的主要因素。

标准化战略的支持者认为，市场在规模和范围方面趋于同质化和全球化，他们相信，企业生存和发展的关键在于其产品、服务和流程的标准化。这一观点的核心论据，是在环境因素和消费者需求方面全球市场变得愈发相似，无论身在何处，全球各地的消费者拥有相同的需求。

与此相对，适应性战略的支持者则着重强调了实施标准化过程中会遇到的一系列问题，因此，企业应该选择适应性战略，以便适合不同市场的独特特征。他们认为，在不同国家乃至同一国家的不同地区之间，都存在巨大的差异。

由于竞争优势在国际营销战略中发挥着关键的作用，因此，不同市场中竞争优势属性的相似性，将会有利于在不同市场中运用相似的战略，从而促进战略的标准化。竞争优势从核心竞争力中而来（见第 4 章），因此，相较于不具备核心竞争力的企业而言，那些拥有核心竞争力的企业在标准化营销战略方面往往处于更加有利的位置（Viswanathan and Dickson，2007）。

跨国公司不应该只在绝对标准化或是绝对适应性之间一次性地做出决定。跨国公司在不同国家采取不同的市场进入方式，这就需要整合不同的国际营销方式。它们应该把注意力集中在需要全球标准化的交易方面（价值链活动）和需要本土化的需求方面（Vrontis *et al.*，2009）。

第 14 章
产品决策

学习目标

完成本章学习之后,你应该能够:
- 讨论导致企业采取标准化或者适应性策略的影响因素。
- 探讨国际服务战略将如何发展。
- 区别产品生命周期和国际产品生命周期。
- 讨论向国外市场引进新产品所面临的挑战。
- 解释并举例说明产品沟通组合的不同选择。
- 定义并解释不同的品牌化选择。
- 讨论品牌盗版现象,并给出可能的反盗版策略。
- 解释"绿色"产品的含义。
- 讨论环境管理的不同策略。

14.1 引言

在制订国际营销组合计划时,营销管理者首先需要做出的就是产品决策。本章考察了与产品相关的各种问题,并提供了处理这些问题的一些概念性的方法。同时,本章也讨论了国际品牌(标签)战略和服务政策。

14.2 国际产品供给的内涵

在向国际市场提供可以接受的产品之前,首先应该弄清楚产品"整体"是由哪些要素构成的。Kotler（1997）认为，为了使产品能够吸引国际市场上的消费者，营销人员需要考虑产品的五个层次。在图 14.1 的产品维度中，不但包括了产品中核心的物理属性，而且还包括了包装、品牌和售后服务等其他方面，产品的这些属性共同构成了购买者所获得的商品整体。

从图 14.1 中也可以看到，给产品的功能、性能等核心特征制定统一的标准比较容易，但是支持性服务的标准化却相对比较困难，这是因为支持性服务通常需要适应企业文化乃至特定消费者的不同特点。

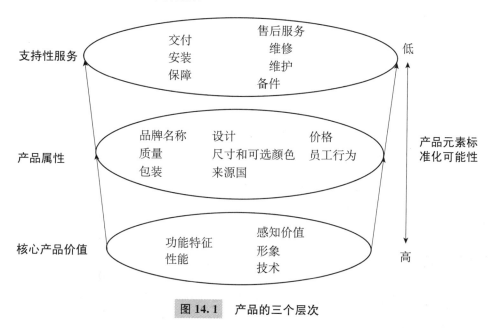

图 14.1 产品的三个层次

14.3 制定国际服务战略

从产品的定义中，我们可以知道服务常常也是产品的一个重要组成部分，但是产品在国际经济中仍然扮演着愈发重要的角色。在图 14.2 中，产品和服务的要素组合可能会有很大的差别。图 14.2 的假定前提是，该消费者在购买和消费的过程中或多或少地处于比较被动的位置。当然，这个前提并不总是成立的。现在，人们越来越清晰地意识到，产品往往很难准确地被整个服务连续过程中的某一点所代表。实际上，产品往往是具体的实物、提供的服务和消费者的参与所构成的复杂组合体。消费者们不再寻求产品，他们寻求的是满足感。因此，产品就成了服务的载体，使消费者能够得到个性化的满足。例如，当消费者为自己的电脑购买新的软件时，可以购买到有形的商品（如 CD），然后自己安装到电脑上。但是，他们真正购买的是利用新软件处理已有任务，或者是处理新任务的全新方法和能力。在 CD 里存储的内容被服务供应商进行了加密。如果消费者想要释放这些内容，就需要向供应商表明他们的使用能力和意愿（Michel et al.，2008）。

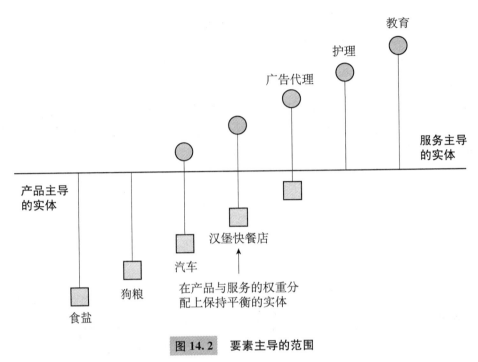

图 14.2　要素主导的范围

资料来源：Czinkota and Ronkainen（1995，p.526）。

服务的特性

在考虑可行的国际服务战略之前，需要搞清楚国际服务营销的特殊性。一般而言，服务具有如下特性：

- 无形性。如同航空运输业或是教育行业，服务往往是无法触摸、不可检验的。购买服务的消费者无法获得传统意义上的实物产品和相应的所有权。支付行为是为了使用或执行一项服务。服务的有形组成部分，如航班上提供的食物和饮料，都是为了巩固消费者所获得的服务收益并提升服务的价值。
- 易逝性。服务并不能储存到未来再加以使用。例如，航班上的空座在飞机起飞的那一刻，就已经失去了其承载的服务价值。为了匹配供给和需求的关系，服务的这一特性会给营销计划和促销带来很多问题。如果要使服务能力持续满足最高的需求水平，那么成本就会特别高昂。因此，营销人员必须尝试预估需求水平，以便使产能的利用达到最优水平。
- 异质性。每次服务都各不相同，因为其中牵扯到人和人之间的互动。并且，在服务的提供过程中，消费者往往高度参与其中。这会导致在维持服务质量上出现一些问题。在国际市场上，更是如此，这是因为不同国家可能对消费者服务的态度各不相同。
- 不可分离性。服务的生产和消费几乎是同时发生的。从消费者购买的那一刻起，服务就已经开始提供了。这就意味着规模经济和经验曲线效应很难达到，因此，为分散的市场提供服务，成本十分高昂，尤其是在刚刚进入的市场更是如此。

服务的国际营销

在服务的国际营销过程中会面临一些具体的问题。对一些偏远的地方实施控制非常困难，这就使得对不同地区的销售变量进行统一也变得十分艰难。此外，定价也是一个主要的难题，因为在服务的总成本中，固定成本占了很重要的一部分。消费者的消费能力和对服务的认知，在不同市场之间可能会存在很大差异，这就导致了不同市场中同一项服务的定价和利润可能存在巨大差别。而且，培养顾客对服务的忠诚，以便使该顾客继续重复购买，也是一项很困难的工作，往往需要企业能够提供个性化的服务。

服务的类别

无论是商品（goods）还是服务，所有产品（products）都是由核心服务及除核心服务以外的、一系列可选择的附加服务构成的。根据服务的有形性和服务提供过程中消费者是否需要出现在现场的程度，可以把核心服务产品分成三大类，如表 14.1 所示。

表 14.1　服务的三种类型

服务的类型	特征	示例（服务提供者）	世界范围内标准化的可能性（通过规模经济、经验效应及更低的成本实现）
人参与服务过程	顾客成为生产过程的一部分。服务企业需要保持在当地经营	教育（学院、大学） 旅客运输（航空公司、汽车租赁） 卫生保健（医院） 餐饮服务（快餐、餐馆）、住宿服务（酒店）	没有可能性：由于生产过程中的顾客介入，因此需要很多当地的服务网点，使得此种类型的服务非常难以全球化运作
物参与服务过程	涉及提高顾客价值的实际目标的有形活动 在服务过程中实物对象要参与其中，但实物的所有者（顾客）则不需要。需要在当地经营	汽车维修（汽车修理厂） 货运服务（转运公司） 设备安装（如电工） 洗熨服务（自动洗衣店）	更大的可能性：与人参与服务过程相比，该类型涉及较低程度的顾客与服务人员之间的接触。这种类型的服务不是文化敏感型的
信息化服务	收集、使用、解释和传送数据以创造价值 有形性最低 生产过程中的顾客介入最少	通信服务（电话公司） 银行 新闻 市场分析 互联网服务（万维网的主页开发商，数据库提供商）	很高的可能性：由于这种服务的"虚拟化"属性，服务可以从一个中心（单一采购）实现全球标准化

附加服务的类别

无论是过夜的一张床铺,还是银行账户,核心服务的提供往往还会伴随着一系列的附加服务。

供暖合约就是一个很好的例子。通常而言,办公楼的所有者会购买一套供暖系统,并在系统的使用寿命内一直使用。但是,有了服务合约的创新之后,供暖公司不再将供暖设备卖给办公楼的所有者,而是提供一种供暖服务,确保办公楼的室内温度全年达到预先约定的水平。在旅游行业,有些消费者喜欢为旅行全程支付固定的费用,而不喜欢支付多项单独的账单,这类消费者正是一站式度假胜地的目标客户群体(Michel et al., 2008)。

然而,并不是每一个核心服务都要配备所有的附加服务。在实践中,由产品性质、消费者需求和竞争压力一同决定哪种附加服务必须提供。在很多情况下,附加服务的提供者可能在世界的某一个地方,然后将服务通过电子技术传递到世界的另一个角落。例如,接受订单/预约和付款这两项附加服务能够利用网络或是电话等电子通信技术处理。只要能够提供顾客需要的语言,可以在世界上任何一个地方提供上述服务。

综上所述,信息化服务为全球标准化提供了最佳的机会。另外,两种类型的服务——人参与服务过程和物参与服务过程都受困于竞争性优势不能跨国转移。例如,当欧洲的迪士尼乐园在巴黎正式营业之时,迪士尼并不能将美国积极进取的员工输送到欧洲。

快速发展的信息技术(互联网和万维网)催生了新型的信息服务(如国际航班时刻表信息),给标准化提供了绝佳的机会。

B2B 市场的服务

B2B 市场与消费者市场存在很多的不同之处,主要表现在:
- 买方更少、规模更大,地理分布更集中;
- 需求具有派生性、波动性,相对缺乏弹性;
- 在购买过程中会有很多参与者;
- 购买者很专业;
- 买卖双方关系更为密切;
- 购买过程中没有中间商;
- 技术联系。

在消费者市场中,如果消费者对购买的服务并不满意,那么他们往往会选择退出该服务的供需关系。因为市场上提供同一类产品的企业往往有很多,所以消费者可以很容易地更换产品和供应商。

但是,在 B2B 市场中,考虑到买卖双方之间已经建立的关系,企业并不愿意打破这种合作关系。当然,在 B2B 市场中,某种程度上也存在退出的机会,但是更换供应商的成本往往很高:对双方关系的投资损失以及已投入的资金损失,形成了退出壁垒。此外,找到一个新的供应商往往也十分困难。

专业服务性企业（如工程咨询公司）与典型的 B2B 服务公司有着很多相似之处。但是他们的定制化服务程度很高，并且服务过程中需要很多面对面的交流。此类服务经常以数百万美元的工程形式呈现，在公司之间会发展长期的关系，同时在工程进行当中也会对日常关系进行管理。当一家专业服务公司（不论是会计、建筑、工程还是管理咨询）向客户售出服务时，公司中具体员工提供的服务往往超过了公司层面的整体服务。因此，专业服务公司通常需要高技术水准的员工。

Filiatrault and Lapierre（1997）研究了欧洲（法国）和北美（加拿大）的工程咨询项目的文化差异。在北美，工程咨询公司规模更小，所处的经济环境比欧洲更接近完全竞争。欧洲的合同往往规模很大，通常是和政府签约。法国的咨询顾问认为，与欧洲相比，北美的管理方式会更加灵活。在北美，分包现象也更为普遍。

14.4　产品生命周期

产品生命周期（product life cycle，PLC）这一概念，为产品决策和产品战略的制定提供了有用的信息。

产品如同人一样，也会经历一系列的阶段。每一阶段可以由其销售表现来判断，不同阶段的盈利水平、竞争程度和营销方案也各不相同。一般而言，产品生命周期包括四个阶段，分别是投放期、成长期、成熟期和衰退期。图 14.3 是产品生命周期的基本模型，也包括了真正销售之前的阶段。这些销售之前的阶段，构成了产品从创意到正式销售的上市时间。

> **产品生命周期**
> 产品生命周期是指一个产品在市场上的存在时间，用成本和销售来衡量。简单地说，这个理论定义了产品或品牌所经历的四个阶段，即投放期、成长期、成熟期和衰退期。

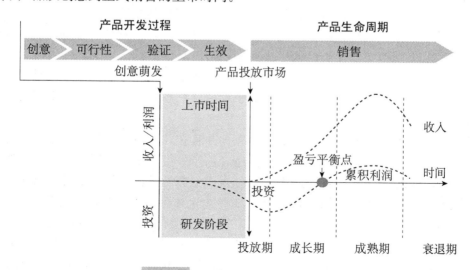

图 14.3　生命周期理论和上市时间

资料来源：Hollensen, S.（2010），*Marketing Management*，2nd edition，FT/Prentice Hall，Fig. 11.7。

上市时间（time to market，TTM）是从产品创意到正式销售之间的时间段。上市时间对于产品更新换代迅速的行业而言，是十分关键的，如IT行业。

基于以下几点原因，产品迅速上市对于很多公司取得成功至关重要：

- 更快占领市场以获取竞争性优势；
- 在生命周期最初阶段能够溢价销售；
- 更快地达到开发投资的盈亏平衡，降低融资风险；
- 整体收益更大，投资回报更高。

> **上市时间**
> 从产品创意到正式销售之间的时间段。上市时间对于产品更新换代迅速的行业而言，是十分关键的。

要实现快速上市，须做到以下几个关键步骤：

- 在项目一开始就对消费者的需求有着清晰的认识，并且了解市场对产品稳定性或是产品规格的要求；
- 产品开发的过程做到个性化和最优化；
- 基于产品开发过程，设计出切实可行的项目计划；
- 项目需要的资源是可获得的，并且确保公司全职职员能够专注于项目工作；
- 为了支持并行的产品设计和流程，需要人员的提前参与和快速的团队建设；
- 实际产品的开发包括数字化建模、早期分析和仿真实验，这样，能够缩短耗时的实物模拟与测试的过程；
- 凭借可重复使用的设计和标准化，使项目的设计内容减到最低。

纯粹依靠速度，即以最快的速度将产品推向市场，这对处于快速变化行业的公司而言，是十分重要的。但是，纯粹依靠速度并不总是企业所要达到的最佳目标。很多经理认为，产品开发项目耗时越短，则消耗的成本越少，所以他们将缩短产品上市时间视为节约成本的方式。但是，缩短上市时间的最主要的办法，就是为该产品项目配备更多的员工，这样，项目越快上市，也许成本反而会更加高昂。

产品生命周期理论则强调在产品的不同生命阶段，企业需要不断地检查并调整产品营销目标和营销策略。在产品的生命周期中，不断地进行营销决策的思考，对企业往往大有裨益。但是，有时很难判断产品何时脱离了某一个阶段，又在何时步入了下一个阶段。产品生命周期理论则可以有助于管理者把产品系列想象为投资组合，这对管理者而言很有帮助。

很多企业都会提供不止一种产品或服务，并且在几个市场上同时经营。这样的优势在于：将不同的产品视为一个产品投资组合，产品组合中的不同产品在精心管理下处于不同的产品生命阶段。让产品平均地分布于生命的不同阶段，能够使现金流和人力资源得到最有效的运用。图14.4就展示了一个上述生命周期管理的例子，也展示了与不同生命周期相对应的营销战略。

产品C正处于成长期，而产品B已经从成长期进入了成熟期，对产品C进行投资的资金就来源于产品B在成长期的利润。而产品B的投资又来源于产品A，产品A虽然已经进入衰退期，但是又会有新产品出现以平衡整合产品组合。如果有新的产品和服务会比现有的产品和服务销售更好的话，那么一家追求增长的企业可以将其引进。

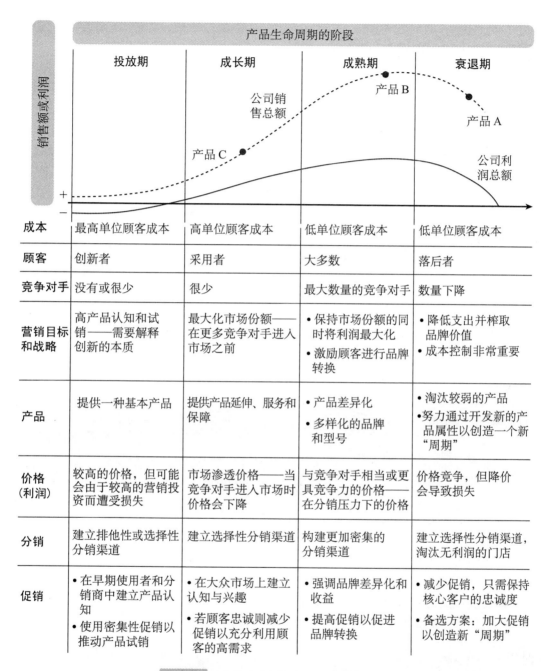

图 14.4　产品生命周期及其战略营销启示

资料来源：Hollensen, S. (2010), *Marketing Management*, 2nd edition, FT/Prentice Hall, Fig. 7.5。

但是，如果这种扩张开展得过于迅速，那么由于很多产品都需要在生命初期进行大量的投资，所以，即便是最早期投放的产品所赚取的利润都无法支撑后续产品的导入。因此，生产厂商会寻求其他的资金来源直到满足所有的投资需求。

但是，管理者也要意识到产品生命周期理论也存在一定的局限性，应防止被误导。

生命周期理论的局限性

被误导的营销计划

产品生命周期本身是由市场营销组合所决定的一个因变量,而不是企业应该用营销方案去适应的自变量(Dhalla and Yuspeh,1976)。如果产品的销售额下滑了,管理层不能因此得出这个产品已经处于衰退期的结论。如果管理者因此而撤销了对这个产品的营销资源投入,那么就会造成"预言的自我实现",该产品的销售就会持续下降。其实,在这种情况下,管理层应该增加对这个产品的营销支持,以创造出一轮新的产品周期(见图14.5)。

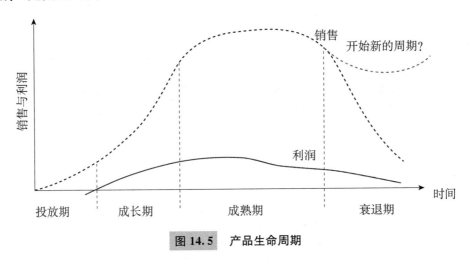

图 14.5　产品生命周期

采取以下措施可以帮助创造新的产品生命周期:
- 产品改进(如使用新的包装);
- 重新定位产品;
- 发掘新的产品用户(通过建立新的销售渠道);
- 提高产品的使用频率(满足现有需求);
- 推广产品的新用途(满足新需求)。

时尚

并不是所有产品都遵循传统的生命周期曲线。时尚行业的产品往往会迅速获得大众的认可,早早地达到峰值,然后迅速衰退。在实践中,往往很难预测某种产品是否会成为一种时尚用品,也很难预测这种产品会持续多久。大众媒体的关注和其他因素会影响时尚行业产品的持续时间。

不可预测性

在产品生命周期中,每一阶段持续的时间是不可预测的。评论家们声称,市场很难告诉生产者产品所处的生命周期阶段。一种产品看上去已经处于成熟期,但实际上这个产品可能只是到达了暂时的稳定期,接下来可能还会有新一轮的增长。

产品生命周期的层次

产品生命周期的概念可以在不同层次上进行检验,既可以表现为整个行业的生命周期,也可以表现为产品类型的生命周期(技术生命周期,TLC)(Popper and Buskirk, 1992),更可以是特定产品的生命周期。在实践中,从产品类型(如复印机或是录像机)的角度出发去思考产品生命周期的概念,可能最有效(见示例14.1)。产品类型生命周期的概念往往会涉及明确的竞争者群体(是与企业频繁交锋的直接竞争者)以及一项核心技术。这些特点使得鉴定和分析产品类型的生命周期更加容易,而且应用也更加普遍、更加稳定。图14.6显示的是产品生命周期的不同层次。

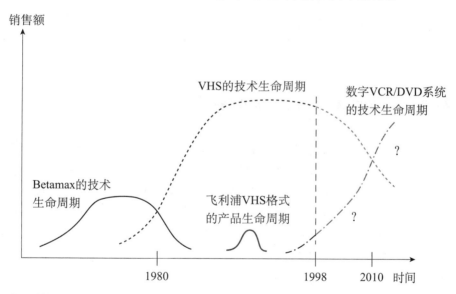

图 14.6 产品类型生命周期(技术生命周期,TLCs)和单一产品生命周期的对比:以不同的 VCR 系统为例

示例 14.1
录像机行业中 VHS 和 Betamax 的竞争

从图 14.6 中可以看到,随着录像机在全球市场的普及,VHS 标准(由 JVC 公司

研发并投入市场）迅速被全球市场所接受，而索尼公司研发的 Betamax 格式随之失去了市场。VHS 和 Betamax 势均力敌又无法兼容，两者之间的竞争是一场殊死搏斗。市场决定了这场竞争中只能有一个赢家。一项独立第三方的检验证实，两者在图像和声音质量上并没有很大的差别，因此，产品的性能并不是决定结果的关键因素。但是，JVC 公司比索尼领先一步给自己的产品贴上了录像时间加长和待机时间延长等标签，使消费者能够立刻看到产品的价值。在推广 Betamax 时，索尼公司毫无疑问培养了大众对录像机的认识，而随后的 VHS 则成了直接受益者。两种产品之间的激烈竞争，使产品价格进一步下降，同时也增加了录像机的整体销售额。现在（2010），VHS 系统已经被市场淘汰了，而 DVD 录像机已经步入了产品成熟期（参见图 14.6）。

技术生命周期转换的另一个例子，是索尼和飞利浦共同研发激光唱片（CD）并投入市场。激光唱片能够成功地取代之前的黑胶（LP）唱片，主要原因是索尼在美国拥有哥伦比亚广播公司，飞利浦则在欧洲拥有宝丽金唱片公司，而哥伦比亚广播公司和宝丽金唱片公司都是当时世界上最大的音乐软件公司。这就十分有利于激光唱片这种新的产品类型成为行业的新标准。但是，接受新的产品类型也存在很多障碍。潜在用户已经投资于黑胶唱片，而在技术生命周期的最初阶段激光唱片和播放器的定价往往较高。

一家公司不同产品的产品生命周期

目前，在本章中我们都是将产品视为单独的、不同的实体。但是，很多企业都同时生产多种产品，并提供给多个市场。有些产品还很"年轻"，而另外一些产品则已经"衰老"。年轻的产品需要继续进行投资，以支持它们的成长；而另外一些产品所产生的现金流，则高于其需要的投资。各种产品对资源的需求往往相互冲突，企业需要决定如何分配有限的资源，以便使其整体绩效达到最优。图 14.7 中的 British Leyland 公司就是一个失败的例子，这家公司没有实现产品组合的均衡（在这里，产品生命周期曲线不是由销售额来表示，而是由利润来表示）。

不同国家的产品生命周期

当产品生命周期的概念扩展到国际市场的时候，往往会出现两种不同的方法：
1. 国际产品生命周期（IPLC）——宏观经济方法；
2. 不同国家的产品生命周期——微观经济方法。

国际产品生命周期

国际产品生命周期理论（最初由 Vernon 在 1966 年提出）描述了一项创新在国与

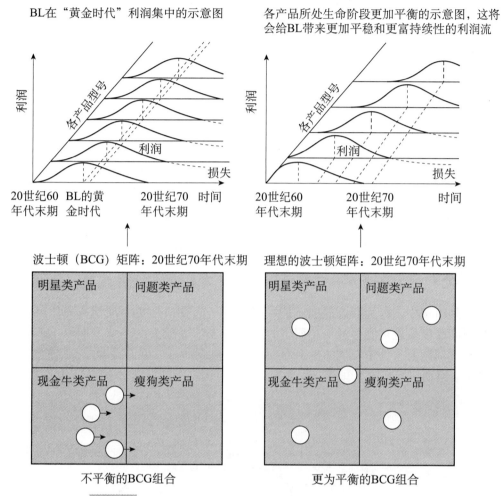

图 14.7　British Leyland（BL）在 20 世纪 70 年代末期的情况

资料来源：部分转载自 *Long Range Planning*，17（3），McNamee, P.（1984），"Competitive analysis using matrix displays"，pp. 98 - 114，Copyright © 1984，已获 Elsevier 授权。

国之间扩散的整个过程（如图 14.8）。当曲线在横坐标轴之上时，则说明一国为净出口；当曲线在横坐标轴之下时，则一国为净进口。

一种典型的情况是，需求的增长首先发生在创新型国家（这里指美国）。在国内产值超出国内需求的最初阶段，产品会出口到其他需求增长的发达国家。只有在后期，欠发达国家才会出现对此类产品的需求。因此，产品首先在创新型国家进行生产。随着产品逐步成熟及技术的扩散，产品的生产会转移到其他工业化国家，进而到欠发达国家。效率优势和比较优势从发达国家转移到发展中国家。最后，发达国家不再在成本上占有优势，开始从之前的消费国家进口商品。

在纺织品行业和计算机/软件行业中具有典型的国际产品生命周期特征。例如，目前很多软件程序都是在印度的班加罗尔生产的。

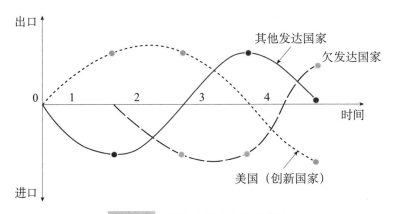

图 14.8　国际产品生命周期曲线

资料来源：Onkvisit and Shaw（1993，p.483）。

不同国家的产品生命周期：一种微观经济方法

在国外市场中，因为所处国家不同，同一种产品在产品生命周期所处的某一特定阶段的时间跨度，也可能会各不相同。此外，由于各个国家的经济发展水平不同，一种产品在不同国家会处于不同的生命周期阶段。图 14.9 中，在时点 t_1，一种产品在本国市场处于衰退期，但是在 A 国处于成熟期，而在 B 国则刚刚投放市场（Majaro，1982）。

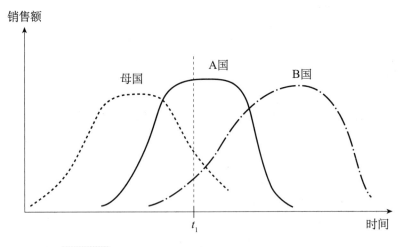

图 14.9　某一特定产品在不同国家的产品生命周期

14.5　投放国际市场的新产品

不论是在本土市场，还是在全球市场，消费者的需求都是产品开发的出发点。在开发面向国际市场的新产品时，消费者需求、使用情况和购买能力构成了决策框架。

开发新产品/缩短上市时间

随着国际竞争愈演愈烈，时间成为生产复杂技术类产品的公司获得成功的关键所在。时间竞赛和科技发展水平意味着产品生命周期越来越短。

随着产品生命周期的缩短，新产品开发周期也大大缩短。这一现象不仅适用于办公通信设备领域的技术产品，也适用于汽车和电子消费品。在某些情况下，开发周期已经缩短到了不到原来的一半。

与此同时，市场营销和销售的时间，进而研发成本的回收期，也从之前的四年缩短到现在的两年。这一新的形势如图 14.10 所示。

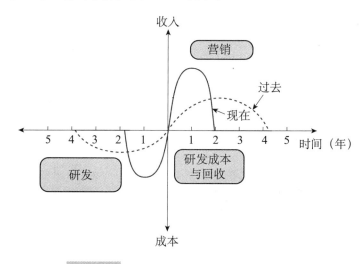

图 14.10 研发周期和产品生命周期的压缩

资料来源：改编自 *Long Range Planning*，28（2），Töpfer, A.（1995），"New products: cutting the time to market"，p. 64，Copyright © 1995，已获 Elsevier 授权。

对于所有类型的技术类产品，生产出的产品质量一定要符合消费者的要求，但并不一定达到技术的质量要求。技术型产品太过频繁的优化，会使产品价格超出消费者的合理承受范围（Guiltinan 等人在 1997 年的文章中对"质量"做过很好的分析）。

在之前的章节中曾经提到过，日本和欧洲的汽车业供货商在开发产品时的步骤并不一样。图 14.11 是汽车仪表板供应商的例子。日本的两家制造商开始工程设计的时间要比欧洲制造商晚两年。这使日本厂商能够利用最新的技术、在更短的时间内开发出新产品，并且能够和竞争对手几乎同步将产品投放到市场上。

日本制造商之所以能够在时间竞赛中做得更好，是因为他们集中采取了以下措施：

- 提前整合消费者和供应商；
- 项目团队掌握多项技能；
- 研发、生产和营销活动相互联系；
- 全面质量管理；

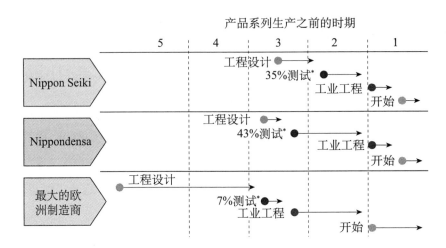

图 14.11 汽车业供应商的开发和测试周期

注：＊在总开发周期中测试阶段所占的比例。
资料来源：改编自 *Long Range Planning*，28（2），Töpfer, A.（1995），"New products: cutting the time to market"，p.72，Copyright © 1995，已获 Elsevier 授权。

- 同时规划新产品和所需生产设施（同步工程，simultaneous engineering）；
- 生产高度外包（减少内部生产的内容）。

现在，仅靠产品质量已不足以让顾客满意。产品的设计质量和外观的重要性与日俱增。同时，也需要高质量的产品支持和顾客服务。

质量功能展开

质量功能展开（quality deployment function，QDF）是新产品研发阶段"倾听顾客声音"的主要工具。这种方法可以用来判断产品是需要改良，还是要做出改变。QDF 可以把消费者的需求转化为新产品的属性，还能够对开发过程中提出的要求进行反馈。QDF 鼓励工程设计、生产和营销之间的沟通。除了在新产品开发过程中加入消费者的需求，QDF 还能够在保证甚至提高设计质量的前提下减少设计的时间和成本。QDF 方法起源于 1972 年三菱公司位于神户的船厂，目前在日本和美国广为使用。在丰田，采用 QDF 方法减少了 40% 的设计时间和成本。设计时间和成本的减少，是因为可以把更多的精力分配给产品创新的早期阶段。

产品新奇程度

一种新产品会表现出几种不同的新奇程度，既可能是一项崭新的发明（对整个世界而言都是全新的），也可能是对现有产品的一点改进。图 14.12 展示了新奇性的两种维度：对市场而言是新奇的（消费者、渠道和公共政策）和对企业而言是新奇的。一种产品遭遇市场失败的风险，会随着产品新奇程度的增加而增加。因此，一种产品越是新奇，就越是需要对企业内部和外部环境做出全面的分析，以减少隐含的风险。

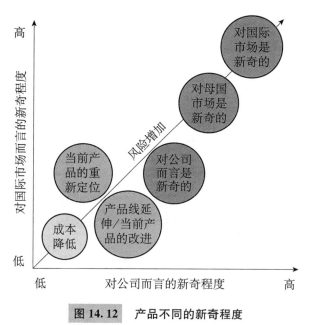

图 14.12 产品不同的新奇程度

产品沟通组合

在已经决定了最佳的标准化/适应性的路径和产品的新奇程度之后，接下来需要考虑的最重要的（以及文化敏感的）因素就是国际促销了。

在国外市场上，产品和促销往往密切相关，这两者可以在短时间内共同创造或是摧毁一个市场。我们已经考虑了促使企业在国外市场上采取产品标准化或是采取适应性策略的关键因素。同时，企业在目标市场上为产品或是服务做出的承诺和产品促销也同样是十分重要的因素。与产品决策类似，在国外市场的产品促销既可以是标准化的，也可以是适应性的。

Keegan（1995）强调了营销策略的关键属性——产品和促销的标准化与适应性的组合，并为产品政策提供了五种备选方案。具体内容如图 14.13 所示。

		产品		
		标准化	适应性	新奇性
促销	标准化	直接延伸	产品适应性	产品创新
	适应性	促销适应性	双重适应性	

图 14.13 产品/沟通模式

资料来源：整理自 Keegan（1995），pp. 489-494，498，Table 13-1。

直接延伸

直接延伸是指在全球市场范围内使用相同的促销策略去销售标准化的产品（一样的商品，一样的广告词）。成功实施这一策略能够节约市场调研和产品开发的费用。自20世纪20年代以来，可口可乐公司实行了全球统一的战略，这为该公司节约了很大一部分成本，而且，持续不断地强化同一句广告语，也使该公司从中获益。当时，有很多人都认为，未来会有很多产品采取这种战略。但是，实际上只有少数几种产品声称已经实现了这种战略。有许多企业虽然尝试了全球统一战略，但却失败了。例如，金宝汤公司（Campbell's soup）就发现，全球消费者对汤的品位是截然不同的。

一个成功的直接延伸的例子是，联合利华在世界范围内引入有机洗发水，这款洗发水由联合利华在曼谷和巴黎的头发研究中心共同研制成功，并于1993年年底最先投放到泰国市场上。到1995年，这个品牌已经在超过40个国家销售，销售额达到1.7亿英镑。下面的两幅图片是在西班牙销售该产品时刊登在杂志上的两页广告，联合利华在全世界各地广告的基本概念都是这句话："有机洗发水——首款滋养发根的洗发水"。

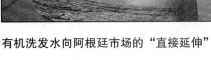

有机洗发水向阿根廷市场的"直接延伸"

促销适应性

利用这种策略不需要改变产品，但是要将不同市场间的文化差异考虑在内，并对促销活动进行精确调整。这个策略相对能够节省成本，因为调整促销信息的成本要比调整产品的成本低。以下是力士香皂利用这个策略的一个例子。

力士香皂（联合利华）：英国与印度

力士广告在英国的版本遵循的是经典的跨国广告宣传活动，"呵护电影明星的香皂"这句广告语已经被高度标准化了。在印度，力士的宣传则契合了印度市场的本土特点。

印度版本的广告分为三个部分，追溯了过去与力士合作过的电影明星，现在正在合作的电影明星，以及未来将要合作的电影明星。广告突出了三位过去印度电影界美丽的女明星，她们都曾为力士代言。广告以电影海报的创意形式呈现，使品牌形象深入人心，而黑白的色调也使广告有一种怀旧的美感。

力士在英国和印度的广告

产品适应性

如果制造商只改进产品，那么他们是打算在不同的市场上仍保持产品的核心功能。例如，日用电器必须要做出调整，以便适应不同国家的电压。在不同的物理环境下，一种产品的功能也需要做出改进。为了应对极端气候，埃克森石油公司改变了石油的化学成分，但在全世界范围内它的广告语依然是"在你的油箱里放只老虎"。

双重适应性

如果一家企业的产品和促销都同时适应不同市场的需求，那么它采取的就是完全差别化的方法。当前三种策略都失效时，企业就会采取这种策略。特别是当企业并不处于行业领先位置时，往往只能被动地对市场做出反应或是跟随竞争对手。这种情况适用于全球市场中的大多数商品。对产品和促销都做出改进，通常都意味着高昂的成本，但这却是很有必要的。

有关双重适应性的一个例子，是 Kellogg's 公司在印度推出的印度香米片，当时，印度早餐谷物市场已经处于起步阶段。Kellogg's 公司专门为迎合以稻米为主食的印度消费者的口味，设计了这款印度香米片，并基于国际化视角设计了具有当地市场特点的广告宣传活动。值得注意的是：这款产品只在孟买地区进行销售。

Kellogg's 在印度市场的双重适应性策略

产品创新

产品创新通常为发达国家的企业所采用，这些企业给欠发达国家提供商品。他们会根据各个市场的不同需求，分别开发某些产品以满足个性化的需求。对欠发达国家来说，现有产品在技术上可能过于复杂、难于操作——这些国家的电力供给可能是间歇性的，而且本土的技术水平也比较有限。Keegan（1995）曾以手动洗衣机为例说明了这一现象。

示例 14.2
产品创新——印度太阳能便携充电系统

通过为其数码照相机和照片打印机开发太阳能便携式充电器，惠普公司成功地打入了印度的广大农村市场。不断地创新，使惠普公司成功地把数码照相机和打印机卖给了生活在印度村庄的消费者——这些村庄还没有纳入印度的国家农村电气化项目。惠普公司成功地探索出了开发具有消费潜力的乡村市场的经验——这种商业模式十分具有创新性。在城市市场中，照相机和打印机是直接卖给消费者的，但是在农村市场，当地企业家会首先从惠普公司购买产品，然后再将其出租给其他消费者。另外一个有助于惠普公司在印度农村市场取得成功的主要因素，是了解农村社区。为了增进对农村社区的了解，惠普公司的一个团队曾在当地家庭住了一段时间，并且持续参加社区交流。

资料来源：改编自 Varadarajan（2009）。

14.6 产品定位

对于企业而言，如果想要在任何一个市场获得营销方面的成功，产品定位都是一个十分关键的因素。如果一种产品或是一家企业没能在消费者心目中留下清晰的定位，那么它对于消费者而言就没有任何意义，甚至其售价还不如一件简单的大众商品。较高的价格和竞争优势在很大程度上要依靠消费者对产品的看法，他们会认为出售的产品或者服务与其他同类商品之间存在显著不同（Devaney and Brown，2008）。那么，在国际市场中，我们如何才能获得可靠的市场地位呢？

因为买方或使用者对产品能够产生效益的属性的感知尤为重要，因此产品定位就是一种在消费者心目中构建该产品理想"位置"的行为。在国际市场上进行一种产品定位，首先要描述这种产品具有不同的特性，这些特性能够给买方和使用者带来源源不断的好处。

国际营销设计者将这些产品特性捆绑，这样产生的效益就能与细分市场的特殊需求匹配起来。产品设计问题，不仅包括产品的基本要素（如产品实体、包装、服务、原产国），也包括品牌名称、款式和类似的特征。

从多维空间看来（通常被称作"感知图"，perceptual mapping[①]），一种产品可以通过它的属性来进行定位，在图中用一个点来代表。代表产品的点的位置，就是产品在认知空间里的位置。竞争性产品也可以使用相似的方法进行定位（参见 Johansson

---

[①] 感知图是消费者对某一系列产品或品牌的感知和偏好的形象化表述，特别用在产品、产品系列、品牌的定位方面，也用于描述企业与竞争对手的相对位置方面。——编者注

and Thorelli, 1985)。如果其他产品的点和某一点离得很近的话,那么这些产品就是这个产品的直接竞争者了。如果在一些国际市场中,这一点的位置离密切竞争对手很远的话,这就意味对消费者来说,这种产品的特点很突出,产品就有希望获得很大的竞争优势。

原产国效应

一种产品的原产国(country of origin)通常可以用"××国制造"这个短语来表示。原产国会对消费者关于产品质量的看法产生重要影响。对于某种产品,有些国家的声誉很好,但是另一些国家的声誉则比较差。例如,日本和德国在汽车生产领域享有很高的声誉。对东欧的消费者来说,原产国的影响格外重要。Ettensén(1993)研究了俄罗斯、波兰和匈牙利消费者对电视机品牌的选择。不论是什么品牌,这些消费者对本国生产电视机的评价,往往都低于西方国家生产的电视机。消费者普遍倾向于日本、德国和美国生产的电视机。

示例 14.3
中国的钢琴制造商正在遭遇"原产国"的影响

从中国的钢琴行业可以看到中国品牌目前所面临的机遇和挑战。中国已超过日本和韩国,成为全球最大的钢琴制造国。

珠江钢琴(Pearl River)是中国的品牌厂商之一,年销售量达到了10万台,成为世界上最大的钢琴制造商。钢琴仍然是一个劳动力密集型行业,中国制造商具有巨大的成本价格优势。巨大的利润空间使全球的钢琴经销商都购买中国的钢琴。但是,目前中国钢琴厂商面临的最大品牌困境就是"中国制造"这个标签。对于企业而言,改变这种看法十分困难。需要国家从整体上改变形象,这通常需要花费几代人的努力。日本的雅马哈公司用超过30年的时间把公司形象从廉价的仿制品形象上升到全球领先品牌。音乐老师也对钢琴购买有着很大的影响,很多音乐老师都建议学生不要购买中国生产的乐器。

为了克服这个困难,中国制造商可以努力把他们的品牌与西方的价值观和名称联系到一起。例如,龙凤钢琴可以强调它的金斯伯格牌钢琴是由世界知名的德国设计师克劳斯·芬纳(Klaus Fenner)设计的。

资料来源: 改编自 Fan (2007), From Hollensen, S. (2008), *Essentials of Global Marketing*, FT/Prentice Hall, p. 311, Exhibit 11.1。

有些西欧的企业正尝试着出口到东欧市场,但是消费者并不熟悉它们的品牌名称,但是,原产国比品牌名称更为重要,这对这些企业来说的确是个好消息。另外一项研究(Johansson *et al.*, 1994)表明,尽管存在负面的原产国影响,但一些东欧的产品在西欧也卖得很好。例如,Belarus 拖拉机因为价格合理又耐用,所以在欧洲和美国都卖得很好。只是由于缺少有效的分销网络，这家公司没能更深入地打开西欧市场。

当考虑产品定位的含义时，应该意识到由于不同国家中目标消费者并不相同，所以不同市场之间的定位应该是不同的。为了确定一个产品或者服务在具体市场或者地区的定位，必须要让消费者准确地认识到这种产品代表了什么，以及它与现有的、潜在的同类竞争产品到底有什么不同。在构建特定市场的产品定位时，企业往往以产品整体所提供的一个或者多个要素为重点。因此，产品的差异化可能是基于价格和质量、一个或多个属性、一个特定的应用、一个目标消费者或是与一个竞争对手的直接比较。

示例 14.4
杜莎夫人蜡像馆——一个让人们离名人更近的全球品牌

这个品牌的历史久远而又引人入胜。它的起源，要追溯到 18 世纪 70 年代的巴黎。那时，杜莎夫人在导师菲利普·柯歇斯（Philippe Curtius）的指导下，学会了制作蜡像模型。在法国大革命时期，她被迫为被斩首的贵族制作人头蜡像，以示忠诚。19 世纪初，她来到了英国，随身带着大革命时期的纪念物和一些英雄、恶棍的雕像。

2007 年 3 月，杜莎集团以 10 亿英镑的价格被卖给了黑石集团，并被默林娱乐集团收购。2009 年，默林公司所有的景点接待游客 3 000 万人次，排在迪士尼之后成为全球第二大旅游景点营运商。默林娱乐集团在超过 12 个国家开展经营活动，拥有超过 1.3 万名员工。

品牌体验

品牌的未来，应该是给顾客创造难忘的回忆。体验类型的企业，如杜莎夫人蜡像馆应该提供超越产品本身的某种价值。杜莎夫人蜡像馆的卖点不是蜡像，而是拉近了人们和名人之间的距离，并让人们更加了解名人的生活。

奥巴马（伦敦）和中国流行歌手组合 Twins（上海）
伦敦杜莎夫人蜡像馆（左图）和上海杜莎夫人蜡像馆（右图）。

新店址的选择

新店址的选择，要基于很多不同的标准。杜莎夫人蜡像馆有一个产品开发团队，专门负责调查一个城市观光游客的人数，并研究这些游客是否符合杜莎夫人蜡像馆游客的类型，以及城市中是否有足够的空间。在将一个概念引入新市场中时，细致的调研是至关重要的。继香港之后，杜莎夫人蜡像馆在上海开设了它在亚洲的第二家分店。上海作为中国最大、也是最富有的城市，拥有1 300万常住人口，每年接待游客4 000万人。因此，上海对杜莎夫人公司而言，意味着一个很好的机会。

和蜡像人物的互动

新开设的上海分店，在所有景点中互动最多，蜡像人物更少，而围绕这些蜡像所做的"文章"也更多。泰格·伍兹展厅允许参观者在果岭上推杆，并且能够显示出得分。最新打出一杆进洞的游客的名字将被记录在名次榜单中。游客们可以在KTV包间里与中国明星Twins一同唱歌，并且能够在录像中看到自己。此外，游客还能够打扮得像卓别林一样，并在黑白电影屏幕中看到自己。

平衡本土品牌化和国际品牌化

一项调查显示，杜莎夫人蜡像馆在英国市场的品牌识别率达到了98%，但是在亚洲，"madame"这个短语对于很多消费者而言意味着酒吧或是夜店。由于亚洲传统上并没有这种类型的博物馆，作为一个蜡像景点，杜莎夫人这个品牌在亚洲市场并不太重要。

对于杜莎夫人蜡像馆而言，确保这个品牌很好地融合本土和国际内涵是十分重要的。这是一个精确的平衡：本土内涵太多，则不符合一个国际品牌的概念；国际人物强调得太少，又会使外国游客感到失望。在中国新开的蜡像馆里，本土的面孔占了绝对优势，如有演员葛优、功夫明星成龙、流行歌手Twins和篮球明星姚明；同时，也有国际名人，如大卫·贝克汉姆、迈克尔·杰克逊和布拉德·皮特。在伦敦的景点中，也有一系列的国际名人，如安吉丽娜·朱莉、碧昂斯·诺斯和贝拉克·奥巴马。但是，国际游客也喜爱撒切尔夫人、戴安娜王妃、温斯顿·丘吉尔和维多利亚女王。上页照片证明杜莎夫人蜡像馆混合了国际（如奥巴马）和本土（如Twins）元素。

在全球范围内拓展杜莎夫人这个品牌，是一个挑战。但归根结底，杜莎夫人蜡像馆并不是一个有关蜡像的品牌，而是与消费者的体验有关，它让人们可以与名人进行互动。

资料来源：感谢杜莎夫人集团，尤其是伦敦的全球营销总裁Nicky Marsh和上海的对外事务顾问Cathy Wong的友情提供。Marsh, N. (2006), "Translating experiences across the world", *Brand Strategy*, June, p. 11; Macalister, T. (2005), "Madame Tussauds to open in Shanghai", *The Guardian* (London), 19 September, p. 20.

14.7 品牌资产

品牌在全球文化中无处不在（Cayla and Arnould，2008）。花旗银行和 Interbrand 品牌咨询公司 1997 年的研究发现，15 年来，基于品牌开展业务的公司在股市中表现优异。但是，这个研究也表明，20 世纪 90 年代中期，有些品牌拥有者减少了对品牌的投资，这种趋势很危险，对公司的表现也有着负面的影响（Hooley *et al.*，1998，p.120）。

接下来的两个例子证明了对消费者而言品牌是可以给产品增值的：

- 一个经典的例子是在不加标识的产品测试中，有 51% 的消费者会选择百事可乐而不是可口可乐，但是在加上产品标识的测试中有 65% 的消费者会选择可口可乐：消费者对饮料的偏好取决于品牌形象，而不是口味（Hooley *et al.*，1998，p.119）。
- 斯柯达汽车在英国经常是被取笑的对象，这反映了大众普遍认为斯柯达汽车质量很差。1995 年，斯柯达公司正准备在英国推出一款新车型，该公司在消费者中对这款车型做了"不加标识和加标识"两种检验。在不知道汽车制造商的情况下，消费者认为斯柯达的这款车型在设计和价值方面都排在前列，而当斯柯达的名字被揭示出来以后，消费者就不再欣赏车子的设计，并且认为车子的价值也降低了很多。这让我们的注意力从公司的声誉转移到产品的品牌（Hooley *et al.*，1998，p.117）。

品牌资产的定义

尽管对**品牌资产**的定义一直存在争议，但是品牌资产一定与品牌价值有关，而不只是和制造商的有形资产相联系。

加州大学伯克利分校的戴维·阿克（David Aaker）是品牌资产方面的权威，他将品牌资产定义为"一系列与品牌（名称和符号）相关的资产和负债，增加或者减少了提供给公司或公司客户的产品或者服务的价值"（Aaker，1991，p.15）。

阿克将这些品牌资产与负债整合成五个类别：

1. 品牌忠诚度。鼓励消费者多次购买某种特定商品，并对竞争对手的同类商品始终无动于衷。
2. 品牌知名度。品牌名称可以吸引注意力，承载熟悉的画面。品牌知名度就是知道这个品牌名称的消费者占整体消费者的比例。
3. 感知质量。"感知"是指由消费者决定产品的质量水平，而不是公司来决定。
4. 品牌联想。与品牌相关的价值和特点。
5. 其他专有的品牌资产。包括商标、专利和营销渠道的关系。

> **品牌资产**
>
> 品牌资产与负债可以划分为以下五种类型：品牌忠诚度、品牌知名度、感知质量、品牌联想及其他专有的品牌资产。品牌资产是指一个有品牌产品或服务与同样的无品牌产品或服务相比，消费者/顾客愿意为前者多支付的那部分溢价。

可以把品牌资产界定为，将品牌与产品或服务的潜在价值相联系所带来的额外的现金流。品牌资产是指一个有品牌产品或服务与同样的无品牌产品或服务相比，消费者/顾客愿意为前者多支付的那部分溢价。这种看法可能不够完备，但是非常实用。

所以，品牌资产与消费者和品牌之间关系的强度、深度和特点有关。品牌资产很强大意味着即使在有阻力和压力的情况下，品牌资产依然可以提供一种积极的力量将消费者和品牌联系在一起。消费者和品牌之间关系的强度、深度和特点即品牌关系的质量（Marketing Science Institute，1995）。

14.8 品牌化决策

品牌化问题与产品定位密切相关。在全世界任何一个地方，品牌化的根本目的都是相同的。通常来说，品牌化的作用有：
- 将本公司及公司生产的特定产品和竞争对手相区分；
- 建立品牌认知度和品牌知名度；
- 保证产品质量和消费满意度；
- 有助于产品的促销。

以上所有的目的都有一个共同的最终目标：创造新的销售（争夺竞争者的市场份额）或者引导重复购买（保持消费者对产品的忠诚）。

图 14.14 展示了品牌化决策的四个层次，其中每一种决策都有优势和劣势，参见表 14.2。接下来，我们将详细讨论品牌化决策的不同选择。

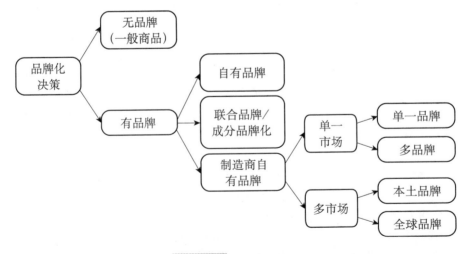

图 14.14　品牌化决策

资料来源：改编自 Onkvisit and Shaw（1993，p.534）。

示例 14.5
联合利华 Snuggle 牌织物柔顺剂：在不同市场进行本土品牌化的例子

联合利华的 Snuggle 牌织物柔顺剂，是一个有效运用促销适应性策略的好案例。该产品最初投放于德国市场，当时还是宝洁公司名下的一个经济型品牌。由于这款产品价格较低，消费者可能会有质量不好的推断，为了避免这种负面影响，联合利华特地强调了产品柔顺的特性。柔顺这个特点与产品名称相呼应，这款织物柔顺剂的德语名字是"Kuschelweich"，意思是"温柔的拥抱"，产品包装上的插画是一只泰迪熊。当这款产品在法国上市时，联合利华公司保留了产品经济实惠和柔顺的定位，但是将产品名称更改为"Cajoline"，法语里是"柔软"的意思。除此之外，泰迪熊的形象在德国已经很少使用，但在法国的广告中却发挥着十分重要的作用，泰迪熊成为柔顺和优质的品牌象征。产品在法国的成功，进一步推动了全球化的扩张。在每个国家，品牌名称都会改成相应国家语言中有"柔顺"意思的词语，但是以泰迪熊为特色的广告宣传在全球市场中却都是一样的。到了 20 世纪 90 年代，联合利华公司在全球营销的这款织物柔顺剂有超过一打的名字，但是所有的产品定位和广告营销支持却都是一样的。更重要的是，这款织物柔顺剂在每个市场中都成为数一数二的品牌。

资料来源：改编自 Keller and Sood（2001）。

表 14.2　品牌化方法的优势和劣势

	优势	劣势
无品牌	较低的生产成本 较低的营销成本 较低的诉讼费 弹性的质量控制	激烈的价格竞争 缺乏市场认同
品牌化	更好的认同和认知度 更好的产品差异化机会 可能的品牌忠诚度，可能的溢价	较高的生产成本 较高的营销成本 较高的诉讼费
自有品牌	可能更大的市场份额 没有促销问题	激烈的价格竞争 缺乏市场认同
联合品牌/成分品牌化	更多品牌附加价值 分担生产和促销成本 在与零售商谈判中提高制造商权力；基于互相的承诺可以发展一种长期的关系	消费者可能会混淆 成分供应商对最终产品的成功十分依赖 成分供应商的促销费用
制造商自有品牌	由于价格缺乏弹性可以定高价 持久的品牌忠诚 更强的议价能力 更强的分销控制	对不知名的小厂商来说很困难 需要品牌促销

续表

	优势	劣势
单一市场， 单一品牌	营销更加有效 允许更多的集中化营销 排除品牌混淆 对拥有高信誉的产品有利（晕轮效应）	假定市场是同质的 消费者要么买高价产品，要么买低价产品，这将使现有品牌形象受损 有限的货架空间
单一市场， 多品牌	针对不同需求的市场细分，创造有竞争力的产品 避免现有品牌的负面内涵 获得更多的零售商货架空间 不损害现有的品牌形象	较高的营销成本 较高的存货成本 失去规模经济
多市场， 本土品牌 （见示例14.5）	有意义的品牌名称 本土化识别 国际品牌的避税 允许不同市场的质量和数量差异	较高的营销成本 较高的存货成本 失去规模经济 混淆品牌形象
多市场， 全球品牌	营销效率最大化 降低广告成本 排除品牌混淆 对不受文化影响的产品有利 对有声望的产品有利 对国际游客来说容易识别和认知 一致的全球形象	假定市场是同质的 黑色和灰色市场问题 可能的负面品牌内涵 需要质量和数量的一致性 欠发达国家的反对和不满 法律纠纷

资料来源：改编自 Onkvisit and Shaw (1989)，获 Emerald Publishing Ltd. 授权，www.emeraldinsight.com。

有品牌 VS. 无品牌

品牌化与营销、标签、包装和促销的成本增加相关。大众商品（大路货）往往是没有品牌的，或者是没有差别化的产品。无品牌的产品诸如水泥、金属、盐、牛肉和其他农产品。

自有品牌 VS. 联合品牌 VS. 制造商自有品牌

可以给自有品牌、联合品牌和制造商自有品牌这三种选择进行排序，如图14.15所示。

消费者对品牌或者商店是否忠诚，是十分关键的因素。制造商和零售商之间的竞争性斗争，往往要求企业必须对购物行为有更加深入的理解。制造商和零售商需要知道购物选择、购物频率和消费者店内行为的决定因素。制造商对消费者购物行为掉以轻心的地方，实则帮助了零售连锁企业提升其实力。

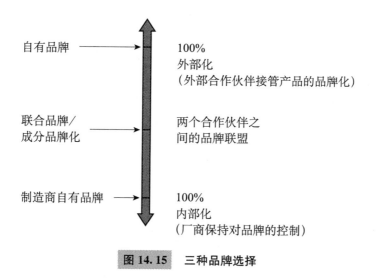

图 14.15 三种品牌选择

自有品牌

自有品牌在英国最发达，例如在玛莎百货（Marks & Spencer）销售的产品几乎都是**自有品牌**。在 Sainsbury's 超市自有品牌产品的销售占总销售的 60%。相比北欧国家自有品牌的高份额，南欧国家（如西班牙和葡萄牙）自有品牌份额还不到 10%。

> **自有品牌**
> 零售商自己的品牌，如 Sainsbury's 的 Taste the difference。

零售商视角

对于零售商而言，经营自有品牌有两个主要优势：

1. 自有品牌的利润空间更大。产品成本通常占到零售商总成本的 70%—85%。所以，如果零售商能够以更低的价格从制造商手中购买到合格产品，这将给零售商带来更大的利润空间。事实上，自有品牌帮助英国的食品零售商获得的平均利润率达到销售额的 8%，以国际标准来衡量这个利润率非常高。法国和美国两国的利润率是 1%—2%（Steenkamp and Kumar，2009）。

2. 自有品牌加强了零售商在消费者心目中的形象。很多零售连锁企业提供他们自己的优质产品，努力构建消费者对他们商店的忠诚。实际上，优质自有品牌产品已经开始在质量上与制造商顶级品牌展开竞争，这些自有品牌（如 Sainsbury's 的 Taste the difference）的市场份额在逐年上升，而一般产品的市场份额则在逐渐下降。

制造商视角

尽管普遍认为自有品牌已经成为制造商的威胁，但是自有品牌的实施需要一些适用的条件：

- 对于自有品牌的制造商而言不存在促销费用,因此,这一策略格外适用于资金有限,而且在下游职能中缺乏竞争力的中小型企业。
- 自有品牌制造商可以使用连锁零售企业的货架。随着大型连锁零售企业的国际化发展,这可能会给从未涉足国际市场的中小型企业提供出口交易的机会。
- 对于制造商来说,自有品牌的坏处是:因为没有自己的身份,制造商必须主要依靠价格来竞争,因为连锁零售企业总能更换供应商。
- 制造商在自己产品的促销上失去了控制权。如果零售商没能成功将产品推销给消费者,这一点将是致命的。
- 如果制造商同时生产自己的品牌和零售商自有品牌,零售商自有品牌将会威胁到制造商自己的品牌。

在示例 14.6 中,我们列举了 Kellogg 公司的例子,这家公司转变了自己的品牌策略,开始采用自有品牌策略。

示例 14.6
Kellogg 公司正面临为 Aldi 连锁超市生产自有品牌的压力

Kellogg 公司(谷物食品巨头)于 2000 年 2 月与德国连锁超市 Aldi 签署协议,为其生产自有品牌产品。这是 Kellogg 公司首次生产自有品牌产品。

Kellogg 麦片的外包装上印着这样一句广告语:"如果你没在盒子上看到 Kellogg's,那盒子里面的就不是 Kellogg's 麦片"。但是,目前 Kellogg 公司已经与 Aldi 公司达成协议,计划在德国提供标有不同品牌名称的产品。来自德国的报道称,在 Aldi 公司宣布不再支付品牌供应商货款,并且威胁将顶级品牌商品全部下架之后,才达成了上述协议。

资料来源: 根据公开资料改编。

Quelch and Harding(1996)认为,很多制造商对自有品牌的反应都有点过度了。越来越多的制造商开始为零售商自有品牌制造产品,以利用自己额外的产能。根据 Quelch 和 Harding 的研究,在美国,有超过 50% 的品牌制造商也同时生产零售商的自有品牌产品。

管理者通常把边际成本是否增加作为检验生产自有品牌产品的标准。生产自有品牌的额外产能,一定会带来固定管理费用的增加。如果自有品牌生产以总成本来衡量而不是以成本增量来衡量的话,那么在很多情况下,生产自有品牌并不是有利可图的。自有品牌产品占生产总额的比例越大,就更应该基于总成本进行分析(Quelch and Harding,1996)。

制造商自有品牌

从第二次世界大战直到 20 世纪 60 年代,品牌制造商一直成功地越过零售商直接和消费者构建起沟通的桥梁。他们通过运用复杂的广告宣传手段(将电视广告做到了极致)和其他促销方法,建立了消费者对制造商自有品牌的忠诚。

从 20 世纪 60 年代起,社会发生了很多变革(尤其是汽车的普及),促进了大型、高效零售商的崛起。现在商品分销体系正在发生逆转性变化。传统的供应链曾由制造商的"推力"所推动,而现在则被消费者的"拉力"所驱使。零售商在产品分销上掌握了控制权,不仅是因为它们决定了商品销售的价格,还因为个体商店和连锁零售店都变得规模更大、更有效率。由于运输方式的进步和近来信息技术的发展,它们能够大量购买并且实现规模经济。很多连锁零售企业不但在每一家商场和仓库之间建立了计算机联络,还运用电子数据互换系统和主要供应商建立了计算机的连接。

自有产品消失了几十年之后,于 20 世纪 70 年代再次出现。当时,在法国的家乐福超市率先推出了自有品牌的普通商品之后,迅速被英国和美国的零售商所采用。十年前,零售商自有品牌的产品和品牌产品之间在质量上还存在很大差距,但是如今这种差距已经缩小:自有品牌的质量达到了前所未有的高度,而且在传统上创新很少的产品类别上更是如此。

联合品牌/成分品牌化

尽管联合品牌和成分品牌化有很多相似之处,但两者之间也存在重大区别,如下所示。

联合品牌

联合品牌是两个或多个品牌的一种合作形式,参与的品牌都有很高的消费者认可度,在联合品牌中,所有参与的品牌名称都会包括进来。这是个中长期策略,创造净价值的潜力通常太低,因此不值得去创建一个新的品牌或是合伙企业。联合品牌的目的,是希望达到协同效应,为参与双方创造价值,而且创造出的价值将大于利用自己品牌独立创造出来的预期价值(Bengtsson and Servais,2005)。

> **联合品牌**
> 两个或更多品牌的一种合作模式,联合后可以产生协同效应,从而为所有参与者创造价值,而且这些价值是超出它们独立运作时所能产生的价值。

在联合品牌的情况中,产品通常是互补的,一种产品通常是能够独立于另一种产品使用或者消费的(例如百加得朗姆酒和可口可乐)。因此,联合品牌可能是传统品牌拓展战略的有效替代方法(见图 14.16)。

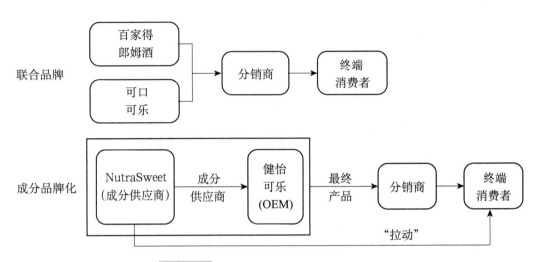

图 14.16 联合品牌和成分品牌化的例子

示例 14.7
壳牌与法拉利、乐高的品牌联合

在 1999—2000 年，壳牌公司与法拉利、乐高开展了一次价值 5 000 万英镑的品牌合作活动。在此之前，壳牌公司曾尝试将布兰特史帕尔（Brent Spar）钻井平台沉入北海，这一行为引起了争议。有些人也许会认为壳牌公司开展品牌合作是为了说服西方大众，上述争议行为并不是公司的真实想法。

但是，更确切地说壳牌公司是在寻求"品牌形象转移"。石油零售市场传统上由价格和价格促销驱动，壳牌公司在这样一个市场中想要获得法拉利公司性感、运动的形象和乐高公司的家庭价值观。并且，壳牌公司不再仅仅是经营石油和原油生意，在该市场中价格促销是主要的营销活动。公司也涉足食品零售，在这个市场中顾客忠诚计划非常重要。

那法拉利和乐高又得到了什么好处呢？法拉利从汽车模型的销售中获得了赞助和版税收入，乐高则提升了其全球分销系统。联合品牌战略包括十个独家小盒包装玩具和一个贴有壳牌商标的法拉利乐高积木汽车。壳牌想要将这套乐高玩具在全球卖出 2 000—4 000 万套，这一合作让壳牌成为世界上最大的玩具分销商之一。

资料来源：根据公开资料整理。

成分品牌化

一般而言，最终产品的制造商（原始设备制造商）创造出了消费者眼中的所有价值。像英特尔和 NutraSweet 这样的零部件供应商，正在推动终端产品的某个关键零部件的品牌化工作，以便为自己的产品创造更大的价值。当促销（"拉动"策略，见图 14.16）一种由成分供应商开创的零部件品牌时，目标是要在消费者中培养对该种品牌的认知和偏好。同时，也有可能是制造商（原始设备制造商）从人们所熟知的零部件品牌中获益，例如，一些电脑制造商得益于使用英特尔的芯片所带来的优质形象。

但是，**成分品牌化**并不适用于每个零部件供应商。零部件供应商应该满足以下要求：

- 零部件供应商提供的产品应该具备其他现有产品无法比拟的优势。杜邦公司（DuPont）的尼龙、NutraSweet、英特尔公司的芯片和杜比公司（Dolby）的降噪系统，都是重要的科技创新的典范，是对研发投下重金的结果。

> **成分品牌化**
> 供应商向最终的 OEM 制造商提供重要的零部件。例如，英特尔公司向主要的计算机制造商交付处理器。

- 零部件对于最终产品的成功，应该起到关键作用。NutraSweet 并不只是低卡路里的甜味剂，而且味道上与糖几乎一模一样。

单一品牌 VS. 多品牌（单一市场）

单一品牌或者家族品牌（对于很多产品）可能有助于说服消费者每一种产品都有着同样的质量，都符合特定的标准。换句话说，当制造商在单一市场中使用单一品牌进行营销的时候，这个品牌一定会受到全部的关注，并达到效益最大化。

企业也许会选择在单一市场上同时营销几个品牌。这种行为是建立在市场多样化和市场细分假设的基础上的。

本土品牌 VS. 全球品牌（多个市场）

一家企业可以选择在绝大多数或者所有国外市场中使用同一个品牌，或是使用多个独立的本土化品牌。

单一的全球品牌也被称为国际品牌或通用品牌（见示例 14.8）。欧盟品牌是对这种方法的细微修改，因为是在 15 个或更多欧洲国家组成的单一市场上经营同种产品，这里着重强调的是不同国家市场之间的相同之处，而非不同之处。

当产品享有很好的声誉或是以出色的质量而闻名时，国际品牌是一个合适的策略。在这种情况下，企业明智的做法是：将品牌名称扩展到整个产品线上的其他产品。国际品牌如可口可乐、壳牌和 Visa 信用卡等。尽管找出国际品牌的例子很容易，但其实大型跨国公司的本土化品牌可能比人们想象中的还要多。Boze and Patton（1995）研究了 6 家跨国企业在 67 个国家中的品牌化策略：

示例 14.8
Roundup——多市场下的全球品牌

Roundup 是一个由美国 Monsanto 公司生产的一种广谱除草剂的商品名称：它含有活性成分草甘膦。Roundup 被称为非选择性除草剂，这意味着它能除去大部分的杂草。Monsanto 公司在 20 世纪 70 年代开发并获得草甘膦除草剂专利。Roundup 最初于 1974 年在美国推出。该品牌已在 130 多个国家注册。草甘膦是世界上最常用的除草剂，Roundup 从 1980 年开始一直是全球头号畅销的除草剂品牌。

在 90 年代后期，Roundup 成为 Monsanto 公司空前畅销且盈利的农药产品。这一成功是多种因素的结果。其中一个就是在美国市场上有意识地降价策略，因为美国的专利保护使其在 2000 年 9 月之前一直保持市场优势。在美国以外的国家，产品价格较低，因为在这些地区专利过期较早，从 1995—2000 年，Monsanto 平均每年降价 9%。

Monsanto Company.

2008 年，Roundup 产品线的收入约占 Monsanto 公司收入 114 亿美元的一半。

Roundup 在美国一直享有排他权利，直到 2000 年专利过期。并且，在其他专利过期较早的国家，它也占据领先的市场份额。Monsanto 公司还生产种子，这种种子通过基因工程能生长成耐草甘膦的植物，被称作抗草甘膦作物。包含在这些种子中的草甘膦抗体基因技术也申请了专利保护。这类作物让农民在作物出苗后仍然可以使用草甘膦来对付大多数阔叶和窄叶杂草。

如今，全球有 30 多家公司在做草甘膦，其中不少是在中国。制造商数量的日益增加，导致了世界草甘膦市场在 2009—2010 年供过于求，并面临国际市场价格下降的压力。

然而，在后专利世界市场上，Roundup 一直保持着其市场领导地位和优势位置。在消费者心中，Roundup 就等同于一个整体的产品类别。

资料来源：www.monsanto.com 及其他资源，获 Monsanto Europe S. A. 授权。

1. 高露洁-棕榄（Colgate-Palmolive）——总部位于美国；
2. 卡夫食品（Kraft General Foods）（现在属于菲利普·莫里斯公司）——总部位于美国；
3. 雀巢（Nestlé）——总部位于瑞士；
4. 宝洁（Procter & Gamble）——总部位于美国；
5. 桂格燕麦（Quaker Oats）——总部位于美国；
6. 联合利华——总部位于英国和荷兰。

Boze and Patton（1995）的研究发现如表 14.3 所示。在 67 个国家中发现的 1 792

个品牌里，有 44% 只在一个国家中进行营销推广。只有 68 个品牌（占 4%）可以在超过半数的国家中找到。在这 68 个品牌中，只有以下的 6 个品牌可以在全部 67 个国家中找到：高露洁（Colgate）、立顿（Lipton）、力士、美极（Maggi）（见示例 14.9）、雀巢和棕榄（Palmolive）。这些才是真正的国际品牌。

表 14.3 6 家跨国企业在 67 个国家中的品牌

公司	品牌总数	在 50% 或更多的国家可以找到的品牌		仅在一个国家可以找到的品牌	
		数量	占总数的百分比	数量	占总数的百分比
高露洁	163	6	4	59	36
卡夫食品	238	6	3	104	44
雀巢	560	19	4	250	45
宝洁	217	18	8	80	37
桂格燕麦	143	2	1	55	38
联合利华	471	17	4	236	50
合计	1 792	68	4	784	44

资料来源：Boze and Patton（1995，p. 22），获 *Journal of Consumer Marketing*（Emerald Group Publishing Ltd.）授权。

示例 14.9
美极——通过并购成为多市场下的当地品牌

目前，美极是雀巢旗下的品牌，经营速溶汤料和其他方便食品。原公司诞生于 1872 年的瑞士。当时，朱利叶斯·玛吉（Julius Maggi）接管了他父亲的磨坊，并迅速成为食品工业化生产的先行者，致力于工人家庭的营养改善。该公司于 1886 年第一次将富含蛋白质的豆类食品推向市场，然后又推出了一种豆类素食汤料。1897 年，玛吉在德国小镇辛根（Singen）创立了美极公司。现在，这仍然是它的总部。美极小方块（Maggi cubes）已成为当地美食的一部分。在许多国家，美极产品，特别是牛肉汤小方块，经常重新包装以反映地方特色。许多跨国公司，如雀巢，遵循"多重市场——当地化"的战略以迎合当地的潮流。因此，雀巢的速食汤料在以下不同的市场通过不同的方式推出：

Société des Produits Nestlé SA. 图片获 Société des Produits Nestlé SA. 授权。

德国：以"Maggi, 5 Minuten Terrine"为名，定位为 30—40 岁男性和女性的实用营养食品。

法国：以"Bolino"（印刷小字"Maggi"）为名，定位为适合年轻单身人士的快餐零食。

英国和瑞士：以"Quick Lunch"为名，定位为妈妈们认可的快餐。

波兰：以"Flaki-Danie to 5 minut"为名，在这里雀巢不得不把口味改良成波兰菜谱的风格。在美极推出该产品之时，波兰当地已经有一个强势的品牌了。但是，雀巢收购了该竞争者，美极产品作为"Wineary"的系列子产品推出（Wineary 系列子产品还包括 Flaki）。

总的来说，雀巢推出速溶汤料产品时，所采取的国际品牌战略是尽量更加趋近本土化，如果他们不能通过美极来实现本土化，则通过收购当地品牌的方法来达到本土化。

资料来源：根据公开资料整理。

令人惊讶的是，6 家跨国公司似乎每一家都遵循了在单一市场营销多个品牌的战略。对这个策略，并没有任何官方解释。但是，雀巢公司一位管理人员曾解释说：他相信提供一种在任何其他国家都找不到的品牌名称，尤其是在邻近国家或是更大的国家都找不到的品牌，这是一个很重要的营销优势（Boze and Patton, 1995, p. 24）。

在对大型跨国企业的研究中发现，各家公司对统一品牌战略的运用各不相同。在这 6 家公司中，高露洁公司最为集中地运用了两家公司的名称：

1. 高露洁。大部分都是牙齿护理产品——牙膏、牙粉、牙刷、牙线、漱口水和剃须膏等。

2. 棕榄。护发产品、剃须产品、洗手液、爽身粉、除臭剂、防晒霜、香皂、洗浴用品、液体清洁剂（用于盘子和好的面料）和自动刷碗机清洁剂等。

应该注意到，大型跨国企业更偏好采用一些本土品牌，而不是采用一个国际品牌。

2008 年，Millward Brown 赞助的一项调查同样证实了表 14.3 的结果。结论是：真正的全球品牌为数不多，只有极少品牌仍然力图与许多国家的消费者保持非常紧密的关系（Hollis, 2009）。

14.9 感官品牌化

品牌本质上是要建立消费者与产品之间的情感纽带。几乎所有的品牌营销沟通，都只包括两种感觉——视觉和听觉（平面广告、电视广告等）。然而，在我们感知周围的世界时，却是使用所有五种感官：视觉、听觉、嗅觉、触觉和味觉。我们通过自己的感官体验来理解整个世界。我们的感觉是连接记忆的纽带，它可以触发情感。下面就通过一些例子来对**感官品牌化**（sensory branding）做一些说明。

> **感官品牌化**
> 一般而言，品牌沟通仅仅包括两种感官——视觉和听觉。感官品牌化包括所有五种感官：视觉、听觉、嗅觉、触觉和味觉。

视觉

在一些领域，关于视觉的革命已经展开。饮料公司已经成为使用颜色的专家，颜色被用来振兴老品牌、吸引年轻消费者。Gordon 的杜松子酒是一个典型的例子。2004 年，该公司生产的黑刺李杜松子酒不再沿用翠绿色瓶身（此种瓶身仍用于原味杜松子酒），而是重新包装在透明的玻璃瓶中，以显示其黑刺李成分的浓郁紫色。此举随后被高调宣传，强调"多彩味道"和 Gordon 三种不同配方的香味（原味、蒸馏和黑刺李），该品牌的市场定位则为"多彩杜松子酒"。

饮料公司（也许一直虎视眈眈于酒类广告何时能最终被取缔）也善于在品牌营销沟通中利用感官刺激。例如，Smirnoff Ice 公司，通过电视、互联网和体验营销活动（如大型的打雪仗活动），虚构了一个在东欧冰冻荒原喝 Smirnoff Ice 的人。通过这个广告，人们可能联想到在 Smirnoff 的幻想冰世界里喝冰冷饮料的强烈快感。

听觉

在汽车行业，先进的声学设计，可以使生产者和工程师清楚地知道一扇门关闭是什么声音。

梅赛德斯-奔驰拥有 12 个工程师，专门研究开启和关闭门的声音。这个声音是人工生成的，甚至门的震动都是通过电脉冲产生的。被忽视的声音细节现在已经成为强大的工具。例如，诺基亚手机铃声的曲调创造了类似于"Intel Inside"（内置英特尔处理器）的认知度。

吃 Kellogg's 玉米片时的咔嚓声是在实验室里模拟出来的，就如同独有的配方和商标一样，该公司也为这个声音申请了专利。

嗅觉

气味与品牌的结合早已开始。早在 1973 年，新加坡航空公司就打破了传统品牌的瓶颈，将新加坡女孩与品牌联系起来，这一做法被证明是成功的。从那时起，新加坡航空公司一直专注于航空旅行的情感体验，其中包括一个高感官元素（见示例 14.10）。

当劳斯莱斯收到关于它的新车型没有达到前车型标准的投诉时，它发现这唯一的区别就是气味。较旧的劳斯莱斯轿车闻起来有天然物质的味道，如木材、皮革、麻和羊毛内饰。而现行安全规定意味着这些材料大多不能再使用，并且已被泡沫和塑料取代。以 1965 年的 Silver Cloud 轿车为例，劳斯莱斯的团队花了大量时间研究如何重塑劳斯莱斯的"原始"味道。如今，每一个劳斯莱斯轿车出厂前，独特的劳斯莱斯气味被添加到了汽车的座椅底部以重塑"经典"的劳斯莱斯。

早在 2000 年，Crayola 画笔就要与亚洲许多未经授权的竞争对手进行竞争，以保护其品牌价值。事实上，很难对一个普通的彩色画笔品牌进行保护，在产品标志识别度不高的情况下则更难以对不同的产品进行区分。Crayola 决定利用气味来做到这一点。通过分析笔杆本身的香味，Crayola 人为地制造了一种气味并申请了专利，使其无法被模仿。今天，Crayola 彩笔的气味带大人们回到了童年时代。这种独特色的气味也是 Crayola 产品的重要组成部分，它能让人们多年后重回孩提时代。

触觉

一个集中体现了感官刺激的品牌是 Lush，这是一家手工制作的化妆品公司。一进入 Lush 的门店，你就会闻到四溢的芳香。Lush 的联合创始人马克·康斯坦丁（Mark Constantine）说："外在包装多么无聊，嗅觉和触觉才能给你带来更多乐趣。"更重要的是，他补充说，"如果你不使用包装，那你就可以使用更高品质的原料"（Lindstrom，2004）。

味觉

味觉对食品和饮料公司显然是很重要的，例如，Hennessy Cognac、肯德基的炸鸡和可口可乐公司。在这些行业中，每一个品牌都想要创造一个与自己的品牌联系起来的独特而专有的味道。

在所有的感官中，味觉很依赖其他感官。事实上，80%的味道是由你的嗅觉得到的。为了获得味道的上佳体验，所有其他感官也必须被满足：
- 视觉：外观，吸引力，颜色，形状；
- 嗅觉：香气；
- 触觉：质地，温度；
- 听觉：连贯，质感。

示例 14.10
SIA（新加坡航空）的感官品牌化

20 世纪 90 年代末，新加坡航空开始运用一套新的品牌工具。致力于加强品牌给人提供的舒适和放松的体验，新加坡航空的策略是把自己打造成一个娱乐公司，而非仅仅是一个航空公司。

总之，SIA 不只是一种交通工具，它还为乘客开启世界之旅。飞机客舱提供了温馨照明、机上娱乐系统、电影、音乐、报纸、便利设施和其他设备，而"新加坡女孩"是航空公司和乘客之间的沟通桥梁。她能够与乘客用英语之外的语言进行交流，为乘客提供食物、水、毯子，并指导大家在飞行中使用各种设备。她是航空公司的一个化身。

SIA 通过加强视觉、嗅觉和听觉的协同作用，使每个"感官接触点"都能与其他感官相连接。如下所述，每个感官通道都进行了优化以始终反映和传达品牌的核心价值：

视觉：乘务员的制服是基于客舱内饰的颜色和图案来设计的。每个空姐的装扮要么是冷色，要么是暖色。穿着冷色的空姐要搭配蓝色眼影和玫瑰色腮红，穿着暖色的空姐要搭配棕色眼影和桃色腮红。此外，培训流程中的各个细节还要求空姐不仅要在形象上体现品牌价值，还需要通过行动践行品牌价值。

嗅觉：嗅觉是另一种感官体验，SIA 利用了与制服配色方案相协调的气味。在 90 年代后期，SIA 推出了 Stefan Floridian Waters，这种香味已经成为公司设计的一部分。Stefan Floridian Waters 是空姐所使用的香水，在飞机起飞前就将香水加入到热毛巾中，以使这种香味渗透到公司的整个飞机机队中。获得专利的该款香味，让 SIA 与众不同。

听觉：在商业广告中，候机室内和起飞前的机舱里都会播放同一首亚洲风的音乐。虽然无据可查，新加坡女孩也有她们自己的《新加坡女孩》歌曲在电视广告中播放。"新加坡航空——飞向伟大之路"的广告在独家平面媒体、电视广告中经常播放，广告中的新加坡女孩会出现在不同的主题和场景中。通过歌曲、歌词和音乐的不断重复，SIA 品牌的核心诉求已经植根于大众的记忆中了。

SIA 通过视觉、嗅觉和听觉的综合运用，将新加坡女孩打造成独具亚洲优良传统的人格化的象征。

资料来源：改编自 Lindstrom（2004）和 Heracleous et al.（2004）；www. brandchannel.com，6 March 2006。

由于产品的特性，对味觉的使用主要限于食品和饮料产品行业。Kellogg's 已在味觉及味觉和听觉（吃玉米片的咔嚓声）的协同领域做了多年的研究。当 Kellogg's 在市场上推出其独特的吃玉米片的咔嚓声时，它的品牌价值也随之提升了。

也有一些非食品或饮料产品开始注意到这一现象，如牙齿护理产品。重要的是要记住，每个人用来验证他们过去经历的感官是不一样的。

综上所述，一般的经验法则是，涉及一个品牌的感官感受越多，消费者感知到的信息就越强。更为有趣的是，联结越强，消费者越愿意为此支付高价。

14.10 名人品牌效应

名人品牌效应（celebrity branding）是指在广告中，名人利用他们的社会地位来推广产品、服务或慈善捐助等。名人品牌可以采取几种不同的形式，从最简单的名人出现在产品、服务或慈善机构的广告中，到名人出席各种公关活动，创造自己的产品线或服务，

> **名人品牌效应**
> 在广告中，名人利用他们的社会地位来推广产品、服务、慈善捐助和公共事业等。

甚至使用他们自己的名字作为品牌。名人品牌最流行的载体是服装和香水。许多歌手、模特和影视明星，现在都至少有一个承载他们名字的产品或服务。

名人通过自身影响力，把消费者的注意力吸引到产品身上，这并不是一个新现象。然而，名人触达消费者的途径（大量的产品和服务）的增多，却说明了名人许可市场的发展。过去几年中，在许多行业里，通过名人做广告或营销产品的做法似乎都显著增加。因此，如果你的产品旨在吸引特定的目标群体，名人往往可以帮助人们迅速识别出你的产品。例如，在被称为"惨淡市场"的香水行业中，几个名人品牌香水已成为最畅销的产品。

最近，很多名人品牌开始走时尚路线，这是艺术家向消费者传达形象和信息的又一个机会（还可以从这种关系中获得经济利益）。

这种现象开始得很缓慢，始于1985年迈克尔·乔丹代言耐克的飞人乔丹系列所引发的全国风潮。去年，Babe Ruth 地产〔贝比·鲁斯（Babe Ruth）是美国棒球运动员和全民偶像〕第一个以已故名人的名字命名商标，并通过诉讼反对滥用，为其他（活着和死去的）公众人物保护他们的名字和肖像知识产权扫清了道路。从那时起，用已故名人名字命名的品牌，如玛丽莲·梦露，猫王埃尔维斯·普雷斯利，詹姆斯·迪恩和阿尔伯特·爱因斯坦，已经成为一项商业活动。

近年来，个人与品牌之间的界限已经模糊，名人们已经开始把企业界的手法运用到自己的职业生涯中：营销和保护品牌形象，设立商标和授权名字的使用，推出自己的产品线和产品代言，以提高他们在消费者中的认知价值。

然而，品牌和名人之间的密切结合也会带来问题。如果没有正确定位，成功的品牌可能会自食恶果。如果一项代言不适合明星在大众心目中的形象，那么它也会给明星带来负面影响。

实施名人品牌战略

当谈到增加品牌知名度时，利用名人的确可以事半功倍，但是这个决策也必须仔细权衡。当将一个产品和一个名人联系起来时，从营销和品牌的角度并不一定意味着该产品与该名人能够实现互相促进。显然，许多公司都试图在这个风险和回报之间谋求适当的平衡。

在娱乐行业中，术语"Q分数"（Q score）被用来评价一个名人的整体名声或声望。Q分数越高，名人就越有名。名人品牌之所以有价值，在于他自己的品牌效应可以过渡到更多的产品和服务中并加以利用。名人品牌的实际价值将取决于四个方面：

1. 这个名人有多知名？（Q分数）
2. 名人推广的产品是什么？
3. 推广的产品质量怎么样？
4. 把名人置于产品本身或者营销当中的设计投入有多大？

将名人本身作为品牌的一部分，就意味着在推广产品之初就要考虑到名人代言的设置和定位。虽然时机对于那些作为品牌代言人已经很多年头的明星（如保罗·纽曼和伊丽莎白·泰勒）来说，并不那么重要，但是对那些和其他人竞争的名人来说，时机因素就显得非常关键了。当然，如果名人本身就是潮流引领者（想想大卫·贝克汉姆和奥普拉·温弗莉），那么与名人联姻就可以迅速为所代言的品牌带来声誉，而与时机无关。

与时机同样重要的是产品本身和产品质量。这些因素对于确保品牌的成功（和持续的成功）是非常重要的。最初，消费者购买产品可能是因为一个名人的名字，但只有质量好，消费者才会继续购买该产品。

最后，需要考虑的是名人对品牌的参与度。一般来说，如今的名人都积极参与产品推广，包括设计和营销层面。这种参与将提高产品的信誉，并进一步提高成功代言的概率。

国际名人许可的步骤

名人许可可能会涉及授权被许可人使用名字、签名、声音、图像、肖像或一个名人在某些情况下的其他可识别属性。在大多数情况下，名人许可与其他许可相似，可以根据双方当事人的愿望，将许可定为广义或狭义。在名人许可中，需要协商的三个基本要素是（Hoosear，2006）：

1. 定义并阐明涉及的主要权利；
2. 协商许可的条款和范围；
3. 决定报酬和许可的其他事项。

定义并阐明涉及的主要权利

在名人许可中，最重要的部分是恰当陈述所要许可的范围。名人拥有多种具有辨识度的、可以被许可的元素。例如，猫王埃尔维斯·普雷斯利作为名人，就有多种可许可的元素，从他的名字或签名到他独特的服装和音乐，以及众多来自他电影和电视节目里的图像和照片。同样，并非所有这些元素都由名人本人拥有。例如，电视或电影制作人或工作室，显然都拥有电影和唱片的某些权利。因此，许可人可能需要与名人之外的其他实体来确认某些权利。

名人许可会涉及许多知识产权，如形象权、商标权和版权。因此，有必要了解这些权利之间的区别，并弄清楚它们如何才能被许可。尽管商标法和版权法不是专门针对名人许可，但形象权——国家法定权利——往往主要针对名人许可。相应的，名人可能会依赖于商标权、版权及形象权的组合来保护和推进自己的许可行为。无论是对一家广告公司而言，还是对某种产品而言，还是对某一个具体的品牌而言，都是如此。

协商许可的条款和范围

在许可使用名人的名字、形象、肖像或诸如声音的其他属性时，有几个条件是制定许可条款的决定因素。

在广告或推销活动中，使用名人名字的持续时间长短是一个十分重要的因素。一个为期一年的广告活动，将会比一个仅持续一个月的活动昂贵。同时，何时、何地、如何使用名人，也是很重要的。例如，在广告活动中，使用的媒介将决定成本。仅限于广播的花费，一般会低于涉及电视的花费。当然，还必须确定是单次播出，还是在黄金时段播出。此外，推广活动是在本地、本区域，还是在国内抑或国际层面，也是需要重点考虑的问题。

决定报酬和许可的其他事项

商业活动许可和广告推广许可，在最基本的层面上是不同的。广告可能涉及推广产品的一笔固定费用，而商业活动许可往往涉及某种类型的许可使用费（类似于版税），具体的数额往往取决于产品与名人之间的关系。名人往往会得到一笔有保证的版税，这有效地确保了名人并不与被许可人分担所有风险。在风险承担方面，一般认为，被许可人有责任弄清楚市场情况和推出产品的相关风险。最后，被许可人应该为特定产品的名人代言或特定时间段使用名人进行宣传而支付报酬。在排他许可的情况下，这种报酬往往会比较高。

最初决定是否参与许可，当然是名人自己的权利。因此，名人可以设置许可条款和费用，被许可人有机会就条款进行谈判。如果该名人的条款超过被许可人的负担范围，他们也可以寻找其他名人（如果符合需要的话）。

名人许可当然会涉及一定的风险，而这些风险是在选择名人宣传或标示产品的时候必须加以考虑的。例如，美国一起关于玛莎·斯图沃特（Martha Stewart）的刑事审判，就明确显示了来自明星代言人的风险。在这方面，一种有趣的替代方法，就是使用已故名人代言。一般说来，已故名人代言具有某些固有的优势，因为他们一般不可能有妨碍或损害许可方产品形象的作为。

名人代言是一个成长型行业

实际上，名人代言仍然是一个新兴的、处于成长中的行业。在产品和名人之间建立联系一直都是行之有效的，而且，这种趋势将继续扩大到包括更广泛类型的名人（在世和已故）在内。尽管存在潜在的风险，但毫无疑问，产品与名人之间的联系，会在消费者心目中转化为产品认知度（和最终销售）。对于试图在竞争中保持产品优势的厂商来说，这种联系极具吸引力。因此，经过精心挑选的名人，往往可以给广告或商业活动带来成功。

14.11 互联网的应用：产品决策中与消费者合作

越来越多的企业开始认识到，合作在创造和维持竞争性优势中发挥着重要作用。

对于处于网络化世界的企业而言，与合伙人甚至是与竞争者的合作，在战略上已经势在必行。最近，战略和营销领域的学者都开始关注与消费者合作来共同创造价值（Prahalad and Ramaswamy，2004）。

因特网是一个开放的、具有成本效益且无所不在的网络。这些特性使因特网成为全球化的媒介，为突破地理和距离上的限制做出了贡献。因特网使企业能够以多种方式吸引消费者参与到合作创新中来，而且能够将分散的、单向的消费者互动转换成与消费者的持续交流。基于因特网的虚拟环境，也使企业能够吸引更多的消费者参与到互动中来，同时也不损害互动的丰富性（Evans and Wuster，2000）。

顾客定制和更密切的关系

新的商务平台使得产品和服务的定制化越发重要。标准属性的不断商品化，正面临着来自定制化的挑战。定制化的优势，在发达的顾客数据分析的基础上，才能彻底发挥出来。

大众营销专家——如耐克公司——正在尝试用数字技术实现定制化。例如，能够展示三维图像的网站，一定可以激发起消费者对量身定做的兴趣。

目前，企业面临的挑战很明显：运用信息技术以达到更加贴近消费者的目的。这方面有很多例子。戴尔公司通过让消费者在网络上设计自己的个人电脑，从而建立起同终端客户更为密切的关系。向戴尔公司定制电脑的消费者，可以在自己的个性化网站上实时跟踪自己电脑生产的各个阶段。这样的实验很值得借鉴，这是因为：以戴尔公司为代表的定制化商业模式的成功，意味着对目前"生产—库存"这种传统商业模式的挑战。在示例14.11中，我们对比了戴尔公司和惠普公司的商业模式。戴尔公司的商业基本准则是：拉近个人电脑制造商和终端客户之间的关系，不在分销渠道上加入中间商。这让戴尔公司的电脑更加个性化，更加契合消费者的具体需求。

示例 14.11
戴尔和惠普的商业模式

在个人电脑行业，戴尔和惠普是世界市场范围内的佼佼者。但是这两家公司的商业模式并不一样，如下表所示。

	戴尔	惠普
目标顾客	购买多个产品单元的资深客户	具备多样需求的多个顾客细分市场
价值主张	以竞争性的价格对PC进行顾客定制	拥有高品质形象的"品牌"
价值获取	通过最新的零部件升级及低成本的分销系统	通过"品牌"溢价和转售商推动
商业系统研发	有限的	相当大的

	戴尔	惠普
制造	弹性化的组装，成本优势	高速的、类别单一的、低成本的制造系统
供应链	定制的；存货：一个星期，主要是零部件	按库存生产；交付；存货：一个月内完工的产品
营销	适当的广告	价值高昂的品牌广告
销售与分销	主要通过销售人员、电话营销及因特网	主要通过第三方转售商

惠普公司的商业系统和传统的品牌产品相同。该公司具有如下特征：研发费用高昂、生产系统成本低、种类少、规模大、产品库存时间达一个月。

戴尔公司则以公司客户为目标，采取按单生产的模式，并且以合理的价格进行定制。戴尔公司的特点是，研发投入极少、按订单进行定制、柔性制造系统（这就使戴尔公司与惠普公司相比时稍居劣势）、零部件库存时间为一周以及高效的配送系统。戴尔公司是率先通过网络销售个人电脑的企业。在经历了利润下降之后，戴尔公司在2009年年底、2010年年初的时候改变了自己的商业模式，转而采用更为标准化的大规模生产模式，着重降低成本，以便保持与惠普公司竞争中的价格优势。

资料来源：改编自Kumar（1999）和其他公开资料。

在今天，人们能够远距离诊断电脑的问题，也能够通过因特网维修电脑；这种情况可能很快就会在其他家用电器中成为现实。航空公司现在通过邮件和专门的网站与具有优先权限的客户传达特价机票的信息。汽车很快就会有网络IP地址，这让一系列个人化车内信息服务的提供成为可能。

同时，消费者也可以参与产品开发的早期阶段，这样，消费者就能够塑造产品的特性和性能（见示例14.12）。医药公司正在尝试通过分析患者的基因，来准确地判断用哪种药和用药的准确剂量。

从大学教科书的出版中，我们也可以看到商业平台的转变。自从有了出版印刷技术以来，这个行业几乎就没有什么创新。但是，该行业现在正在发生着重大的变化。出版商正在创建辅助性的网站，为学生和教师提供授课过程中其他的交互方式（如www.pearsoned.co.uk和www.wiley.com）。出版商的传统角色是在新学期初出售教材，而现在则变成了贯穿整个学期的教育咨询师或者价值增值伙伴。

示例 14.12
Ducati 摩托车——基于网络社区的产品推广

意大利的Ducati公司成立于1926年，制造具有独特引擎功能、创新设计、先进工艺和卓越技能的赛车型摩托车。该公司的产品涉及六个细分市场，这六个细分市场在技术、设计特点和目标客户等方面均不相同，分别是超级自行车系列、超级运动车系列、怪兽系列、体育旅游系列、多功能系列和新型经典运动系列。该公司的摩托车在 60 多个国家进行销售，主要销售市场是西欧、日本和北美。最近，Ducati 公司在世界超级摩托车锦标赛的 15 个项目中赢得了 13 个冠军，其获得的个人单项冠军比竞争对手的总和还要多。

Ducati.

Ducati 很快就意识到，利用互联网来吸引客户的方法在新产品开发中具有很大的潜力。由于摩托车 MH900 的限量版网络销售的成功，该公司在 2000 年年初成立了网络事业部，并设计了专门的网站 www.ducati.com。在 30 分钟内，整个一年的产量就被抢购一空，从而使 Ducati 公司成为国际领先的电商。从那时起，Ducati 公司就把网站发展成为一个强大的虚拟客户社区。截至 2004 年 7 月，该网站已经拥有 16 万注册用户。在 Ducti 公司，社区管理变得如此重要，以至于管理层用语将"营销"和"客户"替换成了"社区"和"粉丝"。Ducati 公司认为，粉丝社区是该公司的主要资产，并致力于利用互联网提升"粉丝体验"。通过系统地策划和管理粉丝营销活动，Ducati 公司成功地强化了场地、活动和人群在宣传 Ducati 生活方式和 Ducati

Ducati.

品牌形象中的作用。社区功能与产品开发紧密相连，而社区粉丝的参与又直接影响了产品开发。

虚拟社区在帮助 Ducati 公司探索新产品概念方面发挥了关键作用。Ducati 公司推动和管理特设的网上论坛和聊天室已经有三年多了，它能够充分利用 Ducati 车迷的各种想法和建议。

Ducati 公司也意识到，车迷的休闲时间不仅花在骑车上，而且还花在车子的维护和个性化方面。因此，车迷们有深厚的技术知识，并渴望和其他车迷一起分享。为了支持这样的知识共享，该公司创建了"技术咖啡馆"——一个用于交流技术知识的论坛。在这个虚拟环境中，车迷们可以分享他们如何个性化摩托车、如何改善 Ducati 公司的下一代产品的经验，甚至还会发布自己的机械技术设计，提出艺术美感和机械功能等方面的创新性建议。

虽然不是所有粉丝都参与网上论坛的讨论，但那些经常参与的粉丝已经为探索新产品概念和技术解决方案提供了重要的启发。这些论坛也有助于 Ducati 公司提高客户忠诚度，因为粉丝们更愿意购买他们自己参与创造的产品。

Ducati 公司的管理者也关注摩托车爱好者聚集的门户网站，其中包括 Motorcyclist.com 和 Motoride.com。此外，Ducati 公司还关注与 Ducati 品牌生活方式有关联的其他虚拟社区。例如，Ducati 公司已经与时装公司 DKNY 建立了合作关系，旨在接触到其社区成员，并形成良性互动。

为了验证其观点，Ducati 公司使用在线客户调查来测试产品概念和量化客户的偏好。Ducati 公司与客户的持续对话和粉丝的广泛参与度，让 Ducati 公司获得了很高的问卷回收率——通常超过 25%。Ducati 公司对于客户反馈信息的利用，已经不仅限于单纯的产品开发活动。

Ducati 公司也致力于在新产品开发流程的后端，充分利用基于互联网的客户合作。虚拟社区在产品设计和市场测试阶段发挥了重要作用。例如，在 2001 年年初，Ducati.com 的社区经理发现了一个在网站上与本公司具有紧密关系的客户群。他们决定将这些客户转化为积极的合作伙伴，让他们组成虚拟合作团队，与 Ducati 公司负责研发、产品管理和设计的专家共同合作。这些客户虚拟团队与公司的工程师一起决定了公司下一代摩托车的属性和技术特点。

在虚拟社区，现有的和潜在的 Ducati 车主可以通过在网上对虚拟模型进行测试，讨论并审核产品改进的提议。他们甚至可以投票否决拟议的改进方案，根据自己的喜好对产品进行个性化改进，并且可以向 Ducati 公司的技术人员咨询如何根据个人偏好实现摩托车的个性化。

资料来源：改编自 www.ducati.com 和 Sawhney et al.（2005）。

产品和服务的动态定制化

消费者互动的第二阶段，是关注产品和服务动态定制化的机会与挑战。市场中的价格竞争，正在快速吞噬着利润空间，企业开始通过提供定制化服务来增加利润。动态定制化基于以下三个原则：模块化、智能化和组织化。

1. **模块化**：一种有效地组织复杂产品和服务过程的方法。产品或服务的模块化需要将一项任务分割成独立的模块，这些模块在整个体系中作为一个整体运行。

2. **智能化**：持续与消费者交换信息以便让企业能够尽可能使用最佳模块创造产品和服务过程。网站经营者能够将买卖双方相匹配，根据他们共同的兴趣做出推荐。因此，智能化的网站就能够了解访问者（潜在购买者）的品位，传递产品和服务的动态化和个性化信息。

3. **组织化**：产品和服务的动态定制化需要一种消费者导向的灵活方法，并从根本上下决心以这种全新的方法运营。

如何把因特网整合到未来产品的创新中?

图14.17中展示了网络在未来产品创新中的几点应用。在实践中,可以把网络视为一个媒介。通过这个媒介,图14.17中的每个"方框"都可以与企业的研发部门进行交流。

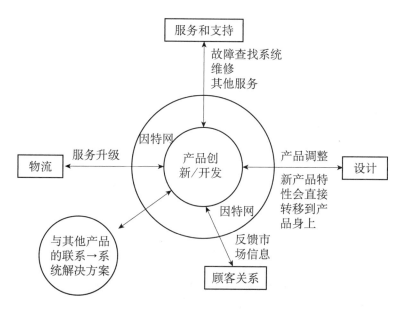

图14.17　基于因特网的产品创新

- 设计。数据直接从产品的使用过程中采集,这些数据是设计和产品开发的一部分。新产品的特性(如软件的新版本)可以从网络直接植入产品之中。
- 服务和支持。服务部门能够通过网络的建立解决纠纷和修正错误。例如,一辆正行驶在高速公路上的奔驰汽车也许直接和奔驰的服务部门保持着联系。服务部门可以监控车辆的主要功能,并且在必要的时候提供在线维修,如修理汽车的内置软件。
- 顾客关系。从产品使用中所搜集的数据构成了统计分析和顾客比较的一部分。通过这种方法,消费者能够把他们自己购买产品(如汽车)的性能与其他消费者的产品性能进行比较,类似于一种标杆管理。这种方法也有助于强化顾客关系。
- 物流。随着无库存交货的需求越来越大,互联网将会自动找到最节省成本、最有效、同时又最及时的分销渠道与运输方法,把产品由生产者手中运送给次级供货商,之后再送达到消费者手中。

当前,思维方式最根本的转变是,用"需求链"代替了"供应链"。两者之间的关键区别在于,需求链首先考虑消费者,然后再向前逆推。这种思维方式脱离了之前只关注减少运输成本的狭隘方法。需求链支持了"大规模顾客定制"的观点,提供了大量符合消费者独特目标的商品和服务。

但是,这种方法并不一定意味着产品的差别化。事实上,服务方面通常都需要差别化。例如，一家公司（如联合利华）给 Tesco 和 Sainsbury's 两个客户提供的人造黄油是一样的。但是，这两家相互竞争的连锁超市企业却有着自己的业绩评估方式，因此，联合利华与两者的交货方式、交易处理和关系管理的方式都是不一样的。信息系统是对需求链上的所有企业进行有效协调所必需的，需要以一种不同的全新方式与需求链上各个独立的企业进行协调。有些管理者相信，如果他们和供应商选择同一套标准软件包，如 SAP，那么就能够整合彼此的信息系统。

● 与其他产品的联系。有时，一种产品可能是另外一种产品的一个组件。通过网络链接，这些组件可能成为复杂的产品解决方案的必备要件。汽车行业就是一个典型的例子，并且已经朝着这个目标做出了努力。通过因特网，所有新车都可以链接在一起，在驾驶中交流诸如技术问题。伴随着这方面的发展，一个全新的行业应运而生，这个行业的目标是提供一体化的交通服务。开发和生产汽车，只是新汽车行业的主要服务之一。该行业还会进一步开发出一系列的系统——这些系统能够在车辆行驶的过程中诊断并解决车辆存在的问题和管理交通问题等；交互式系统能让驾驶者随时随地地获得想要的交通工具，而不需要签署令人生厌的租赁协议。

此外，音乐产业也正在经历一场变革。今天，你可以购买便携式播放器，然后到网站上下载 MP3 格式的音乐，随后就能播放储存在播放器里的音乐了。CD 产品已经被淘汰，实际上被淘汰的是所有传统的承载音乐的设备。随着经济环境的变化，音乐产业将会发生翻天覆地的变化。行业内的企业正在努力创建最棒的门户网站以应对变化，消费者可以在网站上找到有关音乐方面最全面、最翔实的信息，还能在海量音乐中随心畅听。但是，有关版权的问题仍在讨论中，律师和政府一定要在市场井喷式发展之前找到最终的解决方案。

因此，未来能够开发创新产品的企业必须具备以下特质：

● 创新的产品开发和战略化思维。产品开发包含了很多科技内容，需要有跨学科和战略化的全局观和知识。只有这样，才能够知道什么样的新服务值得关注。

● 联盟管理。很少有企业自身具备了所有必要条件——创新的产品开发和服务往往要求企业以一种结构化的方式，动态地参与到联盟中去。

● 新型的关系。在上文中，我们提到了汽车行业的例子，这个例子清晰地表明了消费者购买的不仅仅是汽车，而是交通服务，这就是完全另一回事了。这意味着企业必须以一种十分不同的方式去关注并理解消费者的需求。

在互联网上发展品牌

宝洁、高露洁、卡夫食品等消费品公司和通用汽车、通用电气、联合信号公司（Allied Signal）、卡特彼勒等耐用品和 B2B 公司都在精心设计自己的商业策略，如举债购买实物资产、大规模广告促销、大范围配送以支持国际品牌的发展等。当然，与消费者的远距离联系，也同样适用于上述企业。随着品牌识别和品牌资产被网络重新定义之后，与消费者远距离的持续联系也变得十分关键了。

卡夫互动厨房（www.kraftfoods.com）为消费者提供了用餐规划、菜谱、小贴士和烹饪技巧。这是消费品公司通过提供信息服务与消费者保持联系的例子。

但是，有些企业发现，将一个强大的线下品牌（如耐克和李维斯）转化到因特网上很有难度。之所以如此，是因为，一方面，很多知名品牌都是基于庞大的实体零售分销系统；另一方面，很多零售商由于害怕"去中介化"而不愿意支持线上品牌（关于这个问题的更多讨论，请参见 14.6 节）。

根据 Forrester Research 公司的研究报告，很多顶级品牌所建设的网站，其注册用户数量和网页浏览量都很少。广告商认为，16—22 岁的消费者的品牌意识很强，Forrester Research 公司专门对这些消费者的品牌认知度和网页浏览行为进行了研究。

一些企业正在采取广泛的措施进行品牌化，并将其与广告宣传、市场营销的整体战略整合到一起。网络化的品牌不再仅限于商标和颜色样式，而是要创造用户体验并且理解消费者。因此，在互联网上构建品牌的成本并不低。构建一个品牌需要在网络上的持续曝光。一些品牌需要一个广受欢迎的网站，而另一些品牌则需要不同营销方案的组合，涉及横幅广告到赞助式广告。

14.12 长尾战略

Anderson（2006）的**长尾**理论从根本上来讲是一个销售理论，该理论认为在互联网时代，将更少的产品卖给更多的人是一个可以成功实现的新战略。在过去，所有令人关注的业务都是围绕某些热卖产品，很多商家完全专注于打造下一个热卖产品。而有一些消费者会购买那些难以找到的非热卖单品，这些消费者在人口统计学上被称为长尾。考虑到选择足够多、消费者数量够大、搜索引擎很有效率、库存和分销成本几乎可以忽略不计的情况，Anderson 认为以长尾为目标是很有可能盈利的。

Anderson（2006）提出了两个完全不同但又相互联系的想法：

1. 因为商品不需要在商店货柜上展示，所以，在选择时的物理上和成本上的限制就不存在了，因此商品分类正在日渐发展起来。众多消费者会在网络上利用搜索和推荐工具，这让产品选择的数量巨大。在图 14.18 中，在一个想象的产品类别中，所有产品依据销量排名，其中深灰色的区域代表在实体销售渠道中不盈利的产品。换句话说，长尾揭示了一个之前从未开发过的消费者需求领域。

2. 网络渠道实际上改变了需求曲线的形状，因为消费者认为利基产品的价值比迎合大众口味产品的价值更高，因为利基产品更加符合他们独特的需求。网络零售让这类消费者能比以前找到更多符合自己要求的产品，因此他们的购买行为也会因此发生改变。换句话说，由于更多小众的产品会生产出来，尾部会逐渐变长；而且由于消费

> **长尾**
> 长尾是指这样一个曲线图：该图形显示了销量大的产品越来越少，而销量小的产品则越来越多。销量小的产品（非常宽的产品范围）沿着图形中的 x 轴延伸，形成了一个长尾，并创造了更多的总收入。即使每种产品的销售量较低，这些产品的种类却很多。事实上，通过网络搜索工具，可以非常容易找到这些"稀有"产品。

者们会发现这些产品也更符合他们的口味,因此尾部也会同时变宽(包括图 14.18 中的浅灰色区域)。

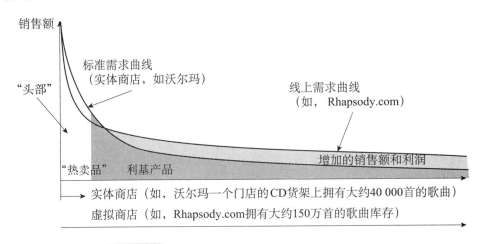

图 14.18　长尾理论:线上销售渠道会使长尾加宽

在图 14.18 中用一个例子证实了长尾的力量:在线音乐网站 Rhapsody.com 存有约 150 万首歌曲,其收益的 40% 来源于零售商店里没有的歌曲。形成鲜明对比的是沃尔玛商店,该商店的 CD 货架上最多有约 40 000 首歌曲,由于商店没有给一个月只卖一次的专辑提供库存空间,因此商店热卖的 200 个 CD 专辑占沃尔玛该项销售的 90%。而网络商店则可以利用科技减少储存成本,从而带来长尾消费者交易量的增长。

然而,Elberse(2008)尝试着证明 Anderson 的长尾理论是有问题的,并表示长尾消费者并不是在寻找"隐藏的宝石":实际上他们甚至都没有冒险进入长尾中。她给出证据以证明"头部"的行为更不寻常。让我们看看到底发生了什么? Elberse(2008)的调查显示,在长尾中的任何好产品如果赢得了大众的喜欢,那么其在互联网的作用下会很快提升到头部。而那些只迎合了极少一部分人的产品不可能实现这种跳跃。完美的长尾购买过程结果导致的是热卖产品的发现,在这个过程中忽略了一个事实,那就是热卖产品的发现是从长尾开始的。

14.13　绿色营销策略

随着人类行为对地球生态系统影响的不断加深,消费者越发关注环境,以及环境对健康和安全的影响。与此同时,人类对消费的热情不减。公司面临的挑战是不仅要设计出环境友好的商业活动和产品,同时也要满足消费者的需求。

人们曾经一度认为环保主义者是唯一关心自然资源消耗、废弃物增加和污染的人群。全世界的环保主义者的行动在范围和规模上都在逐步全球化。他们的目标是要在全球范围内唤醒人们的环保意识,让人们意识到保护环境的重要性和缺乏环保意识会对我们的星球造成多大的伤害。

由于有关生态保护的广大基层活动获得了广泛的认可和支持，以及全球性的媒体网络如 CNN 对环境事件和自然灾害的持续报道，今天的消费者已经更加具备环境意识。各种调查显示，很多消费者在购买、消费和处置商品时，会将环境因素考虑在内。因此，公司吸引和维持客户的能力与开发并实施环保战略的能力就有了直接的联系。

消费者的偏好和政府政策都越发支持一种环境平衡型的经营方式，管理者们越来越关注他们有关环境决策的战略重要性。一些公司不负责任的行为引发了消费者的抗议、长期的法律诉讼和巨额罚款。这些行为可能会以一种间接的方式伤害到公司，如负面的公共关系、管理层注意力的分散和难以雇用到高级员工。

特别是在欧洲，绿色消费行为很广泛，并在逐步发展。一些国家在绿色环保意识方面处于领先地位并且是标准的制定者。例如，80%的德国消费者愿意支付更高的价格购买循环材质、可循环使用、对环境无损害的日常用品；在法国 50%的消费者在超市愿意购买价格更高的环保产品。这种趋势蔓延到了世界各处：根据一项欧洲的研究，OECD 国家的消费者愿意为绿色食品支付更高的价格（Vandermerwe and Oliff，1991）。

一些零售商已经下决心开展绿色产品营销（**绿色营销**）。显然，不把环境影响考虑在战略性决策中也许会影响一家公司的财务稳定性和公司在该行业与其他企业竞争的能力。

> **绿色营销**
> 设计出环境友好的商业活动和产品，同时也要满足消费者的需求。

战略选择

企业意识到了它们必须给消费者提供信息，告诉消费者它们的产品和生产过程给环境造成的影响。

图 14.19 列出了关心环境的企业可选择的四个战略。环境战略选择取决于公司为环保消费者创造价值的方式以及方式如何转变。

如图 14.19 所示，如果相比于提高顾客收益，一家公司更倾向于降低成本，那么应该选择污染预防战略（选择 3 和选择 4）开发绿色产品：例如用纯天然的或者循环材料。如果一家公司更积极主动的话，那么就应该更具创新精神（选择 1 和选择 3）。

		价值创造手段	
		提高顾客收益	成本降低
变化导向	主动的	绿色产品创新 （重大调整）①	污染预防 不限于遵守法规 ③
	适应性的	绿色产品改进 （细微调整）②	④ 污染预防 遵守法规

图 14.19　环境战略的类型

资料来源：改编自 Starik *et al.*（1996，p.17）。

尽管超越制度规定（比环保法律规定的做得更多）更为可取，但是中小型企业可能还不具备积极行动的资源，因此，应该专注于遵守法规和产品的细微调整（选择2和选择4）。

从价值链的视角看环境管理

消费者认为产品的生产和研发环节是绿色产品的组成部分，因此，管理层不能够短视，只看到最终产品而不考虑生产和研发。企业不能够用传统的营销准则去获得消费者对产品的认可。换句话说，不但要考虑到所有与产品设计、生产和配送有关的投入和产出活动，还要整体衡量价值创造过程中每个步骤对环境的影响。

图14.20展示了资源转换和污染生成的关系。随着投入资源创造所需的产品，在整个供应链流程的每一步，污染物作为副产品被生产出来。例如，包装是用来保护产品免受损伤的，但是一旦被消费者购买了之后包装就成了无用之物。合理的管理并意识到物流活动对环境的影响都能够大幅度减少它们的负面作用。

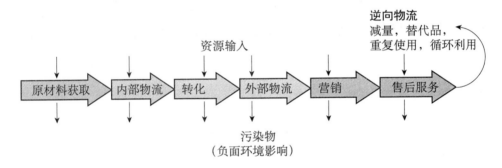

图14.20 增值的物流和环保接口

资料来源：改编自 Wu and Dunn（1995，p. 23），获 *International Journal of Physical Distribution and Logistics Management*（Emerald Group Publishing Ltd.）授权。

综合环境管理意味着在供应链的所有环节和产品生命周期的始终，公司价值链上的每一个要素都要参与到使得公司的整体环境影响最小化的过程中。

在物流系统中，图14.20中的逆向物流会带来包装垃圾的运输、包装的循环再利用和消费者退货。

在德国和其他欧洲国家，消费者有权将包装材料留在零售店里，商店必须妥善处理这些商品包装。荷兰多年以来一直要求啤酒瓶循环使用。将这些包装材料运输到原产地并没有给产品直接增值而且还会占用物流能力。

管理层必须考虑如何减少这种逆向流动。图14.20中的逆向物流强调在源头减量和替代，而不是重复使用和循环利用。在源头减量是指用更少的资源做同样的事情。这项措施会减少系统中的整体浪费。替代品是指尽量不用带来污染的普通材料，而是更多的用环保材料。重复使用是多次使用同一产品以减少废弃物的产生。循环利用是通过一些化学或物理过程使得废弃的产品获得新生。

消费者偏好和竞争性绿色营销

　　一个成功的外部绿色营销战略的前提条件是管理者必须在内部培养起这个共同的文化。公司和员工都要支持真正的绿色营销战略，这样营销战略才能成功。管理者们要鼓励所有员工的深度参与，以不断形成新想法并且提高员工热情。同时他们也要时刻牢记，如果一家企业致力于以一种对社会负责的态度来经营，那么消费者和员工都会以身为这个企业的一部分而感到满足。

　　对消费者进行教育也很重要。商标和产品展示在做出品牌的环保宣言时会发挥很大的作用。超过一半的美国人认为，他们之所以购买某个产品是因为广告宣传或者商标上显示该产品是环保的或是可生物降解的。解释一个产品为什么环保和如何做到环保也会带来很大的不同。产品包装或者店内展示可以是环保行动的主要信息源。销售点展示和资深的销售人员可以帮助进行消费者教育。分发免费试用装可能是缓解消费者对新产品最初抵制情绪的好办法。

　　绿色营销策略的另一个关键要素是可信度。在一开始就建立一个好声誉，可以在很长的时期内帮助消除消费者的怀疑。具有社会责任感的企业对目标消费者群来说更为可信，但关键是目标消费者同时也支持环保。消费者仍然担心"漂绿"（greenwashing），这是指20世纪80年代和90年代初期流行的虚假或是误导性的产品环保承诺。现在新的标准和认证让消费者能够轻松鉴定出绿色产品。遵守这些指导方针，营销人员能够避免夸大的产品环保承诺。运用环保商标能够使消费者确信他们购买的产品是真正的绿色商品，如德国的"Blue Angel"和美国的"Energy Star"。

　　除了研究消费者的反应，也要知道消费者是如何比较本公司和竞争公司品牌的绿色环保性的。同时也要收集其他竞争者执行环保政策的信息。要关注公司自己的绿色环保流程和公司高管层对绿色环保做出的承诺。必须确定消费者是否准确地认识到了本公司和竞争对手的绿色环保的区别或者消费者的误解是否造成了市场上的差异。如果一个营销人员感觉到可以以一种诚实、可信和长久的方式使品牌真正的与其他品牌相区分，那么积极主动的绿色策略就是可行的。但是，如果竞争者真的做得更好并且能够保持优势，或者在可预期的额外收益的前提下，对绿色环保投入更多的成本并不值得，那么采用一种消极被动的策略则更加有意义。

　　最后，由于消费者购买产品和服务的最初目的是为了满足个人需求，企业应该继续突出产品的直接收益。不要忘记强调产品价格、质量、便利性和实用性的传统特性，仅将产品的环境特性作为吸引消费者的第二个方面（Ginsberg and Bloom，2004）。

商业与环保组织的绿色联盟

　　与绿色组织（如绿色和平组织，Greenpeace）结成战略联盟可以为从事消费品营销的人员提供五点好处（Mendleson and Polonsky，1995）：

1. 增加消费者对绿色产品和环保承诺的信心。假设一个环保组织支持一家企业、一个产品或是一项服务，那么消费者就更愿意相信其环保承诺。

2. 为企业提供环保信息。环保组织的角色之一是信息交流中心，那么和环保组织组成战略联盟可能会给企业带来巨大的收益。制造商在遇到环保方面的难题时可以向他们的战略合作伙伴寻求意见和信息。在一些情况下，环保组织可能有技术人员，他们能够协助解决公司的难题，或是帮助执行已有的解决方案。

3. 为市场营销人员提供进入新市场的机会。绝大多数的环保组织都拥有广泛的支持，这些支持者往往会接收到时事通讯或是其他群发的邮件。环保组织的成员会接收到许可产品的产品名录，这些产品往往比其他同类产品更为环保。环保组织的成员可以成为生产者的潜在市场，尽管这些环保组织并不做专门的产品名录。一个环保组织的时事通讯中可能会讨论一家公司如何和这个组织组成了一个战略联盟，同时也会提及这家公司的环保产品。在时事通讯中包含以上信息是对产品进行宣传的一个有效手段。

4. 提供正面的宣传，减少公众批评。和环保组织构建战略联盟也许会加大宣传的曝光度。当悉尼申奥委员会宣布绿色和平组织当选2000年奥运村的设计公司后，这一事件几乎出现在了所有主要的报纸和国内新闻中。如果是一家传统的设计公司最终胜出，则可能不会有这么多的宣传。因此，和联盟有关的宣传都是正面并且可信的。

5. 教育消费者有关企业及其产品的关键性环境问题。环保组织是教育信息和教育资料的重要来源。他们能够让消费者和大众意识到环境问题，并告诉他们可能的解决方案。在很多情况下，大众认为这些组织在这方面不存在既得利益，是可靠的信息来源。营销人员也可以发挥重要作用，通过营销活动提供环保信息。在这样做的过程中，他们通过特定的事件、产品和企业组织传达了企业的环保意识。例如，挪威的Kellogg's公司在麦片包装上印有不同地区的环境问题，通过这种方式，公司不但教育了消费者，而且宣传了企业的环境保护意识（World Wide Fund for Nature, 1993）。

由于不同的环保组织有不同的目标和形象，因此选择正确的合作者并不容易。有些组织可能愿意建立专有产品的联盟，即他们选取一个产品门类中的一款产品进行合作。而其他组织则愿意和所有符合他们特定标准的产品进行合作。

营销人员必须要判断联盟合作者能给这个联盟带来什么能力和属性。就像任何一个共生的关系，每个参与者都要为最终的成功贡献出自己的力量。如果对这些属性定义得不好，那么就可能导致找到错误的合作对象。

麦当劳提供了一个很好的例子，这家企业通过和环保组织的合作赢得了信誉。在20世纪90年代初期，麦当劳公司和环境保护基金会（Environmental Defense Fund, EDF）合作，决定将产品包装由泡沫塑料改成纸袋，这一举动增加了该公司在环保方面的公信力（Argenti, 2004）。

14.14 品牌盗版和反盗版战略

直到 20 世纪 80 年代，盗版活动的规模仍然相对较小，主要限于一些时尚奢侈品的仿造，如手表、皮制品且数量有限。但是到了 90 年代，盗版行为蔓延到了更大、更广泛的行业中，不同品牌的假货大规模生产，并通过分销网络充斥着市场（见示例 14.13）。

一家公司如果发现自己正在面临品牌盗版，可以有多种战略选择。如找出有问题的零售店课以重罚，或是销毁盗版的生产设备。品牌制造商也可以将盗版转变为正当业务。

但是，如果假冒品牌和原品牌能够相互区别，那么盗版对品牌制造商而言就不一定是负面的影响。实际上，消费者购买仿冒品的决定是对品牌价值做出了再判断，因为他们购买产品时想要营造出的形象恰恰是公司在广告宣传中努力营造的形象。品牌盗版可以视为品牌价值中的一个积极因素，因为这是一个衡量品牌优势的很好的指标。如果一家公司的产品被仿造，那么就意味着这家公司所做的事情是正确的。一些品牌接纳了仿冒品市场，而没有将它视为威胁。2004 年，乔治·阿玛尼（Georgio Armani）去上海时，他购买了一个标价 710 美元的仿冒阿玛尼手表，而实际只花了 22 美元。他说："这是一个和阿玛尼手表真品完全相同的仿制品……能够被仿冒实际上是件好事。如果有人仿造，那就说明正在做的事情是对的"（Whitwell, 2006）。尽管这是个宣传的噱头，但是也强调了事实上仿冒品消费者就是真品消费者的另一面，对品牌拥有者并没有构成严重的威胁。

盗版的另一个影响是竞争的丧失，因为很多竞争者都被"夹在中间"。品牌产品的高价格鼓励竞争者们以稍微低一点的价格进入市场。而仿冒者生产的品牌产品却以远低于竞争成本的价格销售。这就意味着挤出了市场竞争者，让新进竞争者无处可去：在高端市场竞争不过原有的品牌，同时也竞争不过价格过低的仿冒品。

示例 14.13
盗版的下一个阶段：仿造整个企业，NEC

经过了两年的调查，2006 年日本电器（NEC）在中国发现了一个盗版网络正在仿冒一个企业——Japanese NEC。仿冒者建立了一个类似于 NEC 的品牌，该公司的经营网络涉及中国大陆、中国香港和中国台湾的 50 多家电器工厂。借 NEC 之名，仿冒者仿造了 NEC 的产品，并且还开发了自己的家用电器产品，从家庭娱乐设备到 MP3 播放器。他们甚至要求合作工厂为许可产品、貌似官方的产品保证和服务性文件交使用费，通过这种方式来协调产品生产。该产品运输和包装的盒子、陈列柜都和原版的一模一样。

调查记录显示，仿冒者甚至拿着 NEC 的名片，以 NEC 公司的名义开展产品研发以及签署生产的委托业务和供给订单。

很多跨国企业（如 NEC）目前都面临着类似的挑战——盗版趋于扩大化并且组织更加完善。

资料来源：改编自"Next step in pirating：faking a company-for NEC an identity crisis in China"，*Herald Tribune*，28 April 2006。

14.15 总结

在国外市场的产品决策中，决定产品的哪个部分需要标准化，哪个部分要本土化以适应当地环境，是十分重要的。本章讨论了与这个决策相关的很多因素。

品牌化问题十分重要。之前我们讨论了不同的品牌化选择。例如，因为大型（通常比较传统）连锁零售企业掌控着分销渠道，他们正在努力发展自己的品牌。对于零售商来说，自有品牌的利润空间更大且能强化品牌形象。由于市场势力向零售商转移，近年来源于自有品牌的食品销售比例连年上升。

产品品牌化的基本目的在世界各地都是一样的。大致而言，品牌化的功能包括：
1. 将公司产品和竞争对手的产品相区分；
2. 建立认知度和品牌知名度；
3. 保证产品的质量和满意度维持在一定水平之上；
4. 有助于产品的促销。

通过电子市场和网络进行销售的产品可以归为两类：实体产品以及纯粹的电子产品和服务。

"长尾"理论是一种销售理论，认为在网络时代将更少的产品卖给更多的人是一项可以成功实现的新策略。

本章还讨论了提高收益的方法：绿色营销战略，包括顺应绿色环保的趋势对产品进行调整。当一家公司将环境友好的理念整合到营销战略中时，消费者、股东和全社会都会获益。如果能够合理地实施绿色营销战略，那么消费者和品牌之间的情感联系将进一步增强。一家拥有绿色品牌的公司的公众形象也更加正面，从而进一步增加销售、提升股价。绿色形象还可以提升一家公司或是产品对消费者的吸引力，从而提高品牌忠诚度。

Zippo 制造公司：在打火机之外进行的产品多样化是否走得太远？

历史

Zippo（www.zippo.com）于 1932 年在美国宾夕法尼亚州布拉德福德县（Bradford）成立，创始人乔治·G. 布莱斯德尔（George G. Blaisdell）决心要制作一个外表美观、使用方便的打火机。布莱斯德尔购买了奥地利可拆卸顶部的防风打火机的专利，并按自己的要求重新设计，把机身设计为矩形，通过铰链将盖子与底部相连，并在灯芯周围装上防风墙。受另一项近代发明拉链（zipper）的名字的启发，布莱斯德尔将他的新打火机命名为"Zippo"，并提供终身保修服务。这个有70年历史的老品牌在第二次世界大战中获得极高人气，当时 Zippo 通过美国军方经营的商业网点发售其产品。

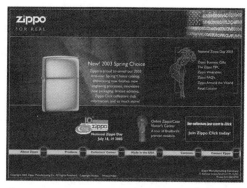

zippo.com.

现状

自1932年成立以来，Zippo 已经生产了超过 3.75 亿只防风打火机。除了打火轮和机身的改良，布莱斯德尔的最初设计几乎保持不变。终身保修机制伴随每一只 Zippo 打火机，始终承诺"保证使用正常，否则免费维修"。

虽然防风打火机是 Zippo 最流行的一款产品，但 Zippo 已经受到了反吸烟运动的冲击。Zippo 的业务从根本上依赖于吸烟者，美国烟草法规已经干预其中。为了推广自己的香烟品牌，香烟制造商订购了数千只 Zippo 产品分发给吸烟者以换取产品的订单。其中一个公司最近的广告策划就是为使用你的 Zippo 提出了 101 条建议。暖手和给汽车门锁除冰都在建议列表中，但点燃一支香烟却不在其中。

Zippo 打火机的成功使得 Zippo 把产品线扩大到磁带、小刀、钱夹、书写工具、钥匙圈和多功能打火机，所有这些产品都印有公司标志或商标。

1993年 Zippo 把其品牌名称授权给 Itochu Fashion System 公司，一家日本的大型服装生产商。现在，在东京还有 Zippo 皮夹克、Zippo 牛仔裤和 Zippo 手套出售，Zippo 也有可能在美国市场上授权给服装生产商，但今天的日本仍是 Zippo 最大的出口市场。

Zippo 通过广泛的销售代表网络在国内和国际市场上拓展其销售业务。在120多个国家，Zippo 就是美国制造的质量和工艺的代名词。

Zippo 防风打火机享有广泛声誉，是颇具价值的收藏品。公司还推出了《Zippo 打火机收藏家指南》（*Zippo Lighter Collectors Guide*），包含打火机说明和产品系列介绍，以及关于每一只 Zippo 打火机底部的日期代码的说明。打火机收藏家俱乐部已经在英国、意大利、瑞士、德国、日本和美国成立。同时，Zippo 还赞助了自己的收藏家俱乐部——Zippo Click。

▶ **问题**

1. Zippo 近期实施的产品多样化战略有哪些利弊？
2. 在 http：//swansonrussell.com/experience/out doorrecreation/casestudy_3.

php上，有一篇关于Zippo在20世纪90年代末期把自己重新定位为户外运动爱好者的必备工具的案例。镀锡钢制外套反映了打火机的"工具"定位。为了保持风格一致，Zippo的油罐也做了类似的包装和图纹设计，打火机和燃油通过自助运输的方式交付给零售商。为了配合全国范围的推广，广告公司Swanson Russell策划了一个营销沟通方案，该方案既包括直邮Zippo产品给各大户外产品经销商，还包括面向贸易商和消费者打广告（见右图）。

但是户外市场对于Zippo销售人员来说是完全陌生的，他们更习惯于与烟草商和便利店打交道。请你用PLC概念来分析这个案例。

3. 如果Zippo制造公司在其他国家推广其户外产品，将会面临什么样的困难？

图片由Zippo.com提供。

问题讨论

1. 你如何区分服务和产品？这些区别对于服务的国际营销有哪些启示？
2. 产品周期理论对国际产品开发战略有哪些启示？
3. 在多大程度上，国际市场应该提供标准化的服务和保修政策，而不是市场之间各不相同？
4. 为什么在国际营销组合各要素中，大多数公司更加重视国际产品政策？
5. 简要描述IPLC理论和它对于营销的启示。
6. 一件商品需要具备什么样的标准才可以有效转变为品牌产品？
7. 国际产品包装决策中需要考虑哪些因素？
8. 什么时候适合运用多品牌战略在（a）单个市场，（b）多个市场/国家？
9. 在国际产品营销中，原产地国家的重要性体现在哪里？
10. 服务的特征是什么？请解释为什么这些特征使得在国外市场提供服务很困难？
11. 指出打造国际品牌的主要障碍。
12. 讨论在国际市场上增加或减少产品种类的决策。
13. 为什么顾客服务水平在不同国家不一样？比如，在发展中国家提供比发达国家较低水平的服务是否符合道德标准？
14. 一个优秀的国际品牌名称需要具备哪些特征？

参考文献

本章参考文献可通过扫描右侧二维码获取。

第 15 章
定价决策和商务条款

> **学习目标**
>
> 完成本章学习之后，你应该能够：
> - 解释内部和外部变量是如何影响国际定价决策的。
> - 解释出口销售中价格为什么上涨及如何上涨。
> - 讨论在决定新产品的价格水平时的策略选择。
> - 解释价格降低所必需的销售量的提高。
> - 解释经验曲线定价法的含义。
> - 探讨国际营销中的转移定价的特殊角色和可能带来的问题。
> - 讨论变化的货币状况给国际营销人员带来的挑战。
> - 识别和解释不同的销售条款（价格配额）。
> - 讨论影响支付条款的情况。
> - 讨论出口信用和融资在成功的出口营销中扮演的角色。

15.1 引言

定价是营销组合的一部分，因此，定价决策必须与营销组合的其他三个 P 进行整合。价格是在国际营销组合中唯一一种不会导致直接成本的较大变化，而且能够迅速调整策略的要素。价格的这一特征，加之海外消费者对价格变化的敏感性，可能会导致公司采取以单纯的价格调整来取代其他营销要素的改变这一危险行为。公司管理层应该认识到要尽量避免海外市场上的连续价格微调，很多问题的最好的解决办法并不是通过价格变动，这一点非常重要。

通常意义上讲，定价决策是营销组合中最重要的决策，但对其认识却非常不足。营销组合中的其他要素都会产生成本。公司利润的唯一来源是收入，它受到了定价政策的影响和支配。在本章中，我们将聚焦于国际营销者特别感兴趣的一些定价问题。

15.2　与国内定价策略相对照的国际定价策略

对于许多在国内市场经营的中小型企业而言，其定价决策就是对生产、管理和营销单位产品或服务所花费的总成本进行分摊，再加上适当的边际利润的简单过程。当成本增加而销售没有提升，或当竞争对手成本降低时，这些企业就会出现问题。然而，在国际市场，定价决策要复杂得多，因为它们会受到一些额外的外部因素的影响，如汇率波动，某些国家和地区的通胀加速，以及租赁、易货贸易和对等贸易等替代支付方式的使用。

国际营销经理特别关注的是当地产品生产和营销中的产品定价决策，但这种决策实际上又受到来自生产国或销售国之外因素的集中影响。广义而言，定价决策不仅包括初始价格的设定，而且包括对已制定价格的不断调整。

15.3　影响国际定价决策的因素

第一次从事出口业务的中小型企业，由于对所进入的市场了解不多，可能会确定一个确保销售收入至少能弥补其生产成本的价格。企业能认识到产品的成本结构是非常重要的，但是成本不能被当作是定价的唯一决定因素。

相对于其他的国际营销组合要素，定价决策是一种重要的战略和战术竞争武器。它具有很高的可控性，且调整和实施的费用较低。因此，定价决策和行为应和其他的国际营销组合要素整合起来使用。

图 15.1 展示了一个国际定价决策的一般框架。根据这个模型，我们可以将影响国际定价的因素分为两个大类（内部因素和外部因素）和四个子类，下文我们将详细进行讨论。

公司层面的因素

国际定价受到过去和当前的经营理念、组织和管理政策的影响。折扣和降价等短期定价策略通常较受管理者重视，但却忽视了价格作为一种长期战略工具的价值。近几年，价格在许多行业的结构转型中起到了非常重要的作用，导致了一些企业发展，而另一些企业衰退的现象。尤其是日本公司，它们往往是通过多年持续的降价策略抢占市场份额而进入新市场，从而建构品牌和高效的分销渠道和服务网络。日本的国际公司通常会牺牲短期利益，而着眼于长期利益以实现获得市场份额的目标，相对于一些西方的公司他们在投资回报方面通常等待的时间更长。

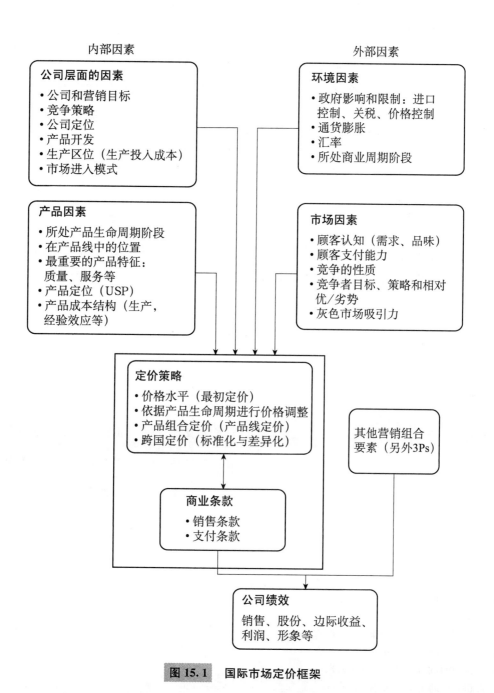

图 15.1 国际市场定价框架

国外市场进入模式的选择同样也会影响定价政策。在国外有子公司的制造商对于该国的定价政策有较高的控制力。

产品因素

主要的产品因素包括产品的独特性、创新性和可替代性。这些因素对于产品生命周期的各阶段有重要的影响，同时也依赖于目标市场的市场环境。卖给消费者或工业市场的产品是服务还是工业品或日用品，也是非常重要的。

公司调整和修改产品或服务的程度，以及市场要求核心产品所提供的服务水平都会影响成本，从而对定价产生影响。

我们认为了解自己的成本有助于评估竞争对手的反应，因此，成本在评估竞争对手对特定价格设定的反应程度方面也同样有益。另外，在成本之上，还有基于渠道长度、中间因素和物流费用所决定的中间成本。以上所有因素均会导致**价格上涨**。

> **价格上涨**
> 所有的渠道成本（如出厂价格、运输成本、关税、分销商加价）加总导致成本上涨。分销渠道越长，国外市场上的最终价格就会越高。

表 15.1 中的例子显示，由于运输、保险和渠道费用的增加，出口产品在海外市场上的成本比本土市场的成本要高出 21% 以上。如果增加一个分销商（进口商）环节，海外成本相对于本土成本会高出 39% 以上。

表 15.1　价格上涨示例　　　　　　　　　　　　　　　　　　　　　　单位：英镑

	国内渠道 (a)	国外营销渠道	
		(b)	(c)
渠道结构	公司→批发商→零售商→消费者	公司→中间商→批发商→零售商→消费者	公司→中间商→进口商→批发商→零售商→消费者
企业的出厂价格	100	100	100
保险和运输成本	—	10	10
卸货费	—	110	110
关税（卸货费的 10%）	—	11	11
进口商支付的价格（成本）	—	—	121
进口商利润/加价（成本的 15%）	—	—	18
批发商支付的价格（成本）	100	121	139
批发商利润/加价（成本的 20%）	20	24	28
零售商支付的价格（成本）	120	145	167
零售利润/加价（成本的 40%）	48	58	67
消费者支付（价格）（不含增值税）	168	203	234
通过国内渠道价格提高的百分比	—	21	39

许多出口商都忽视了价格的迅速上涨，他们只关注它们给进口商的价格。然而，最终消费者的价格才是最应该关注的，因为消费者会比较不同竞争产品的价格，正是这一价格在决定他们的需求方面发挥了重要的作用。

价格上涨不仅仅是出口商单方面的问题，它会影响跨境交易中所有的公司。那些从事大量产品和物资的跨境内部运输的企业，会产生大量的额外费用，从而导致价格的上涨。

以下管理措施可抑制价格上涨：

- 使分销流程更加合理。一个选择是降低分销环节的数量，可以在公司内部完成，或者是尽量绕开一些渠道成员。
- 降低厂商的出口价格（企业的出厂价格），进而降低加价的乘数效应。
- 通过在出口市场建立本地化生产来降低成本。
- 说服渠道成员接受较低的边际利润。如果这些中间商的营业收入依赖于制造商，那么这种措施会比较有效。

忽视传统的渠道成员可能会非常危险。例如，在日本，分销系统特别复杂，经常包括许多不同的渠道成员，从而导致了一些国外企业想对其进行激进式变革。然而，一方面现有的中间商不希望自身被忽视，另一方面它们同政府和其他渠道成员的关系网络会使得国外企业削减中间商的行为变得很危险。

环境因素

在国外市场上，环境因素是公司的外部不可控变量。对进出口的政府控制往往是基于政治和战略上的考虑。

一般来说，进口控制是为了保护国内生产者或者减少外汇流出。直接限制通常采用关税、配额及各种非关税壁垒等形式。除非进出口商愿意承担关税并接受较低的利润率，否则关税会直接提升进口价格。配额对于价格有间接的影响，由于其限制了供给，从而引起进口价格的上升。

由于各国的关税水平不同，使得出口商在不同国家的定价会有所不同。如果产品想在一些关税高并且价格弹性大的国家获得满意的市场份额，就必须设定比别的国家低的基本价格。但是，如果需求非常没有弹性，那么除非竞争对手价格较低，产品价格则可以设定得较高，市场份额也不会因此而降低。

政府对价格的管制也会影响公司的定价策略。许多政府通常会对与健康、教育相关的产品及食品和其他必需品等进行价格管制。另一个主要的环境因素是汇率的波动。货币的相对价格的上升（升值）或下降（贬值）都会影响公司的定价结构和盈利性。

市场因素

在国外市场，一个重要的因素是顾客的购买力（顾客的支付能力）。来自竞争者的压力同样也会影响国际定价。如果市场上有其他的卖家，企业就不得不制定一个更具竞争力的价格。因此，竞争的性质（寡头或垄断）会影响公司的定价策略。

在近似完全竞争的条件下，价格是由市场决定的。价格通常略高于成本以使竞争者不被市场所淘汰。因此，从价格制定者的角度来看，成本是最重要的因素。产品之间的替代性越强，价格越接近，成本在定价决策中的影响就越大（假定市场上有足够多的买方和卖方）。

在垄断和不完全竞争市场的条件下，为了使产品的价格适应选定的细分市场，卖方需要慎重地规划产品质量、促销投入及渠道政策。然而，制定价格的自由度受竞争者定价所限，对于任何相对于竞争者的价格差异，顾客总会基于产品的效用差异做出评判，这就是感知价值。

在考虑顾客如何对给定的价格策略做出反应时，Nagle（1987）提出了影响顾客价格敏感性的九个因素：

1. 与众不同的产品。
2. 更好的产品感知质量。
3. 消费者不了解市场上的替代品。
4. 不容易作比较（比如咨询顾问和会计师的服务质量）。
5. 产品价格在顾客总支出中仅占一小部分。
6. 顾客的感知收益提升。
7. 产品要和以前购买的某种产品结合使用，因此，诸如零件和替换件等产品的定价通常会很高。
8. 与其他合作伙伴共同分担成本。
9. 产品或服务不能存储。

在以上九种情况下，价格敏感性会降低。

下文我们将讨论各种不同的定价策略。

15.4　国际定价策略

如图 15.2 显示了一种新产品通常的定价策略。

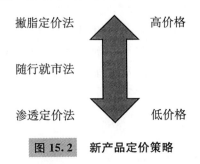

图 15.2　新产品定价策略

撇脂定价法

这种策略是为了从高端市场"撇脂"，即通过确定较高的价格，从而在短期内获取最大可能的利润。对于使用这种定价策略的营销者而言，其产品必须是独特的，市场细分顾客必须心甘情愿地支付高价格。随着进入更多的细分市场，越来越多的产品被销售出去，价格也就逐渐地降下来。撇脂策略的成功依赖于企业竞争反应的能力和速度。

产品的设计应该更加吸引顾客，激发顾客的需求，具有卓越的性能，更佳的舒适性和多样化，以及易操作性。在使用撇脂策略时，企业应该平衡低市场份额和高利润率之间的关系。

使用撇脂策略存在如下问题：
- 由于市场份额较小，从而使得企业容易受当地市场激烈竞争的影响。
- 高质量产品的维护需要大量的资源投入（促销、售后服务）以及本土知名度，这些对于远距离的国外市场是非常困难的。
- 如果在国内或其他国家价格较低，就容易产生灰色营销（平行进口）。

随行就市法

如果在目标市场上已经存在类似的产品，随行就市的方法则较为适合。竞争价格是最终销售价格的基础。这种策略要求出口商足够了解产品成本，并确信其产品生命周期的长度足够保证进入市场。这是一种反应性策略，如果销售额的增长不能支撑满意的市场回报率，就可能会带来问题。尽管企业使用不同的定价方式作为差异化的工具，但是国际营销经理除了接受通行的市场价格外可能别无选择。

可通过消费者愿意支付的价格，采用一种所谓的倒推计算法，即用一种反向的价格增加法倒着（从市场价格）计算出出厂价格。如果这个出厂价格能够创造满意的边际利润，企业就可以继续照此进行生产和销售。

渗透定价法

渗透定价法通过有计划地提供低价产品，刺激市场增长，从而获得市场份额。这种方法要求市场具有一定的规模，顾客对价格较敏感，且通过规模经济和经验曲线能够实现单位成本的降低。如果竞争者降低价格到同样的水平，那么降低价格就能增加销售的基本假设就会失效。另一个危险是价格如果太低，消费者就会怀疑其产品的可靠性。价格是存在可信度的，低于某个水平，消费者就会对产品质量丧失信任。

在国外市场制定较低的产品价格的动机，通常包括如下几个方面：
- 来自竞争对手的激烈竞争；
- 当地消费者收入水平低；
- 一些企业认为，研发和管理费用通常都是由国内市场来支持，出口仅是边缘业务，所以企业仅仅通过国外市场的低价销售来尽可能获得更多的额外收入。

为了在国外市场获得最大化的市场占有率，日本公司通常使用渗透定价法。比如汽车、家用娱乐品及电子产品市场。

价格调整

在新产品已经上市或整体市场环境发生变化时（如汇率波动），企业需要对现有的产品价格进行调整。

表 15.2 显示了维持一定利润水平所需要的销售量增加或减少的百分比。图中的一个例子（表 15.2 中的粗体数字）说明了该表是如何使用的。一个企业有一个边际利润贡献为 20% 的产品。该企业想要知道，如果要维持相同的总利润贡献，若价格降低 5%，那么销售量应该增加多少。具体计算如下：

降价之前
单位产品　　　销售价格：　　£100
　　　　　　　单位可变成本：　£80
　　　　　　　贡献利润：　　　£20
总贡献利润：100 单位 × £20 = £2 000

降价之后（5%）
单位产品　　　销售价格：　　£95
　　　　　　　单位可变成本：　£80
　　　　　　　贡献利润：　　　£15
总贡献利润：133 单位 × £15 = £1 995

因此，如果价格下降 5%，那么销售就需要增长 33%。

表 15.2　保持总利润贡献所需要的销售量的增长或下降　　　　单位：%

价格降低	边际利润贡献（销售价格 − 单位变动成本）								
	5	10	15	20	25	30	35	40	50
	保持总利润水平所需要的销售量的增长比例								
2.0	67	25	15	11	9	7	7	5	4
3.0	150	43	25	18	14	11	9	8	6
4.0	400	67	36	25	19	15	13	11	9
5.0		100	50	**33**	25	20	17	14	11
7.5		300	100	60	43	33	27	23	18
10.0			200	100	67	50	40	33	25
15.0				300	150	100	75	60	43
价格升高	边际利润贡献（销售价格 − 单位变动成本）								
	5	10	15	20	25	30	35	40	50
	保持总利润水平所需要的销售量的最大的降低比例								
2.0	29	17	12	9	7	6	5	5	4
3.0	37	23	17	13	11	9	8	7	6
4.0	44	29	21	17	14	12	10	9	7
5.0	50	33	25	20	17	14	12	11	9
7.5	60	43	33	27	23	20	18	16	13
10.0	67	50	40	33	29	25	22	20	17
15.0	75	60	50	43	37	33	30	27	23

如果企业决定改变产品的价格，必须同时考虑相关的变化。例如，如果需要提高产品的价格，至少在最初的时候，就应该同时加大推广的力度。

与新产品相比，决策者对现有产品降价的灵活度更小。这在很大程度上是因为现有产品通常都缺乏独特性，要面对更激烈的竞争并针对更广泛的细分市场。在这种情况下，决策者在制定价格时将不得不在竞争和成本因素上花费更多的精力。

价格变动的时机与价格变动本身几乎同样重要。例如，一个简单的战术，即在宣布提价的时间上滞后于竞争对手，可以让顾客觉得你是最为他们着想的供应商。同时，时间滞后的程度也很重要。

在针对一家公司的顾客进行的独立调查中（Garda，1995）表明，比竞争对手滞后6周提价，与滞后6个月提价，对顾客而言，他们对该公司为顾客着想的感知效果是一样的。而对公司而言，在不必要的四个半月的提价延迟中，会损失掉一大笔钱。

经验曲线定价

产品价格通常跟随产品生命周期中的每个阶段而变化。当产品处于成熟期时，由于日益激烈的竞争和产品差异化的可能性越来越小，为了保持产品的竞争力，价格将会面临更大的压力。

> **经验曲线定价**
> 将一个行业中的经验曲线（随着累计产量的增加，单位成本会降低）和典型的市场定价结合起来的一种定价方法。

让我们把成本因素也纳入讨论中。经验曲线根源于我们通常观察到的学习曲线，学习曲线表明当人们重复从事一项工作时，他们可以做得更好更快。学习曲线适用于制造成本中的劳动力部分。波士顿咨询公司将这种学习效果覆盖到了与一个产品相关的所有能够带来增值的成本，如生产、营销、销售和管理等。

由此产生的经验曲线涵盖了所有的价值链活动（见图15.3），表明累计产量每增加一倍，产品的实际总单位成本会按一定的比例减少。典型的成本下降是30%（称为70%的经验曲线），虽然，有时会有或大或小的差别（Czepiel，1992，p.149）。

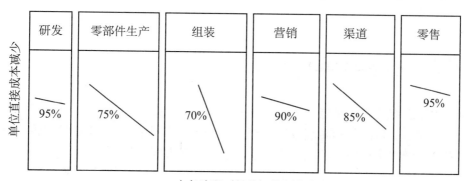

图15.3 价值链活动的经验曲线

资料来源：Hax, Arnoldo C., Majluf, Nicholas S., *Strategic Management: An Integrative Perspective*, 1st,. Copyright © 1984，电子版获Pearson Education, Inc.（Upper Saddle River, New Jersey）授权。

如果我们把典型的市场价格变化轨迹与行业内的经验曲线（平均单位成本）加以结合，将得出类似图15.4所示的关系。

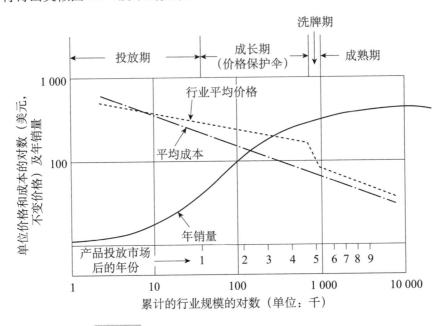

图15.4 产品生命周期阶段和行业价格经验曲线

资料来源：Kotler, Philip, *Marketing Management*: *Analysis*, *Planning*, *Implementation and Control*, 7th, Copyright © 1991, 电子版获Pearson Education, Inc. (Upper Saddle River, New Jersey) 授权。

图15.4表明在产品投放市场之后（价格低于产品总单位成本的阶段），利润开始流入。因为供不应求，价格不会像成本一样降得那么快。结果是成本和价格之间的差距扩大，形成一个价格保护伞，这势必会吸引新的竞争者进入。然而，这种竞争状况并不稳定。在某个时点，部分竞争者为了抢占更多的市场份额或者保持现有的市场份额，会降低价格，这时价格保护就会被打破。其结果是进入洗牌阶段：低效率的生产者将会被快速下降的市场价格清除出局，只有那些在价格/成本关系上保有竞争力的生产者会留存下来。

产品组合定价（产品线定价）

在产品组合定价中，可能会对产品线中的各个产品区别定价，以表示不同系列的商品，如经济版、标准版和高端版等。产品线中的某款产品可能被专门定价，以使市场份额免遭竞争对手侵蚀或者从竞争对手的手中抢夺市场份额。

产品线中竞争较少的产品可能售价更高，以补贴产品线中的其他产品，从而弥补竞争激烈品牌的利润损失。另一种策略是价格捆绑（总"组合包"价格），这个策略将为那些购买产品线中多个产品的消费者制定一个特定的总体价格（包含软件和打印机的个人电脑组合包价格）。在这些示例中，一个重要的考虑因素是不同国家的消费者在花时间寻找最划算的商品时希望能够节省多少钱。此外，产品线中的某些产品可能会以超低价销售，以作为特价商品招揽顾客。这一策略的一个特殊变形就是所谓的**后续买入策略**（buy in-follow on strategy）(Weigand, 1991)。后续买入策略的一个典型案例是剃刀和刀片组合。例如，吉列的剃须刀（先头产品）采用渗透定价法，但是它的剃须刀片（后续产品）则采用撇脂定价法（价格相对较高）。因而，关联的产品或服务——后续产品——销售可以获得很高的边际利润。

> **后续买入策略**
> 通常情况下，这种策略是将两种产品捆绑在一起：最初的产品定价非常低，主要是为了吸引消费者购买并试用该产品。随后后续产品以显著较高的价格出售。经典的例子是吉列剃须刀（先头产品）＋刀片（后续产品）。

当然，这将不可避免地吸引搭便车者在不投入先头产品的情况下努力去销售后续产品。

后续买入策略不同于低价推广策略，后者是寄希望于消费者（习惯性地）在价格上涨的情况下还会继续回来购买。通过后续买入策略，两种产品或者服务的销售被法律合同、专利、商业秘密、经验曲线优势和技术关联等因素强有力地捆绑在了一起。

下面是这一策略的其他例子：

- 宝丽来即拍相机的售价非常低，但是宝丽来希望由此可以带来持续多年的丰厚的胶片收益。
- 电话公司以一个近乎赠送的价格出售移动电话，它们希望这些消费者可以成为更加有利可图的移动电话网络的重要用户。

示例 15.1
吉列的溢价策略

渐进式创新产品可以使一个公司获得更高的价格和边际利润。例如，1971 年吉列公司（2005 年被宝洁收购）推出了 Gillette Trac Ⅱ，一个刀头配有两层刀片。2006 年，推出 Gillette Fusion，配有五层刀片，同时还附加了第六个用于修剪的刀片。表 15.3 总结了 1971—2006 年的 35 年间，吉列剃刀每次更换剃刀片带来的价格变化。

价格在 35 年间提高了 2 倍（剔除通货膨胀的影响）。

表 15.3 吉列剃刀每次更换剃刀片后的价格
（基于 2006 年的价格并进行了通货膨胀调整） 单位：美元

吉列产品版本	每次更换剃刀片后的价格 （基于 2006 年的价格）
Gillette Ⅱ（1971 年，2 层刀片）（"两层刀片优于一个刀片"）	1.00
Gillette Sensor（1990 年，弹簧式刀片）（"贴合您的面部轮廓"）	1.22
Gillette Mach 3（1998 年，3 层刀片）（"一个刀头三层刀片"）	2.02
Gillette Fusion（2006 年，5 层刀片外加 1 个修剪刀片）（"来自 5 层刀片的舒适和一个修剪刀片的精准"）	3.00

资料来源：整理自 Varadarajan (2009)。

产品-服务捆绑定价

在相关配套的服务中，价格的结构和层次可能是价格制定时最重要的元素。为了制定出合理的价格，一个公司需要对自己的战略意图和竞争优势的来源有一个清晰的把握，同时必须经常在产品推广与配套服务的增加与利润之间做出取舍。

一个公司的战略意图在很大程度上决定了产品-服务捆绑定价的合理性和捆绑定价对服务带来的价值贡献。对于专注于提高和保护核心产品的公司，应该为那些能够促进产品推广的服务制定相应的价格。这种定价策略可以依据顾客的购买决策来实现产品推广的多样化。公司可以在顾客使用过程中提升产品的价值，同时通过产品和服务捆绑的方式提供更高价值的解决方案。如果入门价格（entry price）是一个关键因素，那么可以考虑把相应服务的价格定得更高，以便为将来降价留下空间。实际上，许多软件企业就是这么做的。在某些情况下，公司为了加快产品更新的速度，可以提高维修服务的价格。产品推广的战略目标也意味着允许销售和代理商对于配套服务价格的制定有一定的灵活性和自主性。尽管如此，公司必须严格监管定价原则，确保这些销售人员对他们所卖产品的总体盈利是负责的。

> **产品-服务捆绑定价**
> 在一个系统-解决方案集成化的产品上，将产品和服务绑定在一起。如果顾客认为入门价格是一个关键因素，那么可以将相应服务的价格定得更高，从而为降价留下空间。许多软件企业就是这么做的。

相比之下，对于那些旨在专门为顾客提供服务的企业来说，制定的服务价格应该能够实现盈利增长，同时要与竞争对手承诺给顾客的价值相近。这些公司应该设置价格指导线，同时将调价权限相对集中，降低销售和现场工作人员的调价自由，明确打折的原则。对于一个服务型的成长平台来说，把服务和产品价格绑定通常是非常愚蠢的做法，因为在所有的潜在顾客中，购买服务的人可能并不会去购买产品。同时，由于这些公司的产品和服务是独立地进行销售，且服务于不同的目标市场，将价格绑定在一起也是非常困难的。

竞争优势的来源——规模或技术——是影响产品定价结构的主要因素。如果一项业务是以规模经济来驱动的，那么价格制定应该基于标准单位（如万亿字节的存储管理），它应该提供批量折扣优惠，以鼓励消费者更多地使用。但是，如果在标准化服务过程中进行任何定制化的调整，这些公司就应该将这种调整的价格定得非常高，因为这些变动会提高整个运营过程的成本。

相反，若一项服务主要依赖特殊技能，那么对这类产品定价应该基于顾客使用这些服务可以减少的成本，或者顾客使用次优替代品的成本。这类以价值为基础的定价，往往要求对细分顾客群体所有权的总体成本进行复杂的分析，并对提供服务的成本结构有着深刻理解。竞争强度和应用这些技术的成本，决定了这些服务价格变动的上限和下限。最理想的情况下，企业可以把这些信息融入定价工具中，以便销售商和代理商可以更加准确地评估顾客价值，从而提高定价决策的水平（Auguste *et al.*，2006）。

跨国定价（标准化与差异化）

对于跨国销售的产品而言，公司面临的主要问题是如何协调各国之间的价格差异。对此，有两种截然相反的观点：第一，通过最大程度的标准化定价来实现在不同市场上的相似定位；第二，依据不同的市场条件采用不同的定价以实现最大化盈利。在决定跨国销售采用哪个价格标准时，有两种基本的途径：

1. 价格标准化。这种方法是在产品出厂时设置一个价格。最简单的办法就是在公司的总部设置一个固定价格。在考虑相关的市场因素（如在监管环境下的汇率波动）后，这种固定的国际价格就被应用到所有的市场。对于企业而言，这是一个低风险的策略，但没有尝试根据当地条件进行调整，也没有做出实现利润最大化的努力。然而，如果企业的产品是卖给在很多国家都设有公司的大型客户，那么这种定价策略可能是适用的。在这种情况下，企业一般会面临来自客户的压力，客户会要求为其跨国组织的每个子公司提供相同的价格。例如，图15.5中，在大型零售组织的国际化活动中就体现了这一点。价格标准化的另一个优点是方便新产品在国际市场的快速推广和跨市场的一致（价格）形象。

2. 价格差异化。这种策略允许当地的子公司或合作伙伴（代理商、经销商等）结合当地情况，设置最合适的价格，而不用试图去协调跨国间的价格差异。跨文化实证研究发现，在不同的国家，顾客的特征、偏好和购买习惯有很大的不同（Theodosiou and Katsikeas, 2001）。价格差异化的弱点是缺乏控制，可能出现总部设定的价格高于子公司或外部合作伙伴设定的价格。相邻市场的价格可能会出现显著的差异，这对跨国公司会带来糟糕的负面影响。这也导致了平行进口（parallel importing）和灰色市场（grey markets）的产生（在本书第16章会有更详细的讲解），即产品从一个市场买入，然后在另一个市场卖出，在这个过程中，将会压低既定的市场价格。

在图15.5中，分别列示了哪些情况更适合标准化或差异化。

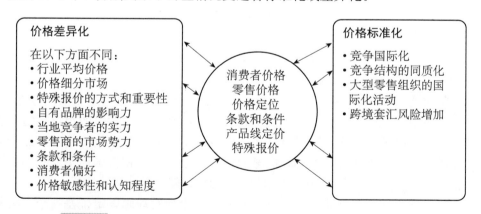

图 15.5 欧洲消费品市场的标准化定价和差异化定价的结构性因素

资料来源：转引自 *European Management Journal*, vol. 12, no. 2, Diller, H. and Bukhari, I. (1994), "Pricing conditions in the European Common Market", p. 168, Copyright © 1994, 获 Elsevier 授权。

国际定价分类

如我们先前所讨论的,国际环境下的定价,是在对公司运营有影响的外部复杂的市场环境和公司应对这种复杂环境的能力的相互作用下形成的。Solberg(1997)的框架用一种有益的方式对这一交互作用进行了研究,对于企业在国外市场的出口定价产生了非常重要的影响。Solberg 表示,企业的国际化战略行为主要受两个维度的影响:(a)企业所处行业的全球化程度(市场相关因素的测量)和(b)企业的国际化准备程度(企业应对这些国际化市场因素的能力的测量)。这两个维度在第一章(见图 1.1)曾经进行过讨论,主要目的是对公司在何种情况下应该驻守本土,在何种情况下应该加强国际推广,或者介于两者之间提出相关建议。在图 15.6 中,依据这两个维度提出了一个国际化的定价分类(Solberg et al.,2006)。

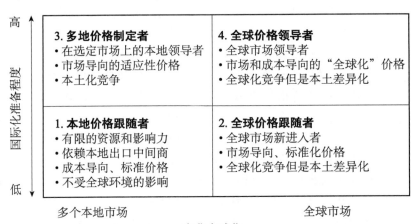

图 15.6 国际定价实践分类矩阵

资料来源:改编自 Solberg et al. (2006, p.31)。

一般而言,全球化的产业市场往往都是被几个主要竞争对手控制的,它们在自己的产品领域主导着世界市场。因此,从产业全球化这个维度看,企业的全球化程度主要在两个极端之间变化:一端为垄断,另一端为完全竞争。这种观点的战略意义是,垄断和寡头垄断的全球化的参与者是价格的制定者,而在自由竞争的市场环境下企业会暴露在当地的市场力量下,发现自己在各种情况下都要遵循市场价格。虽然大多数企业处于垄断和完全竞争这两种极端情况的中间,但是我们相信国际企业在制定价格时,也会受到其所处的竞争环境中的全球化趋势的影响。

从国际化准备程度这个维度看,经验丰富的企业会发现国际定价是一个尤为复杂的问题,尽管它们投入额外的资源收集和处理大量的信息。这些企业对进入国际市场进行了充分的准备,这对于抵消新进入市场的降价影响或应对竞争对手的攻击是非常必要的,企业能够更有自信地制定价格策略,从而享受更高的出口市场份额。相反,较小或者缺乏经验的企业不仅相对于当地的竞争者来说实力薄弱,而且在根据当地市场情况制定有效的价格水平时也表现得力不从心。因此，它们往往在市场上占有较小的份额，并且常常要跟随它们的竞争对手或细分市场领导者的定价策略。

通过对这个框架的讨论，我们认为，大型的、有国际经验的出口商在制定它们的定价决策时，可能会偏好于集中化进行定价决策，并对这些决策拥有高度控制权。而小型的、对出口不熟悉的、国际经验不足的企业可能会采用分权的和机会主义模式进行市场定价。

以下将分别讨论图15.6中四个战略原型的特点：

原型1：本地价格跟随者企业

此类企业（制造商）的国际经验有限，因此，企业的本地出口中间商（代理商或分销商）便充当了信息提供者的角色。这种信息不对称存在一定的危险，出口中间商可能会误导出口商采取机会主义的行为或追求与自身目标存在冲突的目标。这可能会进一步产生交易成本，并导致内化（见3.3节对交易成本的分析）。由于市场知识有限，出口商计算的价格往往较粗糙，它们最有可能基于成本或是根据从当地的出口中间商处得来的（有时是不充分或存在偏差的）信息制定价格。在极端的情况下，这样的出口商只对那些主动提供的国外信息有所反应，并根据内部成本信息进行定价，从而丢失潜在的国际业务机会。

原型2：全球价格跟随者企业

此类陷入全球价格追随者行列的企业对国际化的准备非常有限。然而，这类企业却往往更有动力开拓国际市场，因为它们是被全球化市场"推动"的。这类企业将在所有国家推行标准化价格，因为相互连接的国际市场或多或少拥有相同的价格水平。

鉴于其在全球市场的边缘地位，这类企业的议价能力有限，并且可能被迫采取全球市场领导者——经常是那些大型的全球客户（参见第19章关于全球客户管理的探讨）——的价格水平。原型2的企业通常会在高效的分销渠道和全球化的竞争对手的持续压力下对价格进行调整。

原型3：多地价格制定者企业

此类企业在当地市场的根基已十分稳固，并对进军国际市场做好了充足的准备。它们能够凭借对市场信息的深入分析和评估，以及建立的市场情报系统和植根于内在的市场知识来对当地的市场条件进行评估。通过信息和反馈系统，它们对当地的市场分销网络有着严格的控制。原型3企业根据不同市场的需求来调整价格，并熟练地管理不同的市场并设计不同的价格结构。

不同于本地价格跟随者（原型1），此类企业是当地市场的定价领导者，它们主要根据当地的市场条件来制定自己的定价策略。在多国市场经营的导向下，尽管总部人员会密切监视每个当地市场的销售趋势，但是此类企业更倾向于把定价决策权转移到当地子公司的经理手中。此类企业将会面临来自灰色市场进口商的挑战，这些进口商会寻找低价供货商以利用不同市场间的价格差异进行套利（参见 16.8 节灰色营销）。

原型 4：全球价格领导者

此类企业在世界主要的市场上都处于有利的强势地位。它们管理着良性运转的营销网络，并主要通过阶层控制模式进入国际市场，或者是通过阶层控制和中间商进入模式（如合资企业、联盟等）相结合的方式进入主要的国际市场。原型 4 的企业在每个主要市场上面对的竞争对手相对有限，类似于全球（或区域性）寡头垄断的情况。典型的寡头垄断厂商通常会面临价格机制的跨国透明化的挑战，需要应对全球性（或区域性）的约束（如需求模式和市场管制机制）以及泛区域性（如整个欧盟地区）的定价等问题。全球价格领导者往往会在市场上保持相对较高的价格水平。不过，这可能并不像多地价格制定者企业那么有效。与全球价格领导者相比，多地价格制定者建立了更有效的当地进入壁垒，如品牌领导力，并与当地的经销商有着更为密切的联系，而且对当地市场情况也有着更为深刻的了解，从而保护自身免受国际价格竞争的威胁（Solberg et al.，2006）。

建立全球定价合同

随着全球化进程的发展，经常会听到全球化供应商和客户说："给我一个**全球定价合同**（global-pricing contract，GPC），我会在全球只购买你的产品。"越来越多的全球化客户要求从供应商那里获得这样的合同。例如，1998 年通用汽车公司的动力传动部门要求其供应商提供的用于通用公司引擎的零件、传动装置和组件的价格应该每个地区都一样。

> **全球定价合同**
> 顾客要求供应商的所有国外战略业务单元和子公司提供一个全球定价（每款产品）。

供应商不会因为客户的全球化而遭受损失。最有吸引力的全球定价的情况是，供应商和客户可以一起合作以识别和消除对双方都有危害的低效率。然而有时，供应商没有选择，因为他们不能切断其与最大的且增长最快的客户之间的业务。

供应商和客户在全球定价合同中都具有不同的优势和劣势，如表 15.4 所示。

一家化学用品制造商仅关注与少数选定的客户的关系。因为该公司判定自己的优势在于增值服务，而潜在的新兴市场客户则更为关注价格。选定的客户对与供应商合作带来的费用的节省和先进的库存管理更感兴趣。

全球化客户对成本信息的具体需求也可能会将供应商置于危险的境地。丰田、本田、施乐等强迫供应商检查它们的说明书。这些企业所主张的目标是：帮助供应商找出改进流程和质量、同时降低价格的方法，并建立双方之间的信任。然而，在经济低迷时期，全球化客户可能会要求降低价格和追加服务。

表 15.4　全球定价合同：优势与劣势

	客户	供应商
优势	1. 更低水平的全球价格以及更高水平的服务 2. 标准化的产品和跨市场提供的服务 3. 流程的高效，包括新产品研发、制造、库存、物流和客户服务 4. 创新的全球化快速扩散	1. 轻松获得新市场的进入权和拓展业务 2. 巩固业务和实现规模经济 3. 可以跟业界领袖一起工作，并以此为展示平台，扩大影响力 4. 与客户合作，建立深厚的关系，使得潜在竞争对手很难侵入 5. 通过各跨国市场反馈，纠正客户关系中的价格和服务异常
劣势	1. 客户很少适应当地市场的不同和变化 2. 供应商可能没有能力提供跨市场的稳定质量和性能 3. 供应商可能会利用客户的过度依赖性而提出更高的价格 4. 当地经理可能会抵制全球合同，而更喜欢跟本地供应商打交道 5. 驾驭全球合同的成本可能会超过其带来的好处	1. 当地经理有时反对改变，供应商可能就会成为客户总部和当地经理之间冲突的牺牲品 2. 供应商可能会失去服务其他有吸引力的客户的机会 3. 客户可能不会兑现承诺 4. 客户可能会利用在合作中共享的成本信息 5. 供应商可能会对一个客户过分依赖，即使有其他更有吸引力的客户存在 6. 在新的市场上，供应商可能会与现有分销渠道发生冲突

资料来源：改编自 Narayandas，Quelch and Swartz（2000，pp. 61-70）。

欧洲的定价策略

1991 年，同一消费品在整个欧洲的价格差异平均为 20%，某些产品还存在更大的差异（Simon and Kucher，1993）。Diller and Bukhari（1994）的另一项研究也表明，同样的冰淇淋的价格差异也很大。

价格差异的原因源自不同地区法规、竞争环境、分销结构和消费者行为（如支付意愿）的差异。汇率波动也会影响短期价格差异。区域化的压力正在加速统一定价的进程，但 Simon and Kucher（1993）警示说，这是一个潜在的定时炸弹，因为统一定价的压力是朝着最低的价格水平推进的。

只要市场是分开的，欧洲便是一个价格差异的天堂，但它要维持旧的价格差异变得越来越难。主要有两种情况可能会迫使公司在欧洲国家实行标准价格：

1. 跨欧洲零售集团的国际购买力。
2. 平行进口/灰色市场。因为不同国家的价格存在差异，一个国家的购买者就能以更低的价格在另一个国家进行购买。其结果是低价格市场上的消费者受利润的刺激，就会把产品卖到高价格市场以赚取利润。我们将在 16.8 节进一步探讨灰色营销的问题。

Simon and Kucher（1993）提出一个价格"走廊"（图 15.7）的概念。在单个国家价格可能只会在某一范围内变化。在考虑欧元的情况下（2002年1月欧元正式流通），图15.7也同样有意义。然而，由运输成本和短期的竞争条件等因素所导致的价格差异仍然存在。Simon和Kucher建议，如果必要，为了保持在诸如法国、德国、英国和意大利等大市场的可接受的价格水平，可以牺牲掉较小国家的业务。例如，对于一家制药公司来说，由于存在葡萄牙的平行进口，因此，在德国市场降价10%进行销售的盈利性要优于在葡萄牙进行销售。

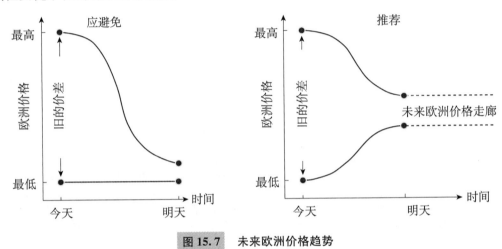

图 15.7 未来欧洲价格趋势

资料来源：Simon and Kucher (1993, p. 26). Copyright © ESOMAR。

转移定价

转移价格是指在公司内部的商品和服务转移所需要支付的价格。当商品需要从国内的一个单位转移到国内的另一个单位时，许多纯粹的国内企业便需要制定**转移定价**决策。虽然转移价格是在公司内部产生的，但对于外部而言转移定价也是十分重要的，因为在商品的跨国转移中，不可避免地会涉及跨国课税，而这就需要确定商品的价值。

> **转移定价**
> 公司内部商品和服务的转移所需要支付的价格。虽然这些转移价格是在公司内部产生的，但是对于外部的跨国课税非常重要。

在这种情况下，公司的目标是确保支付的转移价格能够优化企业整体目标，而不仅仅是优化部门目标。当公司将国外组织定位为利润中心时，目标的达成就会变得十分困难。利润中心要想高效运作，就必须为所有转移的东西设置转移价格，诸如工作所需的材料、零件、制成品或服务都得考虑在内。高转移价格——例如从一个生产分支机构到一个国外子公司——就会反映为国外子公司的较差的绩效（见表15.4的高加价政策），而国内生产分支机构也不愿意接受低价格（见表15.4的低加价政策）。仅仅这一问题就会导致子公司之间的不信任。

从集团公司整体的角度来看，表15.5中所示的两种加价政策中的"最佳"选择应该是较高的加价政策，因为它产生了 550 美元的净收入，而使用低加价政策只产生了 475 美元的净收入。"最佳"选择取决于生产和分销分支机构（子公司）所在国家的税率情况。

表 15.5 低转移价格 vs. 高转移价格对净收入（美元）的税收效应

	生产分支机构 （部门）	分销/销售分支机构 （子公司）	集团公司
低加价政策			
销售额	1 400	2 000	2 000
较低产品销售成本	1 000	1 400	1 000
毛利	400	600	1 000
较低的运营费用	100	100	200
可征税收入	300	500	800
较低的收入税（25%/50%）	75	250	325
净收入	225	250	475
高加价政策			
销售额	1 700	2 000	2 000
较低产品销售成本	1 000	1 700	1 000
毛利	700	300	1 000
较低的运营费用	100	100	200
可征税收入	600	200	800
较低的收入税（25%/50%）	150	100	250
净收入	450	100	550

注：生产分支机构所缴收入所得税的税率为 25%；分销分支机构所缴收入所得税的税率为 50%。
资料来源：整理自 Eiteman and Stonehill (1986)。

转移定价的三种基本方法：

1. 基于成本进行转移。转移价格是在生产成本的基础上制定的，同时，国际分部被视为公司全部利润的来源。这意味着，生产中心的评估是根据其效率而不是它的盈利能力。生产部门通常并不乐意根据生产成本进行销售，因为它们认为这样是在补贴销售子公司。当生产部门不开心时，销售子公司可能只能得到迟缓的服务，因为生产部门会首先关注那些更有吸引力的商机。

2. 基于公平市场交易进行转移。国际分部同任何公司之外的其他买家一样支付相同的价格。当价格缺乏竞争力或产品质量较为低劣时，如果国外分部可以到别处购买，那么就会出现问题。另外，如果不存在外部买家，进一步的问题就会产生，即很难确定一个合适的价格。然而在制定转移价格时世界范围都倾向于（并非是必需的）依据公平交易的原则。

3. 基于成本加成进行转移。这是生产分部和国际分部在利润分配时妥协的结果。用于评估转移价格的实际准则可以是多样化的，但通常这一准则是要最大限度地减少花费在处理转移价格分歧上的时间，优化公司的利润并激励国内和国际分部。高层管理者经常被任命来解决这些争议。

一个好的转移定价方法应该既考虑总公司的情况，也鼓励部门合作。它也应该能够尽量减少花在解决转移价格分歧上的管理时间，并将财务负担降至最低。

货币问题

出口定价的一个难题表现在选取何种货币对价格进行报价。出口商有下列几种选择：

- 购买者所在国的外国货币（当地货币）；
- 出口商所在国的货币（本国货币）；
- 第三方国家的货币（通常是美元）；
- 类似欧元的一种货币单位。

如果出口商的报价运用本国货币，这样不仅易于管理，而且与汇率变化相关的风险也是由客户承担；然而，如果出口商在报价时运用外国货币，出口商就要承担汇率风险。不过，运用外国货币报价也会给出口商带来一些好处：

- 外币报价可以作为合同的一个条件；
- 可以在国外获得一个更低利率的融资途径；
- 良好的货币管理可以成为获得额外利润的一种手段；
- 为了能够同竞争者的价格进行比较及准确了解最终价格，客户通常更喜欢以其本国货币报价。

另一个难题是由出口商面临的汇率波动造成的。一个位于货币贬值国家的公司可以（其他条件不变）加强其国际竞争地位。它可以选择降低以外国货币报价的价格，也可以保持价格不变而增加利润。

当意大利里拉的价值对德国马克下降15%—20%时，这将使得意大利汽车制造商菲亚特在定价上占据竞争优势。德国汽车出口商，如大众，则会遭受不利影响，而不得不降低其标价。从这一角度来看，一个公司与其主要竞争对手相比，其制造和销售子公司的地理布局就变得格外重要，因为一个当地子公司可以消化因货币贬值所带来的大部分不利影响。

15.5 互联网对跨国定价的意义

欧洲的单一货币——欧元（http：//europa.eu.int/euro/），经过十多年的筹划和准备终于成为现实。这个单一货币创立了世界上最大的单一经济体，此经济体具有较大份额的全球贸易量，并且消费者数量也比美国更大。

这一现象的含义是，2000年年底欧洲突然转变为一个单一市场，人们购买另一个国家的货物就像从马路对面的商店购买一样简单。人们使用相同的货币，只有语言的问题仍然存在。对于欧洲的看法是，随着上网的人数越来越多，以及新的单一货币的使用，网上购物会大幅增长。

互联网服务提供商（Internet service providers，ISPs）提供的服务使得产品价格大幅下降，从而带来了网上购物的繁荣。例如，许多英国公司开始提供免费的互联网访问或分期付款模式，以鼓励新的消费群体尝试使用互联网进行购物。

欧洲单一货币是欧盟成员的一个夙愿。这个想法最早萌生于20世纪70年代，但由于石油价格的上涨而被搁浅。在20世纪80年代初又被重新提及，并最终在1992年的《马斯特里赫特条约》达成一致。条约规定每个国家都要满足一些会计准则，如通货膨胀率的控制和债务/GDP比率。绝大多数国家都符合这些标准，并被允许加入欧洲货币联盟。

欧元是欧盟16个成员国的货币：比利时，德国，希腊，西班牙，法国，爱尔兰，意大利，卢森堡，荷兰，奥地利，葡萄牙，芬兰，斯洛文尼亚，塞浦路斯，马耳他和斯洛伐克。这些国家组成了"欧元区"，拥有大约3.26亿人口。

英国处于欧元区以外，这给很多与英国公司有密切交易或在英国拥有子公司的美国公司带来不便。

欧元的主要影响是：
- 由于整个欧洲的价格更为透明，使得顾客可以获得更低的价格；
- 通过减少由于高交易成本和浮动货币导致的贸易摩擦，创造一个真正的单一市场；
- 迫使企业集中在价格、质量和生产上进行竞争，而不是隐藏在疲软的货币背后；
- 使得中小型企业更容易进入国外市场，同时消费者通过互联网能够在价格最低的市场进行购物，从而使中小型企业和消费者受益；
- 通过新的欧洲中央银行保证通胀和利率的稳定；
- 通过更低的价格、更低的利率、零交易成本或零货币兑换损失，以及汇率稳定，来降低经营成本。

总之，单一货币将显著提高竞争力，降低交易成本并提高环境的确定性。这些新的力量会给欧洲带来结构性改革。欧洲的商业和政治环境，几乎每一个方面都会受到影响。

也许最重要的是，市场营销和定价策略需要重新考虑。因为欧元将使得价格在欧洲更易比较（特别是通过互联网），它会显示市场价格高低之间的差异。

欧元使得那些通过互联网进行销售的企业更容易经营，而且鼓励它们把产品销售给欧洲顾客。自从欧洲人学会了通过鼠标轻轻一点来进行购物和比较价格后，他们现在更乐于进行网络购物。

以往，在任何一个欧洲国家，某款给定产品的竞争并不激烈，因为消费者习惯在本地（在自己的国家）购买。现在，欧洲人可以通过互联网进行国际购物，他们有了更多的选择，并且发现同款产品有不同价格。对消费者手中欧元的争夺将进入白热化，这会推动价格的下行。

然而，最近的研究也表明，互联网还没有创造一个通过完全竞争来降低价格的状态。事实上，在有些情况下，网上的价格比传统零售店的价格要高。研究还表明，在线消费者并不像之前设想的那样对价格敏感。消费者变得对价格不那么敏感，而是随着网站提供的高质量信息的水平的提升而更加忠诚（Kung and Monroe，2002）。

15.6 销售和交付条款

产品报价的内容涉及描述特定产品、声明产品价格、指定交货地点、设置装运时间和明确付款条件。与买卖双方相关的责任要界定清楚，因为这关系到哪些责任要写进产品报价中，同时也关系到产品所有权什么时候从卖方转移到买方。国际贸易术语解释通则（Incoterms）是由国际商会制定，并被国际广泛接受的有关贸易术语的标准定义。为适应新千年商业实践的发展，该解释通则已做了全面修订。1999年9月发布的《国际贸易术语解释通则2000》（*Incoterms 2000*）将从2000年1月1日起启用，以界定买卖双方在合同中的责任。

《国际贸易术语解释通则2000》中包含13个贸易术语：

EXW：工厂交货（……指定地点）；FCA：货交承运人（……指定地点）；FAS：船边交货（……指定装运港）；FOB：船上交货（……指定装运港）；CFR：成本加运费（……指定目的港）；CIF：成本、保险费加运费（……指定目的港）；CPT：运费付至（……指定目的地）；CIP：运费、保险费付至（……指定目的地）；DAF：边境交货（……指定地点）；DES：目的港船上交货（指定目的港）；DEQ：目的港码头交货（……指定目的港）；DDU：未完税交货（……指定目的地）；DDP：完税后交货（……指定目的地）。

表15.6描述了部分贸易术语的交货点和风险转移点。

表 15.6　交货点和风险（从卖方到买方）转移点

	EXW	FAS	FOB	CFR	CIF	DEQ	DDP
供应商工厂/仓库	×						
装运港码头（出口码头）		×					
装运港（船上）			×	×	×		
目的港（进口码头）					×*	×	
买方仓库（目的地）							×
主要运输风险承担方	买方	买方	买方	买方	卖方	卖方	卖方

注：*买方将风险转移给保险公司。
资料来源：改编自 Onkvisit and Shaw (1993, p.799)，由 Sak Onkvisit 提供。

下面是一些最常用的销售条款的描述：

1. 工厂交货（EXW）。工厂交货意味着卖方报价是以原产地为基础，一般在工厂、仓库、矿山或种植园。买方负责从该点开始的所有费用。这个条款表明出口商承担最低的义务。

2. 船边交货（FAS）。基于这一条款，卖方必须负责免费将货物送达用于装载和出口的运输载体（通常是远洋船舶）旁边，但并不需要在码头装载货物。不同于FOB，装船的时间和成本并没有包含在这个条款中。买方必须支付将货物装上船的费用。

3. 船上交货（FOB）。出口商的报价包含了将货物装上指定运输工具时的所有费用。指定装货点可能是一个内陆运输点，但通常是出口港口。买方在货物越过船舷后，承担对货物的责任。

4. 成本加运费（CFR）。当货物装上船，被承运人接受或处于承运人的保管下时，卖方的义务结束。卖方支付把货物运到指定目的地的所有海运费用（不包括保险，这是客户的义务）。

5. 成本、保险费加运费（CIF）。这个交易条款与CFR基本相同，除了在这个条款中，卖方必须提供必需的保险。卖方的义务仍在相同的阶段结束，即货物被装载或装上船，但是卖方的保险公司承担货物装上船后的责任。

6. 目的港码头交货（DEQ）。目的港也即进口港。这个条款在CIF的基础上又进了一步，要求卖方负责在海外指定港口码头放置货物所产生的成本和适当的进口关税。

7. 完税后交货（DDP）。在这个条款中，出口报价包含了将货物运至进口商指定地点的所有成本。出口方因而有责任支付所有的进口关税，以及在进口国卸货和内陆运输的成本，另外还包括运输货物到进口国的保险费和运费。这些条款意味着出口商履行了最大义务。卖方必须承担将货物运至指定目的地的一切风险。DDP也就是通常人们所熟知的"送货上门"（franco domicile）价。

出口报价之所以重要，是因为其明确了买方和卖方应付的法律和经济责任。卖方偏好那些对其应负义务和责任要求最低的报价条款，如EXW，这意味着当出口商在卖方所在地将货物交给买方承运人时，出口商的责任就完成了。另一方面，买方会偏好DDP，因为是由卖方承担将货物运到买方仓库的所有责任，它们也偏好CIF卸货港，这意味着买方直至货物运到自己的国家才需要负责任。

一般来说，以CIF为基础的定价策略更以市场为导向，这表明了对市场强有力的承诺。采用工厂交货定价，出口商不采取任何措施以建立与市场的关系，所以可能表明只有短期的承诺。

15.7 支付条款

在为即将装运的货物进行支付条款的谈判时，出口商将考虑以下因素：
- 行业惯例；
- 竞争对手提供的条款；
- 买家和卖家的相对实力。

如果出口商凭借其独特的产品和配套的服务在市场上建立了稳固的根基，则价格和贸易条款可以按照出口商的意愿制定。另一方面，如果出口商是进入一个新的市场或迫于竞争压力而采取行动，定价和销售条款应作为主要的竞争手段。

基本的支付方式会基于其对买方和卖方的吸引力不同而有所差异，主要包括预付现金、赊销和寄售等。任何一种方式都不可能长期可行，但它们在特定情况下确实是有用的。图15.8给出了最常用的支付方法。

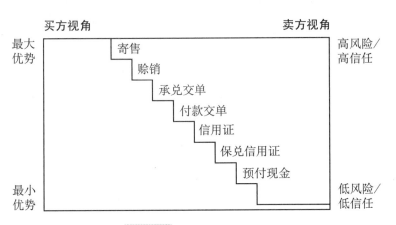

图 15.8 不同的支付条款

资料来源：Chase Manhattan Bank（1984，p.5）。

对出口商最有利的付款方式是预付现金，因为预付现金能降低出口商的所有风险，并可以在第一时间使用这笔钱。另一方面，从买方的角度来看，最有利的付款方式是寄售或赊销。

我们将最常见的支付方式按照对出口商的吸引力大小以递减的顺序排列，现描述如下。

预付现金

出口商在货物装运前即收到付款。因为没有收款风险和应收账款的利息成本，预付现金（cash in advance）这种方式最小化了出口商的风险和财务成本。然而，进口商很少会同意这些条款，因为这会占用它们的资本，而且可能面临收不到货物的风险。因此，这种条款并未被普遍采用。这种付款方式最可能应用在出口商对进口商的支付能力缺乏信心（通常是在初次出口交易中），或是由于进口国的经济和政治不稳定可能会导致进口商无法取得外汇的情况下。

信用证

在世界范围内，信用证（letter of credit）是非常重要和常用的支付方式。信用证是开证银行应申请人的要求并按其指示向第三方开立的载有一定金额的、在一定的期限内凭符合规定的单据付款的书面保证文件。其中，单据可以是提货单、货物发票或产品说明书等。在一般情况下，信用证具有如下特点：

- 由银行出具用以解决国际商务中的交易问题。
- 保证买卖双方利益的一种形式。
- 如果满足信用证中的条款和条件，银行就保证支付。
- 以这种方式支付仅仅基于文件而与商品或相应的服务无关。

在信用证的处理过程中客户同意以保兑的信用证支付。(1)客户首先发单查询货物，(2)价格和条款由供应商提供的形式发票确认，(3)以使客户知道相关的交易金额，(4)进而指导其银行（开证银行）开立信用证，(5)信用证是由供应商所在国家的银行保兑。(6)当货物发运后，(7)由供应商向其开户银行提交货运单据，(8)以确认货物的发出，(9)并提供信用证和其他规定的单据和付款凭证。货款自动通过开证银行从客户的帐户转出。(10)当客户的开证银行将所有的文件都交付客户时，客户才能通过这些凭证领取货物（改编自 Phillips et al., 1994, p.453）。

信用证有三种形式：

1. 可撤销的信用证。这种信用证现在很罕见，它给了买方最大的灵活性，因为直到银行付款的那一刻之前，它都可以取消信用证而不用通知卖方。

2. 不可撤销但未保兑信用证。这种信用证体现了开证行的信誉地位和买方国家允许使用外汇的意愿，只不过该信用证尚未有保兑承诺。对于未经保兑的信用证来说，我们不一定要用怀疑的观点来看待。未经保兑的原因可能是客户不愿意支付因保兑而产生的额外费用。

3. 保兑不可撤销信用证。这意味着在开证行之外又在卖方所在国增加了一家保兑行，担保只要见到货运单据就会支付所需货款。这种方式对于卖方来说是一种保证，但对于买方来说却要支付额外的费用。一般来说，买方需要支付固定的费用并加上货款一定比例的金额，但信用证保兑行也要收取相应的费用。另一方面，由于银行出具了不可撤销的保兑信用证，所以也为承运人提供了最为满意的支付保障。同时，这也意味着出口商不必从开证行（总是位于外国）那里去索求有条件的支付，而只需对出口商所在国的保兑行提出直接的支付请求即可。因此，出口商不需要关心外国银行支付的意愿或能力。

付款交单和承兑交单

在以下两种交单的情况下，卖方装运货物，货运单据和汇票通过银行（作为卖方代理）交付给进口商。有两种主要的汇票类型：即期汇票［sight draft，付款交单（documents against payment）］和远期汇票［time draft，承兑交单（documents against acceptance）］。

1. 付款交单。买方必须在接到有关商品的各种单证前支付票面价值。当买方第一次看见汇票时，即需支付（即时汇票）。

2. 承兑交单。当汇票上印有"承兑交单"时，买方实际上获得了额外的信用——接到汇票，并在汇票约定的时间和指定的地点支付汇票。接受汇票意味着买方正式同意在汇票规定的到期日支付汇票金额。其中，约定的时间可以表示为见票之后的一定天数（远期汇票）。与即期汇票相比，远期汇票提供给卖方的安全性更低，因为即期汇票要求先于货运单据的提交来支付货款。相反，远期汇票则允许买方延迟30、60或90天付款。

赊销

除发票以外，出口商不需要提供其他付款单据即发出货物。买方可以在未付款的情况下取走货物。赊销（open account）的优势在于它的简单和给予买方的帮助，买方无须向银行支付信用费用。同时，卖方希望发票能够在约定时间得到支付。该方法的一个主要缺点是，没有支付保障。出口商只能在那些它们非常了解或者有良好信用评级的进口商中间，以及没有外汇风险的市场上采用这种结算方式。赊销没有汇票复杂和昂贵，因为这种方式没有单据要求或银行手续费。

寄售

在寄售（consignment）的情况下，直到进口商将货物售出之前，出口商都保有货物的所有权。在这种支付方式下出口商所拥有商品所有权的时间比其他任何方式都长，所以财务负担和风险也就最大。该方式应该只提供给那些非常可靠、信用等级很高且所在国的政治和经济风险都很低的进口商。寄售主要应用于公司与其子公司之间的贸易。

信用条款对给予买家的最终价格的决定也很重要。当国际竞争对手之间的产品相类似时，采购方会选择提供最好信用条件的供应商，以实现更大的折扣。实际上，供应方已经在为买方提供融资渠道。

15.8 出口融资

出口商需要资金支持以获得营运资本，而进口商通常也会要求延迟付款。出口融资的主要来源包括商业银行、政府出口融资项目、出口信贷保险、保付代理和对等贸易。

商业银行

对出口销售进行融资最简单的方式是出口商自己的银行提供透支便利。这是一个对合同中所有要素，包括采购、生产、运输和信用提供融资的便利方法。如果出口商取得了出口信贷保险，银行通常会倾向于给予透支便利。

出口信贷保险

出口商可以通过政府出口信贷机构或私人保险公司获得出口信贷保险。这种保险通常覆盖：

- 政治风险和非自由兑换货币风险；
- 与买家拒绝支付相关的商业风险。

出口商可以利用信贷保险，使自己获得更宽松的信贷条款，或促使银行给自己的出口应收账款提供融资。在许多市场上该保险的成本都是非常低的，所占比例为每笔交易价值的1%—2%。这类保险主要由专业的保险经纪人来办理。

保付代理

保付代理（factoring，一般简称为"保理"）是指为了获取即时现金而转让出口债务。通过运用这种方法，出口商可以把完工订单的待付款问题转移给那些专注于出口信贷管理和融资的组织或保理商。

在理想的情况下，出口商应该在合同签订或装运之前去找保理商，以便确保其具有购买应收账款债务的意愿。保理商将会对潜在买家的信用等级及其他项目进行审查，通常，在进口国也有一个保理商负责必要的审查。因此，保理商是一个信贷审批机构，同时也是付款的推动者和担保人。

通常，保理商不会购买超过120天的出口债务，而且一般会收取销售额的0.75%—2.5%作为服务费，这取决于保理商的工作量和所承担的风险。

福费廷

福费廷（forfeiting）是一种在20世纪50年代于瑞士发展起来的融资模式。它约定资本品出口国可以获得中期融资（1至7年）。这一融资模式可以简单地描述如下：

资本品的买方希望通过中期信贷为其采购进行融资。买方立即支付其中的一部分费用，余额则采用常规的分期付款方式，如在未来五年内分期支付。这种方式主要的好处是：出口商可以立即从买方那里得到现金，而且伴随着买方的第一次现金支付，福费廷的融资额度有可能达到100%的合同价值。

债券

在一些国家（如在中东），合约规定是现金支付或短期内支付。这对供应商来说是一个理想的情况，它意味着买方失去了一些针对供应商的金融杠杆，因为它不能延迟支付。在这种情况下，会由买卖双方共同认可的第三方（如银行或是保险公司）出具债券或者担保，以便作为给海外买家的书面证据。它保证出口商或承包商履行其义务，或海外买家在出口商或承包商未履行其合同义务时，以规定的金额进行索赔。

租赁

资本设备出口商可以通过以下两种途径使用租赁方法：

1. 通过银行或租赁公司直接向国外买家提供跨境租赁；
2. 通过海外分公司或国际银行的分支机构或国际租赁协会，获得当地的租赁设备。

通过租赁，出口商直接从租赁公司处收到货物的即时付款。租赁设备要尽早准备，最好是在出口商收到订单时就准备好。

对等贸易

对等贸易（counter-trade）是一个通用术语，可以用来描述各种贸易协议，在这些贸易协议中，卖方为买方提供产品（商品、货物、服务、技术），并同意以最初销售价值的一定比例（全部或部分）履行与买方之间的互惠购买义务。

易货贸易

这是一种不涉及任何货币转移的直接物物交易。双边的易货贸易（barter）只有两方参与其中，这是比较少见的。当第三方（三边易货贸易）甚至更多的国家（多边易货贸易）参与到交易链中时，易货贸易的便利性才体现出来。

补偿交易

这涉及出口货物的一个方向。商品的"付款"分为两个部分：
1. 进口商以现金形式支付部分贷款。
2. 对于余款，原始出口商有义务购买买方的一些货物。这些产品可用于出口商的内部生产或出售到更广阔的市场。

回购协议

买方在购置生产所需的机器、设备或以交钥匙工程方式建设的工厂时，至少可以通过出口商采购一些最终产品来进行融资。易货贸易和补偿交易是短期协议，而回购协议则是长期协议。合同可能会持续相当长的一段时间，如5—10年。显然，这种双向交易是有关联的，但需保持财务独立。

因为外汇和国际信贷额度的缺乏，对等交易得以出现。有人估计，对等贸易的规模已经占到世界贸易的10%—15%。

15.9 总结

本章所涉及的主要问题包括价格的决定因素、定价策略、国外价格如何和本地价格联系起来、价格上涨、报价单的构成要素和转移定价等。

制定价格时，必须考虑几个因素，包括成本、竞争对手的价格、产品形象、市场份额/市场容量、产品所处生命周期的阶段和所涉及的产品数量等。这些要素的最优组合，会随着产品、市场和企业目标的变化而变化。国际环境下的定价往往更为复杂——因为会受到外汇汇率、各出口市场不同的竞争情况、不同的劳动力成本和不同的通货膨胀率等因素的影响。在定价过程中，还需要考虑当地的和区域性的法律和法规。

国际营销人员必须使用合适的国际贸易术语来制定报价。当对如何准备一份货运报价单存在疑问时，可以咨询货运代理（参见 16.5 节）。这些专家可以提供有价值的信息，如相关的单证（如发票和提货单等）、运送货物的成本等。有关财务单证，如信用证等，则需要银行的帮助。跨国银行都设有国际部门，可以为支付提供相应的服务，同时还能指导客户在准备和接受单据时避免落入陷阱。

哈雷-戴维森：形象能说明价格水平吗？

哈雷-戴维森公司（Harley-Davidson，HD）主导摩托车行业数十载。如今，它作为世界市场上的重型摩托车的发展势头依然强劲。在 2005 年的年度财报中，HD 公司的净收入是 53 亿美元。2005 年，HD 公司有 1 300 家经销商，在世界范围内销售了 329 000 辆摩托车，全球雇员约达 9 000 人。在重型产品（651＋cc）市场中，HD 则以 48％的市场份额成为北美最具优势的市场领导者。HD 在欧洲的市场份额是 9％。该公司的使命陈述是通过骑行摩托车的体验实现梦想，它们在选定的细分市场上，为摩托车手和一般大众提

Ann Heisenfelt/AP/EMPICS.

供丰富的摩托车产品线、品牌产品和服务。HD 公司拥有一个完整的产品链，包括摩托车、零部件、配件、服装和一般商品。对 HD 品牌进行的战略性许可有助于创造更多的哈雷-戴维森爱好者。

2003 年，HD 公司举办了 100 周年庆。在 20 世纪，该公司成功地建立起了一个强大的品牌形象和忠实的顾客基础。哈雷的大部分价值已经融入公司的传统——外观、声音和产品传承——之中，这使它成为典型的美国文化的象征。车子代表了对自由、冒险和个人主义的追求。

HD 通过多种方式跟顾客保持密切的关系，如哈雷车主会（Harley Owenr's Group）、产品供应及戴托纳摩托车周、摩托车展和其他形式的集会等活动。尽管如此，HD 公司正面临来自日本制造商的激烈竞争，特别是本田和雅马哈。HD 公司的优势是它在世界范围内的品牌形象，但它的弱势则与其生产能力和未满足的顾客需求相关。HD 公司以其广告语"拥有一个美国标签"所展示的形象，一直不断努力强化其战略定位。

由于顾客的平均年龄在增长，而公司的销售量在下降，所以 HD 面临的任务是吸

引年轻的顾客。作为重新设计形象的一部分，HD专为年轻的专业人士设计了一款新型摩托车Buell。

根据摩托车工业理事会（www.mic.org）——设在加利福尼亚尔湾的行业贸易组织——的统计资料，女性市场占了摩托车市场11%的份额。

价格

国际市场价格的竞争变得越来越激烈。与本田的同类机型相比，HD仍然拥有30%的溢价。一些哈雷车友仍旧穿着哈雷的T恤说："我宁愿推一辆哈雷车，也不驾驶一辆本田车。"

今天，哈雷摩托车的海外销售约占全年销售总额的25%。欧洲人喜欢重型摩托车，但却并不太喜欢哈雷车的价格。2005年，哈雷的重型摩托车产品（650 cc以上）在欧洲的市场份额约为9%。2004年欧洲的市场领导者是本田、雅马哈、铃木和宝马，每家公司大约占有15%的市场份额。

2009年10月15日，HD公司宣布Buell摩托车停产，并将更专注于哈雷-戴维森的品牌。

▶ 问题

1. 请描述哈雷-戴维森的一般定价策略。根据该定价策略，公司必须怎样进行定位？
2. 面对竞争对手强有力的价格压力，哈雷应该调整它的价格吗？
3. 在欧洲，哈雷怎么做才能提高它的市场份额？

资料来源： www.harley-davidson.com/；www.mic.org/；www.motorcyclenewswire.com/；www.neobike.net/industry。

问题讨论

1. 国际价格上涨的主要原因是什么？请提出解决这一问题的可能的行动路线。
2. 解释汇率和通胀如何影响你对产品的定价？
3. 为了保护自身的利益，在高通胀的国家，市场营销人员应该如何为他们的产品进行定价？
4. 国际市场上技术的买卖双方经常会对知识的合理定价发生分歧，为什么？
5. 用什么方法来计算转移价格（针对附属公司之间的交易）？
6. 在跨国企业中，跨国产品生命周期理论与产品定价有怎样的相关性？
7. 为什么往往很难计算出相对公平的转移价格？
8. 请解释这些销售条款：EXW、FAS、FOB、CFR、CIF、DEQ和DDP。哪些因素决定这些销售条款？
9. 请解释这些信用证的类型：可撤销/不可撤销信用证、保兑/非保兑信用证。在哪种设置情况下，出口商会使用下列方式付款？

(a) 可撤销信用证；

(b) 保兑信用证；

(c) 保兑不可撤销信用证；

(d) 远期汇票（如，汇票）。

10. 列出一些出口商的融资来源。

11. 通胀如何影响一个国家的币值？在一个高通胀的国家借贷或融资是好方法吗？

12. 出口信贷融资的条款和条件为什么会与国际定价有关？二者是如何关联的？

13. 什么是对等贸易？在企业的国际营销过程中，它们为什么愿意去考虑对等贸易这种交易方式？

参考文献

本章参考文献可通过扫描右侧二维码获取。

第 16 章
分销决策

> **学习目标**
>
> 完成本章学习之后,你应该能够:
> - 探究渠道决策的决定因素。
> - 探讨国际营销渠道整合和管理中的关键点。
> - 探讨影响渠道宽度(密集性、选择性或排他性覆盖)的因素。
> - 诠释营销渠道整合的内涵。
> - 描述最常用的出口单证。
> - 定义和解释主流运输模式。
> - 解释零售业国际化如何影响制造商。
> - 定义灰色市场并解释如何应对。

16.1 引言

21 世纪以来,如何进入国际市场成为企业必须做出的一个关键性决策。在本书的第 3 部分,我们探讨了企业如何选择恰当的进入模式,以确保产品和服务能够进入国外市场。在公司选定将其产品打入国际市场的战略之后,如何在国外市场分销其产品就成为企业即将面临的下一个挑战,即本章主题(见图 16.1)。本章的前一部分主要涉及国外市场分销的结构和管理;后一部分主要涉及国际物流管理。

众所周知,分销渠道成本在一个行业中通常占产品和服务零售价格的 15%—40%。

在技术进步对分销渠道变革的加速度作用推动下,渠道管理面临的挑战和机遇将会不断增加。数据网络逐渐使最终消费者绕过传统渠道而直接与制造商和服务提供商进行交易。

国际分销决策中主要使用的一种系统方法列示如下。图16.1列出了主要的渠道决策及其决定因素。制造商和最终消费者之间的连接是分销渠道。概括而言,国际营销人员可以直接或间接地进行分销。正如在第10章中所述,直接分销指企业直接和一个国外企业进行交易,而间接分销则是指和作为中间商的另一个母国企业进行交易。图16.1显示了企业渠道环节的选择受到东道国诸多市场特征的强烈影响。接下来我们将对此进行详细论述。

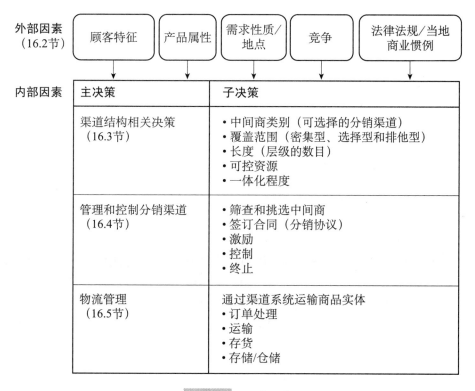

图16.1 渠道决策

营销沟通是国际营销组合中第四个,也是最后一个决策。营销沟通在国际营销中的角色与在国内运营中类似,即与顾客沟通以提供其在做出购买决策时所需的信息。虽然营销沟通组合(communication mix)提供的都是顾客感兴趣的信息,但其最终目的仍是说服顾客在现在或是将来购买企业产品。

在营销沟通过程中,有多种与顾客沟通进而对顾客产生重要影响的工具。其中,广告是促销组合中最具可视性的工具,而人员推销、展示、销售促进、公众宣传(公共关系)和直接营销(包括互联网)等也都是可行的国际促销组合工具。

在国际营销中,一个重要的战略考量就是,在全球范围内采用标准化的促销组合,还是对其进行调整以适用于不同国家的特定环境。同时,另一个重要的考量就是媒介的可用性,这在世界各地也会有所不同。

16.2 渠道决策的外部决定因素

顾客特征

顾客，或最终消费者，是所有渠道设计中的关键。因此，在进行分销决策时，企业必须考虑顾客群体的规模、地理分布、购买习惯、购物场所选择和使用方式等因素。

由于消费者的数量较多，地理分布较为分散，且购买数量较小，因此，消费品渠道通常比工业品渠道更长。消费者的购买习惯、购物场所选择和使用方式在国与国之间也存在差异，并会受到社会文化因素的巨大影响。

产品属性

产品属性在分销战略的制定过程中扮演着重要的角色。低价格、高周转率的便利产品需要密集型的分销网络，而名牌商品则不需要甚至不希望采取广泛的分销模式。此时，制造商可以选择缩短或收窄分销渠道。通常情况下，消费者很有可能在购物中对商品进行比较，并会主动搜索所有正在考虑中的品牌信息。那么，一定的产品宣传将会有利于市场的成功经营。

在诸如散装化学品、金属和水泥等工业产品的分销和销售中，商品的运输和仓储成本也是关键问题。而在诸如计算机、机械设备和飞机等工业产品的分销中，直销、服务、维修及零配件仓储却是关键问题。除此之外，产品的耐用性，是否容易被仿造，客户所需服务的多少及类型，单位成本，以及特殊操作要求（如冷藏）等，也是重要的影响因素。

需求性质/地点

目标顾客对特定产品的感知能够推动对分销渠道的调整。产品感知受到顾客收入、产品体验、产品最终用途、产品所处生命周期阶段和国家经济发展阶段的影响。国家的地形及其运输基础设施同样会对渠道决策产生影响。

竞争

竞争性产品和近似替代品的渠道选择非常重要，因为服务于同一个市场的渠道通常存在相互竞争。一般来说，消费者期望在特定的卖场（如专卖店）买到特定的商品，或者已经习惯从特定的渠道购买特定的商品。此外，当地及全球竞争对手可能已经和某个国外的主要批发商签订了协议，建立了有效的进入壁垒，把竞争对手排除在关键渠道之外。因此，为了建立竞争优势，企业有些时候应该选择和竞争对手完全不同的分销措施。

法律法规/当地商业惯例（日本）

国家法律会明确规定禁止使用特定的渠道或中间商。例如，直到目前，在瑞典和芬兰，所有含酒精的饮料仍然只能通过国有渠道分销；有些国家则禁止上门推销。渠道覆盖范围也会受到法律影响。一般而言，尤其是产品在市场上占主导地位时，多数观点认为独家代理会限制市场交易。因此，欧盟反托拉斯机构已经加强了对排他性销售协议的监督，《罗马条约》则禁止会影响贸易或限制竞争的分销协议（如独家经销的授权）。

此外，当地商业惯例也可能会影响效率和产出，这可能促使制造商会使用更长且更宽的分销渠道。由于日本的多层分销系统依托于无数级中间商，长久以来国外公司已经把复杂的日本分销系统视为进入日本市场的最有效的非关税壁垒。

图 16.2 列示了复杂的日本分销系统是如何通过横向与纵向交易提升价格的（例如，从一家批发商到另一家批发商）。

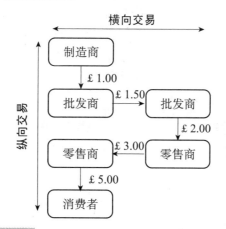

图 16.2 有关日本消费品市场的假设渠道序列

资料来源：Lewison（1996，p.271）。

西方企业将渠道整合理解为拥有其他供应商和（或）买方的所有权，而日本企业则是形成紧密的协作集团——这些集团以**经连会**（keiretsu）著称——而不是购买渠道成员。这些联盟是非契约式的，渠道成员之间具有较强的联结，并源于人际沟通及信任。在开发新产品和新流程的过程中，经连会成员能够获得长期的供应协议、技术、共享重要信息及管理资源。因此，批发商和零售商会大力推广制造商的产品，并广泛地共享信息。

> **经连会**
> 指成员间相互持股的企业网络，通常包括一些大型制造商及其原材料和零件供应商，在日本尤为盛行。最初的经连会均以银行为中心设立，由该银行向其成员企业提供贷款并取得该成员企业的股权。

这些合作企业的运作方式就好像它们属于一家企业，即使价格远没有竞争力，渠道企业也很难拒绝从经连会成员那里购买产品。

关系紧密的经连会，以及日本制造商、批发商及零售商联盟，通过从合作伙伴那里购买高价的产品和服务，取代从非合作伙伴那里购买，从而试图形成一个企业。例如，日本主要制造商松下，建立了一个由全国数百家批发商和数千家零售商组成的经连会。通过仅从成员企业那里购买商品，松下经连会牢牢地控制了从供应商到消费者的产品价格和分销渠道，从而有效避免了成员企业之间的竞争，并有利于维持高价（Rawwas *et al.*，2008）。

现在，让我们继续讨论与分销渠道结构相关的主要决策（图16.1）。

16.3　渠道结构

市场覆盖范围

每个渠道成员提供的**市场覆盖范围**大小很重要。覆盖范围是一个灵活的概念，可以指一个国家的地理区域（如城市和主要城镇），或者零售渠道的数量（如占所有零售网点的百分比）。企业无论用什么指标来测量市场覆盖范围，都必须要建立一个分销网络（经销商、分销商和零售商），以达到其覆盖范围的目标。

> **市场覆盖范围**
> 覆盖范围涉及地理区域或零售渠道数量，有三种战略：密集型、选择型或排他型覆盖。

正如图16.3所示，有如下三种可行的战略：

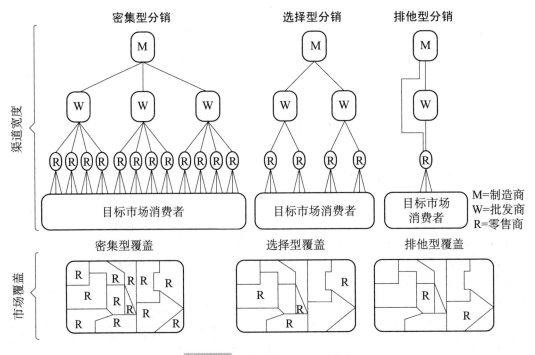

图 16.3　市场覆盖的三种战略

资料来源：Lewison（1996，p.271）。

1. 密集型覆盖：需要通过大量不同类型的中间商及其下游大量的独立中间商来分销商品。
2. 选择型覆盖：为每个目标市场区域选择一定数量的中间商。
3. 排他型覆盖：在一个市场仅选择一家中间商。

渠道覆盖的范围（宽度）可以被视为由宽渠道（密集型分销）到窄渠道（排他型分销）过渡的连续统一体。图 16.4 描述了三类不同分销方式的影响因素。

		渠道宽度		
		密集型分销←——→选择型分销←——→排他型分销		
影响因素	产品类型	便利产品	←——→	专业化商品
	产品所处生命周期阶段	成熟产品	←——→	新产品
	产品价格	低价产品	←——→	高价产品
	品牌忠诚度	品牌偏好型商品	←——→	品牌忠诚型商品
	购买频率	经常性购买商品	←——→	非经常性购买商品
	产品独特性	普通产品	←——→	独特产品
	销售要求	自助型产品	←——→	人员推销产品
	技术复杂性	非技术型产品	←——→	技术型产品
	服务要求	有限服务需求产品	←——→	全面服务需求产品

图 16.4 渠道宽度的影响因素

资料来源：改编自 Lewison（1996，p. 279）。

渠道长度

渠道长度由中间商的层级及类型的数量决定。国家的经济发展刺激了对更多高效率渠道的需求，首先由于更多中间商的加入而使渠道长度变长，之后随着渠道层级减少，渠道长度又缩短，例如垂直整合，这

> **渠道长度**
> 分销渠道中的（中间商）层级数量。

都归因于对效率的需求（Jaffe and Yi，2007）。拥有多个中间商的较长渠道通常适用于便利产品和大批量分销的商品。日本和中国由于其体系发展的历史原因，便利产品的渠道较长。这意味着到达最终消费者的价格会有较大上涨（价格上涨：见 15.3 节）

控制/成本

在垂直分销渠道中，成员的"控制"是指它影响其他渠道成员决策与行为的能力。渠道控制对于想要打造国际品牌、在全球树立一贯的质量与服务形象的国际营销商来说至关重要。

企业还必须决定对每种产品营销方式的控制程度。在某种程度上，这取决于每个

市场所被赋予的战略角色。同时，可获取的渠道成员的类型的多寡、每个国外市场上管制分销的各种规定和规则，以及对各渠道成员的传统的角色定位等因素，也在一定程度上与之密切相关。

在国际市场中，企业对自己的销售人员拥有高度的控制权，而中间商的存在自然会削弱企业在产品市场营销中的控制力。

中间商通常具有以下几种职能：
- 持有存货；
- 产生需求或销售；
- 实物分销；
- 售后服务；
- 消费者信贷。

为了将产品销售到终端市场，制造商必须行使所有上述职能，或者将部分或全部职能交给中间商。正如有句名话所讲，"你可以消除中间商，却消除不了他的职能。"

在大多数市场营销的情形中，制造商必须在控制重要的渠道职能的能力与实施控制所需的资金投入之间进行权衡。产品传递给终端消费者的过程中涉及的中间商越多，供应商对产品在渠道中的流动及产品交付方式的控制就越小。另一方面，若分销商压缩分销渠道的长度和宽度，就要承担更多的职能。相应的，供应商就需要在仓储、运输、信贷、现场销售或服务等活动中投入更多资金。

总之，在企业决定是使用中间商还是内部销售人员进行产品分销时，需要在对国际营销活动进行控制与资源投入成本最小化之间进行权衡。

一体化程度

控制可以通过一体化得以实现。渠道一体化是所有渠道成员基于共同的领导和目标导向整合并入一个渠道系统，并联结起来的过程。渠道一体化有两种方式：

1. **垂直一体化**：指控制不同层次的渠道成员。
2. **水平一体化**：指控制同一层次的渠道成员（如竞争者）。

> **垂直一体化**
> 控制不同层次的渠道成员，例如，制造商收购分销商。

> **水平一体化**
> 控制同一层次的渠道成员，例如，制造商收购竞争者。

一体化可以通过收购（所有权）或紧密的合作关系得以实现。虽然，令渠道成员同舟共济、互利共赢并不容易，但在时下，合作仍是高效渠道运营的基础。

图 16.5 显示了一个垂直一体化的例子。

如图 16.5 所示，起点是常见的营销渠道，它是由独立、自主的渠道参与成员组成的，渠道合作通常通过公平市场交易中的讨价还价得以实现。在这种情况下，垂直一体化有两种方式：前向一体化和后向一体化。

- 制造商对批发商与零售商的交易进行控制，即为前向一体化。

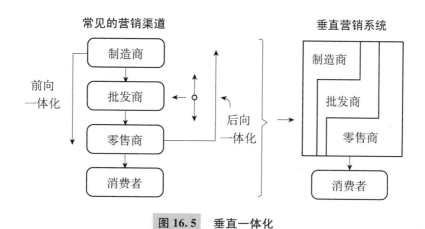

图 16.5 垂直一体化

- 零售商对批发商与制造商的交易进行控制，即为后向一体化。
- 批发商有两种选择：同时选择前向一体化和后向一体化。

这些策略最终导致垂直营销系统的产生（见图 16.5）。此时，渠道由整合的渠道成员组成，其稳定性高度取决于成员的忠诚度与长期承诺。

16.4 管理和控制分销渠道

进入市场之初，企业与当地分销商的合作关系十分重要：分销商熟知其所在的市场的独特性，大部分顾客也更倾向于和当地合作伙伴进行交易。为了预测并解决与国际分销商之间可能出现的问题，Arnold（2000）对国际营销商（制造商）提出了如下建议：

- 选择分销商，而不是让它们选择你。通常，制造商在国际博览会和展览会上会接触到一些潜在的分销商，但要求最迫切的分销商往往可能是错误的合作人选。
- 寻找有能力开发市场的分销商，而不是仅局限于当前接触的一些分销商。这意味着有时需要避开最显而易见的选择，即不应选择有着明确的客户群并能快速提高销售的分销商，而应选择有意愿长期投资并且接受开放的合作关系的合作伙伴。
- 将本地分销商视为长期合作伙伴，而不是进入市场的临时工具。许多企业积极地向分销商传达他们想要进行短期合作的信号，并拟定要在几年后回购分销权的合同。在这种短期协议下，本地分销商势必缺乏对必要的长期市场进行投资的动力。
- 在市场进入初期投入资金、管理者和成熟的营销理念。许多制造商在市场进入初期不情愿投入资源。然而，为了保持战略性的控制，国际营销商必须投入充足的企业资源。这在市场进入初期显得尤为重要，因为此时其他企业对新市场的发展前景并没有把握。
- 从一开始就掌握营销策略制定的控制权。一个独立的分销商可以让制造商的营销策略本地化。然而，只有具备强大的营销领导力的企业才有能力充分利用全球营销网络的价值。
- 确保分销商提供详尽的市场与财务绩效数据。大部分分销商将顾客资料和本地物价水平等数据，视为与制造商的合作关系中控制力的关键来源。然而，制造商在国际市场中发挥比较优势的能力很大程度上取决于它从市场上获取信息的质量。因此，与分销商的合约必须包含此类信息交流的问题，例如详细的市场与财务绩效数据等。

- 尽早建立与本地分销商的联系。企业可以在当地创建独立的全国分销商委员会或区域性法人办公室。本地市场上的信息交流能提升绩效，而且，由于与其他国家的分销网络建立了联系，国际营销策略的实施具备更强的一致性，这有利于有效营销工具的跨国传输。

总之，一旦渠道方案的基本设计确定之后，国际营销商就必须开始寻找最合适的分销商，并保证合作的顺利进行。

筛查和挑选中间商

图 16.6 显示了选择国外分销商最重要的五类标准（要求）。

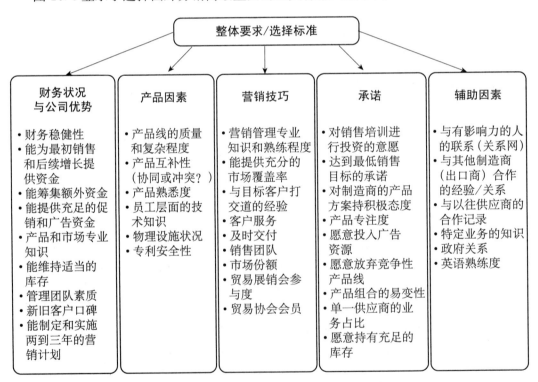

图 16.6 国外分销商评价标准

资料来源：改编自 Cavusgil et al. (1995)。

在列出所有重要的标准之后（见图 16.6），企业必须选出一部分备选经销商以进行更为具体的评估，并依据明确的标准，对潜在的分销商进行进一步的比较和对比。

表 16.1 的例子采用了图 16.6 所示的五类标准各自前两项（总共十项标准）来筛选潜在的渠道成员。所用的标准取决于企业的业务性质及其在特定市场上的分销目标。

这些标准均与经销商借以在竞争中取胜的核心竞争力紧密相关。

表 16.1　采用图 16.6 的评价标准评估分销商的示例

标准 （无先后顺序）	权重	分销商 1 评级	分销商 1 分数	分销商 2 评级	分销商 2 分数	分销商 3 评级	分销商 3 分数
财务状况与公司优势：							
财务稳健性	4	5	20	4	16	3	12
能为最初销售和后续增长提供资金	3	4	12	4	12	3	9
产品因素：							
产品线的质量和复杂程度	3	5	15	4	12	3	9
产品互补性（协同或冲突？）	3	3	9	4	12	2	6
营销技巧：							
营销管理专业知识和熟练程度	5	4	20	3	15	2	10
能提供充分的市场覆盖率	4	5	20	4	16	3	12
承诺：							
对销售培训进行投资的意愿	4	3	12	3	12	3	12
达到最低销售目标的承诺	3	4	12	3	9	3	9
辅助因素							
与有影响力的人的联系（关系网）	3	5	15	4	12	4	12
与其他制造商（出口商）合作的经验/关系	2	4	8	3	6	3	6
总分			143		122		97

注：量表：评级（5 杰出；4 中等偏上；3 中等；2 中等偏下；1 不合要求）；权重（5 成功的关键因素；4 成功的必要因素；3 成功的重要因素；2 有一定重要性的因素；1 一般的因素）。

表 16.1 中所设想的一个制造商（一家消费品包装公司）认为，分销商的营销管理技术和财务稳健性最为重要。这些指标反映出分销商是否盈利、是否能承担一些必要的营销职能，例如，消费者信贷和风险分担。财务报表有时并不全面可靠或可能有不同的解读，因此有必要听取第三方的意见。为了对表 16.1 中的标准赋予权重和评级，制造商必须提前与每位潜在分销商的管理者进行面谈。基于此，在表 16.1 的示例中，这家制造商应选择分销商 1。

此外，工业品公司可能会认为分销商的产品兼容性、技术知识、技术设备和服务支持尤为重要，而分销商的基础设施、客户对其经营产品的态度不太重要。通常，国际营销商会发现，在特定市场上最理想的分销商有的已经正在销售竞争者的产品，因而无法与其进行合作。

而高科技消费品公司可能最关注财务稳健性、营销管理技术、声誉、技术知识、技术设施、服务支持和与政府的关系。在一些国家，宗教或伦理差异会致使代理商并不适合于所有市场。因此，为了实现充分的市场覆盖，公司可能需要更多的渠道成员。

签订合同（分销协议）

当国际营销商找到了合适的中间商时，就要签订国外销售协议。在签订最终合同之前，较为明智的做法是亲自拜访未来的渠道成员。协议本身可能相对简单，但考虑到市场环境的诸多差异，应当特别关注某些要素，它们是①：

- 双方当事人的名称和地址；
- 协议生效日期；
- 协议期限；
- 延长或终止协议的规定；
- 销售区域的描述；
- 制定折扣和/或佣金计划，确定支付的时间与方式；
- 修订折扣或佣金计划的规定；
- 制定转售价格政策；
- 适当的服务设施维护；
- 禁止生产、销售相似和竞争性产品的限制性条款；
- 专利和商标的谈判和/或定价责任的划分；
- 协议和其他任何限制性因素的可转让性或不可转让性；
- 指定在发生争议时，进行合同裁决的国家和州（如果适用）。

如果没有认真起草企业与渠道成员之间的合同，那么它们之间往往很难建立起长期的合作关系。通常，在合同中除了要规定各方的责任以外，还要规定时间期限、应达到的最低销售水平等。如果合同执行情况不佳，那么企业很可能会与一家低绩效的合作者捆绑在一起，或是难以摆脱，或是为买断合同而付出高昂的代价。

在与新的分销商签订协议时，合同的期限尤为重要。一般来说，分销协议应该规定一段相对较短的期限（1或2年）。与新分销商签订的第一份合同，应该规定3个月或6个月的试用期，同时需规定最低购买量。此外，合同期限也取决于当地的法律及其对分销协议的相关规定。

在决定分销商的销售地域范围时应非常谨慎，尤其是小型公司。因为如果分销商要求某些特定地域的销售权，未来产品市场的扩张将变得非常复杂。因此，营销商应保留独立销售产品的权利，并保留对特定客户的销售权。

在合同的支付条款中，应该明确规定支付方式以及分销商或代理商获取报酬的方式。分销商从各种折扣中获得补偿，如功能折扣，而代理商按照净销售额的一定比例（通常为10%—20%）获取佣金。此外，考虑到货币市场的波动性，协议中还应该规定使用的货币种类。

在产品和销售条件方面双方也需要达成一致。合同应该规定所包括的产品或产品系列，以及中间商在商品库存、相关服务提供和促销方面的职能和责任。销售条件决定了哪一方要承担其中的费用（如营销费用），进而会影响到分销商的订货价格。这些条件也包括信用和装运条款。

为保证营销商与分销商合作关系的成功维系，协议中必须规定各方之间的沟通方

---

① 以下这些要素内容转引自 Jain，*International Marketing Management*，5th Edition，1996。转载获 Subhash C. Jain 教授授权。

式。营销商应该能够获得分销商销售区域内产品营销的所有相关信息，包括过去的记录，对当前情况的估计和营销调研内容。

激励

地理和文化距离提高了对渠道成员进行激励的难度，而且，中间商并不归公司所有，这也会导致激励困难。作为独立的企业，中间商会努力实现自己的经营目标，而并非总是和制造商的目标保持一致。国际营销商会提供物质和精神的双重奖励，而中间商则较为关注产品的盈利潜力。由于中间商是通过经营不同公司的产品和服务提高销售和赚取利润的，如果利润水平低、销售目标难以实现，中间商则会对产品失去兴趣，转而关注那些销售回报更高的产品。

与代理商和分销商保持日常的联系十分重要。经常以各种沟通方式交流信息能激发分销商的兴趣并提升销售业绩。国际营销商会专门安排人员负责与分销商进行沟通，以使双方对另一方的工作能够有更多的了解。

控制

如果中间商是经过精心选择的，控制问题则会大大减少。然而，控制应当通过书面的业绩目标得以实现。这些业绩目标可能包括年营业额、市场份额增长率、新产品的上市、报价和营销宣传的支持等。控制也应该能够通过阶段性的私人会晤得以实现。

业绩评估必须考虑到变化着的环境。在一些情形中，经济衰退和激烈的竞争降低了实现目标的可能性。然而，如果业绩不佳，就必须重新考虑或者终止公司与渠道成员间的合同。

终止

渠道合作关系的终止，往往有以下几个原因：
- 国际营销商在该国已经建立了销售子公司。
- 国际营销商对中间商的业绩不满意。

为了实现平稳过渡，开放式交流是必不可少的。例如，营销商可以补偿中间商所进行的投资，并与中间商一起共同拜访重要客户，以使他们确信服务不会中断。

终止条款是分销协议中最重要的内容之一。一般而言，终止的原因可能不尽相同，但对国际营销商的代价却常常是高昂的。因此，了解当地法律对于终止合同的规定，并核实其他公司在该国究竟有何种经历往往十分重要。

在某些国家，终止与低效中间商的合作可能相当耗时并且代价高昂。例如，在欧盟，无故终止合同需要赔偿一年的平均佣金。终止通知需要提前3—6个月发出。如果终止的原因是制造商在当地建立了销售子公司，国际营销商则可以考虑从中间商中招募合适的员工，担任诸如新销售子公司经理的职务。这样能防止在中间商公司形成的产品知识的流失。如果中间商愿意,国际营销商也可以考虑收购该公司。

16.5 物流管理

物流用于描述在供应商与最终消费者之间商品和服务的流动。

> **物流**
> 描述在供应商与最终消费者之间商品和服务流动的术语。

从物流的角度看,物料流动中的两个主要阶段都非常重要。第一阶段是物料管理,即原材料、零部件和供给物进入公司并在公司内部适时地流动。第二阶段是实物分销,即公司的最终产品流向顾客的过程。物流管理的基本目标是有效地协调上述两个阶段及其各个组成部分之间的关系,在达到服务目标和要求的同时实现成本效益的最大化。

这一节主要讨论第二阶段,即订单处理、运输、存货和存储/仓储。

订单处理

订单处理、装运和支付的基本流程①如图 16.7 所示:

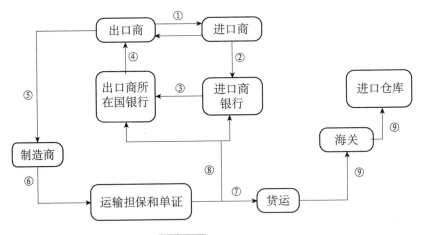

图 16.7 出口流程

资料来源:Albaum et al. (1994, p.419)。

①销售:
(a) 进口商向潜在供应商询价;
(b) 出口商发出商品目录与报价单;
(c) 进口商要求形式发票(报价);
(d) 出口商发出形式发票;

---
① 下述基本流程转引自 Albaum et al. (1994, p.419)。

（e）进口商发出购货订单；
（f）出口商收到购货订单。
②进口商通过银行安排融资（开证行）。
③进口商银行向出口商银行（通知行）发出信用证（最常用的支付形式）。
④出口商银行通知出口商已收到信用证。
⑤出口商生产或采购商品。
⑥出口商安排运输和单证（从出口商或货运代理公司获得）。
（a）船舱或机舱的预留舱位。
（b）需要获得或生成的文件有：出口许可证、托运人的出口报关单、商业发票、提单、海运保险单、领事发票；原产地证明；检验证书；码头收据。
⑦出口商将货物运送给进口商。
⑧出口商向银行出示单证并要求付款。
⑨进口商办理商品清关并运送进仓库。

最常用的出口单证

这一节摘自 Albaum *et al.*（1994）第 440 页。

运输单证

- 提单。这既是货物收据，也是托运人和承运人之间的运输合同。它也可以被用作所有权的法律证明。
- 码头收据。这是由海运承运人提供的、承认已收到货物的文件。
- 保险单。这是为货物在运输过程中的毁损风险提供保险的证明。

银行单证

- 信用证。这是银行在进口商的要求下签发的财务凭证，用以保证如果出口商履行了交易的相关条款就支付货款。

商业单证

- 商业发票。这是出口商向买方开具的产品账单。

政府单证

- 出口报关单。包含与装运相关的完整信息。
- 领事发票。进口国领事签发的文件，用于控制和鉴别所装运的货物。
- 原产地证明。证明出口货物原产地的文件，据此，购买国可以知道产品的产地。

对产品或服务的询价或订单既可能是客户主动发出的，也可能是企业（制造商或代理商）努力的结果。在收到实际的订单时，如果国际营销商能够接受所有的条款和支付安排，则通常会发出接收确认，并附上履行订单的承诺。

形式发票由出口商开立以列出双方已达成一致（或建议）的条款。形式发票通常写明了商品的种类和数量、单位成本、预计的重量和尺寸，以及其他条款（包括付款条件）。如果有意购买者接受这一发票，它就可作为合同使用。

如果订单处理速度加快，订单周期就会缩短，同时通信技术（如电子数据交换，EDI）的采用也能缩短处理时间。虽然很少有国家拥有高效且可靠的通信系统，但是拥有高效的国际订单处理系统的确能给公司带来竞争优势。

运输

本部分主要涉及运输方式，其费用占了进口商品零售成本的 10%—15%。主要有 4 种运输方式：公路、水路、航空和铁路。

公路

公路运输在短途运输高价商品时效率较高，由于它在路线和时间的选择上非常灵活，商品可被直接送到客户所在地。然而，一方面，边境管制可能会耽误时间；另一方面，若运输距离较长且需要跨海，公路运输就不再具有优势。此外，在某些国家和地区，尤其在欠发达国家，路面状况通常较差。

水路

由于水路运输是一种适合大宗货物（如煤和油）的、费用低廉的运输方式，因此，水路运输是国际货物运输中的一种关键方式。然而，水路运输速度慢且容易受天气影响，例如，一些港口会在冬季的某个时段封冻。同时，为了实现门到门运送，水路运输通常要和其他运输方式结合起来。

尽管水路运输所需的投资很大，但越来越多的国家开始意识到优化港口结构的重要性，并开始投资开发这些设施。如果这种投资能够伴随着国家整体基础运输设施效率的提升，那么从长期来看这种投资必然是事半功倍的。

航空

大多数国家都有航空运输。近十年来，国际航空运输量有了巨大的增长。航空运输的吨公里运费比其他运输方式昂贵很多。虽然航空运输总计只占国际运输总量的不到 1%，但其运输总值却占了工业化国家运输总值的 20% 之多（Sletmo and Picard, 1984）。高价货物通常采用航空运输，尤其是具有高重量体积比的货物。

铁路

铁路运输为大宗货物远距离运输提供了一种较好的方式。集装箱的使用使铁路与公路运输的兼容性大大提高，并使转运时间和费用最小化。在欧洲和美国，高速铁路也开始出现，并开始成为非常有吸引力的运输方式。例如，在欧洲，火车每小时运行190公里，这大大缩短了主要城市之间的行程时间。

决定使用哪种运输方式，受到以下几个因素的影响：

- 可选的不同运输方式的成本；
- 运输距离；
- 产品特性；
- 运输频率；
- 运输价值；
- 运输的便利性。

经济发展水平在很大程度上决定了运输方式的便利性，譬如在某些市场上，航空运输比铁路运输更加发达。

货运代理公司

货运代理公司向出口商提供重要的服务。提供全套服务的国外货运代理公司可减轻生产厂商跨国界分销商品的大部分负担。对于中小型公司和缺乏出口经验的公司来说更是如此。货运代理公司提供了范围广泛的服务，其从事的一般活动和提供的服务有：

- 运输服务的协调；
- 国际运输单证的准备和处理；
- 仓储服务的提供；
- 专业建议。

传统上，货运代理公司是一个服务提供商，它没有自己的运输设施，而是从最合适的运输服务提供商处购买服务，是作为出口商代理人的公司。然而，诸多变化对货运代理产生了深远的影响，譬如，运输公司开始倾向于把运输代理职能纳入其公司内部进行。另外，大型的、富有经验的出口商已经具备了自己内部的有关运输和单证的专业知识。所有这些趋势都威胁到货运代理公司的业务发展。

存货（工厂库存）

持有存货的目的即保持产品在交货过程中的流动性从而满足需求，这在国内和国际库存体系中都是一样的。

存货管理涉及许多不同的成本要素：仓储、占用资本的利息、税收、销售额损失等。由于这些成本有时可能相当大，管理部门必须考虑存货的控制。存货控制主要涉及存货水平的确定，以实现客户服务与存货成本之间的平衡。

在确定存货水平时，国际营销商必须考虑两个因素：

1. 订单处理周期：即在客户下订单到收到商品之间花费的总时间。交货时间可能有很大差异，这取决于所选择的运输方式。因此，营销商为了能随时满足顾客需求，就必须保持较大规模的安全的存货水平。但营销商能够尝试通过变更运输方式、改变存货地点，或把订单受理改为直接电脑订单输入（如电子数据交换）来降低订单处理周期，以此来降低费用。

2. 客户服务水平：是指在一定的时间内，完成客户订单的能力。例如，如果在3天内能完成订单的80%，客户服务水平就是80%。对公司来说，客户服务水平的选择对存货要求有重要的影响。因为高客户服务水平成本昂贵（存货占用了资金），因此，此时的公司目标不应该是最高的客户服务水平，而应该是建立在顾客期望基础上的可接受的服务水平。此外，较高的客户服务水平会导致更高的价格，这也会削弱公司产品的竞争力。

除了上述两个因素之外，还可以把国际存货作为一种战略工具，用来应对货币价值的变化或做套期保值以应付通货膨胀。

存储/仓储（国外市场）

商品和原材料有时需要在出口国市场储存，但这一活动并不仅仅涉及仓储问题。除了为满足客户需求而存储商品外，仓储还包括许多其他活动，如装配、将批量运输的货物分拆成迎合客户需要的小包装，以及为再次运输准备产品。

仓储决策主要考虑以下3个方面的内容：

1. 公司客户的地理位置；
2. 现有的和未来的需求模式；
3. 客户服务水平的具体要求（如以什么速度执行客户的订单）。

以下是对仓储设施的一般理解：

- 如果产品需要快速运送，仓储设施应靠近客户；
- 对于高价值的产品（如电脑软件），仓库位置是最不重要的，因为这些重量很轻的产品能够空运。

示例 16.1
博世-西门子是如何通过关闭仓库来改善客户服务并降低费用的

博世-西门子（Bosch-Siemens，BS）是白色家电领域领先的欧洲制造商，在德国、斯堪的纳维亚、西班牙和希腊有很大的市场份额。最近，该公司决定把欧洲的仓库数量从 36 个减少到 10 个。BS 的目标是降低成本，减少其持有的存货数量。公司也想要改善分销系统，提高客户服务水平并改革物流体系，以增加在其他市场的份额，特别是在英国和法国市场。

BS 花费了 3 年时间对州际范围内的仓库分布进行合理化规划。一方面，BS 在有效交货标准的基础上确定了 10 个地点作为其最佳选择。它希望能在 24—48 小时内将货物送到客户手中。另一方面，基于成本考虑，仓库的最佳尺寸限定在 2 万—3 万平方米。因此，BS 在欧洲的最佳仓库数量达到了 10 个，如图 16.8 所示。

图 16.8 **Bosch-Siemens 欧洲分销中心分布**

资料来源：Albaum *et al*. (1994，p.419)。

BS 期望每个仓库都能够服务于多个地区。如它在瑞典的仓库同时也服务于挪威和芬兰，在德国南部的仓库也向卢森堡、澳大利亚和法国的部分地区供货。

通过削减仓库数量，BS 降低了总分销与仓储成本，压缩了员工数量，缩减了持有的存货，同时提供了更多进入区域市场的途径，更好地利用了运输网络，并提高了对客户的服务。

在财务收益上，BS 一年节约了 1 500 万欧元，也就是总物流成本减少了 21％。同时，BS 在使用铁路和水路这样的运输系统中也有了更大的灵活性。它将其存货数量从 100 万个减少到了 70 万个。

资料来源：EIU (1995)。

包装

为避免损坏，需要对商品进行妥善的出口包装，但对客户和出口商来讲，这又意味着价格和利润的变化，因此二者之间要达到一个较好的平衡。

随着时间的推移，出口包装已经与最初的木板箱包装有了很大的不同。不同国家对可接受的包装原材料也可能有着不同的规定，例如集装箱的循环使用，这需要一套存放及回收集装箱并使其重新进入物流循环的系统。另外，出口包装的外观以及能否使客户的操作成本最小化，也影响着客户的满意度。

最近几年，包装已简化为货盘①的形式。包装供应商现在能够通过电脑软件设计个性化的包装，以最大化每个货盘的装载量，从而使每个集装箱的载货量实现最大化。将用收缩性薄膜包装的货盘装入集装箱，往往既能保护货物免受损坏，又能防止盗窃所造成的损失。

第三方物流（合同物流）

跨国公司对雇用外部专业物流公司的兴趣日益浓厚，其背后的主要原因是每个公司都是其所处行业的专家，而且只专注于它们的专业领域。第三方物流的提供者专业从事物流工作，具备为有需要的公司提供高效、新颖的服务所需的知识和方法。它们的目标是以相同或更低的成本提供更好的服务。

在国外市场上，物流业务外包的最大好处之一就是能够利用资源与经验完善的现有物流网络。当生意刚刚起步时，了解有关当地的一些专业知识和当地的面貌非常重要。

针对合同物流（contract logistics）的主要争论之一是公司可能会丧失对供应链的控制，但这种方式并不要求也不应该要求企业交出控制权。相反的，它使得公司可以专注于自己已有核心竞争力的业务，实现劳动分工。尽管某些经营环节会转移给训练有素的外部公司，但对客户的控制和责任仍归属于本公司。

16.6 因特网对分销决策的影响

因特网彻底打破了消费者、零售商、分销商、制造商和服务提供者之间力量的平衡。分销链中一些参与者的权力与获利能力会增加。而其他参与者的经历却相反，甚至有一些会发现自己已被淘汰出局，已然失去了市场份额。

由于人们在网上能够更加方便地订购商品和服务，因此，实体分销商和经销商确实受到了来自电子商务的冲击。这种交易过程取消了中介，通过因特网进行直接销售，使制造商与它们的分销商竞争，从而导致了渠道冲突。这种影响的显著程度取决于制造商对以下 4 种因特网分销策略的选择。

---

① 货盘又叫托盘，是一种用于机械化装卸、搬运和堆存的集装单元工具，是一种特殊的包装形式。——编者注

仅在因特网上提供产品信息

目前，由于通过因特网产生的零售交易额不到10%（在欧洲和美国），仅有极少部分制造商乐意为实现该交易量去危及它们与其分销商的关系。因为与现有分销商间发生冲突的风险可能过大，因此，制造商会决定不通过因特网销售产品，同时也禁止其分销商通过因特网销售。因此，在因特网上，制造商仅提供产品信息，而客户咨询则会转达给合适的渠道成员。该战略适合于飞机制造业这种销售额巨大、销售复杂且以定制为典型特征的行业。

把因特网业务留给分销商

一些公司更愿意把因特网业务留给分销商，而不是直接通过因特网销售商品。这一战略的效率依赖于已有的分销结构。当制造商给分销商指定独家经销的区域时，该战略就会很有效。因为，分销商被限定只向指定区域内的客户提供商品，若一旦遭受负面影响，则可通过利润转移协议获得补偿。由制造商网站带来的业务机会都被转给了合适的区域分销商。

相反，对于密集性分销产品，分销商没有被指定销售区域，因此它们只能像在常规的实体市场上那样互相竞争。因特网的全球化特性带来了价格的透明化，这可能会和制造商在不同市场的差异化定价相冲突。使用因特网的另一个局限性是大多数消费者搜索的是制造商网站而非分销商网站，然而，消费者却无法从制造商网站购买商品，这会挫伤消费者的购买热情，从而也会使销售遭受损失。

把因特网业务仅留给制造商

制造商的第三种战略就是把因特网上的销售排他性地只留给制造商自己。此战略只在一种情况下具有盈利性，即制造商的商业模式和因特网销售相协调。大多数制造商（如消费性包装商品公司）业务体系的建立并不是为了服务于下发无数小额订单的最终消费者。制造商通过因特网销售，可能目标也并非为了获利，而是想要了解这种新的分销渠道、收集消费者信息或创建品牌。然而，无论制造商的目的是什么，分销商都不喜欢把市场空间让给制造商。

如果制造商选择使用这一战略，同样也面临着渠道冲突的风险，也就是说，很可能会与自己的客户（分销商）产生竞争冲突。个人电脑厂商康柏公司在开拓因特网渠道时，就意识到了这一点，因为很显然，这样做就意味着要绕过分销商。对康柏公司来讲，既做到通过因特网成功进行销售，又做到不抛弃分销商且不危及双方长期以来的紧密关系，是异常困难的。为了减少与其客户的直接竞争，康柏公司推出了专供在因特网销售的差异化个人电脑产品线——Prosignia（Kumar，1999）。

向所有人都开放因特网业务

第四种策略是让市场决定谁是赢家，向所有人开放因特网，用于直接销售和分销。采用第三或第四种战略进行网上交易的制造商，由于决定不与其分销商形成竞争，通常以零售价格销售商品，或者只提供一种有限的产品线。然而这种做法影响了因特网价值主张的吸引力。

结论

制造商面临着现有分销渠道被蚕食以及潜在的渠道冲突的隐忧，这意味着他们必须要在现有传统分销网络的销售和因特网销售之间取得平衡。不幸的是，历史表明，大多数公司都过于执著于正不断衰退的分销网络。

16.7　特别专题 1：国际零售

随着世界经济一体化的持续发展，国际化不仅涉及广告业、金融业和制造业，同样也对零售业产生影响。所有工业化国家的零售业发展都呈现出向大规模、自助化服务转变的趋势。零售经销店铺的数量在减少，但平均规模在扩大。

然而，各个国家的零售业仍然有很大差异，这反映了其不同的历史、地理、文化和经济发展阶段。在意大利，食品被赋有的重要的文化内涵为小型专业化食品零售商的发展和繁荣提供了机会。在其他的发达国家，如美国，零售业是朝着提供多种特色食品的巨型超级市场的趋势发展。依此看来，意大利零售业多依赖于零售商的小规模生产。美国零售业则鼓励规模生产、品牌化和复杂的分销体系，以解决存货和产品保鲜问题。

美国零售业的规模经济和效率带来的结果是，美国拥有比其他发达国家更大的零售店，以及更少的人均拥有店面数。而另外一些工业化国家没有覆盖范围较广的现代化零售业，如日本、法国和意大利。日本人口只有美国的一半，却拥有更多的零售店 (Jain, 1996, p.536)。

立法

在这些国家，大规模零售业欠发展的一个主要原因是立法。与美国相比，欧洲和日本（一定程度上）的零售业受到颇为严格的立法管制。为了保护城镇中心的独立零售商，立法主要针对竞争、新开店和营业的天数及小时数。

欧洲各国的立法情况各不相同。在英国，立法较宽松，这也使大型超级市场和大型专卖店分别在 20 世纪 80 年代和 90 年代都得以迅速发展。意大利的立法则较为严格，其限制了百货公司和巨型超级市场的开设。

立法也会阻碍零售业某些形式的发展。尽管法国是巨型超级市场（一个巨大的市场）的创始者之一，但其却在 1973 年通过了一项法律，对新建或扩张的零售店进行控制。该法律的立法目的与意大利法律相类似，均允许现有的零售商对其商圈内新建大规模零售商提出抗辩。

零售业的国际化

美国和欧洲的众多零售商都在进行业务的国际化。其中，美国的大型国际零售商包括 7-11、麦当劳、必胜客、百视达（Blockbuster Video）和玩具反斗城（Toys "Я" Us）等。欧洲的大型国际零售商包括宜家、贝纳通（Benetton）、美体小铺和家乐福。

日本虽是零售业国际化方面的新进入者，但其涉入较深。日本食品零售商之吉之岛（Jusco），在中国的香港地区、泰国和马来西亚有超级市场。由此看来，东南亚似乎是日本零售商的得天独厚的覆盖区，其业务已遍布整个地区。

尽管零售业呈现国际化的趋势，但未来的国际零售商也面临一些来自消费者的严峻问题和挑战。零售商在本地市场的业绩对消费者行为的变化很敏感。各国消费者的品位、购买习惯和消费模式都不相同。这些差异意味着要为消费者提供差异化的商品，可以从衣服的颜色、质地和样式，糖果和零食的口味等方面考虑。

在进行国际化时，零售商也会遇到其他问题，包括关键资源（如土地和劳动力）的短缺，不利的税收和关税结构，对营业时间和外国人的所有权的限制，以及已建立的牢固的供货商关系等。

Barth et al.（1996）对美国一个特色商品零售商的案例研究也指出了在欧洲开展零售业的问题所在。欧洲相对糟糕的财务业绩可以从以下因素中找到原因：

- 在欧洲购买不动产的成本更为高昂；
- 欧洲的劳动力更为昂贵；
- 在欧洲针对大型零售店开设的立法更为复杂。

示例 16.2
法拉利——著名的意大利体育用品制造商走向日用消费品零售业

法拉利正在致力于进一步利用自身价值进行资本化。目前，它的零售额达到 18 亿欧元。2002 年，第一家法拉利商店在它的故乡马拉内罗（意大利）开业。随后，又有 29 家店在罗马、伦敦、旧金山、澳门和巴塞罗那等重要城市开业。除第一家以外，其他商店均是授权商店。

法拉利的产品系列包括棒球帽、运动太阳镜和 T 恤，还有做工精良的运动皮夹克、V 领羊绒毛衣、纯棉针织 Polo 衫。春季女装包括白色棉质衬衫、褐色皮夹克、修身 Polo 衫和紧身牛仔裤。法拉利的品牌效应能让其以不可思议的方式和客户接触。通过购买法拉利服装，消费者无须购买一辆法拉利汽车或甚至不必进入展厅，就可以和法拉利品牌之间形成一种情感联结。因此，产品成功的关键所在即要建立消费者对于品牌的感知基础。

© Justin Kase z02z/Alamy

在法拉利商店，大约 40% 的产品由法拉利设计和生产，而剩余 60% 则来自法拉利的授权商，包括彪马、乐高、宏碁和美泰。例如，源自宏碁的法拉利笔记本是市场上第一款碳纤维材质的笔记本。2010 年，法拉利将珠宝生产线授权给 Damiani 公司，同样也进行了棋盘、自行车、滑雪板、头盔、烟灰缸、由废旧汽车零件改造的办公用具等产品的授权。

法拉利商店的概念来自 ARP 集团的创意，未来也将由其进行管理。ARP 集团计划到 2011 年，将法拉利商店数量从 30 家增至 50 家，重点开发远东市场。

此外，第一家法拉利主题公园将于 2011 年在阿拉伯联合酋长国首都阿布扎比开业。主题公园占地 45.5 万平方米，设计上可提供多重感官体验。20 多个引人入胜的休闲娱乐项目将会进驻，包括世界上最快的过山车。占地约 1 000 平方米的最大的法拉利商店也于 10 月在迪拜开张，而并没有受到该国近期财务问题的影响。

资料来源： 改编自 www.businessweek.com/globalbiz/content/nov2006/gb20061128_902772.htm；www.theautochannel.com/news/2009/05/19/461591.html；www.ferrari.com。

国际化进程的阶段

"阶段"这一概念（乌普萨拉学派，见 3.2 节）被用于描述零售商在国际化进程中的具有代表性的行动。考虑到向国外市场扩张的过程中面临的巨大风险和耗费的高昂成本，大多数企业面对国际化的前景都多少有些不太情愿。通常，零售企业都会从最初的不情愿到开始谨慎地从最近的市场向海外扩张。

零售的国际化产生了国际化运营中从多国化到全球化的不同形式。一方面，像玩具反斗城这样的全球化零售商，很少按照不同国家的要求改变其经营模式，这实现了最大的规模经济效益，却使其缺乏对当地市场的适应。另一方面，多国分销商在每一个国家都作为一个自治的实体运营。因此，折中的方法应是"跨国化"零售，即企业在追求全球效率的同时，还能对各国的机遇与约束做出响应。

贸易营销

长期以来，制造商把垂直营销渠道视为一个封闭系统的，各参与方作为互相分割的、稳定不变的实体运营者，而很大程度上忽视了对于创造长期的、整合战略计划及培育卓有成效的渠道关系最为重要的因素。幸运的是，一种渠道管理的新哲学已然形成，但要理解新思维的潜力大小，我们必须先了解在零售商层面权力是如何形成的。

渠道关系的权力可定义为，渠道成员对处于该渠道不同分销层次的其他成员的营销决策变量进行控制的能力。关于**渠道权力**的一个经典例子，是由零售商对食品和杂货制造商施加的强大力量。示例 16.3 的"香蕉分割"案例中显示，这种情况会产生一种结果，

> **渠道权力**
> 渠道成员对处于该渠道不同分销层次的其他成员的营销决策变量进行控制的能力。

即不断增加的零售权力使得零售商家能分享到香蕉产业链 40% 的利润。由于权力的平衡发生了转移，导致更多的商品被越来越少的零售商所控制。

示例 16.3
"香蕉分割"模型

说到香蕉的种植，有的是在小块土地上进行，有的则在大型种植园进行。据估计，全球 80% 的出口香蕉产于大型种植园，余下的则产于小型农场。在香蕉出口国内部及香蕉出口国之间，有着非常多样化的生产系统。而在走出农场后，香蕉跨国供应链的组成成员的多样性却大大降低。香蕉的运输、催熟及分销过程高度集中，出口业务的 80% 由五大公司控制，而剩余 20% 的香蕉出口业务散落在大量从事采购与分销活动的小型出口公司中。

这五大跨国香蕉出口商是都乐（Dole）、Del Monte、Chiquita、Fyffes 和 Noboa，它们都不同程度地垂直整合到生产、运输、催熟和分销环节。在这五家跨国企业中，只有 Fyffes 没有建立自营农场进行香蕉生产。其余四家公司在拉丁美洲、非洲和亚洲均有自己的种植园。这些大型的香蕉出口商拥有香蕉的装运和运输设施。

香蕉在欧洲、美国和亚洲的港口被卸下后，紧接着会被送往催熟以准备分销。所有国际香蕉出口商在其供货市场均有自己的香蕉催熟与分销设施。在欧洲，1993 年以后这些公司增加了催熟和分销的基础设施的投资，形成了欧洲统一的香蕉市场。

这五大跨国公司分别是：

- Chiquita 控制了全球 25% 的香蕉市场。香蕉收入占公司总收入的 67%，其他利润来源于鲜果、果汁和蔬菜罐头。
- 都乐号称是世界上最大的香蕉生产商，拥有约 30% 的全球香蕉市场份额。自 2002 年以来，Dole 完全由 CEO 戴维·默多克（David Murdock）及其家族控股。
- Del Monte Fresh Produce（自 1989 年 RJR Nabisco 解散后，该公司就完全脱离了 Del Monte Foods）拥有约 15% 的香蕉市场份额，同时经销凤梨、甜瓜及其他热带水果和特产蔬菜。
- Fyffes 是欧洲最大的新鲜果蔬分销商。拥有约 20% 的全球香蕉市场份额。总部设在爱尔兰。
- Noboa（Exportadora Bananera Noboa）是 110 家公司组成的大型联合集团（Grupo Noboa）的成员之一，由阿尔瓦罗·诺博亚（Alvaro Noboa）私营，他是厄瓜

多尔的首富,曾两次当选总统候选人。Noboa 拥有全球香蕉市场份额的 10%。

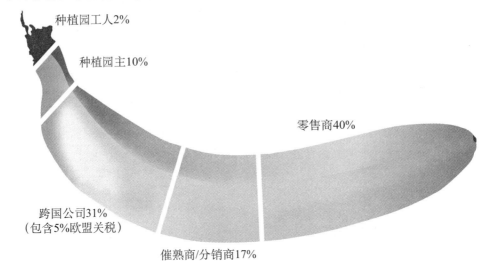

跨国公司与催熟商/分销商之间的业务重叠度很高:五家跨国企业中有四家(Chiquita,都乐,Del Monte 和 Fyffes)都涉足催熟业务。

图 16.9 "香蕉分割"模型(在英国,为覆盖成本获取利润,供应链成员收入在零售价中的占比)

资料来源:改编自 Vorley, B. (2003), Fig. 7.2, p.52。

尽管在农场和种植园之外的产品形态转换非常有限,但在香蕉零售收入中仅有 12%(10%+2%)属于香蕉生产国(见图 16.9)。尽管超市销售是供应链中要求最低的一环,但仍占据了零售收入的 40%。零售商的主导地位使得其对香蕉供应链的结构和价值分配的影响逐渐增加。过去十年来,利润向供应链下游末端转移的现象非常明显,跨国公司的边际收益逐渐下降,而零售商在价值链上的份额逐渐上升。香蕉价值链由制造商驱动逐渐转向买方驱动。结构性的香蕉供过于求导致了更低的价格与激烈的竞争。自 20 世纪 90 年代中期以来,连锁超市业态更加巩固(数量更少但更强大的零售链),并通过对产品质量与服务的更高要求,以及将价值功能向价值链上游推移,来逐渐增加其对香蕉跨国公司的市场影响力。面对这一趋势,跨国公司更多地在催熟、装运、包装和分销等方面进行垂直整合,但却离生产的直接所有权越来越远。为了增加收益、提高成为连锁超市更理想的供应商的概率,跨国公司正试图提供更多的水果品种与附加值更高的产品。

资料来源:改编自 Vorley(2003)和 Marther(2008)。

零售业集中化的世界趋势促进**国际零售**现象的出现。欧洲食品行业的集中化在欧洲北部最明显。自 20 世纪 90 年代中期以来,新成员不断进入欧洲食品杂货市场,如在德国折扣店市场目前排名第二仅次于 Aldi

---

国际零售

零售业集中化的世界趋势,为全球大型国际连锁超市带来了巨大的购买力。

的德国折扣连锁店 Lidl。Lidl 也将业务延伸到了其他欧洲地区（如斯堪的纳维亚、英国和法国）。目前在英国排名第一、第二的零售商分别是 Tesco 和 Sainsbury。

这种发展带来的一个结果是，在世界范围内呈现出由制造商主导转向零售商主导的趋势。权力集中在越来越少的零售商手中，而制造商别无选择，只能满足于它们的需求。这通常会造成零售商自有品牌商品（私有标签）的生产。这一现象已在 14.8 节中予以讨论。

因此，我们可以看到传统渠道管理因其权力争斗、冲突和关系松散等特征，已不再具备优势。因此，一些新思维应运而生，有助于建立更具合作性的渠道关系，即为人们所熟知的"贸易营销"（trade marketing）。贸易营销就是制造商（供应商）直接向贸易者（零售商）销售产品，以使产品和经销商店之间匹配得更好。目标是制定联合营销和战略计划，以谋求共同的利益。

对于制造商（供应商）而言，这意味着创造了一对孪生营销战略：一个针对消费者，另一个针对贸易者（零售商）。然而，如图 16.10 所示，由于渠道成员的目标不同，潜在的渠道冲突仍然存在。

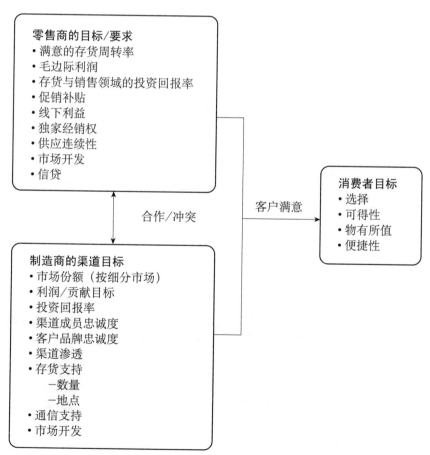

图 16.10　渠道关系和贸易营销概念

尽管存在潜在的渠道冲突，但双方所共同的目标，即消费者满意度，却经常被遗忘。如果最为理想的结果是制定共同的营销计划，那么前提条件一定是一方必须更好地理解另一方的视角与目标。

零售商寻求的是潜在的销售、赢利，以及在促销和批量上的排他性。现在，他们在选择品牌以达到上述目标方面处在令人羡慕的地位。

一个自有品牌商品制造商需要为不同的零售商创造不同的包装。通过仔细地设计个性化包装，制造商能得到更好的机会，并和与其最为匹配的零售商建立关系。

制造商可以向零售商提供能够凸显其实力的全面的一揽子支持方案，其中包括营销知识和经验、市场地位、经验证的新产品的成功投放、媒体的支持和曝光，以及对货架空间投资的高额回报。

如果想要使合作战略成功，制造商和零售商必须在各个层级一起工作，或许可以通过匹配各自组织内的相关部门来实现。随着个人客户的重要性日益增加，结果是产生了关键客户的概念。关键客户通常是营业额较大的大型零售连锁店，能够代表不同的商店来决定销售的数量和价格。

因此，客户细分不再仅基于规模和地理位置，也基于客户（零售商）决策制定的结构。这导致逐渐由地理区域部门负责销售转向由客户部门负责销售，这种组织重构是通过设立关键客户经理（对客户负责的经理）来实现的。

跨国零售联盟

这一部分内容聚焦于零售商的水平联盟（零售商到零售商）及跨国界的零售商国际联盟。跨国界的零售商联盟主要存在于西欧零售商之间，在很多情况下是对欧盟内部市场的威胁和机遇做出的明确反应。

在欧洲，跨国界联盟都不能称得上是"股权参与的联盟"，即成员间的交叉持股。各个联盟都不涉及股权分享，但它们都有一个中央秘书处负责协调运营活动——采购、品牌化、专业知识交流和产品营销。

时至今日，由联盟秘书处直接执行的活动一直是受限制的，而且不包括实际流程和集中支付。对于跨国界联盟的单个零售成员来讲，其优势主要在于：向供应商集中购买，从而获取价格优势，这意味着联盟正在尝试制衡制造商（供应商）权力。对于试图进入泛欧洲供应网络的制造商和零售商来说，跨国界集中购买是一个有重大意义的起点。

16.8 特别专题 2：灰色营销（平行进口）

灰色营销（grey marketing）或**平行进口**（parallel importing）可定义为：产品通过

未经制造商授权的市场分销渠道实现进口和销售。当制造商在不同国家,对同样产品制定了明显不同的市场价格时,就会产生灰色营销。它使得未经授权的交易商(图 16.11 中,批发商)在一个市场上以较低的价格购买品牌商品,然后在另一个价格较高的市场出售,这样能比在价格较低市场中出售获得更高的利润。灰色营销主要存在于高价格和高端产品上,例如时尚和奢侈品服装、手表和香水等。

> **灰色营销或平行进口**
>
> 产品通过未经制造商授权的市场分销渠道实现进口和销售。当制造商在不同国家,对同样产品制定了明显不同的市场价格时,就会产生灰色营销。它主要存在于高价格和高端产品上,例如时尚和奢侈品服装。

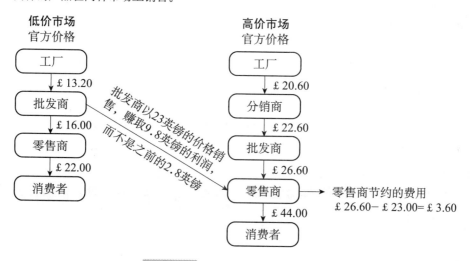

图 16.11 灰色营销(平行进口)

资料来源:Palwoda(1993,p. 300)。转载获 Butterworth-Heinemann Publishers(Reed Educational &. Professional Publishing 有限公司的分支部门)授权。

因为不同国家间货币价值的波动对于灰色营销人员来讲很有吸引力,他们可以在货币疲软的市场购买产品,然后在货币坚挺的市场出售产品,所以,灰色营销时常发生。

灰色市场也可能是由于分销商在一个国家销售的产品出现了意料之外的供大于求的现象。为了弥补其投资,分销商可能愿意以低于正常利润率的价格销售多余的供给。在一些国家价格较低(可能导致灰色营销)的其他原因可能包括较低的运输费用、更为激烈的竞争和较高的产品税(要保证最终消费价格保持在一个可接受的水平,较高的产品税就会压低出厂价格)。

对制造商来说,灰色营销所带来的典型问题是它会使授权中间商失去动力。灰色营销人员通常只在价格上竞争,而很少关注于提供营销支持和售后服务。

电子商务为灰色市场提供了发展空间。最常见的可能是经授权的经销商通过向未经授权的经销商销售产品以盈利,或至少能将损失最小化。互联网使得在灰色市场经营的公司更容易获得广泛的客户。公司能大量买入相关产品,再销售给未经授权的分销商，这正是电子商务的典型特征。有时，当销售人员要努力实现业绩、管理人员想要弥补成本或要实现年末销售目标时，制造商自己也会通过灰色市场进行销售（Antia et al., 2004）。

减少灰色营销的可能策略

对于灰色营销而言，有时企业会希望这仅仅是一个短期问题并且会很快消失，当价格差异是由货币价值的波动而造成的时候，确实是如此。但在其他情况下，企业必须提前采取预防措施：

- 提起诉讼。尽管法律手段可能既昂贵又耗时，但还是有一些公司（如Seiko）选择了起诉灰色营销者。
- 改变营销组合。这涉及三个要素：

1. 产品战略。这一战略是放弃标准化概念（为所有市场提供相同产品），引入差异化概念，对每个主要市场提供不同的产品。
2. 定价战略。制造商可以改变向渠道成员收取的产品出厂价，以使市场间的价格差别最小化。制造商也可减少对大额订单提供的折扣。这可降低对中间商的刺激，因为他们通常会进行超量订购以获取低价格，之后将未出售的存货在灰色市场上销售并仍能获利。
3. 保修战略。制造商可以缩短或取消对灰色市场产品的保修期。这就要求产品的渠道来源是能够得到识别的。

16.9 总结

在本章中，我们研究了国际分销渠道和物流管理。表16.1显示了这一章的主要结构。通过探讨，我们可以明显看出国际营销商在选择和开发一种经济、高效、高销量的国际分销渠道方面有很大的空间。

在许多情况下，渠道结构受外部因素的影响，并且依国家而不同。实体分销（外部物流）关注货物从制造商向消费者的流动。只要进行了系统决策，实体分销就可以通过提高效率节约成本。而国际零售行业变化无常的本质会影响分销计划。在过去10年，权力（制造商和分销商间）的平衡向对零售商有利的方向转化。根据"贸易营销"的理念，制造商通常除了与大型的、日益集中化的零售商合作外，将别无选择。

灰色市场是国际市场中日益重要的一种现象，它是指未授权的贸易商在不同的国家买卖公司的产品。面对灰色市场的公司可以有多种方式予以反应，它们可以选择忽略这一问题（视而不见）、采取法律行动或修改其营销组合中的要素，而究竟如何选择将受到其所处的形势状况及预期持续时间的巨大影响。

诺基亚：美国手机市场出了什么问题——诺基亚是否能超越摩托罗拉重回市场第一的位置？

本案例研究的是 2008 年前后的诺基亚，当时它是世界手机通信行业的领导者。诺基亚通过便捷的产品如手机、各种设备，以及图像、游戏、媒体和商务解决方案，让人们互相联系、交流重要信息。诺基亚也为网络运营商和网络公司提供设备、解决方案和服务。

历史

诺基亚的起源可以追溯到 1865 年诺基亚木浆厂的创立。1967 年，依照芬兰的法律，在兼并涉足多个行业的三家独立的公司后，诺基亚作为一种现代公司形式出现了。20 世纪 80 年代，诺基亚加强了自身在远程通信、消费电子产品和个人电脑市场的地位。1982 年，它在欧洲引入了第一款全数字本地电话交换机和世界首款采用北欧移动通信模拟标准的车载电话。20 世纪 90 年代初期，诺基亚决定将远程通信作为其核心业务。最终，大量非相关业务，如纸、橡胶、鞋类、化学制品、电缆、铝和电视等被剥离出去。

今日的诺基亚

诺基亚的主要业务是提供移动电话、宽带、IP 网络架构和相关服务。它也为运营商和互联网服务提供商开发移动网络应用和解决方案。诺基亚可以分为四种业务类型：移动电话、网络、多媒体和企业解决方案。由于移动电话是诺基亚最大的销售收入来源（2008 年为 70%），本案例主要研究其移动电话业务。

2008 年 12 月财务年度结束时，诺基亚公司实现总收入 507.10 亿欧元。年度税前利润为 49.66 亿欧元。截止到 2008 年 12 月 31 日，诺基亚雇用了 125 829 名员工，在全球 8 个国家有 14 个移动设备和网络架构的制造基地。

地区与国家营业额

在 2008 年总营业额中，欧洲占 37%，亚太地区占 22%，中东和非洲占 14%，中国占 13%，拉丁美洲占 10%，北美占 4%。表 1 展示了十大市场在 2006—2008 年间的销售变化情况。

如表 1 所示，在十大市场中，印度市场的净销售额增长最多（37%），而从 2006—2008 年，净销售额减少最多的市场是美国（32%）。

表 1　2006—2008 年诺基亚的十大市场（净销售额，以百万欧元计算）

	2008 年	2007 年	2006 年
中国	5 916	5 898	4 913
印度	3 719	3 684	2 713
英国	2 382	2 574	2 425
德国	2 294	2 641	2 060

续表

	2008 年	2007 年	2006 年
俄罗斯	2 083	2 012	1 518
印度尼西亚	2 046	1 754	1 069
美国	1 907	2 124	2 815
巴西	1 902	1 257	1 044
意大利	1 774	1 792	1 394
西班牙	1 497	1 830	1 139

资料来源：根据 www.nokia.com 整理。

诺基亚在世界移动手机市场的地位

2008 年，全球移动手机装运总计达 12.10 亿单元，比 2004 年的 8.25 亿装运单元增加了 46%。

如表 2 所示，2008 年诺基亚统领了世界移动手机市场，市场份额达到 38%，其后是三星（18%），摩托罗拉（9%），LG（8%），索尼爱立信（8%）及其他（21%）。

此时，诺基亚在全球市场的领先地位受到了挑战，如三星。

表 2　世界移动手机市场（2008）

公司	总部所在国家	销售数量（百万部）	世界市场份额（%）	美国市场份额（%）
诺基亚	芬兰	460	38	9
摩托罗拉	美国	109	9	23
三星	韩国	193	16	22
LG 电子	韩国	97	8	15
索尼爱立信	日本/瑞典	97	8	1
其他（如黑莓、苹果、三洋）	多国	254	21	30
合计		1 210	100	100

注：2008 年，约 1.6 亿部的手机在美国销售。
资料来源：根据 www.idc.com 整理。

美国移动手机市场及诺基亚的地位

美国的移动手机市场并不饱和。相对于在英国，人们拥有手机的比例超过 100%（有人拥有两部或者多部设备），在美国人们拥有手机的比例约为 80%。

2004 年，诺基亚是美国移动手机市场上的领导者，拥有 30% 的市场份额；摩托罗拉排名第二，拥有 20% 的市场份额。自此之后，二者之间的角色发生了转变，诺基亚的市场份额下滑到 9%。

2008 年，摩托罗拉以 23% 的市场份额在美国市场居于领先地位，其后是三星、LG、RIM、苹果、三洋、京瓷、三洋电子和 UT 斯达康共同瓜分剩余 30% 的市场份额。

诺基亚显然并不满足于美国的市场地位，它试图在特定细分市场进行提升以扩大北美市场份额。2008 年，为了寻找合适的利基市场，诺基亚进行了一项全球市场细分研究。该研究在 18 个不同国家（包括美国）进行了超过 50 000 个小时的访谈。分析师认为,诺基亚在未来应生产更多的利基产品。美国消费者普遍认为摩托罗拉具备更多特性,而诺基亚则以便宜、可靠而著称。

美国的移动手机分销

在欧洲和亚洲,消费者购买手机和手机服务是分离的,因此,诺基亚仅需要取悦终端用户。而在美国,手机和服务捆绑出售,电信运营商对手机的外观和运行方式都非常注重。对诺基亚的另一项挑战是北美的主导无线标准为 CDMA(码分多址通信技术),而大部分诺基亚手机均是依照全球标准 GSM(全球移动通信系统)而设计的(Hempel, 2009)。

美国有两条移动手机分销线路:(1)通过批发商从制造商到通信零售商;(2)通过电信运营商(无线网络运营商)及其专卖店进行销售。近年来,第二种线路已经变成主导形式。

在美国,大部分手机(约 63%)均通过各自的电信运营商进行销售。AT&T 销售了 29% 的设备,Verizon 销售了 26%,T-Mobile 和 Sprint 分别销售了 11%。

在美国市场,诺基亚落后于摩托罗拉的市场表现,可能有两个重要因素:

1. 差异化是关键。在这个市场中,80% 的消费者已经拥有手机,且许多人在换手机之前想要独特的特性。摩托罗拉显然抓住了这个生活方式转变的市场机会,其超薄手机的设计就是针对诺基亚的缺陷(诺基亚总是生产糖果棒状的手机)。

2. 超过 60% 的美国手机购买者会先选择一个运营商,然后再从运营商处选择新手机。摩托罗拉在美国市场份额的大幅提升得益于它的众多运营商协议,以及与最重要运营商的合作关系,如 Sprint 和 Nextel 通信公司。摩托罗拉的一些业务来自行业第二大运营商 Verizon,但大部分业务来自分散在美国市场的许多小运营商。

在某种程度上,美国市场愈来愈重要,尤其是在高端市场(智能手机)。美国是世界智能手机的最大市场。随着 iPhone 的成功,苹果公司使美国移动手机市场成为一个小型的电脑实验市场。苹果公司的用户主要集中在美国市场,它还建立了第一家移动手机软件商店。

诺基亚正面临高端市场(智能手机)的激烈竞争,例如苹果公司的 iPhone 和 RIM 的黑莓手机(Black-Berry)。

Nokia E71
Nokia UK.

2006 年 1 月的诺基亚大会上,芬兰的 CEO Jorma Ollila 迫切想要改变美国市场的现状。在会议上,他讲到诺基亚的目标是坐上北美市场的第一把交椅:"拥有超过 20% 的市场份额是一个良好的开始,"他说,"接下来要将我们自身打造成为市场冠军的有力争夺者"(Kharif, 2006)。由此看来,事实上,诺基亚并没有实现 Ollila 的目标,但自诺基亚在美国市场引入智能手机 E71 后,局面有所好转。或许在 2009 年,诺基亚在美国市场能赢回一些曾属于它的一席之地。

▶ 问题

1. 描述美国市场上移动手机从诺基亚到达终端消费者的分销渠道。
2. 诺基亚在移动手机市场领先的原因有哪些？
3. 为什么诺基亚在全球市场领先而在美国市场却没有成功？
4. 为了重回美国市场的领先地位，诺基亚能采取哪些措施？

资料来源：Hempel, J.（2009），Nokia's North America problem-to stay No.1 in high-end cell-phones, the Finnish phonemaker has to take on Apple and RIM on their home turf. So far it hasn't got a foothold, money. cnn. com/2009/01/12/technology/hempel_nokia. fortune/，1 December；Sourcejuice（2009），"Nokia's market share in United States only 10 percent decline"，www. sourcejuice. com/1156907/2009/04/02/Nokia-market-share-United-States-only-10-decline/，4 February；Kharif, O. （2006），"Nokia：Dialing North America"，*Business Week Online*，2 nd August；www. nokia. com。

问题讨论

1. 请讨论当前世界市场的分销趋势。
2. 影响营销渠道长度、宽度和数量的因素有哪些？
3. 在努力优化国际营销渠道绩效的过程中，国际市场销售人员应重点强调以下哪个方面：培训、诱导还是报酬？为什么？
4. 对于全球化公司来说，何时将其国外市场分销体系的协调工作进行集中化管理是可行且合适的？何时进行分散化管理更为合适？
5. 灰色产品销售人员对消费者和制造商而言，起到了有益的营销作用吗？
6. 为什么实物分销对国际营销的成功很重要？
7. 请探讨多数出口商广泛使用货运代理公司服务的原因。
8. 请讨论跨国界零售趋势对国际营销商的意义。
9. 许多市场拥有相对较多的小型零售商。这如何束缚了国际销售人员？
10. 如何对零售知识进行国际转让？
11. 制造商从零售商那里可以获得哪些服务？

参考文献

本章参考文献可通过扫描右侧二维码获取。

第 17 章
营销沟通决策（促销战略）

> **学习目标**
>
> 完成本章学习之后，你应该能够：
> - 界定并区分不同类型的沟通工具。
> - 描述并解释广告决策中的主要步骤。
> - 描述国际市场上确定广告预算的技巧方法。
> - 讨论网络营销的可行性。
> - 解释人员推销和销售队伍管理在国际市场上的重要性。
> - 界定并解释病毒营销的概念。
> - 讨论国际广告标准化营销策略的利弊。

17.1 引言

营销沟通是国际营销组合策略中的第四个也是最后一个要素。国际营销沟通所发挥的作用与国内营销沟通类似：与顾客交流，提供顾客所需的信息，以促使其做出购买决策。尽管营销沟通组合中含有顾客感兴趣的信息，但其最终目的是促使顾客在现在或是将来购买某个产品。

与顾客进行沟通并对其产生影响，可以采用若干种方法。广告是促销组合要素中最常见的方式，但人员推销、展览、销售促进、公共关系和直接营销（包括互联网）都是国际促销组合中的要素。

在这里，需要重点考虑的是：(1) 是采用标准化的促销组合战略，还是制定适应不同国家的环境的促销组合战略；(2) 如何利用遍布世界的媒体。

17.2 营销沟通过程

在考虑营销沟通过程时，我们通常会想到一个制造商（信息发送者）通过任何一种媒体将信息传递给一个明确的目标顾客。在这种情况下，卖方是营销沟通过程的发起者。然而，如果买卖双方已经建立了关系，这个过程就可能是从买方开始的。如果买方在一段时期内对某种特定的产品有良好的购后体验，这会使买方倾向于以后进行重购，也就是说，买方会主动咨询或订货（反向营销）。

图 17.1 显示了买方发起和卖方发起而带来销售额增长的差异。随着时间的推移，由买方主动而实现的销售份额会逐渐增加。一个公司过去所有的市场表现决定着买方现在和将来交易的主动性；这些市场表现包括卖方主动性的程度、性质和时机，所供应商品的竞争力，购后体验，与买方的关系，以及对待买方主动行为的方式（Ottesen，1995）。

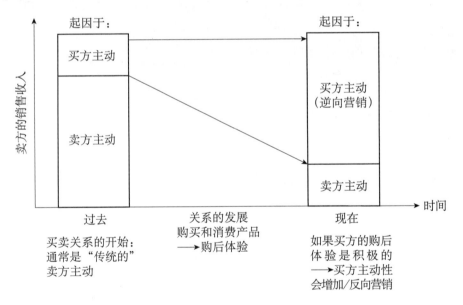

图 17.1 买卖双方关系中从卖方主动向买方主动的转变

有效营销沟通的主要特征

本章其余部分主要涉及基于卖方主动发起的营销沟通过程和营销沟通方式。有效的营销沟通包括四个要素：信息发送者、信息、营销沟通路径和信息接收者（受众）。图 17.2 中的营销沟通过程明确了有效营销沟通的主要特征。

为了有效地进行营销沟通，信息发送者要明确营销沟通的目的，了解谁是信息的接受者、受众将如何理解信息和做出反应。然而有时，由于竞争厂商的相似和矛盾的

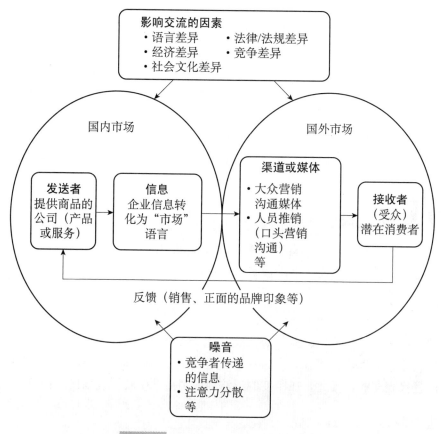

图 17.2 国际营销沟通过程中的要素

信息会干扰信息接受者,使其不能清晰地理解信息发送者所传递的产品信息。

关于图 17.2,还有重要的一点就是媒体和信息的"匹配性"。例如,一条复杂且文字较多的信息就比较适合通过出版物进行营销沟通,而不适合像电视和电影这样的可视媒体。

其他影响营销沟通的因素

语言差异

一则广告语或广告文案可能在一种语言中能够被有效地沟通,而在另一种语言中则会表达出完全不同的意思。因此,当本国使用的商标、促销素材和广告需要在他国市场上使用时,就应做出相应的调整或转换。

品牌名称或广告语翻译不当的例子不胜枚举。通用汽车公司有一款名为 Vauxhall Nova 的汽车,它在西班牙语市场表现不佳,因为该词在西班牙语里是 "no go"(走不动)的意思。在拉美地区,"Avoid embarrassment-Use Parker Pens"(用派克笔,避免尴尬)被翻译成了"用派克笔,避免怀孕"。斯堪的纳维亚吸尘器制造商伊莱克斯（Electrolux）在美国市场使用了"Nothing sucks like an Electrolux"（没有东西比伊莱克斯更能吸）的广告词，但却忘记了"sucks"这个词在美国更常用的意思是"糟糕"。

某丹麦公司为其在英国市场上销售的猫砂做了一则广告"猫小便用的沙子"，其销售业绩自然不会很好。另一家丹麦公司则将"婴儿奶瓶用奶嘴"译成"可松动的乳头"。而哥本哈根航空公司直到最近还在使用"We take your baggage and send it in all directions"（我们负责将您的行李运往四面八方）的海报，该广告语本想表达其提供优质服务的愿望，然而其模糊和充满歧义的表达却引起乘客担心自己的行李会不知所踪（Joensen，1997）。

经济差异

与发达国家相比，发展中国家或许只有收音机却没有电视机。在识字率较低的国家中，视觉或口头营销沟通比书面营销沟通更有效。

社会文化差异

宗教、态度、社会地位、教育等文化要素会影响个人对社会的看法和对某些营销沟通符号或标志的理解。例如，广告中的色彩运用必须考虑到文化习俗。在许多亚洲国家，白色代表悲痛，因此，在印度的清洁剂促销活动中就不应该使用白色。

法律/法规差异

当地的广告法规和行业规范会对媒体的选择和促销内容产生直接的影响。许多政府对于广告的内容、语言、性别歧视等方面进行了严格的管制，对能发布广告的产品类型也有规定。烟草制品和酒精饮品的促销是被管制得最为严格的。然而，这些产品的制造商从未放弃过促销活动。美国著名卷烟品牌骆驼（Camel）曾在公司形象的广告中采用"骆驼老乔"（Joe Camel）这一卡通形象。发达国家对于广告的规定比发展中国家要多，这与发展中国家广告业还不够发达有关。

竞争差异

各国竞争者在数量、规模、类型和促销策略上差异很大。公司的促销策略和执行的时机必须要与当地环境相适应。

17.3 营销沟通工具

在本章前一部分我们曾经提及主要的促销形式，在这一小节，我们将会进一步研究不同的营销沟通工具，如表17.1所示。

表 17.1　常用的营销沟通工具（媒体）

单向营销沟通			双向营销沟通	
广告	公共关系	销售促进	直接营销	人员推销
报纸、杂志、期刊、地址目录、广播、电视、电影、户外广告	年报、企业形象、内部杂志、媒体关系、公共关系、活动、游说、赞助（植入广告）	回扣和价格折扣、目录和手册、样品、优惠券和礼品	直接邮寄/数据库营销、互联网营销、电话营销、病毒式营销、社交网络	销售演示、销售队伍管理、展销会和展览会

广告

广告是最直观的营销沟通方式。作为单向营销沟通方式，广告在国际市场中被广泛采用，但也同时存在一定的局限性，因此在广告营销沟通中会遇到一些困难。广告对于消费品的营销沟通是非常重要的。广告可以通过大众媒体传达到许多小规模的消费者群体。而在大多数 B2B 市场上，广告就不如人员推销的作用大了。

图 17.3 列出了关于广告的主要决策。我们现在讨论这几个阶段。

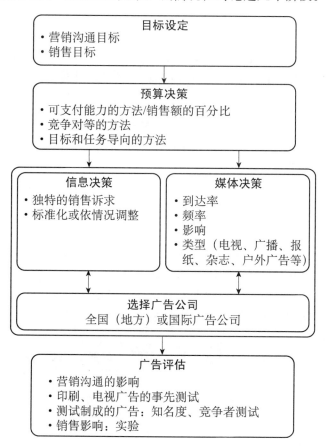

图 17.3　主要的国际广告决策

目标设定

尽管广告策略在国与国之间有所不同，但广告的主要目标还是相同的，其主要包括：

- 针对现有顾客提高销量：鼓励顾客增加购买频率，经常性地提醒顾客产品的主要优点以使其保持品牌忠诚度，刺激购买欲望。
- 获得新的顾客：提高产品的知名度在新的目标顾客群体中提升公司形象。

预算决策

在广告中备受争议的方面包括选择恰当的方法来确定促销预算的额度及其在不同市场不同时点上的分配。

如果单纯从理论上看，因为广告的回报是高于任何其他形式的，企业（在每一个市场上）应该持续不断地追加广告投入。但在实践过程中要确立最优的广告预算是不现实的，所以公司建立了许多更实用的指导方针。管理者还不应将广告预算孤立看待，而是必须把它看作是营销组合中的一部分。

（1）可支付能力的方法/销售额的百分比

该预算方法是将广告费用与某些利润指标或销售额直接挂钩，最为常见的方法就是**销售额百分比的方法**，即直接将销售额的一定比例作为广告预算。

> **销售额百分比的方法**
> 企业直接将销售额的一定比例作为广告预算。

该方法的优点是：

- 对于在多国市场销售产品的企业，这种方法能够保证市场之间的平等，每个市场得到了应得的那部分广告预算。
- 在预算会议上较为容易通过。
- 保证了公司制定的广告预算是在可承受的范围内，避免了不必要的浪费。

该方法的缺点是：

- 使用的是历史业绩而非未来业绩。
- 忽视了当销售额下降时，为了能够实现产品生命周期曲线的再循环，从而扭转销售下滑的趋势所必须投入额外的广告支出这种可能性（见14.4节）。
- 没有考虑不同国家市场上的企业营销目标不同这一因素。
- 这种方法将促使当地的公司采用最为简单而灵活的方法扩大销售量，即降低价格。
- 由于该方法的简单易行，导致管理者不愿再花费心思研究广告与销售额之间的关系，或者细致地去分析其广告宣传的整体效果。
- 这种方法无法用于新产品投放或新市场开辟（0销售＝0广告费用）。

示例 17.1
产品植入广告

产品植入是一种广告形式，通常是把品牌产品或服务植入本来没有广告的情境中，如电影、有故事情节的电视节目或新闻节目。

产品植入是真人秀节目常用的手段，如《美国偶像》（*American Idol*）。因为这类电视节目的制作成本不断增加，因此电视台会寻求能够赞助电视节目的合作者，而把产品植入作为赞助的回报。

Copyright © 20th Century Fox/Everett/Rex Features.

另一个关于企业采用产品植入广告的例子是摩托车品牌哈雷·戴维森。只有3%的美国消费者拥有摩托车（主要是35岁以上的男性），然而打算购买摩托车的美国人（主要目标群体之外的人群）却达到1 500万—2 000万。2009年11月，哈雷·戴维森宣布组建娱乐咨询机构来负责电影、电视、音乐、电视游戏中的产品植入。

资料来源：www.harley-davidson.com。

（2）竞争对等的方法

竞争对等的方法包括估计和复制其主要竞争对手的广告投入费用。不幸的是，掌握国外竞争对手的营销费用比监测本国市场的企业要困难得多，因为本国企业的财务报表（如果是有限公司）是由公众监督的，并且其促销活动也是即时可见的。另外一个危险就是竞争者的营销决策未必是正确的。

> **竞争对等的方法**
> 复制主要竞争对手的广告投入费用。

此外，这种方法没有认识到不同国家的不同市场中企业所处环境的差异性。如果公司是市场的新进入者，它与顾客的关系与当地已有的公司肯定会有所不同，这也必须被反映在它的促销预算中。

（3）目标和任务导向的方法

上述方式的缺陷使得有些公司不得不采用**目标和任务导向的方法**，这种方法首先应确定广告的目标，然后明确为实现这一目标所需完成的任务。该方法还包括成本收益分析，即比较目标与其所需花费的成本。如采用这一方法，企业必须对当地市场了如指掌。

> **目标和任务导向的方法**
> 确定广告的目标，然后明确为实现这一目标所需完成的任务。

相关研究（Hung and West, 1991）显示，在美国、加拿大和英国只有20%的公司采用该方法。尽管它是确定促销预算的"理论上的正确"方式，但由于有时候操作性更为重要，所以更多企业采用的是销售额百分比的方法。如果公司实践表明它是相当成功的，那它就不一定是一个不好的方法。如果销售额的百分比是弹性变化的，那么就允许不同市场有不同的份额。

信息决策（创造性策略）

信息决策是关于如何传达**独特的销售诉求**（unique selling proposition，USP）的决策，以及这种营销沟通是如何影响该国消费者行为的。这些决策在广告媒体的选择上具有重要意义，因为特定媒体能够更好地契合专门的创意需要（如色彩运用、文字描述、高清晰度、产品展示等）。

国际营销人员面临的一个重要决策是：面向国内市场的广告能否稍做修改，如仅仅翻译成合适的语言就照搬到外国市场上。适用于多国市场且完全标准化的营销沟通方案几乎是不存在的。标准化意味着相同的信息、创意、媒体和策略，但它也要求企业在跨文化语境中有一个能被顾客清晰理解的独特的销售诉求。

> **独特的销售诉求**
> 独特的销售诉求是指能够对消费者购买产品提供决定性影响的观点。

标准化国际广告策略为企业带来很多优势。比如，公司总部的统一策划广告及在不同国家市场的营销沟通较之为不同的区域设计不同的广告成本低。

然而，在多国市场上执行同一广告策划需要在信息传递和允许本地的细微差别之间寻求平衡。这种全球创意的适用性可以通过不同的策略来实现，如采用模块式方法和国际通用符号，以及选择国际广告公司等。

媒体决策

在广告主题确定的同时必须进行广告媒体的选择。媒体选择的关键点是使用大众化还是目标市场的方法。当较高比例的公众都是潜在消费者的时候，大众媒体（电视、收音机和报纸）能够有效地发挥作用。对大多数产品来说，这个比例因国家而异，比如说，它取决于不同国家的收入分配。

某一特定营销方案的媒体选择要从目标市场的人口统计学和心理特征、产品的区域优势、销售的季节性等方面入手。媒体的选择应该是对当地的广告目标、媒体属性和目标市场特征通盘考量的结果。此外，还应遵循以下原则：

- 到达率。目标市场上特定时间段内至少接触过一次该广告的总人数［看到广告的机会（Opportunity to see），**OTS**］。
- 接触频率。特定时间段内每个潜在顾客接触同一广告的平均次数。
- 影响力。这取决于所用媒体与信息之间的兼容性。《阁楼》（*Penthouse*）杂志持续吸引着高附加值的

> **OTS**
> 看到广告的机会——目标市场上特定时间段内至少接触过一次该广告的总人数（到达率）。

> **接触频率**
> 特定时间段内每个潜在顾客接触同一广告的平均次数。

> **影响力**
> 影响力取决于所用媒体与信息之间的兼容性（对消费者大脑的影响）。

耐用消费品广告，比如说汽车、高保真的音响设备和服饰等，这些商品主要定位于高收入的男性阶层。

当一个公司进入一个新市场或推出一种新产品时，必须要有较高的信息到达率，只有这样，诸如产品的有用性的信息才能令众多潜在的顾客周知。当品牌已经具备一定的知名度且需要让消费者知道企业正在做促销活动时，也需要较高水平的接触频率。有时一项促销活动必须同时具备高接触频率和广泛的到达率，但广告预算的限制经常需要在到达率和接触频率两者之间做出取舍。

媒体的总收视率百分点（gross rating points, GRPs）是通过将到达率乘以某一广告一个时间段内在该媒体上出现的频率得到的结果。因此，它既包含广告的重复曝光率，又表明了媒体的影响力。媒体的总收视率百分点可用来评价某一个独立的媒体，或者是不同的媒体，或者是整个活动方案。

> **GRPs**
> 总收视率——到达率乘以收视频率。总收视率可以用来评价某一个独立的媒体。媒体策划一般是基于诸如"每千总收视率百分点的成本"这一指标。

媒体宣传活动的成本也应在考虑之列。传统的媒体策划一般是建立在单一测量指标上的，如"每千总收视率百分点的成本"。当面对两个及以上的国家市场时，媒体的选择还应考虑：

- 不同国家企业市场目标的不同。
- 不同国家的媒体效果的不同。

由于媒体在所有国家的可得性与相对重要性不可能完全相同，所以跨境的广告宣传计划也需要做出相应的调整。当前，联合促销作为一种新的传递广告信息的营销沟通渠道，已经在实践中被频繁使用。下面让我们对主要的媒体类型进行一个深入的探讨。

（1）电视

电视是一种昂贵但又普遍被使用的媒体，它可以到达大范围的国内市场。在大多数发达国家，电视的覆盖率很广，但同时电视又是受到管制最多的媒体之一。许多国家禁止播放香烟、酒精类（啤酒除外）的电视广告。在另外一些国家（如斯堪的纳维亚），电视广告的播放时长被限制在一定的范围之内。有些国家也禁止在电视节目中插播广告。

（2）广播

广播的成本要低于电视。在许多国家，广播广告比电视广告早出现了几十年。由于广播通常具有区域性的特点，所以全国性的广告就需要在各个区域分别播放。

（3）报纸（印刷品）

世界上几乎所有的城市居民每天都能够接触到报纸。实际上，对于广告商而言，其所面临的问题不是报纸太少，而是太多了。多数国家都有一种或几种报纸可以说是真正面向全国发行的。然而，在许多国家报纸更倾向于向本土化或区域化发展，例如这些报纸将自己定位为服务于当地广告商的首选媒体。试图利用一系列的当地报纸来实现覆盖全国市场的目标，将会非常复杂而且成本颇高。

许多国家除了当地语言的报纸外，还有英文报纸。例如，《华尔街日报》（亚洲版）

就是通过提供英文版的经济信息来影响那些亚洲商人、政客、高级政府官员和知识分子。

> ### 示例 17.2
> ### 梅赛德斯-奔驰利用詹尼斯·乔普林的歌曲开辟美国汽车市场
>
> 30年前，摇滚歌手詹尼斯·乔普林（Janis Joplin）为梅赛德斯-奔驰祈求了上帝保佑。在她的一首歌中，一个可怜的妇人每晚祈祷，请求上帝赐予她一辆奔驰汽车，这首歌红极一时，直到现在，世界各地的广播电台还经常播放这首歌曲。
>
> **1968 年出生的那一代人的购买力**
>
> 由于出生于1968年的那一代人目前已经达到了富有购买力的年龄，作为整个庞大的广告方案的一部分，德国奔驰汽车公司决定让这一祈祷的声音能够被更多人听到，该公司已经购买了未来数年这首歌在广告中的使用权。这个广告已经在美国电视台播出，詹尼斯醉人的嗓音配以两幅精美的奔驰最新豪华车型的图片。近些年，许多商业广告都采用了20世纪五六十年代的经典摇滚老歌，但詹尼斯的音乐有两个不同之处：首先，它直接提到了产品本身；其次，这首歌是讽刺穷人把幸福寄托在代表社会地位的极度物质化的象征符号上。
>
> 作曲鲍勃·纽沃思（Bob Neuwirth）说，"一开始就没想很认真地对待这首歌"，这首歌其实是纽沃思在1970年詹尼斯的两场音乐会间歇为她创作的。如今他与这首歌已毫无关系，并且也没有被邀提出建议。"但我很惊讶，这个创意竟花去他们那么长的时间"，纽沃思说道，他坚持认为詹尼斯并没有对昂贵的社会地位象征的极度渴望。
>
> 那时的詹尼斯拥有一辆保时捷汽车。梅赛德斯-奔驰公司选择詹尼斯就是试图抓住年轻的受众，正如该公司北美部门经理安德鲁·戈德堡（Andrew Goldberg）所说，广告就是要创造顾客与产品的情感联系和实体联系。
>
> 广告受众测试对这首歌的反应是它能带来温暖、怀旧的感觉，并对梅赛德斯产生好感。戈德堡说，"在25年前，人们对这首歌可以自由地做出各种解释。但当现在顾客看到广告的时候，它只是关乎情感的，而与社会学没有关系。"
>
> 在20世纪60年代末，詹尼斯携其 Big Brother and the Holding Co. 乐队，成为世界知名歌手，1970年11月4日，死于过量吸食海洛因。她去世六个月后其个人专辑 *Pearl* 发行，其中收录了这首关于奔驰的歌曲。在著名的"上帝您会给我买一辆奔驰吗"的副歌之后，詹尼斯在"就是这样"的轻笑中结束了歌曲，在25年后的奔驰广告这首歌听起来依然那么真切，仿佛詹尼斯就在我们眼前。
>
> **资料来源**：译自丹麦报纸 *Jyllands-posten*（作者 Jan Lund），24 march 1995。

(4) 杂志（印刷品）

一般来说，杂志的读者群体与报纸相比相对较窄。在多数国家，期刊的目标读者往往是某些特定的群体，其对于高科技产品和工业产品是非常有效的。科技类商业杂志的发行越来越国际化了。这类期刊包括仅针对某一行业（如饮料、建筑、纺织）的专业化杂志，也包括覆盖众多国家的全球性的工业杂志。

面向全球市场的营销者可以选择有地方版本的面向全球发行的期刊，如《新闻周刊》（*Newsweek*）、《时代周刊》（*Time*）和《商业周刊》（*Business Week*）。例如，《读者文摘》（*Reader's Digest*）就发行地方语言的版本。

(5) 电影

电影广告已成为一种重要的媒体，在某些国家，很常见的做法就是在电影放映之前播放广告为电影的播放提供资助。例如，印度人均看电影的次数就非常高（拥有电视的家庭不多）。因此，电影广告在印度比在美国占有更重要的地位。

电影广告还有其他优势，其中最重要的优势是观众的忠实度较高（不能更换频道）。但问题是观众知道电影放映前要播广告，所以他们会等到电影开场才来。

(6) 户外广告

户外广告包括海报／广告牌、商店招牌和交通工具广告。这种媒体体现了一种把空间卖给顾客的创造性方法。比如说交通工具广告，一辆公交车都可以作为广告媒体。在罗马尼亚，交通工具广告非常有效。据Mueller（1996）调查，在罗马尼亚首都布加勒斯特，相对于印刷品广告只给82%的人留下了印象，91%的受访者都表示记住了交通工具上广告的内容。同时，交通工具广告这种营销沟通方式在中国也开始迅速地增长。户外海报／广告牌可以有效利用广告的视觉影响力。法国是有效利用户外海报／广告牌进行营销沟通的国家。有些国家对户外广告牌的空间使用有相关的法律限制性规定。

选择广告公司

制作和投放国际广告要面对许多复杂的问题，所以商家一般会选择广告公司来完成。这些广告公司会雇用或与那些具有国际市场经验和能力的文案撰稿人、译者、摄影师、电影制作人、包装设计师和媒体策划人保持紧密的联系。而只有最大的公司才能在其内部养活这样一批员工。

如果国际营销企业决定外包其国际广告业务，它有以下几种选择：
- 选择不同国家的本土广告公司。
- 选择一家大型国际广告公司的海外分支机构。

表17.2列出了选择本土广告公司还是选择国际广告公司所涉及的因素。我们用统一的欧洲市场（泛欧洲地区）作为选择广告公司这个例子的背景。

表 17.2　欧洲广告公司的选择：本国公司或泛欧公司

本国（当地）	泛欧（国际）
支持国内的分支机构	反映欧洲的现实和趋势
投资在国内经营得最好的品牌	新产品开发和品牌化可实现规模经济
靠近市场	全欧洲统一运作
规模小，有助于提供更多个性化和创造性的服务	欧洲甚至全球的大广告公司的资源与技能
多种构思	管理一个广告公司更容易

资料来源：改编自 Lynch（1994，Table 11.14）。

以下是选择本国广告公司或是选择国际广告公司的标准：

- 公司政策：这个公司是否已经有制定更标准化的广告方案的可操作性的计划。
- 承接广告的性质：公司形象广告最好单独由一家大型跨国公司来负责，它可以通过该公司在全球的分支机构来统一完成。但在特定国家的利基市场开展营销活动，还是选一个当地公司比较合适。
- 产品类型：对商品的广告宣传都应该呈现出一种标准模式，在所有国家使用相同的设计和内容，以方便跨国公司对广告设计进行控制。

广告评估

广告评估和测试是广告策划中最后一步。国际市场广告效果的评估通常比国内要更加困难，这主要是因为国内与国外市场之间有距离和沟通方面的差距。因此，国内市场上所使用的广告效果评估方法也很难直接放到国外市场上去使用。例如，各个国家顾客访谈的条件都有所差异。因此，许多公司试图用销售额作为广告效果的评估指标。然而，认知度测试在许多案例中也非常重要，比如说在新产品上市的早期阶段，品牌知名度是至关重要的。

由于很难将广告的影响单独分离出来，因此测试广告对销售额的影响比较困难。解决这个问题的一个办法就是运用实验的方法，按照相似的特征对企业的市场进行分类。在每个市场群组中抽取一两个作为实验对象，测试广告数量、媒体组合、独特的销售主张、广告投放的频率等自变量对销售额因变量的影响。

这种实验的方法也可以用于表 17.1 中提到的其他营销沟通工具。

示例 17.3
Baileys 甜酒：销售随市场和产品的发展而增长

1993 年，R&A Bailey 公司决定通过增加饮用量来提高该品牌在欧洲市场上的销量。它在"Baileys 加冰"的国际广告中极力灌输 Baileys 是任何时候均可饮用的酒类，力图改变其只在饭后饮用的古板形象。它的诉求是使年轻一代在许多场合都喝 Baileys。同时，该公司还推出促销装，买一升瓶装的 Baileys 酒赠送两个酒杯。

Diageo plc

在1993年年初的市场测试之后，Bailey公司进入了日本市场。在推广老品牌的同时还推出了一种专门为日本人开发的新品牌Bailey's Gold，这种酒由窖藏了10年的威士忌制成，迎合了日本人对高品质酒的偏好，当然，它的价格是一般Baileys酒的两倍。

资料来源：MacNamee and McDonnell（1995）。

公共关系

口碑广告是一种不仅价格低廉而又效果显著的营销沟通方法。公共关系旨在加强公司形象的建构和赢得大众媒体的青睐，它是通过设计并实施方案以获取公众的理解和接受，因此，具备营销沟通的功能，应被视为国际市场营销活动的一部分。

公共关系活动牵涉到内部和外部的营销沟通，内部营销沟通对于构建一个和谐的企业文化至关重要。

公共关系营销沟通的目标群体比其他营销沟通工具要宽泛得多，一般包括员工、顾客、分销渠道成员和股东等主要利益相关者。对于在国际市场上运作的公司，其营销沟通任务范围更广。由于雇用来自不同国家、拥有不同价值观的职员，因此，在不同国家的子公司之间的内部营销沟通颇富有挑战性。

从市场导向的角度看，公共关系活动就是直接针对有影响力，但规模相对较小的受众，如报刊编辑和记者，或是直接针对面向顾客和利益相关者的电台、电视台广播。

因为目标受众少，所以到达的费用也不昂贵。获得公共关系的方法有以下几种：

- 在不同的事件中设立奖金。
- 事件赞助（如体育赛事、文化节等）。据Meenaghan（1996）的数据显示，全球范围内的赞助规模从1984年的20亿美元增长到了1994年的130.2亿美元。1994年，欧洲和美国的赞助支出之和占了全球总数的32.6%。
- 关于公司产品、工厂或人员的新闻发布会。
- 公司促销活动的公告。
- 游说（政府）。

对公共关系信息的控制程度非常不同。记者可以用公共关系材料起草一篇若干字的新闻稿，或进行一次若干时长的采访。素材被如何使用取决于记者和他想要的故事。有时一个本来是设计用来提升公司形象的故事可能被媒体诠释为一个完全负面的新闻。

因此，公共关系活动包括对可能存在的批评的应对。批评的范围可以从反对所有跨国公司的一般性的批评到更具针对性的批评。它们或许也针对某个国家特定市场中的事件进行批评。

示例 17.4
与体育赞助商的合作：综合格斗还是营销造星？

杰伊·本杰明（Jay Benjamin）经营了一家有大约100名运动员的经纪公司，参与各项综合格斗和笼中格斗赛事。杰伊原本从事音乐合同法的相关工作，在经纪公司他可以最大限度地发挥其法律知识的专长，同时也把他的热情献给了竞技格斗事业。杰伊皇冠上的宝石就是乔基姆·"地狱男爵"·汉森（Joachim "Hellboy" Hansen），第一个梦想世界轻量级冠军（Dream World Lightweight Champion），他从2008—2009年成功卫冕了这一头衔，每场比赛仅在亚洲就能够吸引2 000万的收视率。

像大卫·贝克汉姆和安迪·穆雷这样的体育偶像引领了一种运动员与娱乐公司合作的趋势，而非仅仅是"献身"于体育机构。最具代表性的是西蒙·富勒（Simon Fuller）的19 Entertainment有限公司，其拥有如猫王埃尔维斯和穆罕默德·阿里这样大师级人物的代言。这一趋势似乎暗示着体育产业对跨平台和跨行业发展的愿望和欲望。与此同时，杰伊发现他的主要工作就是通过赞助营销和对合同主要条款的谈判，最大限度地挖掘运动员的市场潜力。

乔基姆·"地狱男爵"·汉森
图片由 J. Benjamin, The Network Agency 提供。

市场潜力

体育赞助正在进入一个与品牌理论紧密结合的新层面。这意味着，经纪公司的工作更加受到对营销活动的反应能力和从事营销活动的能力的影响。体育赞助的发展促使杰伊不断扩充自己的营销知识，并寻求营销沟通顾问的帮助。有了这些，公司已经具备了四个成功的关键因素：

1. 能够进入行业关系网络；
2. 强大的合同法知识储备；
3. 充分展示其客户强大吸引力的能力；
4. 战略营销方法。

"地狱男爵"汉森成功的背后，是杰伊力求在赞助合同中保证各相关利益群体的丰厚回报。杰伊方法的核心在于他把汉森作为一个跨平台的营销主题，这使其能够对汉森所从事的活动进行复杂的市场细分。把视野放在综合格斗之外，杰伊试图研究潜在的利益相关者的生活习惯和生活方式。最近，"地狱男爵"汉森已经被延伸到虚拟世界，成为即将上市的EA视频游戏中的一个角色，这个游戏在Xbox360和Playstation3上被称为"EA Sports MMA"。汉森在游戏中的角色会身穿赞助的品牌服装。这样的赞助机会向以前从未对汉森在现实世界中的成功表现出兴趣的相关利益群体打开了大门。

游戏世界中忠实玩家接触广告的时间远远比传统广告的方法和格斗现场更为长久。玩家认为，虚拟世界中的广告不像"现实世界"广告和品牌的植入那么让人感到不适。如果设计得当，游戏中的品牌和广告还可以增加游戏的可信度。此外，在游戏中由玩家操控的运动员也以一种超越自己实际运动生命的方式得到永生。幻想与现实的交融能够对所有群体产生共同和互惠的效果，这样做增加了其各自的权益和市场潜力。曼联的朴智星变成耐克公司漫画推广方式的代言人进一步证实了这一点。

这种方式是如此有利可图，以至于运动员和经纪公司可能会压缩运动生命周期来保护和获得品牌潜力。这并非简单地通过游戏、电影、化妆品、时装和音乐视频等平台来打造运动员的品牌形象，而是要运动员做出是否改变其职业偏好以寻求更高经济回报的决定。而此时，这些需求可能已经超越了运动员实际上的运动表现。此外，经纪公司可能觉得自己处于有利地位，也可以代表其他行业的客户。由于在混合格斗领域中营销的方兴未艾，以下几点似乎已经变得更为重要：

● 运动员有一个引人注目的形象和一个朗朗上口的名字，可以使他们更容易成为品牌符号和可信赖的赞助对象（不仅限于体育领域）。

● 从财富创造的层面上看，具有广泛吸引力的运动员不仅为赞助商创造了进入新的全球市场的机会，他们也参与到自身品牌的国际化中。

● 仅仅是赢还是不够的，现在更重要的是知道如何赢。在汉森的案例中，他的各种花哨动作能够确保人们仿效他，他在视频游戏中展示的花式动作让成功变得更为简单。具体而言，他的动作可以有效地转化为有趣的游戏，让他成为忠实玩家的至爱。

这些趋势似乎表明，在消费者和赞助商的眼中，一个好的格斗者不仅应有出色的体育表现，而且还应具备成为品牌符号的魅力。

营销挑战

以上这些营销活动也并非没有问题。杰伊列出了他经常遇到的问题：

● 如果运动员在他的领域里默默无闻，这会为评估和计算其实际的市场和品牌潜力带来困难。尤其是当其他的经纪公司和利益相关各方都不愿意透露协议的内容时——赞助商制定的赞助金额通常是缺乏透明度的，也很少存在正式的工作框架或实施规范——则变得更加困难。

● 在任何时候对合同中的限制性条款会存在分歧。现有的涉及场地、比赛和转播权的协议条款导致了为格斗者获取更多赞助的创新企图的失败。例如，由于场地和转播条款的限制，企业赞助商尝试设计人体文身，但没有通过。因此，为了确保能够赞助合同正常签约，运动员往往被迫不断让步。或者充其量，经纪公司不得不通过制定无数的条款、创造各种条件来迂回进行。

● 格斗比赛的失利对运动员的市场潜力的影响比其他体育比赛都要迅速，因此时间成为合约的关键，赞助商经常会希望减少赞助费用和缩短合约期。

- 事实上，由于格斗比赛的运动员穿的衣服不多，能提供的赞助点很少。这使得运动员要对其所穿的服饰进行调整以获得更多的赞助，与其他体育项目不同的是，格斗运动员快速换装也有利于比赛成绩。此外，格斗运动员在比赛后会很快穿戴上像帽子之类的其他服饰，来履行更多的赞助协议。

案例编写（包括访谈）： Jonathan A. J. Wilson, Senior Lecturer "Advertising and Marketing Communications", University of Greenwich, London。

致谢： Jay Benjamin, EA Games。

相关网站： www.ea.com/games/mma；mma.easports.com/home.sction；www.19entertainment.com/；nikelegend.co.kr/；en.wikipedia.org/wiki/Jaochim_Hansen。

销售促进

所谓销售促进，就是不可直接归类为广告或人员推销范围内的销售活动。销售促进主要与比如销售点展示、宣传页、免费试用、竞赛及"买一送一"的价格优惠等所谓的"线下活动"相联系。不像媒体广告这种"线上项目"那样需要佣金，"线下活动"不需要佣金。对一个广告公司而言，"线上销售"意味着这些传统媒体被媒体所用者认可，并且有权赚取佣金。

销售促进对顾客和零售商来说，只是一个为了达到特定目标的短期行为，这些目标包括：

- 消费者产品试用和/或即时购买；
- 将零售店介绍给消费者；
- 鼓励零售商在现场进行商品展销；
- 鼓励零售店持有存货。

特别是在美国，厂商的快速消费品（fast-moving consumer goods, FMCG）的销售促进预算大大超过了其广告预算。造成销售促进行为迅速拓展的因素主要有：

- 零售商之间的竞争日趋激烈，以及更为复杂的零售方法的使用；
- 消费者中更高的品牌认知度，导致厂商必须努力维护和保持其市场份额；
- 不断提高的零售技术（如电子扫描设备使商家能实现即时的优惠券兑现）；
- 整合运用销售促进、公共关系及传统媒体活动。

在一些市场上，由于媒体的局限性，信息到达消费者的难度很大。因此，在整个营销沟通预算中分配给销售促进的比例也相对较高。不同类型的销售促进方式有：

- 价格折扣。这种方法用途很广。有多种减价方式，比如现金返还。
- 产品目录/宣传册。国外市场的消费者可能离最近的销售地点的距离都非常遥远，此时，面向国外市场的产品目录将会非常有效。它能通过向潜在消费者提供必要的产品信息，如价格、尺寸、颜色、批量包装、运输时间和付款方式等来拉近买卖双方的距离。除了产品目录外，各种类型的宣传册对销售人员、分销商和代理商也很有用。在与国外的代理商和/或分销商合作时，还应协调好资料的翻译工作。
- 优惠券。优惠券对于快速消费品而言是一种很经典的营销工具，尤其是在美国。分发优惠券的方法包括：挨家挨户赠送、印在包装上、印在报纸上。在欧洲所有的国家，优惠券都是不允许的。
- 样品。样品可以让潜在的国外买家了解企业及其产品质量，即使是印刷最精美的图片也做不到这一点。样品可以防止顾客对风格、尺寸、样式等的误解。
- 礼品。大多数欧洲国家对于赠品或礼品的价值都有所限制。而且，在有些国家，将出售一种商品时赠送赠品视为非法。在美国，禁止将含酒精的啤酒作为样品赠送。
- 竞赛。这种类型的销售促进需要与潜在消费者保持沟通，这可以通过印在商品包装上、店内传单或媒体广告的形式来完成。

销售促进的成功取决于其对当地的适应程度。主要的制约来自当地法律，比如禁止赠品和免费的礼品。有些国家还限制零售商的折扣幅度，还有一些国家要求所有的销售促进活动都要得到许可。由于不可能对每一个国家的特定法规都那么清楚，在国际市场开展促销活动时，必须提前向当地律师或政府咨询。

直接营销

根据 Onkvisit and Shaw（1993，p.717）的定义，直接营销是企业通过各种媒体将其产品和服务投放到细分市场以获取信息，或者通过邮寄、电话、访问等方式从现有或潜在顾客或赞助人处收集直接的反馈。

直接营销包括直接邮寄（营销数据库）、电话销售和网络营销。促进国际直接营销产业高速发展的因素是（Bennett，1995，p.318）：
- 通信技术的发展降低了直接邮寄印刷品的分发成本；
- 其他形式的广告和销售促进费用的上升；
- 高质量的潜在顾客名单更加易得；
- 信息技术的发展（尤其是数据库技术和桌面出版技术）使小公司也能自己制作高质量的直接营销材料；
- 遍及发达国家的互动电视设备，使顾客可以直接通过图文电视系统订购商品。

直接邮寄

在许多国家，直接邮寄是一种切实可行的媒体选择。特别是当其他媒体不可用时，它就显得尤其重要。直邮提供了一种触达国外消费者的具有灵活性、选择性和潜在高成本效益的方式。因为信息能够准确送达目标市场，所以广告预算就可以聚焦于最具潜力的目标市场上，且在广告活动开展了一段时间之后，竞争对手才会有所反应。此外，邮件投递的规模、内容、时机和范围也可随意变化：公司的花费可根据其目标进行调控。没有媒体版面和播出时间的限制，也不需要受限于媒体的发行量和刊登或播出的最后时限。直邮操作的所有方面均由公司即时掌控，在不同的国家可以采用不同的方法。直邮可以有多种形式，如信件、商品目录、技术资料等，它也能作为一种分发样品的载体。有效使用直邮的最关键问题就是要准备好一份合适的邮寄名单（营销数据库）。

在利用媒体进行营销方面，欧洲远远落后于美国，而且欧洲的邮购量也远远低于美国。美国的人均邮购销售额是任何一个欧洲国家的两倍多（Desmet and Xardel, 1996, p. 58）。日本的直邮销售也低于美国，造成这种差距的原因之一是印刷材料没有人情味和不够真诚。

直邮不仅与消费者市场相关，也可以用于B2B市场。但这需要获取到准确的客户资料（营销数据库），包括产业分类、目标公司的规模（估值，如营业额、雇员总数、市场份额等）、在交易中可能接触的职员（采购总监、项目开发工程师、产品经理等）、行业采购程序、供应商选择标准和潜在顾客的购买动机。

在工业化国家，电话营销已被广泛用于消费者市场和B2B市场。电话既可以用来获取订单，也可用于快速而低成本的营销调研。电话营销包括销售员的无约电话（不请自来的电话），电话营销调研，为收集潜在的销售数据而拨打的电话，以及为了获取顾客在获悉印刷品和广播电视广告后的反应而进行的追访电话。目前，跨国电话营销活动主要集中在B2B市场，主要是越来越多的公司都拥有了电话、传真和数据库，因而增加了B2B市场营销沟通的可靠性。

对国际电话营销的管理通常需要由商业电话营销代理机构来完成。这需要具备一定的语言技巧和识别出目标公司的决策者的技巧和经验。

在一些欧洲国家，为保护消费者、尊重隐私权而对无约电话进行严密的监管。比如德国禁止打侵犯个人隐私的电话，这个禁令甚至禁止了保险推销员打电话预约拜访。

由于互联网技术的不断发展，我们有必要把因特网视为一个重要的直接营销工具，这一主题已在第14章进行过讨论。

人员推销

广告与人员推销之间的区别如表17.1所示。广告是一种单向营销沟通的过程，"噪音"相对更多。相比之下，人员推销是双向营销沟通的过程，能够立即得到反馈信息且"噪音"更少。人员推销是一种有效的销售方法，但成本颇高，因此其主要用于面向分销渠道成员的销售和B2B市场上的销售。然而，有时其也会用于消费者市场，例如，汽车销售和耐用消费品销售。在劳动力成本非常低的一些国家里，人员推销比高劳动力成本国家的使用范围更广。

如果B2B市场上的人员推销成本相对较高，出于成本考虑，往往只会在潜在顾客的最后购买阶段才使用人员推销资源（见图17.4）。计算机数据库营销（直邮等）用于顾客筛选，找出可能被销售人员"征服"的顾客。人员推销就是将那些"热门"和"非常热门"的潜在顾客转换为真实顾客。

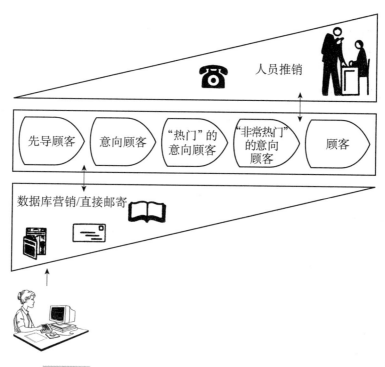

图 17.4　直接邮寄（数据库营销）与人员推销结合使用

评估销售队伍绩效

在评估销售队伍的绩效时，有以下五个问题需要询问：

1. 现有销售队伍能否达到有效的市场覆盖？

组织

销售队伍规模

区域部署

2. 是否配备了合适的销售队伍人选？

国际销售队伍类型：驻外/东道国/第三国销售队伍

年龄、任期、教育背景

人际交往能力

技术能力

销售技巧

3. 是否提供了强有力的指导？

书面指导

核心工作/任务界定

会谈频率

时间分配

目标人群
目标市场/客户
计划区域和控制工具
在职培训
4. 是否有足够的销售支持？
训练
技术支持
内部销售人员
产品和应用资料
5. 销售报酬是否发挥了适当的激励作用？
报酬总额
直接的薪水/佣金分配
针对管理目标的激励机制
非现金激励

下面我们将深入讨论问题1和问题2。

国际销售队伍的组织

在国际市场上，企业在设计销售队伍组织结构时一般会与其国内的相同，而不去考虑不同国家之间的差异。这意味着销售队伍的组织结构是以区域、产品、顾客或这三个因素的组合来划分的（见表17.3）。

表17.3　销售队伍组织结构

结构	组织结构设计的影响因素	有利因素	不利因素
区域	不同的语言/文化 单一产品线 欠发达市场	清晰、简洁 促进培养地方企业关系 及人际关系 差旅费用	顾客分散 产品分散
产品	现有市场 产品线宽	产品知识	差旅费用 区域/顾客发生重叠 与当地企业和个人的关系
顾客*	产品线宽	市场/顾客知识	区域/产品发生重叠 当地企业和个人的关系 差旅费用
几个因素结合	销售量大 规模大/发达的市场 不同的语言/文化	最大的灵活性 差旅费用	复杂性 销售管理 产品/市场/区域重叠

注：* 按产业类型、资产规模、分销渠道或公司实体划分。

大量的公司在一个国家或地区内是按照区域来组织其国际销售队伍的。产品线宽、销售量大的企业和/或在大而成熟市场上运作的公司更偏好专业化（如按产品或客户划分）的组织形式。在国外的目标市场上，企业建立销售队伍时还会参考目标市场的文化和语言等其他因素。例如，许多公司经常将瑞士分为法语区、意大利语区和德语区。

国际销售队伍的类型

管理层在确定最适合的国际销售队伍时有三个备选项：驻外销售队伍、东道国销售队伍或第三国销售队伍。比如说，一个在德国公司驻美机构工作的德国人就是驻外销售人员，如其为美国驻德公司工作即为东道国销售人员，如其被派往法国工作就是第三国销售人员。

- 驻外销售人员。此类人员备受青睐是因其已非常熟悉公司的产品、技术、历史和政策。他们唯一需要的是对国外市场的知识储备，然而这对其来说却是个大问题。其中一些人会享受这种挑战和调整，但有的人却觉得了解一个新的完全陌生的商业环境是极为困难的。不能理解当地的文化和顾客将会影响驻外销售人员的工作绩效。他们的家庭也同样会面临着适应问题。然而，一些价格高昂的产品一般都是由公司总部直接销售，这通常需要驻外销售人员发挥作用。
- 东道国销售人员。在东道国市场雇用的人会非常了解当地的文化和市场，能使用当地语言并熟知当地商业惯例。由于当地政府和社会团体毫无疑问地希望雇用本国人而非外国人，所以这样做的话，公司在赢得当地好感的同时也减少了人员开发的费用。由于调整期被大大缩短，所以雇用当地的销售人员可以使公司在新市场上更快地活跃起来。
- 第三国销售人员。他们是从一国派往另一国的雇员。他们往往出生于一个国家，被另一个国家的公司雇用派往第三国工作。

三种不同类型的国际销售队伍的优缺点如表 17.4 所示。

表 17.4 各类型销售队伍的优缺点

类型	优点	缺点
驻外销售队伍	熟悉产品知识 服务水平高 受过促销培训 能更好地对其进行控制	成本最高 人员流失多 培训费用高
当地销售队伍	节约成本 非常熟悉市场 语言技能 最了解当地文化 更快地开展工作	需要进行产品知识培训 不受尊重 语言技能的重要性下降 难以保证忠诚度
第三国销售队伍	文化敏感度 语言技能 节约成本 实现区域销售 可以派往与母国有矛盾的国家销售	认同问题 升职难 收入差距 需要进行公司/产品培训 忠诚度难以保证

资料来源：转引自 Honeycutt, E. D. and Ford, J. B. (1995), "Guidelines for managing an international sales force", *Industrial Marketing Management*, Vol. 24. p. 138, Copyright © 1995，获 Elsevier 授权。

驻外销售人员和第三国销售人员很少被指派从事长期的销售活动。雇用他们主要有三个原因：提升分公司销售业绩，填补管理职位空缺，传授销售政策、程序和技巧。然而，大量的公司雇用当地人作为其销售人员，因为他们熟悉并能够依照当地商业惯例来运作。

展销会和展览会

展销会或展览会是制造商、分销商和其他卖主向他们的现有和潜在的顾客、供应商、其他商业组织和媒体集中展示其产品和/或服务的场合。展销会是通过参展商和顾客之间互动来实现多重目标的活动。

展销会可以使一家公司在短短数天内就接触到众多平时可能要花几个月时间才能联系上的潜在客户。同时，潜在购买者也能在展销会很短的时间内分析和比较各竞争厂商的产品。他们可以追踪最新的产品动向，并与供货商直接接触。

展销会一般被认为是一种传统的人员推销工具，但 Sharland and Balogh（1996）认为展销会可以营造一种良好的非销售氛围，比如信息交流、建立关系、渠道成员评估等。展销会让国际公司获得了方便、迅速、低廉地获取重要信息的机会。例如，某公司在短期内可以获取有关其竞争环境的大量信息，而如果通过其他途径则须花费更长的时间和更高的成本（例如二手信息）。

一个企业是否应参展，在很大程度上取决于其希望与特定国家发展的业务关系的类型。一家仅仅寻求一次性和短期销售的企业或许会认为参展的花费过高，但是一家寻求长期业务发展的企业会认为这样的花费物有所值。

17.4 实践中的国际广告策略

在第 4 部分的引言中，我们已经讨论了市场营销组合的标准化和适应性问题。一方面，标准化可以实现广告材料制作的规模效应，从而降低广告成本，提高利润率。另一方面，由于广告很大程度上是建立在语言和形象的基础之上的，它会深受不同国家消费者的社会文化行为的影响。

在企业实践中，这并非一个非此即彼的问题。对于一家国际企业而言，这是一个标准化或本地化程度高低的问题。Hite adn Frazer（1988）的研究表明，大多数（54%）国际公司采取综合策略（在某些市场使用本土化广告，而在另一些使用标准化广告），只有 9% 的公司对所有的国外市场全部采用标准化广告，比之前的调查结果要低得多（Sorenson and Weichman，1975；Boddewyn et al.，1986），这显示出了标准化广告减少的趋势。调查结果显示 37% 的公司只使用本土化广告。有许多知名的全球性公司使用标准化广告（如可口可乐、英特尔、菲利普·莫里斯公司的万宝路香烟等）。

国泰航空公司的广告显示了其在东南亚区域采用了标准化策略。广告调整的唯一元素就是将英语文本译成日文。

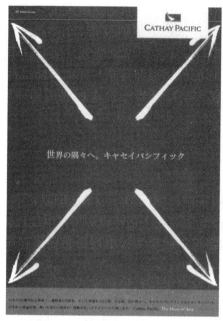 

国泰航空公司的标准化广告

适应性（本地化）策略的案例

拿破仑干邑：中国与欧洲[①]

中国人喜爱洋酒的历史可以追溯到很久以前。1859年，当轩尼诗（Hennessy）在中国上海卸下其第一船货物时，标志着中国第一次进口白兰地。然而自20世纪50年代起，这种酒的运输突然中断。30年之后，到20世纪70年代末期，洋酒再次在中国行销，干邑白兰地迅速恢复了其在中国宴席上的常客的地位。

如今，干邑和白兰地仍然占据着中国进口酒80％的市场份额。中国南方人对干邑类的品牌认知度较高，因为经常来访的港商的饮酒习惯成了当地人效仿的对象，数百万的广东人通过观看香港地区电视的洋酒广告加深了对它的印象。

正如两个不同的拿破仑干邑广告表现的那样：面向西方人的广告中，夫妇们将干邑和咖啡一起饮用；而面向亚洲人的广告中，人们在用餐期间使用啤酒杯饮用干邑。

民间传说和市场营销推动了干邑的销量。由于一些人认为其可以提高男子性能力，干邑长期以来具有不可估量的商业利益。更令酒业公司开心的是，中国人相信酒越陈（越昂贵），其效果越明显。

---

① 本案例改编自 *Business Week*（1984）；Balfour（1993）。

西欧人和亚洲人饮用干邑的不同习惯

王子香烟：英国与德国

丹麦的王子烟草公司（House of Prince）在斯堪的纳维亚国家中占有很高的市场份额（50%—90%），但在此区域之外的市场份额却非常低，只有1%—2%。

王子香烟在英国和德国市场的广告

王子烟草公司的形象出现在英国和德国的广告中。英国版是鼓动顾客尝试这种产品["I go for Prince"（我去找王子）]。目标群体在教育程度和收入上也是高于平均水平的。德国版却有所不同，王子香烟在广告中是以"丹麦原装进口"的口号来促销的。显然，"买德国货"的心态对这句口号没有造成不利影响。在德国消费者的心目中，丹麦的香烟比德国清焦油香烟有着更浓郁的口味。因此，产品广告定位凸显"男士的事"，体现与斯堪的纳维亚人相关联的自由理念。同时，附带说明王子香烟和"丹麦王子"香烟是两种不同的产品。德国产的"丹麦王子"香烟比王子香烟味道更为温和一些。

Gammel Dansk：丹麦与德国

丹麦的 Gammel Dansk 苦啤酒拥有丹麦苦啤酒 75% 的市场份额。因此，其在丹麦有着极高的知名度（几乎所有丹麦的成年人都知道这个牌子）。它在丹麦的广告目标主要是维持其已有的高知名度。

尽管在丹麦的市场份额非常高，但 Gammel Dansk 在丹麦之外的市场却乏善可陈。在德国，其认知度几乎可以忽略不计。德国人有着他们自己的品牌野格酒（Jägermeister），因此，Gammel Dansk 面临的竞争形势非常严峻。其德国市场的促销策略是请消费者试用产品并填写一张优惠券，寄回后就可获赠一小瓶 Gammel Dansk 和两只原装 Gammel Dansk 酒杯。

Gammel Dansk 在丹麦和德国市场的广告

乐高 FreeStyle：欧洲与远东

乐高制作了欧洲版和远东版的乐高 FreeStyle 广告。亚洲版广告的主题是"开发孩子的智力"，这对于那些希望孩子在学校里能有良好的表现的亚洲家长非常有吸引力。

亚洲的教育体系中，竞争非常激烈，只有那些有着优秀成绩的孩子才能上大学。在亚洲的许多地方，如果孩子的成绩不好就意味着父母的失败。亚洲版在韩国和中国的香港、台湾地区投放（广告采用了当地语言，因为大多数消费者不懂英语）。在香港地区则使用英文和中文两种语言的广告（根据刊载杂志的语言而定）。

欧洲版的广告是"你的孩子想要用它做什么？"，这则广告表现的是孩子在玩乐高积木时所展现出的创造力。

LEGO ®Freestyle 在远东市场的广告

© 2010 the Lego Group.

LEGO ® Freestyle 在欧洲市场的广告

© 2010 the Lego Group.

示例 17.5
Jarlsberg 奶酪——跨文化营销沟通

迄今为止，Jarlsberg 在当地的广告是由不同国家的广告公司和合作伙伴负责的，下面是一些本土化广告的示例：

俄罗斯

Tine.

英国

Tine.

美国
Tine.

澳大利亚
Tine.

▶ 问题

1. 请解释不同广告背后蕴含的文化特征。
2. Jarlsberg 如果采取标准化的国际广告策略，是否为明智之举？

17.5 网络营销沟通决策：病毒式营销和社交网络

现实世界中在顾客的购物过程商家会使用不同的营销沟通工具（见图 17.5）。传统的大众营销沟通工具（平面广告、电视、广播等）能增加产品知名度，也能让顾客识别新的需求。之后，将主要采用其他的营销沟通组合元素，如直接营销（直接邮寄、人员推销）和店铺促销。与实体市场中的营销活动不同的是：因特网和电子商务包含了完整的购买流程。当然，网络市场要充分利用传统的大众营销工具把潜在顾客引入网络购买流程中（见图 17.5）。

在互联网的世界，营销沟通战略发生了巨大的改变。在互联网上把信息传播给大量的顾客要比原来容易得多。但在很多情况下，想要使信息排除噪音干扰而到达目标顾客则非常困难。在过去的几年中已经开发出了各种形式的网上营销策略——从最普通的（网址链接）到最贵的（网上横幅广告）到最唐突的（电邮广告）。可以肯定的是，随着因特网的发展，还会不断地涌现出各种各样新的市场营销策略。

那么，网络顾客是如何被创造出来的呢？这个领域中有一种新的营销方式——病毒式营销。

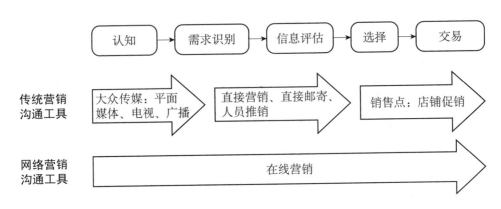

图 17.5　在顾客购买过程中互联网作为营销沟通工具发挥的作用

病毒式营销

全球市场的销售与购买行为只是社会交换过程的一部分。这一过程不仅涉及企业和顾客之间一对一的互动，而且包括那些围绕在消费者周围的群体之间的众多信息和影响力的交换。

例如，当创新通过特定的社会系统中的成员进行营销沟通时，就产生了扩散。创新是一个想法，一种实践，或个人或组织所认为的新生事物（Rogers，1995）。根据 Rogers 的观点，大众媒体对于消费者了解创新更为重要，而人际沟通这种营销方式对于说服消费者则尤为关键。因此，通过电子邮件进行沟通相对于通过大众媒体来说，对消费者的说服作用会更为有效。

电子邮件的传递比写信更为容易。不仅如此，电子邮件尤其适合传播图像和那些易被口碑营销沟通所忽略的语言内容。

互联网已经使得口碑营销沟通的内涵发生了巨变，1997 年风险投资家史蒂夫·尤尔韦特松（Steve Jurvetson）提出了**病毒式营销**的概念。这一概念被用来描述，Hotmail 公司将自己的广告以附件的形式插入其用户发出的邮件中，就是说，发出的每封邮件都附有一条信息"在 http：//www.hotmail.com 获取你的免费私人邮件"。

> **病毒式营销**
> 一种在线口碑营销的手段，充分利用现存的社会网络使品牌知名度呈指数级增长。

这个理论的假设是，如果这则广告触及了"易感染"的用户，该用户将会被"感染"（即注册一个账号），然后再去感染其他"易感染"的用户。

病毒式营销的定义

病毒式营销可以被界定为一种利用现存社交网络在品牌知名度上寻求指数级增长的一种营销工具，类似流行病的传播过程。它是一种运用网络进行传播和产生放大效应的口碑营销方式，通过利用互联网的网络效应，迅速触达大量人群。从市场营销的视角来看，它是一种激励个体将其在超媒体环境中获得的令人满意或者引人注目的营销信息传播出去的一个过程，这种信息是令人满意还是引人注目，可以是有意设计的，也可以是纯属偶然。

病毒式营销的动机

短消息服务（short message service，SMS）技术、卫星广播技术、互联网广告拦截软件等技术的运用使公众媒体和广告发生了根本性的转变。影视广告、广播广告、网络广告，甚至电子邮件都面临着日益激烈的竞争，大家都企图在竞争中有效地捕捉观众的注意力，实现正的营销投资回报率。此外，由于消费者对大规模的市场营销和广告越来越具有免疫力，因此这种营销方式让人感觉他们并不像是被推销的对象，这让其更容易接受。

竞争加上媒体购买成本的上升，促使营销人员去寻找一种替代的方式触达顾客。病毒式营销是一个颇具吸引力的解决方案，因为它利用免费代言的个人，而不是通过需要大笔开销的大众媒体来进行营销沟通。因为分布模式是免费的，病毒式营销很有可能比传统媒体成本更低和更有效。

病毒式营销的优点

- 病毒式营销借助个体的沟通传递品牌信息，成本非常小。病毒式营销为中小型企业提供了机会，既能够把分销成本降至最低，又能够获取新顾客。
- 不同于传统的广告，病毒式营销是一种不会打扰消费者的技术。病毒式营销是通过点对点的背书实现信息的网络传播。无论最终是否喜欢，病毒式营销都会受到接收者的欢迎。转发含有广告的电子信息行为是自愿的，而不是一个付费行为或大规模的广告活动，因此对收件人来说更容易被接受。关键是消费者愿意花时间互动和主动进行传播。
- 通过转发的消息会更容易了解朋友、家人和同事是否也有类似的兴趣，因此人们会更可能阅读这些消息，因此，企业可以更有效地选择目标市场。在此，"兴趣"一词不仅指对狭义的产品或服务感兴趣，还包括对于信息的表达方式，如幽默、艺术性或媒体本身感兴趣。

病毒式营销的缺点

像所有的营销方式一样，病毒式营销也会漫无目的地向潜在顾客发送信息。病毒式营销从本质上来说，往往比传统营销风险更大或更具争议性。如果应用不当，病毒式营销可能会适得其反，并产生负面效应：

- 如果打开邮件需要使用某种不常用的特定软件，那么人们就无法打开或查看邮件。

- 很多人在办公室收到病毒式营销信息，而公司的反病毒软件或防火墙可以防止人们接收或查看附件。
- 病毒式营销活动要想成功就必须是简单易用的。例如，如果是进行某种游戏或竞赛的促销宣传，要求转发推荐就应该是比赛结束后的选项，而不应作为参赛的条件。

制定病毒式营销方案

病毒式营销绝对不是一个全面和多元营销策略的替代品。采用病毒式营销来产生对产品/服务的点对点的背书，这种营销沟通技术不应该被视为一个独立的奇迹创造者。

虽然每个营销方案的信息营销沟通方式和战略都有所不同，但从根本上说，最成功的营销活动都包含一些常用的方法。这些方法常常与病毒式营销结合使用，以最大限度地提高营销活动的效果。

成功的病毒式营销方案很容易传播。关键是要让顾客为你工作，把公司或促销优惠推荐给朋友和同事，然后再由这些朋友和同事推荐给他们的朋友，依此类推。有效的病毒式营销活动可以把营销信息以惊人的速度向成千上万的潜在顾客传递。

市场营销人员在策划营销方案时，应该评估人们将信息或营销活动传递给别人的方式。

制作引人注目的内容

制作高质量的内容往往比简单地提供一款免费赠品的成本更高，但其效果却更好。趣味性是病毒式营销活动至关重要的部分。一般的经验法则是：内容必须是引人注目的，它必须使阅读它的人产生情感层面上的反应。仅仅这一事实本身就可以使许多小品牌进行基于内容导向的病毒式营销。传统意义上，大品牌由于担心一些可能的负面反应，往往更加保守和倾向于风险规避，其成功的营销活动往往更多关注以下问题：进入的时机（早进入）、知名度或理念的简洁性。

正确地选择目标市场

如果营销活动定位于特定的受众或区域（国家），营销人员应该确保他们"播种"的受众是正确的。错误的目标市场选择可能在营销方案正式实施前就将其扼杀了。在某些情况下，参照群体或意见领袖的影响力在个人决策中是巨大的。

"播种"方案

"播种"原始信息是病毒式营销的一个重要组成部分。"播种"就是对于那些能够将营销活动传播给其他人的初始群体进行营销活动植入的行为。互联网提供了多种多样的播种方式如：邮件/短信、在线论坛（如Google groups）、社交网络（如Facebook.com 和 MySpace.com）、聊天室（如MSN Messenger）、博客和播客等。

在决定到哪里去"播种"时，营销人员必须考虑他们的目标人群。这些目标受众都是采用上述的媒体（技术）吗？他们的使用到了什么程度？

企业经常使用各种技术的组合来"传播病毒"。许多企业使用短信这种方式。例如，喜力啤酒公司（Heineken）将短信推广与传统英式酒吧的问答游戏联系起来。喜力综合运用线上和线下的促销活动，通过在酒吧销售点邀请消费者用他们的手机拨打电话，键入和发送文字游戏的短信，并能接收到一系列的多项选择题进行作答。答案正确的参与者将得到食品和饮料奖品。如果从促销的角度来看，当消费者告诉别人自己在做什么并能促使这些人打电话时，这个促销方案就是成功的。

病毒式营销结果的控制/测量

病毒式营销的目标是爆炸式的顾客到达率和参与度。为了衡量一个病毒式营销活动是否成功，需要在某个时间段内设定具体的和可实现的目标。例如，你想看到一个网站在3个月内流量增长20%，或一份电子通讯1年内的订阅率翻番。

营销人员也应该做好充分的准备，以满足参与者的需求。在营销活动展开前，诸如服务器空间、带宽、技术支持人员、执行和备货都应提前考虑。营销人员应该有掌控营销活动以取得圆满成功的能力。

示例 17.6
飞利浦的"Quintippio"病毒式广告营销方案（由 Tribal DDB 广告公司提供创意）

2005年11月，一个病毒网站横空出世，该网站上虚构了一个15刃剃须刀，为的是制造一些话题，并取笑在现实生活中吉列（Gillette）于2005年10月推出的四刃 Schick Quattro 和五刃 Fusion 剃须刀（http：//www.quintippio.co.uk/，该网站已被删除）。

在该网站上可以下载一个视频广告，这个广告也在电视上同步播放。广告的文本里提到："想要把胡子刮得干净吗？新上市的 Quintippio 剃须刀有15个超大叶片！"打开 Quintippio，我们会发现它有15个刀片。广告画面中一位一脸茫然的男士注视着这款新产品，对于自己是否要用它刮脸而犹豫不决，一个画外音说："人们都在谈论更多的刀片——我们关注的是更小的刺激。"由此引出这款产品的卖点，就是电动剃须刀上有个泵，可以喷出妮维雅保湿护肤霜作为剃须润滑剂和保湿剂。广告的结束语是："以更小的刺激与刀片亲密接触。"

广告的真正有趣之处在于运用幽默来实施其广告战略和强调其品牌定位。飞利浦取笑了吉列和舒适（Schick）对于多刃的"痴迷"。具体如下：

● 飞利浦 Norelco 使该类剃须刀的领导者吉列看起来落伍了。虽然"多刃"的最终诉求应该是"刮得干净"，但似乎吉列或舒适对此并不明了。吉列的以男子气概和高科技为导向的广告是如此地关注产品本身，以至于似乎在这个过程中忘记了消费者。

- 飞利浦 Cool Shave 关注那些与消费者更为相关的诉求——"我们关注的是更小的刺激"。虽然对于许多消费者而言，这应该是一个排在第二位的诉求，但所有男性剃须刀都忽略了这一诉求。广告充分运用幽默、配音、视觉效果和品牌联合战略（与妮维雅）来强化其诉求。幽默被用来强化其品牌定位。
- 幽默强化了品牌定位——这一方面反映了吉列和舒适一味追求多刀片的剃须刀并未得此要领，另一方面意味着飞利浦专注于完全不同的诉求，即更关注产品的实际效果，而不是限于诸如旋转剃须刀比多刀片剃须刀的刀片更多的争论。

广告中提出的问题正是严肃类杂志《经济学人》（The Economist）中一篇文章关注的焦点，提出了"刀锋战士"的问题（The Economist，2006）。

该文章讨论了是否摩尔定律（该定律描述计算硬件史上一个长期的趋势，即被放置在一个集成电路上的晶体管数量约每两年就会翻一番）已从计算机芯片转移到了剃须刀刀片上。

1902 年，吉列刀片第一次推出了使用一次性刀片的单面安全剃刀。Trac II 是世界上第一款双刀片剃须刀，于 1971 年首次亮相。第一款三面刀片剃须刀 Mach 3，是在 1998 年推出的。Wilkinson 2003 年推出四刀片剃须刀 Quattro 来回应 Mach 3。2006 年吉列发布了第一款五刀片剃须刀 Gillette Fusion。

该文章提出，摩尔定律和刀片数量的增加之间存在很多相似之处。正如我们之前所见，虚构的飞利浦 15 刀片剃须刀的出现，在媒体和网民中引发了热议，飞利浦已经达到了其病毒式营销活动的目标。

资料来源：改编自 WorldNetDaily.com（2005）"Razor wars：15-blade fever"，26 November；The Economist（2006）"The cutting edge-A Moore's law for razor blades"，16 March。

社交网络

社交媒体指的是一系列多种多样的在线论坛，包括社交网站、博客、公司赞助的论坛和聊天室、消费者对消费者（consumer to consumer，C2C）电子邮件、消费者产品或服务评价网站和论坛、互联网讨论区和包含数字音频、图像、电影或照片的网站等。

2009 年 9 月，美国 10 大网络社交媒体（以网民数量评估）是[①]：

1. Facebook   1.226 亿
2. YouTube   8 510 万
3. MySpace   5 390 万
4. Digg   3 970 万
5. Blogger   2 980 万
6. Flickr   2 690 万

[①] 资料来源：改编自 Damon Segal，www.damonsegal.co.uk and www.compete.com。

7. Twitter　　　　　　　　2 330 万
8. LinkedIn　　　　　　　 1 310 万
9. Windows Live　　　　　7 300 万
10. Yahoo Buzz　　　　　　7 100 万

虽然 Facebook、YouTube、MySpace 和 Twitter 仍然在继续主导美国和其他一些国家的社交媒体，但是从全球视野来看却在讲述着不同的故事。在德国、俄罗斯、中国和日本，访问量最大的社交网站不是 Facebook，而是本土崛起的社交媒体。例如，俄罗斯最流行的社交网络 VKontakte 有 3 500 万用户，它已经变得无处不在，以至于当地企业经常通过该网站进行招聘。在德国，StudiVZ 是访问量最大的社交网站，而 Facebook 只能排在第四位。

不是所有的 Facebook 的竞争对手都生自海外：一些原本的美国社交媒体已经从美国迁出。最著名的例子是总部位于旧金山的美国社交网络先驱 Friendster，它是在 2002 年问世的，但当 MySpace 和 Facebook 迅速发展的时候，它却显得萎靡不振。不过 Friendster 并未消失，它已经在海外找到了新的市场，现在其访问量的 90% 来自亚洲。①

传统意义上，整合营销传播（integrated marketing communications，IMC）在很大程度上被认为是一种单向营销沟通方式。在旧的模式中，企业及其广告代理公司设计营销沟通信息，并向潜在的消费者传递，消费者也许情愿或不情愿参与这一营销沟通过程。信息传播的控制权是掌握在营销组织的手中。传统促销组合要素（广告、人员推销、公共关系和宣传、直接营销和销售促进）都是进行有效控制的工具。

在 21 世纪，通过互联网人们见证了信息爆炸的时代。社交媒体已成为影响各个层面的消费者行为的主要因素，包括认知、信息采集、意见、态度、购买行为和购买后的沟通和评估。不幸的是，大众媒体和学术文献很少对营销经理人如何将社交媒体纳入其 IMC 策略以指导。

作为营销沟通工具的社交网络有两个相互关联的促销作用（Mangold and Faulds，2009）：

1. 社交网络与传统的 IMC 工具的作用应该是一致的。也就是说，企业应该通过博客、Facebook 和 MySpace 等社交媒体平台与客户交流。这些社交媒体可能是由公司主办或由其他个人或组织赞助建立的。

2. 社交网络正在使顾客之间能够彼此交流，这是传统口碑营销沟通方式的扩展。虽然企业无法直接控制消费者对消费者的信息，他们确实有能力影响消费者彼此的交流。然而，消费者彼此沟通的能力在一定程度上限制了公司对信息内容和扩散的控制。消费者获得了控制权，他们比以往任何时候都有更多的机会来获得信息和控制媒体消费。

市场营销经理都在努力把社交媒体纳入他们的整合营销传播策略中。依赖于采

---

① 资料来源：http://www.businessweek.com/globalbiz/content/jul2009/gb20090715_921142.htm.

用经典促销组合设计 IMC 战略的传统营销沟通范式必须让位给一个新的范式，即运用各种形式的具有潜力的社交媒体工具，来设计和实施 IMC 战略。当代营销人员不能忽视社交媒体这一现象，它所提供的市场信息是建立在个体消费者的个人经验之上，并通过传统的促销组合的渠道进行传播的。然而，各种社交媒体平台，其中有许多是完全独立于生产/赞助组织及其广告公司的，这增强了消费者彼此沟通的能力。

示例 17.7
吉百利和雀巢正在体验全球 IMC 中的社交网络

吉百利通过 YouTube 推广新品糖心巧克力蛋

当英国糖果业巨头吉百利（Cadbury）推广其新品糖心巧克力蛋时，它采用了社交媒体。它们主动邀请了 10 000 名英国消费者成为中情局特工（吉百利情报人员）。这些情报人员的任务是在英国各地追踪这种新产品，并通过微博网站 Twitter 发送线索。

2009 年 6 月 12 日，超级代理大赛拉开帷幕，大赛产生的 10 名获胜者将成为新的超级代理商。吉百利提供 Flip 摄像机，使遍布英国的代理商都能记录这一比赛过程，并将其拍摄的视频上传到 YouTube，通过微博和视频的展示来赢取分数，其目的是在所有的社交媒体平台上（YouTube、Facebook、MySpace、Bebo 及他们个人的博客，所有这些都与 Twitter 链接）获得最大程度的曝光度，来赢取 2 万英镑的奖金。2009 年 7 月 15 日，吉百利宣布，"超级代理"迪安·斯托克斯（Dean Stokes）已经赢得了 2 万英镑。

图片由 Cadbury plc 提供。

雀巢通过 Twitter 推广儿童果汁饮料

2009 年，瑞士雀巢公司（Nestlé）发起了一项活动，允许 Twitter 用户将其发布的微博粘贴在可在网络任何地方出现的广告单元中，这是第一个发起类似活动的全球品牌。雀巢是在测试 Twitter Pulse（由 SocialMedia.com 开发），这款应用能够让公司捕获到在 Twitter 上对其品牌的讨论，并通过网络将其扩散出去。为了在美国推广儿童果汁饮料，雀巢公司在一些育儿网站设计了横幅广告，向消费者提出一些问题，如"你如何激发孩子的智力？"以及"富含维

Société des Produits Nestlé SA. 雀巢商标和图片转载获 Société des Produits Nestlé SA. 授权。

生素的食品对你有多重要？"Twitter 的用户用微博回答这些问题，这些回答就即时成了网站上的果汁的横幅广告。登录到 Twitter 的用户可以发微博直接回复这些问题，这些微博就变成了广告；而那些没有登录到 Twitter 的用户，则需输入自己的用户名和密码来回答问题。

像吉百利和雀巢这样的公司都发现，Twitter、YouTube 和 Facebook 等社交媒体是物美价廉的宣传工具。通过创造一个包含各种社交媒体应用的有趣的网络环境，公司正在试图吸引庞大的"品牌大使"的推广群体，他们的微博和视频比任何 30 秒的电视广告都更为有效。

资料来源： 整理自 www.cadbury.com 和 www.nestle.com。

国际营销经理应该认识到消费者使用社交媒体进行讨论时所拥有的能量和重要性。在制定和执行整合营销传播战略时，应关注社交媒体上消费者的相互影响，具体如下（Mangold and Faulds，2009）：

- 互联网已经成为一种消费者互相沟通交流的大众传播媒体。它现在是消费者在工作场所的第一媒体来源和在家中的第二媒体来源。
- 消费者正在远离广播、电视、杂志和报纸这些传统的广告来源。他们也一直希望更多地控制自己的媒体消费，并能够方便快捷地获得其想要的信息。
- 消费者正在更加频繁地应用各类社交媒体进行信息搜索和做出购买决策。
- 消费者认为，社交媒体是一个比传统的由公司主导的促销组合沟通方式更值得信赖的有关产品和服务的信息来源。

17.6 总结

本章提出了国际营销沟通决策的六个要素：

1. 广告；
2. 公共关系；
3. 销售促进；
4. 直接营销；
5. 人员推销；
6. 病毒营销/社交网络。

当国际市场营销人员在不同的环境条件下管理各种促销组合要素时，企业必须对信息营销沟通的渠道，信息，谁来执行或协助执行营销沟通方案，如何衡量营销沟通的结果做出决策。目前的趋势是趋于更为协调的战略，在允许本土的灵活性的同时尽早把当地需求纳入营销沟通计划中去。

因此，国际营销的一个重要决策就是不同的营销沟通的元素应该是标准化还是差异化的。标准化的主要原因是：

- 顾客不以国家边界分类；
- 该公司正寻求建立国际品牌形象；
- 可以实现规模经济；
- 尽可能充分利用一些少数的高品质的创意；
- 充分开发和利用特殊经验。

然而，一些营销沟通工具，尤其是人员推销，必须进行本土化转换以适应当地市场的条件。本土化人员推销工具的另一个原因是，分销渠道成员通常位于一个国家内部。因此，在当地要进行销售人员的招聘、培训、激励和评估，就必须实行本土化。

选择广告公司的程序也需要考虑。将国际市场间的本地知识、文化理解和管理经验相融合是极为必要的。太多的集中化和标准化会导致不合时宜的营销沟通策略。

互联网在未来是非常重要的营销沟通工具。任何公司都渴望在全球范围内利用互联网，这需要选择互联网企业的商业模式，并评估和预测通过这种新的直接营销媒体而创造的信息和交易将如何影响其现有的分销和营销沟通系统。

病毒式营销绝不是综合性和多元化的营销策略的替代品。它是一个总体的战略计划的组成部分，它是一种可以创造正的投资回报率的可靠的营销工具。当信息与一个可测的商业目标协调一致且能够支撑这个目标时，营销人员就应该使用病毒式营销。

社交网络和社交媒体（如 Facebook 和 Twitter）是促销组合中的混合元素，因为它们将传统的 IMC 工具（公司与顾客交流）与增强版的口碑营销（顾客之间彼此交流）结合了起来，因此，营销经理无法控制此类信息的内容和频率。通过在促销组合中注入社交媒体，这些新的营销沟通方式为标准的营销管理实践和理论提供了新的家园。这个新的家园将有助于营销经理有效地理解社交媒体，并把它纳入 IMC 策略中去，从而对其目标市场进行更为有效的营销沟通。

案例研究

摩根汽车公司：这家古老的英国跑车品牌能够再持续辉煌 100 年吗？

曾经辉煌的英国汽车行业到现在几乎已经消亡了。然而，有一个著名品牌仍然健在，这就是英国摩根汽车公司（Morgan Motor Company）。它是世界上年岁最长的私人所有的汽车企业，至今仍然是 100% 由家族持有。该公司由 H. F. S. 摩根创建于 1909 年，他一直亲自经营该公司，直到 1959 年去世为止。之后由他的儿子彼得·摩根接管，彼得也是亲自经营该公司，直到他 2003 年去世前的几年才转手给他的儿子查尔斯·摩根经营。

摩根总部位于英国伍斯特郡的莫尔文林克，员工有 163 人。所有的汽车都是手工装配的，客户订车之后，需要等 1—2 年才能提到车。而在以往，等待的时间可能长达 10 年。

与经济缓慢发展的大背景形成鲜明对照的是摩根汽车业务的稳定增长。1997 年，摩根生产了 480 辆汽车，11 年后的 2008 年这个数字是近 700 辆，在 2009 年可能将达到 800 辆。在未来的某一天，它的年产量将达到 1 000 辆，但他们说，只会用摩根的方式——一种完全独特的与众不同的生产跑车的方式来实现这一目标。

2008 年，摩根公司收入约为 2 000 万英镑，营业利润是 20.7 万英镑，而 2007 年的营业利润是 47.6 万英镑。在 160 多名公司员工中，有 133 名是生产车间的员工。

Morgan Motor Company

摩根的历史

摩根设计的第一款产品当然就是举世闻名的三轮汽车了。H. F. S. 摩根设计了一款有趣的汽车，取名 Morgan Runabout，人们用很少的钱，就能体验到冒险的感觉。这款汽车是一个巨大的成功，在 20 世纪 20 年代，位于莫尔文的摩根工厂一年生产 2 500—3 000 辆汽车，其中有少量汽车以授权 Darmont Morgan 的方式在法国生产。然而，每年生产出来的汽车总是提前售罄，因为客户都在极度渴望着新下线的少量汽车。

此后，摩根三轮汽车的销量不断下降，1935 年，只收到了 300 个三轮汽车的新订单。究其原因，是由于福特、莫里斯（Morris）和奥斯汀（Austin）等品牌批量生产的大众汽车，可以以相近的价格来提供更多的款式。

H. F. S. 摩根不得不拿出新的设计。他在 1936 年发布了 Morgan Four Four，一款配有四轮和 Coventry Climax 四缸发动机的跑车。Morgan Four Four 这一名字从一出世起就与赛事联系在一起，它分别参加了 1938 年和 1939 年的勒芒耐力赛，并取得了不俗的战绩。

1962 年摩根赢得了勒芒耐力赛 2.0L 排量组的比赛。摩根的一款产品在击败了特别改装的保时捷和莲花赛车后径直回家。这款汽车在 24 小时内的平均时速约为 158 千米。赛后 Morgan Plus Four 超级跑车作为概念车被发布，这样客户就可以买到一辆勒芒耐力赛的冠军产品。此后摩根这款产品就成了美国运动款汽车竞赛的常胜将军。

在当年摩根汽车公司也是第一家受益于名人代言的公司——拉尔夫·劳伦（Ralph Lauren）、碧姬·芭铎（Brigitte Bardot）和大卫·贝利（David Bailey）在 20 世纪 60 年代都开着摩根汽车。

1939 年，约翰·哈维·琼斯爵士和 BBC 的《纠纷解决专家》（*Troubleshooter*）节目造访了摩根公司。约翰爵士质疑了摩根公司的饥饿营销战略，以及摩根公司所采用劳动力密集型的手工生产方式。摩根可能是唯一仍在沿用 20 世纪初的汽车生产方式的汽车公司，他们用手工制造汽车的木制框架并用手工打磨它。约翰爵士并没有真正了解摩根的市场。木质车身以及等候名单是摩根的优势，而不是弱点。木质车身轻便且坚固耐用，等候名单则有助于保持二手车价格。印有"约翰爵士搞不懂"字样的搞笑 T 恤衫随后就出现在摩根跑车俱乐部的会议中。

约翰·哈维·琼斯爵士的造访也带来一些有益的商业效应。摩根汽车的订单大幅增加，等候名单的拉长也刺激了价格上升，公司可将增长的利润用于再投资。

2009年4月，安妮公主正式开通了全新的摩根游客中心，这是一个现代化的博物馆，里面陈列着纪念品、照片和影像资料，还设有礼品店，接待着各年龄段的狂热"摩粉"。

摩根的信条和产品范围

摩根公司的整体商业模式是基于长生命期和品牌强化之上的。这不是一个快速致富的业务模式。摩根所乐在其中的一个与其他公司的区别在于，它是汽车行业硕果仅存的家族王朝之一。家族传统的生产方式既导致了对工艺的追求，也产生了对于规模扩大所带来的成本增加和质量失控的忧虑。对亲情的维系也延伸到与客户的关系上。急切的购买者经常到车间去参观他们所订购的尚未下线的车辆，这就像是转移到汽车行业的"毛绒熊工作坊"（见第1章案例研究），在生产前所有的摩根汽车上都有客户的名字。客户可以从车身、发动机尺寸、油漆颜色、仪表盘和皮革装饰的无数方案中做出选择。由于摩根的客户定制化模式，其组件的供应和储存非常复杂，但摩根公司会尽可能地将其简化，以使产品的交付更加容易。

摩根的跑车是完全由手工打造的，这或许比较符合历史最悠久的私人跑车制造商的定位。因此，每一辆车需要130个小时的制造时间，而等候时间则长达12个月。相比之下，美产尼桑车只需28小时便可生产出来，而且要多少有多少。与普通车辆不同，摩根以其白蜡木框架、手工成型的车身面板和手工缝制的皮革而卓然不群。

这样一件手工艺品并不便宜。对于美国市场而言，一个基本配置的双座跑车起价近5万美元，顶级的Aero 8双座road rocket跑车则在14万美元左右——这个价格还没有包含装饰品、奢侈配置或性能的升级。Aero 8（2000年推出）是30年来第一款全新的摩根产品，客户想要购买它必须要耐心等待9个月。双门的摩根跑车可能显得老气，但其表现与今天的高科技的先进的跑车是一样的。

Aero 8是欧洲首款AIV（全铝车型），比同类车轻20%，它配备了一台宝马4.4升V8引擎，从0加速至时速96千米仅需4.5秒。

作为百年庆典的一部分，2009年，摩根发布了一款真正特殊的车型——全新的Aero SuperSport超级运动款跑车将在2009年日内瓦车展中推出。第一款车在2010年1月下线并交付客户。第二款Aero车型，预计生产100辆，其设计图纸一出来就接受25 000英镑的预付金，此外还需要12个月的等待时间。摩根很快就实现了100台的销售计划。

Morgan Aero SuperSport（2010年款）及内饰
Morgan Motor Company.

摩根Aero SuperSport跑车的设计和制造都是在内部完成的，这是一款轻量级铝质运动跑车,并配备了豪华设施,包括令人舒适的抛光硬木、手工缝制皮革,以及通过电子技术创造的高效且符合人体工程学的驾驶环境。但即使增加了这些豪华配置后,汽车的整体重量仍然较低,所以该车仍能做到反应快捷和经济运行。摩根之所以能够做到这一点,是由于其采用了航空级的铝质外壳,以及工匠高超的装配技能。

这项技术在 2008 年和 2009 年的 100 AeroMax 小轿车中首次亮相。由于对于新的 Aero SuperSport 跑车有大量需求,摩根决定增加产量。

目标客户群

摩根汽车并非是面向未受到经济衰退影响的超级富豪们的,但汽车的名称和收藏价值使得其能够保值。摩根的商业模式一直很稳健。首先,汽车有很大的保值能力——AeroMax 新车售价为 11 万英镑,而它下线一年内在德国的售价可达 16 万欧元。今天,摩根所制作的 98% 的汽车仍然存世。

妇女所掌握的财富权利以及她们作为潜在客户的数量的日益增长越来越引人注目。在北美,过去几年摩根公司分销商的数量已经翻了一番,在平均资产超过 62.5 万美元的顶级富豪中女性占了 40%。而且,在英国,年龄在 18—44 岁的百万富翁中,男女比例大致相当。然而,摩根买家并不一定十分富有,特别是对于购买售价约 3 万英镑的 1.6 基本配置的英国买家来说。配置了宝马引擎的 Aero 8 售价是这款车的将近 8 倍。

近年来有很多名人都加入了摩根粉丝团,像米克·贾格尔(Mick Jagger)、凯瑟琳·德纳芙(Catherine Deneuve)和让-保罗·贝尔蒙多(Jean-Paul Belmondo)。甚至连猪小姐(Miss Piggy)也跻身到摩根车主的精英校友团。摩根汽车已经出现在许多电影和电视节目中,像《007 大破太空城》(*Moonraker*)、《巨蟒剧团之飞翔的马戏团》(*Monty Python's Flying Circus*)、《我的女孩》(*My Girl*)及《旅程》(*The Trip*),而且已经出版了几本有关摩根汽车的书。

摩根社区

摩根社区是其众多网络狂热者的天堂,包括:

- 可以网上订购汽车或通过全球的经销商网络订购(经销商分布:英国 26 家,欧洲 28 家,美国 8 家,世界其他地区 6 家)。
- 摩根跑车俱乐部:这个俱乐部的车主来自许多国家,大家聚在一起,可以获得一种认同感和身份象征。俱乐部与工厂有着紧密的联系并对其产生影响,摩根社区往往成为产品和品牌开发的咨询中心。尽管是非正式的俱乐部,但却是摩根核心品牌定位的强有力的象征和倡导者,俱乐部经常会组织各种聚会和活动。例如,在 2009 年举办的成立 100 周年庆典活动期间,许多摩根车主在英国莫尔文林克厂区与摩根家族成员会面。
- 伍斯特郡的摩根工程赛车队。通过赛事也可以创建一个强有力的联结车主和工厂关系的纽带。

所有这些活动都是客户关系营销的经典范例。

国际营销

摩根每年生产约 700 辆汽车,其中约 30% 是在英国出售。除了英国和美国之外,摩根汽车大多销往西欧国家,以及澳大利亚、日本、新西兰和南非。

在 20 世纪 50 年代和 60 年代，美国是摩根公司最大的市场，消化了其 85% 的产量。这一轮的行情终止于美国 1971 年发布的安全和排放法规。很长一段时间以来（1974—1992 年），所有进口到美国的摩根汽车都必须转换成以丙烷为燃料，方可通过美国的排放法规。然而，这种转换，以及使汽车满足美国车辆安全法规的做法是由经销商而非摩根公司主导的，这使得摩根汽车的销售在美国存在于灰色市场之中。

重返美国

2003 年，摩根公司在美国卖出 100 辆汽车，此外还预售了等量的 Aero 8，这是其 Plus 8 型号的替代车型。销售量预计将上升到每年 200—250 辆。Aero 8 是 20 世纪 50 年代和 20 世纪 60 年代以来在美国销售的第一款摩根车型。

▶ 问题

1. 摩根公司的国际营销沟通策略与主流量产的汽车有哪些不同之处？
2. 为何摩根能够在其营销沟通策略中采用名人效应？
3. 为何摩根能够采用新的媒体社交平台？
4. 请为新的 Aero SuperSport 跑车策划一个全球营销沟通方案。

资料来源：http：//www.morgan-motor.co.uk；"Morgan Motor Company, 100 not out"，*The Manufacturer*，August, 2009，http：//www.themanufacturer.com/uk/profile/9493/Morgan_Motor_Company？PHPSESSID=8a965626552f15dc0f04fdf53a4d9836。

问题讨论

1. 指出并讨论国际市场广告效果评估会面临哪些问题？
2. 比较国内营销沟通和国际营销沟通的差异性，并解释"噪音"为何更有可能在国际营销沟通过程中出现？
3. 为什么没有更多的公司把广告信息在世界范围标准化？指出在制定和执行全球标准化广告方案的过程中所受到的环境因素的制约。
4. 解释人员推销在海外市场与国内市场有何差别。
5. 全球的广告法规有所不同意味着什么？
6. 请评价在国外市场以销售额百分比来确定广告预算的方法的优缺点。
7. 请解释跨国公司在销售人员培训和绩效考核方面比本土企业有哪些优势？
8. 识别并探讨不同国家市场的促销预算分配所面临的问题。

参考文献

本章参考文献可通过扫描右侧二维码获取。

第5部分

国际营销计划的实施与协调

第18章 跨文化销售谈判

第19章 国际营销计划的组织与控制

案例研究V.1　索尼音乐娱乐公司

案例研究V.2　飞利浦剃须刀

扫描二维码获取
"案例研究"内容

本书前四部分探讨了实施国际营销活动所必需的准备工作和相关问题，第5部分将重点探讨国际营销计划的实施与协调。

在国际销售和谈判过程中，一项重要的成败标准就是：是否能够适应每个商业伙伴、公司和当地的形势。因此，本书第18章将会探讨国际谈判者应该如何应对不同的商业伙伴的不同的文化背景。同时，本章也将阐述如何在商业伙伴之间或本企业内部成功实现知识与学习的跨边界转移的问题。

随着企业从一家纯粹的国内公司发展成为一家跨国公司，其组织结构、协调和控制系统也必然会发生相应的变化，以便更好地反映其新的国际营销战略。在本书第19章中，将重点讨论组织结构与营销预算（包括其他控制系统）是如何伴随着企业自身和市场环境的变化而做出调整的。

第 18 章
跨文化销售谈判

> **学习目标**
>
> 学习完本章之后,你应该能够:
> - 讨论为什么通过谈判来进行跨文化销售是国际营销面临的一个巨大挑战。
> - 解释跨文化谈判过程的主要阶段。
> - 讨论在跨文化沟通中如何应用 BATNA。
> - 讨论组织学习和跨边界的知识转移如何提高组织的国际竞争力。
> - 讨论霍夫施泰德研究对公司跨文化谈判的启示。
> - 解释跨文化经营应考虑的一些重要方面。
> - 讨论全球跨文化项目组织的机会和陷阱。
> - 解释国际贿赂活动的复杂性和危险性。

18.1 引言

文化是影响谈判各个阶段的重要因素之一。由于文化会影响人们对问题的判断和理解,所以甚至在谈判开始之前,文化就已经对人们关于当前形势的判断产生重要影响了。它会影响人们是采取竞争还是合作的视角来进行战略选择。

为了在日新月异和错综复杂的国际市场中保持竞争力并得以蓬勃发展,跨国公司必须着眼于全球市场,这不仅是为了挖掘潜在的市场,而且是为了寻求具有较高质量且较低价格的原材料与劳动力资源。更为甚者,即使是那些小型企业的管理者,虽然自己从未走出国门,但也将不得不应对文化背景逐渐多元化的市场和员工。因此,凡是能够理解和适应不同文化的管理者通常会在国际营销中处于优势地位,也更有可能在全球市场竞争中获胜。

文化有助于协调人们的行为，厘清可以接受的和不可以接受的事物之间的界限。同时，文化也为人们对所观察到的事物做出某种解释，并为信息沟通的组织和编码等提供相应的概念。当然，文化也会影响最终达成协议的公平规范的选择。因此，由于文化在不同情境下被赋予了非常重要的意义，它会直接对谈判的过程产生直接影响。从根本上讲，谈判作为一个意图达到某种目标的过程，其本质是一种战略。谈判会发生在特定的文化情境下，并由本身就是文化载体的人员来推动和实施。因此，如果不考虑这一点，那将是不现实的。文化是划分国际谈判与其他类型活动的一个变量。对国际谈判者来讲，无论是买方还是卖方，在参与一个冗长而复杂的谈判过程（如建立合资企业）之前，吸收对方的文化要素是很重要的。这会有利于谈判者更好地理解在谈判中即将发生的一切，避免误解，高效沟通，从而为应对可能出现的谈判僵局做好准备，并能够发现问题的实质所在。

因此，企业的跨文化经营远不如在母国经营那样容易。

在国际化的早期阶段，中小型企业可能会将跨文化的市场经营视为一种追求短期利润最大化的纯粹的经济机会。但是，对企业而言，即便是在跨文化商务谈判的初期，也应更多地了解文化的本质及其是如何影响商业实践的，这可以提高企业成功的概率。如果具有两种不同文化背景的人在做生意时，首先假设对方的文化是不利的，那么显然会导致沟通的障碍。因此，中小型企业的管理者应该在充分认识文化的重要性的基础上，建立切实可行的假设，避免任何针对文化的思维定势。示例 18.1 即是对文化的影响难以预测的现实案例。

示例 18.1
在中国和日本赠送礼物

一位美国商人曾经送给他的中国合作伙伴的女儿一个钟表作为结婚礼物，但他并不知道在中国送钟表是不合适的，因为钟表和死亡联系在一起。他的无礼导致了双方合作关系的终结。此外，在日本，给合作伙伴回送比收到的礼物价值还要高的礼物是不礼貌的。

资料来源： Hendon *et al.* (1999)。

所有成功的国际营销企业都有海外代表，与顾客面对面的谈判是销售工作的核心。谈判对于达成交易协议非常必要，主要涉及运输、价格、支付和服务条款等问题。

国际销售谈判具备很多区别于国内情境中谈判的特征。首先，也是最为重要的是谈判双方的文化背景不同。因此，成功的谈判要求双方互相了解彼此的文化，并采取与对方文化风格相适应的谈判策略。有趣的是，日本的谈判者经常会索要美国公司和关键谈判对手的背景信息。因此，他们通常提前就了解了对方可能的谈判战略和战术。

两种不同的谈判文化：基于规则的文化和关系文化

大致说来，我们会遇到两种截然不同的谈判文化：

（1）基于规则的谈判文化主要盛行于西方国家。西方人非常信任这种体系，而其他地区的人则信任他们的朋友和家人。西方人通常通过履行合同或协议来组织经营活动，并通过法律体系来付诸实施。严格意义上讲，基于规则的文化以规则为基础，它是普适的。比较而言，以关系为基础的文化会对人们具有的某种权力进行投资，而基于规则的文化则是遵循基于自我利益的规则。西方统治者的权力来自由其颁布实施的规则，他们是基于规则被选中，而非他们自己的身份。这些规则只有被视为具有内在逻辑性与合理性时，才会得到尊重；而逻辑是具有普适性的，那些值得去遵守的规则也因此是普遍有效的。

（2）关系型谈判文化（如亚洲文化）。相对而言，关系型谈判文化基本上是建立在对朋友、家庭和上级的忠诚和义务基础之上的，而不是建立在规则体系基础之上的。传统意义上，人们对于建立关系有一种偏好，而对交易则不然。事实上，基于关系的手段在当今情境下仍然是更加行之有效的。比如在日本，围桌而坐的讨价还价即使是通过协议严格规范，却更像是一种对峙而不像是一种谈判。对峙式的讨价还价在街边市场很常见，因为严格地讲双方之间并不存在一种工作关系。所以，当双方不需要进行长期合作时，这种讨价还价是可以接受的。但是，当企业主要在进行一些基于文化的项目时，最好还是应该在双方之间形成一种和谐与信任，而不是纯粹依靠西方式的谈判。

在基于关系的文化中贿赂非常常见，一方面，因为建立关系需要时间和努力，因此，总会有人试图去走捷径；另一方面，基于规则的体系容易受骗，这主要是源于行为不仅受制于规则而且受制于人（Hooker，2009）。

18.2　跨文化谈判

面对不同风俗、观念和语言环境时，人们常常倾向于从负面对对方进行刻板的评价。我们必须知道自己想要什么，并在进行谈判之前就全面且深入地研究文化的特点。对其他文化的了解常常是建立在包容的基础之上的。信任和尊重是一些诸如日本、中国、墨西哥和多数拉丁美洲国家文化的必要条件。日本人通常在真正的谈判开始之前需要会面多次，而北美和北欧的人总是倾向于尽可能快地完成工作。以色列人偏好直接进行谈判的形式，而埃及人偏好间接的形式。埃及人认为以色列人的直接是具有挑衅性和侮辱性的，而以色列人认为埃及人的间接形式是不耐烦和不真诚的表现。这种文化差异将危及两国商界人士之间的谈判。

甚至谈判的语言也会是不可靠的。向北美人和西欧人妥协意味着有道德、信誉好和公平竞争。而对墨西哥人和拉丁美洲人来说，妥协就意味着失去尊严和不正直。妥协在俄罗斯和中东的文化中是示弱的象征。此外，西方人眼中理想的有说服力的沟通者，其他文化的成员则会认为是具有挑衅性的、肤浅的和虚伪的。

跨文化谈判过程

谈判过程是指"两个或更多实体聚到一起，讨论共同且相互冲突的利益，以达成互惠的协议的过程"（Harris and Morman，1987，p.5）。谈判过程显然受到谈判者（通常是买方和卖方）所受教育和所在社会文化的影响。在国际销售谈判过程中，显著的文化差异会对谈判过程及其结果有极大的影响。

> **谈判过程**
> 是指两个或更多实体聚到一起，讨论共同且相互冲突的利益，以达成互惠的协议的过程。

跨文化谈判过程可以分为两个不同的部分：非任务相关的互动和任务相关的互动（见图18.1）。这两种方式会在接下来的章节分别进行讨论（Simintiras and Thomas，1998；Simintiras and Reynolds，2001）。

图18.1显示了跨文化谈判过程会受到卖方和买方文化"距离"的影响。这种观点在图18.2中会进一步阐述。

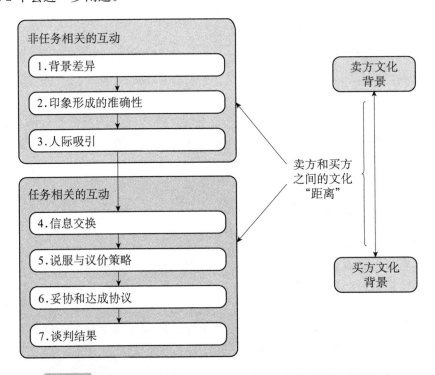

图18.1 跨文化谈判过程受到卖方和买方之间的文化距离的影响

资料来源：改编自Simintiras, A. C. and Thomas, A. H.（1998）和Simintiras, A. C. and Reynolds, N.（2001）。

非任务相关的互动

在销售谈判过程中，非任务相关的方面（背景差异、印象形成的准确性和人际吸引）是首要考虑的因素。因为正是这些因素，在建立与买方的联系（与买方接触）时具有更为重要的意义。

背景差异

在跨文化谈判中，买方和卖方相互理解双方的背景差异至关重要。背景差异是指人与人之间的等级、年龄、性别、教育、在公司中的职位以及在供职公司的相对地位的不同。在谈判中不同的文化会赋予背景不同的重要程度。高情境文化是背景导向的，沟通的意义也内化在人身上。在高情境文化中，谈判者使用的语言不如谈判者的背景那么重要。高、低情境下谈判者之间的背景差异是产生潜在问题的原因。例如，来自一个高情境文化的卖方与一个来自低情境文化的买方谈判时，他认为买方的背景非常重要，同时他希望买方也这样认为，但这种情况很少会发生。

印象形成的准确性

这个阶段是指谈判者之间最初的接触阶段。对前景满怀期望的销售人员所花费的前两分钟是最为重要的（即"关键时刻"）。第一次遇到某人时，人们在进行理性思考之前通常会产生一种即刻的感觉，基于这种感觉形成的评价通常是建立在很少信息的基础上的。由于来自不同文化的个体观念的差异，谈判者对对方形成准确印象的概率就降低了。一种在不准确的印象信息基础上形成的坏印象也会对接下来的谈判进程产生负面影响。

人际吸引

这个阶段是指买卖双方因受到相互吸引或喜爱的感觉的影响而形成的一种直接的面对面的印象。人际吸引对谈判结果存在正面或负面的影响。谈判者之间的相似程度能够促进双方的信任，并进而形成人际吸引。被吸引的一方更倾向于在谈判过程中让步。这时，谈判的一方可能会因为在与富有吸引力的合作者的合作关系中获得心理上的满足而放弃一定的经济回报。

Zhang and Dodgson（2007）对韩国一家新成立的 IT 公司的创办者李先生的特征进行了有趣的描述：

> 我们发现李先生深受其合作伙伴的影响，他有时甚至会遵从他们的建议，即使他知道他们并不一定是正确的，因为他无法接受在其个人关系网络中失去这些业务关系。(p.345)

韩国谈判文化是建立在儒家文化基础上的，这种文化渗透在社会的各个方面。像其他亚洲国家一样，韩国是一个在社会网络中组织和谐、重视对公司的忠诚与承诺、崇尚集体主义的社会。

与任务相关的互动

一旦买方和卖方之间成功地建立起了联系，跨文化谈判过程中与任务相关的方面就会变得更加重要。但是，应该记住的是，尽管非任务相关因素在该阶段并不是最重要的，但它们仍然对谈判过程和最终结果有影响。

信息交换

此时，清晰地理解谈判者的需求和期望是最重要的，这可以作为合作伙伴之间有效沟通的出发点。更确切地说，这里强调参与者在面临多种选择时的期望效用。明确交换的信息量会依文化不同而不同，再加上世界上千万种语言和方言所带来的复杂性，这使得通过语言手段在跨文化谈判中进行沟通变得非常困难和复杂。即使在参与者能互相理解和沟通顺畅的情况下，由于词语的语义差别和文化的不同，被交换的信息含义也可能会流失。此外，除了语言沟通中的困难，跨文化销售谈判也受到非语言问题的影响，如肢体语言，这就降低了谈判者准确理解双方差异和共同点的概率。

说服与议价策略

谈判过程的这一阶段是指谈判代表试图通过使用不同的说服策略，修正另一方对绩效的期望。说服风格的类型多样，而且每一种文化都有其自己的说服方式。根据 Anglemar and Stern（1978）的研究，在谈判过程中有两种基本方法：表述性策略和工具性策略（representational and instrumental strategies）。

当谈判者使用表述性策略时，双方沟通是建立在对问题的识别、搜索解决方案和最适当的行动选择的基础上的。例如，销售人员可以与买方合作，基于买方视角来搜寻信息。

当谈判者使用工具性策略时，双方沟通往往包含着对另一方行为和态度的影响。例如，销售人员可以通过有说服力的承诺、资源投入、奖励和惩罚来影响买方。一个友好合作的谈判气氛，往往与表述性谈判策略的使用有关。

妥协和达成协议

这个阶段是指谈判者通过一些策略手段从最初的状态到最终达成协议的过程。来自不同文化背景的谈判人员拥有不同的妥协办法。例如，低情境文化的谈判代表更可能使用逻辑推理，而高情境文化下的个体则更倾向于运用个性化的观点。

BATNA（best alternative to a negotiated agree-

BATNA

除非谈判代表知道其他替代方案的存在，否则他们对是否接受一个谈判协议始终无法做出明确的决定。如果提出的协议优于谈判者的 BATNA，那么双方就应该接受该协议。拥有一个好的 BATNA，会提高自身的谈判能力。

ment，最佳替代方案）一词是由罗杰·费希尔（Roger Fisher）和威廉·尤里（William Ury）在他们1981年的畅销书《谈判力》（*Getting to Yes：Negotiating Without Giving In*）中首次提出的。BATNAs对谈判至关重要，因为除非谈判代表知道其他替代方案的存在，否则他们对是否接受某一个谈判协议始终无法做出明确的决定。BATNA是唯一能够既可以防止谈判双方接受过于不利的条款，也可以防止其拒绝最有利于自身利益的条款的标准。简而言之，如果提出的协议优于谈判者的BATNA，那么双方就应该接受该协议；反之，如果协议比BATNA差，那么谈判应该重新开始。如果谈判者不能改进协议，他们就至少应该考虑退出谈判，追求自己的选择，虽然此时必须同时考虑这样做的成本。此外，一方的谈判者如果能更多地了解对方的BATNA，那么，他们的谈判准备将更为充分。然后他们将对可能产生的结果和提供的合理化建议建立起一种更为现实的看法。

拥有一个好的BATNA会提高谈判能力。因此，重要的是尽可能地改善BATNA。好的谈判者知道他们的对手何时渴望达成协议。当时机来临时，好的谈判者则会提出更多的要求，从而使他们的对手不得不妥协。但是，如果对手显然有许多谈判以外的选择，好的谈判者将会做出更多的让步以努力将对手留在谈判桌上。在谈判之前制定尽可能强大的BATNA，并令对手知晓BATNA，可以强化谈判地位。

BATNA也会影响所谓的"成熟时机"，即分歧得以解决的时机已准备好（或"成熟"）。当双方对BATNA都有类似的看法或"一致图景"时，那么谈判达成协议的时机就已经成熟了。双方拥有一致的BATNA图景意味着，他们对如果彼此不达成协议则会出现的后果有了相似的看法，而不是追求其他的备择方案。在这种情况下，更明智的选择就是达成谈判协议，而不是继续争论下去，从而可以节约交易成本。

换言之，当谈判双方认识到当前情况（不谈判）是一种负和博弈（"双输"），而不是一种零和博弈（"赢—输"）时，冲突解决的时机就成熟了。为了避免两败俱伤，谈判者必须考虑谈判，以达到一个正和（"双赢"）的结果。

"成熟"是一个感知问题。寻求一个成熟的时机需要研究和智力投入去识别客观和主观因素。

另一方面，当事人可能对BATNA怀有"不同的图景"。例如，双方都可能认为如果其诉诸法律或权力就能赢得争端。如果双方的BATNA都告诉他们可以追求权力斗争并取得胜利，那么结果就可能会是一个权力之间的较量。如果一方的BATNA确实比另一方的更好，拥有更好的方案的一方可能会占上风。但是，如果BATNA的实力相当，双方可能会陷入僵局。如果冲突的代价高昂，那么最终双方会认识到他们的BATNA没有想象中那么好，则该争端将再次进入谈判的"成熟时机"。

谈判结果

协议是谈判过程的最后阶段。协议应该成为为买方和卖方之间向更深层次关系发展的出发点。谈判过程的最终协议可以呈现为一种君子协定的形式，这在高情境文化中是很常见的，或者呈现为一种更正式的合同形式，这在低情境国家更为普遍。

霍夫施泰德研究的启示

从霍夫施泰德的研究中，我们看出国家之间的文化差异（差距）。四个维度中的每一个都反映在各个国家的企业文化模式中（Hofstede，1983）。接下来，我们将对霍夫施泰德提出的四个维度对企业国际谈判策略的影响进行讨论（Rowden，2001；McGinnis，2005）。

男性化/女性化倾向

男性化文化倡导自信、独立、任务导向和自我实现为主的价值观。谈判中的男性化文化策略通常是竞争性的，会导致一种"赢—输"的零和局面。冲突通常是通过斗争来解决的，而不是妥协，这反映为一种自我推进的方式。在这种情况下，最具竞争力的人有可能收获最多。另一方面，女性化文化倡导合作、扶持、谦虚、移情和社会关系为主的价值观，并愿意以合作或妥协的方式寻求最有可能可以相互接受的解决方案，以达到双赢的局面。

在谈判时，来自男性化倾向国家的人更倾向于关注协议的细节，而不去关注对另一方的整体影响。来自女性化倾向文化的谈判者则更倾向于关注协议的审美和长期影响，他们觉得谈判细节可以在日后制定。

不确定性规避

该维度是指一个人在不明朗或有危险的情况下感觉舒适的程度。高不确定性规避文化有正式的官僚化谈判规则，主要依赖规矩和标准，而且只信任家人和朋友。这种文化需要明确定义结构和指导规则。而低不确定性规避文化则偏好更具灵活性的非正式的工作方式。他们不喜欢官僚化的层级，并乐于寻求解决方案和达成妥协，而不去关注当前状况。

来自高风险规避文化的谈判者可能根据数量、时机和要求来试图提出具体的承诺。而来自低不确定性规避文化的对手则可能会满足于对数量和时机的粗略估计，并不断变化需求。在谈判过程中，例如围绕新产品延期交付的讨论时，可能会引起那些高不确定性规避者的极大关注。而另一方面，这种讨论主题会被那些低不确定性规避的人们视为可以即兴创造的机会。

权力距离

该维度主要是指拥有权力的人和受权力影响的人之间对权力接受程度的差异。高权力距离是独裁的，在这里，协议、正式手续和官僚体系是至关重要的。在高权力距离文化中，首席执行官往往直接参与谈判，而且是最终的决策者。

基于平等的（低权力距离）商务谈判基本上是一个西方的概念，而并不存在于背景导向的社会中，如日本、韩国或俄罗斯。西欧和北美人则通常是非正式的，通过直呼其名和休闲的穿着来淡化背景差异。

日本人则穿着保守，他们总是喜欢身着黑色西装，因此，与日本人谈判时穿着随便是不合适的。除非私人关系很好，日本人通常是不会直呼其名的。在亚洲，头衔和地位是非常重要的，人们通常会以合适的头衔称呼其同伴。在西方世界，坦率和直接是重要的，但这在亚洲却并不受欢迎。

在欧洲备受重视的握手行为在日本则被认为是不合时宜的，在那里鞠躬是一种习俗。当与一个虔诚的伊斯兰教徒会面时，不要基于任何目的用左手握手或使用左手，这被认为是粗鲁的，也是一种人身侮辱。

来自低权力距离文化的谈判者在面对来自高权力距离文化谈判者需要寻求其上级支持时，会感到非常沮丧。另一方面，来自高权力距离文化的谈判者会受到来自低权力距离文化谈判者风格的影响，而倍感压力。这里关键是要理解和你谈判的人的关于权力距离的思维模式。这种理解是双方成交的第一步，并且为接下来的关系协作提出了更为现实的期望。

个人主义/集体主义

个人主义文化倾向于把任务置于关系之前，并高度重视独立性。这些文化会容忍开放性的冲突，将个体需求置于团体、社区或社会需求之上。在谈判中，个人主义社会认为另一方有权单方面做出决定。在一个高度崇尚个人主义的国家，如美国，追求个人利益而不去理解他人的利益是被社会所广为接受的。相反，来自集体主义文化的管理者，如中国，将会寻求长期导向的关系，首要强调的是个人关系的建立。集体主义社会主张团结、忠诚和个人之间相互依存的价值观，成员根据其在团队中的身份定义自己的角色。集体主义者认为，在谈判过程中的细节问题都是可以解决的，他们关注于集体的目标，并对另一方的需要给予更多的关注。当来自个人主义社会的成员在谈判过程中要急于提升其自身地位和强调自己的观点时，来自集体主义社会的成员会被激怒。

另一方面，来自个人主义社会的谈判者更关注短期效果，采取极端的行为，并从竞争性的视角看待谈判。因此，在此类谈判中的一个关键因素是双方要更加了解对方的主要利益，而不是仅仅关注自身利益。

不同的组织模式

英国的组织模式更像是一个乡村集市，不存在决策的层级体系，具有灵活的规则，并通过谈判解决问题。德国模式则更像是一个运转良好的机器。个人命令基本没有必要，因为规则已经确定了一切。法国模式更像是一个金字塔的层级体系，遵从统一的命令并发布强有力的规则。如果我们看一看国际买卖双方的关系，民族文化只是影响买方或卖方的个人行为的文化层级中的一个层次。当来自不同文化的成员在一起沟通时，不管是在销售组织内部或是买卖双方之间，一般都不具有共同的价值观、思维模式和行动步调。成员之间的共同点非常有限，这又增加了互动结果的不确定性，限制了沟通的效率和效果。为了降低不确定性,沟通双方必须准确地预测另一方将如何表现,而且能够解释他人的行为(Bush and Ingram,2001)。

国际谈判中的差距模型

在谈判中,影响买卖双方互动的最根本的差距是各自文化背景之间的差异(图18.2中的差距1)。这种文化距离可以体现为沟通和谈判行为,时间概念,空间或工作模式,以及社会礼仪和规范之间的差异(Madsen,1994)。两个合作伙伴之间的文化距离会增加交易成本,这一成本在跨文化谈判中是相当高的。

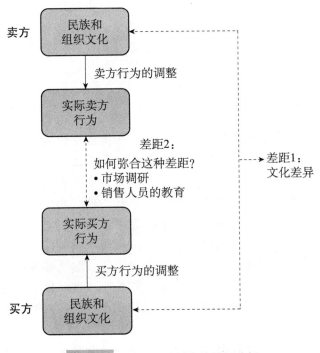

图 18.2 跨文化谈判中的差距分析

文化对于个人乃至国际谈判的影响可以从社会的各个层面进行分析。此外,存在一种学习"效应",即个体的文化认同会在一个特定的文化背景下形成,并将会影响他们看待其他文化环境的方式。卖方和买方都会(至少)受到其所属民族和组织文化的影响。如第7章(见图7.2)中提到的,对个体谈判行为的理解可能存在更多的层次。

必要的适应性水平取决于买方和卖方在最开始时文化相似的程度。但是,买方和卖方之间的文化差异可能会低于他们两个国家的文化差异,因为,在一定程度上,他们有着共同的"商业"文化。

民族文化的影响

民族文化是一种宏观/社会文化,它代表了在某一个国家的公民集体的独特生活方式。民族文化由规范和成员所持有的价值观构成，同时也包括譬如经济发展、教育制度、国家的法律和监管环境等其他方面的水平（Harvey and Griffith，2002）。所有这些因素在个体以一种特定的信念模式实现社会化的过程中发挥了重要作用（Andersen，2003）。因此，当人们在国际交流和国际关系中遇到文化差异时，他们倾向于将来自不同文化的人视为陌生人，即将他们划分为属于不同群体的不认识的人。这种距离感会直接影响信任和人际联系，从而也增加了买方与卖方在谈判过程中发生冲突的概率。如前所述，霍夫施泰德研究中所提出的四个维度探讨了民族文化差异的几个典型案例，以及文化差异是如何影响合作伙伴之间的跨文化谈判的。

组织文化的影响

组织文化是组织中共同的行为模式、价值观和信仰，这为理解组织的运作过程奠定了基础（Schein，1985）。当两个或两个以上的组织正在进行谈判时，组织文化核心要素之间的一致性程度会直接影响沟通和谈判效果。

当对民族文化和组织文化元素同时进行考察时，公司沟通环境总体上的复杂性将会是千差万别的。在某些情况下，买方和卖方之间存在高度的民族文化差异，而且组织文化也是不一致的（即更远的组织间距离），那么谈判环境将会非常复杂，需要仔细地规划并对该公司的跨文化谈判策略进行监控。另外，当民族文化距离较近而买方和卖方的组织文化较为一致时，双方都会发现他们无需太多调整就可以很容易地有效运用谈判策略（Griffith，2002）。

在买方和卖方之间存在民族文化距离和组织文化距离的情况下，买方尤其是卖方会努力调整自己的行为，以迎合另一方的需要。这样，通过行为调整，初始的差距 1 将会缩减到差距 2。卖方调整其自身行为以迎合另一种文化沟通方式的程度，则取决于他们的技能和经验。这种必要的技能包括应对压力、发起对话以及建立重要的关系等方面的能力。

然而，无论是卖方或买方都无法充分了解对方的文化，所以最终的结果仍会聚焦于两者文化行为之间的差异（差距 2）。这种差距会引起谈判和交易过程中的摩擦，从而提高交易成本。

差距 2 可以通过市场调研和对销售人员的教育得以缩小（见下一节）。然而，销售人员会随身携带不同的"行李"，主要涉及在跨文化认知的不同阶段所应具备的态度和技能。下一节，我们将会突出强调为跨文化经营做准备的不同阶段。例如，对于一些已经具备跨文化销售的资格并希望学习相关行为策略的销售人员来说，如果一个培训人员选择对其进行一些基础的跨文化认知的训练，销售人员可能会感觉无聊，也无法看到多元化培训的价值。

此外，面对面的沟通技巧在国际销售培训中仍然是一个重要的主题。这在顾问式销售中更是如此，因为在顾问式销售中的提问和倾听技能是进行国际营销所必不可少的。通过培训了解文化的多样性应该可以帮助销售人员和营销经理更好地预测不同客户或合作者的行为。然而，许多销售人员都对此类培训持怀疑态度，并质疑其价值。

事实上，员工可以将多元化的培训视为只是当前企业追求的一种时尚或"政治上正确的事"。但是，如果没有准备好，许多销售人员可能直到他们身处一种不熟悉的文化之中时，才会意识到文化多样性的存在。

示例 18.2
欧洲迪士尼成为巴黎迪斯尼乐园旅游度假区——迪士尼公司学习适应欧洲文化

华特·迪士尼公司在20世纪80年代中期就开始为其欧洲主题公园寻觅合适的地点，其中法国和西班牙被选中的可能性最大。最终，法国的 Marne-la-Vallée 城（巴黎以东约20英里）赢得了建设新迪士尼乐园的竞争。1987年，迪士尼公司创建了迪士尼欧洲子公司。次年，其耗资44亿美元的项目破土动工。1989年，欧洲迪士尼公司上市（华特·迪士尼公司保留49%的股份）。

1992年，在欧洲迪士尼开业筹备阶段，公司的首任主席自豪地宣布这个公司将对欧洲产生重要影响。

但在公司筹备过程中，也遇到了一些跨文化障碍：
- 在公园开放之前，迪士尼公司坚持员工应该遵守一个详细的书面规定，包括着装、珠宝配饰和个人形象的其他方面。女员工甚至都要穿"合适的内衣"并剪短指甲。迪士尼对此类要求进行了自我辩解，指出类似的要求在其他公园也在实行。迪士尼公司的目标是确保顾客能体验到与迪士尼名称相匹配的所有体验。尽管有诸如此类的解释，但法国人仍认为这是对法国文化、个人主义和隐私的侮辱。
- 迪士尼倡导的来自美国的"禁止酒精"的推广政策提出：在欧洲迪士尼是不允许出售酒产品的。这对于一个以制造和消费酒类产品而闻名的国家来说也是不合时宜的。

迪士尼采取了一系列的调整措施，如对迪士尼乐园巴黎度假胜地和其他一些旅游胜地进行重新命名，使公司在1996年实现盈利。

目前，迪士尼乐园巴黎度假主题公园已经成为欧洲顶级的旅游胜地。乐园的到访人数超过了埃菲尔铁塔，以每年超过1 200万人次的到访量稳居欧洲第一名。

在2006财年，巴黎迪士尼乐园吸引了大约1 280万参观者：40%来自法国，15%来自比利时、卢森堡和荷兰，20%来自英国，9%来自西班牙，5%来自德国。

© Pawel Libera/Corbis.

2006年，巴黎迪士尼乐园公布的收入有108.77亿欧元，同时有8 900万欧元的净损失。其中，53.2%的总收入来自主题公园，37.9%来自酒店和迪士尼村，剩下的8.9%来自房地产和其他方面。

度假区拥有约50种娱乐设施和景点，60多家餐馆，54家商店和丰富的现场演出。公司还经营着7家酒店、2个会议中心，以及迪士尼娱乐村，这个娱乐村将公园与其他地点的酒店相连。2002年，华特·迪士尼影音公园开业。同时，欧洲迪士尼给华特·迪士尼公司支付版税和管理费。

2005年年初，欧洲迪士尼进行了债务重组，并再次专注于销售和市场营销。它为酒店和娱乐设施还规划了各种各样的升级措施，包括在2005年年末将"太空过山车"（Space Mountain roller coaster）翻新，并更名为"飞越太空山"（Space Mountain）重新开放。Mission 2、"玩具总动员2"（Toy Story 2）主题娱乐设施以及巴斯光年激光炮（Buzz Light-year Laser Blast）在2006年启动。

2007年，巴黎迪士尼乐园为其第15个周年庆将举行一场别开生面的庆典。客人们将会享受到睡美人城堡的服务，这个城堡为庆典活动进行了特别的装潢。各个迪士尼故事将会以别具一格的角色设置、新景点和新表演走近人们的身边。2008年，恐怖的暮光之城古塔（the Twilight Zone Tower of Terro）将会在华特·迪士尼影音公园开放。2007年，两个令人振奋的景点将会在华特·迪士尼影音公园的Toon Studio首次登场，它们是：

- 龟龟过山车（Crush's Coaster）——顾客穿过悉尼港的声浪，沿着迪士尼/皮克斯电影《海底总动员》中尼莫的足迹，迎着东澳大利亚洋流在旋转的龟壳上冲浪。
- 汽车拉力赛（Cars Quatre Roues Rallye）——顾客将会穿越一个野外沙漠和一个8字形的赛道，这对顾客和他们的新车来说是一个严峻的考验，但是身边陪伴他们的是卖座迪士尼/皮克斯电影《赛车总动员》的明星们——闪电麦昆（Lightning McQueen）和板牙（Mater），他们为顾客提供赛车技巧和鼓励，顾客在发动机的轰鸣声中沿着轨道边线一路狂飙。

公司多年来已经学会了更多地迎合欧洲人的偏好，例如提供如香肠和酒之类的食品和饮料。迪士尼工作室的虚拟导游也招聘欧洲人做演员。

资料来源：Tagliabue (2000), Della Cava (1999)；www.eurodisney.com；Hoovers Company Records：Euro Disney S. C. A, December 2006。

在为销售人员提供涉及文化多样性（距离）等有教育意义的实践训练时，经常遇到的一个主要问题，就是由于时间和资源有限，无法提供常规的真实体验的学习机会。尽管这种体验是迫切需要的，但在许多情况下，将销售人员预先带到文化情境中去分析和学习是不现实的。对这种两难境地的可行替代方案即是将学员带入多元文化的模拟体验中。这种方法的优点是，它更加有效且更需要个人的积极参与，从而可以促进体验式学习。基于角色扮演和结果导向的仿真练习在营销人员和管理者的培训中非常

成功（Bush and Ingram，2001）。

谈判策略

当然，谈判中最基本的前提是你不但要了解自己的优点和缺点，而且要尽可能多地了解对方，了解他们的思考方式和视角。即使销售人员开始处于弱势，也可以通过采取一些策略，使谈判朝着对其有利的方向发展。

18.3 为跨文化经营做准备

许多销售人员可能都会意识到，文化的多样性是在他们工作环境中的一个重要问题。然而，许多因忽视文化的影响而造成失误的故事说明（见示例18.2），销售人员可能没有意识到文化多样性对其在销售情境中预测行为能力的影响。因此，个体的进步可以通过对自身技能的一种自我认知，以及了解这些技能如何影响自己与不同文化背景的同事或买家互动来实现。参与这些实验性的训练可以使销售和营销人员理解文化多样性对不同方面的影响。

一般的跨文化准备

以下的五个步骤有助于公司对销售人员的培训，以应对在进入不同国际市场时的文化多样性问题（Bush and Ingram，2001）：
(1) 建立销售人员对文化差异影响销售组织中的个人的认知。
(2) 激励销售人员和管理者重新思考其对顾客的行为和态度。
(3) 允许销售人员在一个心理安全的环境下审视其自身持有的偏见。
(4) 检查刻板印象是如何产生的，以及他们如何造成了买方和卖方之间的误会。
(5) 识别国际销售组织需要应对的文化多样性问题。

这种情景模拟是学习沟通风格和文化差异的一个重要的起点。大多数企业认识到文化多样性的培训比预期需要更多的时间。因为在培训一个人与来自不同文化或亚文化的人进行交流时的困难之一就是被培训者不可能在两个小时内完全掌握。尊重来自多元文化的成员并与其进行成功的互动是一个长期的过程。通过长期的培训，销售人员将会逐渐认识到文化多样性的概念胜过"做正确的事"或者仅仅满足一些确定性行动的要求。重视多样性也会影响组织的利润。

对合作伙伴跨文化沟通与谈判能力的具体评估

从提高谈判进程中买卖双方"匹配"程度和缩小"差距"的角度出发，公司必须主动开发特定的战略来强化沟通效果。多数组织并未将其跨文化沟通正式化，但至少有必要遵循三个步骤以提升卖方公司跨文化沟通和谈判的竞争力：

（1）评估销售人员的沟通能力。鉴于销售人员沟通能力对成功维系关系的重要性，销售企业对其销售人员能力的评估是至关重要的。一旦需要对销售人员的技术水平（如技术和使用标准语言的能力）进行评估，公司可以使用上述模拟和实验的方法评估其行为能力。

（2）评估买方公司谈判者的沟通能力：如果可能的话，可以遵循与（1）同样的程序，对在外国文化环境中的买家能力进行评估。然而，可能很难获得关于买方公司谈判人员的信息。

（3）将买卖公司双方的沟通和谈判能力相匹配：如果双方能力相匹配（并不存在太大的鸿沟），那么这两家公司可以期待在国际谈判中取得成功，并在未来建立良好的关系。当然，应该指出的是，销售公司只能控制其内部能力，而不能控制买方公司的能力。

对沟通能力的评估还可以纳入公司对合作伙伴进行选择和保留的标准中，这也显示了相对于合作伙伴（购买公司）提升自身现有竞争力的意愿和灵活性。

18.4 应对外派人员

下面的讨论不仅用于外派销售人员，也适用于企业在国外的其他职位（如一个外国子公司的行政职位）。外派销售人员在与国外买家谈判时总会受到文化差异的冲击。因为**外派人员**总是身处文化差异很大的地区，所以他们对文化冲击的感受更为强烈。国际化公司能够采取何种管理措施以使文化冲击的风险最小化呢？我们应考虑以下几个方面的问题（Guy and Patton，1996）。

> **外派人员**
> 从公司总部派出到国外市场工作的人员，通常是在国外的子公司工作。

决定雇用外派销售人员

管理者首先要做出的重大决策就是：从本国派出销售人员是否是进入国外市场的最佳选择。公司应该首先审视自己过去应对文化冲击的经验，以及在其他文化中对销售代表的调整。没有经验的公司最好是先评估可能的代理商和经销商，而不是直接使用本国外派人员。另外的选择就是可以选择雇用东道国或第三方国家的销售人员（见17.3节）有可能预示着潜在的文化冲击。

公司应设法识别海外销售工作中有可能预示着潜在的文化冲击的重要元素。如果工作的技术性很强，而且位于外国国民的某个聚居地，具有与本国居民相似的品位和生活方式，那么此时，公司选择外派销售团队是适宜的。

然而，如果外派销售人员被派到与其期望不相符的陌生工作环境中，公司应考虑其他的选择。较大的文化冲击和调整会增加文化距离。高情境和低情境的对比程度越大，困难就越大。当进入一个不同的文化时，许多熟悉的符号和线索会消失，这通常会使人们感到挫折感、压力和焦虑。

甄选外派销售人员

承担外派销售工作是一项关键的任务，因此甄选过程应该经过审慎考虑，而不能太快做出决定。甄选过程不应仅是考虑销售人员的技术能力，而应重点关注以下特征：
- 外语技能；
- 交际能力；
- 情感稳定性；
- 教育背景；
- 与特定文化相关的工作经验；
- 应对压力的能力。

先前研究（Guy and Patton, 1996）表明外派销售人员如果具备以下特点，则受到文化冲击的可能性会降低：
- 开朗的品性；
- 移情能力；
- 文化敏感性；
- 适应能力；
- 低自我意识认同。

仅仅对潜在的外派人员进行单独的评估是不够的，如果他已经拥有家庭，那么家人也会随之前往工作地。家庭是必须要考虑的问题，包括婚姻的稳定、家庭成员之间情感的稳定性和家庭的凝聚力。至少要与销售代表的配偶以及其他家庭成员进行深度访谈之后才可以确定这些变量的水平。

培训

为了给每位外派人员选择最合适的培训计划，对他们进行不同跨文化技能水平的分类是十分必要的。每个级别需要不同的培训计划。先是培训外派人员，接着是培训陪同的家庭成员，以使其熟悉和了解外派国家的主要社会文化、经济、政治、法律和技术状况。

培训活动包括：
- 地区/国家的情况说明；
- 文化吸收训练；
- 角色扮演；
- 危机事件处理；
- 案例研究；
- 减压训练；

- 实地训练；
- 全面的语言训练。

显然，大多数企业无法在内部或是通过单一的途径对其外派人员提供全方位的培训，但他们有必要在外派人员从事外派任务之前或过程中，协调使用各种各样的方法和外部项目来进行外派人员培训。

支持

总部为外派人员提供一个坚实的支持网络至关重要，否则外派人员就会变得孤立无援。对外派人员工作的支持主要包括以下诸多因素：
- 足够的经济报酬或其他收益；
- 本国与外派国家/地区之间对正在进行的工作保持持续的沟通；
- 提供定期前往母国公司的机会以保持与公司的联系。总部也应该将外派人员可能感兴趣的工作职位通知他们。

外派销售人员在东道国中也应该识别和接触那些有可能成为其社交网络一部分的人群，这些人的配偶和家人同样也被包括在这个社会支持网络当中。

回国

公司应为外派人员建立一个完整的职业生涯规划，确定其可能的后续工作职位和职业发展。如果外派人员在他们的职业生涯中被委派一系列的国际任务，那么每个任务都应该有针对性地去培养外派人员不同的文化意识。例如，对于一家英国公司，其第一次在英国以外的任务，应该瞄准文化上相似或接近的国家，如德国或美国，而接下来才可能是南非或澳大利亚，其次是中国，然后是日本等国家和地区。这样，由于这种路径培养了销售人员在距离更远的文化中处理的能力，文化冲击的影响就最小化了。

外派人员回到祖国有时会面临一些困难。工作没有保障是外派人员面临的最大挑战，在回国的前几个月，总部应安排外派人员在国内与管理者会谈，以为其安排合适的内部工作岗位。此外，总部还应委派一名内部人员与外派人员保持联系，以为其回国工作提供保障。

有时，外派人员的家庭在回国后也会经受文化冲击。因此，总部应给予一些支持，这包括配偶的工作安排、重回工作岗位的时间调整等问题。

18.5　知识管理和跨边界学习

对地域上分散于各大洲的跨业务单元、跨子公司和跨部门的全球知识进行管理，是一项高度复杂的工作，需要考虑各种不同的问题和因素。全球战略通过全球扩张和调整来充分利用母公司（总部）的知识。该战略力求通过总部和子公司之间的动态依存实现这样的宣言："思维全球化，行动本土化"。遵循该战略的组织要进行协调运作，在获取全球一体化和效率所带来的收益的同时，确保本地的灵活性，同时也确保全球范围内的创新扩散（Desouza and Evaristo，2003）。

知识管理中的一个关键因素是从经验中不断学习（Stewart，2001）。从实践的角度看，作为一种跨边界的以学习为导向的活动，知识管理的目标是跟踪记录那些已经在一个市场适用，同时也适用于其他市场（在其他地区市场）的宝贵能力。图18.3中的示例体现了企业的最佳实践方法在不同国际市场之间转移的全球学习的系统方法。

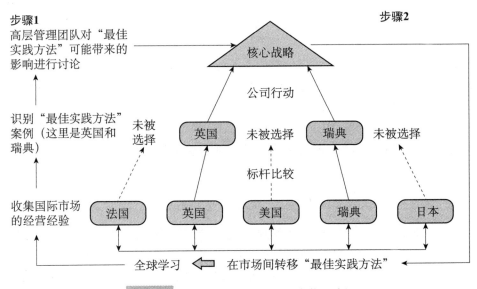

图18.3 国际营销中自上而下的学习过程

将公司的最佳实践方法转移到其他国际市场的步骤是：

（1）通过在国际市场上对不同程序进行标杆（比较）对比，公司可以选择最佳的实践方法。由图18.3可以看出，最佳实践方法是在英国和瑞典。因此，"高层管理"团队对最佳实践方法可能带来的影响进行了讨论。

（2）在高层管理团队确定好最佳实践方法的扩散程序之后，下一步是要确定这些方法可否应用在国际市场的其他区域。为了传播全球化知识和最佳实践方法，公司应组织（与所有国际市场代表的）会晤并建立全球项目组。如果实施成功，标杆比较会促进全球学习，在这个过程中，不同的国际营销经理会选择来自最佳实践方法中的最为有用的元素，将其应用到当地市场。

然而，如前所述，在一种文化情境中知识的开发和利用并不容易转移到另一个情境中。人际关系缺失、信任缺乏和文化距离的存在都会形成跨文化知识管理的阻力、摩擦和误解（Bell et al.，2002）。

随着全球化成为许多企业经营战略的中心，在当今知识经济中，无论企业是从事产品开发还是提供服务，管理"全球知识引擎"以获得竞争优势都是其可持续竞争力的关键要素之一。在国际营销的背景之下，知识管理事实上是一种跨文化的活动，其主要任务是培养并不断促进更复杂的跨文化协同学习（Berrell et al.，2002）。当然，对组织有战略性影响的知识类型以及究竟哪种类型有利于竞争力，取决于企业的经营环境以及与之相关的不同知识类型的价值。

显性知识和隐性知识

新的知识是通过隐性和显性知识之间的协同关系和相互作用产生的。

显性知识是指可以通过符号系统表示的知识，因此可以很容易地沟通或扩散。它或是基于对象的，或是基于规则的（object- or rule-based）。当知识被编码成符号（如文字、数字、计算公式）或物理对象（如设备、文件、模型）时，它就是基于对象的。基于对象的知识诸如产品规格、专利、软件代码、计算机数据库和技术图纸等。当知识被编码成规则、程序或标准操作程序时，显性知识是基于规则的（Choo，1998）。

隐性知识是组织成员应用在其工作中，以了解世界的内隐性知识，它是不能被编码且不易跨越边界和子公司而扩散的。这种知识很难描述，因为它是通过基于行为的技能来体现的，而不能被抽象为规则和方法。隐性知识是通过长期的体验和在执行某个任务的过程中学习而来的，在此期间，个体形成了一种对成功执行有关活动的直觉式的判断能力和感觉。隐性知识对组织来说非常重要，因为组织只能利用成员的隐性知识进行学习和创新，当隐性知识转化为公司新的能力、产品、服务甚至是新市场机会时，它就变得至关重要。组织知识创造是一个在组织层面上将不同国家和子公司个体创造的知识不断放大的过程，并将其作为公司国际知识网络的一部分使之具体化。有两种动力机制驱动国际知识的扩大过程（Nonaka and Takeuchi，1995）：

（1）将隐性知识转化为显性知识；

（2）将知识从个体层次转移到群体、组织和跨组织的层次（跨越不同国家的子公司）。

跨国公司面临的核心问题是知识在哪里被创造和转移：创造卓越的知识中心的能力可以在特定的子公司中形成，例如，产品开发或国际市场营销等功能。

全球项目团队

当今，商业经营对全球化的持续关注要求人们进行跨文化和跨地理边界的合作。为应对变化着的经济环境，多元文化工作团队应运而生，这促使组织为成本最小化和柔性最大化开发新的结构。这些变化产生的结果是，随着知识的迅速增长和工作环境的日益复杂，越来越多的任务只能依靠跨职能和跨文化的专家合作来完成。基于价值创造多样性的假设，竞争优势主要来源于不同想法的汇集和知识共享，多元文化项目团队成为跨国组织经营的流行趋势。然而，在实践中这些群体的运作往往比预期更加复杂。从多元背景下的员工获得的认知优势通常会被误解和不信任等关系问题所抵消，从而导致组织业绩的下降（Wolf，2002）。但是，当今经济所面临的对跨越各种边界合作的日益增长的需求,已经使得多元文化项目组的存在成为必然。

鉴于困扰全球项目团队的沟通和信任问题,构建项目团队对企业成功尤为重要。公司的高层管理需要解决三个问题(Govindarajan and Gupta,2001):

(1) 目标被清晰界定了吗?任何全球项目团队所涉及的第一个问题,即必须明确讨论小组的日程安排并确保对目标/问题进行清楚、准确的定义。许多项目组并未充分解决和讨论所涉及的问题,因此很快就会遇到问题。对同一问题的不同界定可以产生不同的结果。由于项目组成员通常来自不同的子公司,他们会竞争稀缺的企业资源,因此,他们往往有较高的内部冲突,且信任水平较低。因此,最好是根据公司在外部市场的定位来界定项目组的问题,而不是过分强调内部矛盾。从外部视角出发,公司应推动标杆管理,培养创造力,为生产合理化和裁员过程中艰难的决策提供令人信服的依据。鉴于全球项目组中可能出现的沟通问题,尤为迫切的是团队成员必须了解项目组的各项议程:项目的范围、预期成果和时间表。文化和语言差异可能使得团队成员在协调项目进程时更加复杂,且不利于问题的解决。清晰化是促进承诺和责任履行的关键。

(2) 选择团队成员。创建成功的全球团队的另一个关键是选择正确的成员。有两个问题尤为重要:如何平衡团队的多样性?团队的规模应该多大?为什么通常我们会看到较高的多样化水平?这是由于:第一,成员来自不同的文化和民族背景——这指的是所谓的行为多样性。第二,成员来自不同的子公司,其工作日程安排可能不一致。第三,因为成员经常代表不同的职能单位和部门,他们的关注重点和视角可能会有所不同。后两个问题指的是所谓的认知多样性。

让我们通过一个例子进一步了解行为多样性。例如,一个瑞典—中国合资企业的跨边界项目组中,大部分中国团队习惯于由最资深的成员来表达团队的观点,而瑞典团队中则通常是最年轻的成员承担此角色。如果团队成员对这些差异并不敏感,就容易产生误解和沟通障碍。所以,最好将行为多样性视为一种必要的威胁:任何全球性的项目组都无法避免,但必须通过文化敏感性培训尽量将其负面影响降到最低。

接下来让我们了解认知多样性的一个例子。这种多样性是指成员对团队所面临的机遇和挑战的实质内容的感知差异。职能背景的差异可以解释对"市场拉动"(营销部门的人员较为偏好)与"技术推动"(工程部门的人员较为偏好)问题的实质性的认知差异。因为没有任何一个成员对认知多样性有独占权,认知多样性几乎总会成为力量的源泉。不同的观点可以培养创造力,有利于更为全面地搜索和评估选择,但团队必须整合所有的观点并达成一致。

(3) 团队领导的选择。构建一个全球项目团队的领导结构涉及对三个角色的关键决策:项目领导人、外部指导和内部赞助者。项目领导人对跨边界项目组具有举足轻重的作用。他们必须致力于成员之间信任的培养,这可能对项目的结果影响最大。他们在过程管理中必须拥有冲突解决与整合的技能和专业知识,包括诊断问题、评估形势及形成和评估方案。外部指导作为团队的特殊成员,是过程管理而不是内容管理方面的专家。当项目领导人在过程管理方面不能胜任时,对于外部指导的需求可能会很高。这种情况会发生在当被委任的领导对项目结果负主要责任的情况下,例如,跨边界工作小组的结构需合理配置，并将在世界各地减少30%的子公司数量。一个全球性项目组的内部赞助者通常是组织内部的高级执行官，他对团队的成功与否极为关注。赞助者的职责就是提供持续的指导和协助获取资源。

在任何时候，全球化公司通常会有很多项目组致力于解决不同的跨边界协调问题。因此，公司主动去推进人与人之间的熟悉和信任是非常有意义的。例如，联合利华就采用多种方法，如在职业发展教育项目中从不同的子公司抽调管理者，使他们聚在一起以提高彼此之间的信任。

当具备不同的知识和技能的项目组成员是从不同国家子公司抽调而来时，潜在的认知多样性就会很高，而这也可能是竞争优势的源头。然而，知识的多样性总是带来一定程度的人际交往的不一致性和沟通困难。因此，公司应认识和预测到这些缺陷，整合来自不同个体的最佳的想法和贡献，帮助项目团队对多样性的观点进行协调，并提出更好的、更有创造性和新颖的解决方案。

18.6　跨文化谈判中的国际贿赂

首先，**贿赂**既是不道德的，又是非法的，但仔细推敲，贿赂实际上并非是一个简单的问题。与贿赂相关的伦理和法律问题非常复杂。因此，对贿赂概念的界定范围很广，可以小到给一个职位较低的官员或业务经理微乎其微的几英镑，以加快文件的处理或运输装载的速度；也可以大到给一位国家元首数百万英镑，以保证公司享受优惠待遇。Scott et al.（2002，p.2）一般性地将贿赂定义为"工业化国家的公司对发展中国家中对合同有潜在或实际影响的政府官员提供一种非法支付的行为"。

必须把疏通与贿赂区分开来。疏通支付一般是为了督促某个人更迅速或更有效地完成工作。疏通涉及给一个国家较低级别的官员提供数额较少的现金、礼物或服务，通常没有受到法律禁止，其目的是推动或加快官员应该履行的合法责任的绩效。这种做法在许多国家较为常见。而另一方面，贿赂一般则涉及大笔资金，常常无法给出该资金用途的合理解释，是有预谋地怂恿政府官员按照行贿方的利益行使某种非法行为。

> **贿赂**
> 指工业化国家的公司对发展中国家中对合同有潜在或实际影响的政府官员提供一种非法支付的行为。贿赂既可以是礼物，也可以是数额巨大的资金。

另外一种类型的支付看起来像是一种贿赂，但也可能不是，而是一种代理费用。当一个商人对一个国家的规则和条例没有把握时，他可能会雇用代理商来作为公司在该国的代表。这个代理商的工作会比不熟悉该国具体程序的人更为全面和有效。

然而，有许多中介机构（如律师、代理、分销商等等）仅仅是非法支付的工具。由于国与国之间法律规范的差异，该过程变得更加复杂化，主要体现在：在一个国家被认定为违法的行为在另一个国家也是违法的，但在第三个国家却可能是合法的。在一些国家，非法款项可以成为一种主要的业务支出。有调查表明，在俄罗斯，贿赂占企业经营成本的比例为15%—20%，而在印度尼西亚则高达30%（Gesteland，1996， p.93)。

对于贿赂问题的解释没有绝对的答案。通常，我们很容易对政治贿赂及其他类型支付的道德问题给出大概一致的判断。但是，对公司而言，当意识到不行贿就会影响公司盈利甚至是生存时，做出不行贿的决定就会异常困难。由于不同文化中伦理标准的多样性和道德水平的不同，只有等到更多的国家决定有效地应对该问题时，国际经营中面临的伦理与实用主义的两难困境才会得到解决。

示例 18.3
贿赂也包括性取悦吗？洛克希德·马丁公司和韩国国防合同的案例

美国法院已裁定武器制造商洛克希德·马丁公司（Lockheed Martin）被起诉涉嫌使用色相和贿赂获得韩国国防合同。洛克希德·马丁公司否认了这一指控。

1996年，韩国供应公司（Korea Supply Company，KSC）在输掉了与洛克希德子公司罗拉（Loral）竞争的向韩国供应飞机雷达系统的合同后，向法庭提起了诉讼。

KSC的诉讼声称，罗拉公司的员工琳达·金（Linda Kim）——前模特和歌手——贿赂韩国军事官员，并向前韩国国防部长李养镐提供色相。李养镐已经承认与金女士的"不正当关系"，但否认其对决策的影响。在他们与另一贿赂丑闻相牵连之后，金女士给国防部长的情书成为韩国的新闻头条。

美国《反海外腐败法》（Foreign Corrupt Practises Act）禁止美国公司贿赂外国官员以影响官方的行为或决策。

资料来源：整理自"Lockheed sex suit to go ahead"，BBC News, 3 May 2003, news.bbc.co.uk/go/pr/fr/-/2/hi/business/2820939.stm。

18.6 总结

在国际营销的过程中，谈判技巧是必备的。谈判技巧和个人销售技巧是联系在一起的。个人销售活动通常发生在现场销售及正式的谈判过程中。文化因素是理解外国友人的谈判风格的关键。

谈判过程受到文化的显著影响，谈判双方（通常为买方和卖方）会受到各自所处社会和教育背景的制约。在国际销售谈判过程中，文化差异既对过程本身也对结果产生巨大的影响。

跨文化谈判过程可以分为两个不同的部分：与任务无关的互动和与任务相关的互动。销售谈判过程中与任务无关的方面（如背景差异、印象形成的准确性和人际吸引是首要考虑的因素,这主要是由于在与买方接触时这些因素更为重要。而一旦关系成功建立,销售谈判过程与任务相关的方面(如信息交换、说服和议价策略以及妥协和达成协议)就开始占据主导地位。

在合作双方开始谈判之前,他们之间存在一种文化距离。文化距离会造成一定的交易成本,这一成本可能是相当昂贵的。为了缩小文化距离,对谈判者进行培训是必要的。

外派人员感觉到的文化冲击表明将谈判代表和销售人员送到国外市场会遇到很多困难,而且很难成功。该过程的执行分为五个主要步骤:(1)做出聘请外派销售人员的最初决策;(2)识别和选择合适的候选人;(3)提供足够的培训;(4)提供持续的支持;(5)使外派人员满意归国。

全球知识管理的一个关键因素是在不同市场经营的经验中不断地学习。具体而言,作为一种跨边界的以学习为导向的活动,知识管理的目标是跟踪记录在一个市场适用同时也适用于其他市场(在其他地区市场)的宝贵能力,以使企业不重蹈覆辙,持续地更新其知识。

伦理问题涉及什么是正确的或是合理的,这给国际营销人员带来了许多难题。贿赂会因国家不同而定义不同,在一个国家可以接受的问题而在另一个国家却可能是完全不可接受的。

TOTO:日本卫生洁具制造商在美国为其高科技品牌寻求出口机会

一个普通人每年去厕所2 500次,约6—8次/天。人在一生当中使用厕所的时间至少有三年,女性使用厕所的时间是男性的三倍(www.worldtoilet.org)。

日本卫生洁具制造商TOTO公司(www.toto.co.jp)成立于1917年,是世界上最大的卫生洁具制造商,每年生产超过1 200万的卫生洁具。TOTO公司2008财年的净销售额为47亿美元,亏损为2.67亿美元。2009年3月底,其员工总数为24 000人。

多年来,TOTO公司在日本销售取得巨大成功。日本政府的统计数字显示,以集成坐浴盆为特点的"创新型马桶"(以TOTO公司的卫浴品牌为代表)目前在日本家庭的安装比例为69%,而其在1992年仅为14%。TOTO公司拥有约1 500名工程师,占据"创新型马桶"市场的50%。最接近它的竞争对手,日本伊奈公司(Japan's Inax Corp.)以25%的市场份额紧随其后。日本的卫浴设备整体市场表现是,TOTO公司的市场份额占60%,伊奈约占30%。然而,在日本之外,TOTO公司的市场份额是很小的,2008年来自海外的收入占公司总净销售额的13%。美国市场是其头号目标(占海外销售额的41%),中国位居第二(占海外销售额的37%)。

美国卫生洁具用品市场

美国是世界上最大的和最具竞争性的市场:在2008年,美国市场上卫生洁具的销售量是 1 600 万个。TOTO 公司 2008 年在美国的销售额大约为 2.6 亿美元。在 1989 年，TOTO 公司建立了美国 TOKI KiKi 公司（TOKI KiKi USA，Inc.），开始进军美国市场，但其在美国的整体市场份额仍然很小，约占 6%。

据称，美国人每 7 年或 8 年搬一次家，这创造了比日本更大的家用市场。因此，对卫生间改造的需求实际上与新家重建时是一样（或者更好）的。与日本相比，美国对卫生间用水有着更严格的水资源保护法规和条例，因此，行业专家预测在未来卫生间更新换代的需求会更大。

TOTO.

美国每年的新房屋开工数量都超过 160 万间，这部分归功于美国新住房市场的低利率。即便日本新房屋开工的数量也达到 110 万间，但美国的住房市场规模显然更大，也更具有潜力。TOTO 公司在美国通过厨房/卫浴店和水厂的渠道瞄准高附加值市场，而绕过了家装公司的渠道。其通过这些渠道为客户提供服务，包括产品的咨询和安装。TOTO 公司希望以这种方式来抢占美国卫生洁具的高端市场。

TOTO 进军美国市场却面临文化障碍

TOTO 公司的卫生洁具生产历史始于 1980 年，其在美国模型的基础上进行改进，将浴盆和马桶座相结合，生产出了"Washlet"，为使用者提供温水冲洗功能。TOTO 公司做了美国卫生洁具制造商所不愿意尝试的事情，把电子设备置入抽水马桶。现在的顶级"Washlet"装备了与立体音响系统同样复杂的壁挂式控制面板，各种功能按钮可以调整喷嘴位置、水压和喷洒方式，还附带烘干、空气净化功能，以及在寒冷冬日的清晨为座椅加热的功能。水温和座椅温度是可以调节的。还可以设置在使用者靠近"Washlet"时自动开盖。自 1980 年推出"Washlet"以来，在全球范围内已经售出（主要是日本）2 000 万台。但是，美国并没有生产坐浴盆的历史。坐浴盆起源于法国，通常是与卫生洁具连接在一起使用的独立装置，自 18 世纪以来在欧洲南部广泛使用。具有讽刺意味的是，大约三十年前日本人开始从美国进口医院级的坐浴盆，并将其销售给日本的老年人。但他们很快就发现有一个更大的市场，并将传统的坐浴盆改造为坐便器附件，与现有的抽水马桶匹配。

虽然美国消费者对"Washlet"的意识刚刚觉醒，但日本人将更加专注于高端产品市场。TOTO 公司的新 Neorest 模型，集成式的 Washlet（于 2003 年推出）去除了内部边框，并引入"龙卷风冲洗"功能。Neorest（售价 5 200 美元）具备 TOTO Washlet 的所有特点，包括座椅加热，内置的前后摆动或脉冲式喷淋按摩装置，以及暖风干燥器，所有设置都由壁挂式远程温控装置控制。添加这些功能后，智能马桶还装备了内置式空气净化器和运动传感器，可以感应到使用者接近并自动开盖。男性可以通过触摸一个按钮以提升座椅，并用较少的水冲洗。马桶还可以自动关闭盖子并进行冲洗。

▶ 问题

1. TOTO 公司的日本管理者,在与来自美国建筑协会的管理者就美国豪华公寓卫生洁具设备安装的新合约进行谈判时,将会面临何种文化壁垒?

2. 一些分析师认为,积极应对卫生洁具市场的文化规范和障碍是不值得的,TOTO 公司最好将"Washlet"和 Neorest 产品撤出美国和欧洲市场,而集中在更宽广的亚洲市场(像中国和日本)销售,你同意吗?为什么同意?为什么不同意?

资料来源:TOTO 公司 2009 年度财务报告,改编自 Helms. T.(2003),"The toilet marketplace",*Supply House Times*,September 2003,pp. 72-78; www. ceramicindustry. com; www. toto. co. jp; www. worldtoilet. org。

问题讨论

1. 请解释为什么海外谈判过程因国家而异?
2. 你是一个初次准备和日本人谈判的欧洲人,如果谈判在以下地点进行,你将如何准备:(a)在日本的公司总部;(b)在欧洲子公司之一。
3. 公司应该雇用外派人员吗?他们在海外将会遇到哪些困难?应该采取何种措施以减少这些问题?
4. 请比较欧洲人和亚洲人的谈判风格。有何相同之处?有何不同之处?
5. 你如何看待外国公司的游说活动?
6. 为什么对国际营销人员来说处理贿赂问题是非常棘手的?

参考文献

本章参考文献可通过扫描右侧二维码获取。

第 19 章
国际营销计划的组织与控制

学习目标

完成本章学习之后,你应该能够:
- 探讨企业如何在全球范围内建立自己的组织结构,以及总部可以发挥什么样的作用。
- 识别影响组织重组设计的变量。
- 描述和评价职能型、区域型、产品型和矩阵型组织这几种主要的国际化组织结构。
- 解释全球客户管理的机会与威胁。
- 描述营销控制系统的关键要素。
- 列出评估营销绩效的最重要的指标。
- 说明如何制定国际营销预算。
- 了解开发国际市场营销计划的步骤。

19.1 引言

本章的总体目标是研究组织的内部关系,它是公司在关键业务领域优化其竞争性的应对措施时要考虑的因素。随着市场环境的变化,公司从单纯的国内实体发展成为跨国公司,其组织结构、协调控制系统也应发生相应的变化。

首先,本章将会关注主要组织结构变量的优缺点,以及它们在全球化各个阶段的适用性。其次,本章将对监控公司国际化运营的控制系统进行简要介绍。

19.2 国际营销活动的组织

建立国际营销组织结构的方式,是公司能否高效利用商机的重要决定因素,它也决定着公司应对问题和挑战的能力。进行国际化运营的公司必须决定如何根据职能、产品、地理区域或这三者的组合来建立组织。公司组织结构的演变过程如图 19.1 所示。接下来将讨论不同的组织结构。

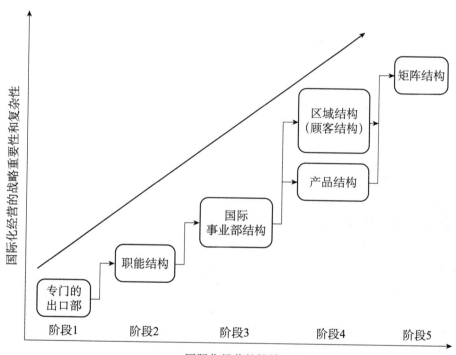

图 19.1 国际化经营的结构性演进

职能结构

所有组织类型中,**职能结构**(见图 19.2)是最为简单的类型,管理层基本上只需要关注公司各个职能的效率即可。

> **职能结构**
> 在高层管理者下面的管理层次,往往是按照不同的职能来进行划分的,如研发、销售与营销、生产和财务等。

许多公司经营国际业务主要是由于收到了来自海外公司的询盘。公司作为国际化经营的新手,缺乏这一方面的专家,且仅有少量产品和市场。在国际化的初期,国内营销部门会负责公司的国际营销活动,但随着国际业务的增加,国际营销职能就由出口或国际事务部负责，并成为其组织机构中的一部分。出口部门可能是销售与营销部门的子部门（见图19.2），也可能是与其他职能部门同一级别，这取决于公司对出口业务的重视程度。因为出口部门是公司组织结构国际化的第一步，所以它应该是一个较为完善的营销机构，而不仅仅是一个单纯的销售部门。这种职能化的出口部门特别适合于中小型公司，同样也适合于那些更大型的公司。这些大型公司生产标准化的产品，且处于国际业务发展的初级阶段，产品和地区多样化程度较低。

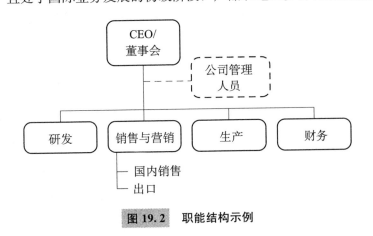

图 19.2 职能结构示例

国际事业部结构

随着国际销售额增长到一定程度之后，**国际事业部结构**就应运而生了，由它直接负责制定和实施公司的总体国际战略。国际事业部集合了国际化的专业技能、有关国外市场机遇的信息流以及国际营销活动方面的专家。但是，为了利用规模经济优势，产品生产和其他相关职能仍由其他的国内分部负责。

> **国际事业部结构**
> 随着国际销售额增长到一定程度，国际事业部就作为一个独立的职能部门应运而生了。

国际事业部最适合那些新产品对环境不太敏感，同时国际销售和利润相对于国内部门又无关紧要的公司。

产品事业部结构

典型的**产品事业部结构**如图19.3所示：

一般而言，产品结构更适合那些有较多国际业务和营销经验，以及多元化产品线和密集研发活动的公司。产品事业部结构在其产品具备达到世界统一标准的潜质的情况下最为适用。该结构的主要优点之一是可以通过集中利用每条产品线的生产设备来降低成本。

> **产品事业部结构**
> 在高层管理者下面的层次，一般是按照不同的产品部门来划分，如产品A、产品B、产品C和产品D。

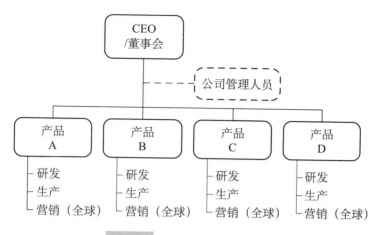

图 19.3 产品事业部结构示例

这对于那些竞争地位由全球市场份额决定的行业来说至关重要，因为市场份额通常是由其生产的合理化程度（通过规模经济来实现）决定的。这种组织机构的主要缺点为：

- 造成职能资源的重叠：每个产品分部中都会承担研发、生产、营销和销售团队管理的职能。
- 降低了国外销售和分销机构（子公司）的利用率。在"产品结构"中，有一种倾向认为产品的营销通常都由公司总部（全球营销）来统一谋划。因此，授权当地销售子公司来营销的就较少。
- 产品分部在全球市场上将会是完全孤立运作的。例如，全球产品分部结构最终将出现在国外同一个国家的子公司向不同产品分部汇报的情况，这就造成了总部没有任何一个部门来总体全权负责公司在该国的运营。

区域结构

如果全球市场对于产品的接受程度和运营条件差别迥异的话，那么**区域结构**将是一个明智的选择。该结构对产品系列相似（相似的技术和相同的目标市场），但同时又要求快速和高效的全球分销系统的公司来说尤其有利。通常，世界市场分为如下地理区域（分部），如图 19.4 所示。

> **区域结构**
> 在高层管理者下面的管理层次，是按照不同的国际部门来划分的，如欧洲、北美洲、拉丁美洲、亚洲/太平洋地区和非洲/中东地区。

许多食品、饮料、汽车和制药公司都是典型的区域结构。它的主要优点是能够通过对产品设计、定价、市场沟通方式和包装进行微调从而轻松且迅速地对特定国家或地区的市场需求做出反应。因此该结构鼓励公司制定国际营销计划，同时，还有利于在特定的地区实现规模经济。该结构的另一优点是它有利于创造区域自治权。但是，这可能会使在国家之间协调产品改型、推广新产品创意和营销技术变得更为困难。

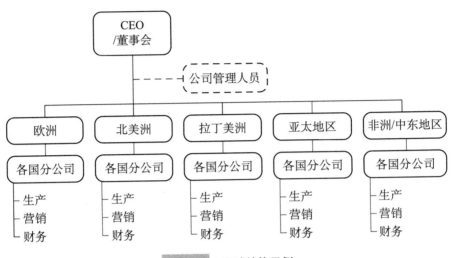

图 19.4　区域结构示例

因此，地理结构保证了公司区域性专业技术的充分利用，但同时也意味着无法实现对产品资源的最优配置和职能专业化。如果每一个区域都需要自己的员工和职能专家的话，就会导致资源重复和效率低下。如图 19.4 所示，地理结构同时设有地区管理中心（欧洲、北美洲等）和各国子公司。

区域管理中心

区域管理中心（Regional Management Center，RMCs）的存在主要基于两点主要理由：

（1）当一个特定区域的销售数量急剧增长时，该地区就需要一些专业技术人员关注此市场，并充分挖掘这一迅速发展的市场的潜力。

（2）区域内的同质性和区域之间的差异性要求独立地关注每一个区域的发展。因此，区域管理中心就成为一种合适的组织形态。

以国家为基础的子公司

与区域管理中心平行或可替代的形式是每个国家都设置自己的组织单位。以国家为基础的子公司是以对本土环境的高度适应性为特征的。因为，每个子公司开展其自己的独立行动并拥有自主权，所以有时也会将当地子公司与 RMC 结合；例如，可以利用欧洲国家一体化的机会，将各国的子公司与 RMC 相结合。

如果服务的顾客群体差异性很大（例如，商界和政府），公司也可以利用一种顾客结构来进行经营。为了迎合不同的群体需求，公司对各个不同的细分市场给予专门的关注。产品也许是相同的，但不同顾客群体的购买程序是不同的，政府购买是以投标为主要方式的，这时价格就比在一般的商业购买中重要得多。大部分地理结构中的特点也适合于顾客结构。

矩阵结构

产品结构为生产在全球范围内合理化布局提供了更好的机会，进而降低了生产成本。另一方面，地理结构能更快地响应当地市场的趋势和需求，并使整个区域中的协调更为容易。

然而，一些全球化公司需要两者兼顾，因此，它们会采用一种更为复杂的结构：**矩阵结构**。国际化矩阵结构是两种组织结构的相互结合。因此，在此结构中存在双重汇报关系。这两种结构是我们已经讨论的两种一般组织形式的结合。例如，矩阵结构可能是产品部门与职能部门的结合，也可能是区域结构与国际事业部结构的结合。所选取的两种结构很大程度上是被该公司视为其所处环境中的两个最主要的职能。

> **矩阵结构**
> 在高层管理者下面的管理层次，包括两种组织结构类型（产品和区域结构），它们彼此之间相互交叉，从而形成了管理层次关系中的双重汇报关系。

典型的国际矩阵结构是一种二维结构，强调产品和地理区域的结合（见图19.5）。一般地，每个产品事业部都对自己在全球范围内的业务负责，每个地理区域事业部为其所在区域的海外经营负责。如果各国的子公司也参与进来，它们将会对国家层次上的业务运营负责。

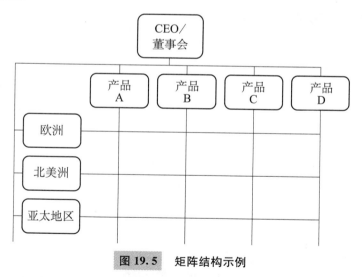

图19.5 矩阵结构示例

由于产品和地理区域两个维度在分支机构层面会有重叠部分，因此二者都会涉及地方决策的制定和计划的过程。地区和产品经理可能会坚持不同的立场，这会导致紧张状态并引发冲突。区域经理倾向于对当地环境做出反应，而产品经理却偏好成本效率和全球竞争力。矩阵结构会有意地对产品和地区两个维度进行关注，以确保能够有效地识别产品和区域之间的冲突，进而对其进行客观的分析。

矩阵结构适用于产品多元且地理分布较广的公司。通过将产品管理方法与市场导向方法相结合，企业就能够同时满足市场和产品的要求。

国际经理未来的角色定位

在 20 世纪 80 年代末期，许多国际导向型的公司采用跨国模型（Bartlett and Ghoshal, 1989）。该模型主张：企业应充分利用自己的跨国经营能力，转移其最佳的管理实践，以同时实现全球化和本土化。通过这种方式，公司可以避免组织的职能（如产品开发、制造和营销）重叠。但是，这需要高层管理人员能审慎思考、运营并协调好以下三个维度的关系：职能、产品和区域。当然，目前企业中基本不存在这样的"超级经理人"！

在 Quelch（1992, p. 158）的一项研究中，一位管理者在谈及不断变化的管理人员角色时指出："我正处于本土适应性和全球化标准之间的两难境地。我的老板告诉我应该全球思考、本土行动，但那真是说起来容易做起来难。"

对于国际经理而言，目前并没有通向理想之路的通用解决方案，但是 Quelch and Bloom（1996）已经预测到了"跨国经理的消逝和本土经理的回归"现象。他们研究了不同国家经理人的行为，得出了以下结论：不断扩大的新兴市场（如东欧）的市场机会会被富有创业精神的本土管理者所把握。而跨国经理则更适合于稳定且饱和的市场，如西欧市场，其对于单一市场的经营更为有效。

19.3 全球客户管理组织

全球客户管理（global account management, GAM）可以被理解为一种基于关系导向的营销管理方法，其专注于解决在 B-to-B 市场（business-to-business market）上重要的全球顾客的需求（即账户）。

GAM 是指在一个全球供应商组织中用于协调和管理全球活动的组织形式（一个人或团队），它为主要来自总部的重要客户提供服务（Harvey et al., 2002）。如图 19.6 所示。

> **全球客户管理**
> 这是一种关系导向的营销管理方法，主要专注于应对和处理那些重要的全球客户业务，这些全球客户往往拥有遍布全球的海外子公司。

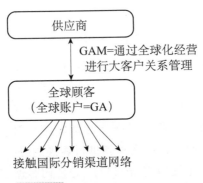

图 19.6 全球客户管理（GAM）

对于那些雄心勃勃且以增长为导向的小型供应商企业来说，最为紧迫的是要学会如何与大型跨国公司（全球客户）共事，这些大公司拥有互补性的资源和能力，例如可以通过其面向全球客户（全球账户，global account）的国际分销系统在全球范围内推广创新性产品。换言之，这些小型供应商也必须深入思考如 Prashantham and Birkinshaw（2008）所言的：如何"与大猩猩共舞"。

全球客户是指那些对于供应商实现自己的全球公司目标（在世界范围内追求高效的一体化战略与整合协调，并要求有一套全球整合的产品/服务供应体系）至关重要的顾客（Wilson and Millman, 2003）。

全球客户经理是指代表供方与买方接洽，或代表买方与供方接洽，或兼具两者功能的管理人员。

GAM 战略在未来会更为重要（Harvey et al., 2002；Shi et al., 2004，2005），因为很多行业都出现了国际联合［兼并和收购（M&As）、全球战略联盟］。这种发展趋势意味着大型跨国顾客的购买力正变得越来越强大。接下来将讨论供应商面对这种发展趋势能够采取哪些措施。

成功的 GAM 常常要求理解产品和服务管理的逻辑。此外，如果在战略层面上的管理能力很弱，那么即便拥有再优秀的运作能力也是枉然的；反之亦然。而 GAM 将战略和运作层次的营销管理合为了一体。

接下来首先讨论的主要是那些想要成功实施 GAM 的公司。然后主要从双重视角来探讨 GAM 的发展。

GAM 的实施

拥有合适的全球客户并想要成功实施 GAM 的企业将会经历如下四个步骤（Ojasalo, 2001）：

（1）识别卖方公司的全球客户；
（2）分析全球客户的情况；
（3）为全球客户选择合适的战略；
（4）培养与全球客户建立、发展并保持有益、长期关系的运作能力。

识别卖方公司的全球客户

这意味着要回答一个问题，即哪个现有或潜在的客户对我们的现在及未来具有战略重要性？

下列标准可以用于确定具有战略重要性的顾客：
- 销售量；
- 关系的持续时间；
- 顾客购买中买方企业所占的份额：新型关系营销（relationship marketing, RM）范式根据在顾客业务中获得的长期收益来衡量公司的成败，而不像大众营销（mass

marketing）范式中，根据暂时的市场份额增长来决定成败（Peppers and Rogers，1995）；
- 顾客对于卖方来说的盈利能力；
- 战略资源的利用：执行程度/管理承诺。

顾客被认定为是一个全球客户（战略顾客）的概率与以上标准之间存在正相关关系。

分析全球客户

包括以下几个方面：
- 全球客户的基本特征。包括从经济和活动层面评估内部和外部环境。例如账户的内部价值链的输入、市场、供应商、产品和经济形势。
- 关系历史。包括从经济和活动层面评估关系历史。包括销售量、盈利能力、全球客户的目标、采购行为（客户的决策过程）、信息交换、特殊需求、购买频率和顾客投诉。在所有上述方面，理解和评估关系价值扮演了尤为重要的作用。来自每个国家顾客的收入（顾客终身价值）都应高于在特定时期内关系建立与维持的成本。
- 关系承诺的水平和发展。主要客户对双方现有和未来关系的承诺至关重要，因为企业与客户的关系很大程度上依赖于此。
- 双方目标的一致性。买卖双方的目标一致性或利益共同性在战略和运营层次上对双方的合作会有很大的影响。共同利益和关系价值决定了两家公司是合作伙伴、朋友或是敌人。公司若不致力于与一个客户建立长期的合作关系，就会遭受失去来自该客户的长期市场份额的风险。
- 转换成本。在双方关系解体时，评估全球客户和卖方公司的转换成本非常重要。转换成本是以其他合作伙伴替代现有合作伙伴的成本。这种成本对双方来说截然不同，并影响着双方在合作中的权力地位。转换成本也叫作交易成本，它受到合作关系中的沉没投资、已做出的调整以及已经发展起来的关系的影响。即便是全球客户对卖方公司不满意，较高的转换成本也可以防止关系的破裂。

为全球客户选择合适的战略

这很大程度上取决于卖方和全球客户的相对权力大小。不同客户中的权力结构也会有很大不同。卖方公司经常无法自由地选择战略，因为要想留住某位关键客户往往仅有一种战略可供选择。

销售企业也许不太喜欢太过强势的关键客户。有时，销售企业意识到有些客户现在对企业来说价值不大，但将来却有很高的价值。所以，对于特定的客户，企业战略的目标应该是维持关系以把握住未来的商机。

培养运营能力

这指的是定制和开发以下相关功能：

产品/服务的开发与绩效

合资研发项目主要在工业或高科技市场中的卖方和全球客户之间开展。此外，也可以把信息技术应用到即时生产（just-in-time，JIT）和分销渠道中，从而提高消费市场定制服务的可能性。

通过合作研发的新产品不一定比那些自主研发的产品更加成功。但是，研发项目会带来各种其他的长期利益，比如可以接触到客户组织并进行学习。改进对全球客户的服务能力也至关重要，因为即便核心产品是有形产品，往往也是由于卖方所提供的相关服务才使其和竞争者有所区别并形成竞争优势。

组织结构

卖方公司迎合全球客户需求的组织能力是能够培养的，具体途径例如，可以调整组织结构以应对全球客户的全球化和当地化需求，增加买卖双方交流的次数以及沟通人员的数量等。全球客户管理的组织能力也可以通过组织团队来培养，团队成员应拥有管理全球客户的必要的能力和权力。

个体（人力资源）

与个体相关的公司能力包括为全球客户团队甄选合适的人才，选拔全球客户经理并培养其相关的技能。全球客户经理的职责常常是复杂多变的。因此，其需要具备很多的技能和资质，这应在全球客户经理的选拔和培养中予以考虑。

较为常见的是，现有全球客户经理往往擅长于维护其个人与顾客的关系，但却缺乏在客户关系转型时期统领客户团队的通盘才能。因此，需要对卖方和顾客之间所希望实现的总的交互方式进行评估。这也就意味着需要将关系中一对一的依赖关系（在全球客户经理和主要购买商之间）转变为一个组织关系网络，并延伸到不同项目、职能和国家。

信息交换

卖方公司和全球客户之间的信息交换在 GAM 中尤其关键，其特定任务就是去搜索、过滤、判断及储存关于组织、战略、目标、潜能和合作者方面的信息。但这主要取决于合作双方的相互信任度、态度以及技术协议。一个全球客户的信任是指相信卖方公司通过提高其绩效可以不断盈利，同时不断提高其技术水平，IT 行业即是如此。

公司和个人的收益

在 B-to-B 环境下，成功的长期 GAM 需要保障全球客户的公司及个人的收益。

公司的收益应该是合理的，可以是长期的或短期的，直接的或间接的，并且有益于全球客户的营业额、盈利率、成本节约、组织效率和效益，以及公司形象。个人的收益可能是合理的或情感型的。从关系管理的角度看，个人是拥有继续或终止合作关系的权力的。例如，合理的个体收益有益于其职业生涯的发展、收入的提高，并使个人能够更加轻松地工作。而情感型的个体收益涉及友谊、关爱感和自尊心的提升。

GAM 的二元式发展

如图 19.7 所示的 Millman-Wilson 模型，描述了买方和买方关系的二元式发展过程。该过程可以分为五个阶段：前 GAM 阶段、初期 GAM 阶段、中期 GAM 阶段、基于伙伴关系的 GAM 阶段和协同 GAM 阶段（Wilson and Millman, 2003）。

前 GAM 阶段描述了 GAM 的准备阶段。如果买方公司被识别为有成为关键客户的潜力，卖方公司就应开始关注赢得这一关键客户交易的资源。买方和卖方在进行交易决策之前都在发出交易信号（实际信息）和交流信息（互动）。此时需要建立双方相互接触的网络以获得客户运营信息，并开始评估交易关系发展的潜在可能性。

初期 GAM 阶段：在这个阶段，一旦卖方公司赢得了客户，就开始关注于识别客户渗透的机会。这可能是最为典型的销售关系——经典的"领结"式关系。

在此阶段需要采取适当的方式，关键客户经理将致力于深入了解其客户和客户所在的市场。买方公司仍将会对其他卖方公司进行评测。在此阶段，对全球客户及其核心竞争力、合作关系的深度以及为创造特定关系价值的潜能的具体信息的掌握均是有限的。因此，在此阶段，由于已经识别出潜在的关键客户，就迫切需要运用一些政治公关手段，同时，全球客户经理还需要进一步进行供应商资源配置以更好地服务于客户的需求（Wilson and Millman, 2003）。卖方公司必须努力将注意力集中在有形产品、服务和无形产品上，并保证这些产品性能良好，因为此时买方公司对产品的认可才是维系双方关系的首要因素。

中期 GAM 阶段：这是 GAM 关系中介于传统的"领结"类型与"钻石"类型之间的转型阶段（见图 19.8）。

在这一阶段，卖方公司与买方公司建立起了信任。双方在各个层次上的接触增加，并日益发挥重要的作用。但是，由于顾客热衷于各种选择的本能，买方公司仍然感觉需要其他可供选择的供货商。卖方公司的产品仍会被进行周期性的市场检测，但往往最终会被确认为好产品。此时卖方公司已然是一个"更受欢迎的"供应商了。

基于伙伴关系的 GAM 阶段：在该阶段，利益应该开始流动。当基于伙伴关系的 GAM 达成后，买方公司将卖方公司视为其外部战略资源。双方会共享敏感的信息并联合解决问题。价格将会长期稳定，双方都会允许另一方赚取利润。

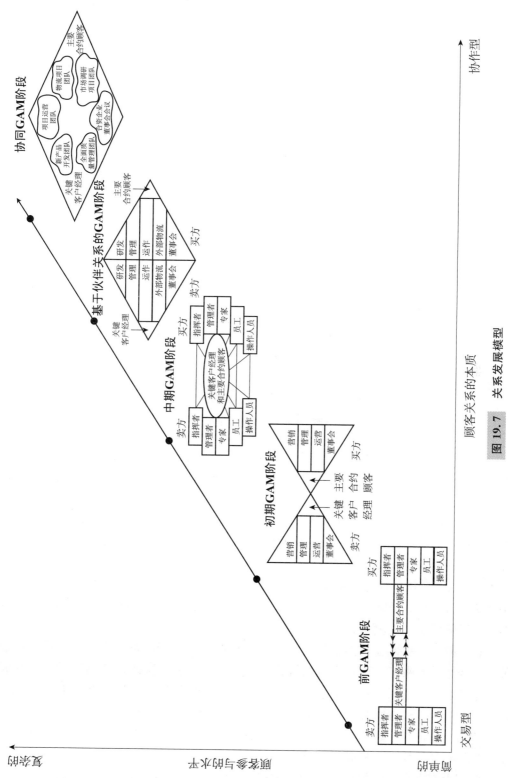

图 19.7 关系发展模型

资料来源：改编自 Millman and Wilson (1995); Wilson and Millman (2003)。

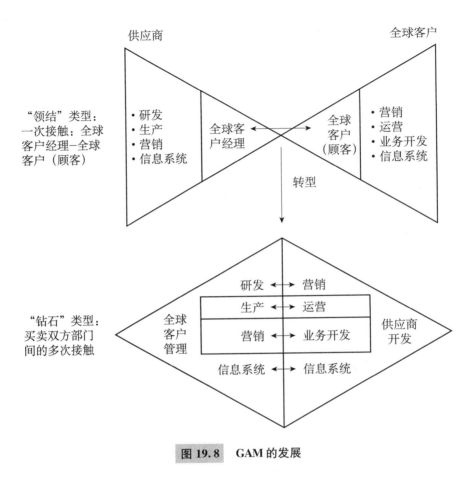

图 19.8 GAM 的发展

如果说初期 GAM 阶段的"领结"形态的缺陷是无法进入客户的内部过程及其所处的市场的话,那么"钻石"型关系的优势就是发现并理解了"全球客户"的"开放性"。

全球客户可以监控供应商的所有创新,以便最先获得后者的技术并从中盈利。买方公司希望能够获得持续不断的供应和使用最好材料的承诺,同时也能分享专业知识。卖方公司也期待从持续改进中获益。在合适的时候,双方也会进行联合促销。

协同 GAM 阶段:这是关系发展模型的最后阶段。在伙伴关系阶段获得的经验,如协调团队销售、指导团队沟通,都是推动协同 GAM 发展的很好的起点。关系越紧密,对客户的了解就更多,就越具有创造更多价值的潜能。

在这一阶段,卖方公司知道他们仍然对客户业务没有绝对的操控权力。然而,退出障碍已经建立起来了。买方公司坚信其与卖方公司的关系会改进产品质量并降低成本,成本体系变得透明,双方也会进行合作研发。公司间在各个层次和职能上都会有不同程度的交流。通过联合董事会的会议和讨论将会履行高层管理者的承诺。双方将会有联合的商业计划、联合战略和联合市场调研。信息流将会被简化,从而信息系统的整合将更有计划性。交易成本也会降低。

虽然买卖双方在不同的 GAM 阶段间的转换具有明显的优点,但也存在缺点。随着各个阶段的接触的激增，业务活动的频率也会加快，但同时出错的风险也增加了。在整个过程中，关键客户经理由"超级销售人员"转变为"超级教练"，在最后两个阶段，关键客户经理将转变成一个"超级协调者"来指挥整个团队。

如果关键客户经理没有循着各个阶段推进业务，那么就存在失去控制的潜在风险，结果导致虽然出于好意，但却误导了组织中的个体去各行其是。

关键客户经理是具备流程优化和战略性客户关系管理的高技能的专业化人士。对大多数公司而言，这意味着需要很多的变革。其中之一即是在活动的花费和成本中将对于产品、区域的关注转变为对客户的关注。目前公司中很少有足够精细的财务或信息系统来支持更高层次的关键客户管理。客户关系开发的专业技能需要从强调销售技能向包括跨文化管理技能在内的管理技能转变（McDonald et al., 1997）。

从供方（卖方）的视角来看，我们可以对GAM的优缺点作如下评估：

供应商（卖方）从事GAM的优点

- 因为仅有一个供应商提供特定的产品和服务，因此供应商可以更好地满足顾客的全球需求。
- 一些小型的供应商通常拥有那些大型跨国公司依靠自己的力量竭力研发才能拥有的重要的互补性资产，如专利技术等。这些大型跨国公司会主动在世界范围内搜罗新的想法和新的创新。事实上，多数跨国公司认为这是其核心竞争力的关键来源。
- 为竞争对手设置障碍。由于存在较高的转换成本，其他的全球竞争对手（相对于供应商而言）很难替代现有供应商。如果供应商已然成为较受欢迎的供应商，那么客户会更加依赖在此关系中的供应商。
- 通过与关键客户建立更紧密的关系来促进现有产品和服务的销售。
- 有助于对于新产品和服务的推介。全球客户更乐于试用新产品和更完善的产品线。
- 跨越边界的协同营销/销售活动可提高该产品对于客户的全球销售价值。GAM战略使供应商可以协调全球营销计划（也即标准化），但也对供应商适应当地环境提出了要求。
- 提高利润增长的可能性。由于销售的增长和全球协同程度的提高，供应商和客户之间的战略"匹配"会提高供应商的运营效果。
- 通过利用学习效应，供应商可以降低为每个新国家/区域创建合适规划的边际成本。规模经济和范围经济都能够通过GAM战略实现。
- 通过客户的全球网络，供应商可以接触到遍布全球的新客户。

供应商（卖方）从事GAM的缺点

- 供应商会感受到来自全球客户要求进一步提高全球一致性的压力，这会迫使供应商建立GAM，以便保持其全球"更受欢迎的"供应商的地位。
- 缺乏接触和关注：小型公司很难获得跨国公司的关键决策制定者的关注，这与跨国公司与跨国公司关系中高层管理者之间平等的合作关系迥然不同。这样，对小型供应商而言，就存在一种资源的不对称性问题。与合作伙伴相比，小型供应商在信誉、财力和人力资源等方面都处于明显的劣势，这就与相对平衡的跨国公司与跨国公司的关系形成了鲜明的对照。事实上，在很多方面，小型供应商和跨国公司都是完全不同的两种组织，这使得它们之间的沟通和知识转移变得极其困难。跨国公司在产品线与员工角色之间存在明显的界限，拥有大量职能专家，而且每一个活动都有清楚的流程。而小型供应商企业则拥有很多的"多面手"，他们中的大多数会行使多种职能，通常会通过各种临时和非正式的过程来完成工作（Prashantham and Birkinshaw, 2008）。

- 一般而言，供应商会对客户在不同国家的不同子公司提供不同的价格。但是，全球客户会尝试通过GAM来降低全球价格，它们主张在其子公司的全球网络中应采取相同的价格。然而，Yip and Bink（2007）研究发现，供应商在全球范围内保持一贯的服务绩效水平比其给予客户较低的价格更为重要。所以，采用GAM的供应商应突破价格折扣的局限来与全球客户建立关系。
- 面临在全球范围内对所有贸易条款进行标准化的压力，而不仅仅是统一价格的问题。因此，全球客户战略（global account strategy，GAS）越来越需要在这些问题上保持全球一致性，如批量折扣、运输费用、日常管理费用、特殊费用等。
- 供应商会由于其主要竞争对手在使用GAM战略而失去其全球客户（GA）。供应商会被迫成立一个GAM团队来与关键客户的战略相匹配或与其战略进行对抗。
- GAM战略常常会与使用某些类型的矩阵组织相关联。因此，在供应商组织中通常会从不同视角（例如，全球化 vs 本土化）对同一问题做出多头决策。由于在全球和本土层面的结构是平行存在的，因此管理成本也会相应增加，同时降低其决策速度。

全球客户管理的组织架构

图19.9显示了三种不同的组织模型。

1. 集中型总部对总部谈判模型（Central HQ-HQ negotiation model）

该模型展示了一种标准化产品的情况。客户总部会收集来自世界不同子公司的需求。随后，客户会与供应商会面，总部对总部（HQ-to-HQ）谈判就发生了。在这种情况下，客户拥有强大的买方权力，因为供应商此时还未建立起任何国际组织来制衡这种买方权力。对供应商而言，由于其有着吸引客户的标准化（高）的产品质量，因此，接下来的讨论会主要聚焦于对"合理"价格的谈判上。供应商总是处于被压价的压力之下并不断降低产品包装成本（包括服务）。

宜家公司（2004年其在全球的301家店铺营业额为227.13亿欧元），是一家典型的将其家具供应商置于持续压力之下的关键客户，它驱使供应商降低价格、提高生产效率以降低成本。近年来，宜家计划以每年10%的比例压缩其分销渠道的库存成本。为了达到该目标，它们每周分批次对三个主要区域的全球需求进行预测，这些区域为：

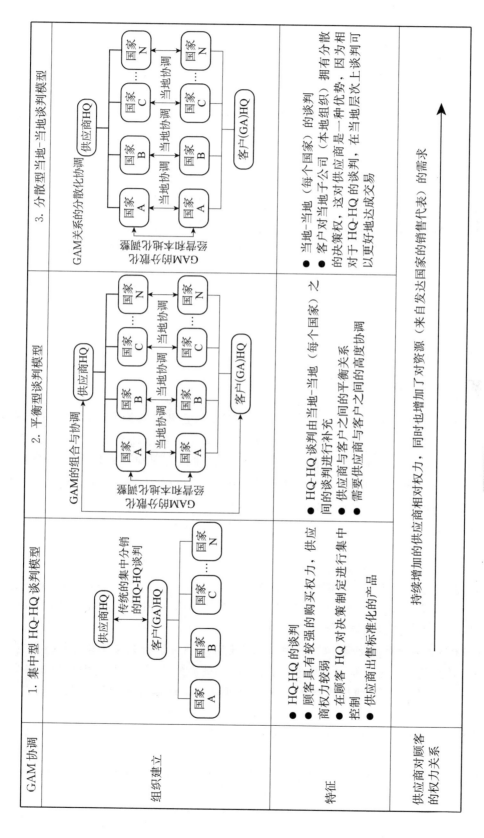

图 19.9 GAM 的组织建立

资料来源：Sauer-Danfoss 公司资料（截至 2004 年），Hollensen (2006)。

北美洲、亚洲和 EMEA（欧洲、中东和非洲）。该解决方案将会对需求预测和存货水平进行平衡，并通过宜家的订货系统进行补货（Scheraga，2005）。订单会根据供应商与零售商联络的主动程度，以每周或每天的频率送到宜家的供应商手中。宜家的供应商迫于其压力，将更为频繁地给宜家交付家具产品，并更为直接地将产品交付到宜家遍布全球的店铺手中。因此，如果一个欧洲的家具子供应商想要成为宜家的全球供应商，它必须考虑在其他的两个全球主要区域——北美洲和亚洲建立生产和组装工厂。

2. 平衡型谈判模型

这种情况下，集中型 HQ-HQ 谈判会伴随着在某个国家内部的一些分散的本地谈判形式。一般而言，这将会以客户的当地子公司和不同的合作伙伴（如代理商）之间的谈判形式出现。HQ-HQ 的谈判会为接下来的在当地基础上的谈判结果设定一个可能的范围，即允许在所涉及的国家中有一定程度的价格差异，当然这要取决于产品适应当地环境的必要程度。Sauer-Danfoss（www.sauer-danfosss.com）就是采用该模型进行运作的子供应商的例子（见示例 19.1）。

示例 19.1
Sauer-Danfoss 的全球客户管理

Sauer-Danfoss 是世界领先的集开发、生产和销售液压传动系统为一体的公司，该系统主要应用于流动作业的设备中。Sauer-Danfoss 在世界各地拥有 7 000 多名员工，创造了大约 13 亿美元（2004 年）的营业收入，在欧洲、美洲和亚太地区都有销售、生产和工程建设业务。Sauer-Danfoss 的关键全球客户（GAs）是 John Deere、Case New Holland、Ingersoll-Rand、Agco 和 Caterpillar。

Sauer-Danfoss 的主要全球客户（OEM 客户）之一，Case New Holland（CNH）是世界排名第一的农用拖拉机和联合收割机制造商，也是世界第三大建筑设备制造商。2004 年，该公司总营业收入为 120 亿美元。CNH 以美国为基地，其经销商和分销商网络遍布超过 160 个国家。CNH 农用产品以 Case IH、New Holland 和 Steyr 的品牌名称对外销售。其生产的建筑设备以 Case、Fiat Allis、Fiat Kobelco、Kobelco、New Holland 和 O&K 的品牌名称对外销售。

在 1999 年的一次兼并之后，CNH 成为与 OEM 客户方进行兼并联合的典型代表。这种联合的最终结果就是：从中长期来看，近 10 个最大的 OEM 客户所创造的销售额将会比 Sauer-Danfoss 一半的销售额还要多。毋容置疑，价格的下行压力在世界范围内仍将继续。全球化的商业文化趋势正在引导顾客形成一种更加专业的购买过程。这种发展趋势要求 Sauer-Danfoss 寻找一种新的方法对组织进行重构，而该问题的答案就是 GAM。正如下图所示，Sauer-Danfoss 通过在印度、中国、波兰、北美洲、意大利、巴西、德国和英国的本地化生产并建设 GAM 团队，满足了 CNH 世界范围内的生产需求。在与 CNH 合作的过程中，GAM 团队努力寻求低成本的解决方案，而不仅仅是简单地降低价格。Sauer-Danfoss 也跟随 CNH 进入生产成本较低的国家，如印度和中国。CNH 在世界范围内的所有生产单位都面临着高度外包和对包装增值的压力。Sauer-Danfoss 努力通过提供预安装的套件包装和为 CNH 交付更多的系统解决方案来满足客户的这种要求。

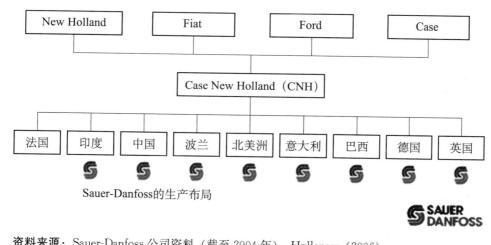

Sauer-Danfoss的生产布局

资料来源：Sauer-Danfoss 公司资料（截至 2004 年），Hollensen（2006）。

3. 分散型当地-当地谈判模型

根据该模型，谈判仅在当地层面展开，部分原因是由于供应商在销售其系统解决方案时常常需要对于不同市场（国家）具有高度适应性。这就意味着 HQ 在谈判过程中被排除在外了。客户在其产业内的联合可能会导致这种情况发生。如果客户被卷入多个兼并与收购活动中，那么就很难搞清楚新合并的跨国公司的决策结构的总体情况。在这种情况下，由于跨国公司作为一个整体已然失去了其本来面貌，客户就倾向于将决策，甚至是重要决策分散于各个国家的子公司来完成。因为在新合并的公司控制和协调决策过程异常困难，所以高层管理者常常会参考当地分公司决策者的购买决策。

这将使供应商有机会通过与客户的当地组织进行谈判从而实现局部最优化。通过使用该方法，供应商会取得更好的相对谈判优势，并可以在一些市场上卖出更高的价格。但是，供应商也会在满足客户当地子公司的需求时付出较高成本。该模型也要求供应商与子公司或合作伙伴（如代理商）建立起网络，因为它们对供应商产品解决方案非常熟悉，并且能为不同国家的客户子公司提供适用于当地情况的产品解决方案（见示例 19.2）。

示例 19.2
AGRAMKOW——根据第三种模型进行运作

AGRAMKOW（www.agramkow.com）是使用第三种模型的一个典型例子。AGRAMKOW（丹麦）的目标是成为世界领先的液体制冷剂填装设备开发商和供应商，该设备可应用于如冰箱或自动化空调等产品。在2004年，其总销售额为3 500万美元，其中95%是在本土（丹麦）之外实现的。公司员工总数为150人。AGRAMKOW的全球客户都是一些大型跨国公司，如惠而浦（美国）、伊莱克斯（瑞典）、三星（韩国）、海尔（中国）、西门子（德国）和通用电气（美国）。

事实上，兼并和收购正使得全球客户的数量变得越来越少，而规模变得越来越大。例如，AGRAMKOW的过程液体填装系统已并入冰箱制造商伊莱克斯的总生产线中。AGRAMKOW在世界范围内"仅仅"有3个或者4个子公司，它并没有为支撑主要的全球客户在当地的生产单位而专门设立一些子公司（如Sauer-Danfoss案例中提到的），而是已经将AGRAMKOW的价值转移到分销商和代理商那里，其最终目的是为了将它们转变成具备内在AGRAMKOW价值的合作伙伴。AGRAMKOW管理层已经邀请其所有的潜在合作伙伴到丹麦的总部参与共同的研讨和会议来实施这项战略。会议的目的是为了提高：

- 共同的团队精神，以及致力于AGRAMKOW的共同的价值观和目标，这也可以通过双方共同举办一些社交活动（如运动会）来达到；
- 为了赢得当地的GA业务所应具备的销售技巧；
- 安装、整合、维护和修理AGRAMKOW设备或解决方案的技术能力；
- 理解在绩效和其他市场活动（如竞争对手的活动）方面向AGRAMKOW进行不断反馈的必要性。

会议之后，每一个合作伙伴及其组织（如中国的合作伙伴）在从事定制化生产、当地服务以及对当地GA（如伊莱克斯在中国当地的生产单位）的顾客关怀等方面都更具优势。这也就意味着AGRAMKOW对于其重要的GA——伊莱克斯而言，在当地经营方面提升了其相对的权力。

除了这种有利的发展之外，AGRAMKOW在将分销商和代理商转变为合作伙伴的过程中也存在很多困难。那些AGRAMKOW产品和服务的营业额较小的分销商有些不情愿参与到这一过程中来（Hollensen, 2006）（见本章末案例研究部分）。

总之，由于世界上大多数产业将会进行联合，GAM战略在未来将会有更好的发展。与大型的全球客户达成一种关系契约，也即使客户和供应商形成一种长期的全球合作关系，将会产生诸多的正面影响。但是，公司在决定实施一项GAM战略时，还有很多东西需要学习，因为在实施过程中还伴随着高风险和高退出障碍。

19.4 控制国际营销计划

控制过程是最后也是经常被忽略的国际营销计划阶段。控制不仅对于评估工作绩效至关重要，而且只有在为下一个计划周期的开始提供必要的反馈信息之后才算完成了整个计划周期。

图 19.10 显示了营销计划、营销预算和控制系统之间的联系。

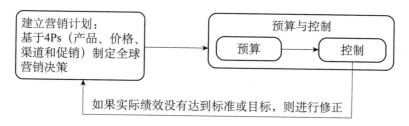

图 19.10 公司预算和控制系统

在建立国际营销计划之后，该计划的量化形式就会以预算的方式出现。预算是进行营销控制系统设计的基础，该系统将会为市场营销计划的重新形成提供必要的反馈。营销预算应该反映对行动和期望结果的预测，并能够准确地监测和控制这些行动和结果。实际上，根据预算进行绩效测量是主要（常规）的管理评审过程，这将会形成如图 19.10 所示的反馈回路。

营销预算的目的是将营销中包含的所有收入和成本都纳入一个综合文档中。它是一种管理工具，用于在企业的支付能力和花销之间进行平衡，并做出优先选择，进而监测营销实践的绩效。营销预算通常是有助于理解预想的结果和可采用的手段之间关系的最强有力的工具。它的起点应该是营销战略和已在营销策划中形成的计划。在实践中，战略和计划将会并行运作并相互影响。

但不幸的是，"控制"通常被组织中的成员视为是负面的。如果组织成员担心控制过程不仅是要评估其绩效，而且也是用于惩罚他们的参照，那么控制就真的会带来负面影响，比如说员工会有担心和抱怨。

国际营销的评估和控制有助于发现很多公司营销实践中最薄弱的领域。即使是一些在战略营销规划方面非常擅长的组织，其在国际营销控制和评估程序上却显得比较薄弱。出现这种状况的原因有很多，而首要原因就是没有所谓的营销控制的"标准化"系统。

组织结构的功能是为达到组织目标而构建一个框架。但是，组织需要采用一系列的工具和过程来影响组织成员的行为和绩效以达成其组织目标。与组织结构一样，控制面临的关键问题就是：什么是控制的理想程度？一方面，总部需要了解一些信息以保证国际化活动能为整个组织带来最大化的收益。另一方面，也不应该只是把控制看作是法规和条文。

组织所面临的一个普遍问题，就是要决定如何建立控制机制，以便使问题在萌芽阶段就能够很好地得到解决。为此，我们需要考虑多个适用于评估过程、控制风格、反馈与行为纠正的标准。虽然这些概念对所有商务活动也都很重要，但在国际商务领域却是尤其不可或缺的。

控制系统的设计

在控制系统设计中，管理者必须考虑到建立和维护该系统的成本，并衡量和平衡成本与收益。任何控制系统都需要在管理结构和系统设计上进行投资。

根据控制目标，控制系统设计分为两个部分：
- 产出控制（基于财务手段）；
- 行为控制（基于非财务手段）。

产出控制包括费用控制，主要涉及：日常支出数据的监控，与预算目标的对照，当出现不利的偏差时及时采取措施并削减或增加预算。产出评价通常会定期进行并不断累积，一般由国外子公司向总部上报，然后在与计划或预算比较的基础上进行评估和修正。

产出控制
对日常产出的监控，譬如利润、销售数据和支出（主要是基于财务手段）。

行为控制涉及对行为施加影响的活动。例如，这种影响是可以通过为子公司员工提供销售手册或是使新员工融入企业文化来实现的。行为控制常常需要一种广泛的社会化过程。非正式的人际互动是该过程的关键环节。企业必须花费大量的资源来对员工进行培训以使其融入企业文化，文化是公司的行事方式。

行为控制
对行为的日常监控，譬如销售人员与顾客互动交流的能力（主要是基于非财务手段）。

为了建立共同的愿景和价值观，日本松下公司的管理者在入职的前几个月要花费大量的时间参加公司所谓的"文化与精神培训"（"cultural and spiritual training"）。他们学习公司的信条、"松下的七种精神"和创始人松下幸之助的管理哲学。

然而，人们仍然非常偏好使用传统的产出（财务）标准。虽然这些有形的产出指标是公司成功的真实驱动力，但僵化地使用产出标准会导致企业忽视一些无形的行为（非财务）指标。到目前为止，在行为标准和产出标准之间还没有建立起明确的联系。此外，公司以及经理们仍以财务指标（利润贡献）为评判标准。因此，除非在两种标准之间建立起一个明确的连接，否则，行为标准仍有可能会继续饱受诟病。

现在我们将探讨一个基于产出控制的国际营销控制系统。营销控制是营销计划过程中的一个重要元素，因为它提供了一个判断营销目标是否已经实现的评审手段。图19.11展示了一个控制营销活动的框架。

营销控制系统从公司开展一系列营销活动（实施方案）开始。这些活动是基于特定的目标和战略，而每个目标和战略都必须在给定的预算范围内实现。因此，预算控制必不可少。

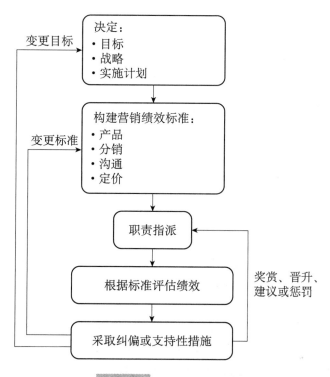

图 19.11　营销控制系统

控制过程中的下一步是确立具体的绩效标准。如果要实现总体目标和分目标，那么就要为每个活动确立特定的绩效标准。例如，为了达到特定的销售目标，每个销售区域都要求有一个特定的绩效目标。相应地，这会对该区域中每个销售人员都提出特定的绩效标准，如呼叫次数、转换率以及订单价值等。表 19.1 提供了判断绩效标准所需要的有代表性的各种类型的数据。营销绩效的测量和标准会因公司和产品的营销计划中目标的不同而不同。

表 19.1　营销绩效评价

产品	分销
● 按细分市场统计的销售量	● 各类渠道的销售量、支出和边际收益
● 每年推出的新产品	● 持有商品的店铺比率（铺货率）
● 与市场潜力对照的销售状况	● 按渠道、中间商和特定中间商类别划分的、与市场潜力对照的销售量
● 销售增长率	
● 市场份额	● 准时交货比例
● 边际收益	● 按渠道划分的费用与销售量比率
● 产品缺陷/瑕疵	● 按渠道划分的订单周期的绩效
● 保修费用	● 按渠道划分的物流活动成本
● 总利润的百分比	
● 投资收益	

价格	沟通
● 对竞争对手价格变化的反应时间 ● 相对于竞争者的价格水平 ● 价格变动与销售量之间的关系 ● 与销售量相关的折扣结构 ● 与新合同相关的投标策略 ● 与营销支出相关的利润结构 ● 与渠道成员绩效相关的利润	● 不同类型媒体（如知名度）的广告效果 ● 实际受众与目标受众的比率 ● 每份合同的成本 ● 按媒体类型划分的呼叫、询价和信息咨询次数 ● 每个销售电话产生的销售量 ● 与市场潜力相关的每个地区销售量 ● 销售支出与销售量的比率 ● 每个时段的新增客户 ● 每个时段的流失客户

资料来源：改编自 Jobber, D. (1995), *Principles and Practice of Marketing*, published by McGraw-Hill。

再接下来的一步就是职责委派。在某些情况下，最终责任会落在一个具体的人（如品牌经理）身上；而在其他情况下，责任则是共同分担的（如销售经理和销售人员）。这个问题非常重要，因为纠偏或支持性活动都会集中在那些对营销活动的成败直接负责的人身上。

为了取得更大的成功，在营销控制的设计和实施阶段，需要咨询那些参与营销工作和受控制过程影响的相关人员。重要的是，企业需要说服这些人员，使他们相信控制的目的是为了提高公司及其个人的业绩水平。下属需要参与设定并认同个人的绩效标准，最好是通过一个目标管理系统来实现。

企业绩效是根据表19.1所述标准进行评估的，同时也要依赖一个有效的信息系统。这时需要判断企业成功和失败的程度如何，以及应该采取哪些纠偏和支持性措施。可以采取多种形式：

● 如果是因为个人表现不佳而导致的失败，公司就应该为员工提供关于其未来的态度和行动的指导，进行培训和/或惩罚（如批评、降薪、降职、解雇）。而另一方面，如果是因员工表现优异而带来了成功的业绩，公司则应该给予表扬、升职和/或加薪。

● 如果失败是由于不切实际的营销目标和绩效要求引起的，这就会促使管理层降低目标或降低营销标准。反之，如果成功是由于目标和标准的制定太没有野心，则公司应该在下一阶段提高目标和标准。

许多公司认为只有当结果低于要求或是预算和成本超支的情况下，才应该采取纠偏行动。事实上，"负向"（没有达到目标）和"正向"（超出目标）的偏差都需要纠偏。例如，花费大量预算在销售团队建设上却使公司失利，表明初始的投入数额太大，需要重新评估，或者销售团队并不如其应该表现的那样"积极有效"。

另外，公司也有必要确定测量的频率（如每天、每周、每月或每年）等诸如此类的事情。更为频繁和详细的测量通常意味着更多的成本。我们应该提高警惕以保证测量成本及控制过程本身没有超出这些测量的价值，而且没有过分干预那些被测量的活动。

在设计一个控制系统时，环境影响也是必须要考量的重要因素。

● 控制系统应该仅用于评估组织已经实施控制的方面。如果是将其应用于与公司总体绩效无关的方面，那么进行奖励或制裁则毫无意义，而且也不会产生任何影响

（例如价格控制）。忽略个体的工作能力将会发出错误信号，并严重削弱员工的动力。

- 控制系统应该与当地的法规和风俗保持一致。然而，在某些情况下，即使总体运营可能会受到负面影响，企业也必须实施与当地习俗相悖的行为控制。例如，在某些市场上，未经授权的小额疏通费可能是一种常见的商务现象，当子公司在这种市场上展开经营活动时，就会发生上述情况。

前馈控制

公司营销控制系统提供的信息大部分都是用财务（利润）和非财务（客户满意度和市场份额）的指标表示的对工作完成情况的反馈信息。因此，控制过程是具有补救功能的。也可以说，控制系统应该是具有前瞻性和防范意义的，控制过程应与计划过程同时开始。这种形式的控制就是**前馈控制**（见图19.12）。

> **前馈控制**
> 会监控除绩效以外的其他变量——这些变量可能在绩效本身发生改变之前就已经发生了变化，并对绩效产生重要影响。因此，通过前馈控制，就可以及时地对偏差进行控制——使它们在对绩效产生实质性影响之前就得到关注和控制。

前馈控制会通过不断评估计划，对环境进行监控来发现偏差，从而进一步修正目标和战略。前馈控制会监控除绩效以外的其他变量，很多变量可能是在绩效本身发生改变之前就发生了变化。因此，在偏差所带来的全部影响被感知之前就可以得到控制。控制系统通常是具有前瞻性的，因为它能够预测环境的变化，而事后控制系统是在偏差发生之后进行控制，因此也更为被动。一些早期征兆（早期绩效指标）如表19.2所示。

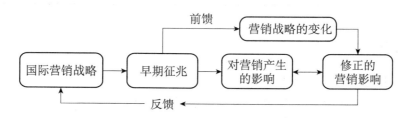

图19.12 国际营销战略调整

资料来源：Samli *et al*.（1993, p. 421）。

表19.2 一些关键的早期绩效指标

早期绩效指标	市场含义
需求量突然下滑	营销战略或其实施中的问题
销售量急剧增长/下降	产品迅速被接纳或被拒绝
顾客抱怨	产品故障没有合理排除
竞争对手业务显著下降	产品迅速被接纳或市场环境恶化
大量退还商品	基础产品设计存在问题
大量部件需求或报修请求	基础产品设计存在问题，低标准
款式及风格的突然变化	产品（或竞争对手产品）对消费者生活方式产生深远影响

资料来源：Semli *et al*.（1993, p. 425）。

前馈控制关注的重点是一些可以预兆的信息，它试图发现即将出现的问题。正式的前馈控制过程可以被纳入企业营销人员的总体控制计划之中，以提高其工作效率。前馈方法的利用将会有助于确保计划和控制活动同时进行。

营销控制中的关键领域

科特勒（Kotler，1997）划分了四种类型的营销控制，每个类型都包括不同的方法、不同的目的以及不同的职责分工，如表19.3所示。这里我们强调年度计划控制和利润控制，因为它们对于仅具备有限资源的公司而言是最应被重点关注的领域（如中小型企业）。

表 19.3　营销控制类型

控制类型	首要责任人	控制目的	技术与手段示例
战略控制	高层管理者 中层管理者	检查是否达到预期目标	营销效率评级 营销审计
效率控制	行政主管和业务主管 营销控制人员	检查营销效率改进的途径	销售团队效率 广告效率 分销效率
年度计划控制	高层管理者 中层管理者	检查是否达到预期目标	销售分析 市场份额分析 营销支出与销售比率 顾客追踪
利润控制 （预算控制）	营销控制人员	检查公司在哪些方面盈利或亏损	产品、消费者群体或贸易渠道的盈利能力

年度计划控制

年度计划控制的目的是要判定一年当中哪些营销工作已经取得了成功。这类控制的核心问题就是测量和评估与销售目标、市场份额分析和费用分析相关的销售情况。

在年度计划控制中，销售绩效是一个关键要素。销售控制由处于不同组织控制层次的一系列标准构成。这些标准之间是相互关联的，如图19.13所示。

我们从图中可以看出，在公司层面上任何偏离销售目标的偏差都是来自操作层面上销售人员个人绩效的偏差。在每一个销售控制层次，管理人员都要追溯引起每一种控制偏差的原因。一般而言，偏差通常产生于销售量或者价格因素的综合作用。

利润控制

除了之前所讨论的控制因素，所有国际营销人员还须关注利润控制。企业的预算周期通常是一年，因为预算与公司的会计系统紧密相连。在下一节，我们将进一步探讨如何制定国际营销预算，讨论的出发点主要是从全球客户管理（GAM）组织和以国家为基础的公司结构开始。

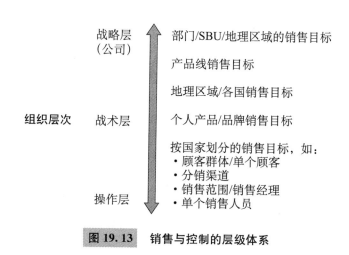

图 19.13　销售与控制的层级体系

19.5　国际营销预算

对国际营销计划的典型的量化方式是采用预算的形式。因为这些预算的量化方式非常严谨,所以预算方案非常重要。预算应该反映对一系列行动和所期望结果的预测,并且能够进行精确的监控。实际上,依据预算进行绩效评估通常是企业主要(日常)的管理评审过程。

预算也是一种在营销战略和项目计划的基础上进行预测的组织过程。公司可以通过这种预测构建一个基于预算的损益表(也即盈利状况)。预算中重要的一点就是确定如何将最后可能获得的收入分摊到营销计划中不同的项目中去。

如果能认识到顾客是公司关注的最基本单位,那么以市场为导向的企业就会将其注意力扩展至顾客和国家/市场上,而不只是关注其产品的销售。这是一个重要的战略性差异(distinction),因为潜在顾客的数量是有限的,而大量的产品和服务最终还是要出售给每个顾客。业务总量是指任一时间点在存在有限顾客的市场中的顾客份额,而不是单位产品销售的数量。

影响顾客数量的国际营销战略包括:

- 吸引新顾客以增加市场份额;
- 通过在市场中吸引更多的顾客来提高市场需求;
- 进入新市场以创造更多顾客的新来源。

所有营销战略都需要通过一定程度的营销投入来达到一定的市场份额水平。在执行一项旨在获得一定规模的顾客数量的营销战略时,需要在销售活动、市场沟通、顾客服务和市场管理等方面进行投入。这种营销投入的成本叫作营销支出,必须将其从总的营销贡献中扣除以得到净营销贡献。

图 19.14 显示了传统的营销预算(单个国家或顾客群体)及其潜在的决定因素。从图 19.14 中可以了解营销盈利能力的最重要的测量指标:

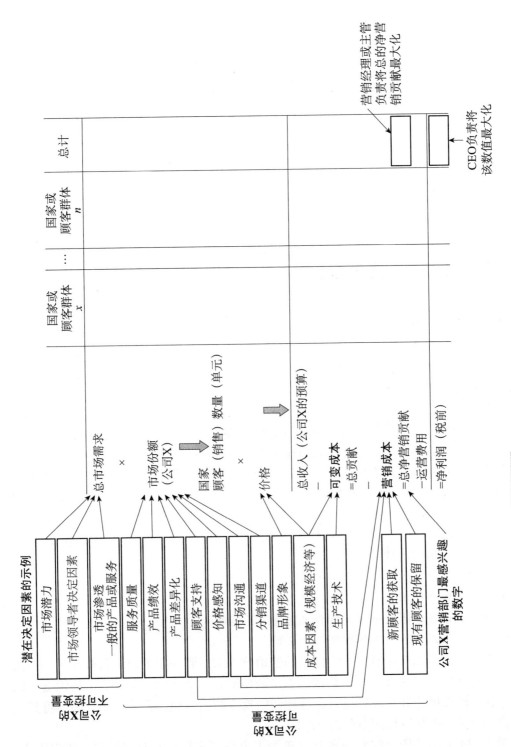

图 19.14 某年度营销预算及其潜在的决定因素

边际贡献（％）＝总贡献/总收入×100

边际营销贡献（％）＝总营销贡献/总收入×100

边际利润（％）＝净利润（税前）/总收入×100

如果我们了解资产规模的相关信息（应收账款＋存货＋现金＋工厂＋设备），我们也可以定义：

资产收益率（ROA）＝净利润（税前）/资产

ROA 与投资收益率指标相似：ROI＝投资回报。

表 19.4 展示了一个消费品制造商的国际营销预算。预算中包括了在母国和出口市场上的销售和营销职能（部门）所能控制和调整的营销变量。表 19.4 中，唯一不能被国际销售和营销部门控制的变量是可变成本。

表 19.4　一个消费品制造商的国际营销预算示例

国际营销预算	欧洲						美洲		亚太地区					
	英国		德国		法国		美国		日本		韩国		其他市场	
年份＝_____	A	B	A	B	A	B	A	B	A	B	A	B	A	B
净销售额（总销售额减去贸易折扣、补贴等）														
÷可变成本														
＝贡献 1														
÷营销成本：														
销售成本（薪水、代理商佣金、激励、出差、培训、会议）														
顾客营销成本（电视广告、电台广播、印刷品、销售促进）														
贸易营销成本（商品交易会、展览、店内促销、争夺零售商所付出的成本）														
＝总贡献 2（营销贡献）														

注：**B**＝预算数据；**A**＝实际值。在短期（一年），出口部经理或各国市场经理负责将每个国家的实际数据最大化，并将其与预算数据的偏差最小化。国际营销经理或主管负责将全球的实际数据最大化，并使其与预算数据的偏差最小化。各国市场经理和国际营销经理或主管之间需要通力合作，并以最优的方式协调和配置总的营销资源。有时，一定的存货成本和产品开发成本也会计入总营销预算当中（见正文）。

资料来源：Hollensen（2010）。

国际营销预算系统（如表 19.4 所示）的使用主要基于以下（主要）目的：

● 在国家或市场间进行营销资源的配置以使利润最大化。在表 19.4 中，国际营销经营负责全球的总贡献 2 的最大化。

● 评估国家或市场的绩效。在表 19.4 中，出口部经理或各国市场经理负责将其各自国家的贡献 2 最大化。

应注意的是，除了表 19.4 中所示的营销变量，国际营销预算一般还包括产成品的存货成本。由于这些产品的生产规模一般都是建立在销售和营销部门提供的信息的基础上，因此未销售产品的存货也将会由国际营销经理或主管负责。而且，如果在某个市场进行销售的前提是必须要推出新产品，那么国际营销预算也可能会包括针对特定顾客或国家的专用性产品的开发成本。

与预算不同，长期计划介于两年至十年之间，而且从本质上来说计划的内容是侧重于定性的，也更为主观。对中小型企业来讲，由于感知到的来自不同国外环境的不确定性，较短的时间段（如两年）是较为普遍的。

19.6 开发国际营销计划的过程

国际营销计划的目的是创造在全球市场上的可持续的竞争优势。一般来说，公司在开发国际市场计划时会经历某种心理过程。在中小型企业中，该过程一般是非正式的；而在大型组织中，该过程常常会更加系统化。在本书开篇的图1.2提供了一种开发国际营销计划的系统方法。

19.7 总结

国际营销计划的实施需要一个合适的组织结构与之相适应。随着企业国际营销战略范围的变化，组织结构也必须依据任务、技术和外部环境进行相应的调整。本章提出了五种国际组织的结构形式：职能结构、国际事业部结构、产品结构、区域结构（客户结构）和矩阵结构。组织结构的选择受到以下因素的影响：公司的国际化水平、国际业务的战略重要性、国际业务的复杂性以及合格管理人员的可得性。

控制是确保国际营销活动按照预期执行的过程。它涉及绩效的监控以及应采取的必要纠偏措施。国际营销控制系统包括确定营销目标、设定绩效标准、职责委派、依据标准评估绩效以及采取纠偏或支持性措施。

在一个事后控制系统中，管理人员会等到计划周期结束才采取纠偏措施。而在前馈控制系统中，纠偏措施是在计划期间就已经进行的，即一旦出现失控状况，可以通过追踪早期的绩效指标并调整组织运作以回到正轨。

控制最重要的两个方面就是对年度营销计划的控制和盈利能力的控制。国际营销预算的目的主要是将营销资源在各个国家进行配置，以达到全球范围内总营销贡献的最大化。

汉高：汉高公司应该转型成为一家更以顾客为中心的组织吗？

汉高公司是总部位于德国杜塞尔多夫市的一家跨国公司。该公司在全球范围内拥有52 000名员工，被誉为最国际化的德国公司。该公司在1876年德国的亚琛市由28

岁的弗里兹·汉高（Fritz Henkel）及其两位合伙人创立。其第一款产品是基于水玻璃技术的洗衣粉。当时所有同类产品都是散装出售，而该浓缩洗涤剂则是分装成方便的袋装进行销售。

Henkel.

Henkel.

如今，汉高的产品和技术分布于世界 125 个国家和地区，并拥有三家全球运营业务分部：

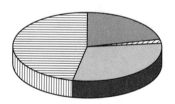

洗衣与家庭护理30%
化妆用品和洗漱用品21%
粘合剂技术47%
公司2%

图 1 2008 年按业务领域划分的汉高销售额

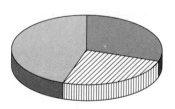

洗衣与家庭护理30%
化妆用品和洗漱用品25%
粘合剂技术45%

图 2 按业务领域划分的汉高税前收益

洗衣与家庭护理分部在汉高公司占据重要地位，因为该公司即是起家于这一业务领域。它的产品囊括各种家庭清洁用品，如衣物洗涤剂和洗洁精。其中最为著名的产品就是 Persil 洗衣粉。

化妆品和洗漱用品是汉高的第二大业务部门。汉高的化妆品部门是世界上最大的化妆品部门之一。它的产品系列包括美容和口腔护理产品，如洗发香波、牙膏、染发剂和沐浴露。

毋庸置疑，汉高公司也是粘合剂技术市场的领导者。该公司为消费者、技术工人和工业应用领域生产粘合剂、密封剂和表面处理技术。

汉高是一家创新驱动型的公司，它拥有一系列国际化、区域化和本土化的品牌，且各类品牌之间关系平衡。其每年的研发投资达到其销售额的 2.7%。汉高产品的目标群体是消费者、技术工人和工业用户。汉高的信条即是为 B2C 和 B2B 市场的客户提供卓越的（定制化的）解决方案和创新性技术。

其在洗衣和家庭护理领域主要的竞争对手是联合利华、宝洁和利洁时（Reckitt Benckiser）。其在化妆品和洗漱用品领域的主要竞争对手是联合利华、宝洁和欧莱雅。

为了实现汉高公司的承诺，公司员工与 B2C（领先使用者，lead users）和 B2B 消费者（全球客户）紧密合作，并关注其当前需求，同时也关注他们在未来将会遇到哪些挑战。这种以顾客为中心的经营哲学是汉高公司能够令很多著名公司选择其作为合作伙伴的重要原因。

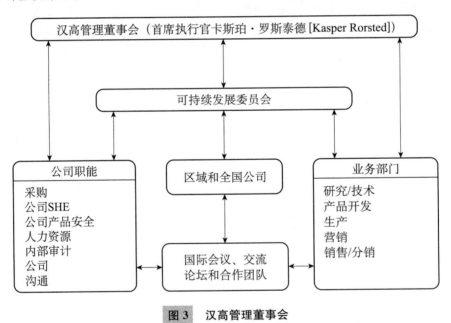

图 3 汉高管理董事会

汉高的管理董事会负责制定可持续性的发展政策。在董事会主席的领导下，由来自公司各部门的职员所组成的可持续发展委员带领公司开展全球化的可持续发展活动。汉高公司已经成功地实施了公司范围内的控制，并开展了区域化的行动项目。公司不仅会忠实地记录所有的成就和进步，而且会根据各种社会挑战和需要优先考虑的事项提出最优的改进措施。

汉高-沃尔玛

2003 年，作为汉高的全球客户之一，全球财富 500 强中收入最高的世界级公司沃尔玛越来越希望能够与其建立一种更加紧密的全球关系。由于零售商开始推出自己的品牌，因此其影响力已逐渐超过制造商。与此同时，由于零售商开始实施国际化战略，其全球贸易收入也开始增长。价格正慢慢接近产品的生产成本。汉高公司正考虑从以产品为中心的战略转向一种更加以顾客为中心的战略。因此，新 CEO 卡斯珀·罗斯泰德正在考虑实施一种"全球本土化"手段，将全球化过程与本土/区域部门协调起来。该计划现在已经嵌入与沃尔玛合作的全球客户管理项目之中。

▶ 问题

1. 汉高公司由以产品为中心转向以顾客为中心的策略转型是一个好的计划吗？
2. 对于同时服务于 B2B 和 B2C 市场的顾客驱动型跨国公司，汉高面临的挑战有哪些？
3. 汉高公司如何加强其与关键全球顾客的 B2B 合作关系？

资料来源：该案例由南丹麦大学的 Vlad Stefan Wulff 博士开发。

问题讨论

1. 本章提出了公司国际化组织发展的不同阶段。请识别这些阶段并讨论其与公司国际竞争力的关系。
2. 请识别进行国际化产品开发的合适的组织结构。讨论这些结构的关键特征。
3. 影响组织结构的关键内部/外部因素有哪些？你还可以想到哪些因素？请解释。
4. 请讨论将营销管理过程标准化的利弊。一个标准化的过程对实行全国市场战略还是全球市场战略的公司更为有利？
5. 请讨论在何种程度上对组织结构的选择才是介于总部中心化和当地自治化之间的选择。
6. 请讨论一个公司的国际化组织是如何影响其计划过程的。
7. 请讨论为何公司需要国际营销控制。
8. 绩效指标意味着什么？为什么公司需要它们？
9. 公司总部通常很少对子公司的经理和员工进行绩效评估，为什么？
10. 请指出国际事业部结构内在的主要缺陷。
11. 请讨论使用矩阵组织结构的主要优点。

参考文献

本章参考文献可通过扫描右侧二维码获取。

尊敬的老师：

您好！

为了确保您及时有效地申请培生整体教学资源，请您务必完整填写如下表格，加盖学院的公章后传真给我们，我们将会在2—3个工作日内为您处理。

请填写所需教辅的开课信息：

采用教材				☐中文版 ☐英文版 ☐双语版	
作　者		出版社			
版　次		ISBN			
课程时间	始于　年　月　日		学生人数		
	止于　年　月　日		学生年级	☐专科　　☐本科1/2年级 ☐研究生　☐本科3/4年级	

请填写您的个人信息：

学　校			
院系/专业			
姓　名		职　称	☐助教 ☐讲师 ☐副教授 ☐教授
通信地址/邮编			
手　机		电　话	
传　真			
official email（必填）(eg：XXX@ruc.edu.cn)		email(eg：XXX@163.com)	
是否愿意接受我们定期的新书讯息通知： ☐是　☐否			

　　　　　　　　　　　　　　　　　　　　　　　　　　　系/院主任：_____（签字）

　　　　　　　　　　　　　　　　　　　　　　　　　　　　　　（系/院办公室章）

　　　　　　　　　　　　　　　　　　　　　　　　　　　　___年___月___日

资源介绍：

——教材、常规教辅（PPT、教师手册、题库等）资源：请访问 www.pearsonhighered.com/educator；　　（免费）

——MyLabs/Mastering 系列在线平台：适合老师和学生共同使用；访问需要 Access Code；　　（付费）

培生北京代表处

100013　北京市东城区北三环东路36号环球贸易中心D座1208室

电话：(8610) 57355003

传真：(8610) 58257961

北京大学出版社

经济与管理图书事业部

100871　北京市海淀区成府路205号

电话：(8610) 62767312

QQ：552063295

Please send this form to：em@pup.cn